Direito dos Registos e do Notariado

Direito dos Registos e do Notariado

2023 • 12ª Edição

Joaquim de Seabra Lopes
Professor Universitário
Ex-diretor-geral dos Registos e do Notariado

ALMEDINA

DIREITO DOS REGISTOS E DO NOTARIADO

AUTOR
Joaquim de Seabra Lopes
1ª Edição: Janeiro, 2002

EDITOR
EDIÇÕES ALMEDINA, S.A.
Avenida Emídio Navarro, 81, 3D
3000-151 Coimbra
Tel.: 239 851 904 · Fax: 239 851 901
www.almedina.net · editora@almedina.net

DESIGN DE CAPA
EDIÇÕES ALMEDINA, S.A.

PRÉ-IMPRESSÃO
EDIÇÕES ALMEDINA, S.A.

IMPRESSÃO E ACABAMENTO

Abril, 2023

ISBN
978-989-40-1175-0

DEPÓSITO LEGAL

ALMEDINA | GRUPOALMEDINA

NOTA PRÉVIA

O ordenamento jurídico dos registos e do notariado tem continuado a ser objeto de alterações significativas.

Pelo que toca ao registo civil, o procedimento de mudança de sexo e de nome próprio, previsto na Lei nº 7/2011, de 15 de março, foi substituído pela Lei nº 38/2018, de 7 de agosto, que estabeleceu o *direito à autodeterminação da identidade de género e expressão de género e o direito à proteção das características sexuais de cada pessoa*. A pessoa intersexo, na terminologia legal, pode requerer o procedimento de mudança da menção de sexo no registo civil e, igualmente por mero requerimento, solicitar a consequente alteração de nome próprio, a partir do momento em que se manifeste a respetiva identidade de género.

Por sua vez, a Lei nº 49/2018, de 14 agosto, criou *o regime jurídico do maior acompanhado*, eliminando os institutos da interdição e da inabilitação, previstos no Código Civil.

A aprovação pelo Decreto-Lei nº 51/2021, de 15 de junho, do novo *Regulamento Consular*, implicou alterações nas competências específicas dos serviços consulares em matéria de registo civil e do notariado.

Deixaram de estar sujeitas a registo comercial as *pessoas coletivas de utilidade pública*, por virtude da entrada em vigor da lei-quadro do estatuto de utilidade pública, aprovada pela Lei nº 36/2021, de 14 de junho.

Na área do registo predial, foi criado pela Lei nº 78/2017, de 17 de agosto, como projeto-piloto inicialmente aplicável a dez municípios, um *sistema de informação cadastral simplificada*, "com vista à adoção de medidas expeditas para a imediata identificação da estrutura fundiária e da titularidade dos prédios rústicos e mistos". Foi igualmente prevista a criação do *Balcão Único do Prédio (BUPi)*, balcão físico e virtual da responsabilidade do Instituto dos Registos e do Notariado, agregando a informação registral, matricial e georreferenciada relacionada com os prédios.

A Lei nº 65/2019, de 23 de agosto, veio manter em vigor e generalizar a aplicação do sistema de informação cadastral simplificada, instituído pela Lei nº 78/2017, de 17 de agosto, integrando os seguintes procedimentos (art. 1º):

a) O procedimento de representação gráfica georreferenciada (RGG), aplicável aos prédios rústicos e mistos, *nos municípios que não dispõem de cadastro geométrico da propriedade rústica (CGPR) ou cadastro predial em vigor*;
b) O procedimento especial de registo, aplicável aos prédios rústicos e mistos em todo o território nacional, *com as especificidades constantes da presente lei*.

Foi também previsto um *procedimento especial de justificação* de prédio rústico e misto omisso, aplicável em todo o território nacional, e, do mesmo passo, a promoção da *universalização do Balcão Único do Prédio (BUPi)*, enquanto plataforma nacional de registo e cadastro do território (PNRCT), abrangendo os prédios urbanos, rústicos e mistos de todo o território nacional.

Por fim, importa recordar que, a partir de 25 de maio de 2018, é diretamente aplicável no ordenamento jurídico dos Estados-membros o *Regulamento (UE) 2016/679 do Parlamento Europeu e do Conselho, de 27 de abril de 2016, relativo à proteção das pessoas singulares no que diz respeito ao tratamento de dados pessoais e à livre circulação desses dados (Regulamento Geral sobre a Proteção de Dados*, abreviadamente RGPD).

A Lei nº 58/2019, de 8 de agosto, assegura a execução, na ordem jurídica interna, do RGPD, sendo de relevar que, nos termos do nº 1 do seu art. 62º, *as normas relativas à proteção de dados pessoais previstas em legislação especial* mantêm-se em vigor, em tudo o que não contrarie o disposto no RGPD e nesta lei.

De assinalar ainda a importância, na área dos registos, do regime do *tratamento de dados pessoais por entidades públicas para finalidades diferentes das determinadas pela recolha*, previsto no art. 23º, nos termos do qual *tem natureza excecional, deve ser devidamente fundamentado e a sua transmissão entre entidades públicas objeto de protocolo que estabeleça as responsabilidades de cada entidade interveniente, quer no ato de transmissão, quer em outros tratamentos a efetuar*.

Introdução

1. Em busca da certeza jurídica

Desde a mais remota antiguidade foi patente a preocupação do homem em conservar de forma duradoura a memória de certos atos e factos da vida. As implicações jurídicas de alguns deles e a necessidade de demonstrar perante terceiros que ocorreram ou foram praticados, levaram a considerar, não só a procura de suportes mais fiáveis do que a memória humana, mas também de condições que conferissem força de verdade aos factos registados.

A possibilidade de conhecer com verdade a situação jurídica de pessoas e coisas constitui elemento essencial à confiança no estabelecimento de relações jurídicas e consequentemente à confiança na vida em sociedade.

A estabilidade económica e social reclama de facto a disponibilidade de mecanismos que garantam a possibilidade de conhecimento das situações jurídicas, de um conhecimento *qualificado* que permita obter uma *certeza jurídica*.

É necessário, por outras palavras, dispor de meios de provar a ocorrência de factos que tenham originado ou modificado situações jurídicas.

Sobram exemplos dessa necessidade.

Assim, para quem quer casar, pode ser fundamental dispor de meio de confirmar que o futuro cônjuge não está ligado por casamento anterior não dissolvido ou até que se não encontra na situação de interditado ou inabilitado.

No mundo dos negócios, é preciso estar certo de que determinado indivíduo, que se apresenta como gerente de uma empresa, o é realmente e detém os poderes de representação de que se arroga; ou mesmo até de que a empresa existe e está regularmente constituída e de qual a sua capacidade financeira.

No domínio das relações patrimoniais, há que ter a certeza de que quem vende, por exemplo, um imóvel é realmente seu proprietário e de quais os encargos com que o objeto do negócio possa estar eventualmente onerado.

Os exemplos poderiam multiplicar-se. O certo é que, para obter tais certezas, qualquer pessoa, deixada a si própria, ver-se-ia muitas vezes bem embaraçada e obrigada a múltiplas despesas para efetuar averiguações, e nem sempre com a *certeza* de ter obtido a *certeza jurídica*.

A vida em sociedade foi, pois, tornando evidente a necessidade de um sistema de memorização de factos com consequências jurídicas, dotado de credibilidade firmada e acessível a quaisquer interessados na obtenção da informação assim disponibilizada.

Foi para responder a esta necessidade de certeza jurídica que os Estados organizaram os *registos públicos*.[1]

Registos públicos num duplo sentido: públicos porque organizados pelo Estado, ou sob a responsabilidade do Estado, que lhes confere determinada força probatória; públicos porque o seu conteúdo pode ser conhecido por qualquer interessado.[2]

Os registos públicos inscrevem factos jurídicos de que resultam *situações jurídicas*: inscreve-se o casamento, de que resulta a situação jurídica de casado – e a eventual necessidade de intervenção do cônjuge em certos negócios jurídicos –, a nomeação de gerente ou administrador, donde os seus poderes de representação da pessoa coletiva em causa, uma compra e venda, e daí a situação jurídica de proprietário, etc.: é a publicidade destas situações jurídicas, isto é, a possibilidade de delas se ter conhecimento seguro que interessa às pessoas como pressuposto das relações jurídicas.

É nesta possibilidade de *acesso a informação fidedigna* sobre a ocorrência de certos factos jurídicos que consiste a *publicidade registal*: esta publicidade é, como escreve Pau Pedron, uma *proclamação oficial de situações jurídicas*[3].

Para que os registos possam afirmar a certeza jurídica que deles se reclama, cumpre naturalmente fazer *titular*, ou seja, testemunhar de forma qualificada, a ocorrência dos factos ou das declarações de vontade objeto do registo, em ordem a resguardá-los de futuras dúvidas, seja sobre a sua ocorrência, seja sobre a sua correspondência à real vontade dos declarantes.

[1] No mesmo sentido, Antonio Pau Pedrón, *Curso de Practica Registral*, Universidad Pontificia Comillas, 1995, p. 17.

[2] *Registo público* – escreveu Carlos Ferreira de Almeida – *é o assento efetuado por um oficial público e constante de livros públicos, do livre conhecimento, direto ou indireto, por todos os interessados, no qual se atestam factos jurídicos conformes com a lei e respeitantes a uma pessoa ou a uma coisa, factos entre si conectados pela referência a um assento considerado principal, de modo a assegurar o conhecimento por terceiros da respetiva situação jurídica, e do qual a lei faz derivar, como efeitos mínimos a presunção do seu conhecimento e a capacidade probatória* (em *Publicidade e Teoria dos Registos*, Almedina, 1966, p. 97).

[3] *Ob. cit.*, p. 18.

O *título* – facto jurídico de que resulta a atribuição a alguém da pertença de um direito – é assim pressuposto necessário do registo; em certos casos mesmo, é exigido que o título seja corporizado num documento elaborado ou autenticado por oficial público particularmente qualificado: o *notário*.

A preocupação de garantir aos cidadãos a possibilidade de provar a ocorrência de factos relevantes para as relações jurídicas, particularmente no domínio da propriedade imobiliária, está presente nas civilizações em que se registaram as primeiras formulações do direito: parece ter cabido à Mesopotâmia a primazia de se dar conta dessa necessidade, fazendo registar em pedra a ocorrência de transações imobiliárias, pedras essas que marcavam os limites das propriedades e eram chamadas *kudurru*, expressão que significava precisamente "limites"[4].

Na Grécia Antiga, a transferência de propriedade realizava-se exclusivamente por efeito de contrato, havendo até já um sistema de publicidade instituído para informação de terceiros, particularmente cuidado em certas cidades.

Em Roma, a informação de terceiros não era tão cuidada mas havia funcionários das cúrias municipais, designados *scribae* ou *curiales*, com o encargo de elaborar o cadastro predial: nos seus registos descreviam os prédios, o seu valor, a carga fiscal, o nome do proprietário e registavam as transferências imobiliárias.

Também há notícia da celebração no Antigo Egipto de contratos de alienação de terras inscritos em registos organizados para garantir a legitimidade da transmissão dos direitos sobre prédios.

Entre nós, assinala-se a existência no século XIII de oficiais públicos cuja intervenção nos instrumentos de direito privado dava a esses atos a natureza de escritos autênticos e uma lei de 1379 já referia escrituras públicas e registos a cargo de tabeliães e de autoridades locais.

Mas a verdadeira organização em Portugal de registos imobiliários data apenas de 1836 com a criação do registo das hipotecas e, mesmo assim, só em 1869, após a publicação da Lei Hipotecária de 1 de julho de 1963, foram instituídas as conservatórias do registo predial; data de 1922 o primeiro Código do Registo Predial.

[4] Sobre os antecedentes históricos dos registos e do notariado, ver, entre muitos outros, John Gilissen, *Introdução Histórica ao Direito*, tradução de A. M. Hespanha e L. M. Macaísta Malheiros, Fundação Calouste Gulbenkian; Marcello Caetano, *História do Direito Português (Sécs. XII--XVI)*, Verbo, 2000; Martim de Albuquerque e Ruy de Albuquerque, *História do Direito Português*, 1984/1985; Carlos Ferreira de Almeida, *ob. cit.*; J. A. Mouteira Guerreiro, *Ensaio sobre a Problemática da Titulação e do Registo à Luz do Direito Português*, Coimbra Editora; Fernando Neto Ferreirinha e Zulmira Neto Lino da Silva, *Manual de Direito Notarial*, Almedina; Cano Tello, *Manual de Derecho Hipotecario*, Editorial Civitas.

Por sua vez, o registo comercial, que tem abrangido também o registo de navios, conheceu as suas primeiras formulações com o Código Comercial de 1833, aperfeiçoadas no Código Comercial de 1888, que o fez organizar junto dos tribunais de comércio, e completadas com o Regulamento de 15 de novembro de 1888; mas o primeiro Código do Registo Comercial só veio a surgir em 1959.

Já no que diz respeito ao estado civil, não há notícia do seu registo na Europa antes do século XIV: até aí a prova da identificação pessoal e dos factos relativos ao estado civil apenas podia ser efetuada através de testemunhas.

Foi a igreja que favoreceu a manutenção de registos de certos desses atos: batismos, casamentos e óbitos. Todavia foi só com o Concílio de Trento (1545-1563) que surgiu a obrigação de manter registos paroquiais de batismo e de casamento; os registos de óbito, esses só viram no século XVII a obrigação canónica de serem conservados.

A partir do século XV em Itália e do século XVI em França, as autoridades civis reconheceram os registos paroquiais; a organização oficial e sistemática do registo civil nasceu em França, após a Revolução, com o Código Civil de 1804.

Em Portugal, o registo do estado civil foi também da iniciativa da igreja no século XVI. Mas já antes, explicava o Prof. Gomes da Silva, "em 1352 D. Afonso IV, em carta dirigida aos bispos, ordenava que em todas as igrejas paroquiais houvesse um tabelião para proceder ao assentamento dos casamentos." O mesmo, quanto aos batismos e aos óbitos, era preconizado pelo Arcebispo de Lisboa em 1536.[5]

O Código Civil de 1867 criou o registo de casamentos não católicos que ficou a cargo de autoridades civis. Depois de uma tentativa frustrada de Mouzinho da Silveira[6] para instituir o registo civil obrigatório – o Regulamento de 28 de Novembro de 1878 veio a restringir a sua aplicação apenas aos registos, efetuados pelos administradores de concelho, relativos a cidadãos não católicos –, este só veio a ser instituído em 18 de fevereiro de 1911, com a publicação do primeiro Código do Registo Civil, determinando-se então o encerramento dos registos paroquiais: estes, abrangendo apenas os cidadãos católicos, regiam-se pelo Regulamento do Registo Paroquial de 1862.

O notariado, por sua vez, desenvolveu-se em primeiro lugar em Itália; a partir do século XII, os notários, nomeados uns pelo imperador, outros pelo papa – notários imperiais e notários apostólicos –, podiam redigir instrumentos num território quase ilimitado; ocupavam-se designadamente da redação de inúmeros contratos em cidades comerciais como Génova, Pisa ou Milão.

[5] *Curso de Direito da Família* (apontamentos das lições proferidas pelo Prof. Doutor Gomes da Silva em 1966-67, coligidas por Ernesto Coutinho e Jorge Neto Valente), AAFD, 1967, p. 180.
[6] Decreto de 16 de maio de 1832.

Os seus atos eram atos públicos, *instrumenta publica*: faziam prova plena.[7]

Entre nós, assinala-se a existência, pela mesma altura, de notários, quase sempre clérigos, diz Marcello Caetano[8], cuja intervenção nos instrumentos de direito privado dava a esses atos a natureza de escritos autênticos. A publicidade de tais atos era assegurada pela intervenção de testemunhas.

Desde o reinado de D. Afonso II (1211-1223), segundo Gama Barros[9], passou a haver em Portugal oficiais públicos, que já não eram clérigos, com o título de *tabeliães*, e cuja função era a de lavrar escrituras entre particulares, estando à disposição dos interessados.

A disciplina dos tabeliães foi regulamentada pelos regimentos de 12 e 15 de janeiro de 1305.

O primeiro fixava os emolumentos e ordenava que as notas fossem lançadas nos livros em vez de se conservarem em cédulas avulsas. Os instrumentos deveriam ser lavrados pelas notas e lidos às partes e por estas confirmados.

O subsequente regimento de 15 de janeiro mandava escrever em livro de papel as notas das escrituras e instrumentos para não se perderem, registar em livro de coiro as escrituras dos contratos, escrever e ler as notas perante as testemunhas, chamar testemunhas que identificassem os intervenientes desconhecidos, datar e localizar os documentos, nomear os intervenientes e referir o objeto do negócio – tudo por extenso. As infrações seriam punidas com a morte.[10]

A primeira Lei Orgânica do Notariado data de 23 de dezembro de 1899 e o primeiro Código do Notariado de 2 de abril de 1928.

2. Noção de registo

O registo público resultou pois da necessidade de guardar lembrança de factos suscetíveis de produzir efeitos de direito, ou seja, de factos jurídicos, com o objetivo de poder fazer prova da sua existência ou da sua ocorrência e, na generalidade dos casos, de poder fazê-los constar, isto é, de lhes conferir publicidade.

Nem todos os registos públicos, no sentido de registos organizados e detidos pelo Estado, gozam das referidas características da publicidade, acompanhadas da garantia da verdade da ocorrência dos factos jurídicos publicitados.

A Administração Pública detém registos da mais variada natureza, decorrentes do seu próprio funcionamento, em cumprimento das competências

[7] John Gilissen, *ob. cit.*, p. 392, que cita como fonte M. Amelotti e G. Costamagna, *Alle origini del notariado italiano*, Roma, 1975.

[8] *Ob. cit.*, p. 243.

[9] Citado por Marcello Caetano, *ob. cit.*, p. 355.

[10] Martim e Ruy de Albuquerque, *ob. cit.*, pp. 306 e 309.

legalmente conferidas aos seus diferentes organismos: são os *registos administrativos*, que podem, em certos casos, ser também destinados a informação do público mas não cumprem todos os requisitos de segurança jurídica assinalados.

Há por isso que distinguir entre registos administrativos e *registos de segurança jurídica*, que são aqueles de que nos ocupamos.

Os registos de segurança jurídica devem satisfazer os seguintes requisitos[11]:

a) O controlo da legalidade e da verdade da ocorrência dos factos jurídicos objeto do registo é assegurado pelo Estado, através de oficial público qualificado, a quem é conferida fé pública relativamente aos assentos lavrados sob sua responsabilidade;

b) A conexão entre registos, como forma de assegurar a exatidão das situações jurídicas sucessivamente decorrentes dos factos registados, é garantida;

c) A situação jurídica decorrente do registo é oponível a terceiros, o que significa que a situação jurídica existe e afeta o direito desses terceiros;

d) A publicidade do registo está assegurada, no sentido de que qualquer interessado pode ter conhecimento do seu conteúdo.

Diríamos assim que, para este efeito, o *registo consiste na memorização de factos jurídicos tipificados na lei, por via da sua inscrição em suporte próprio, efetuada sob a responsabilidade do Estado, com controlo da sua verdade e legalidade.*

Note-se, porém, que a expressão *registo,* mesmo no contexto dos registos de segurança jurídica, é usada em várias outras aceções. Assim, *registo* é também a designação dada à repartição em que os registos são efetuados, bem como à própria instituição jurídica registal[12], ou seja, ao normativo que ordena os procedimentos dos registos públicos, define o seu valor, objeto e efeitos, e determina os aspetos organizativos e processuais da atividade administrativa registal.

O normativo que define os aspetos organizativos e processuais ligados à atividade administrativa do registo constitui o *direito registal formal.*

Por sua vez, o *direito registal material* compreende o normativo que ordena os procedimentos dos registos públicos e define o seu objeto, valor e efeitos[13].

Registos é ainda a designação dada aos suportes documentais do registo: livros, fichas e suportes informáticos.

[11] Cf. Antonio Pau Pedrón, *ob. cit.*, p. 23 e ss.

[12] Vários autores usam a forma "registral", também correta, mas que o Dicionário da Academia das Ciências diz ser a forma brasileira; preferimos usar "registal", tal como dizemos "registo", "registador" ou "registável" e não, como no Brasil, "registro", "registrador" e "registrável".

[13] Cfr. J. A. Mouteira Guerreiro, *ob. cit.*, p. 13.

Dos requisitos acima apontados para os registos de segurança jurídica e das opções tomadas no nosso ordenamento jurídico decorre um certo número de princípios, designados por *princípios orientadores,* que apoiam o intérprete na exegese das disposições legais pertinentes e que também devem ser respeitados pelo legislador quando altera pontualmente a legislação codificada ou particularmente quando sobre a mesma matéria legisla de forma avulsa.

Consideramos os seguintes:

- *Princípio da legalidade ou da qualificação* – o registo é submetido ao controlo da sua legalidade por jurista qualificado;
- *Princípio da tipicidade ou do «numerus clausus»* – só podem ser levados ao registo os factos que a lei permite ou determina que o sejam;
- *Princípio da presunção da verdade registal* – a situação jurídica resultante do registo existe nos precisos termos dele constantes[14];
- *Princípio da especialidade* – as pessoas e as coisas objeto do registo são claramente especificadas e individualizadas;
- *Princípio do trato sucessivo ou da conexão* – a conexão entre registos sucessivos relativos à mesma pessoa ou coisa é controlada[15];
- *Princípio da prioridade* – o direito inscrito em primeiro lugar prevalece sobre os que se lhe seguirem;
- *Princípio da instância* – os registos são efetuados a pedido dos interessados;
- *Princípio da publicidade* – qualquer pessoa pode tomar conhecimento do conteúdo dos registos.

Estes princípios repercutem-se de forma diferente em cada uma das espécies de registos e estão, como princípios que são, sujeitos a exceções. Estudá-los-emos de forma detalhada nos capítulos referentes ao registo comercial e ao registo predial.

O princípio da publicidade pode, em certos casos, chocar com o direito à reserva da vida privada que, embora de forma fragmentária, tem vindo a ser considerado na área dos registos, ainda profundamente imbuídos da con-

[14] "Quem tem a seu favor a presunção legal escusa de provar o facto a que ela conduz" (nº 1 do art. 350º do Código Civil).

[15] Também chamado da *continuidade do registo.* Nem sempre, como veremos, o legislador tem na devida conta este princípio, esquecendo o ensinamento de Carlos Ferreira de Almeida, a propósito da conexão: "Há que acentuar novamente em que não existe verdadeiro registo sem que um entrelaçar de factos jurídicos se aperte em volta de determinado objeto. Não só não basta um atestar isolado do facto, como insuficiente é ainda a referência recíproca entre eles. Há de acrescer que os averbamentos se liguem a uma pessoa ou a uma coisa, de modo a obter o conhecimento da situação jurídica pessoal ou real." (*ob. cit.*, p. 98).

ceção de publicidade prevalecente no século XIX – todos podiam saber tudo sobre todos.

O direito à reserva da vida privada só veio a ser reconhecido como direito fundamental na segunda metade do século XX e a proteção dos dados pessoais tratados por via informática, já garantida pela Constituição de 1976, só começou a ter expressão parcial no registo predial a partir de 1999, não obstante a pré-existência do anterior normativo do art. 35º da Constituição e da legislação de proteção de dados pessoais[16].

Foram entretanto introduzidas no ordenamento das várias espécies de registo normas de proteção de dados[17] que serão analisadas oportunamente.

3. Objeto e espécies do registo

São objeto do registo os factos com relevância jurídica a que a lei impõe o registo *como condição para poderem ser invocados perante terceiros* e a que atribui valor de prova que só pode ser ilidida por via contenciosa em que deve também ser pedido *o cancelamento* ou *a retificação* do registo.

O registo não pode incorporar factos que não estejam expressamente previstos na lei como a ele sujeitos. Não está assim na disponibilidade dos interessados, nem na do oficial público responsável pelo registo, fazer constar deste outros factos, ainda que juridicamente relevantes.

Na terminologia jurídico-registal, a expressão *factos sujeitos a registo* tem o significado de factos que podem ser levados a registo, ainda que não necessariamente de forma obrigatória; a obrigatoriedade do registo deve também estar, direta ou indiretamente, prevista na lei: no silêncio desta, o registo é facultativo.

[16] Data de 29 de abril de 1991 a primeira lei de proteção de dados, a Lei nº 10/91, entretanto substituída pela Lei nº 67/98, de 26 de outubro (Lei da Proteção de Dados Pessoais), alterada pela Lei nº 103/2015, de 24 de agosto; a Lei nº 67/98 transpôs para a ordem jurídica portuguesa a Diretiva nº 95/46/CE, do Parlamento Europeu e do Conselho, de 24 de outubro de 1995. Esta diretiva foi entretanto revogada pelo Regulamento (UE) 2016/679 do Parlamento Europeu e do Conselho, de 27 de abril de 2016, relativo à proteção das pessoas singulares no que diz respeito ao tratamento de dados pessoais e à livre circulação desses dados (RGPD), diretamente aplicável a partir de 25 de maio de 2018, e cuja execução é assegurada, na ordem jurídica interna, pela Lei nº 58/2019, de 8 de agosto.

[17] As normas de proteção da privacidade e dos dados pessoais vieram a ser introduzidas no registo predial pelo Decreto-Lei nº 533/99, de 11 de dezembro, no registo de automóveis pelo Decreto-Lei nº 182/2002, de 20 de agosto, no registo comercial pelo Decreto-Lei nº 76-A/2006, de 29 de março, e finalmente no registo civil pelo Decreto-Lei nº 324/2007, de 28 de setembro. Estas normas mantêm-se em vigor em tudo o que não contrarie o disposto no RGPD e na Lei nº 58/2019, de 8 de agosto, de harmonia com o disposto no art. 62º desta lei que revogou também a Lei nº 67/98, de 26 de outubro.

Do mesmo modo, a presunção de verdade legal não pode ser contestada por via administrativa: há de sê-lo, se for caso disso, por via judicial.

Bem se compreende que à contestação da verdade ou do rigor do facto jurídico registado ou do próprio registo esteja ligada a necessidade de pedir também o *cancelamento* ou a *retificação* deste último: doutra forma, perante uma eventual procedência da ação judicial, a verdade da situação jurídica reconhecida pela decisão judicial chocaria com a verdade atribuída pela lei civil à situação jurídica resultante do facto registado nas tábuas[18].[19]

A lei prevê quatro espécies de registos, duas de registos pessoais – registo civil e registo comercial – e duas de registos reais – registo predial e registo de bens móveis.

O *registo civil* tem por objeto a publicidade de factos jurídicos referentes a pessoas singulares enquanto o *registo comercial* se ocupa da publicidade de factos jurídicos concernentes à atividade económica de certas pessoas singulares – comerciantes individuais – e das pessoas coletivas expressamente referidas no respetivo código ou em legislação avulsa[20].

O *registo predial* tem por objeto a publicidade de factos jurídicos referentes a coisas imóveis; por sua vez, o *registo de bens móveis* diz respeito a factos jurídicos relativos a certos bens móveis que a lei sujeita a registo: veículos automóveis, navios e aeronaves, pese o facto de atualmente apenas os primeiros estarem adequadamente regulamentados.

A lei registal determina a inscrição de factos jurídicos: desses factos decorrem, como se disse, situações jurídicas, situações pessoais e situações reais, respetivamente.

Situação jurídica pessoal, ou simplesmente situação pessoal, é o conjunto de qualidades jurídicas – direitos e vinculações – de que é titular uma pessoa e que, no caso de pessoas singulares, constituem o seu *estado pessoal*.

Situação jurídica real é o conjunto de qualidades que determinada coisa possui num certo momento e das circunstâncias que a afetam, bem como dos poderes e correspondentes deveres que sobre ela incidem[21].

[18] *Tábuas é* a expressão ainda hoje correntemente usada na linguagem jurídico-registal para designar os suportes documentais, ou suportes físicos, em que se exaram os registos: livros, fichas ou suporte eletrónico (de *tabulae*, designação dada a livros de registo do estado civil na antiga Roma).

[19] Para prevenir a ocorrência desta situação, foi alterada a redação do art. 8º do Código do Registo Predial, que diz agora: "A impugnação judicial de factos registados faz presumir o pedido de cancelamento do respetivo registo". Similar alteração não foi ainda introduzida nos outros códigos dos registos.

[20] Sem prejuízo de um património – o estabelecimento individual de responsabilidade limitada –, de que se falará oportunamente, estar igualmente submetido a esta disciplina.

[21] Cf. Carlos Ferreira de Almeida, *ob. cit.*, nota de p. 13.

4. Força probatória dos registos

Os registos são *documentos autênticos*, fazendo prova plena dos factos neles atestados pelo conservador, como resulta dos artigos 363º e 369º CC e seguintes[22], sem prejuízo de a sua força probatória poder ser ilidida *contenciosamente*, nos termos também previstos na lei.

Por força do nº 1 do citado art. 369º, o documento só é autêntico quando a autoridade ou oficial público que o exara – no caso dos registos, o conservador ou o seu substituto legal –, for competente, em razão da matéria e do lugar, e não estiver legalmente impedido de o lavrar.

O nº 2 deste artigo prevê, no entanto, que se considere "exarado por autoridade ou oficial público competente o documento lavrado por quem exerça publicamente as respetivas funções, a não ser que os intervenientes ou beneficiários conhecessem, no momento da sua feitura, a falsa qualidade da autoridade ou oficial público, a sua incompetência ou a irregularidade da sua investidura."

A razão da ressalva constante do nº 2 do art. 369º CC é assim explicada por Pires de Lima e Antunes Varela, em anotação àquele dispositivo: "No nº 2 refere-se este artigo aos *funcionários de facto*. Não se confundem os funcionários de facto com os *usurpadores de funções*, que, pela violência ou pela fraude, se tenham apoderado, ostensivamente, do cargo público."[23]

E continuam os mesmos autores: "Não basta igualmente que as partes se tenham convencido de estarem perante uma autoridade ou oficial público regularmente investido no exercício das suas funções. É indispensável que o funcionário exerça *publicamente* o seu cargo e que se tenha generalizado a convicção de que o exerce de modo regular (*vide* Marcello Caetano, *Manual de Direito Administrativo*, t. II, 9ª ed., nº 246). É essa a noção clássica e geralmente aceite do *funcionário de facto*, que envolve uma espécie de *posse da função* ou *cargo público*."

Veremos mais à frente, a propósito dos vícios do registo, o interesse desta clarificação.

A presunção legal resultante do registo tem como efeito fazer inverter o ónus da prova: quem tem a seu favor o registo não precisa portanto de provar que é titular do direito correspondente, sem prejuízo de a presunção poder ser ilidida mediante prova em contrário (art. 350º CC).

Desta presunção só beneficia, no entanto, o *registo definitivo*; o registo provisório não beneficia da presunção legal a que se reporta o art. 350º CC[24], porquanto a sua validade está condicionada à ocorrência de facto futuro.

[22] Os artigos do Código Civil citados no presente volume são seguidos das iniciais CC.

[23] Em *Código Civil Anotado*, volume I, 4ª edição, Coimbra Editora, p. 326.

[24] Também não beneficia da presunção legal, em registo comercial, o chamado "registo por depósito" a que oportunamente se fará referência.

5. Modalidades de registos

Os registos podem assumir as seguintes modalidades:

a) definitivo ou provisório;
b) obrigatório ou facultativo;
c) constitutivo ou declarativo;
d) aquisitivo ou consolidativo;
e) por depósito e por transcrição.

O registo é *definitivo* após ter sido efetuado o controlo da legalidade e da verdade da ocorrência do facto jurídico em causa, produzindo em consequência todos os efeitos que legalmente lhe são atribuídos.

Há todavia situações em que o registo é *provisório* como veremos detalhadamente nos capítulos referentes aos registos comercial e predial; a provisoriedade pode resultar de uma de duas causas, ou até de ambas: por uma parte, existência de deficiências no pedido de registo, suscetíveis em todo o caso de correção em determinado prazo (*registo provisório por dúvidas*); por outra, a validade ou eficácia do facto jurídico estar ainda dependente da futura ocorrência e validade de outro facto ou do reconhecimento de um direito (*registo provisório por natureza*).

O registo é *obrigatório* quando a lei assim o determina, seja expressamente, seja por via da fixação de prazos para o seu pedido e de sanções para o não cumprimento atempado deste.

O registo é *facultativo* quando, em contrapartida, a lei, prevendo embora a possibilidade de registo do facto jurídico em causa, não estabelece qualquer prazo para o seu pedido nem quaisquer sanções para a ausência de pedido.

O registo pode ser *declarativo* ou *constitutivo*. É *constitutivo* quando é pelo próprio registo que se cria uma situação jurídica nova, que consequentemente não existiria sem a realização do registo: o nascimento do direito resulta assim da inscrição no registo do facto que lhe dá origem. Neste caso, os factos podem até existir, o que não produzem é os efeitos jurídicos decorrentes da situação jurídica que seriam obtidos pelo registo desses factos.

O registo diz-se *declarativo* ou *enunciativo* quando declara ou enuncia a ocorrência de um facto jurídico válido, constituindo essa enunciação presunção de que existe a situação jurídica nos precisos termos em que decorre desse facto.

Quando o registo é meramente declarativo, os direitos nascem, vivem e extinguem-se independentemente da inscrição no registo dos factos de que resultam; o registo limita-se assim a "declarar" a ocorrência de um facto de que resulta a situação em que se encontra o direito em determinado momento,[25] o

[25] Cf. Serrano Alonso, *Conceptos Fundamentales del Derecho Hipotecario,* 3ª edição, Editorial Forum, Oviedo, 1999, p. 23.

que tem, no entanto, a virtualidade de conferir ao facto registado a presunção de verdade legal: mas, sem registo, o facto não é, como regra, oponível a terceiros.

O registo no direito português é em regra declarativo. São todavia exemplos de registos constitutivos, entre outros, a constituição de sociedades comerciais e a hipoteca.

O *registo aquisitivo* é o que resulta de uma *aquisição tabular*[26], ou seja, da aquisição de um direito que só é válida porque uma disposição de lei assim o determina, observadas que sejam as condições nela previstas.

O *registo consolidativo* corresponde à situação normal decorrente da realização de um registo declarativo e que tem como efeito o de impedir precisamente a ocorrência de uma situação que permita a aquisição tabular.

As modalidades *registo por depósito* e *registo por transcrição* são específicas do registo comercial.

O registo por depósito é da responsabilidade e iniciativa da entidade sujeita a registo, abrange apenas determinados factos jurídicos especificados na lei, não está sujeito a controlo da legalidade por um serviço de registo e não beneficia consequentemente da presunção legal de verdade.

O registo por transcrição – designação aliás menos adequada, como se verá – abrange os factos sujeitos a registo comercial que não estejam referidos na lei como a efetuar por depósito, está sujeito a controlo de legalidade e verdade, beneficiando, quando definitivo, da presunção legal de verdade.

6. Forma dos atos de registo

Dir-se-ia, parafraseando Nuñez Lagos[27], que a forma está para o facto jurídico como a palavra está para a ideia.

A forma é o suporte do facto jurídico: irá servir para provar a situação jurídica dele decorrente, situação essa que assume eficácia perante terceiros.

A feitura dos registos obedece a forma definida pela lei: é o *assento* a forma primária de inscrição no registo dos factos jurídicos a ele sujeito.

Chama-se *assento* ao resultado do ato de exarar em suporte documental próprio a constância de um facto, em regra apoiado por um *título*, de modo a surtir os efeitos jurídicos previstos na lei.

Os *suportes documentais dos registos*, indiferentemente designados também por suportes físicos ou tábuas, anteriormente livros ou fichas, são atualmente

[26] Aquisição tabular significa aquisição pelo registo, ou seja, aquisição por força de uma disposição registal; como acima se disse, "tábuas" é uma designação histórica do suporte físico dos registos.

[27] *Apud* Chico y Ortiz, *Seguridad juridica y revision critica de los principios hipotecarios*, Marcial Pons, Madrid 1994, p. 39.

suportes informáticos, em qualquer caso obedecendo a normas legais ou a normas definidas em regulamentos internos dos serviços dos registos e do notariado.

Como já foi mencionado, *título* significa, em sentido material, o ato, acordo de vontades ou negócio jurídico que dá lugar ao nascimento ou à modificação de um direito; em sentido formal, corresponde ao documento em que se recolhe ou corporiza aquele ato jurídico[28].

O uso da expressão *assento* mantém-se apenas no registo civil: assento de nascimento, de casamento, de óbito, etc.; nas outras espécies de registos, o assento toma designações particulares: *matrícula* e *inscrição* no registo comercial, *descrição* e *inscrição* no registo predial.

Os assentos são atualizados, completados ou retificados por *averbamentos* e *anotações* que constituem as formas secundárias ou complementares da feitura de registos.

7. Organização dos registos

7.1. Conservatórias e serviços de registo

Os registos são, em regra, lavrados nas conservatórias dos registos[29].

Preveem a este respeito os artigos 5º, 6º e 6º-A da Lei Orgânica dos Serviços dos Registos e do Notariado (Decreto-Lei nº 519-F2/79, de 29 de dezembro, na redação do Decreto-Lei nº 116/2008, de 4 de julho):

> Art. 5º: "1 – Na sede de cada concelho do continente e das Regiões Autónomas existe uma conservatória do registo civil, do registo predial e do registo comercial, sem prejuízo do disposto nos nºs 2 e 3 deste artigo e no artigo seguinte.
>
> 2 – Na área de cada concelho, na sede ou fora dela, pode haver mais de uma conservatória da mesma espécie, quando o volume de serviço o justifique.
>
> 3 – Fora da sede do concelho só podem existir conservatórias em localidades que sejam sede de freguesia e tenham população superior a 30 000 habitantes."
>
> Art. 6º: "1 – Sempre que se justifique, podem ser criados novos serviços de registo ou reajustados os existentes.

[28] Cf. Serrano Alonso, *ob. cit.*, pp. 45-46.

[29] A obrigatoriedade de atendimento prioritário, prevista no Decreto-Lei nº 52/2016, de 29 de agosto, para determinadas pessoas, não se aplica às conservatórias por virtude do disposto no seu art. 2º, n. 2, alínea *b*).

2 – *(Revogado.)*
3 – *(Revogado.)*[30]
4 – As alterações introduzidas na demarcação administrativa da área de qualquer concelho, bem como nos limites das respetivas freguesias, só são consideradas para fins de registo quando seja determinado por despacho do presidente do Instituto dos Registos e do Notariado, I. P.".
Art. 6º-A "1 – Os serviços de registo predial funcionam como repartições autónomas ou em regime de anexação.
2 – Os atos de registo predial podem ser efetuados e os respetivos meios de prova obtidos em qualquer serviço do registo predial, independentemente da sua localização geográfica.
3 – A competência para a prática dos atos previstos no número anterior pode ser atribuída a qualquer serviço de registos, através de despacho do presidente do Instituto dos Registos e do Notariado, I. P."

O art. 7º do Decreto-Lei nº 519-F2/79, de 29 de dezembro, na redação que lhe foi conferida pelo Decreto-Lei nº 324/2007, de 28 de setembro, dispõe, quanto às conservatórias do registo comercial:

"1 – As conservatórias do registo comercial funcionam como repartições autónomas ou em regime de anexação com outras conservatórias.
2 – Os atos do registo comercial podem ser efetuados e os respetivos meios de prova obtidos em qualquer conservatória do registo comercial, independentemente da sua localização geográfica.
3 – A competência para a prática dos atos referidos no número anterior pode ser atribuída a qualquer conservatória de registos, através de despacho do presidente do Instituto dos Registos e do Notariado, I. P.."

Considerando designadamente «várias e sucessivas as medidas de simplificação adotadas na área dos registos, assentes, essencialmente, na simplificação de procedimentos e eliminação da competência territorial, na prestação de serviços em regime de balcão único e na disponibilização de serviços pela internet», a Portaria nº 109/2013, de 19 de março, promoveu a anexação de elevado

[30] Era a seguinte a anterior redação dos revogados nºs 2 e 3 que tinha em atenção a então existente competência territorial das conservatórias:
"2 – Sempre que na sede do concelho exista mais do que uma conservatória, a competência territorial de cada repartição deve ser fixada com base na divisão administrativa do concelho e por forma que o volume e rendimento do serviço de cada conservatória da mesma espécie sejam, tanto quanto possível, igualados.
3 – A competência territorial das conservatórias criadas ao abrigo do nº 3 do artigo anterior é delimitada à área que lhes for fixada no respetivo diploma de criação."

número de conservatórias do registo civil e predial, bem como a fusão de conservatórias do registo civil e do registo predial nalgumas cidades em que havia duas ou mais conservatórias de cada um dessas espécies.

As conservatórias e demais serviços de registo estão integrados no Instituto dos Registos e do Notariado (abreviadamente IRN, I. P. e, doravante, IRN)[31], que é um organismo central do Ministério da Justiça.

O nº 4 do art. 8º do Decreto-Lei nº 148/2012, de 12 de julho, considera como *serviços desconcentrados* do IRN:

a) As conservatórias do registo civil;
b) As conservatórias do registo predial;
c) As conservatórias do registo comercial;
d) As conservatórias do registo de veículos;
e) Os serviços de gestão de arquivos e documentos
f) Os balcões SIR – Soluções Integradas de Registo e outros serviços de registo previstos em legislação especial.

O nº 3 do mesmo artigo considera como *serviços centrais de registo* do IRN:

a) A Conservatória dos Registos Centrais;
b) O Registo Nacional de Pessoas Coletivas.

Importa também referir o *conselho consultivo dos Registos e Notariado* que é o órgão de consulta, apoio e participação na definição das linhas gerais de atuação do IRN, e nas tomadas de decisão do seu conselho diretivo (art. 6º do Decreto-Lei nº 148/2012) e cujos pareceres são frequentemente citados neste volume[32].

[31] O Instituto dos Registos e do Notariado, I. P. (IRN, I. P.) sucedeu nas atribuições da Direção-Geral dos Registos e do Notariado, nos termos previstos no art. 14º do Decreto-Lei nº 129/2007, de 27 de abril.
"O IRN, I. P., tem por missão executar e acompanhar as políticas relativas aos serviços de registo, tendo em vista assegurar a prestação de serviços aos cidadãos no âmbito da identificação civil e do registo civil, de nacionalidade, predial, comercial, de bens móveis e de pessoas coletivas, bem como assegurar a regulação, controlo e fiscalização da atividade notarial."(art. 3º, nº 1 do Decreto-Lei nº 148/2012, de 12 de julho).
No presente volume, é mantida a designação *Direção-Geral dos Registos e do Notariado* e a sua abreviatura *DGRN,* bem como a de *diretor-geral dos Registos e do Notariado,* nas referências a disposições legais que mantenham ainda essas designações, bem como a atos praticados ou a factos ocorridos ao tempo em que a estrutura central dos registos e do notariado e o seu responsável eram assim denominados.

[32] O agora denominado conselho consultivo era anteriormente designado *conselho técnico dos Registos e do Notariado,* designação que manteremos na citação de pareceres e deliberações tomados anteriormente à alteração da designação.

Diplomas recentes têm usado indiferentemente as expressões "conservatória" e "serviço de registo". É que têm sido atribuídas competências de registo a serviços que não são conservatórias sem haver o cuidado de atualizar a legislação orgânica dos serviços desconcentrados. Os próprios estatutos do IRN, aprovados pela Portaria nº 387/2012, de 29 de novembro, empregam a expressão "serviços de registo" de forma abrangente, incluindo nela as conservatórias tradicionais, como resulta do seu art. 8º:

> «1 – Os serviços de registo são regulados em diploma próprio.
>
> 2 – Por decisão do conselho diretivo do IRN, I. P., podem ser criados, junto de entidades públicas ou privadas, balcões de registos, enquanto estruturas multifuncionais onde sejam disponibilizados um ou mais serviços próprios do IRN, I. P.
>
> 3 – Os serviços previstos nos números anteriores podem ser prestados em espaços físicos partilhados, organizados sob uma direção e gestão únicas, sempre que o conselho diretivo do IRN, I. P., o considerar conveniente."

A responsabilidade pelos registos cabe, em princípio, ao *conservador dos registos.*[33]

A função fundamental do conservador é, de harmonia com o princípio da legalidade, **a** *qualificação* que consiste na verificação da viabilidade do pedido de registo, da legitimidade dos requerentes e do cumprimento das disposições legais aplicáveis – aplicação do princípio da legalidade – e, se for o caso, no exame dos documentos apresentados para verificar se os direitos neles contidos estão corretamente definidos e se respeitam a conexão com a titularidade previamente inscrita, quando essa conexão for legalmente exigível.

O conservador de registos está sujeito ao poder de direção e ao poder disciplinar do conselho diretivo do IRN, sem prejuízo da sua autonomia técnico-jurídica e funcional (art. 12º do Decreto-Lei nº 115/2018, de 21 de dezembro[34].

[33] É frequente encontrar na doutrina a expressão *registador* ou *registrador* para designar o conservador dos registos: é a forma correntemente usada em Espanha e na América Latina, incluindo o Brasil, mas que não teve acolhimento na legislação portuguesa.

[34] O Decreto-Lei nº 115/2018, de 21 de dezembro, que estabeleceu o regime da carreira especial de conservador de registos, define, no art. 7º, o seu perfil profissional nos seguintes termos:

1 – O conservador de registos é o profissional com preparação jurídica, a quem incumbe, com responsabilidade, imparcialidade, autonomia técnica e funcional, e sujeição a critérios de legalidade e de objetividade estritos, exercer funções nos domínios da identificação civil, da nacionalidade e dos registos civil, predial, comercial, de bens e direitos sujeitos a registo e das pessoas coletivas.

2 – No exercício da sua atividade, o conservador de registos prossegue o interesse público, atribuindo fé pública aos atos jurídicos e garantindo segurança e certeza jurídicas.

7.2. Balcões «SIR»; Balcão das Heranças e Balcão de Divórcio com Partilha

O Decreto-Lei nº 116/2008, de 4 de julho, previu, no seu art. 26º, a possibilidade de poderem ser criados, por portaria, procedimentos para operações especiais de registos de factos jurídicos que, pelo seu número, natureza, relação de dependência ou conexão, bem como pela identidade ou qualidade dos sujeitos, justifiquem um tratamento unitário.

A tramitação destes procedimentos poderia ser efetuada em balcões com competência para a prática de atos de qualquer área de registo, criados por despacho do presidente do Instituto dos Registos e do Notariado, junto de entidades públicas ou privadas, ou como serviços autónomos.

Estes procedimentos foram regulamentados pela Portaria nº 547/2009, de 25 de maio, competindo a sua prática a balcões denominados «SIR – Soluções integradas de registo», com competência para a prática de atos em qualquer ponto do território nacional, constituindo serviços especiais de registo.

Foram também criados em conservatórias do registo civil e outros serviços de registo os designados *Balcão das Heranças* e *Balcão de Divórcio com Partilha do Património Conjugal*, bem como o serviço de *Certificado Sucessório Europeu*[35], para a realização de procedimentos simplificados nestas matérias.

8. Noção de atos notariais

Os atos notariais são *atos jurídicos extrajudiciais* a que a intervenção do notário dá forma legal e confere autenticidade. São assim atos cujo valor probatório é fixado em função da intervenção de um notário e até da natureza dessa intervenção.

O *notário* é, conforme enuncia o art. 1º do Estatuto do Notariado, o jurista a cujos documentos escritos, elaborados no exercício da sua função, é conferida *fé pública*. É, simultaneamente, diz a mesma norma, um *oficial público* que confere autenticidade aos documentos e assegura o seu arquivamento e um *profissional liberal* que atua de forma independente, imparcial e por livre escolha dos interessados.

São exemplo de atos notariais os atos celebrados por escritura pública, com especial relevo para as habilitações notariais e as justificações notariais, os testamentos públicos, a aprovação de testamentos cerrados, os protestos de letras e outros títulos de crédito, a autenticação de documentos particulares, as procurações ou os reconhecimentos notariais.

[35] Finalidade do Certificado Sucessório Europeu: "1. O certificado destina-se a ser utilizado pelos herdeiros, pelos legatários que tenham direitos na sucessão e pelos executores testamentários ou administradores de heranças que necessitem de invocar noutro Estado-Membro a sua qualidade ou exercer os seus direitos de herdeiros ou legatários e/ou os seus poderes de executores testamentários ou administradores de uma herança." (art. 63º do Regulamento (EU) nº 650/2012, de 4 de julho de 2012, do Parlamento Europeu e do Conselho).

A competência para efetuar alguns destes atos tem vindo a ser atribuída também a algumas outras entidades, como adiante se verá.

9. Força probatória dos documentos com intervenção notarial

De harmonia com o nº 2 do art. 363º CC, são *documentos autênticos* os documentos exarados por notário nos limites da sua competência funcional e territorial.

São *documentos autenticados*, segundo o nº 3 da mesma disposição, os documentos particulares quando confirmados pelas partes, perante notário, nos termos previstos no Código do Notariado[36].

Os documentos autênticos, conforme preceitua o art. 371º CC, fazem prova plena dos factos que referem como praticados pela autoridade ou oficial público respetivo, assim como dos factos que neles são atestados com base nas perceções da entidade documentadora.

Os *documentos particulares*, por força dos nºs 1 dos artºs 375º e 376º CC, cuja letra e assinatura, ou só assinatura, se mostrem reconhecidas presencialmente, nos termos das leis notariais, fazem prova plena quanto às declarações atribuídas aos seus autores.

Os *documentos particulares autenticados* nos termos da lei notarial, segundo prescreve o art. 377º CC, têm a força probatória dos documentos autênticos ainda que os não possam substituir quando a lei exija documento autêntico para a validade do ato.

Os documentos exarados ou autenticados por notário que importem constituição ou reconhecimento de qualquer obrigação constituem *título executivo* (nº 1, alínea *b)*, do art. 703º do Código de Processo Civil[37]).

10. Organização do notariado

O notário é um jurista, profissional liberal dotado de fé pública – e por isso também oficial público –, integrado numa associação pública profissional, a Ordem dos Notários, e submetido ao Estatuto do Notariado.

O Estatuto do Notariado foi aprovado pelo Decreto-Lei nº 26/2004, de 4 de fevereiro, e alterado pela Lei nº 51/2004, de 29 de outubro, pelo Decreto-Lei nº 15/2011, de 25 de janeiro, e pela Lei nº 155/2015, de 15 de setembro.

[36] O art. 38º do Decreto-Lei nº 76-A/2006, de 29 de março, alterado pelo art. 19º do Decreto-Lei nº 8/2007, de 17 de janeiro, atribuiu também às câmaras de comércio e indústria, reconhecidas nos termos do Decreto-Lei nº 244/92, de 29 de outubro, aos conservadores, aos oficiais de registo, aos advogados e aos solicitadores competência para autenticar documentos particulares.

[37] Nº 1 do art. 703º: "1 – À execução apenas podem servir de base: (...) *b)* Os documentos elaborados ou autenticados, por notário ou por outras entidades ou profissionais com competência para tal, que importem constituição ou reconhecimento de qualquer obrigação (...)".

Por sua vez, o novo Estatuto da Ordem dos Notários foi aprovado pela Lei nº 155/2015, de 15 de setembro.

Os notários exercem a sua atividade em *cartórios notariais*, com a competência funcional definida nos artigos 4º do Estatuto do Notariado e do Código do Notariado, sendo a sua competência territorial correspondente, em princípio, à circunscrição territorial do município em que está instalado o cartório.

Os notários podem associar-se em *sociedades de notários*, nos termos da previsão do nº 3 do art. 5º do Estatuto do Notariado.

Mantém-se todavia ainda *cartórios notariais de competência específica*, com as espécies e competências que serão analisadas no capítulo VI.

11. Fé pública

Os registos, bem como os documentos exarados ou confirmados por notário, gozam de *fé pública*.

Fé pública significa, como resulta das disposições da lei civil já citadas, a presunção legal:

- Quanto aos registos, da verdade do seu conteúdo, da existência dos direitos deles resultantes e da sua pertença aos titulares neles inscritos, ou seja, da verdade e exatidão da situação jurídica resultante dos factos inscritos;
- Quanto aos atos com intervenção notarial, da verdade dos factos praticados por notário ou por ele atestados com base nas suas perceções, bem como das declarações atribuídas ao seu autor em documentos escritos e assinados, ou só assinados, perante notário.

A fé pública dimana portanto das disposições da lei civil que a conferem aos atos e declarações de certas pessoas, no caso, os conservadores dos registos e os notários.

A fé pública implica, para os registos, uma dupla presunção: a de que o registo é *integral*, isto é, de que nada existe para além dele, e a de que o registo é *exato*, e portanto conforme à realidade extraregistal[38].

Resulta assim da fé pública registal que um facto nulo pode produzir efeitos na medida em que pode ser invocado por quem nisso tenha interesse, ponto é que esteja de boa-fé, isto é, que desconheça a desconformidade da realidade tabular com a realidade extraregistal[39].

[38] Carlos Ferreira de Almeida, *ob. cit.*, p. 304.

[39] Carlos Ferreira de Almeida, *ob. cit.*, p. 307; cf. os artºs 22º, nº 4, e 83º do Código do Registo Comercial e os artºs 17º, nº 2, e 122º do Código do Registo Predial.

Se é certo que um registo juridicamente inexistente não produz qualquer efeito e pode ser invocado a todo o tempo por qualquer pessoa, independentemente da declaração judicial ou administrativa dessa inexistência, já a nulidade do registo só pode ser invocada depois de declaração judicial com trânsito em julgado, no caso dos registos comercial ou predial, ou depois de declaração do conservador, no caso do registo civil[40]: até lá, o registo pode consequentemente produzir efeitos, como acima se disse, sem prejuízo da retroatividade dos efeitos da declaração da nulidade, nos termos previstos, na falta de regime especial, pelos artºs 285º CC e seguintes.

[40] Nº 3 do art. 22º do Código do Registo Comercial, nº 1 do art. 17º do Código do Registo Predial e art. 90º do Código do Registo Civil.

Capítulo I
Registo Civil

1. Objeto do registo civil

1.1. Estado civil e estado pessoal

O registo civil guarda constância dos factos que constituem o *estado civil* das pessoas singulares: o estado civil é constituído pelo conjunto de qualidades jurídicas que o Código do Registo Civil sujeita a registo.

O estado civil é mais restrito que o estado das pessoas ou *estado pessoal* que, como explica Castro Mendes, é a qualidade que condiciona a atribuição a uma pessoa de uma massa pré-determinada de direitos e vinculações, cuja titularidade ou não titularidade é aspeto fundamental da situação jurídica da pessoa.

É o direito positivo que nos dá um critério legal de determinar as qualidades jurídicas que merecem a qualificação de fundamentais: são assim aquelas que se encontram inscritas no registo civil, ou que a doutrina repute de relevância jurídica igual à dessas.[1]

Há qualidades de relevância jurídica importante que a lei não sujeita a registo civil: é, por exemplo, o caso da situação de objetor de consciência[2] ou de contumaz[3], das uniões e das separações de facto, etc.[4].

[1] João de Castro Mendes, *Teoria Geral de Direito Civil*, vol. I, AAFDL, p. 100-101.

[2] O direito à objeção de consciência é garantido pelo nº 6 do art. 41º da Constituição e regulamentado pela legislação relativa às várias situações em que pode ser invocado.

[3] Existe todavia um registo de contumazes criado pela Lei nº 57/98, de 18 de agosto, na Direção-Geral dos Serviços Judiciários (atualmente designada Direção-Geral da Administração da Justiça).

[4] A Lei nº 7/2001, de 11 de maio, alterada pela Lei nº 23/2010, de 30 de agosto, que a republica, "adota medidas de proteção das uniões de facto", mas não inclui entre elas a possibilidade do seu

Estas qualidades integram o estado pessoal, mas não o estado civil.

O *objeto do registo civil* é pois o de dar publicidade à situação jurídica de pessoas singulares através do registo dos factos que integram o seu estado civil: dar publicidade tem neste contexto, como se sabe, o significado de permitir a qualquer interessado obter informação sobre os factos registados e, consequentemente, sobre a situação jurídica das pessoas a quem dizem respeito.

Registo civil é assim a designação sincopada de *registo do estado civil*[5].

Há ainda que distinguir a noção de *estado civil*, que temos estado a referir, do conceito mais restrito, usado tradicionalmente, mas porventura menos rigorosamente, mesmo em textos legislativos e até no Código do Registo Civil, para designar a *situação matrimonial* das pessoas.

1.2. Enquadramento legal

O registo civil é atualmente disciplinado pelo Código do Registo Civil, aprovado pelo Decreto-Lei nº 131/95, de 6 de junho, retificado pela Declaração nº 96/95, de 31 de julho, e entretanto alterado por numerosos diplomas, o último dos quais a Lei nº 49/2018, de 14 de agosto.

Dois diplomas avulsos – forma bem pouco recomendável de modificar legislação codificada, seja dito de passagem – introduziram outras alterações na disciplina do registo civil: foram eles os Decretos-Lei nº 236/2001, de 30 de agosto, sobre a celebração de casamentos civis fora do horário de funcionamento dos serviços, e nº 272/2001, de 13 de outubro, sobre transferência de competências dos tribunais para as conservatórias do registo civil, ambos eles aliás, também por sua vez alterados pelo Decreto-Lei nº 324/2007, que todavia não considerou a integração no Código das correspondentes disposições. O Decreto-Lei nº 272/2001 foi de novo alterado pela Lei nº 61/2008, de 31 de outubro, pelo Decreto-Lei nº 122/2013, de 26 de agosto, e pela Lei nº 49/2018, de 14 de agosto.

2. Factos sujeitos a registo

Os factos sujeitos a registo são, como se disse, os factos que a lei permite que sejam levados ao registo, isto é, que sejam lavrados nos suportes próprios,

registo, considerando, no seu art. 2º-A, que a união de facto se prova por qualquer meio legalmente admissível.

O pseudónimo, embora o art. 74º CC determine que o "pseudónimo, quando tenha notoriedade, goza da proteção conferida ao próprio nome", também não é atualmente suscetível de inscrição no registo civil. Todavia, o nome literário ou artístico pode ser registado no departamento governamental que tenha a seu cargo a proteção jurídica do direito de autor, mas tal registo "não tem outro efeito além da mera publicação do seu uso" (cf. artºs 215º e 216º do Código do Direito de Autor, alterado e republicado pela Lei nº 16/2008, de 1 de abril).

[5] Cf. *Curso de Direito da Família* cit., p. 179.

legalmente admitidos para o efeito: esses suportes já foram constituídos por livros, fichas e microfilme, mas atualmente são apenas suportes informáticos.

Não podem ser registados quaisquer factos que a lei não declare como sujeitos a registo.

Quase todos os factos sujeitos a registo civil devem ser obrigatoriamente registados – *o registo civil é tendencialmente obrigatório* –, mas, como a seguir se mostra, é a lei que define quais, de entre eles, são ou não objeto de registo obrigatório.

2.1. Factos sujeitos a registo obrigatório

No registo civil, estão sujeitos a *registo obrigatório*, por força do art. 1º do Código[6], os seguintes factos quando respeitantes a *cidadãos portugueses*, onde quer que residam, ou, quando ocorram em *território português*, a *cidadãos estrangeiros*[7]:

a) O nascimento;
b) A filiação;
c) A adoção;
d) O casamento;
e) As convenções antenupciais e as alterações do regime de bens convencionado ou legalmente fixado;
f) A regulação do exercício do poder paternal, sua alteração e cessação;
g) A inibição ou suspensão do exercício do poder paternal e as providências limitativas desse poder;
h) O acompanhamento de maiores e a tutela e administração de bens[8];
i) O apadrinhamento civil e a sua revogação;
j) A curadoria provisória ou definitiva de ausentes e a morte presumida;
l) A declaração de insolvência, o indeferimento do respetivo pedido, nos casos de designação prévia de administrador judicial provisório, e o encerramento do processo de insolvência;
m) A nomeação e cessação de funções do administrador judicial e do administrador judicial provisório da insolvência, a atribuição ao devedor da administração da massa insolvente, assim como a proibição da prática

[6] Os artigos citados no Capítulo I, quando não acompanhados de qualquer outra menção, dizem respeito ao Código do Registo Civil; os artigos do Código Civil são, como já se disse, seguidos das iniciais CC.

[7] Cf. artºs 10º e 11º.

[8] Todas as referências legais a incapacidades por interdição ou por inabilitação, que não tenham sido expressamente alteradas pela presente lei, são havidas como remissões para o regime do maior acompanhado, com as necessárias adaptações (art. 23º da Lei nº 49/2018, de 14 de agosto).

de certos atos sem o consentimento do administrador da insolvência e a cessação dessa administração;

n) A inabilitação e a inibição do insolvente para o exercício do comércio e de determinados cargos;

o) A exoneração do passivo restante, assim como o início e cessação antecipada do respetivo procedimento e a revogação da exoneração;

p) O óbito;

q) Os que determinem a modificação ou extinção de qualquer dos factos indicados e os que decorram de imposição legal.

De harmonia com o disposto no art. 6º, os atos de registo *lavrados no estrangeiro* por *entidades estrangeiras* competentes, referentes a portugueses, ingressam no registo civil nacional em face dos documentos que os comprovem, de acordo com a respetiva lei e mediante a prova de que não contrariam os princípios fundamentais da ordem pública internacional do Estado Português[9].

Os atos relativos ao estado civil lavrados no estrangeiro, perante as autoridades locais, que devam ser averbados aos assentos das conservatórias são previamente registados, por meio de assento, numa conservatória do registo civil ou na Conservatória dos Registos Centrais, de acordo com as regras de competência previstas nos artºs 10º e 11º (nº 2 do art. 6º[10]): quer dizer que, por exemplo, se houver de ser atualizado um assento de nascimento por virtude de um casamento realizado nos termos do citado nº 2, o correspondente averbamento deve ser precedido da realização do assento de casamento na conservatória para tanto competente de harmonia com os referidos artºs 10º e 11º, ou seja, lavrado em qualquer conservatória do registo civil nos casos previstos no art. 10º e na Conservatória dos Registos Centrais nos casos a que se refere o art. 11º. Excetuam-se deste procedimento o registo das convenções antenupciais e o registo de óbito de estrangeiro que dissolva casamento registado em Portugal (nº 3 do art. 6º).

[9] "(...) o juiz precisa de ter à sua disposição um meio que lhe permita precludir a aplicação de uma norma de direito estrangeiro, quando dessa aplicação resulte uma intolerável ofensa da harmonia jurídico-material interna ou uma contradição flagrante com os princípios fundamentais que informam a sua ordem jurídica. Esse meio ou expediente é a *exceção de ordem pública internacional* ou reserva da ordem pública." (João Baptista Machado, *Direito Internacional Privado*, 3ª edição, Almedina, p. 256).

[10] A redação deste nº 2 bem poderia ter sido harmonizada com a eliminação da competência territorial específica das conservatórias do registo civil resultante das alterações introduzidas pelo Decreto-Lei nº 324/2007, de 28 de setembro, e com a existência de uma base de dados nacional designada por SIRIC – Sistema Integrado de Registo e Identificação Civil: seria pois mais rigoroso dizer-se que o assento é lavrado, não na conservatória (local físico), mas sim *pela* conservatória (na base de dados SIRIC).

As *decisões dos tribunais estrangeiros* relativas ao estado ou à capacidade civil dos portugueses estão sujeitas a registo, mas, por força do art. 7º, apenas depois de revistas e confirmada pelo tribunal português competente, nos termos previstos nos artºs 978º e seguintes do Código do Processo Civil, sem prejuízo naturalmente do que possa ser estabelecido em tratados de que Portugal seja parte[11].

Estão nos mesmos termos sujeitas a registo as decisões de tribunais estrangeiros referentes ao estado ou capacidade civil de estrangeiros sempre que constem do registo civil português os assentos afetados pela decisão.

As decisões dos *tribunais eclesiásticos* respeitantes à nulidade do casamento católico ou à dispensa de casamento rato e não consumado, depois de revistas e confirmadas, são averbadas aos respetivos assentos (nº 3 do art. 7º, na redação do Decreto-Lei nº 100/2009, de 11 de maio)[12].

As alíneas *l)* a *o)* do art. 2º foram aditadas pelo art. 7º do Decreto-Lei nº 53/2004, de 8 de março, que aprovou o Código da Insolvência e da Recuperação de Empresas[13].

[11] Ver adiante, em *10.7 – Decisões proferidas noutros Estados-membros da União Europeia*, referência ao Regulamento (CE) nº 2201/2003 que prevê o reconhecimento, sem quaisquer formalidades, de decisões de divórcio, separação ou anulação de casamento tomadas naqueles Estados abrangidos pelo Regulamento.
Não necessitam também de revisão as decisões dos tribunais de Cabo Verde e de S. Tomé e Príncipe, relativas a portugueses ou a nacionais desses Estados. Dispõe o art. 25º do Acordo de Cooperação Jurídica e Judiciária entre a República Portuguesa e a República de Cabo Verde, assinado na Praia em 2 de dezembro de 2003:
"1 – As decisões proferidas pelos tribunais de cada um dos Estados Contratantes sobre direitos privados têm eficácia no território da outra desde que revistas e confirmadas.
2 – Não é necessária a revisão judicial:
a) Quando a decisão seja invocada em processo pendente em qualquer dos Estados Contratantes como simples meio de prova sujeito à apreciação de quem haja de julgar a causa;
b) Para o efeito de ingresso no registo civil, quando a decisão relativa a nacional de um Estado Contratante seja proferida em ação de estado ou de registo pelo tribunal do outro Estado, ou por outra entidade desde que a lei desse Estado Contratante equipare essa decisão a decisão judicial."
Por sua vez, o nº 2 do art. 31º do Acordo Judiciário entre Portugal e S. Tomé e Príncipe, assinado em 23 de março de 1976, é do seguinte teor: "2. Serão dispensadas de revisão, para o efeito de ingresso no registo civil, as decisões proferidas em ações de estado ou de registo pelos tribunais de uma Parte contratante relativas aos nacionais da outra, ficando a cargo da entidade que proceda ao registo a verificação, das condições referidas no artigo 8º".

[12] Nº 1 do art. 1626º CC, na redação do Decreto-Lei nº 100/2009, de 11 de maio: "1 – A decisão relativa à nulidade e à dispensa pontifícia do casamento rato e não consumado, tomada pela autoridade eclesiástica competente e verificada pelo órgão eclesiástico de controlo superior, é notificada às partes, produzindo efeitos civis, a requerimento de qualquer uma delas, após revisão e confirmação, nos termos da lei processual, pelo competente tribunal do Estado, que determina o seu averbamento no registo civil."

[13] A inserção destas alíneas no Código do Registo Civil e a consequente obrigatoriedade de fazer constar dos assentos de nascimento certos factos delas constantes, desconsiderando a instituição

Como resulta da referência na alínea *q)* aos factos que decorram de imposição legal, a enumeração, não sendo exemplificativa, *não é todavia exaustiva*; e, na verdade, há, além deste art. 1º, várias disposições legais sujeitam igualmente a registo obrigatório outros factos.

Assim, em matéria de *nacionalidade*, o art. 18º da Lei da Nacionalidade[14] sujeita a registo obrigatório as declarações para *atribuição, aquisição ou perda da nacionalidade* e a *naturalização* de estrangeiros.

Por sua vez, as decisões judiciais relativas às responsabilidades parentais[15], seguidamente enumeradas, estão sujeitas a *registo obrigatório*, registo este oficiosamente solicitado pelo tribunal, e não podem ser invocadas contra terceiros de boa-fé enquanto se não mostrar efetuado o registo (artºs 1920º-B e 1920º-C CC):

a) As decisões que regulem o poder paternal ou homologuem acordo sobre esse exercício;
b) As decisões que homologuem a reconciliação de cônjuges judicialmente separados de pessoas e bens;
c) As decisões que façam cessar a regulação do poder paternal em caso de reconciliação de cônjuges separados de facto;
d) As decisões que importem a inibição do exercício do poder paternal, o suspendam provisoriamente ou estabeleçam providências limitativas desse poder.

"registo civil", revela grave imponderação do legislador cujos efeitos, em 28 de Setembro seguinte, a Portaria nº 1257/2004 pretendeu atenuar ao determinar, no seu art. 1º, que os registos dos factos que, por força do Código da Insolvência e da Recuperação de Empresas, devam ser averbados ao assento de nascimento de pessoa sujeita a processo de insolvência são lavrados em folha de registo própria.
Determina o nº 3 do art. 189º do CIRE, na redação dada pela Lei nº 16/2012, de 20 de abril: "3 – A inibição para o exercício do comércio tal como a inibição para a administração de patrimónios alheios são oficiosamente registadas na conservatória do registo civil, e bem assim, quando a pessoa afetada for comerciante em nome individual, na conservatória do registo comercial, com base em comunicação eletrónica ou telemática da secretaria, acompanhada de extrato da sentença."

[14] Lei nº 37/81, de 3 de outubro, várias vezas alterada, a última das quais pela Lei Orgânica nº 2/2018, de 5 de julho. Os pedidos de atribuição e de aquisição da nacionalidade portuguesa podem ser apresentados nos termos previstos no Regulamento da Nacionalidade Portuguesa, aprovado pelo Decreto-Lei nº 237-A/2006, de 14 de dezembro (que sofreu também alterações, a última das quais pelo Decreto-Lei nº 71/2017, de 21 de junho) em extensões da Conservatória dos Registos Centrais, nas conservatórias do registo civil ou nos serviços consulares portugueses.

[15] "A expressão «poder paternal» deve ser substituída por «responsabilidades parentais» em todas as disposições da secção II do capítulo II do título III do livro IV do Código Civil" (nº 2 do art. 3º da Lei nº 61/2008, de 31 de outubro).

Também o nº 1 do art. 1651º CC precisa, relativamente ao *casamento*, que é obrigatório o registo dos casamentos celebrados em Portugal por qualquer das formas previstas na lei portuguesa, dos casamentos de português ou portugueses celebrados no estrangeiro e dos casamentos dos estrangeiros que, depois de o celebrarem, adquiram a nacionalidade portuguesa.

Nos termos dos artºs 24º e 25º do Decreto-Lei nº 154/2003, de 15 de julho, que regulamentou a aplicação do Tratado de Amizade, Cooperação e Consulta entre a República Portuguesa e a República Federativa do Brasil, assinado em Porto Seguro em 22 de abril de 2000 - abreviadamente *Tratado de Porto Seguro* -, estão obrigatoriamente sujeitos a registo, que é efetuado na Conservatória dos Registos Centrais, os *factos atributivos ou extintivos do estatuto de igualdade* de direitos e deveres e do reconhecimento do gozo de direitos políticos a *cidadãos brasileiros*.

O registo é lavrado oficiosamente, quando as autoridades disponham dos elementos necessários, sem prejuízo de o interessado o poder ou dever requerer (nº 1 do art. 26º do citado diploma).

Também, nas mesmas circunstâncias, é averbado oficiosamente o óbito de beneficiários do estatuto de igualdade, sem prejuízo de poder ser requerido por alguma das pessoas referidas no nº 1 do art. 27º, sendo obrigatório, no caso de óbito ocorrido em território nacional, o envio do respetivo boletim à Conservatória dos Registos Centrais pelo funcionário do registo civil que tiver lavrado o respetivo registo.

Os assentos de registo civil ou paroquial, lavrados em *Macau* durante a administração portuguesa e constantes de microfilme arquivado na Conservatória dos Registos Centrais ou de suporte informático, têm a força probatória dos atos de registo civil, deles podendo ser extraídas certidões com o valor probatório dos originais, nos termos de portaria do Ministro da Justiça[16] (art. 305º).

2.2. Factos sujeitos a registo facultativo

O citado art. 6º permite que os atos de registo *lavrados no estrangeiro* por *entidades estrangeiras* competentes, relativamente a estrangeiros, possam ingressar no registo civil nacional, em face dos documentos que os comprovem, de acordo com a respetiva lei e mediante a prova de que não contrariam os princípios fundamentais da ordem pública internacional do Estado Português.

A mesma possibilidade está prevista, quanto ao casamento, no nº 2 do art. 1651º CC.

[16] Portaria nº 955/98, de 7 de novembro.

É todavia exigido que o estrangeiro mostre *legítimo interesse* na transcrição (nº 4 do art. 6º e nº 2 do art. 1651º CC).

Estão ainda sujeitos a registo civil, mas também não registo obrigatório, as *convenções antenupciais* respeitantes aos casamentos celebrados antes de 1 de janeiro de 1959 e as decisões judiciais anteriores a 1 de abril de 1978 relativas à homologação, regulação, suspensão, alteração, cessação e inibição do exercício do poder paternal ou ao estabelecimento de providências limitativas desse poder (art. 304º)[17].

3. Efeitos do registo

3.1. Presunção de verdade e oponibilidade a terceiros

Como já ficou dito, o registo goza da *presunção legal de veracidade e de autenticidade* e, consequentemente, da presunção legal da verdade da situação jurídica resultante dos factos inscritos.

Os factos sujeitos a registo obrigatório *só podem ser invocados depois de registados*, não sendo até então oponíveis a terceiros, salvo disposição legal em contrário (art. 2º).

O Código Civil enumera os casos de *exceção* ao princípio enunciado neste art. 2º, ou seja, os factos jurídicos que podem ser invocados, designadamente entre as partes, ainda que não registados. Assim:

- O *casamento anterior não dissolvido*, católico ou civil, ainda que o respetivo assento não tenha sido lavrado no registo do estado civil, constitui impedimento dirimente absoluto (art. 1601º);
- As *convenções antenupciais* produzem efeitos relativamente aos outorgantes da escritura e aos herdeiros dos cônjuges (art. 1711º);
- As *sentenças de interdição definitiva*, bem como as decisões que regulem o *exercício das responsabilidades parentais*, façam cessar a regulação ou inibam, suspendam ou limitem esse exercício, e ainda as decisões que homologuem a *reconciliação de cônjuges* judicialmente separados de pessoas e bens podem ser invocadas *entre as partes* e *contra terceiros sem boa-fé*, ou seja, contra terceiros que tenham conhecimento dessas decisões (artºs 147º, 1920º-B e 1920º-C *a contrario*).

[17] O registo das convenções antenupciais, bem como o das decisões judiciais referidas, passou a ser obrigatório a partir respetivamente de 1 de janeiro de 1959 e de 1 de abril de 1978.

3.2. Prova dos factos sujeitos a registo

Determina o art. 4º que a *prova dos factos* sujeitos a registo só possa ser feita pelos meios previstos no Código do Registo Civil, precisando o art. 211º que os factos sujeitos a registo e o estado civil das pessoas se provam pelo *acesso à base de dados* do registo civil ou por meio de *certidão*, fazendo igualmente prova para todos os efeitos legais e perante qualquer autoridade pública ou entidade privada a disponibilização da informação constante da certidão em sítio próprio da Internet[18].

A prova resultante do registo civil quanto aos factos que a ele estão obrigatoriamente sujeitos e ao estado civil correspondente *não pode ser ilidida por qualquer outra*, a não ser nas ações de estado e nas ações de registo (art. 3º)[19].

São *ações de estado* aquelas em que se pretende alterar o estado tal como consta do registo civil, o que quer dizer que é o próprio facto registado que se contesta: são exemplo as ações de investigação ou de impugnação de paternidade ou as ações de anulação do casamento[20].

São *ações de registo* as que têm por objeto o registo em si mesmo: a sua inexistência ou omissão, a sua nulidade ou certas das suas irregularidades ou deficiências.

3.3. Impugnação em juízo dos factos sujeitos a registo

Os factos registados não podem ser impugnados em juízo sem que seja pedido o *cancelamento* ou a *retificação* dos registos correspondentes (art. 3º).

Esta disposição tem naturalmente em vista, como já se disse, evitar a incongruência que de outro modo poderia resultar da circunstância de uma decisão judicial declarar inexistente ou nulo determinado facto e manter-se inalterado o correspondente registo: haveria assim uma publicidade enganosa, para mais com a força probatória legalmente atribuída ao registo.

O mesmo se diga relativamente a um registo cuja inexatidão fosse declarada por decisão judicial sem que de imediato se lhe seguisse a respetiva retificação[21].

[18] No sítio com o endereço *www.civilonline.mj.pt* (Portaria nº 145/2010, de 10 de março).

[19] Não obstante a norma genérica, o nº 1 do art. 139º permite que, no caso de novas núpcias e em certas circunstâncias, a prova da dissolução, declaração de nulidade ou anulação do casamento anterior seja efetuada por certidão da sentença.

[20] As ações sobre o estado das pessoas consideram-se sempre de valor equivalente à alçada da Relação e mais € 0,01 (nº 1 do art. 303º do Código do Processo Civil).

[21] O nº 1 do art. 8º do Código do Registo Predial que tinha uma redação idêntica à do nº 2 do art. 3º foi alterado, como atrás foi referido, dizendo agora: "A impugnação judicial de factos registados faz presumir o pedido de cancelamento do respetivo registo." Esta simplificação não chegou ainda ao registo civil.

4. Vícios do registo

Os registos podem sofrer dos vícios de *inexistência jurídica*, de *nulidade* ou de simples *irregularidade*.

4.1. Inexistência

Um registo juridicamente inexistente não produz qualquer efeito jurídico, sendo por isso considerado como se nunca tivesse sido efetuado.

4.1.1. Casos de inexistência previstos no Código do Registo Civil

O registo é juridicamente inexistente quando (art. 85º):

a) Respeitar a facto juridicamente inexistente e isso resultar do próprio contexto;
b) Contiver a aposição do nome de quem não tinha competência para nele apor o seu nome, se tal resultar do próprio contexto;
c) O registo não contiver a aposição do nome do funcionário que nele deva apor o seu nome;
d) Tratando-se de assento de casamento, não contiver a expressa menção de os nubentes haverem manifestado a vontade de contrair matrimónio.

O registo lavrado *por averbamento* só é considerado inexistente por falta de aposição do nome do funcionário se a falta não for sanável nos termos do art. 74º[22].

A *falta de aposição do nome do funcionário* não é causa de inexistência do registo se a omissão for sanada nos termos do nº 5 do art. 61º, ou seja, "se, em face de documentos ou de diligências efetuadas, obtiver elementos que permitam concluir que o registo estava em condições de ser lavrado."

Atente-se, em primeiro lugar, em que o registo só é ferido do vício de inexistência jurídica *quando resultar do próprio contexto* que o facto dele constante nunca se verificou ou que tal facto não é nenhum daqueles que a lei admite a registo. Se estiver em causa facto jurídico sujeito a registo, que nunca existiu, mas não resultando do contexto tal inexistência, o registo está ferido do vício de nulidade, mas não do vício de inexistência jurídica.

Por sua vez, a *falta de competência para a aposição do nome* deve resultar também do próprio contexto.

[22] Nº 2 do art. 74º: "Se de um averbamento não constar a aposição do nome do conservador ou oficial, o conservador que notar a omissão deve nele apor o seu nome, mencionando a omissão e a data em que foi suprida, se verificar, em face dos assentos correspondentes ou dos documentos arquivados, que o averbamento estava em condições de ser efetuado."

Uma vez que, de harmonia com o nº 1 do art. 55º, a aposição do nome nos *assentos* cabe ao conservador ou ao oficial de registos, devendo ser precedida da designação do cargo ou categoria, a eventual aposição do nome de titular de qualquer outro cargo ou função torna evidente a falta de competência a que se refere a alínea *b)*.

4.1.2. *Casos de inexistência previstos no Código Civil*

Por sua vez, o art. 1628º CC considera como juridicamente inexistente:

a) O casamento celebrado por quem não tenha competência funcional para o ato, salvo tratando-se de casamento urgente;
b) O casamento urgente que não tenha sido homologado;
c) O casamento em cuja celebração tenha faltado a declaração da vontade de um ou ambos os nubentes, ou do procurador de um deles;
d) O casamento contraído por intermédio de procurador, quando celebrado depois de terem cessado os efeitos da procuração, ou quando esta não tenha sido outorgada por quem nela figura por constituinte, ou quando seja nula por falta de concessão de poderes especiais para o ato ou de designação expressa do outro contraente.[23]

O art. 1629º CC precisa, porém, que não se considera juridicamente inexistente o casamento celebrado perante quem, sem ter competência funcional para o ato, *exercia publicamente as correspondentes funções*, salvo se ambos os nubentes, no momento da celebração, conheciam a falta daquela competência.

4.1.3. *Declaração da inexistência jurídica*

A inexistência do registo pode ser *invocada a todo o tempo* por quem nela tiver interesse, sendo certo todavia que o conservador deve promover, logo que dela tenha conhecimento, o competente processo de declaração ou o suprimento da assinatura em falta, se for caso disso (art. 86º).

À declaração de inexistência é aplicável o *processo de justificação administrativa*, regulado nos artºs 241º e seguintes, e cuja decisão compete ao conservador.

Reafirma-se todavia que a invocação da inexistência jurídica não está dependente de uma declaração administrativa ou judicial: o nº 2 do art. 1630º CC é bem claro ao afirmar que a inexistência pode ser invocada por qualquer pessoa, a todo o tempo, independentemente de declaração judicial; no caso do registo civil, a declaração pode pois ser agora efetuada por via administrativa.

[23] A Lei nº 9/2010, de 31 de maio, revogou a alínea *e)* que era do seguinte teor: "*e)* O casamento contraído por duas pessoas do mesmo sexo."

4.2. Nulidade

4.2.1. Casos de nulidade do registo

O registo é *nulo* quando (art. 87º):

a) For falso ou resultar da transcrição de título falso;
b) Os serviços de registo forem incompetentes para o lavrar;
c) Contiver a aposição do nome de quem não tenha competência funcional para nele apor o seu nome, se tal não resultar diretamente do próprio contexto, sem prejuízo do disposto no nº 2 do art. 369º do Código Civil;
d) Tratando-se da transcrição de casamento católico, tiver sido lavrado com infração do disposto nas alíneas *d)* e *e)* do nº 1 do art. 174º.

A *falsidade do registo* só pode consistir em (art. 88º):

a) A aposição do nome ou assinatura do funcionário não ser da autoria da pessoa a quem é atribuída;
b) Ter sido viciado por forma a induzir em erro acerca do facto registado ou da identidade das partes;
c) Respeitar a facto que nunca existiu ou a decisão que nunca foi proferida;
d) Apresentar-se como transcrição de um título inexistente.

Por sua vez, o registo só é nulo por *falsidade do título* transcrito quando (art. 89º):

a) A assinatura das partes, procurador, testemunhas, intérprete ou funcionário que deva constar do título, não for da autoria da pessoa a quem é atribuída;
b) Tiver sido viciado por forma a induzir em erro acerca do facto registado ou da identidade das partes;
c) Respeitar a facto que nunca existiu ou a decisão que nunca foi proferida.

Como prevê a alínea *d)* do art. 87º, tratando-se da transcrição de casamento católico, o *registo é nulo* quando tiver sido lavrado com infração do disposto nas alíneas *d)* e *e)* do art. 174º, a saber:

d) Se no momento da celebração for oponível ao casamento algum *impedimento dirimente*;
e) Se, tratando-se de casamento legalmente celebrado sem precedência do processo respetivo, existir no momento da celebração o impedimento de *falta de idade nupcial*, de *interdição ou inabilitação* por anomalia psíquica, reconhecida por sentença com trânsito em julgado, ou o *impedimento de casamento civil anterior não dissolvido,* desde que, em qualquer dos casos, o impedimento ainda subsista.

Note-se, a este propósito, que o art. 1631º CC considera que o casamento celebrado sem a presença de testemunhas, quando exigida por lei, *é apenas anulável*, e que, de harmonia com a alínea *c)* do nº 1 do art. 1633º CC, a anulabilidade se considera sanada se, antes de transitada em julgado a sentença de anulação, tiver sido reconhecido pelo conservador que a falta de testemunhas se deveu a circunstâncias atendíveis, desde que não haja dúvidas sobre a celebração do ato. De resto, a ação por falta de testemunhas só pode ser proposta pelo Ministério Público (art. 1642º CC) dentro do ano posterior à celebração do casamento (art. 1646º CC).

São possíveis ainda outros casos de registos nulos, uma vez que, por aplicação dos artºs 294º e 295º CC, são nulos os registos lavrados contra *disposição legal de carácter imperativo.*

4.2.2. Declaração da nulidade do registo

Ao contrário do que sucede no caso da inexistência jurídica, a nulidade do registo, conforme o art. 90º, só pode ser invocada depois de declarada por *decisão do conservador*; é todavia invocável a todo o tempo e pode ser declarada oficiosamente (art. 286º CC e nº 3 do art. 241º).

A declaração de nulidade tem efeito retroativo (nº 1 do art. 289º CC).

A decisão de declaração da nulidade de um registo é tomada mediante a organização do *processo de justificação administrativa*, previsto nos arts. 92º e 93º.

4.3. Irregularidade

O registo que enferme de alguma *irregularidade* que o não torne juridicamente inexistente ou nulo deve ser retificado, conforme determina o art. 93º, mediante o *procedimento de retificação administrativa.*

4.4. Cancelamento do registo

O cancelamento dos registos efetua-se nos termos previstos no art. 91º: o registo deve ser *cancelado*, isto é, declarado sem efeito[24], nos casos seguintes:

- *a)* Quando for declarada pelo conservador a sua inexistência ou nulidade;
- *b)* Quando o próprio facto registado for judicialmente declarado inexistente, nulo ou anulado, salvo tratando-se de casamento nulo ou anulado;
- *c)* Quando corresponder à duplicação de outro registo regularmente lavrado;

[24] O cancelamento do registo não significa que este é riscado ou que se inscreve "sem efeito", ou similar, mas sim que se inscreve "cancelado", com indicação do motivo do cancelamento.

d) Quando tiver sido lavrado em conservatória diversa da competente[25];
e) Quando ficar incompleto, por não terem sido prestadas as declarações necessárias ou por não chegar a ser registado o facto correspondente;
f) Nos demais casos especificados na lei.

O registo cancelado *não produz nenhum efeito* como título do facto registado, sem prejuízo da possibilidade de ser invocado para prova desse facto no processo destinado a suprir a omissão do registo.

Quando for cancelado um registo por ter sido declarada pelo conservador a sua inexistência ou nulidade, mas o facto registado for juridicamente existente, deve ser *suprida a omissão do registo,* nos termos previstos no art. 83º, como adiante se refere.

O cancelamento de registo por corresponder à *duplicação de outro registo* regularmente lavrado, ou por ter sido lavrado em *conservatória diversa da competente,* deve ser efetuado pelo conservador, que, no primeiro caso, cancela o registo que se não mostre regularmente lavrado, providenciando, no segundo caso, pela transcrição do registo na conservatória competente.

O cancelamento do *registo incompleto* pode ser efetuado pelo conservador que previamente deve mencionar no assento a razão por que ficou incompleto.

O cancelamento dos *registos juridicamente inexistentes,* por falta de aposição do nome do funcionário, pode ser efetuado, nos mesmos termos, independentemente da declaração da inexistência, se a omissão de registo do facto que deles conste já se encontrar regularmente suprida.

O cancelamento dos registos juridicamente inexistentes, nos termos do nº 3 do art. 61º – "depois da leitura, o conservador ou o oficial ficar impossibilitado de apor o seu nome no assento ou se recusar a fazê-lo" – e do nº 3 do art. 74 – "após a feitura de averbamento, se concluir que não é possível a aposição do nome do funcionário" – é efetuado pelo conservador, ato contínuo à feitura da menção da razão pela qual o assento ou o averbamento fica incompleto.

A *omissão de averbamento* deve ser suprida oficiosamente, nos termos do art. 81º, qualquer que seja a data da verificação do facto a averbar, solicitando-se a remessa dos documentos necessários, se disso for caso.

A omissão também pode ser suprida por iniciativa dos interessados em face do documento que comprove o facto a averbar.

Para este efeito, pode ser apresentada *certidão do assento consular do casamento* ou do *óbito ocorrido no estrangeiro,* ainda que não integrado nos termos do art. 5º.

[25] Tendo sido eliminada a competência territorial específica das conservatórias do registo civil, a incompetência aqui prevista só poderá entender-se como a resultante da não observância das regras de competência constantes dos artºs 10º e 11º, ou seja, registo lavrado na Conservatória dos Registos Centrais quando o deveria ter sido numa conservatória do registo civil ou vice-versa.

4.5. Retificação do registo

O registo juridicamente inexistente, nulo ou irregular deve ser cancelado ou retificado, mediante processo de justificação ou por simples despacho do conservador (art. 92º).

É obrigatória a *promoção oficiosa* da retificação sempre que a irregularidade, deficiência ou inexatidão a sanar seja da *responsabilidade dos serviços.*

Se esta responsabilidade não existir, devem os interessados requerer a retificação e, se o não fizerem, poderá a mesma ser promovida pelo conservador.

A retificação é feita por *averbamento*, salvo se, tratando-se de registo lavrado por inscrição, se mostrar necessária logo após a aposição do nome do funcionário.

Neste caso, a retificação deve fazer-se imediatamente, por meio de declaração lavrada pelo conservador ou oficial no seguimento do registo, com aposição do respetivo nome.

4.5.1. Formas de retificação

A *retificação* pode ser *administrativa* ou *judicial.*

A retificação administrativa compete ao conservador e é feita, consoante os casos, por *simples despacho* ou mediante decisão proferida em *processo de justificação administrativa.*

A retificação judicial resulta de decisão tomada em *processo de justificação judicial.*

4.5.2. Retificação por simples despacho do conservador

A retificação administrativa de um registo irregular é feita mediante *simples despacho* do conservador, *sempre que possível*, e ainda nos casos seguintes (nº 1 do art. 93º):

a) Manifesto *erro de grafia* ou de erro quanto à *indicação do lugar ou da data* em que o registo foi lavrado;
b) *Desconformidade do assento* lavrado por *transcrição*, ou do averbamento, com o título ou assento que lhe tenha ou deva servir de base;
c) *Erro do assento* lavrado por *transcrição*, ou averbamento proveniente do título que lhe serviu de base, se for obtida a correção deste pela entidade competente;
d) *Omissão* ou *inexatidão*, em face de documento comprovativo.

4.5.3. Retificação mediante processo de justificação administrativa

A retificação de outras irregularidades é também efetuada pelo conservador, mas agora mediante prévia organização do *processo de justificação administrativa*, previsto nos artºs 241º e seguintes e adiante tratado, quando o erro de que o registo enferma o torne juridicamente inexistente ou nulo, ou, face aos documentos comprovativos da irregularidade, o conservador verifique que esta, *manifestamente,* não pode ser sanada por simples despacho nem seja exigível processo de justificação judicial (nº 2 do art. 93º).

Sempre que se mostre conveniente, os interessados devem ser ouvidos em auto (nº 3 do art. 93º).

4.5.4. *Retificação mediante processo de justificação judicial*

O registo só pode ser retificado mediante decisão proferida em processo de justificação judicial, processo este regulado nos artºs 233º e seguintes, adiante estudado, quando houver dúvidas acerca da identidade das pessoas a quem o registo respeita (art. 94º).

4.6. Suprimento da omissão do registo

Na falta de disposição específica, a omissão de registo não oportunamente lavrado deve ser suprida por uma das seguintes formas (art. 83º):

a) Tratando-se de *registo que deva ser lavrado por inscrição,* o registo omitido é efetuado mediante decisão do conservador tomada em processo de justificação administrativa;

b) Se o *registo dever ser feito por transcrição,* o conservador deve requisitar à entidade competente o título necessário para o lavrar;

c) Se o *original não tiver sido lavrado,* o conservador deve providenciar para que a entidade competente faça suprir a omissão e remeta à conservatória o respetivo título;

d) Se *não for possível obter o título* destinado à transcrição, o registo omitido é efetuado mediante decisão do conservador tomada em processo de justificação administrativa.

O nº 2 do art. 83º impõe ao conservador que tenha conhecimento da omissão de um registo a obrigação de promover *oficiosamente* o seu suprimento, efetuando as diligências necessárias para o efeito.

A omissão do registo de nascimento (art. 98º) ou do registo de óbito (art. 198º), por falta de declarações efetuadas no prazo legal, obriga as autoridades administrativas e policiais – naturalmente quando disso tenham conhecimento – a participar o facto ao conservador ou ao Ministério Público, a fim de ser suprida a omissão do registo.

Qualquer pessoa, mesmo que não tenha interesse na realização do registo, tem também legitimidade para participar o facto.

5. Atos de registo em geral[26]

O registo civil dos factos a ele sujeitos é lavrado por meio de *assento* ou de *averbamento*; os averbamentos são havidos como parte integrante do assento a que respeitam (art. 50º).

5.1. Assentos

Os assentos são lavrados por *inscrição* ou por *transcrição* (art. 51º).

Inscrevem-se os factos declarados diretamente ou ocorridos no serviço competente para o seu registo: são especificados no art. 52º.

Transcrevem-se os factos comprovados por título lavrado por serviço intermediário ou por outra entidade legalmente competente e são os referidos no art. 53º.

Os assentos referentes a portugueses, realizados no estrangeiro pelos *agentes diplomáticos ou consulares,*[27] são lavrados em suporte informático e disponibilizados na base de dados do registo civil nacional, sem prejuízo do disposto no nº 3 do art. 5º (art. 54º)[28].

Quanto ao *conteúdo dos assentos,* o legislador distingue entre *requisitos gerais,* comuns a todos os assentos, e requisitos privativos de cada espécie de atos ou *requisitos especiais.*

Os requisitos gerais são os previstos no art. 55º, enquanto os requisitos especiais são os adiante referidos a propósito de cada um dos atos de registo em especial. Os *assentos lavrados por transcrição* devem ainda conter as menções especiais previstas no art. 56º.

Os assentos são lavrados *nas conservatórias*[29] ou, mediante pedido verbal dos interessados, *nas unidades de saúde* ou em qualquer outro *lugar a que o público tenha acesso* (art. 57º[30]); é exemplo desta última situação o caso dos casamentos

[26] Ao art. 1º do Código do Registo Civil, foi aditado pelo art. 4º da Lei nº 2/2016, de 29 de fevereiro, um nº 3 do seguinte teor: «3 – Quando os sujeitos da relação jurídica de filiação, adoção ou apadrinhamento civil estejam casados ou unidos de facto com pessoa do mesmo sexo, os assentos, averbamentos ou novos assentos de nascimento no registo civil são efetuados de forma idêntica à prevista nas leis em vigor para casais de sexo diferente.»

[27] Ver adiante, quanto à competência em matéria de registo civil dos agentes diplomáticos e consulares, *9.1.d) Competência específica dos serviços consulares.*

[28] Por força do nº 3 do art. 5º, a integração dos assentos de nascimento, de declaração de maternidade e de perfilhação em suporte informático do registo civil nacional só se efetua após atribuição de cota ou averbamento pela Conservatória dos Registos Centrais.

[29] Os registos são *pedidos nas* conservatórias, mas *lavrados pelas* conservatórias (na base de dados nacional SIRIC).

[30] O art. 1º da Lei nº 29/2007, de 2 de agosto, tinha conferido ao nº 1 do art. 57º a seguinte redação: "1 – Os assentos são lavrados nas conservatórias, nas unidades de saúde ou, a pedido verbal e fundado, em qualquer outro lugar a que o público tenha acesso." Decorrido pouco mais de um mês, o

civis não urgentes celebrados fora das instalações da conservatória. O mesmo regime é aplicável aos autos de consentimento para casamento e aos autos de declaração destinados a servir de base a atos de registo ou à instauração dos respetivos processos.

A *feitura dos assentos* obedece a determinadas *regras*. Assim, devem ser escritos *por extenso*, em face das declarações das partes ou das próprias observações do funcionário, na presença daquelas e dos demais intervenientes, ou com base nos documentos apresentados, sendo porém admitido o uso de *abreviaturas* de significado inequívoco, bem como a escrita por *algarismos* das datas e dos números (art. 59º).

Os assentos podem ser lavrados pelo *conservador* ou por um *oficial de registos* (art. 61º).

Depois de lavrados, os assentos são lidos na presença de todos os intervenientes e o conservador ou o oficial de registos apõe neles o seu nome. Se, depois da leitura, o conservador ou o oficial ficar impossibilitado de apor o seu nome no assento ou se recusar a fazê-lo, deve ser mencionada a razão por que o assento fica incompleto.

Se de um assento não constar a aposição do nome do conservador ou oficial, o conservador que notar a omissão deve apor nele o seu nome, mencionando a omissão e a data em que foi suprida, se, em face de documentos ou de diligências efetuadas, obtiver elementos que permitam concluir que o registo estava em condições de ser lavrado.

Nenhuma alteração pode ser introduzida no texto dos registos após a aposição do nome do conservador ou do oficial de registos.

As menções constantes dos registos, *além das previstas na lei*, são havidas como *não escritas* (art. 62º).

5.2. Averbamentos

Os averbamentos têm por função *adicionar aos assentos as alterações* entretanto verificadas no estado civil dos seus titulares e que, consequentemente, estejam sujeitas a registo. São também o meio próprio de proceder à *retificação* de registos.

Os averbamentos são lavrados na sequência do texto do assento (art. 68º) e obedecem a modelos aprovados[31], devendo ser lançados imediatamente após a realização do ato (art. 73º).

art. 1º do Decreto-Lei nº 324/2007, de 28 de setembro, repôs, sem qualquer explicação, a redação anterior.

[31] Pela Portaria nº 973/95, de 11 de agosto, alterada pela Portaria nº 184/97, de 17 de março, e pela Portaria nº 1257/2004, de 28 de setembro.

Se o documento base do averbamento for omisso quanto a elementos que não interessem à substância do facto, mas sejam indispensáveis à sua feitura, podem aqueles ser completados com outros documentos.

Nos averbamentos é também permitido o uso de *abreviaturas* de significado inequívoco, bem como a escrita por *algarismos* das datas e dos números; tal como sucede nos assentos, as menções *não previstas na lei* são havidas como *não escritas*.

Os averbamentos devem conter a aposição do nome do conservador ou de oficial de registos; se de um averbamento não constar essa aposição, o conservador que notar a omissão deve nele apor o seu nome, mencionando a omissão e a data em que foi suprida, se verificar, em face dos assentos correspondentes ou dos documentos arquivados, que o averbamento estava em condições de ser efetuado.

Se após a feitura do averbamento se concluir que não é possível a aposição do nome do funcionário, deve ser mencionada, de forma sucinta, a razão por que o averbamento fica incompleto (art. 74º).

São matéria de averbamento aos assentos de nascimento, de casamento, de óbito e de perfilhação os factos constantes dos artºs 69º a 72º.

São especialmente averbados:

a) Ao *assento de nascimento*, os factos constantes do art. 69º;
b) Ao *assento de casamento*, os factos enumerados no art. 70º;
c) Ao *assento de óbito*, qualquer elemento de identificação ou referenciação do falecido de que o conservador venha a ter conhecimento depois de lavrado o assento (art. 71º);
d) Ao *assento de perfilhação*, o assentimento do perfilhado, quando necessário, se não houver sido dado no próprio ato de perfilhação (art. 72º).

Determina o art. 78º que *os tribunais devem comunicar* a qualquer conservatória do registo civil, sempre que possível por via eletrónica, *as decisões proferidas em ações respeitantes a factos sujeitos a registo* que devam ser averbados, salvo o disposto no art. 274º[32].

Os averbamentos de factos respeitantes ao *processo de insolvência* são eliminados mediante a *elaboração oficiosa de um novo assento de nascimento* nas situações previstas no art. 81º-A, sendo cancelado o primitivo assento.

[32] O art. 274º trata dos recursos em processo de divórcio e de separação de pessoas e bens por mútuo consentimento: neste caso, uma vez decidido o recurso, o processo baixa à conservatória para cumprimento da decisão; incumbe então ao conservador proceder ao competente averbamento ou enviar certidão da decisão, para esse efeito, à conservatória detentora do assento de casamento.

5.3. Intervenientes nos atos de registo

Nos atos de registo, intervêm, além do conservador ou outro funcionário competente, as *partes* e, consoante os casos, pode ter lugar a intervenção de outras pessoas, designadamente *testemunhas, procuradores ou intérpretes.*

5.3.1. *Partes*

Dizem-se *partes,* em relação a cada registo, o *declarante* e as *pessoas a quem o facto diretamente respeite,* ou de cujo *consentimento dependa* a plena eficácia deste (art. 39º).

Os *declarantes* são identificados, no texto dos assentos em que intervierem, mediante a menção do seu nome completo e residência habitual (art. 40º).

Parte tem assim nesta disposição legal o sentido de pessoa que de alguma forma toma parte, participa, no facto em causa.

"Outro é, porém, o sentido com que o Código emprega a palavra "parte", ou "partes", em muitas das suas disposições. Trata-se de designar as pessoas ligadas entre si por uma relação processual equivalente ao binómio "requerente–requerido", nos processos privativos do registo civil, a que se pode fazer corresponder, muito simplesmente, a figura de "interessados" nesses mesmos processos (...)"[33].

As partes podem fazer-se representar por *procurador com poderes especiais* para o ato (art. 43º[34]). A procuração pode ser outorgada por documento assinado pelo representado, com reconhecimento presencial da assinatura, por documento autenticado ou por instrumento público. Se a procuração tiver sido passada a advogado ou solicitador, é suficiente documento assinado pelo representado.

No ato da *celebração do casamento só um dos nubentes* pode fazer-se representar por procurador (art. 44º). Note-se que esta restrição não se aplica à organização do processo de casamento: neste caso, ambos os nubentes podem ser representados por procurador e mesmo um só procurador pode representar ambos eles.

A procuração para representação de um dos nubentes ou para concessão do consentimento necessário à celebração do casamento de menores *deve individualizar o outro nubente* e indicar a *modalidade, civil ou religiosa, do casamento.*

[33] Filomena Maria B. Máximo Mocica e Maria de Lurdes M. Serrano, *Código do Registo Civil Anotado,* Rei dos Livros, p. 79-80.

[34] Retificado pela Declaração de Retificação nº 107/2007, de 27 de novembro.

5.3.2. *Intervenção de pessoas surdas, mudas e surdas-mudas*

Para a intervenção nos atos de registo de *pessoas surdas, mudas ou surdas-mudas*, o Código define um certo número de regras específicas.

A intervenção de indivíduos *surdos, mudos ou surdos-mudos* em atos de registo só pode fazer-se, consoante os casos, mediante a leitura dos assentos e documentos pelos próprios, ou por intérprete idóneo que, sob juramento legal, seja nomeado no ato (art. 41º).

Mediante acordo de cooperação celebrado entre o Ministério da Justiça, o Ministério do Emprego e da Segurança Social e a Associação Portuguesa de Surdos – a quem sucedeu, a partir do ano 2000, a Federação Portuguesa das Associações de Surdos – foi assegurado o apoio de *intérpretes de língua gestual* na comunicação dos cidadãos surdos com o Sistema da Justiça, designadamente nas conservatórias e cartórios.

O apoio de intérprete pode partir de iniciativa do próprio interessado, caso em que se dirige à conservatória acompanhado de intérprete devidamente credenciado e que deverá ser aceite sem reservas.

O apoio pode também ser pedido à conservatória pelo interessado ou ser mesmo da iniciativa do conservador, caso em que este solicita à Federação Portuguesa das Associações de Surdos a indicação de intérprete credenciado[35].

Dos atos lavrados com intervenção de intérprete, identificado pelo nome completo, deve constar a menção de que o mesmo prestou juramento legal (nº 3 do art. 41º).

Os mudos e os surdos-mudos que saibam ler e escrever devem exprimir a sua vontade por escrito em resposta a perguntas escritas formuladas pelo funcionário do registo civil (nº 2 do art. 41º): ora a verdade é que não faz qualquer sentido que o legislador obrigue a que aos mudos tenham de ser feitas perguntas por escrito porquanto, não sendo surdos, podem ouvir.

5.3.3. *Intervenção de partes que não conheçam a língua portuguesa*

No caso de partes que *não conheçam a língua portuguesa*, o funcionário do registo civil, se também não dominar o idioma em que a parte se exprime, deve nomear-lhe *intérprete* (art. 42º), nos termos previstos no art. 41º.

5.3.4. *Testemunhas*

Nos atos de registo civil, intervêm também *testemunhas* que abonam a identidade das partes, bem como a veracidade das respetivas declarações, e respondem, no caso de falsidade, tanto civil como criminalmente (nº 3 do art. 45º).

[35] Cf. *Boletim dos Registos e do Notariado*, nº 8/2000, p. 5-6.

Nos *assentos de nascimento* podem intervir *duas* testemunhas e nos de *casamento* entre *duas a quatro* testemunhas (nº 1 do art. 45º). O legislador terá certamente querido dizer, no primeiro caso, não exatamente duas testemunhas, mas sim *até duas testemunhas* De facto, sendo em regra facultativa a intervenção de testemunhas – *podem intervir*, diz o legislador –, e ressalvada a situação prevista no nº 2 deste artigo e a seguir referida, seria absurdo negar a intervenção, em qualquer caso, de apenas uma testemunha.

Só se tiver dúvidas fundadas acerca da veracidade das declarações ou da identidade das partes, é que o conservador *pode exigir a intervenção* de duas testemunhas em qualquer espécie de assento (nº 2 do art. 45º).

Apenas podem ser testemunhas *pessoas idóneas e maiores* ou emancipadas, podendo ser parentes ou afins das partes e dos funcionários (art. 46º).

5.4. Instrução de atos e de processos de registo

Para a instrução de atos e de processos de registo, *é dispensada a apresentação de certidões de atos ou documentos*, sempre que estes estejam disponíveis na base de dados do registo civil ou tenham sido lavrados ou se encontrem arquivados na conservatória onde foi requerido o ato ou processo (art. 48º).

O mesmo se aplica aos casos em que o ato tenha sido lavrado ou o documento se encontre arquivado *em conservatória do registo civil diferente* daquela onde foi requerido o ato ou processo, ou em *qualquer outro serviço de registo.*

Fora dos casos acima previstos, a conservatória onde foi requerido o ato ou processo *deve solicitar oficiosamente às entidades ou serviços da Administração Pública* o envio de certidões de atos lavrados ou de documentos arquivados naquelas entidades ou serviços, preferencialmente por via eletrónica.

Na sequência de pedidos ou requerimentos de atos e processos de registo, se se verificar que os atos ou documentos necessários não estão disponíveis na base de dados do registo civil, devem ser imediatamente integrados na mesma.

Os *documentos passados em país estrangeiro*, em conformidade com a lei local, podem servir de base a atos de registo ou instruir processos independentemente de prévia legalização, desde que não haja dúvidas fundadas acerca da sua autenticidade (art. 49º). Tais documentos, quando *escritos em língua estrangeira*, devem ser acompanhados de tradução feita ou certificada nos termos previstos na lei, salvo se estiverem redigidos em língua inglesa, francesa ou espanhola e o funcionário competente dominar essa língua.

Em caso de *dúvida sobre a autenticidade* do conteúdo de documentos emitidos no estrangeiro, pode ser solicitada às autoridades emitentes a confirmação da sua autenticidade, sendo os encargos suportados pelos interessados.

A promoção oficiosa das diligências exigidas pela confirmação acima prevista constitui fundamento de sustação da feitura do registo ou da prossecução do procedimento a instruir com o documento cuja autenticidade se pretende confirmar.

Se, em virtude daquelas diligências, for verificada a *falta de autenticidade* do documento emitido, o conservador *deve recusar* a atribuição de qualquer valor probatório ao mesmo.

Mas se, em virtude dessas diligências, se concluir pelo *carácter defeituoso ou incorreto* do documento emitido, o conservador *aprecia livremente* em que medida o seu valor probatório é afetado pelo defeito ou incorreção verificada.

A *recusa* pelo conservador de atribuição de valor probatório ao documento e a atribuição de valor probatório parcial ao mesmo são notificadas ao interessado no registo ou no procedimento, para efeitos de *impugnação judicial* do despacho de recusa.

Sendo interposto o recurso, a falta de valor probatório, total ou parcial, do documento emitido em país estrangeiro pode ser suprida com base nas *declarações ou meios de prova complementares* apresentados em sede de recurso (art. 292º).

5.5. Pedidos online de atos e de processos de registo

O Decreto-Lei nº 324/2007, de 28 de setembro, que alterou com alguma profundidade e republicou o Código do Registo Civil, previu que os *pedidos de atos e de processos* de registo civil pudessem vir a ser efetuados por *via eletrónica.*

Foi a Portaria nº 654/2009, de 17 de junho[36], que veio a dar corpo a essa previsão: os pedidos *online* de atos e de processos de registo civil efetuam-se através do sítio na Internet com o endereço *www.civilonline.mj.pt,* sítio esse que permite, entre outras funções, a autenticação dos utilizadores através de certificados digitais, a identificação dos interessados e a apresentação do pedido, com entrega dos documentos necessários, bem como a comunicação eletrónica e, sempre que possível, através de *short message service (sms),* dos atos e processos pedidos, bem como de todas as comunicações que se mostrem necessárias com os cidadãos (art. 2º P).

Os pedidos apresentados por *cidadãos* devem ser autenticados eletronicamente através da utilização de certificado digital qualificado, podendo ser utilizado o *certificado digital do cartão de cidadão* (art. 3º P).

Os pedidos apresentados por *advogados e solicitadores* devem fazer-se através da utilização de *certificado digital* que comprove a respetiva qualidade profissional (art. 4º P).

Os elementos necessários à instrução do pedido que não tenham sido indicados no mesmo e que possam ser *obtidos oficiosamente* devem, sempre que possível, ser preenchidos pelos serviços (art. 5º P).

[36] As referências efetuadas neste número 5.5 a artigos desta portaria são seguidas da letra P.

Os documentos enviados por quem tenha competência para a conferência de documentos com os respetivos originais em formato papel[37] têm o mesmo valor probatório dos originais, desde que tenham sido corretamente digitalizados e sejam integralmente apreensíveis.

Os documentos elaborados pelos cidadãos e enviados para instrução de pedidos devem ser assinados através de assinatura eletrónica qualificada[38].

Os serviços de registo só podem exigir o envio dos documentos originais que instruem o processo quando se trate de documentos remetidos por cidadãos que não tenham sido elaborados e assinados nos termos acima previstos e haja fundadas dúvidas sobre a sua autenticidade.

Os advogados e os solicitadores que enviem documentos para instruir pedidos *online* de atos ou processos de registo civil ficam obrigados a arquivar os respetivos originais (art. 7º P).

O pedido *online* de atos e de processos de registo civil só é considerado validamente submetido após a emissão de um comprovativo eletrónico que indique a data e a hora em que o pedido foi concluído. Este comprovativo deve ser enviado ao interessado através de mensagem de correio eletrónico e, sempre que possível, por *short message service (sms)* (art. 8º P).

6. Atos de registo em especial

6.1. Nascimento

6.1.1. Declaração de nascimento

O nascimento ocorrido em território português deve ser *declarado* verbalmente, dentro dos *20 dias imediatos*, em *qualquer conservatória do registo civil* ou, se o nascimento ocorrer em *unidade de saúde* onde seja possível declarar o nascimento, até ao momento em que a parturiente receba alta da unidade de saúde (nº 1 do art. 96º).

[37] Têm a competência aqui referida os notários (art. 171º-A do Código do Notariado), bem como as entidades enumeradas no art. 1º do Decreto-Lei nº 28/2000, de 13 de março: juntas de freguesia, operadores do serviço público de correios, câmaras de comércio e indústria reconhecidas nos termos do Decreto-Lei nº 244/92, de 29 de dezembro, advogados e solicitadores.

[38] Art. 1º da Lei nº 37/2014, de 26 de junho, na redação que lhe foi dada pela Lei nº 32/2017, de 1 de junho: "A presente lei cria a «Chave Móvel Digital» (CMD) como meio complementar e voluntário:

a) De autenticação dos cidadãos nos portais e sítios na *Internet* da Administração Pública;

b) De assinatura eletrónica qualificada, nos termos previstos no Regulamento (UE) nº 910/2014, do Parlamento Europeu e do Conselho, de 23 de julho de 2014."

O nascimento deve ainda ser declarado, nos mesmos termos, na unidade de saúde para onde a parturiente tenha sido transferida, desde que seja possível declarar o nascimento (nº 2 do art. 96º).

A declaração de nascimento ocorrido em *unidades de saúde privadas* depende, segundo a previsão do art. 96º-A, da existência de protocolo celebrado entre os membros do Governo responsáveis pelas áreas da justiça e da saúde e estas unidades de saúde. As condições de celebração destes protocolos e as respetivas cláusulas tipo foram fixadas pela Portaria nº 1370/2008, de 2 de dezembro.

A *declaração de nascimento* compete, obrigatória e sucessivamente, às seguintes pessoas e entidades (art. 97º):[39]

- Aos pais ou a outros representantes legais do menor ou a quem por eles seja, para o efeito, mandatado por escrito particular;
- Ao parente capaz mais próximo que tenha conhecimento do nascimento;
- Ao diretor ou administrador ou outro funcionário por eles designado da unidade de saúde onde ocorreu o parto ou na qual foi participado o nascimento.

O cumprimento da obrigação da declaração de nascimento por alguma das pessoas ou entidades acima mencionadas desonera todas as demais.

A falta de declaração no prazo legal constitui *contraordenação*, punida com coima no mínimo de € 50 e no máximo de € 150 para as pessoas singulares, e no mínimo de € 150 e no máximo de € 400 para as pessoas coletivas, competindo a sua aplicação a qualquer conservador do registo civil, bem como ao Instituto dos Registos e do Notariado (art. 295º).

Quando o nascimento não for declarado no prazo legal, as autoridades administrativas e policiais, ou qualquer pessoa, ainda que sem interesse especial na realização do registo, devem participar o facto ao conservador ou ao Ministério Público, a fim de ser suprida a omissão do registo (art. 98º).

Se, no entanto, já tiver decorrido *mais de um ano* sobre a data do nascimento, a lei impõe mais cautelas.

Assim, o art. 99º determina que a declaração voluntária de nascimento ocorrido *há mais de um ano* só possa ser recebida quando prestada por qualquer dos pais, por quem tiver o registando a seu cargo ou pelo próprio interessado se for maior de 14 anos, devendo, porém, sempre que possível, ser ouvidos os pais do registando quando não sejam declarantes.

[39] A obtenção do cartão de cidadão é obrigatória para todos os cidadãos nacionais, residentes em Portugal ou no estrangeiro, a partir dos 20 dias após o registo do nascimento (nº 1 do art. 3º da Lei nº 7/2007, de 5/2, na redação da Lei nº 32/2017, de 1/6).

Para a declaração de nascimento ocorrido *há mais de 14 anos*, deve ser exigida a intervenção de *duas testemunhas* e, se possível, ser exibido documento que comprove a exatidão da declaração, podendo o conservador promover as diligências necessárias ao apuramento dos factos.[40]

Pretende assim evitar-se ou, pelo menos, dificultar-se a ocorrência de falsas declarações de nascimento em Portugal relativas a pessoas que de facto nasceram em países estrangeiros, ou declarações duplicadas com alteração de nome e naturalidade, situações aliás não inéditas.

Se o nascimento for simultaneamente declarado com o óbito, deve fazer-se constar do assento de nascimento, lavrado com as formalidades normais, que o registando já faleceu, sendo imediatamente lavrado o assento de óbito (art. 100º).

Idêntico procedimento é aplicável aos casos de declaração de nascimento ocorrido em unidade de saúde, devendo os assentos de nascimento e de óbito ser lavrados na unidade de saúde onde os respetivos factos ocorreram.

6.1.2. Execução do registo

Para além dos requisitos gerais comuns a todos os assentos, devem constar do assento de nascimento os seguintes *requisitos especiais* (art. 102º):

a) O nome próprio e os apelidos;
b) O sexo;
c) A data do nascimento, incluindo, se possível, a hora exata[41];
d) A freguesia e o concelho da naturalidade;
e) O nome completo, a idade, o estado, a naturalidade e residência habitual dos pais;
f) O nome completo dos avós;
g) As menções exigidas por lei em casos especiais.

São exemplo de menções legalmente exigidas as referidas no art. 56º – natureza, proveniência e data da emissão do título em que se baseou uma trans-

[40] Art. 16º do Decreto-Lei nº 324/2007, de 28 de setembro (*Normas remissivas*): "1 – Considera-se feita para o nº 2 do artigo 99º do Código do Registo Civil qualquer remissão contida noutros diplomas para o processo de autorização para inscrição tardia de nascimento."
Esta norma encontra a sua justificação no facto de a inscrição tardia de nascimento estar sujeita, antes da entrada em vigor do Decreto-Lei nº 324/2007, à prévia organização de um processo privativo do registo civil, regulado nos artºs 283º a 285º, entretanto revogados.

[41] No caso de gémeos, com toda a razão consideram Maria da Conceição Lobato Guimarães, Filomena Maria Máximo Mocica e Manuel Vilhena de Carvalho (*ob. cit.*, p. 118) ser conveniente mencionar a hora do nascimento com a indicação dos minutos.

crição – e a indicação da nacionalidade de progenitores estrangeiros (art. 37º da Lei da Nacionalidade).

Os elementos são fornecidos pelo declarante, devendo ser exibidos, sempre que possível, os documentos de identificação dos pais (art. 102º).

O funcionário que receber a declaração deve averiguar a exatidão das declarações prestadas, em face dos documentos exibidos, dos registos em seu poder e das informações que lhe for possível obter; estas averiguações não devem impedir que o assento seja lavrado em ato seguido à declaração.

É competente para lavrar o registo de nascimento qualquer conservatória do registo civil, a unidade de saúde onde ocorreu o nascimento ou aquela para onde a parturiente tenha sido transferida, desde que seja possível declará-lo na unidade de saúde (art. 101º).

Se o nascimento tiver ocorrido em *unidades de saúde,* no prazo de vinte e quatro horas após o nascimento, estas unidades devem inserir em registo informático de acesso exclusivo das unidades de saúde, do IRN e do Instituto de Segurança Social, dados sobre o nascimento, com indicação da respetiva data e hora, do sexo do menor e do nome e residência da parturiente (nº 1 do art. 101º-A).

Quando lavrado o assento de nascimento pelas unidades de saúde, procede-se, de imediato e por via eletrónica, à inserção desse facto no respetivo registo informático e à comunicação dos dados relevantes para efeitos de inscrição da criança nos serviços de segurança social e de saúde e, se tal for solicitado pelos pais ou por outros representantes legais, nos serviços de finanças (artºs 101º-B e 102º-A).

Sempre que o nascimento ocorra em território português em unidade de saúde onde não seja possível declarar o nascimento, deve ser exibido documento emitido pela unidade de saúde que comprove a ocorrência do parto e indique o nome da parturiente (nº 5 do art. 102º), mas se o nascimento ocorrer em território português fora das unidades de saúde mas com acompanhamento posterior em unidade de saúde, deve ser exibido documento emitido nos mesmos termos (nº 6 do art. 102º).

Sempre que a declaração de nascimento não seja prestada por um dos pais, esse facto é comunicado, imediatamente e por via eletrónica, à Comissão Nacional de Proteção de Crianças e Jovens em Risco.

Os registos de nascimentos de portugueses, *quando ocorridos no estrangeiro* (com exceção dos nascimentos ocorridos em unidades de saúde no estrangeiro, ao abrigo de protocolo celebrado com o Estado Português), bem como de nascimentos ocorridos *em viagem, a bordo de navio ou aeronave portugueses* são da competência da Conservatória dos Registos Centrais (art. 11º).

Quando, *em viagem por mar ou por ar*, nascer algum indivíduo em *navio ou aeronave portugueses*, a autoridade de bordo, dentro das vinte e quatro horas posteriores à verificação do facto, deve lavrar o registo de nascimento com as formalidades e requisitos previstos no Código do Registo Civil, acrescentando a indicação da latitude e longitude em que o nascimento tenha ocorrido (art. 109º).

Se a bordo não houver livro próprio, o registo é lavrado em papel avulso, em duplicado.

Se o *primeiro porto ou país* em que o navio entrar, ou a aeronave aterrar, for *estrangeiro* e nele houver *representação diplomática ou consular portuguesa*, a autoridade que houver lavrado o registo deve enviar ao agente diplomático ou consular cópia autêntica ou o duplicado do registo, competindo a este remetê-lo, dentro do prazo de 20 dias, à Conservatória dos Registos Centrais, por intermédio do Ministério dos Negócios Estrangeiros (art. 110º).

Na *falta de representação diplomática ou consular* portuguesa, ou no caso de o navio ou a aeronave entrar ou aterrar primeiramente em *porto ou território nacional*, à própria autoridade que tiver lavrado o registo incumbe remeter o respetivo duplicado, dentro do prazo de 20 dias, à Conservatória dos Registos Centrais.

Se o nascimento tiver ocorrido em *viagem por terra* dentro do território nacional, o registo de nascimento pode ser lavrado em *qualquer conservatória do registo civil* (art. 111º).

O Código do Registo Civil estabelece ainda regras especiais para o *registo de nascimentos de abandonados*.

Para efeito de registo de nascimento, consideram-se *abandonados* os recém-nascidos de pais desconhecidos que forem encontrados ao abandono em qualquer lugar e, bem assim, os indivíduos de idade aparente inferior a 14 anos, ou dementes, cujos pais, conhecidos ou não, se hajam ausentado para lugar não sabido, deixando-os ao desamparo (art. 105º).

Quem tiver encontrado o abandonado deve apresentá-lo, no prazo de vinte e quatro horas, com todos os objetos e roupas de que ele seja portador, à autoridade administrativa ou policial, a quem compete promover, se for caso disso, o assento de nascimento (art. 106º).

A autoridade a quem o abandonado tiver sido entregue deve levantar *auto de ocorrência*, do qual constem a data, hora e lugar em que foi encontrado, a idade aparente, os sinais que o individualizem, a descrição das roupas e objetos de que seja portador e quaisquer outras referências que possam concorrer para a sua identificação.

O assento de nascimento de abandonado é lavrado *em qualquer conservatória do registo civil*, com os elementos extraídos daquele auto e, com as necessárias adaptações, os referidos no citado art. 102º, tendo em conta que a hora, dia, mês e lugar em que o registando foi encontrado são considerados, para fins de registo, como correspondentes à hora, dia, mês e naturalidade, devendo o ano ser determinado em função da idade aparente (art. 107º).

Determina o art. 108º que compete ao *conservador* atribuir ao registando *um nome completo*, a escolher de preferência entre os nomes de uso vulgar ou a derivar de alguma característica particular ou do lugar em que foi encontrado, mas sempre de modo a evitar denominações equívocas ou capazes de recordarem a sua condição de abandonado e com respeito pelas regras de composição do nome previstas no nº 2 do art. 103º.

Na escolha do nome deve o conservador respeitar qualquer indicação escrita encontrada em poder do abandonado, ou junto dele, ou por ele próprio fornecida.

6.1.3. Conceito de naturalidade

O conceito de *naturalidade* não coincide hoje necessariamente com o do *lugar do nascimento*.

Após a entrada em vigor do atual Código do Registo Civil (15 de Setembro de 1995), considera-se *naturalidade* do registando, para efeitos dos assentos de nascimento ocorrido em território português, a lavrar após a entrada em vigor deste diploma e de que não haja registo anterior, o *lugar em que o nascimento* ocorreu *ou* o lugar, em território português, da *residência habitual da mãe* do registando, à data do nascimento, cabendo a opção ao registando, aos pais, a qualquer pessoa por eles incumbida de prestar a declaração ou a quem tenha o registando a seu cargo; *na falta de acordo* entre os pais, a naturalidade será a do *lugar do nascimento* (nº 2 do art. 101º).

Para efeitos dos assentos de nascimento ocorridos em unidades de saúde no estrangeiro, ao abrigo de protocolo celebrado com o Estado português, considera-se naturalidade o lugar, em território português, da *residência habitual de um dos progenitores*, à data do nascimento (nº 4 do art. 102º). Neste caso, a lei não prevê solução para a falta de acordo entre os progenitores: poderá recorrer-se, por interpretação analógica, à norma do nº 2 do art. 1875º CC, a qual, na falta de acordo entre os pais quanto à escolha do nome, prevê que seja o juiz a decidir.

6.1.4. Nome: indicação, composição e alteração

A indicação do nome deve ser feita pelo *declarante*; mas se este o não fizer, cabe tal encargo *ao funcionário* que receber a declaração (nº 1 do art. 103º).

Note-se, no entanto, que o nº 2 do art. 1875º CC dispõe que a escolha do nome próprio e dos apelidos do filho menor pertence aos pais e que, na falta de acordo entre estes, é *ao juiz que compete* decidir, de harmonia com o interesse do filho: parece, também aqui, que a norma registal teria a ganhar com uma maior coordenação com o preceito da lei civil.

A indicação de nome completo compete sempre ao conservador no caso de *registando abandonado* (art. 108º).

O nome completo deve compor-se, no máximo, de *seis* vocábulos gramaticais, *simples ou compostos*, dos quais só *dois* podem corresponder ao *nome próprio* e *quatro* a *apelidos* (nº 2 do art. 103º).

O atual Código, ao contrário do anterior, conta como um só apelido os vocábulos compostos. Por vocábulo gramatical composto entende-se um vocábulo, constituído por dois ou mais vocábulos simples, que possua um *significado autónomo*.[42] Em caso de dúvida, cabe à Conservatória dos Registos Centrais decidir se se trata ou não de vocábulo gramatical composto.

São exemplos, entre muitos: Boa-Alma, Castelo-Branco, Corte-Real, Espírito Santo, Madre de Deus, Rio Torto, Rio Tinto, Sant'Ana, Santa Clara, Santa Maria, São Bento, Sotto Mayor, Todo-Bom, Sim-Sim, etc.

A composição do nome obedece ainda às seguintes *regras*:

a) Os nomes próprios devem ser portugueses, de entre os constantes da onomástica nacional[43] ou adaptados, gráfica e foneticamente, à língua portuguesa, não devendo suscitar dúvidas sobre o sexo do registando;
b) São admitidos os nomes próprios estrangeiros sob a forma originária se o registando for estrangeiro, houver nascido no estrangeiro ou tiver outra nacionalidade além da portuguesa;
c) São ainda admitidos os nomes próprios estrangeiros sob a forma originária se algum dos progenitores do registando for estrangeiro ou tiver outra nacionalidade além da portuguesa;[44]

[42] Cf. *Boletim dos Registos e do Notariado*, nº 1/2001, p. 4.

[43] Expressão que há de entender-se como abrangendo o conjunto dos nomes próprios originários da língua portuguesa.

[44] "Sempre que assim o pretendam, aqueles a quem for atribuída a nacionalidade portuguesa podem manter a composição originária do seu nome" (nº 2 do art. 11º do Regulamento da Nacionalidade Portuguesa).
São do seguinte teor os nºs 1 a 4 do art. 39º deste Regulamento:
"1 – Quem pretenda adquirir a nacionalidade portuguesa pode requerer o aportuguesamento dos elementos constitutivos do nome próprio, a conformação do nome completo com as regras legais portuguesas ou, se já tiver assento de nascimento lavrado no registo civil português com nome diverso daquele que usa, a adoção desse nome.
2 – O aportuguesamento, por tradução ou adaptação, gráfica e fonética, à língua portuguesa dos nomes próprios de origem estrangeira deve obedecer às disposições legais aplicáveis aos nascidos no território português.

d) A irmãos não pode ser dado o mesmo nome próprio, salvo se um deles for falecido;

e) Os apelidos são escolhidos entre os que pertençam a ambos ou só a um dos pais do registando ou a cujo uso qualquer deles tenha direito, ainda quando não façam parte do seu nome, podendo, na falta de apelidos, escolher-se um dos nomes por que sejam conhecidos;

f) Se a filiação não ficar estabelecida, pode o declarante escolher os apelidos a atribuir ao registando e, se o não fizer, terá de ser o conservador do registo civil a fazê-lo, por aplicação do regime previsto para os abandonados.

São ainda admitidos, por virtude da Lei da Liberdade Religiosa[45], os nomes próprios da onomástica religiosa da religião professada (art. 8º, alínea *g)*[46]).

A proibição da atribuição a irmãos do mesmo nome próprio não deve ser entendida em termos estritos; assim, se forem atribuídos dois nomes próprios, um deles pode ser comum, como o podem ser ambos se a respetiva ordem for invertida. É o caso frequente, por exemplo, de irmãs com os nomes próprios de Ana Maria, Ana Paula ou Ana Sofia, ou de irmãos com os nomes próprios de José Manuel e Manuel José.

As partículas de ligação – *de, da, dos, e* – não se contam como unidades vocabulares e podem ser aceites mesmo quando se não encontrem nos nomes dos pais[47].

Nada proíbe também a *repetição de apelidos* que pertençam simultaneamente ao pai e à mãe[48].

3 – Se o aportuguesamento não for possível por tradução, ou a adaptação se mostrar inadequada, o interessado pode optar por um nome próprio português.
4 – Se quem pretender adquirir a nacionalidade portuguesa usar vários nomes completos deve optar por um deles."

[45] Lei nº 16/2001, de 22 de junho.

[46] De harmonia com orientação genérica da então Direção-Geral dos Registos e do Notariado, "para fins do registo de nascimento de descendentes, nascidos em Portugal, de pais portugueses que professem as religiões hindu ou islâmica, podem ser aceites nomes próprios de origem hindu ou islâmica, desde que se conformem gráfica e foneticamente à língua portuguesa ou a ela estejam adaptados nestes termos"; "a competência para certificar acerca dos nomes próprios como hindus ou islâmicos, bem como, sendo caso disso, a adaptação gráfica e fonética à língua portuguesa, encontra-se deferida às respetivas Comunidades" (*Boletim dos Registos e do Notariado,* nº 11/2003, p. 20).

[47] Art. 104º, nº 1, alínea *c)*; vd. também Maria da Conceição Lobato Guimarães, Filomena Maria Máximo Mocica e Manuel Vilhena de Carvalho, *ob. cit.*, p. 124.

[48] Vd. Álvaro Sampaio, *Código do Registo Civil Anotado*, Almedina, p. 105.

As dúvidas sobre a composição do nome são esclarecidas por despacho do presidente do Instituto dos Registos e do Notariado, por intermédio da Conservatória dos Registos Centrais (nº 4 do art. 103º).

O nome fixado no assento de nascimento *pode ser posteriormente modificado*, mediante autorização do conservador dos Registos Centrais, concedida no processo especial privativo do registo civil designado por *processo de alteração do nome*, regulado nos artigos 278º a 282º e que é adiante tratado.

Há todavia alterações que a lei permite sem necessidade de recurso àquele processo: são as resultantes do acrescentamento de apelidos do cônjuge e as previstas no nº 2 do artº 104º, a seguir referidas[49].

O art. 1677º CC atribui aos cônjuges o direito a conservarem os seus próprios apelidos e a acrescentar-lhes apelidos do outro, até ao *máximo de dois*, faculdade esta última que não pode ser exercida por quem conservar apelidos do cônjuge de anterior casamento.

Durante muito tempo, a doutrina maioritária – incluindo os serviços do registo civil – interpretou a expressão "acrescentar" como equivalendo a "adicionar" e consequentemente excluindo a possibilidade de intercalação de apelidos[50].

[49] Sobre a possibilidade de alteração de nome por adicionamento de hífen em apelidos compostos, pronunciou-se a Direção-Geral dos Registos e do Notariado nos seguintes termos (cf. *Boletim dos Registos e do Notariado*, I, nº 3/2000, proc. CC 9/2000):
"I – O pedido de alteração de nome por adicionamento de hífen entre dois vocábulos gramaticais, qualificados como apelido composto, é uma situação que não se encontra prevista na lei registral.
II – Sendo o hífen um mero elemento de ligação entre os vocábulos do apelido composto, o seu adicionamento não põe em causa a identificação do registado, pelo que a lacuna referida no número anterior pode ser integrada mediante recurso à analogia (art. 10º, nºs 1 e 2, do Código Civil e 104º, nº 2, al. c), primeira parte, do Código do Registo Civil).
III – Assim, a alteração pode ser efetuada a requerimento do interessado, ou dos seus representantes legais, que, quando verbal, deve ser reduzido a auto (art. 104º, nº 3, do Código do Registo Civil).
IV – As dúvidas sobre se determinados vocábulos gramaticais constituem um apelido composto são previamente esclarecidas por intermédio da Conservatória dos Registos Centrais (artigo 103º, nº 4 do Código do Registo Civil)."

[50] O próprio C. T. da DGRN tinha proferido um parecer sobre esta matéria, em que concluía: "A faculdade concedida ao cônjuge pelo disposto no artigo 1677º, nº 1, do Código Civil, apenas pode ser exercida mediante o adicionamento de apelidos do outro, (excluída, portanto, a sua intercalação), aos seus próprios apelidos, até ao máximo de dois" (em *Boletim dos Registos e do Notariado*, nº 9/98, II, proc. 63/89 RC).

Em 1997 o Supremo Tribunal de Justiça tomou posição contrária, entendendo que no vocábulo "acrescentar" cabe tanto "adicionar" como "intercalar": de facto, o importante é que, particularmente no caso em que ambos os cônjuges adotem apelidos um do outro, se possa efetuar a *recomposição dos apelidos* por forma a formar-se um *nome de família*[51].

O Conselho Técnico da Direção-Geral dos Registos e do Notariado foi sensível à nova orientação jurisprudencial e deliberou o seguinte:

> "I – Não se encontrando regulamentado o exercício da faculdade prevista no nº 1 do artigo 1677º do Código Civil, devem observar-se apenas as limitações previstas nessa disposição legal, isto é, cada um dos cônjuges conserva os seus apelidos e pode adotar até dois apelidos do outro, sendo admitida a recomposição do nome para intercalação desses apelidos.
>
> II – No assento de casamento em que um ou ambos os nubentes tenham usado da faculdade de adotar apelidos do outro, será anotado esse facto, bem como a composição do nome pretendida por cada um deles."[52]

Em alguns países a adição de apelidos do marido leva a que sejam perdidos todos ou parte dos apelidos de família da mulher: a Direção-Geral dos Registos e do Notariado entendeu que *à perda total dos apelidos de família não deve ser atribuída eficácia jurídica interna* – ao contrário do que sucede com a perda parcial –, tendo definido orientação nos seguintes termos:

> "I – O direito ao nome é um direito de personalidade regulado pela lei pessoal do indivíduo a que respeita e que é a lei da sua nacionalidade – artigos 25º; 27º, nº 1; 31º, nº 1 e 72º do Código Civil.
>
> II – A alteração de nome de cidadão português, por efeito do casamento, deve obedecer ao disposto no artigo 1677º do Código Civil.
>
> III – Porém, sendo o casamento celebrado no estrangeiro, é reconhecida eficácia na ordem jurídica portuguesa à alteração de nome efetuada em conformidade com a lei da residência habitual, desde que esta se considere competente para o efeito e o casamento ocorra nesse país, ainda que a alteração seja contrária às regras de composição do nome vigentes no ordenamento jurídico nacional – artigo 31º, nº 2 e 295º do Código Civil.

[51] Cf. acórdão do Supremo Tribunal de Justiça, de 14 de outubro de 1997, publicado no *Boletim dos Registos e do Notariado*, nº 10/98, em que se pode ler: "O apelido tem como função típica integrar a pessoa na família a que pertence. A unidade nominal do agregado familiar de hoje pode constituir-se, simultaneamente, sobre os apelidos familiares do marido e da mulher. Assim se obtém o nome comum de família. Para tanto o "acrescentar" do apelido – artigo 1677º, nº 1 – tanto é veiculado por adicionar, como por intercalar."

[52] Em *Boletim dos Registos e do Notariado*, nº 4/2000, II, p. 51-52.

IV – À alteração de nome, por efeito de casamento ocorrido no estrangeiro, que acarrete a eliminação total dos apelidos de família não é atribuída eficácia jurídica interna, por ofender normas e princípios imperativos do ordenamento jurídico nacional – artigos 22º, nº 1; 1875º e 1677º, nº 1 do Código Civil.

V – Das conclusões antecedentes resulta que é reconhecida eficácia à alteração de nome, por efeito de casamento celebrado no estrangeiro, em que se adicionam apelidos do outro cônjuge com perda parcial dos apelidos de família, não sendo, todavia, reconhecida eficácia à alteração que implique a eliminação total dos mesmos apelidos."[53]

Por sua vez, o art. 104º permite, como se disse sem recurso ao processo de alteração de nome, as modificações resultantes de:

1) Estabelecimento da filiação, adoção, sua revisão ou revogação e casamento posterior ao assento;
2) Retificação de registo;
3) Simples intercalação ou supressão de partículas de ligação entre os vocábulos que compõem o nome, ou adicionamento de apelidos, se do assento constar apenas o nome próprio do registado;
4) Renúncia aos apelidos adotados por virtude do casamento e, em geral, perda do direito ao nome por parte do registado;
5) Alteração resultante do exercício dos direitos previstos no art. 1876º CC (atribuição a menor de apelidos do marido da mãe ou a sua eliminação);
6) Mera adoção do nome inicialmente pretendido pelos interessados, quando o assento de nascimento tenha sido lavrado na pendência de consulta onomástica sobre a sua admissibilidade;
7) Conservação de apelidos por parte do cônjuge divorciado, em face de autorização do ex-cônjuge;
8) Conservação de apelidos por parte do cônjuge viúvo que contrai novas núpcias;
9) Alteração do nome próprio resultante da mudança de menção do sexo[54].

Sem prejuízo do regime especial da mudança de sexo, adiante referido, estas alterações de nome são efetuadas por *averbamento*, a requerimento do interessado que, quando for apresentado verbalmente, deve ser reduzido a auto; no entanto, o averbamento da alteração resultante da *renúncia aos apelidos* adotados por virtude do casamento e, em geral, da *perda do direito ao nome* por parte do registado, é realizado *oficiosamente*.

[53] Em *Boletim dos Registos e do Notariado*, nº 5/99, p. 28.

[54] Alteração resultante da nova redação dada ao art. 104º pela Lei nº 7/2011, de 15 de março.

O requerimento para a alteração do nome para o inicialmente pretendido pelos interessados, no caso acima referido na alínea *f)* de *pendência de consulta onomástica,* deve ser apresentado no *prazo de 6 meses,* contados a partir da data da notificação do despacho de admissibilidade.

As alterações de nome dos registados, uma vez averbadas aos respetivos assentos de nascimento, são comunicadas ao serviço de identificação.

Vejamos seguidamente as condições a que devem obedecer algumas das alterações previstas no art. 104º.

A possibilidade de alteração do nome por *efeito da filiação* está prevista no nº 3 do art. 1875º e no art. 1876º CC.

Se a maternidade ou paternidade forem estabelecidas *posteriormente* ao registo do nascimento, permite o referido nº 3 do art. 1875º que os apelidos do filho possam ser alterados nos termos dos nºs 1 e 2 do mesmo artigo, donde resulta que o filho poderá acrescentar (intercalando ou adicionando) apelidos pertencentes ao pai ou à mãe, consoante tenha sido estabelecida a paternidade ou a maternidade.

Na falta de acordo entre os pais, decidirá o juiz, de harmonia com o interesse do filho.

Por sua vez, o art. 1876º permite, quando a paternidade se não encontre estabelecida, que possam ser atribuídos ao filho menor *apelidos do marido da mãe* se esta e o marido declararem, perante o funcionário do registo civil, ser essa a sua vontade. Não obstante, nos dois anos posteriores à maioridade ou à emancipação, o filho pode requerer que sejam eliminados do seu nome os apelidos do marido da mãe.

No caso de *adoção plena,* o Código Civil determina, no seu art. 1988º, que o adotado perde os seus apelidos de origem, sendo o seu novo nome constituído, com as necessárias adaptações, nos termos do art. 1875º, ou seja, com apelidos do pai e da mãe adotivos, ou só de um deles.

A pedido do adotante, pode o tribunal, excecionalmente, modificar o *nome próprio* do menor, se a modificação salvaguardar o seu interesse, nomeadamente o direito à identidade pessoal, e favorecer a integração na família[55].

Para o caso de o tribunal nada determinar quanto à composição do nome, emitiu a Direção-Geral dos Registos e do Notariado a seguinte orientação:

> "I – O adotado plenamente perde os seus apelidos de origem, sendo o seu novo nome constituído, com as necessárias adaptações, nos termos do artigo 1875º – artigo 1988º, nº 1 do Código Civil.

[55] Redação dada pela Lei nº 143/2015, de 8 de setembro, que aprovou o Regime Jurídico do Processo de Adoção, ao nº 2 do art. 1988º CC.

> II – Se a sentença que decretar a adoção for omissa quanto à composição do nome do adotado, deve o conservador convidar os adotantes a requerê-la com os apelidos que lhes pertençam ou a cujo uso qualquer deles tenha direito – artigos 1875º do Código Civil, 102º, nº 1, alínea *a)* e 103º, nº 2, alínea *e)* do Código do Registo Civil.
>
> III – A pedido dos adotantes, pode o tribunal, excecionalmente, modificar o nome próprio do menor, se a modificação salvaguardar o seu interesse, nomeadamente, o direito à identidade pessoal, e favorecer a integração na família – artigo 1988º, nº 2 do Código Civil.
>
> IV – Não tendo sido requerida ao tribunal a alteração do nome próprio do adotado, o meio idóneo a usar para esse fim é o processo de alteração de nome, previsto e regulado nos artigos 278º e seguintes do Código do Registo Civil."[56]

Note-se todavia que o adotado pode ser filho do cônjuge do adotante, caso em que conserva os apelidos do progenitor, cônjuge do adotante. Neste sentido, o seguinte parecer do Conselho Técnico da Direção-Geral dos Registos e do Notariado:

> "1º A adoção plena determina a extinção das relações entre o adotado e a sua família natural, salvo para efeito de impedimentos matrimoniais ou quando o adotado for filho do cônjuge do adotante (artigo 1986º do Código Civil).
>
> 2º Em consequência, o adotado perde os seus apelidos de origem (art. 1988º do Cód. cit.), excerto se estes pertencerem a progenitor que seja cônjuge do adotante."[57] [58]

No caso de *divórcio*, é permitida a *conservação de apelidos por parte do cônjuge divorciado*, mediante *autorização do ex-cônjuge*, prestada em auto lavrado perante o conservador ou de documento autêntico ou particular autenticado, de termo lavrado em juízo ou mediante *autorização do tribunal* (nº 6 do art. 104º).

O Decreto-Lei nº 272/2001, de 13 de outubro, veio introduzir – de forma inadequada já que não cura sequer de efetuar a alteração no lugar próprio, situação aliás também não corrigida pelo Decreto-Lei nº 324/2007, de 28 de setembro – uma nova possibilidade de conservação de apelidos por parte do

[56] Em *Boletim dos Registos e do Notariado*, I, nº 4/2001.

[57] Em *Boletim dos Registos e do Notariado*, nº 4/86, p. 13.

[58] "A adoção implica a atribuição ao adotado de novos números de identificação civil, de identificação fiscal, de utente dos serviços de saúde e de identificação da segurança social, de modo a garantir o segredo de identidade previsto no artigo 1985º do Código Civil" (nº 2 do art. 16º da Lei nº 7/2007, de 5/2, alterada pela Lei nº 32/2017, de 1/6).

cônjuge divorciado, na falta de autorização do ex-cônjuge, possibilidade essa incluída no designado *procedimento tendente à formação de acordo das partes*, adiante tratado.

Ao abrigo deste procedimento, o conservador, ouvido o outro cônjuge e no caso da sua *não oposição*, autoriza a conservação dos apelidos; tendo havido oposição do requerido, e constatando-se a *impossibilidade de acordo*, o processo segue a *via judicial* (artºs 5º a 8º do citado decreto-lei).

O *cônjuge viúvo* que tenha acrescentado ao seu nome apelidos do outro *conserva-os em caso de viuvez* e, se o declarar até à celebração do novo casamento, mesmo depois das segundas núpcias (art. 1677º-A CC).

O adicionamento dos apelidos do anterior cônjuge é que já não pode, por conseguinte, ter lugar depois de contraídas segundas núpcias pelo cônjuge viúvo.

O averbamento de *conservação de apelidos por parte do cônjuge viúvo* que contrai novas núpcias é feito em face de declaração prestada perante o conservador, em auto, no processo de casamento (nº 7 do art. 104º).

Naturalmente que, se optar pela conservação dos apelidos do ex-cônjuge, já não poderá exercer a faculdade de acrescentar apelidos do novo cônjuge, face ao disposto no nº 2 do art. 1677º.

Em caso de *reconhecimento jurídico da identidade de género* é permitido alterar o nome próprio, nos termos previstos na Lei nº 38/2018, de 7 de agosto.

6.2. Filiação

A menção, no assento do registo de nascimento, da maternidade e da paternidade obedece às disposições dos artºs 112º e seguintes.

6.2.1. Maternidade

Pelo que respeita à *maternidade*, o declarante do nascimento deve desde logo, quando possível, identificar a mãe do registando, sendo mencionada no assento a maternidade indicada (art. 112º e art. 1803º CC).

Se o nascimento tiver ocorrido *há menos de um ano*, a maternidade mencionada no assento considera-se estabelecida, sem prejuízo de a mãe dever ser notificada desse facto quando a declaração não tiver sido feita por ela própria ou pelo seu marido (art. 113º e art. 1804º CC), notificação esta que é oficiosamente averbada ao assento de nascimento.

Se o nascimento tiver ocorrido *há um ano ou mais*, a maternidade indicada só se considera estabelecida se ocorrer uma das seguintes hipóteses (art. 114º e art. 1805º CC):

– A mãe for ela própria a declarante;

- No ato de registo, a mãe estiver presente ou estiver representada por procurador com poderes especiais;
- Se for exibida prova da declaração de maternidade feita pela mãe em escritura, testamento ou termo lavrado em juízo.

Se não tiver ocorrido nenhum destes casos, o conservador deve, sempre que possível, notificar pessoalmente a pessoa indicada como mãe para, no prazo de quinze dias, vir declarar em auto se confirma a maternidade, sob cominação de o filho ser havido como seu.

Tanto a notificação como a confirmação da maternidade são oficiosamente averbadas ao assento de nascimento.

Se a pretensa mãe negar a maternidade ou se não puder ter sido notificada, a *menção da maternidade fica sem efeito*.

Neste caso, porém, bem como no caso de falta ou de eliminação da menção da maternidade, o conservador deve remeter ao tribunal certidão de cópia integral do assento de nascimento para *averiguação oficiosa da maternidade*, a menos que haja perfilhação paterna e entre o pai e a pretensa mãe exista grau de parentesco ou afinidade em linha reta ou parentesco no 2º grau da linha colateral (art. 115º).

A remessa ao tribunal da certidão prevista no art. 115º tem igualmente lugar se a maternidade não for mencionada no registo e sempre que dele seja eliminada (art. 116º)[59].

Se a pretensa mãe confirmar, em juízo, a maternidade, o tribunal deve remeter certidão do termo respetivo a qualquer conservatória do registo civil para averbamento ao assento de nascimento do filho (art. 117º).

A *declaração de maternidade* que não conste do assento de nascimento do filho, quando realizada perante o funcionário do registo civil, é registada *por meio de assento*, sendo competente para lavrar o assento qualquer conservatória do registo civil (art. 125º).

Além dos requisitos gerais, o *assento da declaração de maternidade* deve conter os elementos constantes do art. 126º.

A declarante deve exibir, sempre que possível, os documentos de identificação dela e do filho; não sendo exibidos tais documentos, é oficiosamente consultada a base de dados do registo civil, sendo integrados na base de dados os documentos que se mostrem necessários, de forma a comprovar os registos de nascimento da declarante e do filho.

Na sequência do assento é lançada cota de referência ao assento de nascimento do filho e, se este já for falecido, ao assento do seu óbito.

[59] Vejam-se também os artºs 1806º a 1813º CC.

Os elementos previstos no art. 126º podem ser completados com outros que sejam necessários à identificação do filho, não obstando a falta de qualquer deles a que o registo seja lavrado e produza os seus efeitos, desde que nenhuma dúvida fundada se suscite acerca da identidade da pessoa a quem respeita (art. 127º).

Em *viagem por mar ou por ar, a bordo de navio ou aeronave portugueses,* no caso de perigo iminente de morte, a autoridade de bordo pode lavrar registo de declaração de maternidade, relativamente ao qual se deve observar, na parte aplicável, o disposto nos artºs 109º e seguintes, ou seja, o que fica disposto para o registo de nascimentos ocorridos em circunstâncias similares (nº 1 do art. 128º).

Em campanha, a entidade especialmente designada para o efeito nos regulamentos militares pode lavrar registo de declaração de maternidade, nos mesmos termos, prestada por elementos das Forças Armadas.

A declaração de maternidade feita por testamento, escritura pública ou termo lavrado em juízo é registada, por averbamento, ao assento de nascimento do filho (art. 129º).

É vedado lavrar registo da declaração de maternidade em contradição com a filiação resultante de ato de registo anterior (nº 1 do art. 124º).

6.2.2. Paternidade

Quanto à *paternidade,* é obrigatoriamente mencionada no assento de nascimento a paternidade presumida (nº 1 do art. 118º). Presume-se que o filho nascido ou concebido na constância do matrimónio tem como pai o marido da mãe (nº 1 do art. 1826º CC).

Se o registo de casamento dos pais for posterior ao registo do nascimento do filho, a paternidade presumida é oficiosamente averbada ao assento de nascimento se dele ainda não constar (nº 2 do art. 118º).

A mulher casada pode, no entanto, *afastar a presunção da paternidade* se fizer a declaração do nascimento com a indicação de que o filho não é do marido: neste caso, não é feita a menção da paternidade presumida, podendo, desde logo, ser aceite o reconhecimento voluntário da paternidade (art. 119º e 1832º CC).

A indicação de paternidade não legalmente presumida só é admitida quando houver reconhecimento voluntário ou judicial (art. 120º).

Se o registo de nascimento de menor mencionar apenas a maternidade estabelecida, ou se a menção de paternidade tiver sido eliminada, o conservador deve remeter ao tribunal certidão de cópia integral do registo, a fim de ser *averiguada, oficiosamente, a identidade do pai* (art. 121º).

A remessa da certidão não tem todavia lugar se, conhecido o nome do pretenso pai, o conservador verificar que este e a mãe são parentes ou afins em linha reta ou parentes no 2º grau da linha colateral (nº 3 do art. 121º).

Salvo no caso previsto no art. 119º, acima referido, não são admissíveis no registo de nascimento menções que contrariem a presunção de paternidade enquanto esta não cessar (nº 2 do art. 124º).

6.2.3. *Perfilhação*

O reconhecimento do filho nascido ou concebido fora do matrimónio efetua-se por *perfilhação* ou decisão judicial em ação de investigação (art. 1847º CC).

A perfilhação pode fazer-se por declaração prestada perante o funcionário do registo civil, por testamento, por escritura pública ou por termo lavrado em juízo (art. 1853º CC).

A perfilhação pode ser feita a todo o tempo, antes ou depois do nascimento do filho ou depois da morte deste (art. 1854º CC), mas a perfilhação de *nascituro* só pode ser objeto de registo se for posterior à conceção e o perfilhante identificar a mãe (nº 1 do art. 132º e art. 1855º CC).

Por sua vez, a perfilhação de *filho maior ou emancipado*, ou de *filho predefunto* de quem vivam descendentes maiores ou emancipados só produz efeitos se aquele ou estes, ou, tratando-se de interditos, os respetivos representantes, derem o seu assentimento (nº 1 do art. 1857º CC).

O assento de perfilhação deve mencionar o *assentimento do perfilhado*, se for maior ou emancipado, ou dos seus descendentes, se for predefunto (art. 130º).

O assento de perfilhação cuja eficácia esteja dependente de assentimento considera-se secreto enquanto esse assentimento não lhe for averbado. Se o perfilhado ou os seus descendentes, consoante o caso, o recusarem, o assento é cancelado oficiosamente (art. 131º).

Se pela data do nascimento se verificar ser a *conceção posterior à perfilhação*, deve o conservador comunicar o facto ao Ministério Público para, se for caso disso, requerer a declaração de nulidade do ato (nº 3 do art. 132º).

A perfilhação, no caso de não existirem descendentes de filho predefunto, será plenamente eficaz[60].

[60] Neste sentido se pronunciou a Direção-Geral dos Registos e do Notariado:
"I – A perfilhação de filho predefunto de quem vivam descendentes maiores ou emancipados só produz efeitos se estes, ou, tratando-se de interditos, os respetivos representantes, derem o seu assentimento (artigo 1857º, nº 1 do Código Civil).
II – Não vivendo quaisquer descendentes do filho predefunto, ou vivendo só descendentes menores, a perfilhação é plenamente eficaz e consequentemente averbada ao assento de nascimento do perfilhado.

6.2.4. *Novo assento de nascimento*

Certas situações, decorrentes quer do estabelecimento da filiação, quer de outras circunstâncias, dão lugar *a menções discriminatórias ou desconfortáveis* para os interessados ou até simplesmente *inúteis* por não deverem constar do registo.

Por essa razão, o legislador permite que seja lavrado *novo assento de nascimento* nos casos previstos no art. 123º. Assim:

a) O estabelecimento da filiação, a alteração de nome consequente, a mudança de sexo e a consequente alteração de nome próprio, o nome dos avós, a adoção plena e o casamento dos pais podem ser integrados no texto do assento de nascimento ao qual tenham sido averbados, a requerimento verbal dos interessados ou dos seus representantes legais, mediante a realização de novo assento de nascimento;

b) As menções discriminatórias da filiação consentidas pela lei anterior, os averbamentos de factos não sujeitos a registo, os averbamentos que contrariam a filiação estabelecida e, bem assim, os que respeitem ao exercício do poder paternal[61] quando o titular do registo seja de maior idade, podem ser eliminados mediante a feitura de novo assento, igualmente a requerimento verbal dos interessados ou dos seus representantes legais.

O assento primitivo é cancelado, salvo no caso de adoção plena, situação em que apenas se lança nele uma cota referente à realização do novo registo[62].

"No caso particular de um novo assento destinado a integrar adoção plena, atenta a sua finalidade e o direito de reserva da intimidade da vida privada e familiar, não devem ser mencionadas as testemunhas intervenientes no primitivo registo."[63]

III – Não cabe ao conservador a averiguação oficiosa da existência ou não de descendentes maiores do pretenso filho predefunto no momento da perfilhação.
IV – Cabe a qualquer interessado a prova desses factos perante a Conservatória, através de documento comprovativo, nomeadamente habilitação notarial ou judicial, ou decisão judicial.
V – O registo de perfilhação é considerado secreto até ser prestado o assentimento necessário por todos os descendentes mencionados em I.
VI – Não existindo unanimidade no assentimento à perfilhação, esta manter-se-á secreta até que judicialmente, e a pedido de qualquer interessado, seja decidido em face das razões divergentes apresentadas pelos vários descendentes maiores do perfilhado" (*Boletim dos Registos e do Notariado*, nº 12/97 – Orientações e recomendações).

[61] *Responsabilidades parentais* deve agora ler-se, em vez de poder paternal (cf. art. 3º da Lei nº 61/2008, de 31 de outubro).

[62] Cf. Maria da Conceição Lobato Guimarães, Filomena Maria Máximo Mocica e Manuel Vilhena de Carvalho, *ob. cit.*, p. 147.

[63] Em *Boletim dos Registos e do Notariado*, nº 10/2001, I.

Atente-se em que *a mudança de nome* só dá lugar à feitura de *novo assento* se resultar de *alteração da filiação ou de sexo* nos termos acima referidos. Previne-se assim o facto de, com a mudança de nome, se pretender ocultar a identidade anterior.

Também, como já se referiu, o art. 81º-A determina a elaboração oficiosa de novo assento de nascimento nas situações aí previstas.

Finalmente, a realização de novo assento de nascimento foi determinada pelo art. 9º da Lei nº 38/2018, de 7 de agosto, que estabeleceu o direito à autodeterminação da identidade de género e expressão de género.

6.3. Casamento

6.3.1. Processo de casamento

a) Processo preliminar[64]

A capacidade dos nubentes para contrair matrimónio é comprovada por meio do *processo preliminar de casamento* organizado nas conservatórias a requerimento dos nubentes ou do pároco respetivo (nº 1 do art. 1597º CC).

Quem pretender contrair casamento deve *declará-lo* numa conservatória do registo civil e requerer a instauração do processo de casamento (art. 135º).

Qualquer conservatória do registo civil é competente para a organização do processo preliminar de casamento (art. 134º).

A declaração para casamento pode ser feita pessoalmente pelos *nubentes* ou por intermédio de *procurador.*

A declaração para instauração de processo relativa a casamento católico pode também ser prestada pelo *pároco* competente para a organização do processo canónico, mediante requerimento por si assinado.

Se a declaração for prestada pelo pároco e, posteriormente à instauração do processo, os nubentes pretenderem casar civilmente, é necessário que estes renovem a declaração inicial.

A declaração para instauração de processo relativo ao *casamento civil sob forma religiosa* pode ainda ser prestada pelo ministro do culto da igreja ou comunidade religiosa radicada no País, mediante requerimento por si assinado.

Os nubentes podem apresentar cumulativamente no processo preliminar de casamento o pedido de dispensa de impedimentos matrimoniais (art. 253º) e de suprimento da autorização para casamento de menor (art. 255º).

[64] A Portaria nº 654/2009, de 17 de junho, veio permitir o pedido *online* do processo de casamento. Escreve-se no seu preâmbulo: "O Decreto-Lei nº 324/2007, de 28 de setembro, também veio permitir que os pedidos de atos e de processos de registo civil pudessem ser efetuados por via eletrónica num sítio na Internet. Para esse efeito, foi criado o sítio «Civil *online*» em *www.civilonline.mj.pt.* Este serviço permite a prática de atos de registo civil de forma rápida, cómoda e

Podem igualmente efetuar o pedido de suprimento de certidão de registo regulado nos artºs 266º e seguintes[65].

A *declaração para casamento* deve, nos termos do disposto no art. 136º, constar de documento com aposição do nome do funcionário do registo civil ou de documento assinado pelos nubentes e apresentado pessoalmente, pelo correio ou por via eletrónica.

A declaração deve conter os elementos enumerados no nº 2 do art. 136º e deve ser instruída com os documentos de identificação dos nubentes[66] ou, sendo estes estrangeiros, título ou autorização de residência, passaporte ou documento equivalente, e certidão da escritura de convenção antenupcial, caso tenha sido celebrada (art. 137º).

segura através da Internet, eliminando a necessidade de as pessoas se deslocarem aos serviços de registo civil.
O primeiro ato a ser disponibilizado no «Civil *online*» é o «Pedido *online* de processo de casamento». Trata-se de um serviço que permite que as pessoas possam dar início ao processo de casamento a partir de casa ou de qualquer outro local com acesso à Internet, sem necessidade de se deslocarem à conservatória, a qualquer altura do dia, em qualquer dia da semana. Este serviço está disponível para qualquer tipo de casamento: civil, religioso ou católico.
Passou a ser possível tratar de todo o processo burocrático relacionado com o casamento através da Internet, continuando o casamento a realizar -se perante o conservador, o ministro de culto ou o padre."
Ver em 5.5. *Pedidos online de atos e de processos de registo*, a indicação dos procedimentos previstos nesta Portaria nº 624/2009.

[65] Art. 266º: "Quem não tenha possibilidade de obter, em tempo útil, certidão do registo de nascimento, para efeito de casamento, pelo facto de o registo se ter extraviado ou inutilizado e se encontrar pendente a respetiva reconstituição ou por ter sido lavrado no estrangeiro, pode requerer, na conservatória escolhida para a organização do processo de casamento, a instauração de processo para a passagem de um certificado de notoriedade."

[66] "1. Os documentos de identificação dos nubentes exigidos para instrução do processo preliminar de casamento são o cartão de cidadão ou o bilhete de identidade, consoante o documento de identificação de que sejam titulares, não podendo ser apresentado outro documento (cfr. artigo 137º nº 1 alínea *a)* do Código do Registo Civil e artigos 3º nº 1 e 55º nº 1 da Lei nº 7/2007, de 5 de fevereiro), salvo no caso de existência de normativo que lhe atribua o mesmo efeito legal. 2. Não sendo apresentado no momento da instauração do processo preliminar de casamento um desses documentos por qualquer dos nubentes ou ambos, poderão protestar pela sua apresentação, ficando o processo a aguardar a exibição do documento em falta. 3. A verificação da identidade dos intervenientes em atos e processos do registo civil e procedimentos perante o conservador pode ser feita por qualquer meio idóneo, maxime por uma das formas previstas no artigo 48º do Código do Notariado, sem prejuízo da obrigatoriedade de instrução do processo preliminar de casamento nos termos da conclusão 1." (Parecer do Conselho Consultivo do IRN C. C. 9/2013 STJ-CC, de 18/1214, consultado em http://www.irn.mj.pt/sections/irn/doutrina/pareceres/Pareceres-Conselho-Tecnico/).

Se o nubente for estrangeiro deve apresentar certidão do registo de nascimento que tem apenas de satisfazer a forma exigida para o mesmo fim pela lei do país de origem.

São dispensados da apresentação dos documentos de identificação os nubentes que se façam representar por procurador.

Na sequência da declaração inicial é imediata e *oficiosamente consultada a base de dados do registo civil*, sendo integrados na base de dados os documentos que se mostrem necessários, de forma a comprovar os registos de nascimento dos nubentes e o registo de óbito do pai ou da mãe de nubente menor, quando o progenitor falecido estivesse investido no exercício das responsabilidades parentais, exceto se houver tutela instituída, bem como a celebração de convenção antenupcial declarada perante o conservador, caso tenha sido celebrada.

A comprovação do nascimento dos nubentes e dos óbitos necessários à instrução do processo pode ser substituída por *certificados de notoriedade*, passados nos termos previstos nos artºs 266º a 270º.

No caso de *casamento civil sob forma religiosa*, deve ser oficiosamente comprovada a *qualidade do ministro do culto* que presidirá à celebração do casamento e a sua *credenciação* para a prática do ato através de comunicação, preferencialmente por via eletrónica, com a igreja ou comunidade religiosa, sem prejuízo da apresentação pelos nubentes dos respetivos documentos.

Para os efeitos acima previstos, a conservatória comprova, preferencialmente por via eletrónica, junto do registo de pessoas coletivas religiosas, a radicação da igreja ou comunidade religiosa no País e a competência dos órgãos para a emissão dos documentos acima indicados.

Após a declaração inicial, mas antes da celebração do casamento civil ou da passagem do certificado necessário para realização do casamento católico, sem prejuízo do disposto no nº 2 do art. 147º[67] e no nº 3 do art. 167º[68], pode ser comprovada, por acesso à base de dados do registo civil, a *celebração de convenção antenupcial* perante conservador ou apresentada a certidão de escritura de convenção antenupcial.

b) Convenção antenupcial

A celebração de convenção antenupcial nas conservatórias do registo civil deixou de estar condicionada à estipulação de um dos regimes tipo de bens pre-

[67] Nº 2 do art. 147º: "2 – Se os nubentes tiverem declarado haver convenção antenupcial, mas não apresentarem o documento comprovativo até à passagem do certificado, deve mencionar-se que pode ser apresentado até ao ato da celebração do casamento."

[68] Menção no assento paroquial da existência de convenção antenupcial apenas se, até ao ato da celebração do casamento, for apresentado o respetivo documento.

vistos na lei – comunhão de adquiridos, comunhão geral e separação de bens –, como acontecia antes da entrada em vigor do Decreto-Lei nº 324/2007, de 28 de setembro, podendo agora serem combinadas cláusulas dos vários regimes, bem como estipuladas outras disposições.

Assim o permite a atual redação do nº 1 do art. 189º ao explicitar que a convenção antenupcial pode ser celebrada nas conservatórias do registo civil, por meio de declaração prestada perante conservador, o qual pode delegar essa competência em oficial de registo.

As convenções antenupciais são válidas se forem celebradas, seja por declaração prestada perante funcionário do registo civil, seja por escritura pública (art. 1710º CC).

Aos *menores* só é permitido celebrar convenções antenupciais com autorização dos respetivos representantes legais. Aos *maiores acompanhados*, quando devam ser representados para a realização de atos de disposição entre vivos ou quando os mesmos dependam de autorização, só é permitido celebrar convenções antenupciais com o acordo expresso do acompanhante (art. 1708º CC).

A convenção antenupcial é registada mediante a sua menção no texto do assento de casamento, sempre que o auto seja lavrado ou a certidão da respetiva escritura seja apresentada até à celebração deste (art. 190º).

A convenção antenupcial, quando apresentada após a celebração do casamento, e a alteração do regime de bens, convencionado ou legalmente fixado, é registada por averbamento ao assento de casamento.

A convenção antenupcial só produz *efeitos em relação a terceiros* depois do respetivo registo (art. 191º).

No caso de *casamento católico*, os efeitos retroagem à data da celebração do casamento, desde que o registo tenha sido lavrado simultaneamente com a transcrição e esta ocorra nos sete dias imediatos.

A *convenção caduca* se o casamento não for celebrado dentro de *um ano*, ou se, tendo-o sido, vier a ser declarado nulo ou anulado, salvo o disposto em matéria de casamento putativo (art. 1716º CC)[69].

[69] Sob a epígrafe "Casamento putativo" determinam os artºs 1647º e 1648º CC:
Art. 1647º (*Efeitos do casamento declarado nulo ou anulado*) "1 – O casamento civil anulado, quando contraído de boa-fé por ambos os cônjuges, produz os seus efeitos em relação a estes e a terceiros até ao trânsito em julgado da respetiva sentença.
2 – Se apenas um dos cônjuges o tiver contraído de boa-fé, só esse cônjuge pode arrogar-se os benefícios do estado matrimonial e opô-los a terceiros, desde que, relativamente a estes, se trate de mero reflexo das relações havidas entre os cônjuges.
3 – O casamento católico declarado nulo pelos tribunais e repartições eclesiásticas produz os seus efeitos, nos termos dos números anteriores, até ao averbamento da decisão, desde que esteja transcrito no registo civil."

*c) **Publicidade e autorização para a celebração do casamento***

O processo preliminar de casamento é público na parte que respeita à declaração dos elementos previstos nas alíneas *a*), *b*), *c*) e *g*)[70] do nº 2 do art. 136º (nº 1 do art. 140º), ou seja:

- O nome completo, idade, estado, naturalidade e residência habitual dos nubentes;
- O nome completo dos pais e a menção do falecimento de algum deles, se o nubente for menor;
- O nome completo e residência habitual do tutor, se algum dos nubentes for menor e tiver tutela instituída;
- A modalidade de casamento que os nubentes pretendem contrair e a conservatória ou paróquia em que deve ser celebrado e, no caso de casamento civil sob forma religiosa, a indicação do ministro do culto credenciado para o ato.

A publicidade do processo é garantida através do direito à obtenção de cópia, certificada ou com mero valor de informação, da parte da declaração para casamento que contém os elementos previstos no nº 1 e acima transcritos (nº 2 do art. 140º): terminou assim a anteriormente usual afixação de editais.

A *existência de impedimentos* pode ser declarada por qualquer pessoa até ao momento da celebração do casamento e deve sê-lo pelos funcionários do registo civil logo que deles tenham conhecimento.

Se, até à celebração do casamento, for deduzido algum impedimento ou a sua existência chegar, por qualquer forma, ao conhecimento do conservador, deve este fazê-lo constar do processo de casamento, cuja tramitação é suspensa até que o impedimento cesse, seja dispensado ou julgado improcedente por decisão judicial (art. 142º).

Os processos especiais de impedimento do casamento e de dispensa de impedimentos, adiante tratados, são regulados pelos artºs 245º a 252º e 253º e 254º, respetivamente.

Compete ao conservador verificar a *identidade e capacidade matrimonial* dos nubentes, podendo colher informações junto de autoridades, exigir prova

Art. 1648º (*Boa-fé*) "1 – Considera-se de boa-fé o cônjuge que tiver contraído o casamento na ignorância desculpável do vício causador da nulidade ou anulabilidade, ou cuja declaração de vontade tenha sido extorquida por coação física ou moral.
2 – É da exclusiva competência dos tribunais do Estado o conhecimento judicial da boa-fé.
3 – A boa-fé dos cônjuges presume-se."

[70] Do Decreto-Lei nº 324/2007 constava a referência à revogada alínea *f)* e não à alínea *g)*: o lapso foi corrigido pela Declaração de Retificação nº 107/2007, de 27 de novembro.

testemunhal e documental complementar e convocar os nubentes ou os seus representantes legais, quando se mostre necessário (art. 143º).

As testemunhas, bem como os nubentes, seus pais ou tutores, podem ser ouvidos na conservatória de residência ou em qualquer outra conservatória que seja por eles escolhida.

No caso de *nubente adotado plenamente*, o conservador averigua, *sem publicidade*, da eventual existência de impedimentos resultantes da filiação natural.

No caso de ter sido declarada a pretensão de celebração de *casamento civil sob forma religiosa*, o conservador deve efetuar diligências no sentido de assegurar que os nubentes têm conhecimento do disposto nos artºs 1577º (noção de casamento), 1600º (capacidade para contrair casamento), 1671º (igualdade de direitos e deveres dos cônjuges) e 1672º (deveres dos cônjuges) do Código Civil.

Efetuadas as diligências necessárias, o conservador, no prazo de um dia a contar da última diligência, deve proferir *despacho a autorizar* os nubentes a celebrar o casamento ou a mandar *arquivar* o processo (art. 144º).

No despacho devem ser identificados os nubentes, feita referência à existência ou inexistência de impedimentos ao casamento e apreciada a capacidade matrimonial dos nubentes.

Não são impeditivas do despacho de autorização as irregularidades ou deficiências verificadas nos registos, certidões ou certificados juntos ao processo, nomeadamente as relativas à grafia dos nomes ou à eliminação ou acrescentamento de qualquer apelido, desde que não envolvam dúvidas fundadas acerca da identidade das pessoas a quem respeitem.

O *despacho desfavorável* à celebração do casamento é notificado aos nubentes, pessoalmente ou por carta registada.

Deste despacho pode *recorrer-se*, no prazo de oito dias, para o tribunal de 1ª instância competente na área da circunscrição a que pertence a conservatória (art. 292º).

Se o *despacho* do conservador *for favorável*, o casamento deve celebrar-se dentro dos *seis meses* seguintes; se tal não acontecer, o processo pode ser *revalidado*, mas apenas dentro do *prazo de um ano* a contar da data do despacho final (art. 145º). Também os documentos de identificação dos nubentes, se tiverem excedido o prazo de validade, devem ser de novo apresentados.

Se os nubentes, na declaração inicial ou posteriormente, houverem manifestado a intenção de celebrar *casamento católico ou casamento civil sob forma religiosa*, é passado pelo conservador, dentro do prazo de um dia, um *certificado* no qual se declara que os nubentes podem contrair casamento (art. 146º).

O prazo para a passagem do certificado conta-se da data do despacho final ou daquela em que os nubentes manifestem, perante o conservador, a intenção de celebrar casamento católico ou casamento civil sob forma religiosa.

Se o certificado respeitar a processo instaurado mediante declaração do pároco competente para a organização do processo canónico (nº 2 do art. 135º), é remetido oficiosamente e, sempre que possível, por via eletrónica, a esse pároco, depois de pagos os emolumentos.

Se o certificado respeitar a casamento civil sob forma religiosa, o conservador deve remetê-lo oficiosamente e, sempre que possível, por via eletrónica, ao ministro do culto indicado pelos nubentes, também depois de pagos os emolumentos.

O certificado não é passado sem que o conservador se tenha assegurado de que os nubentes têm conhecimento do disposto nos artºs 1577º, 1600º, 1671º e 1672º do Código Civil, acima mencionados, e deve conter as menções constantes do art. 147º.

Se os nubentes tiverem declarado haver convenção antenupcial, mas não apresentarem o documento comprovativo até à passagem do certificado, deve mencionar-se, como já foi referido, que pode ser apresentado até ao ato da celebração do casamento.

Se ocorrerem circunstâncias que, nos termos da lei civil, determinem a obrigatoriedade do *regime de separação de bens*, deve mencionar-se no certificado o regime de bens sob o qual o casamento é contraído: segundo o nº 1 do art. 1720º CC, consideram-se sempre contraídos sob o regime da separação de bens o casamento celebrado *sem precedência do processo preliminar* de casamento, bem como o casamento celebrado por quem tenha completado *sessenta anos* de idade.

Se o casamento for celebrado por quem tenha filhos, ainda que maiores ou emancipados, deve mencionar-se a circunstância de não poder ser convencionado, conforme o nº 2 do art. 1699º CC, o regime da comunhão geral nem estipulada a comunicabilidade dos bens referidos no nº 1 do art. 1722º CC (bens próprios dos cônjuges).

Se, durante a organização do processo de casamento, se averiguar que algum dos nubentes está ligado por casamento católico não transcrito, o conservador deve suspender o andamento do processo e promover oficiosamente a transcrição (art. 176º).

O *menor núbil deve obter autorização dos pais* detentores do exercício das responsabilidades parentais[71], do tutor, ou o seu suprimento, com vista ao casamento que pretende realizar.

[71] Cf. artºs 1901º e seguintes CC, relativos ao exercício das responsabilidades parentais (expressão esta que substituiu, como já se disse, a anteriormente usada "poder paternal", conforme o disposto no art. 3º da Lei nº 61/2008, de 31 de outubro).

O documento comprovativo da autorização ou do seu suprimento é junto ao processo preliminar de casamento (art. 149º).

O *consentimento* pode ser prestado pessoalmente ou por procurador, mediante auto lavrado por conservador ou oficial de registos, auto lavrado por pároco, neste caso na presença de duas testemunhas, documento notarial autêntico ou autenticado, ou ainda documento autêntico ou autenticado lavrado no estrangeiro pelas entidades locais competentes ou pelos agentes consulares ou diplomáticos portugueses (art. 150º).

Nestes documentos, deve ser identificado o *outro nubente* e indicada a *modalidade do casamento* – civil ou religioso.

O consentimento pode ainda ser prestado no ato da celebração do casamento, caso em que apenas deve ser mencionado no assento.

A falta de autorização dos pais ou do tutor para o casamento do nubente menor pode ser suprida mediante o processo especial previsto e regulado nos artºs 255º a 257º.[72]

No caso de *conhecimento, posterior à emissão do certificado, de impedimentos*, a conservatória que tiver emitido o certificado deve comunicar ao respetivo pároco ou ministro do culto os impedimentos de que tenha tido conhecimento, a fim de se sobrestar na celebração do casamento até ao julgamento respetivo (art. 148º e nº 2 do art. 1598º CC).

Qualquer conservatória que tenha conhecimento de impedimentos que obstem à celebração do casamento deve fazer constar do processo os documentos que os comprovem.

Incorre na pena de *desobediência qualificada* o pároco que celebrar o casamento depois de ter recebido a comunicação acima referida; na mesma pena incorre o funcionário do registo civil que celebrar o casamento em tais circunstâncias (artºs 296º e 297º).

6.3.2. Celebração do casamento

a) Casamento católico

Para a celebração de casamento católico é necessária a *prévia apresentação do certificado*, sem o qual o casamento não pode ser celebrado (nº 1 do art. 151º e do art. 1598º CC), salvo se se tratar de casamentos *in articulo mortis*, na iminência de parto ou cuja imediata celebração seja expressamente autorizada pelo ordinário próprio por grave motivo de ordem moral, os quais podem celebrar-se

[72] Ver adiante *11.4.3 – Suprimento de autorização para casamento de menores.*

independentemente de processo preliminar de casamento e da passagem do certificado, mas sem prejuízo das exigências da lei civil quanto à capacidade matrimonial dos nubentes (nº 2 do art. 151º e nº 1 do art. 1599º CC).

O *assento paroquial* é lavrado em duplicado no livro de registo ou em arquivo eletrónico da paróquia, logo após a celebração do matrimónio, e deve conter as indicações referidas no art. 167º.

A menção da existência de convenção antenupcial, no caso previsto no nº 2 do art. 147º – ou seja, no caso em que os nubentes tenham declarado haver convenção antenupcial, sem apresentarem o documento comprovativo –, só é feita se, até ao ato da celebração do casamento, for apresentado o respetivo documento, devendo referir-se no assento a data do auto ou escritura e a indicação da conservatória ou do cartório em que o documento foi lavrado.

Sendo apresentado pelos nubentes, no ato da celebração do casamento, documento que contrarie a menção do certificado relativa às convenções antenupciais, deve esta menção ser alterada no assento, referenciando-se aquele documento.

Tratando-se de casamento celebrado com dispensa do processo preliminar respetivo, mediante autorização do ordinário próprio, deve mencionar-se no assento esta circunstância e a data da autorização.

O pároco da paróquia da celebração do casamento é obrigado a enviar a uma conservatória do registo civil, dentro do prazo de *três dias*, o *duplicado do assento paroquial*, a fim de ser *transcrito* (art. 169º), salvo nos casos previstos no art. 170º, abaixo referido, de dispensa dessa obrigação de remessa.

Nos casamentos, cuja imediata celebração haja sido autorizada pelo ordinário, deve ser remetida com o duplicado cópia da autorização, autenticada com a assinatura do pároco.

Com o duplicado são igualmente remetidos os documentos a que se referem os nºs 3 e 4 do art. 167º, quando se verifiquem as hipóteses neles previstas, bem como o certificado passado por agente diplomático ou consular português, caso o processo tenha sido por eles instaurado.

Se o duplicado se extraviar, o pároco deve enviar à conservatória, logo que tenha conhecimento do facto, certidão de cópia integral do assento, a fim de servir de título para a transcrição.

A falta do assento paroquial é suprível, nos termos do disposto no art. 83º, que regula os termos do suprimento da omissão de registo.

As comunicações acima referidas devem ser efetuadas, sempre que possível, por via eletrónica.

A obrigação de remessa do duplicado não é aplicável (art. 170º):

a) Ao casamento de consciência, cujo assento só pode ser transcrito perante certidão de cópia integral e mediante denúncia feita pelo ordinário, bem como aos casamentos *in articulo mortis*, na iminência de parto ou cuja celebração imediata seja expressamente autorizada pelo ordinário próprio por grave motivo de ordem moral, quando não possam ser transcritos;

b) Ao casamento em que, logo após a celebração, se verifique a necessidade de convalidar o ato, mediante a renovação do consentimento dos cônjuges na forma canónica, bastando remeter à conservatória, quando assim seja, o duplicado do assento paroquial da nova celebração.

A *omissão de envio do duplicado* do assento paroquial ou o seu envio fora de prazo são puníveis com a pena correspondente à *desobediência qualificada* (art. 296º).

É *competente para a transcrição* do assento de casamento católico qualquer conservatória do registo civil (art. 171º).

O conservador, conforme determina o art. 172º, deve efetuar a transcrição do duplicado ou da certidão do assento paroquial dentro do prazo de *um dia* e comunicá-la ao pároco, se possível por via eletrónica, até ao termo do dia imediato àquele em que foi feita.

O prazo para a transcrição conta-se a partir do recebimento do duplicado ou da certidão completada ou esclarecida, nos casos a que se refere o nº 3 do art. 174º, a partir do despacho final, no caso previsto no art. 173º, e a partir do recebimento do duplicado ou da certidão, nos restantes casos.

Na falta de remessa do duplicado ou da certidão do assento pelo pároco, a transcrição pode ser feita a todo o tempo, em face de qualquer desses documentos, a requerimento de algum interessado ou do Ministério Público.

A *celebração do casamento sem a prévia apresentação do certificado*, em infração ao disposto no art. 151º, bem como a sua celebração depois de recebida comunicação da conservatória, posterior à emissão do certificado, de que existem impedimentos que determinam que se deva sustar essa celebração, são também puníveis com a pena correspondente à *desobediência qualificada* (art. 296º).

Se porventura o casamento tiver sido celebrado sem ter sido precedido do processo preliminar, a transcrição só se efetua depois de organizado o correspondente processo, substituindo-se a declaração dos nubentes pelo duplicado ou pela certidão do assento canónico, sendo dispensada a apresentação dos documentos de identificação (nº 1 do art. 173º).

Neste caso, o conservador pode notificar os cônjuges, pessoalmente ou por carta registada, para comparecerem na conservatória, sob pena de desobediência, a fim de prestarem os esclarecimentos necessários à organização do processo.

Os nubentes podem ser ouvidos na conservatória do registo civil da área da residência ou noutra conservatória por eles escolhida.

Havendo processo preliminar de casamento pendente à data do recebimento do duplicado, são aplicáveis, com as necessárias adaptações, os nºs 2 e 3 do art. 159º.

Como já foi mencionado, o art. 151º, tal como o art. 1599º CC, permite que possam celebrar-se, independentemente de processo preliminar de casamento e da passagem do certificado, os casamentos *in articulo mortis*, na iminência de parto ou cuja imediata celebração seja expressamente autorizada pelo ordinário próprio por grave motivo de ordem moral.

A dispensa do processo preliminar de casamento não altera, como também se disse, as exigências da lei civil quanto à capacidade matrimonial dos nubentes.

A *transcrição do casamento católico deve ser recusada* (art. 174º):

- Se o duplicado ou a certidão *não contiverem as indicações exigidas* no art. 167º ou as assinaturas devidas, bem como se o conservador tiver fundadas dúvidas acerca da *identidade dos contraentes*, caso em que será devolvido ao pároco o duplicado ou a certidão, sempre que possível por via eletrónica, para que se complete ou esclareça o documento em termos de a transcrição se efetuar, sempre que possível, dentro dos sete dias ulteriores à celebração do casamento;
- Se no momento da celebração for oponível ao casamento algum impedimento dirimente;
- Se, tratando-se de casamento *não precedido do processo* respetivo, existir no momento da celebração o impedimento de falta de idade nupcial, de acompanhamento, quando a sentença respetiva assim o determine, ou o impedimento de casamento civil anterior não dissolvido, desde que, em qualquer dos casos, o impedimento subsista.

A morte de um ou de ambos os cônjuges não obsta à transcrição.

A *recusa da transcrição* deve ser notificada aos nubentes, pessoalmente ou por carta registada.

No caso de o duplicado ou a certidão do assento paroquial não conter as indicações exigidas no art. 167º ou as assinaturas devidas, bem como no caso de o conservador ter fundadas dúvidas acerca da identidade dos contraentes, o conservador deve remeter ao pároco o duplicado ou a certidão, sempre que possível por via eletrónica, para que se complete ou esclareça o documento em termos de a transcrição se efetuar, sempre que possível, dentro dos sete dias ulteriores à celebração do casamento.

A transcrição recusada com base em *impedimento dirimente* deve ser efetuada oficiosamente, ou por iniciativa de qualquer interessado ou do Ministério Público, logo que cesse o impedimento que deu causa à recusa (art. 175º).

A *sanação in radice*[73] do casamento católico nulo, mas transcrito, é averbada ao assento respetivo, mediante comunicação do pároco, feita no interesse dos cônjuges e com o consentimento do ordinário do lugar da celebração (art. 177º).

No caso de *convalidação simples* do casamento nulo, mas transcrito, operada pela renovação da manifestação de vontade de ambos os cônjuges na forma canónica, o pároco deve lavrar novo assento e dele enviar duplicado a qualquer conservatória do registo civil, no prazo de cinco dias, para aí ser transcrito nos termos legais.

Feita a transcrição, é cancelado o assento convalidado, sem prejuízo dos direitos de terceiro.

As comunicações acima referidas devem, sempre que possível, ser efetuadas por via eletrónica.

O casamento católico celebrado entre cônjuges já vinculados entre si por casamento civil anterior não dissolvido é *averbado oficiosamente* ao assento deste em face de duplicado ou certidão do assento paroquial, enviada pelo pároco ou a requerimento dos interessados, independentemente do processo de casamento (art. 179º).

O envio realizado pelo pároco do duplicado ou da certidão do assento é efetuado, sempre que possível, por via eletrónica.

b) Casamento civil

Pelo que respeita ao *casamento civil,* são os artºs 153º a 155º que se ocupam do ato da sua celebração e da solenidade que deve ser observada.

O dia e a hora são acordados entre os nubentes e o conservador, sendo que *qualquer conservador do registo civil é competente* para a celebração do casamento, independentemente da freguesia e concelho onde aquele deva ser celebrado (art. 153º).

[73] A *sanatio in radice* produz efeitos retroativos, pelo que o casamento se considera válido desde o momento da sua celebração, enquanto, no caso de *convalidação simples*, o casamento é considerado nulo até ao momento da convalidação.

Note-se que nenhum conservador é obrigado a celebrar casamentos fora das horas regulamentares de abertura ao público da conservatória, como o não é aos sábados, domingos e feriados. É matéria que, tal como a celebração do casamento fora da conservatória[74], deverá ser objeto de acordo entre os nubentes e o conservador.

Entretanto, o Decreto-Lei nº 236/2001, de 30 de agosto, alterado pelo Decreto-Lei nº 324/2007, de 28 de setembro, considerando a tradição da celebração de *casamentos ao fim de semana*, nas conservatórias ou fora delas, veio facilitar a continuidade dessa tradição, estendendo a adjuntos e a oficiais a competência para celebrar casamentos aos sábados, domingos e feriados ou nos dias úteis fora do horário de funcionamento dos serviços, nos seguintes termos:

A celebração de casamentos civis fora do horário de funcionamento dos serviços e aos sábados, domingos e feriados, nas conservatórias ou em qualquer outro lugar a que o público tenha acesso, pode ter lugar sempre que o ato seja expressamente solicitado e acordado com os nubentes (art. 1º).

A competência para a celebração de casamentos nos termos previstos no art. 1º é atribuída a qualquer conservador dos registos, por acordo com os nubentes e independentemente da área de circunscrição territorial a que o conservador pertença; na falta desse acordo, a competência para a celebração do casamento é atribuída ao conservador do registo civil da conservatória da área da celebração do casamento (art. 2º).

Quando não haja disponibilidade ou possibilidade por parte dos conservadores acima referidos, determina o art. 3º que estes devem designar o respetivo substituto para a celebração, de acordo com a seguinte ordem de preferência:

a) Conservador auxiliar;
b) Adjunto de conservador;
c) Substitutos do conservador, pela ordem por que foram designados;
d) Demais oficiais da conservatória, por ordem de categoria funcional e de classe pessoal.

No caso de nenhum destes funcionários estar disponível, prevê o nº 2 do mesmo art. 3º que deve o conservador ou o seu substituto informar e remeter o pedido ao presidente do IRN, podendo ser designado para a celebração do

[74] O Conselho Técnico do Instituto dos Registos e do Notariado deliberou em 26 de Março de 2009: "Não ser de celebrar casamento civil não urgente a bordo de navio não atracado a cais do território nacional e em que não esteja garantida a subida a bordo de quem quer que seja que se proponha assistir ao ato, *maxime* para deduzir oposição ao casamento" (Proc. C. C. 7/2009).

casamento, em regime de substituição, conservador, notário ou ajudante de serviço de registo civil do mesmo concelho ou de concelho limítrofe[75].

Pena foi que, na sua preocupação, o legislador não tivesse inserido a salvaguarda de solenidade mínima no que toca aos locais e circunstâncias da celebração do casamento: ficou assim entregue ao bom senso do funcionário que presidir ao ato evitar que ele ocorra em situações de menor dignidade ou até menos próprias.

No *ato da celebração do casamento* devem estar presentes os nubentes – ou um deles e o procurador do outro –, e o conservador (art. 154º).

Podem intervir entre duas a quatro testemunhas – como já anteriormente se disse, terá de interpretar-se esta disposição como querendo dizer *até quatro testemunhas* porquanto, salvo no caso referido no parágrafo seguinte e no de casamento urgente, é facultativa a presença de testemunhas pelo que nada obstará a que haja apenas uma.

A *presença de duas testemunhas é obrigatória* sempre que a identidade de qualquer dos nubentes não seja verificada pelo conhecimento pessoal do conservador, pela exibição dos respetivos documentos de identificação ou, se os nubentes forem estrangeiros, pela exibição do título de residência, do passaporte ou documento equivalente[76].

Considera-se celebrado na presença do funcionário do registo civil o casamento realizado perante quem, não tendo competência funcional para o ato, exerça publicamente as respetivas funções, salvo se ambos os nubentes conheciam, no momento da celebração, a falta daquela competência (nº 4 do art. 154º).

Pelo que toca à *solenidade* do ato (art. 155º):

A celebração é pública e feita da forma seguinte:

a) O conservador, depois de anunciar que naquele local vai ter lugar a celebração do casamento, lê, da declaração inicial, os elementos relativos à identificação dos nubentes e os referentes ao seu propósito de o contrair, bem como o despacho final previsto no art. 144º;

[75] O Decreto-Lei nº 115/2018, de 21 de dezembro, que estabelece o regime da carreira especial de conservador dos registos, define de forma diferente, no seu art. 10º, a forma de substituição do conservador em caso de ausência ou impedimento.

[76] Cf. *Boletim dos Registos e do Notariado*, nº 12/97 – Orientações e recomendações:
"2. É válido o casamento em que, por lapso da conservatória, não ficou a constar do assento a menção relativa à verificação da identidade pela exibição dos bilhetes de identidade dos nubentes, tendo eles sido, efetivamente, exibidos perante o conservador que procedeu à celebração do casamento.
3. A deficiência do assento por falta da menção referida no número anterior é sanada mediante instauração de processo de justificação administrativa, nos termos dos artigos 93º, nº 2, alínea *a)* e 241º e ss. do Código do Registo Civil."

b) Se os nubentes forem menores e ainda não tiver sido dado o consentimento dos pais ou tutor, nem suprida essa autorização, o conservador pergunta às pessoas que o devem prestar se o concedem, suspendendo a realização do ato se não for concedido;

c) Em seguida, o conservador interpela as pessoas presentes para que declarem se conhecem algum impedimento que obste à realização do casamento;

d) Não sendo declarado qualquer impedimento e depois de referir os direitos e deveres dos cônjuges, previstos na lei civil, o conservador pergunta a cada um dos nubentes se aceita o outro por consorte;

e) Cada um dos nubentes responde, sucessiva e claramente: «*É de minha livre vontade casar com F...*[77] [indicando o nome completo do outro nubente].»

Prestado o consentimento dos contraentes, o conservador diz, em voz alta, de modo a ser ouvido por todos os presentes: «*Em nome da lei e da República Portuguesa, declaro F. e F.* [indicando os nomes completos de marido e mulher] *unidos pelo casamento.*»

Não é permitido o casamento civil de pessoas unidas por casamento católico anterior – efetivamente, sendo atribuídos efeitos civis ao casamento católico, o casamento civil subsequente não faria qualquer sentido[78].

[77] Tem sido entendido que a validade do casamento não é prejudicada pelo facto de "à fórmula do consentimento, a que se refere a alínea e) do nº 1, não ser dado exato cumprimento, desde que sejam empregues palavras que, de modo inequívoco, demonstrem a manifestação de vontade dos nubentes" (Maria da Conceição Lobato Guimarães, Filomena Máximo Mocica e M. Vilhena de Carvalho, *ob. cit.*, p. 181).

[78] Sobre o caso de casamento civil celebrado entre os mesmos nubentes, após casamento católico anterior não transcrito, pronunciaram-se os serviços jurídicos da Direção-Geral dos Registos e do Notariado nos seguintes termos (cf. *Boletim dos Registos e do Notariado*, nº 3/95, Pº 48RC94):
"1. Celebrado casamento civil, entre os mesmos nubentes, depois de casamento católico urgente transcrito em momento posterior à celebração do casamento civil, tal facto não constitui impedimento dirimente absoluto previsto na alínea *c)* do artigo 160º do Código Civil.
2. Deve considerar-se válido e eficaz o casamento civil posteriormente celebrado, visto o anterior casamento católico, embora válido e a produzir efeitos entre os cônjuges desde a data da celebração, não poder ser havido como impedimento (dirimente) e, assim, como fundamento de anulação do casamento civil (artigo 163º do C. Civil).
3. Transcrito o casamento católico, este é havido como eficaz desde a data da celebração vigorando, entre os cônjuges, o regime da separação de bens (artigos 1670º e 1720º, nº 1, *a)* do C. Civil).
4. Nas relações dos cônjuges com terceiros, após a celebração do casamento civil, vigora o regime adotado aquando deste casamento, passando a vigorar o regime da separação de bens, após a transcrição do casamento católico.

Em contrapartida, como acima vimos, é admitido o registo de casamento católico de pessoas já ligadas entre si por casamento civil não dissolvido, caso em que o casamento católico é averbado ao assento, independentemente do processo preliminar de casamento (art. 1589º CC).

O assento de casamento civil não urgente celebrado em Portugal pela forma estabelecida no Código do Registo Civil é lavrado e lido em voz alta pelo funcionário, que nele apõe o seu nome, logo após a celebração do casamento (art. 180º).

Além dos requisitos gerais, o assento de casamento deve conter as menções constantes do art. 181º.

A organização prévia do processo de casamento e as formalidades acima descritas são dispensadas no caso de *casamento civil urgente* (art. 156º e art. 1622º CC).

Este casamento pode ser celebrado, mesmo sem a intervenção de funcionário do registo civil, quando haja *fundado receio de morte próxima* de algum dos nubentes[79], ainda que derivada de circunstâncias externas ou iminência de parto, cumpridas que sejam as seguintes formalidades:

a) *Proclamação, oral ou escrita*, de que vai celebrar-se o casamento, feita *à porta da casa* onde se encontrem os nubentes pelo funcionário do registo civil ou, na falta dele, por alguma das pessoas presentes;
b) *Declaração expressa do consentimento* de cada um dos nubentes perante quatro testemunhas, duas das quais não podem ser parentes sucessíveis dos nubentes;
c) *Redação da ata* do casamento, por documento escrito e sem formalidades especiais, assinada por todos os intervenientes que saibam e possam fazê-lo.

Lavrada a ata do casamento, seguem-se os procedimentos previstos no art. 159º: assim, o conservador do registo civil organiza oficiosamente, com base na

5. Sendo válido o casamento civil, deverá ser efetuada no respetivo assento uma cota de referência ao assento de casamento católico, onde se mencione a data da celebração, número, ano e conservatória detentora deste último."

[79] Não é necessário que este receio seja comprovado por atestado médico, bastando uma convicção séria sobre a possibilidade de iminência da morte, mas também não um simples medo subjetivo que não levaria uma pessoa média a convencer-se da iminência do falecimento (cf. Maria da Conceição Lobato Guimarães, Filomena Máximo Mocica e M. Vilhena de Carvalho, *ob. cit.*, p. 182, e Álvaro Sampaio, *ob. cit.*, p. 150).

ata, o processo preliminar de casamento nos termos dos artºs 134º e seguintes, na parte aplicável, sendo dispensada a apresentação do documento de identificação.

Se houver já processo preliminar de casamento organizado, o despacho final do conservador é proferido no prazo de três dias, a contar da data da ata do casamento ou da última diligência do processo, salvo se houver motivo justificativo da inobservância do prazo, que deve ser especificado no despacho.

Se o processo preliminar de casamento tiver sido instaurado noutra conservatória, o conservador que lavrar a ata do casamento deve comunicar tal facto, por via eletrónica, à conservatória onde o processo foi instaurado, contando-se, neste caso, o prazo para a elaboração do despacho a que se refere o número anterior, a partir da data da receção da referida comunicação.

O processo deve estar concluído no prazo de 30 dias a contar da ata do casamento, salvo absoluta impossibilidade, caso que o funcionário deve justificar no despacho final.

O *casamento urgente fica sujeito à homologação do conservador*, que, no despacho final, deve fixar expressamente todos os elementos que devam constar do assento (nº 5 do art. 159º).

O casamento *não pode ser homologado* nos seguintes casos (art. 160º e art. 1624º CC):

a) Se não se verificarem os requisitos legais ou não tiverem sido observadas as formalidades prescritas no artigo 156º;
b) Se houver indícios sérios de serem supostos ou falsos esses requisitos ou essas formalidades;
c) Se o casamento tiver sido contraído com algum impedimento dirimente;
d) Se o casamento tiver sido considerado como católico pelas autoridades eclesiásticas e como tal se encontrar transcrito.

Se o casamento não for homologado, o *despacho de recusa é notificado* aos interessados, pessoalmente ou por carta registada.

Do despacho de recusa da homologação os cônjuges ou seus herdeiros, bem como o Ministério Público, podem interpor *recurso*, a fim de ser declarada a validade do casamento, no prazo de oito dias a contar da notificação do despacho recorrido, para o tribunal de 1ª instância competente na área da circunscrição a que pertence a conservatória (art. 292º e nº 3 do art. 1624º CC).

De harmonia com o disposto no art. 182º, o despacho do conservador que homologar o casamento civil urgente deve fixar, de acordo com a ata do casamento, completado pelos documentos juntos ao processo preliminar de casamento e pelas diligências efetuadas, os elementos que o assento deve conter, em conformidade com o disposto no art. 181º.

O assento é lavrado com base nos elementos constantes do despacho de homologação, no prazo de *dois dias* a contar da data em que este tiver sido proferido, e deve conter apenas, como menção especial, a referência à natureza urgente do casamento, omitindo-se as circunstâncias particulares da celebração.

A transcrição do casamento civil urgente é cancelada, oficiosamente, se o casamento vier a ser reconhecido pelas autoridades eclesiásticas como católico e como tal se mostrar transcrito o assento paroquial (art. 183º).

c) Casamento civil sob forma religiosa

O art. 59º da Lei nº 16/2001, de 22 de junho (Lei da Liberdade Religiosa) deu ao art. 1615º CC a seguinte redação: "A celebração do casamento é pública e está sujeita, segundo a vontade dos nubentes:

a) À forma fixada neste Código e nas leis do registo civil;
b) À forma religiosa, nos termos de legislação especial."

O artº 19º da mesma lei veio reconhecer o *casamento por forma religiosa não católica*, nos seguintes termos:

> "1 – São reconhecidos efeitos civis ao casamento celebrado por forma religiosa perante o ministro do culto de uma igreja ou comunidade religiosa radicada no País. O ministro do culto deverá ter a nacionalidade portuguesa ou, sendo estrangeiro, não nacional de Estado membro da União Europeia, ter autorização de residência temporária ou permanente em Portugal.
>
> 2 – Aqueles que pretendam contrair casamento por forma religiosa deverão declará-lo, pessoalmente ou por intermédio de procurador, no requerimento de instauração do respetivo processo de publicações na conservatória do registo civil competente, indicando o ministro do culto credenciado para o ato. A declaração para casamento pode ainda ser prestada pelo ministro do culto, mediante requerimento por si assinado.
>
> 3 – Autorizada a realização do casamento, o conservador passa o certificado para casamento, nos termos dos artigos 146º e 147º do Código do Registo Civil, com as necessárias adaptações. O certificado não é passado sem que o conservador se tenha assegurado de que os nubentes têm conhecimento dos artigos 1577º, 1600º, 1671º e 1672º do Código Civil. O certificado deve conter menção deste facto, bem como do nome e da credenciação do ministro do culto. O certificado é remetido oficiosamente ao ministro do culto, a quem são igualmente comunicados os impedimentos de conhecimento superveniente.
>
> 4 – É indispensável para a celebração do casamento a presença:
>
> *a)* Dos contraentes, ou de um deles e do procurador do outro;

b) Do ministro do culto, devidamente credenciado;
c) De duas testemunhas.

5 – Logo após a celebração do casamento, o ministro do culto lavra assento em duplicado no livro de registo da igreja ou da comunidade religiosa e envia à conservatória competente, dentro do prazo de três dias, o duplicado do assento, a fim de ser transcrito no livro de assentos de casamento.

6 – O conservador deve efetuar a transcrição do duplicado dentro do prazo de dois dias e comunicá-la ao ministro do culto até ao termo do dia imediatamente àquele em que foi feita."

É importante ter em conta que a disposição transcrita se aplica apenas a *igrejas e comunidades religiosas reconhecidas como radicadas* em Portugal pelo membro do Governo competente em razão da matéria (art. 37º da Lei), precedendo parecer da Comissão da Liberdade Religiosa (alínea *b)* do art. 54º da mesma Lei).

O registo das pessoas coletivas religiosas foi entretanto criado pelo Decreto-Lei nº 134/2003, de 24 de junho, no âmbito do Registo Nacional de Pessoas Coletivas. O art. 6º deste diploma prevê que a qualificação de uma igreja ou comunidade religiosa como radicada no País, seja provada através de atestado emitido pelo Ministro da Justiça, devendo essa qualificação ser averbada à respetiva inscrição de pessoa coletiva religiosa[80].

O Decreto-Lei nº 324/2007, de 28 de setembro, veio completar as disposições da Lei da Liberdade Religiosa, aditando ao Código do Registo Civil os artºs 187º-A a 187º-C.

Assim, o assento de casamento civil sob forma religiosa, nos termos do disposto no art. 187º-A, é lavrado em duplicado no livro de registo ou em arquivo eletrónico da igreja ou da comunidade religiosa, logo após a celebração do matrimónio, e deve conter as seguintes indicações:

a) Menções previstas no art. 181º para o assento de casamento civil, com exceção da prevista na alínea *h)* desse artigo;
b) Menção da forma do casamento;
c) Nome completo do ministro do culto que tenha oficiado no casamento e referência à sua credenciação para o efeito;

[80] A Comissão da Liberdade Religiosa é, de harmonia com o art. 1º do Decreto-Lei nº 308/2003, de 10 de dezembro, um órgão independente, de consulta da Assembleia da República e do Governo: entre as suas competências, conta-se a de emitir parecer sobre a radicação no País de igrejas ou comunidades religiosas (alínea *b)* do nº 1 do art. 3º).

d) Referência à apresentação do certificado exigido pelo artigo 146º, com a indicação da data e conservatória em que foi passado;
e) Nome completo e residência habitual de duas testemunhas.

Ao assento são aplicáveis, com as necessárias adaptações, as disposições constantes dos nºs 2 a 4 do art. 167º e do artº 168, relativas ao assento paroquial.

Para cumprimento do art. 187º-B, o ministro do culto que tiver oficiado o casamento deve, no prazo de três dias, enviar a uma conservatória do registo civil, sempre que possível por via eletrónica, nos termos do nº 1 do art. 187º-C, o duplicado do assento de casamento civil sob forma religiosa, a fim de ser transcrito, sendo também aqui aplicáveis, com as necessárias adaptações, as disposições dos nºs 3 a 7 do art. 169º, referentes à remessa do duplicado do assento paroquial.

Da *transcrição do assento* de casamento civil sob forma religiosa trata o art. 187º-C: atribui a qualquer conservatória do registo civil a competência para a transcrição do assento de casamento, determina que o conservador do serviço de registo ao qual tenha sido remetido o duplicado deve efetuar a transcrição deste no prazo de um dia e comunicá-la, sempre que possível por via eletrónica, ao ministro do culto até ao termo do dia imediato àquele em que foi feita.

À transcrição do assento de casamento civil sob forma religiosa é também aplicável, com as necessárias adaptações, o disposto nos nºs 2 e 3 do art. 172º e nos artºs 173º a 176º, todos eles relativos à transcrição do assento paroquial.

d) Casamento de portugueses no estrangeiro

O casamento contraído no estrangeiro entre *dois portugueses* ou entre *português e estrangeiro* pode ser celebrado perante os ministros do *culto católico*, ou pela *forma estabelecida no Código do Registo Civil*, perante os agentes diplomáticos ou consulares portugueses, ou ainda pela *forma prevista na lei do lugar* da celebração (art. 161º e art. 51º CC).

De notar que, por força do art. 162º e do nº 3 do art. 51º CC, e ainda do art. 152º quanto ao casamento católico, o casamento de português no estrangeiro *deve ser precedido do processo respetivo*, organizado pelos agentes diplomáticos ou consulares portugueses ou por qualquer conservatória do registo civil, exceto se dele estiver dispensado nos termos do art. 1599º (casamento *in articulo mortis*, na iminência de parto ou cuja celebração imediata seja expressamente autorizada pelo ordinário próprio por grave motivo de ordem moral).

O *português residente em Portugal* que pretenda casar no estrangeiro – como prevê o art. 163º – pode requerer a verificação da sua capacidade matrimonial e a passagem do respetivo certificado em qualquer conservatória do registo civil. O certificado é passado pelo conservador mediante a organização prévia do processo de casamento, devendo dele constar todos os elementos de identificação do interessado, bem como do outro nubente, e o prazo para a celebração.

O *português residente no estrangeiro* que pretenda casar perante as autoridades locais pode requerer a verificação da sua capacidade matrimonial a qualquer conservatória do registo civil ou aos agentes diplomáticos ou consulares competentes para a organização do processo preliminar de casamento.

O casamento civil celebrado no estrangeiro entre dois portugueses, ou entre português e estrangeiro, *é registado no consulado* competente (art. 184º).

O registo é lavrado *por inscrição* se tiver sido celebrado perante o agente diplomático ou consular português; nos outros casos, é lavrado *por transcrição* do documento comprovativo do casamento, passado de harmonia com a lei do lugar da celebração.

A transcrição pode ser requerida a todo o tempo por qualquer interessado e deve ser promovida oficiosamente pelo agente diplomático ou consular competente, logo que tenha tido conhecimento da celebração do casamento (art. 184º).

Segundo a previsão do art. 185º, se o casamento não tiver sido precedido do processo respetivo, a transcrição é subordinada à prévia organização de tal processo, aplicando-se o disposto nos artºs 134º e seguintes, com exceção do disposto nas alíneas *a)* do nº 1 e *b*) do nº 4 do art. 137º.

No despacho final, o cônsul deve relatar as diligências feitas e as informações recebidas e decidir se o casamento pode ou não ser transcrito.

A *transcrição é recusada* se, pelo processo preliminar de casamento ou por outro modo, o cônsul verificar que o casamento foi celebrado com algum impedimento que o torne anulável, desde que tal impedimento ainda subsista.

O casamento cujo assento não tenha sido lavrado pelo competente agente diplomático ou consular pode ser diretamente transcrito em qualquer conservatória do registo civil, em face de um dos seguintes documentos (art. 187º):

a) Documento comprovativo da celebração do casamento, remetido, preferencialmente por via informática, através do Ministério dos Negócios Estrangeiros, pela autoridade estrangeira perante a qual o casamento tenha sido celebrado;
b) Documento comprovativo do casamento apresentado por qualquer dos cônjuges, seus herdeiros ou outros interessados.

A transcrição realizada com base nos documentos acima previstos é precedida do processo de casamento, nos termos do nº 1 do art. 185º, se este ainda não tiver sido organizado, e é recusada no caso de se verificar a existência de algum dos impedimentos a que se refere o nº 3 do mesmo artigo.

A *transcrição de casamento católico* celebrado no estrangeiro entre nubentes portugueses ou entre português e estrangeiro tem por base o *assento paroquial*; à transcrição deste casamento é aplicável o disposto nos artºs 184º e seguintes, podendo ser recusada nos mesmos termos em que o pode ser a transcrição de casamento católico celebrado em Portugal (art. 178º).

Se, por imperativo da lei local, os cônjuges casados catolicamente tiverem também celebrado casamento por forma não católica, deve mencionar-se essa circunstância na transcrição do assento paroquial, em face de documento legal comprovativo (nº 3 do art. 178º).

A propósito de casamento *não precedido do processo de publicações*, já se pronunciou a Direção-Geral dos Registos e do Notariado, nos seguintes termos:

> "I – Face à solicitação de transcrição de casamento de portugueses contraído perante autoridades estrangeiras, sem precedência de processo preliminar de publicações, e apresentação dos necessários documentos para esse fim, deve o conservador organizar o indicado processo – artigo 187º, nº 3 conjugado com o artigo 185º, nº 1 do Código do Registo Civil.
>
> II – Suscitando-se dúvidas sobre a documentação apresentada, só no âmbito do processo preliminar de publicações é legítimo efetuar diligências reputadas como necessárias – artigos 185º, nº 1 e 143º do Código já referido.
>
> III – É suscetível de recurso hierárquico ou contencioso a decisão do conservador que conclua por não autorizar a transcrição do casamento – artigos 286º e seguintes do Código do Registo Civil." [81]

e) Casamento em Portugal de português com estrangeiro ou entre estrangeiros

O casamento de *português com estrangeiro* celebrado em Portugal só pode efetuar-se pelas formas e nos termos previstos no Código do Registo Civil (art. 164º), isto é, pela forma civil[82] ou católica.

O *casamento de estrangeiros* em Portugal pode ser celebrado segundo a forma e nos termos previstos na lei nacional de algum dos nubentes, perante os respetivos agentes diplomáticos ou consulares, desde que igual competência seja reconhecida pela mesma lei aos agentes diplomáticos e consulares portugueses (art. 165º e nº 1 do art. 51º CC).

Mas, de harmonia com a previsão do art. 166º, os estrangeiros podem pretender celebrar casamento em Portugal, por qualquer das formas previstas no Código do Registo Civil: em tal caso, devem instruir o processo de casamento com certificado, passado há menos de seis meses, se outro não for o prazo de

[81] Em *Boletim dos Registos e do Notariado*, I, nº 1/99.

[82] Sem prejuízo do disposto na Lei da Liberdade Religiosa, ou seja, casamento civil sob forma religiosa.

validade fixado pela entidade competente do país de que é nacional, destinado a provar que, de harmonia com a sua lei pessoal, nenhum impedimento obsta à celebração do casamento.

Quando a algum nubente, por não haver representação diplomática ou consular do país da sua nacionalidade, ou por outro motivo de força maior, não seja possível apresentar o certificado, pode a falta do documento ser suprida pela declaração de que, de harmonia com a sua lei pessoal, nenhum impedimento obsta à celebração do casamento.

Caso o conservador ou o oficial dos registos tenham dúvidas sobre a declaração acima referida, devem supri-las ouvindo duas testemunhas.

6.3.3. Efeitos do registo do casamento

O casamento cujo registo é obrigatório não pode ser invocado, seja pelos cônjuges ou seus herdeiros, seja por terceiro, enquanto não for lavrado o respetivo assento, sem prejuízo das exceções previstas na lei civil (art. 1669º CC).

Os efeitos civis do casamento, qualquer que tenha sido a forma da sua celebração, uma vez efetuado o registo, ainda que este venha a perder-se, *retroagem à data da celebração* (art. 188º e art. 1670º CC).

Ficam, porém, ressalvados os *direitos de terceiros* que sejam compatíveis com os direitos e deveres de natureza pessoal dos cônjuges e dos filhos, a não ser que, tratando-se de registo por transcrição, esta tenha sido efetuada dentro dos sete dias subsequentes à celebração.

6.4. Óbito

6.4.1. Declaração e certificado do óbito

O falecimento de qualquer indivíduo ocorrido em território português deve ser *declarado, verbalmente,* dentro de *quarenta e oito horas,* em *qualquer conservatória do registo civil* (art. 192º).

O prazo para a declaração conta-se, conforme os casos, do momento em que ocorrer o falecimento, em que for encontrado ou autopsiado o cadáver, em que ocorrer a dispensa da autópsia ou daquele em que for recebida a cópia ou o duplicado da guia de enterramento emitida por autoridade policial.

A *declaração de óbito* compete, obrigatória e sucessivamente, às seguintes pessoas (art. 193º):

a) Ao parente capaz mais próximo do falecido que estiver presente na ocasião do óbito;
b) A outros familiares do falecido que estiverem presentes;
c) Aos donos da casa onde o óbito ocorrer;

d) Ao diretor ou administrador do estabelecimento, público ou particular, onde o óbito tiver ocorrido, tiver sido verificado ou no qual o cadáver tenha sido autopsiado;
e) Ao ministro de qualquer culto presente no momento do falecimento;
f) À pessoa ou entidade encarregada do funeral;
g) Às autoridades administrativas ou policiais no caso de abandono do cadáver.

O cumprimento da obrigação por alguma das pessoas ou entidades mencionadas desonera as demais.

A falta de declaração no prazo legal constitui contraordenação, punida, para as pessoas singulares, com coima no mínimo de € 50 e no máximo de € 150 e, para as pessoas coletivas, no mínimo de € 150 e no máximo de € 400 (nº 1 do art. 295º).

No caso de *óbito ocorrido ou verificado em estabelecimento hospitalar, prisional ou outro equivalente do Estado,* o respetivo diretor ou administrador ou outro funcionário por eles designado deve comunicar a ocorrência, sempre que possível por via eletrónica, a qualquer conservatória do registo civil ou a posto de atendimento da conservatória do registo civil em unidade de saúde, no prazo de 48 horas; idêntica comunicação deve ser efetuada pelo responsável de estabelecimento em que o cadáver tenha sido autopsiado (art. 203º).

A comunicação, que substitui a declaração a que se refere o art. 192º, é acompanhada do *certificado médico,* e deve fornecer todas as indicações exigidas no Código do Registo Civil para o assento de óbito e as respetivas cotas de referência.

É *competente para lavrar o registo* qualquer conservatória do registo civil; o óbito ocorrido no estrangeiro cujo assento não tenha sido lavrado pelo agente diplomático ou consular pode também ser diretamente transcrito em qualquer conservatória do registo civil (art. 200º).

A declaração do óbito deve ser confirmada pela apresentação do *certificado de óbito* passado pelo médico que o houver verificado; na sua falta, o funcionário do registo civil deve requisitar à *autoridade sanitária* a verificação do óbito e a passagem do respetivo certificado (art. 194º).

O art. 195º prevê a hipótese de necessidade de ter de ocorrer o suprimento do certificado de óbito. Assim, na impossibilidade absoluta de comparência do médico para verificação do óbito, o certificado *pode ser substituído por um auto,* lavrado pela competente *autoridade administrativa* com a intervenção de *duas testemunhas*, no qual o autuante declare ter verificado o óbito e a existência ou inexistência de sinais de morte violenta ou de qualquer suspeita de crime.

Um dos exemplares do auto deve instruir a declaração de óbito e o outro é remetido pelo autuante ao médico assistente do falecido, se o houver, ou à respetiva autoridade sanitária para, em face dos elementos que for possível coligir, classificar a doença que deu causa à morte e passar o certificado de óbito. Este certificado é remetido à conservatória que tiver lavrado o assento de óbito.

Se houver *indícios de morte violenta* ou *de suspeitas de crime*, se declarar o médico como *desconhecida a causa da morte*, ou ainda se o óbito tiver ocorrido *há mais de um ano*, o funcionário do registo civil a quem o óbito for declarado deve, em obediência ao disposto no nº 1 do art. 197º, abster-se de lavrar o assento ou o auto de declarações e comunicar imediatamente o facto às autoridades judiciais ou policiais, a fim de estas promoverem a *autópsia do cadáver* e as demais diligências conducentes à averiguação da causa da morte e das circunstâncias em que esta tenha ocorrido.

A autoridade que investigar a causa da morte deve comunicar à conservatória do registo civil participante a hora da realização da autópsia ou a sua dispensa e o resultado das diligências efetuadas, nomeadamente as indicações fornecidas pelo processo sobre a hora, dia e local do falecimento, a fim de serem levadas ao assento de óbito (nº 2 do art. 197º).

Só pode ser lavrado registo de *óbito não comprovado por certificado* médico ou por *auto de verificação*, independentemente da data e do lugar em que haja ocorrido, mediante decisão resultante de *processo de justificação administrativa* (art. 199º), adiante tratado.

A Lei nº 15/2012, de 3 de abril, instituiu o *Sistema de Informação dos Certificados de Óbito (SICO)* com a finalidade de "permitir uma articulação das entidades envolvidas no processo de certificação dos óbitos, com vista a promover uma adequada utilização dos recursos, a melhoria da qualidade e do rigor da informação e a rapidez de acesso aos dados em condições de segurança e no respeito pela privacidade dos cidadãos" (nº 1 do art. 2º).

O SICO tem como objetivos, designadamente, a desmaterialização dos certificados de óbito e a sua consequente emissão e a transmissão eletrónica para efeitos de elaboração dos assentos de óbito, para além da atualização das bases de dados do Sistema Nacional de Saúde e de informação estatística das causas de morte, como resulta do nº 2 do art. 2º.

No âmbito do SICO, o certificado de óbito é preenchido pelo médico por via eletrónica e transmitido ao Instituto dos Registos e do Notariado igualmente por via eletrónica.

O acesso ao SICO é regulado pela Portaria nº 329/2012, de 22 de outubro.

6.4.2. Assento de óbito

Além dos requisitos gerais, o assento de óbito deve conter os seguintes elementos (art. 201º):

a) Nome completo, sexo, idade, estado, naturalidade e última residência habitual do falecido;
b) Nome completo dos pais do falecido;
c) Nome completo do último cônjuge;
d) Hora, data e lugar do falecimento ou do aparecimento do cadáver;
e) Cemitério onde o falecido vai ser ou foi sepultado.

Na sequência do texto do assento deve ser lançada cota de referência ao registo de nascimento da pessoa a quem o óbito respeita, bem como ao registo do seu casamento, se ela tiver falecido no estado de casada.

O nº 3 do art. 201º manda aplicar ao assento de óbito o disposto nos nºs 2, 3 e 7 do art. 102º, devendo os elementos aí referidos respeitar ao falecido. Assim:

- Os elementos são fornecidos pelo declarante, devendo ser exibidos, sempre que possível, os documentos de identificação do falecido;
- O funcionário que receber a declaração deve averiguar a exatidão das declarações prestadas, em face dos documentos exibidos, dos registos em seu poder e das informações que lhe for possível obter;
- A realização das averiguações necessárias não deve impedir que o assento seja lavrado em ato seguido à declaração.

Para realização do assento apenas *são indispensáveis* as menções necessárias à *identificação do falecido*, competindo ao conservador fazer constar por averbamento as que, não podendo ser obtidas no momento em que foi lavrado o assento, chegarem mais tarde ao seu conhecimento.

No caso de *óbito de pessoa desconhecida*, o art. 202º impõe mais exigências: no assento de óbito de pessoa cuja identidade não seja possível determinar deve especialmente ser mencionado o lugar, data e estado em que o cadáver haja sido encontrado, o sexo, cor e idade aparente do falecido, o vestuário, papéis ou objetos achados junto ao cadáver, bem como qualquer outra circunstância capaz de concorrer para a sua identificação. Sempre que possível, o conservador deve arquivar, como documento, as fotografias do cadáver publicadas em jornais ou mandadas tirar por qualquer autoridade.

O art. 202º-A exige ainda a menção, no assento de óbito, da *habilitação de herdeiros e do processo de inventário*. Assim, independentemente da forma da sua titulação, a habilitação de herdeiros é mencionada por meio de cota de referência que especifique a data, a forma de titulação e a identificação do título.

Nos casos em que tenha sido instaurado *processo de inventário* por óbito do registado, é feita menção do facto no assento respetivo, por meio de cota de referência que identifique o tribunal onde o processo foi instaurado e o seu número. Para este efeito, o tribunal deve comunicar a qualquer conservatória do registo civil, preferencialmente por via eletrónica, a instauração do processo de inventário.

Os *tribunais e os notários* são também obrigados a comunicar, no prazo de 5 dias após o trânsito em julgado de decisão judicial que declare a habilitação de herdeiros ou da data em que seja lavrada escritura pública do mesmo ato, a qualquer conservatória do registo civil, a decisão judicial ou escritura que titule a habilitação de herdeiros através do envio, sempre que possível por via eletrónica, de certidão do título respetivo (art. 202º-B).

Desta forma se pretende evitar que sejam lavrados diferentes instrumentos de habilitação de herdeiros.

Sempre que ocorrer *morte fetal* com tempo de gestação de 22 semanas ou superior, deve ser apresentado e depositado *em qualquer conservatória do registo civil* o respetivo *certificado médico*, sendo o requerente do depósito ouvido em auto (art. 209º).

São aplicáveis ao depósito do certificado médico de morte fetal os preceitos relativos ao assento de óbito, com as necessárias adaptações.

É *dispensado o certificado médico* de morte fetal quando ocorra a *interrupção voluntária da gravidez*, prevista na alínea *c*) do nº 1 do art. 142º do Código Penal, bem como, até às 24 semanas da gestação, quando a *interrupção da gravidez* seja *espontânea* (art. 209º-A).

O conservador do registo civil deve enviar ao *Ministério Público* junto do tribunal competente para a providência tutelar ou para as finalidades previstas no regime jurídico do processo de inventário os *assentos de óbito lavrados no mês anterior* referentes a indivíduos com descendentes sujeitos àquela providência, ou a indivíduos cuja herança seja deferida a incapazes ou ausentes em parte incerta ou ao Estado (art. 210º).

O conservador deve ainda comunicar, por via eletrónica, ao *Instituto das Tecnologias de Informação na Justiça*[83] o teor dos autos relativos aos *óbitos lavrados no mês anterior,* bem como os números de documentos de identificação ulteriormente conhecidos e qualquer completamento ou retificação de assento de óbito que respeite ao nome do falecido, idade, naturalidade ou filiação.

[83] Instituto de Gestão Financeira e de Equipamentos da Justiça é a designação que o Decreto-Lei nº 164/2012, de 31 de julho, atribuiu a este organismo.

6.4.3. *Óbitos ocorridos em viagem ou em acidente*

O Código define normas especiais para o registo de óbitos ocorridos em viagem por mar ou pelo ar (art. 204º), em viagem por terra (art. 205º) e em acidente – incêndio, desmoronamento, explosão, inundação, terramoto, naufrágio ou outro acidente análogo (art. 206º).

a) Viagem a bordo de navio ou aeronave ou por terra

De harmonia com o art. 204º, se em viagem a bordo de *navio* ou *aeronave portugueses* ocorrer algum falecimento, deve observar-se, com as necessárias adaptações, o disposto nos artºs 109º e seguintes, ou seja, o procedimento similar ao da ocorrência de nascimentos. Assim:

Quando, *em viagem por mar* ou *por ar*, falecer algum indivíduo em *navio ou aeronave portugueses*, a autoridade de bordo, dentro das vinte e quatro horas posteriores à verificação do facto, deve lavrar o registo de óbito com as formalidades e requisitos previstos no Código do Registo Civil, acrescentando a indicação da latitude e longitude em que o óbito tenha ocorrido. Se a bordo não houver livro próprio, o registo é lavrado em papel avulso, em duplicado.

Se o primeiro porto ou país em que o navio entrar, ou a aeronave aterrar, for *estrangeiro* e nele houver *representação diplomática ou consular portuguesa*, a autoridade que houver lavrado o registo deve enviar ao agente diplomático ou consular cópia autêntica ou o duplicado do registo, competindo a este remetê-lo, dentro do prazo de 20 dias, *a uma conservatória do registo civil*[84], por intermédio do Ministério dos Negócios Estrangeiros.

Na falta de representação diplomática ou consular portuguesa, ou no caso de o navio ou a aeronave *entrar ou aterrar primeiramente em porto ou território nacional*, à própria autoridade que tiver lavrado o registo incumbe remeter o respetivo duplicado, dentro do prazo de 20 dias, *a uma conservatória do registo civil* (art. 110º).

Se o óbito tiver ocorrido *a bordo de navio ou aeronave estrangeiros*, e o cadáver vier a ser desembarcado ou encontrado em território português, ou se o falecimento tiver ocorrido em *viagem por terra*, o assento de óbito pode ser lavrado em qualquer conservatória do registo civil (nº 5 do art. 204º e art. 205º).

b) Queda à água ou no espaço

No caso de falecimento com *queda à água* ou *no espaço, sem que o cadáver seja encontrado*, a competente autoridade de bordo deve lavrar, na presença de

[84] O art. 110º, aplicável por força do nº 1 do art. 204º, refere a Conservatória dos Registos Centrais: mas a competência para lavrar os registos de óbito ocorrido em viagem, a bordo de navio ou aeronave portugueses, cabe agora às conservatórias do registo civil (alínea *c)* do nº 2 do art. 10º): é esta, por conseguinte, uma necessária adaptação aos registos de óbito da previsão daquele artigo.

duas testemunhas, *um auto da ocorrência* e remetê-lo a qualquer conservatória do registo civil, incumbindo a esta promover a respetiva justificação judicial (art. 204º).

Se o óbito se tiver verificado em *pequenas embarcações*, o auto da ocorrência é substituído por *auto de averiguações* lavrado na capitania competente.

Na falta, nesses autos, de elementos de identidade do falecido, o conservador deve procurar obter as informações complementares necessárias.

c) Incêndio ou outra catástrofe

No caso de morte de uma ou mais pessoas em *incêndio, desmoronamento* ou em consequência de *explosão, inundação, terramoto, naufrágio* ou de outro acidente análogo, o funcionário do registo civil deve lavrar assento de óbito para cada uma das vítimas cujo corpo tiver sido encontrado em condições de poder ser individualizado (art. 206º).

d) Cadáveres não encontrados ou não individualizáveis

É necessário todavia recorrer-se à *justificação judicial*, prevista no art. 207º, se os cadáveres não forem encontrados ou tiverem sido destruídos em consequência do acidente ou só aparecerem despojos insuscetíveis de ser individualizados, ou for impossível chegar ao local onde os corpos se encontram.

Em tal caso, cabe ao magistrado do Ministério Público da comarca em cuja área tiver ocorrido o acidente promover, por intermédio de qualquer conservatória do registo civil, a *justificação judicial do óbito*.

Mas se o acidente tiver *ocorrido no mar e não tiver sido caso de naufrágio*, cabe ao magistrado do Ministério Público da comarca da sede da capitania que deve proceder às averiguações promover, por intermédio de uma conservatória do registo civil, a justificação judicial do óbito.

Em qualquer dos casos, uma vez julgada a justificação, deve o conservador lavrar o assento de óbito, com base nos elementos fornecidos pela sentença e servindo-se de todas as informações complementares recolhidas.

Este assento de óbito produz os mesmos efeitos que a morte.[85]

Já no caso de naufrágio em que pereça toda ou parte da tripulação ou dos passageiros da embarcação, *não sendo encontrados os cadáveres, ou não sendo possível individualizá-los*, compete ao magistrado do Ministério Público da comarca a cuja área pertencer a praça da matrícula da embarcação promover, no prazo máximo de 30 dias a contar da receção do auto da autoridade marítima, a justificação judicial dos óbitos, nos termos e para os efeitos do art. 207º; para a instrução do processo, a autoridade marítima remete, no prazo máximo de 60 dias a contar da data do naufrágio, ao Ministério Público o auto da investigação

[85] Alteração introduzida no art. 207º pela Lei nº 90/2015, de 12 de agosto.

sobre a ocorrência e identificação dos náufragos desaparecidos (art. 208º, na redação que lhe foi conferida pela Lei nº 90/2015, de 12 de agosto).

7. Direito à autodeterminação da identidade de género e expressão de género e à proteção das características sexuais de cada pessoa

A Lei nº 38/2018, de 7 de agosto, estabeleceu o direito à autodeterminação da identidade de género e expressão de género e o direito à proteção das características sexuais de cada pessoa, revogando a Lei nº 7/2011, de 15 de março, que previra o procedimento de mudança de sexo e de nome próprio.

A Lei nº 38/2018 começa por estabelecer no art. 2º o princípio da proibição de discriminação, direta ou indireta, em função do exercício do direito à identidade de género e expressão de género e do direito à proteção das características sexuais, determinando às entidades privadas o cumprimento desta lei e às entidades públicas que garantam o seu cumprimento e promovam, no âmbito das suas competências, as condições necessárias para o exercício efetivo do direito à autodeterminação da identidade de género e expressão de género e do direito à proteção das características sexuais de cada pessoa.

Na mesma linha, o nº 2 do art. 3º prevê que, quando, para a prática de um determinado ato ou procedimento, se torne necessário indicar dados de um documento de identificação que não corresponda à identidade de género de uma pessoa, esta ou os seus representantes legais podem solicitar que essa indicação passe a ser realizada mediante a inscrição das iniciais do nome próprio que consta no documento de identificação, precedido do nome próprio adotado face à identidade de género manifestada, seguido do apelido completo e do número do documento de identificação.

O *procedimento do reconhecimento jurídico da identidade de género* pressupõe, na previsão do art. 6º, a abertura de um procedimento de mudança da menção do sexo no registo civil e da consequente alteração de nome próprio, mediante requerimento.

Este procedimento tem natureza confidencial, exceto a pedido da própria pessoa, dos seus herdeiros, das autoridades judiciais ou policiais para efeitos de investigação ou instrução criminal, ou mediante decisão judicial.

A mudança da menção do sexo no registo civil e a consequente alteração de nome próprio realizadas nos termos da presente lei só podem ser objeto de novo requerimento mediante autorização judicial.

A decisão final sobre a identidade de género de uma pessoa, proferida por uma autoridade ou tribunal estrangeiro, de acordo com a legislação desse país, é reconhecida nos termos da lei.

Têm legitimidade para requerer o procedimento no registo civil, nos termos do art. 7º, as pessoas de nacionalidade portuguesa, maiores de idade e que não se mostrem interditas ou inabilitadas por anomalia psíquica, cuja identidade de género não corresponda ao sexo atribuído à nascença.

As pessoas de nacionalidade portuguesa e com idade compreendida entre os 16 e os 18 anos podem requerer o procedimento através dos seus representantes legais, devendo o conservador proceder à audição presencial do requerente, por forma a apurar o seu consentimento expresso, livre e esclarecido, mediante relatório por este solicitado a qualquer médico inscrito na Ordem dos Médicos ou psicólogo inscrito na Ordem dos Psicólogos, que ateste exclusivamente a sua capacidade de decisão e vontade informada sem referências a diagnósticos de identidade de género, tendo sempre em consideração os princípios da autonomia progressiva e do superior interesse da criança constantes na Convenção sobre os Direitos da Criança.

A pessoa intersexo pode requerer o procedimento de mudança da menção de sexo no registo civil e da consequente alteração de nome próprio, a partir do momento que se manifeste a respetiva identidade de género.

O requerimento pode ser apresentado em qualquer conservatória do registo civil, com indicação do número de identificação civil e do nome próprio pelo qual a pessoa pretende vir a ser identificada, podendo, desde logo, ser solicitada a realização de novo assento de nascimento, no qual não pode ser feita qualquer menção à alteração do registo (art. 8º).

Conforme prevê o art. 9º, no prazo máximo de oito dias úteis a contar da data de apresentação do requerimento, verificados os requisitos de legitimidade acima previstos, o conservador realiza o respetivo averbamento, nos termos da alínea *o*) do nº 1 do artigo 69º do Código do Registo Civil e, se for o caso, realiza um novo assento de nascimento, nos termos do nº 1 do artigo 123º do mesmo Código.

Nenhuma pessoa pode ser obrigada a fazer prova de que foi submetida a procedimentos médicos, incluindo cirurgia de reatribuição do sexo, esterilização ou terapia hormonal, assim como a tratamentos psicológicos e ou psiquiátricos, como requisito que sirva de base à decisão do conservador.

Da decisão desfavorável à mudança da menção do sexo no registo civil e à consequente alteração de nome próprio ou do não cumprimento dos prazos estabelecidos cabe recurso hierárquico para o presidente do Instituto dos Registos e do Notariado, nos termos do Código do Registo Civil.

Os efeitos do procedimento estão previstos no art. 10º. Assim, a mudança da menção do sexo no registo civil e a consequente alteração de nome próprio não afeta nem altera os direitos constituídos e as obrigações jurídicas assumidas antes do reconhecimento jurídico da identidade de género. As pessoas que tenham procedido à mudança da menção do sexo no registo civil e à consequente alteração de nome próprio passam, desse modo, a ser reconhecidas nos documentos de identificação, com o nome e sexo neles constantes.

A pessoa que tenha procedido à mudança da menção do sexo no registo civil e à consequente alteração de nome próprio deve dar início às alterações necessárias à atualização dos seus documentos de identificação no prazo máximo de 30 dias a contar do averbamento.

8. Procedimentos simplificados de sucessão hereditária

8.1. Disposições gerais

a) Objeto dos procedimentos

Os procedimentos simplificados de *sucessão hereditária* visam a promoção dos atos de *titulação*, de *registo* e de garantia do cumprimento de *obrigações fiscais* respeitantes à sucessão hereditária.

Os procedimentos simplificados de sucessão hereditária são os seguintes (art. 210º-A):

a) Procedimento de *habilitação de herdeiros, partilha e registos*;
b) Procedimento de *habilitação de herdeiros* com ou sem registos;
c) Procedimento de *partilha* e *registos*.

O procedimento simplificado de sucessão hereditária que inclua partilha só pode ser realizado se na herança existir algum *bem imóvel, ou móvel ou participação social* sujeitos a registo.

O registo das *participações sociais sujeitas a registo* é promovido nos termos previstos no ar. 29º-A do Código do Registo Comercial.

Os procedimentos simplificados de sucessão hereditária podem incluir a celebração de um *contrato de mútuo e de outros contratos de crédito e de financiamento* celebrados por instituições de crédito, e respetivas garantias, bem como outros negócios jurídicos, nos termos definidos por portaria.

Foi a Portaria nº 60/2017, de 7 de fevereiro, que, no seu art. 1º, assim definiu esses termos:

> "1 – Os procedimentos simplificados de sucessão hereditária que englobem partilha, e a partilha do património conjugal, tramitados no «Balcão das Heranças» e «Balcão Divórcio com Partilha» podem incluir a realização de contratos de mútuo, destinados ao pagamento de tornas, celebrados por instituições de crédito, com ou sem hipoteca e fiança.
>
> 2 – No caso de ser constituída hipoteca, os procedimentos referidos no número anterior incluem ainda a realização obrigatória e imediata do respetivo registo."

A realização dos procedimentos é da *competência do conservador*, sem prejuízo da possibilidade de *delegação* em oficial de registos.

Aos procedimentos simplificados de sucessão hereditária são *aplicáveis*, subsidiariamente, as *legislações registrais pertinentes* e a *lei notarial* (art. 210º-N).

b) Legitimidade

Só o *cabeça-de-casal*, seu representante legal ou mandatário, têm *legitimidade* para promover os procedimentos simplificados de sucessão hereditária (art. 210º-B).

c) Início e tramitação dos procedimentos

Os procedimentos simplificados de sucessão hereditária iniciam-se *até ao final do 3º mês seguinte* ao da morte do autor da sucessão; caso os procedimentos se iniciem após este prazo, o serviço de registo deve informar desse facto os *competentes serviços de finanças* para que estes procedam à cobrança das *coimas* que eventualmente se mostrem devidas (art. 210º-C).

Na tramitação dos procedimentos simplificados de sucessão hereditária, o conservador e os funcionários das conservatórias estão sujeitos ao *dever de sigilo* estabelecido nas leis tributárias.

Os procedimentos simplificados de sucessão hereditária, segundo a previsão do art. 210º-D, são tramitados *no mesmo dia, em atendimento presencial único*, e, para efeitos do registo dos bens, têm natureza urgente.

Antes do início dos procedimentos simplificados de sucessão hereditária, pode realizar-se, em *atendimento prévio*, a preparação das diligências necessárias para que os referidos procedimentos possam ser tramitados no mesmo dia, em atendimento presencial único.

No atendimento prévio, o funcionário efetua uma análise do pedido e dos documentos apresentados pelo requerente – designadamente a identificação e número de contribuinte de todos os herdeiros, bem como a lista de todos os bens e direitos do falecido –, promove as diligências de instrução do procedimento que devam ser efetuadas por via oficiosa, comunica ao requerente quais os documentos que deve ainda apresentar e marca a data de realização do procedimento (art. 1º da Portaria nº 1594/2007, de 17 de dezembro).

A realização do procedimento só pode ser marcada para uma data posterior a 7 dias úteis relativamente à data do pedido se esta for a vontade dos interessados. Pode todavia ser remarcada para outra data se os documentos que devam ser disponibilizados pelas partes forem entregues menos de 5 dias úteis antes da data marcada para a realização do procedimento e essa remarcação se revelar absolutamente indispensável.

O envio em suporte eletrónico ou telecópia dos documentos equivale à sua disponibilização à conservatória, mas não dispensa a exibição dos originais no momento da realização do procedimento.

O art. 3º da citada portaria prevê a marcação prévia em casos especiais, a seguir mencionados. Assim, esta marcação tem lugar no prazo de 10 dias úteis relativamente à data do pedido, quando:

a) A sucessão seja regulada por lei estrangeira;[86]
b) A sucessão se funde, ainda que parcialmente, em testamento ou contrato sucessório ou disposição testamentária contidos em convenção antenupcial;
c) Se verifique o repúdio da herança por parte de algum dos herdeiros;
d) Se verifique a necessidade de chamamento de bens à colação na partilha;
e) A herança a partilhar integre uma das seguintes situações:
  i) Mais de 15 bens ou direitos;
  ii) Meações e quinhões hereditários noutros patrimónios indivisos;
  iii) Bens futuros e expectativas de aquisição;
  iv) Bens ou direitos registados ou localizados no estrangeiro ou a que se aplique lei estrangeira.

Esta marcação só pode ter lugar numa data posterior aos 10 dias úteis relativamente à data do pedido se essa for a vontade dos interessados.

Após o atendimento prévio, os procedimentos simplificados de sucessão hereditária são tramitados no mesmo dia, em atendimento presencial único, nos termos dos artºs 210º -F a 210º -M (art. 4º da portaria).

Todos os atos praticados no âmbito dos procedimentos simplificados de sucessão hereditária são realizados através de meios eletrónicos.

O prosseguimento dos procedimentos depende da *verificação* do óbito, da qualidade de herdeiro, da identidade, da capacidade e dos poderes de representação dos interessados para os atos, elementos estes que devem, sempre que possível, ser comprovados por acesso à informação constante das bases de dados pertinentes.[87]

[86] Esta tarefa ficou mais facilitada, no caso de se tratar da lei de algum dos outros Estados membros da União Europeia, por virtude do Regulamento (EU) nº 650/2012 do Parlamento Europeu e do Conselho, de 4 de julho de 2012, relativo à competência, à lei aplicável, ao reconhecimento e execução das decisões, e à aceitação e execução dos atos autênticos em matéria de sucessões e à criação de um *Certificado Sucessório Europeu (CSE) que tem por finalidade permitir ao herdeiro, legatário, executor testamentário ou administrador de herança fazer a prova dessa qualidade e/ou dos seus direitos e poderes noutro Estado-Membro.*

[87] No caso, as bases de dados do SIRIC.

Deve ainda ser comprovada pela mesma forma a *titularidade dos bens*, bem como a *situação matricial* dos imóveis.[88] [89]

Os documentos resultantes dos procedimentos simplificados de sucessão hereditária são assinados por todos os intervenientes e, sempre que possível, digitalizados, não guardando a conservatória qualquer outro arquivo além do previsto no art. 11º da portaria que é do seguinte teor:

> "1 – Ficam arquivados os documentos que serviram de base à realização dos procedimentos simplificados de sucessão hereditária e partilha do património conjugal.
>
> 2 – O arquivo previsto nos números anteriores é efetuado, sempre que possível, por via eletrónica, com dispensa da sua conservação em suporte físico, sendo devolvidos aos interessados os documentos que estes tenham apresentado e que resultem da realização do procedimento.
>
> 3 – Os documentos arquivados na forma prevista no número anterior, desde que sejam integralmente apreensíveis, têm o mesmo valor probatório dos originais."

Nos termos do art. 10º da portaria[90], a certidão do registo predial a entregar no âmbito do procedimento é aquela a que se refere o nº 6 do art. 110º do Código do Registo Predial[91], podendo o interessado fazer a opção nele prevista; por sua vez, a certidão de registo comercial a entregar no âmbito do procedimento é aquela a que se refere o nº 6º do art. 75º do Código do Registo Comercial[92].

[88] Nestes casos, através das bases de dados do SIRP (registo predial), do SIRCOM (registo comercial), do DUA (registo automóvel) e da Administração Tributária e Aduaneira.

[89] O art. 10º do Decreto-Lei nº 384/2007, de 19 de novembro, diploma que criou um registo central de contratos de seguro de vida junto do Instituto de Seguros de Portugal, determina o seguinte: "Os serviços e entidades que celebrem atos de partilha ou de adjudicação de bens adquiridos por sucessão devem aceder, por meios informáticos e nos termos que venham a ser regulamentados por portaria dos membros do Governo responsáveis pelas áreas das finanças e da justiça, ao registo central de contratos de seguro de vida, de acidentes pessoais e de operações de capitalização com beneficiários em caso de morte, devendo fazer menção do resultado da referida consulta no ato público celebrado."

[90] Na redação da Portaria nº 286/2012, de 20 de setembro.

[91] Art. 110º do Código do Registo Predial: "6 – Por cada processo de registo é entregue ou enviada ao requerente uma certidão gratuita de todos os registos em vigor respeitantes ao prédio em causa, salvo se o requerente optar pela disponibilização gratuita, pelo período de um ano, do serviço referido no número anterior." [disponibilização da informação constante da certidão em sítio da Internet].

[92] Art. 75º do Código do Registo Comercial: "6 – Por cada processo de registo é disponibilizado gratuitamente, pelo período de três meses, o serviço referido no número anterior" [disponibilização da informação constante da certidão em sítio da Internet].

A partilha realizada no âmbito dos procedimentos simplificados de sucessão hereditária tem os *mesmos efeitos* previstos na lei para *outras formas de partilha* (art. 210º-R).

8.2. Procedimento de habilitação de herdeiros, partilha e registos

A habilitação de herdeiros realizada no âmbito deste procedimento tem por objeto a *declaração*, prestada pelo *cabeça-de-casal* ou *por três pessoas* que o conservador ou o oficial de registos considerem dignas de crédito, de que os habilitandos são herdeiros do falecido e de não existir quem lhes prefira ou com eles concorra na sucessão (art. 210º-O).

Esta habilitação tem os efeitos previstos na lei para outras formas de habilitação de herdeiros.

Com exceção do cabeça-de-casal, *não são admitidos como declarantes* as pessoas que não possam ser testemunhas instrumentárias[93], nem os parentes sucessíveis dos habilitandos, nem o cônjuge de qualquer deles.

O acima exposto é aplicável, com as necessárias adaptações, à *habilitação de legatários*, quando estes forem indeterminados ou instituídos genericamente ou quando a herança for toda distribuída em legados, e às diligências subsequentes de instrução do processo de liquidação do imposto de selo e de registo dos bens legados (art. 210º-P).

No âmbito deste procedimento, o serviço de registo procede aos seguintes atos, pela ordem indicada (nº 1 do art. 210º-F):

a) Elaboração dos *documentos*, de acordo com a vontade dos interessados, *que titulam a habilitação de herdeiros e a partilha*, seguida da leitura e explicação do respetivo conteúdo;

b) *Menção da habilitação* de herdeiros no *assento de óbito* do falecido;

[93] Nos termos do nº 1 do Código do Notariado, não podem ser testemunhas instrumentárias:
"*a)* Os que não estiverem no seu perfeito juízo;
b) Os que não entenderem a língua portuguesa;
c) Os menores não emancipados, os surdos, os mudos e os cegos;
d) Os funcionários e o pessoal contratado em qualquer regime em exercício no cartório notarial;
e) O cônjuge, os parentes e afins, na linha reta ou em 2º grau da linha colateral, tanto do notário que intervier no instrumento como de qualquer dos outorgantes, representantes ou representados;
f) O marido e a mulher, conjuntamente;
g) Os que, por efeito do ato, adquiram qualquer vantagem patrimonial;
h) Os que não saibam ou não possam assinar."
Na adaptação do preceito ao procedimento em análise, as expressões "cartório notarial" e "notário" devem naturalmente entender-se como referidas à conservatória e ao conservador ou funcionário em quem este tiver delegado a realização do procedimento.

c) Apresentação da *participação ao serviço de finanças* competente, efetuada nos termos do art. 26º do Código do Imposto de Selo, bem como da respetiva relação de bens, nos termos declarados pelo contribuinte;
d) Promoção da liquidação e do pagamento dos *impostos relativos à partilha*, nos termos declarados pelo contribuinte;
e) Cobrança dos *emolumentos* e de outros encargos que se mostrem devidos;
f) *Registo obrigatório* e imediato da transmissão *dos bens imóveis, ou móveis ou participações sociais sujeitos a registo* partilhados;
g) Entrega de *certidão gratuita* dos documentos previstos na alínea *a*) e dos registos efetuados, bem como dos comprovativos de pagamento das obrigações tributárias, dos emolumentos e dos demais encargos.

A leitura dos documentos previstos na alínea *a*) pode ser dispensada a pedido dos interessados.

8.3. Procedimento de habilitação de herdeiros com ou sem registos

Os procedimentos de habilitação de herdeiros com ou sem registos (art. 210º-G) só são realizados *quando os interessados não pretendam proceder imediatamente à partilha.*

No âmbito deste procedimento, o serviço de registo procede aos atos referidos no nº 1 do art. 210º-F, com as necessárias adaptações.

Os interessados podem recorrer a este procedimento ainda que já tenham procedido à participação ao serviço de finanças referida na alínea *c*) do nº 1 do art. 210º-F e, no caso do procedimento de habilitação de herdeiros sem registos, podem optar por não proceder a essa participação.

8.4. Procedimento de partilha e registos

O procedimento de partilha e registos (art. 210º-H) só é realizado *quando, em momento anterior, tiver ocorrido a habilitação de herdeiros.*

No âmbito deste procedimento, o serviço de registo procede aos atos referidos no nº 1 do art. 210º-F, com as necessárias adaptações, com exceção dos previstos nas alíneas *b*) e *c*), caso a participação prevista nesta última alínea já tenha sido efetuada.

Caso a participação prevista na referida alínea *c*) ainda não tenha sido efetuada, a mesma deve ser realizada no âmbito do procedimento.

8.5. Pedidos complementares e diligências subsequentes

Em qualquer dos procedimentos simplificados de sucessão hereditária, a *pedido dos interessados* e de acordo com as suas declarações, o funcionário pratica os seguintes atos (art. 210º-I):

a) Solicita a alteração da *morada fiscal* dos herdeiros;
b) Solicita a *isenção do imposto* municipal sobre imóveis relativo a habitação própria e permanente;
c) Solicita a inscrição ou a atualização de *prédios urbanos na matriz.*

Estes pedidos são efetuados por via eletrónica.

No caso de o interessado solicitar a inscrição ou a atualização de prédios urbanos na matriz, fica dispensado de anexar as plantas de arquitetura das construções correspondentes às telas finais aprovadas pela câmara municipal; para este efeito, o Instituto dos Registos e do Notariado deve contatar a competente câmara municipal para que esta lhe disponibilize as respetivas plantas, preferencialmente por via eletrónica.

O Instituto dos Registos e do Notariado disponibiliza à administração fiscal as plantas referidas, em termos de protocolo entre as entidades envolvidas.

No caso de as plantas não estarem depositadas na câmara municipal ou de as plantas não serem disponibilizadas à administração fiscal no prazo de 60 dias, esta deve contatar o interessado para que este as apresente, nos termos gerais.

Após a realização do registo, o serviço de registo promove, preferencialmente por via eletrónica, os seguintes atos (art. 210º-J):

a) Comunicações obrigatórias à administração tributária;
b) Participações para fins estatísticos;
c) Promoção das demais comunicações impostas por lei e das diligências que venham a ser fixadas por via regulamentar ou protocolar.

8.6. Indeferimento ou desistência dos procedimentos

Os procedimentos simplificados de sucessão hereditária são *indeferidos* quando ocorra alguma das seguintes circunstâncias (art. 210º-L):

a) Não verificação de algum dos pressupostos ou formalidades prévias aplicáveis;
b) Violação de disposições legais imperativas;
c) Verificação de factos que possam afetar a formação e a exteriorização da vontade dos intervenientes nos atos;
d) Verificação de omissões, vícios ou deficiências nos documentos, que obstem à celebração dos atos;
e) Verificação da existência de motivo de recusa dos registos;
f) Falta de liquidação dos impostos e de encargos tributários e de cobrança de outros encargos que se mostrem devidos.

A anulabilidade ou ineficácia dos atos não obsta ao prosseguimento dos procedimentos, ainda que dê origem a um *registo provisório*, desde que os interessados manifestem, expressamente, vontade nesse sentido: aos serviços de registo é deferida competência para a elaboração dos documentos indispensáveis ao eventual suprimento dos vícios referidos.

Do *indeferimento* é lavrado despacho e entregue cópia do mesmo aos interessados, os quais se consideram notificados para efeitos de *impugnação hierárquica ou contenciosa*.

O despacho de indeferimento proferido nos procedimentos de habilitação de herdeiros, partilha e registos e de habilitação de herdeiros e registos *não suspende nem interrompe* o prazo previsto no nº 3 do art. 26º do Código do Imposto do Selo (final do 3º mês seguinte ao do nascimento da obrigação tributária).

A não conclusão dos procedimentos simplificados de sucessão hereditária por motivo não imputável aos serviços equivale à sua *desistência* (art. 210º-M).

8.7. Impugnação da habilitação

Se algum herdeiro preterido *impugnar judicialmente* a habilitação de herdeiros, deve solicitar a imediata comunicação da pendência do processo a qualquer conservatória do registo civil, que deverá proceder ao respetivo averbamento (art. 210º-Q).

Na sequência da impugnação da habilitação de herdeiros, a conservatória deve comunicar ao *serviço de finanças* competente as alterações que se revelem necessárias às declarações tributárias apresentadas.

9. Organização do registo civil

9.1. Órgãos do registo civil e suas competências

a) Órgãos privativos e órgãos especiais

Os órgãos privativos do registo civil são, nos termos do art. 8º, as *conservatórias do registo civil* e a *Conservatória dos Registos Centrais*, sendo as primeiras serviços desconcentrados do Instituto dos Registos e do Notariado, enquanto a segunda é um serviço central de registo do mesmo instituto[94], com uma competência específica.

O art. 9º prevê a existência de *órgãos especiais* que podem, a título excecional, desempenhar funções *de registo civil*. São eles:

– Os agentes diplomáticos e consulares portugueses em país estrangeiro[95];

[94] Art. 8º do Decreto-Lei nº 129/2007, de 27 de abril.

[95] O exercício de funções de registo civil pelos agentes diplomáticos e consulares portugueses no estrangeiro não tem carácter de excecionalidade, como adiante se verá, pelo que não faz qualquer sentido a expressão "a título excecional" aplicada a estes agentes.

- Os comissários de marinha dos navios do Estado;
- Os capitães, mestres ou patrões nas embarcações particulares portuguesas;
- Os comandantes das aeronaves nacionais;
- As entidades designadas nos regulamentos militares;
- Quaisquer indivíduos nos casos especialmente previstos na lei (é o caso, por exemplo, dos casamentos urgentes previstos no art. 156º).

Junto das *unidades de saúde* ou em *qualquer outro local* a que o público tenha acesso, podem funcionar *postos de atendimento* das conservatórias do registo civil (nº 1 do art. 11º).

b) Competência genérica das conservatórias do registo civil

Às conservatórias do registo civil compete efetuar o registo de todos os factos previstos no Código do Registo Civil *quando ocorridos em território português*, qualquer que seja a nacionalidade dos indivíduos a quem respeitem (nº 1 do art. 10º).

Compete também às mesmas conservatórias lavrar os registos (nº 2 do art. 10º):

a) De casamento de portugueses celebrado no estrangeiro;
b) De óbito de portugueses ocorrido no estrangeiro;
c) De óbito ocorrido em viagem, a bordo de navio ou aeronave portugueses;
d) De casamento urgente contraído em campanha no estrangeiro por militares portugueses;
e) De casamento urgente, em viagem, a bordo de navio ou aeronave portugueses, qualquer que seja a nacionalidade dos nubentes.

Pelo que toca à *competência territorial* das conservatórias do registo civil, os factos sujeitos a registo civil podem ser lavrados em *qualquer conservatória*, salvo disposição especial que fixe qual a conservatória competente (art. 12º).

O legislador atribui assim uma *competência genérica* às conservatórias do registo civil, ressalvando todavia as disposições especiais determinantes de uma *competência específica* – é, por exemplo, o caso das competências específicas, adiante referidas, da Conservatória dos Registos Centrais e dos serviços consulares.

O Decreto-Lei nº 324/2007, de 28 de setembro, veio permitir, no seu art. 17º, que a competência para a prática dos atos e processos do registo civil, com exceção da que é atribuída pelo respetivo Código à Conservatória dos Registos Centrais, possa ser atribuída a *qualquer conservatória de registos*, através de despacho do presidente do Instituto dos Registos e do Notariado.

c) Competência específica da Conservatória dos Registos Centrais

Além das competências que lhe são conferidas em matéria de *nacionalidade* pelo Regulamento da Nacionalidade Portuguesa, a Conservatória dos Registos Centrais detém a *competência específica* que lhe é atribuída pelo art. 11º, que é do seguinte teor:

> "1 – Compete à Conservatória dos Registos Centrais lavrar os registos[96]:
>
> *a*) De nascimento, de declaração de maternidade e de perfilhação, respeitantes a portugueses, quando ocorridos no estrangeiro, com exceção dos nascimentos ocorridos em unidades de saúde no estrangeiro, ao abrigo de protocolo celebrado com o Estado Português;
>
> *b*) De nascimento ocorrido em viagem, a bordo de navio ou aeronave portugueses;
>
> *c*) *(Revogado.)*
>
> *d*) *(Revogado.)*
>
> *e*) *(Revogado.)*
>
> *f*) *(Revogado.)*
>
> *g*) *(Revogado.)*
>
> *h*) De transcrição das decisões proferidas pelos tribunais estrangeiros, nos termos do nº 2 do artigo 7º;
>
> *i*) *(Revogado.)*
>
> 2 – Compete também à Conservatória dos Registos Centrais a integração dos assentos correspondentes aos factos previstos na alínea *a*) do número anterior, nos termos do nº 3 do artigo 5º, se estes tiverem sido lavrados pelos agentes diplomáticos ou consulares portugueses.

[96] Mantém-se a formulação do art. 11º tal como publicado, como forma de identificar as alterações de competência da Conservatória dos Registos Centrais decorrentes do Decreto-Lei nº 324/2007, de 28 de setembro, sendo do seguinte teor as alíneas revogadas:

c) De casamento celebrado no estrangeiro se nela se encontrarem lavrados os assentos de nascimento de ambos os nubentes, ou de um deles, desde que o nascimento do outro não se encontre lavrado em conservatória do registo civil;

d) De casamento urgente contraído em campanha, no estrangeiro, por militares portugueses;

e) De casamento urgente, em viagem a bordo de navio ou aeronave portugueses, qualquer que seja a nacionalidade dos nubentes;

f) De óbito ocorrido no estrangeiro, se nela se encontrar lavrado o assento de nascimento do falecido;

g) De transcrição de atos de registo, referentes a estrangeiros, realizados no estrangeiro perante as autoridades locais, excetuados os casamentos e óbitos que devam ser averbados a assentos lavrados em conservatória do registo civil;

....

i) Em geral, de todos os factos sujeitos a registo para o qual seja competente nenhuma outra conservatória do registo civil.

3 – Compete ainda à Conservatória dos Registos Centrais o registo, por meio de assento, das decisões judiciais que devam ser averbadas a assento de nascimento cujo registo não seja obrigatório."

Os requerimentos, declarações e documentos para a instrução de atos e processos de registo destinados à Conservatória dos Registos Centrais podem ser apresentados por *intermédio de qualquer conservatória* do registo civil, a qual procederá ao seu envio imediato, por via informática (art. 13º).

As declarações são reduzidas a escrito, sendo lidas na presença simultânea de todos os intervenientes pelo conservador ou pelo oficial de registos da conservatória. A Conservatória dos Registos Centrais, uma vez recebida a declaração, deve lavrar o respetivo assento, no prazo de um dia.

Se as declarações tiverem deficiências, é solicitada, de imediato, a sua retificação pelos interessados, podendo a retificação ser promovida em qualquer conservatória do registo civil.

d) Competência específica dos serviços consulares

A competência dos serviços consulares em matéria de registo civil é definida pelo Regulamento Consular, aprovado pelo Decreto-Lei nº 51/2021, de 15 de junho.

Os postos consulares são os serviços periféricos externos do Ministério dos Negócios Estrangeiros; são postos consulares (art. 3º):

a) Os consulados gerais;
b) Os consulados.

Nas missões diplomáticas podem ser organizadas secções consulares, que funcionam nas embaixadas, nos termos definidos para os postos consulares.

Os titulares de postos consulares e secções consulares são órgãos especiais de registo *civil* relativamente a *pessoas de nacionalidade portuguesa residentes habitualmente no estrangeiro ou que aí se encontrem acidentalmente* (art. 48º). Daqui resulta, por conseguinte, que estes órgãos não são competentes relativamente a estrangeiros, nem o são para organizar processos de casamento de estrangeiros que queiram casar em Portugal[98].

O art. 49º define, nos seguintes termos, a competência destes órgãos especiais em matéria de registo civil:

"1 – No exercício das funções referidas no artigo anterior, compete aos órgãos especiais e a cônsules-gerais-adjuntos por aqueles expressamente autorizados, lavrar, nomeadamente, os seguintes atos de registo:

a) De nascimento ocorrido no estrangeiro, quando atributivo da nacionalidade portuguesa;

b) De casamento no estrangeiro de pessoas de nacionalidade portuguesa ou, quando permitido pela legislação local, de pessoa de nacionalidade portuguesa com pessoa estrangeira;

c) De óbito de pessoa de nacionalidade portuguesa ocorrido no estrangeiro;

d) De declaração de parentalidade ou de perfilhação.

2 – O chanceler ou coordenador técnico, bem como outros funcionários e trabalhadores qualificados dos mapas de pessoal do MNE especialmente designados para o efeito pelo membro do Governo responsável pela área dos negócios estrangeiros, podem praticar todos os atos de registo referidos no número anterior, exceto a celebração de casamento.

3 – Nas ausências ou impedimentos, os titulares previstos no artigo anterior são substituídos no exercício das funções referidas, sucessivamente por:

a) Cônsul-geral-adjunto, autorizado nos termos do nº 1;

b) Chanceler;

c) Coordenador técnico;

d) Elementos qualificados dos mapas de pessoal do MNE especialmente designados para o efeito, mediante autorização do membro do Governo responsável pela área dos negócios estrangeiros.

4 – O membro do Governo responsável pela área dos negócios estrangeiros pode delegar nos titulares dos postos e secções consulares a competência para designar os elementos qualificados para efeitos do disposto no nº 2 e na alínea *d*) do número anterior.

5 – Os postos e as secções consulares são igualmente competentes para receber requerimentos e documentos para atos de registo ou para a instrução dos respetivos processos, bem como para receber declarações, incluindo as destinadas à feitura de novos registos e à requisição de certidões, desde que a pessoa declarante ou requerente tenha residência no estrangeiro.

6 – No caso previsto no número anterior, os autos de declarações, requerimentos e demais documentos devem ser enviados à conservatória competente no prazo de cinco dias.

7 – As competências atribuídas no âmbito do presente artigo não abrangem:

a) A instrução ou decisão de processo especial de divórcio e separação de pessoas e bens por mútuo consentimento;

b) A decisão dos demais processos especiais que, nos termos do Código do Registo Civil, sejam da exclusiva competência de conservador."

As *certidões do registo consular do casamento ou óbito ocorridos no estrangeiro* ainda não integrado na conservatória competente podem ser aceites como sua prova (art. 50º).

O exercício de funções consulares no âmbito do registo civil rege-se, com as necessárias adaptações, pelas disposições do Código do Registo Civil (art. 51º).

Os *cônsules honorários* que são, nos termos da Convenção de Viena sobre Relações Consulares, representantes do Estado designados para funções de índole consular (art. 20º), *não têm competência para a prática de atos de registo civil.* Todavia, em circunstâncias excecionais e devidamente fundamentadas, o membro do Governo responsável pela área dos negócios estrangeiros pode autorizar, mediante portaria, que cônsules honorários exerçam competências de coordenador técnico relativamente a atos de registo civil (art. 21,º).

Para este efeito, consideram-se circunstâncias excecionais e fundamentadas, designadamente quando, em relação ao cônsul honorário e às respetivas instalações consulares, se verifiquem, cumulativamente, os seguintes requisitos (nº 10 do art. 21º):

a) Se encontre a mais de 600 km do posto ou secção consular de que dependa ou se situe em ilhas ou em país onde não existe representação consular portuguesa;

b) Se encontre em local onde residam mais de 2000 pessoas de nacionalidade portuguesa.

e) Registos lavrados pelos órgãos especiais

Os atos de registo lavrados pelos *órgãos especiais* previstos no art. 9º são *obrigatoriamente integrados* em suporte informático do *registo civil nacional* e, na ordem interna, provam-se pelo acesso à base de dados do registo civil ou por meio de certidão (art. 5º).

Para se proceder a essa integração, os agentes diplomáticos e consulares portugueses em país estrangeiro devem lavrar os assentos, bem como os averbamentos aos factos que decorram dos mesmos, em suporte informático e disponibilizá-los na base de dados do registo civil nacional.

A integração dos assentos de nascimento, de declaração de maternidade e de perfilhação em suporte informático do registo civil nacional *só se efetua após atribuição de cota ou averbamento eletrónicos pela Conservatória dos Registos Centrais.*

Por seu lado, para a referida integração, as entidades referidas nas alíneas *b*) a *d*) do nº 1 do art. 9º devem enviar, preferencialmente por via informática, as cópias autênticas ou os duplicados dos assentos às conservatórias do registo civil ou à Conservatória dos Registos Centrais, conforme as regras de competência previstas nos artºs 10º e 11º.

9.2. Suportes e reconstituição dos atos e processos de registo

Os atos e processos de registo civil, bem como os restantes procedimentos que corram termos nas conservatórias, são lavrados em *suporte informático*. As comunicações, notificações, a apresentação de requerimentos e pedidos, bem como o envio de documentos previstos no Código do Registo Civil podem também ser efetuados por via eletrónica (art. 14º).

A *inutilização de algum suporte de ato ou processo de registo* dá lugar à reconstituição do ato ou processo (art. 15º).

Os processos e documentos que serviram de base à realização de registos, ou que lhes respeitem, são arquivados, devendo o *arquivo ser efetuado por via eletrónica* (art. 16º).

Os documentos físicos arquivados nas conservatórias só podem ser retirados das mesmas mediante autorização do presidente do Instituto dos Registos e do Notariado, salvo caso de força maior ou noutros casos expressamente previstos na lei.

Por sua vez, as *normas para a destruição de documentos* são objeto do art. 17º que determina que todos os documentos que tenham sido digitalizados devem ser destruídos imediatamente[97] e, bem assim, que podem ser destruídos, desde que tenham mais de um ano, os documentos arquivados que não tenham servido de base a qualquer registo[98].

10. Publicidade e meios de prova

10.1. Publicidade

O registo civil é um registo público e, como tal, tem também por objeto a publicidade das situações jurídicas resultantes dos factos registados.

E assim é que o art. 214º estabelece o princípio de que *qualquer pessoa* tem legitimidade para requerer *certidão* dos registos, sem prejuízo todavia de algumas exceções que adiante são examinadas.

O princípio de que qualquer pessoa tem legitimidade para requerer certidões dos registos *relativos a outras pessoas* conflitua com as normas constitucionais e legais de proteção de dados.

[97] Norma verdadeiramente desastrada, a revelar clara imponderação de quem não previu a ocorrência de erros de digitalização, particularmente prováveis nas circunstâncias em que ela ocorreu, e os consequentes incómodos que seriam causados às vítimas desses erros.

[98] O art. 15º do Decreto-Lei nº 324/2007, de 28 de setembro, prevê que os livros cujos registos tenham sido objeto de informatização sejam transferidos para a entidade responsável pelos arquivos nacionais, relativamente aos quais tenha decorrido, à data do último assento:

a) Mais de 30 anos, quanto aos livros de assentos de óbito;

b) Mais de 50 anos, quanto aos livros de assentos de casamento;

c) Mais de 100 anos, quanto aos restantes livros de assentos.

De harmonia com estas disposições, as certidões do registo civil, requeridas por terceiros, *sem consentimento das pessoas a quem dizem respeito*, só deveriam ser emitidas em casos excecionais previstos na lei e limitar-se à situação jurídica cujo conhecimento o interessado mostrasse necessário para segurança de uma relação jurídica concreta que deveria indicar: é todavia uma exigência que o atual Código não prevê.

A omissão dessa exigência conflitua com o nº 4 do art. 35º da Constituição que impõe *a excecionalidade do acesso a dados de terceiros*, sendo certo que mesmo a determinação dos casos excecionais teria de ser efetuada em lei da Assembleia da República ou mediante autorização legislativa.

Se é certo que o Decreto-Lei nº 324/2007, de 28 de setembro, aditou ao Código do Registo Civil normas de proteção de dados pessoais, em cumprimento das disposições constitucionais e legais, o que é de saudar, o facto é que manteve, de forma incoerente, o princípio consagrado no art. 214º. Apenas se mantiveram, no que respeita às certidões, as restrições previstas na versão original do Código do Registo Civil, adiante referidas, e que contemplam certos casos de maior sensibilidade.

As normas de proteção de dados aditadas pelo Decreto-Lei nº 324/2007, de 28 de setembro, integram os arts. 220º-A a 220º-F[99].

10.2. Meios de prova

a) Espécies de documentos de prova

Os factos sujeitos a registo e o estado civil das pessoas provam-se pelo *acesso à base de dados* do registo civil ou por meio de *certidão* (art. 211º).

Faz igualmente prova para todos os efeitos legais, e perante qualquer autoridade pública ou entidade privada, a *disponibilização da informação* constante da certidão em sítio da Internet, sem prejuízo da observância das restrições previstas no art. 214º, adiante referidas.

As certidões do registo consular do *casamento ou óbito ocorridos no estrangeiro* ainda não integrado na conservatória competente podem ser aceites como sua prova (art. 53º do Regulamento Consular).

b) Espécies de certidões

As certidões podem ser de *narrativa* ou de *cópia integral* (art. 212º).

Nas *certidões de cópia integral* deve transcrever-se todo o texto dos assentos a que respeitam e os seus averbamentos, mas as certidões de registos que con-

[99] Estas normas mantêm-se em vigor em tudo o que não contrarie o disposto no RGPD e na Lei nº 58/2019, de 8 de agosto, de harmonia com o disposto no art. 62º desta lei que revogou a Lei nº 67/98, de 26 de outubro.

tenham *menções discriminatórias de filiação* são obrigatoriamente emitidas por meios informáticos com eliminação das referidas menções, seja qual for a espécie e o fim a que se destinem, exceto se o registado, quem o representar, ou seu ascendente ou descendente requererem por escrito certidão por fotocópia do respetivo assento.

As certidões requeridas pelas autoridades judiciais ou policiais e pelo Instituto dos Registos e do Notariado são sempre de cópia integral e enviadas por via eletrónica.

As certidões destinadas ao estrangeiro são emitidas por meios informáticos, salvo se o respetivo assento ou documento estiver dactilografado e puder ser fotocopiado.

c) Conteúdo das certidões

Sobre o conteúdo das certidões, dispõe o art. 213º:

Nas *certidões de narrativa* são mencionados os elementos extraídos do texto do assento, conjugados com as modificações introduzidas pelos averbamentos existentes à margem.

Nas certidões de narrativa extraídas do registo de nascimento de *filhos adotados plenamente*, a filiação deve ser mencionada apenas mediante a indicação dos nomes dos pais adotivos.

A *filiação natural do adotado* só é mencionada nas certidões de narrativa extraídas do correspondente assento de nascimento se o requisitante expressamente o solicitar, sem prejuízo do disposto no nº 2 do art. 1985º CC – os pais naturais do adotado podem opor-se, mediante declaração expressa, a que a sua identidade seja revelada ao adotante –, mas é *sempre mencionada nas certidões destinadas a instruir processos de casamento.*

A obrigatoriedade de menção da *filiação biológica* nestas certidões, exigida no nº 3 do art. 213º, representa, além de clara ilegalidade face ao disposto na LPDP como já acima se demonstrou, profunda e inexplicável insensibilidade do legislador que não atentou em que a revelação ao adotado de que não é filho biológico dos adotantes, quando sempre o supusera, pode desencadear traumas psicológicos de insuspeitada dimensão.

No caso de as certidões serem extraídas de registo que enferme de qualquer irregularidade ou deficiência ainda não sanada, devem ser mencionadas, por forma bem visível, na respetiva certificação, as irregularidades ou deficiências que viciam tal registo (nº 4 do art. 213º).

d) Restrições à emissão de certidões e à disponibilização da informação

O já citado art. 214º estabelece o princípio de que qualquer pessoa tem legitimidade para requerer certidão dos registos constantes dos livros do registo civil, mas ressalva as seguintes *exceções* previstas nos nºs 2 a 4:

- Dos assentos de *filhos adotivos* só podem ser passadas certidões de cópia integral ou fotocópias a pedido das pessoas a quem o registo respeita, descendentes ou herdeiros e ascendentes, sem prejuízo, quanto a estes, do disposto no art. 1985º CC[100] (nº 2);
- Dos assentos a que se mostre efetuado qualquer averbamento de *mudança de sexo e consequente alteração de nome próprio*, só podem ser passadas certidões de cópia integral ou fotocópias a requerimento do próprio, dos seus herdeiros e das autoridades judiciais ou policiais para efeitos de investigação ou instrução criminal (nº 3);
- Na *pendência do processo de adoção*, após a sua decretação ou, em qualquer caso, desde que recebida na conservatória a comunicação relativa à confiança judicial ou administrativa do menor, as certidões do assento de nascimento que a este respeitem devem ser passadas em conformidade com o disposto no art. 1985º CC e com a decisão proferida, em processo próprio, sobre o segredo de identidade (nº 4);
- Dos *assentos de perfilhação* que devam considerar-se secretos só pode ser passada certidão para efeitos de instrução do processo preliminar de casamento ou de ação de alimentos, nas condições previstas na lei civil[101] (nº 5).

As autoridades judiciais ou policiais, bem como o Instituto dos Registos e do Notariado, poderem sempre requerer certidão de qualquer registo ou documento, excetuados os casos previstos no nº 3 (nº 6[102]).

A disponibilização da informação em sítio da Internet não pode ser efetuada no caso dos assentos de perfilhação que devam considerar-se secretos e nos casos referidos nos nºs 2 e 3 do art. 214º deve conformar-se com as condições aí preceituadas (nº 2 do art. 211º).

Para além das restrições previstas no art. 214º, deve ter-se ainda em conta que a *declaração de contumácia* pode incluir, e inclui normalmente, a proibição de obtenção de certidões ou registos relativas ao contumaz (nº 3 do art. 337º do Código de Processo Penal[103]).

[100] Art. 1985º: "1. A identidade do adotante não pode ser revelada aos pais naturais do adotado, salvo se aquele declarar expressamente que não se opõe a essa revelação.
2. Os pais naturais do adotado podem opor-se, mediante declaração expressa, a que a sua identidade seja revelada ao adotante."

[101] O assento de perfilhação é secreto se estiver dependente de assentimento do perfilhado enquanto este não for dado e averbado (artºs 130º e 131º; art. 1857º CC).

[102] Redação da Lei nº 7/2011, de 15 de março.

[103] Nº 3 do art. 337º: "3 – Quando a medida se mostrar necessária para desmotivar a situação de contumácia, o tribunal pode decretar a proibição de obter determinados documentos, certidões

Deve todavia entender-se que esta proibição, para além de não atingir, como se disse, a emissão de certidões solicitadas pelas autoridades judiciais ou policiais ou por entidades oficiais no exercício das suas competências legais, também não deve atingir a emissão das requeridas por terceiros quando tenham por finalidade a satisfação de seus legítimos interesses, finalidade que deve constar das certidões assim emitidas[104].

e) Requisição e emissão de certidões

As certidões podem ser requisitadas *verbalmente* ou pelo *correio* em qualquer conservatória do registo civil ou através de *transmissão eletrónica* de dados (art. 215º).

As certidões por via eletrónica (art. 2º do Decreto-Lei nº 12/2001, de 25 de Janeiro), podem ser solicitadas através do endereço eletrónico do IRN, IP (*www.irn.mj.pt*), do endereço *www.civilonline.mj.pt* ou do Serviço de Certidões On-line do Portal do Cidadão.

As certidões disponibilizadas em suporte eletrónico fazem prova para todos os efeitos legais e perante qualquer autoridade pública ou entidade privada, nos mesmos termos da correspondente versão em suporte de papel.

As certidões são emitidas logo após a receção da requisição.

De cada assento deve ser imediatamente entregue certidão gratuita ao interessado no registo; o mesmo se aplica aos assentos de casamento e de óbito lavrados pelos agentes diplomáticos e consulares portugueses, bem como aos assentos de nascimento, de declaração de maternidade e de perfilhação lavrados pelas mesmas autoridades, após a sua integração na base de dados do registo civil.

Do assento de óbito e do depósito do certificado de morte fetal são sempre emitidas certidões gratuitas, as quais servem de guia de enterramento.

f) Certidões de documentos, de extratos e de registos cancelados

Nos termos previstos no art. 217º, podem ser extraídas certidões de documentos arquivados na conservatória, salvo se respeitarem a assento que deva considerar -se secreto.

Do certificado médico de óbito só podem ser passadas certidões a quem comprove interesse legítimo e fundado no respetivo pedido.

Dos livros de extratos só podem ser extraídas certidões no caso de extravio ou destruição dos originais.

ou registos junto de autoridades públicas, bem como o arresto, na totalidade ou em parte, dos bens do arguido."

[104] Cf., quanto a esta última parte, Maria da Conceição Lobato Guimarães e outros, *ob. cit.*, p. 240.

De um registo cancelado pode o conservador autorizar a emissão de certidão a requerimento escrito e fundamentado do interessado. Todavia, no caso de registo cancelado decorrente de procedimento de mudança de sexo, considera-se interessado apenas o próprio, os seus herdeiros e as autoridades judiciais ou policiais para efeitos de investigação ou instrução criminal.

g) Certidão online de registo civil

A Portaria nº 181/2017, de 31 de maio, criou a *certidão online de registo civil,* definindo e regulamentando o seu âmbito, condições de acesso, prazo de validade e emolumentos devidos, e revogou do mesmo passo a Portaria nº 145/2010, de 10 de março, que criara a certidão permanente de registo civil.

Designa-se por certidão *online* de registo civil – diz o art. 1º – a disponibilização do acesso à informação, em suporte eletrónico, das menções e averbamentos constantes dos registos de nascimento, casamento, óbito, declaração de maternidade e perfilhação, acessível nos termos e nas condições legalmente aplicáveis.

A certidão *online* disponibiliza, por um período de *seis meses,* o acesso à informação que se encontrar registada à data da sua emissão, mediante disponibilização de um *código de acesso,* que permite a visualização da informação através da Internet, durante o prazo de validade da mesma.

O pedido de subscrição de acesso à certidão *online* é efetuado através de sítio na Internet da área da justiça[105] e pode ser feito por qualquer cidadão, salvo as exceções previstas na lei.

Após a submissão eletrónica do pedido, é gerada automaticamente uma referência para pagamento dos encargos devidos pela certidão, caso aquele não seja efetuado de imediato através de cartão de crédito; o pagamento dos encargos deve ser efetuado no prazo de quarenta e oito horas após a geração da referência para pagamento, sob pena de cancelamento do pedido.

O sítio acima referido deve permitir as seguintes funcionalidades (art. 3º):

a) A autenticação dos utilizadores, privilegiando os mecanismos disponibilizados pela Agência para a Modernização Administrativa em *www.autenticacao.gov.pt;*
b) O preenchimento eletrónico dos elementos necessários ao pedido;
c) A identificação do utilizador e requerente da certidão;
d) A certificação da data, hora e estado do pedido;
e) O pagamento dos encargos devidos por via eletrónica;
f) O envio de avisos por correio eletrónico ao requerente da certidão, ou sempre que possível, por *short message service* (SMS).

[105] *www.civilonline.mj.pt*

Nos termos do art. 4º, uma vez efetuado o pedido de certidão *online*, e não havendo fundamento para a recusa, é disponibilizado ao requerente um código que permite a visualização da certidão no sítio da Internet referido acima.

A entrega a qualquer entidade pública ou privada do código de acesso à certidão equivale, para todos os efeitos legais, à entrega de uma certidão de registo em suporte de papel.

Nas situações de recusa de emissão da certidão é disponibilizada ao requerente, no sítio da Internet referido, a nota dos respetivos fundamentos, havendo lugar à devolução dos montantes pagos.

Por cada pedido de subscrição de acesso à certidão *online* é devido o montante de € 10 (art. 5º).

11. Processos privativos e procedimentos do registo civil

11.1. Espécies de processos e procedimentos

São processos privativos do registo civil os processos comuns e os processos especiais (art. 221º).

São processos comuns os processos de:

- Justificação judicial;
- Justificação administrativa.

São processos especiais os processos de:

- Impedimento do casamento;
- Dispensa de impedimentos;
- Suprimento de autorização para casamento de menores;
- Sanação da anulabilidade do casamento por falta de testemunhas;
- Suprimento da certidão de registo;
- Divórcio e separação de pessoas e bens por mútuo consentimento[106];
- Alteração do nome.

[106] O processo de divórcio e separação de pessoas de bens por mútuo consentimento, inicialmente regulado como processo especial pelos artºs 271º a 274º do Código do Registo Civil, fora de novo regulamentado, entre os chamados procedimentos da exclusiva competência do conservador, pelos artºs 12º a 14º do Decreto-Lei nº 272/2001, de 13 de outubro, que repete disposições anteriores do Código e remete mesmo para uma delas: o art. 242º. Voltou de novo ao Código do Registo Civil com o Decreto-Lei nº 324/2007, de 28 de setembro, que todavia não só não revogou o Decreto-Lei nº 272/2001, que designa este processo por "separação e divórcio por mútuo consentimento", como até conferiu mesmo nova redação aos seus artigos 12º e 14º que dizem também respeito a este processo.

A Lei nº 61/2008, de 31 de Outubro, regulamentou de novo a matéria do divórcio, alterando as disposições pertinentes do Código Civil, o art. 272º do Código do Registo Civil e os artºs 12º e 14º do Decreto-Lei nº 272/2001, de 13 de outubro, sem todavia se referir à separação de pessoas e bens por mútuo consentimento. Por sua vez, este Decreto-Lei nº 272/2001 foi também alterado

O Decreto-Lei nº 272/2001, de 13 de outubro, incluiu na esfera de competência das conservatórias do registo civil os procedimentos chamados *da competência exclusiva do conservador*, a saber:

- Reconciliação dos cônjuges separados;
- Separação de pessoas e bens ou divórcio por mútuo consentimento, exceto nos casos resultantes de acordo obtido no âmbito de processo de separação ou divórcio litigiosos;
- Declaração de dispensa de prazo internupcial;

bem como o *procedimento tendente à formação de acordo das partes* relativamente aos pedidos de:

- Alimentos a filhos maiores ou emancipados;
- Atribuição da casa de morada da família;
- Privação do direito ao uso dos apelidos do outro cônjuge;
- Autorização de uso dos apelidos do ex-cônjuge.

11.2. Disposições gerais de instrução dos processos privativos

Os processos privativos do registo civil são instaurados, instruídos e informados em *qualquer conservatória do registo civil*; a sua instrução é presidida pelo *conservador* e a decisão compete, consoante os casos, ao próprio *conservador* ou ao *juiz de direito* (art. 222º).

Têm *legitimidade* para intervir nestes processos as pessoas a quem o registo respeita, os seus herdeiros, os declarantes e, em geral, todos os que tenham interesse direto no pedido ou na oposição, bem como o Ministério Público (art. 223º).

A constituição de advogado é dispensada, salvo na fase de recurso.

O processo inicia-se com a apresentação na conservatória de um *requerimento* assinado pelo interessado, sem prejuízo de o pedido poder ser efetuado *verbalmente*, caso em que deve ser reduzido a *escrito* com aposição do nome do conservador (art. 224º).

No requerimento devem ser expostos, sem dependência de artigos, os *fundamentos da pretensão* e indicadas as *providências requeridas*.

Tanto no requerimento como na oposição ao pedido, devem ser relacionados os *documentos* juntos, comprovativos dos factos alegados, oferecidas as *testemunhas* e escolhido o domicílio do requerente ou oponente na área da conservatória para efeito das notificações a efetuar.

pelo Decreto-Lei nº 122/2013, de 26 de agosto, conformando as suas referência ao Código de Processo Civil com as correspondentes disposições do novo Código do Processo Civil.

Para instrução dos processos, o conservador pode recorrer à *prova pericial*, em termos análogos aos previstos no art. 467º do Código de Processo Civil, se o considerar necessário ou se tal lhe for requerido pelas partes (art. 224º).

São exemplos da eventual necessidade de perícia a avaliação da maturidade física e psíquica de menores que queiram casar ou a identificação, através de análise do ADN, de cadáveres não individualizados.

A determinação, constante do nº 1 do art. 224º, de que *a assinatura do requerimento* seja reconhecida nos termos legais, tem de considerar-se à luz do disposto no art. 2º do Decreto-Lei nº 250/96, de 24 de dezembro, que é do seguinte teor: "A exigência em disposição legal de reconhecimento por semelhança ou sem determinação de espécie considera-se substituída pela indicação, feita pelo signatário, do número, data e entidade emitente do respetivo bilhete de identidade ou documento equivalente emitido pela autoridade competente de um dos países da União Europeia ou do passaporte."[107]

O mesmo vale para o título de residência (art. 90º do Decreto-Lei nº 244/98, de 8 de agosto) e para o cartão de cidadão (nº 2 do art. 56º da Lei nº 7/2007, de 5 de fevereiro).

A forma de efetuar as *citações* e as *notificações*, o oferecimento e prestação da prova testemunhal, as diligências oficiosas do conservador e a tramitação dos processos são regulados pelos artigos 225º a 228º.

Assim, de harmonia com a primeira daquelas disposições, as citações e notificações podem fazer-se *pessoalmente ou por carta registada* e, quando feitas pessoalmente, podem sê-lo por termo no processo ou por mandado do conservador.

Se o citando ou notificando residir *fora da área da conservatória*, a diligência pode ser requisitada por meio de *ofício precatório* dirigido ao conservador competente.

No ato da citação ou da notificação de qualquer decisão, é entregue às partes cópia da petição ou da decisão notificada.

O procedimento que antecede é aplicável, com as necessárias adaptações, às notificações previstas no Código do Registo Civil: será pois assim que deve proceder-se sempre que o conservador do registo civil deva ter de efetuar qualquer notificação (nº 4 do art. 225º).

[107] O art. 1º do Decreto-Lei nº 250/96, de 24 de dezembro, aboliu os reconhecimentos notariais feitos por semelhança e sem menções especiais relativas aos signatários. Já anteriormente o Decreto-Lei nº 232/82, de 8 de junho, determinara, no seu art. 6º, que a exibição do bilhete de identidade do signatário de qualquer documento tinha o mesmo valor legal do reconhecimento por semelhança da respetiva assinatura; por sua vez, o Decreto-Lei nº 21/87, de 12 de janeiro, atribuiu o mesmo valor à exibição do bilhete de identidade emitido por entidade competente de um dos países da União Europeia, do passaporte ou de públicas-formas destes documentos.

A *prova testemunhal* e a forma de a prestar são objeto do art. 226º: cada uma das partes pode oferecer até *cinco testemunhas* e os seus depoimentos são sempre reduzidos a escrito, competindo a redação ao conservador que presidir à inquirição.

As testemunhas notificadas que não compareçam no dia designado para a inquirição podem, neste ato, ser substituídas por outras que a parte ofereça, sendo só admitido *um adiamento* da inquirição por falta das testemunhas.

As testemunhas residentes fora da área da conservatória instrutora do processo são ouvidas, por *ofício precatório*, na conservatória da área da sua residência ou noutra conservatória por elas escolhida, salvo se a parte se obrigar a apresentá-las.

Os ofícios precatórios são acompanhados de cópia do requerimento ou da oposição e devem ser cumpridos e devolvidos dentro do prazo de 10 dias a contar da data da sua receção.

As testemunhas são identificadas no auto das suas declarações pelo seu nome completo e residência habitual.

Tal como é de regra nos processos de jurisdição voluntária, o conservador pode, durante a instrução do processo e por sua iniciativa, *ouvir pessoas, solicitar informações, requisitar documentos ou determinar outras diligências* que considere necessárias (art. 227º).

Os processos previstos no Código do Registo Civil, e respetivos prazos, *correm durante as férias judiciais, sábados, domingos e dias de feriado* (art. 228º).

As *ações de registo* são propostas *obrigatoriamente* pelo conservador do registo civil ou pelo Ministério Público, logo que qualquer deles tenha conhecimento dos factos que às mesmas dão lugar (art. 229º).

Os processos de registo, depois de transitada em julgado a decisão neles proferida, são sempre *devolvidos à conservatória* onde foram organizados (art. 230º).

O campo de aplicação desta norma tem de entender-se como restringido aos casos em que a competência para a decisão não caiba ao conservador em cuja conservatória o processo foi instruído e àqueles em que a decisão deste tenha sido impugnada.

As disposições do Código de Processo Civil são aplicáveis subsidiariamente, com as necessárias adaptações, aos casos não especialmente regulados no Código do Registo Civil (art. 231º).

Em alguns processos – dispensa de impedimentos, suprimento de autorização para casamento de menores, divórcio ou separação de pessoas e bens por mútuo consentimento, reconciliação dos cônjuges separados, declaração de dispensa do prazo internupcial, procedimento tendente à formação de acordo das partes – o Código determina que a decisão é da *exclusiva competência do conservador.*

11.3. Processos comuns

11.3.1. Justificação judicial

O processo de justificação judicial, regulado nos artºs 233º a 240º, é o meio próprio para proceder à retificação de registo irregular, no caso em que a irregularidade resulte de se suscitarem *dúvidas sobre a identidade das pessoas* a quem ele respeita (art. 94º), bem como para proceder às formalidades e diligências necessárias nas seguintes *situações de óbito*:

- Falecimento, com *queda à água ou no espaço*, sem que o cadáver tenha sido encontrado (art. 204º);
- Falecimento em consequência de *acidente*, se os cadáveres não tiverem sido encontrados, tiverem sido destruídos em consequência do acidente, só aparecerem despojos insuscetíveis de ser individualizados, ou ainda se tiver sido impossível chegar ao local em que os corpos se encontram (art. 207º);
- Falecimento resultante de *naufrágio* em que pereça toda ou parte da tripulação ou dos passageiros, sem que tenham sido encontrados os cadáveres ou não tenha sido possível individualizá-los (art. 208º).

O processo de justificação judicial pode ainda ter lugar quando, em processo de justificação administrativa, o conservador concluir pela *impossibilidade legal de sanar*, por essa via, *a irregularidade*, mas esta for de natureza a dever ser oficiosamente sanada (art. 244º).

O processo de justificação judicial é *autuado, instruído e informado na conservatória* requerida e é julgado no tribunal de 1ª instância competente na área da circunscrição a que pertence a conservatória.

Inicia-se por *auto de notícia do conservador* ou a *requerimento* do interessado ou do Ministério Público, dirigido ao juiz da comarca e acompanhado dos documentos que lhe respeitem.

No auto, o conservador expõe a natureza do facto que se pretende justificar e refere as circunstâncias que o determinaram, identificando, se for caso disso, o registo em causa e os títulos ou registos arquivados na conservatória que lhe tenham servido de base. Se tiver sido iniciado por virtude de requerimento do interessado, deve este expor os fundamentos da pretensão e indicar as providências requeridas.

Recebido e achado em ordem o processo, o conservador determina os seguintes atos:

a) *Citação das pessoas* a quem o registo respeita ou dos seus herdeiros, quando não sejam os requerentes, para, no prazo de oito dias, deduzirem oposição;

b) *Afixação de editais* contendo a indicação dos nomes dos requerentes, dos requeridos e do objeto da petição e convidando os interessados incertos a deduzirem oposição no prazo de 15 dias a contar da data da afixação.

Os editais são afixados durante 15 dias à porta da conservatória organizadora do processo e da conservatória da área da última residência das pessoas a quem respeite o registo, neles se anotando as datas do início e do termo da afixação, devidamente rubricadas. Sempre que haja lugar à citação edital, incumbe aos requerentes providenciar pela publicação dos anúncios, salvo se estes forem considerados dispensáveis.

Concluída a instrução, o conservador lança no processo, dentro do prazo de cinco dias, *informação sobre a atendibilidade da pretensão* e ordena a *remessa dos autos a juízo* para julgamento. Destinando-se o processo à *feitura de registo*, por assento ou por averbamento, deve o conservador, na sua informação, mencionar a forma e os termos precisos em que entende dever ser lavrado o registo.

O juiz pode ordenar que o processo baixe à conservatória, a fim de se *completar a instrução* mediante as diligências que repute necessárias, cabendo-lhe proferir a sentença no *prazo de 10 dias* a contar da conclusão.

Proferida a sentença e transitada em julgado, o processo é remetido à conservatória para cumprimento da decisão.

Da sentença cabe *recurso*, com efeito suspensivo, para a Relação, podendo recorrer os interessados, o conservador e o Ministério Público.

Do acórdão da Relação não cabe recurso para o Supremo Tribunal de Justiça, sem prejuízo dos casos em que o recurso é sempre admissível.

11.3.2. Justificação administrativa

O processo de justificação administrativa é regulado nos artºs 241º a 244º e destina-se a suprir a *omissão de registo*, a declarar a sua *inexistência jurídica* ou a sua *nulidade*, bem como a corrigir a *irregularidade* prevista na alínea *b)* do nº 2 do art. 93º (desconformidade do assento lavrado por transcrição, ou do averbamento, com o título ou assento que lhe tenha ou deva servir de base).

Decisão resultante de processo de justificação administrativa é ainda exigida pelo art. 199º para que possa ser lavrado registo de *óbito não comprovado por certificado médico* ou por auto de verificação, independentemente da data e do lugar em que haja ocorrido.

O processo é organizado pelo conservador, com base em *auto de notícia* em que ele próprio expõe a natureza e causa do vício ou da irregularidade ou com base em *requerimento* do interessado.

O conservador procede à instrução do processo, por forma a esclarecer a natureza e causa do vício ou da irregularidade do registo a sanar, com recurso aos meios legais de prova que entender necessários.

Sempre que possível, as pessoas a quem o registo respeita devem ser ouvidas.

O conservador deve de seguida proferir *despacho fundamentado quanto à matéria de facto e de direito*, concluindo por ordenar ou recusar a realização do ato ou ainda por declarar a inexistência jurídica ou a nulidade do registo, consoante os casos.

Se o conservador concluir pela *impossibilidade legal de sanar*, por via administrativa, a irregularidade, mas esta for de natureza a dever ser oficiosamente sanada, incumbe-lhe dar início ao competente *processo de justificação judicial*.

11.4. Processos especiais

11.4.1. Impedimento do casamento

O processo de impedimento de casamento é regulado nos artºs 245º a 252º.

A declaração de impedimento do casamento deve constar de *documento autêntico* ou *autenticado* ou, quando feita *verbalmente* na conservatória, ser reduzida a auto.

A declaração deve conter, especificadamente, a identificação do declarante, a natureza do impedimento, a espécie e o número dos documentos juntos e a identidade das testemunhas. Não sendo possível ao declarante a apresentação imediata dos meios de prova, é-lhe concedido o prazo de *cinco dias* para o fazer, sob pena de a declaração ficar sem efeito.

Em qualquer caso, *se o impedimento declarado for dirimente*, o conservador deve averiguar da veracidade da declaração.

A simples declaração do impedimento, enquanto não for julgada improcedente ou sem efeito, *obsta à celebração do casamento*, bem como à passagem do certificado necessário para o casamento religioso.

Recebida a declaração, são citados os nubentes para, no prazo de 20 dias, impugnarem o impedimento, sob a cominação de se ter por confessado.

Se os nubentes *confessarem a existência* do impedimento ou *não o impugnarem* dentro do prazo estabelecido, o conservador deve proferir despacho considerando o impedimento procedente e mandar arquivar o processo de casamento.

Se o *impugnarem*, o processo é remetido ao *juiz da comarca* para decisão a proferir de seguida ou após novas diligências a serem efetuadas na conservatória (art. 250º).

Quem dolosamente declarar impedimento sem fundamento responde pelos danos causados e fica sujeito à pena do *crime de falsas declarações* (nº 2 do art. 252º).

Da sentença podem os interessados interpor *recurso* para a Relação.

Do acórdão da Relação não cabe recurso para o Supremo Tribunal de Justiça, sem prejuízo dos casos em que o recurso é sempre admissível (art. 251º).

11.4.2. Dispensa de impedimentos

São os artºs 253º e 254º que regulam o processo de dispensa de impedimentos.

São *suscetíveis de dispensa* (nº 1 do art. 1609º CC):

a) O parentesco no terceiro grau da linha colateral;

b) O vínculo de tutela, curatela ou administração legal de bens, se as respetivas contas estiverem já aprovadas.

A concessão de dispensa de impedimentos matrimoniais é requerida em *qualquer conservatória* do registo civil.

Na petição, dirigida ao conservador, os interessados devem justificar os motivos da pretensão. Organizado e instruído o processo, o conservador profere *decisão fundamentada*, de facto e de direito, sobre a concessão ou denegação da dispensa.

Se algum dos *nubentes for menor*, são ouvidos os pais ou o tutor, sempre que possível.

A decisão é da *exclusiva competência do conservador* e é notificada aos interessados, dela cabendo recurso para o juiz da comarca.

A Lei nº 103/2009, de 11 de setembro, alterada pela Lei nº 141/2015, de 8 de setembro, que aprovou o regime jurídico do apadrinhamento civil, determinou, no seu art. 22º, ser o *vínculo de apadrinhamento civil* impedimento impediente à celebração do casamento entre padrinhos e afilhados, e a infração desta norma importar, para o padrinho ou madrinha, a incapacidade para receber do seu consorte qualquer benefício por doação ou testamento.

O impedimento é suscetível de dispensa pelo conservador do registo civil, que a concede quando haja motivos sérios que justifiquem a celebração do casamento, ouvindo os pais, sempre que possível, quando um dos nubentes for menor (nº 2 do art. 22º).

11.4.3. Suprimento de autorização para casamento de menores

A falta de autorização dos pais ou do tutor para o casamento do nubente menor, quando não suprida, constitui *impedimento impediente* (art. 1604º CC).

O suprimento dessa autorização está previsto e regulado nos artºs 255º a 257º e é requerido *em qualquer conservatória* do registo civil.

Autuada a petição e os documentos que lhe respeitem, o conservador ordena a *citação dos pais ou do tutor* para, no prazo de oito dias, se pronunciarem.

Se o pedido de suprimento tiver sido deduzido apenas relativamente a um dos pais, aquele que tiver consentido no casamento é ouvido em auto de declarações, sempre que possível.

Concluída a instrução, o conservador, se verificar que o menor tem suficiente *maturidade física e psíquica* e que há *razões ponderosas* que justifiquem a celebração do casamento, decide sobre o pedido, suprindo a autorização necessária dos pais ou do tutor.

A decisão é da *exclusiva competência do conservador* e é notificada aos interessados, dela cabendo recurso para o juiz da comarca.

11.4.4. Sanação da anulabilidade do casamento por falta de testemunhas

A presença de duas testemunhas no ato da celebração do casamento é obrigatória sempre que a *identidade de qualquer dos nubentes ou do procurador não seja verificada* por uma das seguintes formas (nº 3 do art. 154º):

a) Pelo conhecimento pessoal do conservador;
b) Pela exibição dos respetivos documentos de identificação;
c) Pela exibição do passaporte ou documento equivalente, se os nubentes forem estrangeiros não residentes em Portugal há mais de seis meses.

A presença de quatro testemunhas, duas das quais não podem ser parentes sucessíveis dos nubentes, é igualmente obrigatória na celebração do casamento civil urgente (art. 156º).

É *anulável* o casamento celebrado sem a presença de testemunhas, quando exigida por lei (art. 1631º CC), mas considera-se *sanada* a anulabilidade, e *válido o casamento* desde o momento da celebração, se, antes de transitar em julgado a sentença de anulação, for reconhecido pelo conservador ser a falta de testemunhas devida a circunstâncias atendíveis, desde que não haja dúvidas sobre a celebração do ato (art. 1633º CC).

A *falta das testemunhas* pode ainda ser sanada por recurso ao processo de sanação da anulabilidade do casamento celebrado sem intervenção de testemunhas, quando obrigatória.

Este processo é regulado nos artºs 258º a 260º: a sanação da anulabilidade pode ser requerida pelos interessados em *qualquer conservatória do registo civil*, devendo os requerentes devem justificar a sua pretensão e indicar as provas oferecidas.

Na sequência da apresentação do *requerimento* é imediata e oficiosamente consultada a base de dados do registo civil, sendo integrado na base de dados o documento que se mostre necessário, de forma a comprovar o assento de casamento dos interessados.

O conservador pode ordenar as diligências necessárias à completa instrução do mesmo, sendo a decisão do processo da sua exclusiva competência.

A *ação de anulação* só pode, no entanto, ser proposta pelo *Ministério Público* (art. 1642º CC) dentro do *ano posterior* à celebração do casamento (art. 1646º CC).

11.4.5. Suprimento da certidão de registo

O processo de suprimento da certidão de registo é regulado nos artigos 266º a 270º e tem por objetivo a passagem de um *certificado de notoriedade* em substituição da certidão adequada do registo civil.

Aplica-se aos casos de necessidade de substituição de (artºs 266º e 270º):

- *Certidão do registo de nascimento, para efeito de casamento,* impossível de obter em tempo útil, pelo facto de o registo se ter *extraviado ou inutilizado* e se encontrar pendente a respetiva reconstituição, ou, ainda, por ter sido *lavrado no estrangeiro;*
- *Certidão de nascimento de estrangeiro* nascido em território ao tempo considerado português;
- *Certidão de óbito do cônjuge anterior* ou de algum dos pais de nubente menor, dentro do processo de casamento.

Na petição, o requerente deve especificar o dia e lugar do seu nascimento, a repartição em que foi lavrado o registo e os elementos levados ao assento, bem como, se for esse o caso, o casamento projetado, justificando a urgência da sua realização e a impossibilidade de obter a certidão com a brevidade necessária.

Se o certificado de notoriedade tiver sido pedido para efeito de casamento, é requerido na *conservatória escolhida para a celebração do casamento* e substitui a certidão de nascimento do interessado apenas para efeito do casamento em vista do qual foi passado.

Se o certificado se destinar a outros efeitos que não o de casamento, é competente para o passar a *conservatória por onde correr o processo* que o mesmo deva instruir. Se não for esse o caso, isto é, se não se destinar a instruir processo a correr em qualquer conservatória do registo civil, é competente para o passar a *Conservatória dos Registos Centrais.*

Do certificado de notoriedade devem constar todos *os elementos de identificação* do interessado, a data do despacho de autorização e o *prazo de validade do certificado* que é de seis meses, contados da data da sua passagem.

11.4.6. Divórcio e separação de pessoas e bens por mútuo consentimento

A Lei nº 61/2008, de 31 de outubro, regulou de novo a matéria de divórcio, alterando, relativamente ao divórcio por mútuo consentimento, as pertinentes disposições do Código Civil, o art. 272º do Código do Registo Civil e os artºs 12º e 14º do Decreto-Lei nº 272/2001, de 13 de outubro: a dispersão por três diplomas distintos de disposições reguladoras da mesma matéria só poderia originar desnecessárias e confusas repetições, como adiante fica manifesto.

A Lei nº 61/2008 não tocou, na parte em que incluem e regulam o processo de *separação de pessoas e bens* por mútuo consentimento, as disposições dos artºs 271º, 272º e 272º-A a 272º-C: por tal razão iremos referir simultaneamente as disposições que se aplicam ao processo de divórcio por mútuo consentimento e aquelas que se aplicam a ambos os procedimentos.

O divórcio por mútuo consentimento pode ser requerido por *ambos os cônjuges*, de comum acordo, na *conservatória do registo civil* – ou no tribunal se o casal não tiver conseguido acordo sobre algum dos assuntos referidos no nº 1 do art. 1775º CC, adiante transcrito (nº 2 do art. 1773º CC).

O nº 1 do art. 271º prevê também que o processo de divórcio ou de separação de pessoas e bens possa ser instaurado mediante *requerimento assinado pelos cônjuges* ou seus *procuradores*, apresentado em qualquer conservatória do registo civil.

Antes do início do processo de divórcio, a conservatória do registo civil deve informar os cônjuges sobre a existência e os objetivos dos serviços de *mediação familiar* (art. 1774º CC).

O requerimento para o divórcio por mútuo consentimento deve ser acompanhado pelos documentos seguintes (art. 1775º CC):

a) *Relação especificada dos bens comuns*, com indicação dos respetivos valores, ou, caso os cônjuges optem por proceder à partilha daqueles bens nos termos dos artºs 272º-A a 272º-C do Decreto-Lei nº 324/2007, de 28 de setembro, *acordo sobre a partilha* ou *pedido de elaboração* do mesmo;
b) Certidão da *sentença judicial* que tiver regulado o *exercício das responsabilidades parentais* ou *acordo* sobre esse exercício quando existam filhos menores e não tenha previamente havido regulação judicial;
c) Acordo sobre a *prestação de alimentos*[108] ao cônjuge que deles careça;
d) Acordo sobre o destino da *casa de morada* de família;
e) Certidão da escritura da *convenção antenupcial*, caso tenha sido celebrada;
f) Acordo sobre o destino dos animais de companhia, caso existam[109].

O mesmo repete, mas agora *a abranger o processo de separação*, o nº 1 do art. 272º, na redação que lhe foi dada pela Lei nº 61/2008, de 31 de outubro, e pelo Decreto-Lei nº 122/2013, de 26 de Agosto.

Na sequência do pedido, é imediata e oficiosamente consultada a *base de dados do registo civil*, sendo integrados na base de dados os documentos que se

[108] Por *alimentos* entende-se tudo o que é indispensável ao sustento, habitação e vestuário; quando respeitantes a menores, compreendem também a instrução e a educação (art. 2003º CC). Os alimentos serão proporcionados aos meios daquele que houver de prestá-los e à necessidade daquele que houver de recebê-los e, na sua fixação, deverá atender-se à possibilidade de o alimentando prover à sua subsistência (art. 2004º CC).

[109] A *alínea f)* foi aditada ao art. 1775º pela Lei nº 8/2017, de 3 de março, que estabelece um estatuto jurídico dos animais.

mostrem necessários, de forma a comprovar o assento de casamento dos interessados e a celebração de convenção antenupcial declarada perante o conservador, caso tenha sido celebrada, com exceção dos casos em que o regime de bens conste do assento de casamento (nº 3 do art. 272º).

Caso outra coisa não resulte dos documentos apresentados, entende-se que os acordos se destinam tanto ao período da pendência do processo como ao período posterior (nº 2 do art. 1775º CC e nº 4 do art. 272º).

Diz o art. 14º do Decreto-Lei nº 272/2001, de 13 de outubro, na redação atual, repetindo parcialmente a matéria de disposições citadas:

> "1 – O processo de separação de pessoas e bens ou de divórcio por mútuo consentimento é instaurado mediante requerimento assinado pelos cônjuges ou seus procuradores na conservatória do registo civil.
>
> 2 – O pedido é instruído com os documentos referido no nº 1 do artigo 272º do Código de Registo Civil, a que é acrescentado acordo sobre o exercício do poder paternal[110] quando existam filhos menores e não tenha previamente havido regulação judicial.
>
> 3 – Recebido o requerimento, o conservador informa os cônjuges da existência dos serviços de mediação familiar; mantendo os cônjuges o propósito de se divorciar, e observado o disposto no nº 5 do artigo 12º, é o divórcio decretado, procedendo-se ao correspondente registo.
>
> 4 – Quando for apresentado acordo sobre o exercício do poder paternal relativo a filhos menores, o processo é enviado ao Ministério Público junto do tribunal judicial de 1ª instância competente em razão da matéria no âmbito da circunscrição a que pertença a conservatória antes da fixação do dia da conferência prevista no número anterior, para que este se pronuncie sobre o acordo no prazo de 30 dias[111].
>
> 5 – Caso o Ministério Público considere que o acordo não acautela devidamente os interesses dos menores, podem os requerentes alterar o acordo em conformidade ou apresentar novo acordo, sendo neste último caso dada nova vista ao Ministério Público.
>
> 6 – Se o Ministério Público considerar que o acordo acautela devidamente os interesses dos menores ou tendo os cônjuges alterado o acordo nos termos indicados pelo Ministério Público, segue-se o disposto no nº 3 do presente artigo.

[110] Já foi citado o nº 2 do art. 3º da Lei nº 61/2008, de 31 de outubro, segundo o qual a expressão «poder paternal» deve ser substituída por «responsabilidades parentais» em todas as disposições da secção II do capítulo II do título III do livro IV do Código Civil." Idêntica atualização deverá entender-se como extensiva às disposições do Código do Registo Civil.

[111] As comunicações entre as conservatórias e o Ministério Público são regulamentadas pela Portaria nº 188/2017, de 2 de junho.

7 – Nas situações em que os requerentes não se conformem com as alterações indicadas pelo Ministério Público e mantenham o propósito de se divorciar, o processo é remetido ao tribunal da comarca a que pertença a conservatória.

8 – É aplicável o disposto no nº 2 do artigo 272º do Código de Registo Civil e nos artigos 995º a 997º e 999º do Código de Processo Civil, com as necessárias adaptações".[112]

Repete o nº 5 do art. 272º: "É aplicável ao presente processo, com as necessárias adaptações, o disposto nos artigos 1420º a 1423º[113] e 1424º do Código de Processo Civil" *(leia-se agora 995º a 997º e 999º)*.

A decisão do processo é da *exclusiva competência do conservador*, sem prejuízo da possibilidade de delegação de competências em oficial de registos para os atos previstos no art. 272º-B (nº 6 do art. 272º).

Dispõe, por seu turno, o art. 1776º CC, repetindo também parcialmente:

"1 – Recebido o requerimento, o conservador convoca os cônjuges para uma conferência em que verifica o preenchimento dos pressupostos legais e aprecia os acordos referidos nas alíneas *a), c)* e *d)* do nº 1 do artigo anterior, convidando os cônjuges a alterá-los se esses acordos não acautelarem os interesses de algum deles ou dos filhos, podendo determinar para esse

[112] Art. 995º [anteriormente nº 1420º] *(Convocação da conferência)*: "1 – Não havendo fundamento para indeferimento liminar, o juiz fixará o dia da conferência a que se refere o artigo 1776º do Código Civil, podendo para ela convocar parentes ou afins dos cônjuges ou quaisquer pessoas em cuja presença veja utilidade.
2 – O cônjuge que esteja ausente do continente ou da ilha em que tiver lugar a conferência ou que se encontre impossibilitado de comparecer poderá fazer-se representar por procurador com poderes especiais.
3 – A conferência poderá ser adiada por um período não superior a 30 dias quando haja fundado motivo para presumir que a impossibilidade de comparência referida no número anterior cessará dentro desse prazo."
Art. 996º [anteriormente nº 1421º] *(Primeira conferência)* "1 – Se a conferência a que se refere o artigo 1776º do Código Civil terminar por desistência do pedido por parte de ambos os cônjuges ou um deles, o juiz fá-la-á consignar na ata e homologá-la-á.
2 – No caso contrário, será exarado em ata o acordo dos cônjuges quanto à separação ou divórcio, bem como as decisões tomadas quanto aos acordos a que se refere o artigo 1775º do Código Civil."
Art. 997º [anteriormente nº 1422º] *(Suspensão ou adiamento da conferência)*: "1 – A conferência já iniciada pode ser suspensa por período não superior a 30 dias, se houver fundada razão para crer que a suspensão facilitará a desistência do pedido.
2 – Quando algum dos cônjuges falte à conferência, o processo aguardará que seja requerida a designação de novo dia."
Art. 999º [anteriormente nº 1424º] *(Irrecorribilidade do convite à alteração dos acordos)* "Não cabe recurso do convite à alteração dos acordos previstos nos artigos 1776º e 1777º do Código Civil."

[113] O art. 1423º foi revogado pelo Decreto-Lei nº 272/2001, de 13 de outubro.

efeito a prática de atos e a produção da prova eventualmente necessária, e decreta, em seguida, o divórcio, procedendo-se ao correspondente registo, salvo o disposto no artigo 1776º-A.

2 – É aplicável o disposto no artigo 1420º *(atual 995º)*, no nº 2 do artigo 1422º *(atual 997º)* e no artigo 1424º (atual 999º) do Código de Processo Civil, com as necessárias adaptações.

3 – As decisões proferidas pelo conservador do registo civil no divórcio por mútuo consentimento produzem os mesmos efeitos das sentenças judiciais sobre idêntica matéria."

O art. 1776º-A CC dispõe, quanto ao acordo sobre o *exercício das responsabilidades parentais*, em termos idênticos aos dos nºs 4 a 7 do art. 14º do Decreto-Lei nº 272/2001:

"1 – Quando for apresentado acordo sobre o exercício das responsabilidades parentais relativo a filhos menores, o processo é enviado ao Ministério Público junto do tribunal judicial de 1ª instância competente em razão da matéria no âmbito da circunscrição a que pertença a conservatória, para que este se pronuncie sobre o acordo no prazo de 30 dias.

2 – Caso o Ministério Público considere que o acordo não acautela devidamente os interesses dos menores, podem os requerentes alterar o acordo em conformidade ou apresentar novo acordo, sendo neste último caso dada nova vista ao Ministério Público.

3 – Se o Ministério Público considerar que o acordo acautela devidamente os interesses dos menores ou tendo os cônjuges alterado o acordo nos termos indicados pelo Ministério Público, segue-se o disposto na parte final do nº 1 do artigo anterior.

4 – Nas situações em que os requerentes não se conformem com as alterações indicadas pelo Ministério Público e mantenham o propósito de se divorciar, aplica-se o disposto no artigo 1778º".

Dispõe este art. 1778º CC que, se os acordos apresentados não acautelarem suficientemente os interesses de um dos cônjuges, ou se estes não acompanharem o requerimento de algum dos acordos previstos no nº 1 do art. 1775º, a homologação deve ser recusada e o processo de divórcio integralmente remetido ao tribunal da comarca a que pertença a conservatória.[114]

[114] A regulação do exercício das responsabilidades parentais é agora objeto dos artigos 34º e seguintes da Lei nº 141/2015, de 8 de setembro, que aprovou o Regime Geral do Processo Tutelar Cível; dispõe o primeiro daqueles artigos: "1 – A homologação do acordo sobre o exercício das responsabilidades parentais, nos casos de divórcio, separação judicial de pessoas e bens, decla-

A *decisão do conservador* no processo de divórcio ou separação de bens por mútuo consentimento, que *tem os mesmos efeitos que sentença judicial*, é notificada aos requerentes e dela cabe *recurso* para o Tribunal da Relação; decidido o recurso, o processo baixa à conservatória para cumprimento da decisão (art. 274º).

Os efeitos patrimoniais do divórcio *só podem ser opostos a terceiros a partir da data do registo da sentença*, embora retrotraiam, entre os cônjuges, à data da proposição da ação, segundo dispõem os nºs 2 e 3 do art. 1789º CC, devendo obviamente interpretar-se a expressão "sentença" como extensiva à *decisão do conservador*, pese a omissão da atualização de mais esta disposição da lei civil.

11.4.7. Partilha do património conjugal

Podem os cônjuges, no âmbito do processo de separação de pessoas e bens ou de divórcio por mútuo consentimento, optar por proceder à *partilha dos seus bens comuns* nos termos previstos nos artºs 272º-A a 272º-C, aditados ao Código do Registo Civil pelo Decreto-Lei nº 324/2007, de 28 de setembro, disposições estas que regulam a partilha dos bens comuns no âmbito do *processo de separação judicial de pessoas e bens ou de divórcio* por mútuo consentimento.

Dispõe o art. 272º-A:

> "1 – Os cônjuges podem proceder à partilha dos seus bens comuns no âmbito do processo de separação de pessoas e bens ou de divórcio por mútuo consentimento, ou posteriormente, ou ainda na sequência de qualquer processo de divórcio.
>
> 2 – Os interessados devem instruir o seu pedido com o acordo de partilha ou pedido de elaboração do mesmo.
>
> 3 – São pressupostos da partilha do património conjugal quanto aos bens imóveis, móveis ou participações sociais sujeitas a registo:
>
> *a*) A inexistência de dúvidas quanto à identidade dos bens a partilhar;
>
> *b*) A comprovação da titularidade dos bens.

ração de nulidade ou anulação do casamento a que se refere o artigo 1905º do Código Civil, é pedida por qualquer dos pais, nos 10 dias subsequentes ao trânsito em julgado da sentença proferida na respetiva causa.

2 – Antes de decidir, o juiz pode ordenar as diligências que considere necessárias.

3 – Quando não tenha sido pedida homologação do acordo ou este não seja homologado, é notificado o Ministério Público, que, nos 10 dias imediatos, deve requerer a regulação.

4 – Se o tribunal competente para a regulação não for aquele onde correu termos a ação que determinou a sua necessidade, é extraída certidão dos articulados, da decisão final e de outras peças do processo que sejam indicadas pelo juiz ou pelo Ministério Público, a remeter ao tribunal onde aquela ação deva ser proposta."

4 – O acordo de partilha, se necessário devidamente completado pelos serviços de registo, tem os mesmos efeitos previstos na lei para outras formas de partilha.

5 – No caso de partilha de bens comuns no âmbito do processo de separação de pessoas e bens ou de divórcio por mútuo consentimento, o acordo de partilha é homologado pela decisão que decreta o divórcio.

6 – A recusa de titulação da partilha não obsta à promoção do procedimento de divórcio ou de separação de pessoas e bens por mútuo consentimento.

7 – A partilha pode incluir a celebração de um contrato de mútuo e de outros contratos de crédito e de financiamento celebrados por instituições de crédito, e respetivas garantias, bem como outros negócios jurídicos, nos termos definidos por portaria.

8 – Por portaria do membro do Governo responsável pela área da justiça podem ser definidas as condições de verificação dos pressupostos referidos no nº 2."

É a Portaria nº 1594/2007, de 17 de dezembro, que define, no seu art. 5º, as *condições de verificação dos pressupostos* referidos no nº 2. Assim, estes pressupostos são verificados em *atendimento prévio*, no momento da apresentação do pedido de separação de pessoas e bens ou de divórcio por mútuo consentimento, devendo o funcionário competente praticar os seguintes atos pela ordem indicada:

a) Efetuar uma análise do pedido e dos documentos apresentados pelos requerentes;
b) Promover as diligências de instrução do procedimento que devam ser efetuadas por via oficiosa;
c) Comunicar aos requerentes quais os documentos que devem apresentar;
d) Marcar a data de realização do procedimento, nos termos previstos nos artºs 2º e 3º da Portaria nº 1594/2007, já referidos a propósito dos procedimentos simplificados de sucessão hereditária.

A realização da partilha do património conjugal é marcada para a data da conferência prevista no nº 3 do art. 14º do Decreto-Lei nº 272/2001, de 13 de outubro, só podendo ser marcada para uma data posterior a 5 dias úteis relativamente à data do pedido se essa for a vontade dos interessados.

Nos casos em que seja necessário proceder à *notificação dos interessados*, a realização da partilha do património conjugal só pode ser marcada para uma data posterior a 5 dias úteis relativamente à data em que a notificação se presume efetuada, se essa for a vontade dos interessados.

No caso de ser apresentado *acordo sobre o exercício do poder paternal* (*das responsabilidades* parentais, deve ler-se agora) relativo a filhos menores, a marcação da data e as notificações só se verificam depois da receção da *pronúncia favorável do Ministério Público.*

As marcações referidas só são asseguradas se os documentos que devam ser disponibilizados pelas partes forem entregues pelo menos *dois dias úteis* antes da data marcada para a realização do procedimento.

O que antecede não prejudica a aplicação dos artºs 995º a 997º *(anteriores 1420º a 1422º)* do Código de Processo Civil, relativos à marcação da data da conferência e já anteriormente referidos.

A *realização da partilha* do património conjugal tem lugar imediatamente após a realização da conferência e da decretação da separação judicial de pessoas e bens ou do divórcio previstas no nº 3 do art. 14º do Decreto-Lei nº 272/2001, de 13 de outubro, *desde que as partes tenham renunciado expressamente ao recurso.*

São também aplicáveis, neste procedimento, as disposições dos nºs 2 e 3 do art. 2º da Portaria nº 1594/2007, pelo que a realização do procedimento pode ser remarcada para outra data se os documentos que devam ser disponibilizados pelas partes forem entregues menos de cinco dias úteis antes da data marcada para a realização do procedimento e essa remarcação se revelar absolutamente indispensável.

O envio em suporte eletrónico ou telecópia destes documentos equivale à sua disponibilização à conservatória, mas não dispensa a exibição dos originais no momento da realização do procedimento.

O art. 6º da Portaria nº 1594/2007 prevê a possibilidade de ocorrência de certos *casos especiais,* determinando que a marcação da realização do procedimento tem lugar no prazo de 7 dias úteis relativamente à data do pedido nos casos seguintes:

a) Quando o *regime de bens* que vigore no casamento for regulado por *lei estrangeira ou por convenção antenupcial atípica;*
b) Quando o património conjugal integre uma das seguintes situações:
   i) Meações e quinhões hereditários noutros *patrimónios indivisos;*
   ii) *Bens futuros* e expectativas de aquisição.

A marcação da realização do procedimento nestes casos só pode ter lugar numa data posterior a *7 dias úteis* relativamente à data do pedido, se essa for a vontade dos interessados.

Após o atendimento prévio, conforme a previsão do art. 7º da Portaria nº 1594/2007, a *partilha do património conjugal é tramitada no mesmo dia,* em atendimento presencial único, nos termos do art. 5º e do art. 272º-B, disposição esta que regula da seguinte forma a sequência de atos:

a) Elaboração de *documento*, conforme à vontade dos interessados, *que titule a partilha*, seguida da leitura e explicação do respetivo conteúdo;
b) Promoção da liquidação e do pagamento dos *impostos* relativos à partilha, nos termos declarados pelo contribuinte;
c) Cobrança dos *emolumentos* e de outros encargos que se mostrem devidos;
d) *Registo obrigatório* e imediato da transmissão dos bens imóveis, ou móveis ou participações sociais sujeitos a registo partilhados;
e) Entrega de *certidão gratuita* dos documentos previstos na alínea *a*) e dos registos efetuados, bem como dos comprovativos de pagamento das obrigações tributárias, dos emolumentos e dos demais encargos.

A leitura dos documentos previstos na alínea *a*) pode ser dispensada a pedido dos interessados.

Também a pedido dos interessados, o documento referido na alínea *a*) pode ser substituído por documento elaborado pelos mesmos, que é imediatamente integrado em suporte informático pelo funcionário.

Por virtude do disposto no art. 272º-C, à partilha do património conjugal são aplicáveis, com as necessárias adaptações, o nº 4 do art. 210º-A e os artºs 210º-E, 210º-I, 210º-J, 210º-N e 210º-M, já acima referidos em 8. *Procedimentos simplificados de sucessão hereditária.*

11.4.8. Regulação das responsabilidades parentais por mútuo acordo

A Lei nº 5/2017, de 2 de março, veio permitir de regulação das responsabilidades parentais por mútuo acordo junto das conservatórias do registo civil, em caso de *separação de facto e de dissolução de união de facto,* bem como *entre pais não casados, nem unidos de facto,* aditando ao Código do Registo Civil os artigos 274º-A a 274º-C que estabelecem o correspondente regime.

De harmonia com o art. 274º-A, os progenitores que pretendam regular por mútuo acordo o exercício das responsabilidades parentais de filhos menores de ambos, ou proceder à alteração de acordo já homologado, devem requerê-lo a todo o tempo junto de qualquer conservatória do registo civil (nº 1), devendo o requerimento ser assinado pelos próprios ou pelos seus procuradores e acompanhado do acordo sobre o exercício das responsabilidades parentais e sobre alimentos (nº 2).

O conservador aprecia o acordo convidando os progenitores a alterá-lo se este não acautelar os interesses dos filhos, podendo determinar para esse efeito a prática de atos e a produção da prova eventualmente necessária (nº 3).

Após apreciação do acordo, o processo é enviado ao *Ministério Público*[115] junto do tribunal judicial de 1ª instância competente em razão da matéria no âmbito da circunscrição da residência do menor, para que este se pronuncie sobre o mesmo no prazo de 30 dias (nº 4). Não havendo oposição do Ministério Público, o processo é remetido ao conservador do registo civil para homologação (nº 5).

As decisões de homologação proferidas pelo conservador produzem os mesmos efeitos das *sentenças judiciais* sobre idêntica matéria (nº 6).

A apreciação do acordo pelo Ministério Público é regulada pelo art. 274º-B, nos seguintes termos:

Se o Ministério Público considerar que o acordo acautela devidamente os interesses dos menores, ou tendo os progenitores alterado o acordo nos termos por ele indicados, o Ministério Público emite parecer e remete o exercício das responsabilidades parentais ao conservador para homologação (nº 1). Mas no caso de o Ministério Público considerar que o acordo não acautela devidamente os interesses dos menores, podem os requerentes alterar o acordo em conformidade ou apresentar novo acordo, sendo neste último caso dada nova vista ao Ministério Público, salvo se este optar por convocar os progenitores a fim de suprir as falhas identificadas nos acordos (nº 2).

Nas situações em que os requerentes não se conformem com as alterações indicadas pelo Ministério Público e mantenham o propósito constante dos acordos, o processo é remetido para tribunal nos termos previstos no art. 274-C (nº 3).

O Ministério Público promove a *audição do menor* para a recolha de elementos que assegurem a salvaguarda do superior interesse da criança, aplicando-se, com as necessárias adaptações, o disposto nos artigos 4º e 5º do Regime Geral do Processo Tutelar Cível, aprovado pela Lei nº 141/2015, de 8 de setembro (nº 4).

Ocorrendo a remessa para o tribunal, que será o competente da residência do menor no momento da instauração do processo, nos termos do acima referido art. 274º-C, o juiz aprecia os acordos que os progenitores tiverem apresentado, convidando-os a alterá-los se os mesmos não acautelarem os interesses dos filhos.

O juiz pode determinar a prática de atos e a produção da prova eventualmente necessária, nos termos gerais, sendo os termos da regulação das responsabilidades parentais decretados em seguida.

[115] As comunicações entre as conservatórias e o Ministério Público são regulamentadas pela Portaria nº 188/2017, de 2 de junho.

11.4.9. Alteração do nome

Além dos casos previstos no nº 2 do art. 104º e da faculdade de acrescentamento de apelidos em resultado do casamento, a que já nos referimos[116], a composição do nome fixado no assento de nascimento pode ainda ser modificada mediante *autorização do conservador dos registos centrais*, obtida através do processo de alteração de nome, regulado nos artºs 278º a 282º.

A autorização para alterar a composição do nome fixado no assento de nascimento é solicitada em *requerimento* dirigido ao *conservador dos registos centrais*, justificando a pretensão e indicando as provas oferecidas (art. 278º).

Na sequência do requerimento, é imediata e oficiosamente consultada a base de dados do registo civil, sendo integrados na base de dados os documentos que se mostrem necessários, de forma a comprovar o assento de nascimento do interessado.

Quando for *maior de 16 anos*, o interessado deve apresentar um requerimento para obtenção de *certificado de registo criminal*, nos termos do regime jurídico da identificação criminal.

Como é bem de ver, o legislador acautela, com a exigência deste último documento, a hipótese de, através da mudança de nome, o requerente pretender furtar-se a responsabilidades do foro criminal.

O requerimento pode ser apresentado diretamente na Conservatória dos Registos Centrais ou por intermédio de qualquer conservatória do registo civil, devendo, neste caso, o conservador ou o oficial de registos remeter imediatamente o requerimento à Conservatória dos Registos Centrais.

Após o exame do processo, o conservador dos registos centrais pode ordenar as diligências que considere necessárias (art. 279º).

A decisão do conservador dos Registos Centrais é suscetível de *impugnação judicial* (art. 282º).

11.5. Procedimentos da competência exclusiva do conservador

11.5.1. Objeto, instrução e decisão dos procedimentos

O art. 12º do Decreto-Lei nº 272/2001, de 13 de outubro, veio trazer para a exclusiva competência das conservatórias do registo civil os processos relativos a:

a) Reconciliação dos cônjuges separados;
b) Separação e divórcio por mútuo consentimento;
c) Declaração de dispensa de prazo internupcial.

O processo de divórcio e de separação de pessoas e bens por mútuo consentimento já foi acima tratado: este processo fora previsto na versão inicial do

[116] Ver *6.1.4. Nome: indicação, composição e alteração.*

Código do Registo Civil restrito aos casos em que não houvesse filhos menores ou em que o exercício do poder paternal tivesse sido previamente regulado por sentença judicial: o Decreto-Lei nº 272/2001 veio ampliar o âmbito do processo, como se viu, a todos os casos de separação e divórcio por mútuo consentimento.

O procedimento de reconciliação dos cônjuges separados ou de declaração de dispensa de prazo internupcial inicia-se com a apresentação pelos interessados de *requerimento, fundamentado* de facto e de direito, indicando as *provas* e juntando a *prova documental*.

O conservador verifica o preenchimento dos pressupostos legais, podendo determinar, para esse efeito, a prática de atos e a produção da prova eventualmente necessária, e declara, em seguida, a procedência do pedido.

As decisões do conservador nos processos de reconciliação dos cônjuges separados e de declaração de dispensa de prazo internupcial, tal como no processo de separação e divórcio por mútuo consentimento, produzem os *mesmos efeitos que produziriam sentenças judiciais* sobre idêntica matéria (nº 4 do art. 17º do Decreto-Lei nº 272/20001, de 13 de outubro), donde resulta que o *recurso* dessas decisões tem lugar para o *tribunal da Relação*.

11.5.2. Reconciliação dos cônjuges separados

A reconciliação de cônjuges separados efetua-se com base em acordo declarado por eles e homologado pelo conservador (art. 13º do Decreto-Lei nº 272/2001, de 13 de outubro).

Dificilmente se poderá entender a aplicação, a este caso da reconciliação, do nº 4 do art. 12º – fundamentação de facto e de direito do pedido, indicando provas e juntando prova documental – pois bastará sem dúvida o acordo a que se refere o art. 13º.

Terá sido a pressa do legislador que o impediu de retirar ao procedimento de reconciliação o formalismo previsto no citado nº 4.

De resto, o nº 3 do art. 1795º-C CC – não revogado pelo Decreto-Lei nº 272/2001 – é bem mais claro e sucinto: "3 – Quando tenha corrido os seus termos na conservatória do registo civil, a reconciliação faz-se por termo no processo de separação e está sujeita a homologação do conservador respetivo, devendo a decisão ser oficiosamente registada."

Cabe ao conservador enviar ao processo de separação a certidão da decisão de reconciliação de cônjuges que estejam separados judicialmente (nº 2 do art. 13º do citado Decreto-Lei nº 272/2001).

A *competência* para este procedimento cabe a qualquer conservatória de registo civil.

11.5.3. Declaração de dispensa de prazo internupcial

A mulher que pretenda celebrar novo casamento antes do decurso do prazo internupcial deve apresentar, juntamente com a declaração inicial para instauração do processo de casamento, atestado de médico *especialista em ginecologia-obstetrícia* comprovativo da situação de não gravidez (art. 15º do Decreto-Lei nº 272/2001).

A declaração de dispensa do prazo internupcial é naturalmente da competência da conservatória competente para a organização do processo de casamento da requerente (nº 3 do art. 12º do Decreto-Lei nº 272/2001).

11.6. Procedimento tendente à formação de acordo das partes

O art. 5º do Decreto-Lei nº 272/2001, de 13 de outubro, transferiu também para a competência das conservatórias do registo civil certas matérias respeitantes a processos de jurisdição voluntária relativos a relações familiares e em que se não verifique a oposição de qualquer interessado, mediante o que chamou de *procedimento tendente à formação de acordo das partes.*

Este procedimento abrange os pedidos de:

a) Alimentos a filhos maiores ou emancipados;
b) Atribuição da casa de morada da família;
c) Privação do direito ao uso dos apelidos do outro cônjuge;
d) Autorização do uso dos apelidos do ex-cônjuge;
e) Conversão de separação judicial de pessoas e bens em divórcio.

O procedimento não tem aplicação às pretensões que sejam cumuladas com outros pedidos no âmbito da mesma ação judicial ou constitua incidente ou dependência de ação pendente, o que naturalmente não se aplica à conversão de separação judicial de pessoas e bens em divórcio (nº 2 do art. 5º).

Estes processos podem ser instaurados em *qualquer conservatória* do registo civil (art. 6º do Decreto-Lei nº 272/2001).

Em qualquer destes casos, o procedimento é o seguinte (artºs 7º e 8º do Decreto-Lei nº 272/2001):

O pedido é efetuado em *requerimento, fundamentado* de facto e de direito, sendo indicadas as provas e junta a prova documental.

O requerido é *citado* para, no prazo de 15 dias, *apresentar oposição,* indicar igualmente as provas e juntar a prova documental; se o requerido *não apresentar oposição* e devendo considerar-se confessados os factos indicados pelo requerente, o conservador, verificado o preenchimento dos pressupostos legais – para o que pode determinar a prática de atos e a produção da prova necessária –, declara a procedência do pedido;

Tendo sido *apresentada oposição*, o conservador marca *tentativa de conciliação*, a realizar no prazo de 15 dias; na *impossibilidade de acordo*, o processo é remetido *ao tribunal judicial* de 1ª instância competente em razão da matéria no âmbito da circunscrição a que pertence a conservatória.

No caso particular da *conversão de separação judicial* de pessoas e bens em divórcio, o conservador decide de imediato se ela tiver sido requerida por ambos os cônjuges (art. 11º do Decreto-Lei nº 272/2001).

As decisões do conservador no âmbito do procedimento tendente à formação do acordo das partes produzem os *mesmos efeitos, nomeadamente em termos fiscais, que produziriam sentenças judiciais* sobre idêntica matéria (nº 4 do art. 17º do Decreto-Lei nº 272/20001), se bem que o art. 10º prevê que das decisões do conservador cabe *recurso para o tribunal judicial de 1ª instância* competente em razão da matéria no âmbito da circunscrição a que pertence a conservatória, sendo o prazo para a interposição do recurso é o do art. 638º do Código de Processo Civil (30 dias)[117].

11.7. Decisões proferidas noutros Estados-Membros da União Europeia em matéria de divórcio, separação e anulação do casamento, bem como de responsabilidade parental

O Regulamento (CE) nº 2201/2003 do Conselho da União Europeia, de 27 de novembro de 2003, relativo à competência, ao reconhecimento e à execução de decisões em matéria matrimonial e em matéria de responsabilidade parental, é, nos termos do seu art. 1º, aplicável, independentemente da natureza do tribunal, às matérias civis relativas:

a) Ao divórcio, à separação e à anulação do casamento;
b) À atribuição, ao exercício, à delegação, à limitação ou à cessação da responsabilidade parental.

Este regulamento não é aplicável (nº 3 do art. 1º):

a) Ao estabelecimento ou impugnação da filiação;
b) Às decisões em matéria de adoção, incluindo as medidas preparatórias, bem como à anulação e revogação da adoção;
c) Aos nomes e apelidos da criança;
d) À emancipação;
e) Aos alimentos;

[117] Também o art. 67º do Código de Processo Civil dispõe: "Compete aos tribunais de 1ª instância o conhecimento dos recursos das decisões dos notários, dos conservadores do registo e de outros que, nos termos da lei, para eles devam ser interpostos."

f) Aos fideicomissos («trusts») e sucessões;
g) Às medidas tomadas na sequência de infrações penais cometidas por crianças.

No âmbito da competência prevista na alínea *a)* do nº 1 do art. 1º, o artº 2º, explicita, para efeitos deste regulamento, as seguintes definições:

"1. «Tribunal», todas as autoridades que nos Estados-Membros têm competência nas matérias abrangidas pelo âmbito de aplicação do presente regulamento por força do artigo 1º.
2. «Juiz», o juiz ou o titular de competências equivalentes às do juiz nas matérias abrangidas pelo âmbito de aplicação do presente regulamento.
3. «Estado-Membro», qualquer Estado-Membro, com exceção da Dinamarca.
4. «Decisão», qualquer decisão de divórcio, separação ou anulação do casamento, bem como qualquer decisão relativa à responsabilidade parental proferida por um tribunal de um Estado-Membro, independentemente da sua designação, tal como «acórdão», «sentença» ou «despacho judicial».
5. «Estado-Membro de origem», o Estado-Membro no qual foi proferida a decisão a executar.
6. «Estado-Membro de execução», o Estado-Membro no qual é requerida a execução da decisão."

As decisões dos conservadores do registo civil proferidas no processo de separação de pessoas e bens ou divórcio estão assim abrangidas no âmbito de aplicação deste regulamento.

As expressões "*tribunal*" e "*juiz*" constantes das disposições que em seguida se transcrevem devem assim ser entendidas, no âmbito de processos de separação de pessoas e de divórcio tramitados nas conservatórias portuguesas, como referidas respetivamente a "*conservatória do registo civil*" e a "*conservador do registo civil*".

São competentes para decidir das questões relativas ao divórcio, separação ou anulação do casamento, os tribunais do Estado-Membro (art. 3º):

a) Em cujo território se situe a residência habitual dos cônjuges, ou a última residência habitual dos cônjuges, na medida em que um deles ainda aí resida, ou a residência habitual do requerido, ou, em caso de pedido conjunto, a residência habitual de qualquer dos cônjuges, ou a residência habitual do requerente, se este aí tiver residido pelo menos, no ano imediatamente anterior à data do pedido, ou a residência habitual do requerente, se este aí tiver residido pelo menos, nos seis meses imediatamente anteriores à data do pedido, quer seja nacional do Estado-Membro em questão quer, no caso do Reino Unido e da Irlanda, aí tenha o seu «domicílio»;

b) Da nacionalidade de ambos os cônjuges ou, no caso do Reino Unido e da Irlanda, do «domicílio» comum (para efeitos deste regulamento, o termo «domicílio» é entendido na aceção que lhe é dada pelos sistemas jurídicos do Reino Unido e da Irlanda).

Para *conversão da separação em divórcio*, determina o art. 5º que, sem prejuízo do art. 3º, o tribunal do Estado-Membro que tiver proferido uma decisão de separação é igualmente competente para converter a separação em divórcio, se a lei desse Estado-Membro o previr.

Qualquer dos cônjuges que tenha a sua residência habitual no território de um Estado-Membro, seja nacional de um Estado-Membro ou, no caso do Reino Unido e da Irlanda, tenha o seu «domicílio» no território de um destes dois Estados-Membros, só por força dos artºs 3º e 5º pode ser demandado nos tribunais de outro Estado-Membro (art. 6º).

Se, por força da aplicação das disposições precedentes, não for determinada a *competência para a tramitação e decisão do processo*, prevê o art. 7º:

> "1. Se nenhum tribunal de um Estado-Membro for competente nos termos dos artigos 3º, 4º e 5º, a competência, em cada Estado-Membro, é regulada pela lei desse Estado-Membro.
>
> 2. Qualquer nacional de um Estado-Membro que tenha a sua residência habitual no território de outro Estado-Membro pode invocar neste último, em pé de igualdade com os respetivos nacionais, as regras de competência aplicáveis nesse mesmo Estado-Membro a um requerido que não tenha a sua residência habitual num Estado-Membro e não possua a nacionalidade de um Estado-Membro ou, no caso do Reino Unido ou da Irlanda, não tenha o seu «domicílio» no território de um destes últimos Estados-Membros."

Considera-se que o processo foi instaurado (art. 16º):

a) Na data de apresentação ao tribunal do ato introdutório da instância, ou ato equivalente, desde que o requerente não tenha posteriormente deixado de tomar as medidas que lhe incumbem para que seja feita a citação ou a notificação ao requerido; ou

b) Se o ato tiver de ser citado ou notificado antes de ser apresentado ao tribunal, na data em que é recebido pela autoridade responsável pela citação ou notificação, desde que o requerente não tenha posteriormente deixado de tomar as medidas que lhe incumbem para que o ato seja apresentado a tribunal.

O tribunal de um Estado-Membro no qual tenha sido instaurado um processo para o qual não tenha competência nos termos do presente regulamento e para o qual o tribunal de outro Estado-Membro seja competente, por força do presente regulamento, declara-se oficiosamente incompetente (art. 17º).

Os nºs 1 e 3 do art. 19º resolvem o problema de processos instaurados em Estados-Membros diferentes; assim:

> "1. Quando os processos de divórcio, separação ou anulação do casamento entre as mesmas partes são instaurados em tribunais de Estados-Membros diferentes, o tribunal em que o processo foi instaurado em segundo lugar suspende oficiosamente a instância até que seja estabelecida a competência do tribunal em que o processo foi instaurado em primeiro lugar."
>
> "3. Quando estiver estabelecida a competência do tribunal em que o processo foi instaurado em primeiro lugar, o tribunal em que o processo foi instaurado em segundo lugar declarar-se incompetente a favor daquele. Neste caso, o processo instaurado no segundo tribunal pode ser submetida pelo requerente à apreciação do tribunal em que a ação foi instaurada em primeiro lugar."

Sobre o *reconhecimento ou não das decisões* determinam os artºs 21º e 22º:

> Art. 21º: "1. As decisões proferidas num Estado-Membro são reconhecidas nos outros Estados-Membros, sem quaisquer formalidades.
>
> 2. Em particular, e sem prejuízo do disposto no nº 3, não é exigível nenhuma formalidade para a atualização dos registos do estado civil de um Estado-Membro com base numa decisão de divórcio, separação ou anulação do casamento, proferida noutro Estado-Membro e da qual já não caiba recurso, segundo a legislação desse Estado-Membro.
>
> 3. Sem prejuízo do disposto na secção 4 do presente capítulo[118], qualquer parte interessada pode requerer, nos termos dos procedimentos previstos na secção 2 do presente capítulo, o reconhecimento ou o não-reconhecimento da decisão. A competência territorial dos tribunais indicados na lista comunicada por cada Estado-Membro à Comissão nos termos do artigo 68º é determinada pela lei do Estado-Membro em que é apresentado o pedido de reconhecimento ou de não-reconhecimento.
>
> 4. Se o reconhecimento de uma decisão for invocado a título incidental num tribunal de um Estado-Membro, este é competente para o apreciar."

[118] As secções 2 e 4, referidas neste nº 3, tratam matéria de responsabilidade parental, não tendo a ver, por conseguinte, com os processos de separação de pessoas e divórcio.

Art. 22º: "Uma decisão de divórcio, separação ou anulação do casamento não é reconhecida:

a) Se o reconhecimento for manifestamente contrário à ordem pública do Estado-Membro requerido;

b) Se a parte revel não tiver sido citada ou notificada do ato introdutório da instância ou ato equivalente, em tempo útil e de forma a poder deduzir a sua defesa, exceto se estiver estabelecido que o requerido aceitou a decisão de forma inequívoca;

c) Se for inconciliável com outra decisão proferida num processo entre as mesmas partes no Estado-Membro requerido; ou

d) Se for inconciliável com uma decisão proferida anteriormente noutro Estado-Membro ou num país terceiro entre as mesmas partes, desde que a primeira decisão reúna as condições necessárias para o seu reconhecimento no Estado-Membro requerido."

O art. 24º proíbe o controlo da competência do tribunal (leia-se também conservatória ou outra autoridade competente) do Estado-Membro de origem e considera que o critério de ordem pública, referido na alínea *a)* do art. 22º não pode ser aplicado às regras de competência enunciadas nos artºs 3º e seguintes.

O reconhecimento de uma decisão não pode ser recusado com o fundamento de a lei do Estado-Membro requerido não permitir o divórcio, a separação ou a anulação do casamento com base nos mesmos factos (art. 25º).

O art. 26º estabelece a proibição de revisão quanto ao mérito: "A decisão não pode em caso algum ser revista quanto ao mérito."

A possibilidade de *suspensão da instância* está prevista no art. 27º:

"1. O tribunal de um Estado-Membro ao qual seja requerido o reconhecimento de uma decisão proferida noutro Estado-Membro pode suspender a instância, se a decisão foi objeto de recurso ordinário.

2. O tribunal de um Estado-Membro ao qual seja requerido o reconhecimento de uma decisão proferida na Irlanda ou no Reino Unido pode suspender a instância, se a execução estiver suspensa no Estado-Membro de origem em virtude da interposição de um recurso."

De harmonia com o disposto no art. 63º, o regulamento é aplicável sem prejuízo dos tratados internacionais (concordatas) celebrados entre a Santa Sé e Portugal, Espanha e Itália, sendo reconhecida qualquer decisão relativa à invalidade do casamento regulada por estes tratados[119].

[119] O Regulamento nº 2201/2003 foi entretanto alterado pelo Regulamento nº 2116/2004, de 2 de dezembro, para incluir neste art. 63º a menção também ao Acordo entre a Santa Sé e Malta.

Nos termos do seu art. 72º, o Regulamento (CE) nº 2201/2003, de 27 de novembro, entrou em vigor em 1 de agosto de 2004, sendo aplicável a partir de 1 de março de 2005; este regulamento é obrigatório em todos os seus elementos e diretamente aplicável nos Estados-Membros – com exceção da Dinamarca –, em conformidade com o Tratado que institui a Comunidade Europeia, tendo revogado o anterior Regulamento (CE) nº 1347/2000, de 29 de maio.

Este último Regulamento, que também não abrangia a Dinamarca, era aplicável às decisões proferidas antes de 1 de março de 2005, relativamente aos processos cíveis relativos ao divórcio, separação de pessoas e bens ou anulação do casamento.

12. Impugnação das decisões do conservador

As decisões dos conservadores do registo civil relativas à recusa de registos ou à prática de atos da sua competência *podem ser impugnadas* nos termos previstos nos artºs 286º a 293º.

Assim, de harmonia com o disposto no art. 286º, a *decisão de recusa da prática de qualquer ato de registo nos termos requeridos* pode ser impugnada mediante a interposição de *recurso hierárquico* para o presidente do Instituto dos Registos e do Notariado ou mediante *impugnação judicial* para o tribunal da área da circunscrição a que pertence a conservatória.

As decisões proferidas pelo conservador nos termos dos artºs 254º (dispensa de impedimentos), 257º (suprimento de autorização para casamento de menores) e 268º (suprimento da certidão de registo) podem ser *impugnadas judicialmente* para o tribunal competente na área da circunscrição a que pertence a conservatória.

Se o interessado declarar, verbalmente ou por escrito, que pretende recorrer, o conservador entrega-lhe, dentro de dois dias, *nota especificada dos motivos de recusa* (art. 287º).

Nos 15 dias subsequentes à entrega da nota acima referida ou à notificação da decisão, o recorrente deve apresentar na conservatória a *petição de recurso* dirigida ao presidente do Instituto dos Registos e do Notariado ou ao juiz da comarca, conforme se trate de recurso hierárquico ou contencioso, acompanhada dos documentos que pretenda oferecer.

Autuada a petição com os respetivos documentos, o conservador recorrido deve proferir, *no prazo de cinco dias*, despacho destinado a sustentar ou a reparar a recusa ou a decisão, despacho este que é notificado ao recorrente (art. 288º).

Se o conservador recorrido tiver sustentado a recusa ou a decisão, ordena em cinco dias a remessa de todo o processo ao Instituto dos Registos e do

Notariado ou a juízo, consoante for o caso, podendo completar a sua instrução com os documentos julgados necessários (art. 289º).

Sempre que o recurso hierárquico tenha sido julgado improcedente, o interessado, se ainda não o tiver feito, pode impugnar judicialmente o despacho inicial do conservador para o tribunal da área da circunscrição a que pertence a conservatória, no prazo de 10 dias a contar da notificação da decisão, observando-se o disposto no nº 1 do art. 288º (nº 5 do art. 286º).

A parte prejudicada pela decisão do tribunal de 1ª instância, o conservador recorrido e o Ministério Público podem interpor *recurso* da sentença, com efeito suspensivo.

Do acórdão da Relação não cabe recurso para o Supremo Tribunal de Justiça, sem prejuízo dos casos em que o recurso é sempre admissível.

Note-se que as decisões dos conservadores, em matéria de registo, tomadas, como o são, em processos de jurisdição voluntária, nunca formam caso julgado, pelo que pode sempre ser de novo pedida uma retificação anteriormente recusada[120].

Os despachos proferidos pelo conservador que sejam *contrários à realização, homologação ou transcrição do casamento,* ou que *recusem atribuir valor probatório* a documento emitido em país estrangeiro ou lhe atribuírem *valor probatório parcial,* podem ser *impugnados judicialmente,* nos termos acima referidos.

O recurso deve ser interposto dentro de *oito dias* a contar da notificação do despacho recorrido (art. 292º).

13. Responsabilidade civil, penal e disciplinar

As pessoas, singulares ou coletivas, que não cumprirem a obrigação de declaração, bem como os funcionários do registo civil, os párocos e os agentes diplomáticos e consulares que não cumprirem os deveres impostos no Código do Registo Civil respondem pelos danos a que derem causa, nos termos previstos nos artºs 294º a 297º.

[120] Cf., por exemplo, em matéria de registo civil, o *Boletim dos Registos e do Notariado,* nº 1/2000, em parecer proferido no processo nº RC 2/99 DSJ:"II – Tem a jurisdição em matéria de registo natureza voluntária, não formando as decisões dos conservadores caso julgado, pelo que pode novamente ser requerida a retificação anteriormente recusada."
Como se sabe, preceitua, relativamente aos processos de jurisdição voluntária, o nº 1 do art. 988º (anterior 1411º) do Código do Processo Civil: "1 – Nos processos de jurisdição voluntária as resoluções podem ser alteradas, sem prejuízo dos efeitos já produzidos, com fundamento em circunstâncias supervenientes que justifiquem a alteração; dizem-se supervenientes tanto as circunstâncias ocorridas posteriormente à decisão como as anteriores, que não tenham sido alegadas por ignorância ou outro motivo ponderoso."

Prevê o art. 295º que as pessoas singulares que, sendo obrigadas a declarar perante oficial de registos o nascimento ou o óbito de qualquer indivíduo, o não façam dentro do prazo legal, são punidas com a coima mínima de € 50 e a máxima de € 150.

Por sua vez, as pessoas coletivas que não cumpram o dever de declaração previsto no número anterior são punidas com a coima mínima de € 150 e a máxima de € 400.

Se, no entanto, a declaração vier a ser prestada voluntariamente antes de instaurado o competente processo, não tem lugar a aplicação da coima.

Para conhecer das contraordenações previstas nos números anteriores e aplicar as respetivas coimas, cujo produto reverte para o Instituto dos Registos e do Notariado, é competente qualquer conservador do registo civil, bem como o próprio IRN.

Incorre na pena aplicável ao crime de desobediência qualificada *o ministro da Igreja* que praticar algum dos seguintes factos (art. 296º):

a) Oficiar no casamento sem lhe ser presente o certificado, previsto no art. 151º, no qual se declare que os nubentes podem contrair casamento, ou depois de haver recebido a comunicação a que se refere o art. 148º – existência de impedimentos conhecida posteriormente à emissão do certificado –, exceto tratando-se de casamento *in articulo mortis*, na iminência de parto ou cuja celebração imediata haja sido expressamente autorizada pelo ordinário próprio;
b) Celebrar o casamento *in articulo mortis* sem motivo justificado e com intuito de afastar algum impedimento previsto na lei civil;
c) Deixar de enviar, sem motivo grave e atendível, o duplicado do assento ou enviá-lo fora do prazo estabelecido, salvo no caso de casamentos secretos, regulados no direito canónico como casamentos de consciência, enquanto não forem denunciados pela autoridade eclesiástica, oficiosamente ou a requerimento dos interessados.

Incorre também na pena aplicável ao crime de desobediência qualificada *o funcionário do registo civil* que praticar algum dos factos seguintes (art. 297º):

Der causa a que o casamento não se celebre ou a que o casamento católico não seja transcrito dentro do prazo legal, quando para isso não exista motivo justificado;

a) Celebrar o casamento ou passar o certificado para a celebração do casamento católico sem prévia organização do processo de casamento;
b) Celebrar o casamento ou passar o certificado para a celebração do casamento católico depois de haver sido denunciado algum impedimento,

enquanto a declaração não for considerada sem efeito, ou o impedimento não for julgado improcedente;

c) Realizar o casamento quando algum dos nubentes reconhecidamente se encontre em estado de não poder manifestar livre e esclarecidamente a sua vontade.

Capítulo II
Registo Comercial

1. Objeto do registo comercial

1.1. Âmbito

O registo comercial é primordialmente um registo de factos referentes a pessoas, singulares ou coletivas, que exercem uma *atividade económica mercantil*.

Mas não apenas factos referentes *exclusivamente* a pessoas: é que o registo comercial abrange também o estabelecimento individual de responsabilidade limitada, que, não revestindo natureza pessoal mas sim *patrimonial*[1], nem gozando de personalidade jurídica, está, no entanto, indissoluvelmente ligado a uma *pessoa singular* que exerça ou pretenda exercer uma atividade comercial.

Essa pessoa de resto só pode constituir um único E.I.R.L. e o seu nome tem de ser utilizado como firma desse estabelecimento, ainda que eventualmente acrescido da referência ao objeto do comércio nele exercido.[2]

[1] Consiste, como diz J. Engrácia Antunes, "num *património autónomo de uma pessoa singular através do qual esta pode desenvolver uma atividade comercial beneficiando de uma limitação da sua responsabilidade pelas dívidas emergentes do respetivo exercício*" (*O Estabelecimento Individual de Responsabilidade Limitada: Crónica de uma Morte Anunciada*, em Revista da Faculdade de Direito da Universidade do Porto, ano III, 2006, p. 401).

[2] Cf. art.ºs 1º e 2º do Decreto-Lei nº 248/86, de 25 de agosto. A propósito da instituição do E. I. R. L., diz o preâmbulo do Decreto-Lei nº 257/96, de 31 de dezembro, que criou a sociedade unipessoal: "Portugal tornou-se o único Estado membro da Comunidade Europeia a optar pela via do estabelecimento individual de responsabilidade limitada. Teve-se como indiscutível que a sociedade unipessoal não era instrumento apropriado à realidade do nosso país e daí enveredar-se por uma pretensa e difícil inovação. Negou-se a personalização a algo que a reclamava."

O *objeto* do registo comercial, tal como decorre do nº 1 do art. 1º do Código[3], é o de *dar publicidade à situação jurídica* dos comerciantes individuais, das sociedades comerciais, das sociedades civis sob forma comercial – que todavia não são comerciantes – e dos estabelecimentos individuais de responsabilidade limitada, tendo em vista a *segurança do comércio jurídico.*

Embora o registo comercial tenha por objeto imediato a inscrição de factos de que decorre a situação jurídica das entidades que prosseguem uma atividade económica mercantil[4], tudo aconselhava a que a mesma disciplina jurídica fosse aplicável a *outras entidades* que prosseguem uma atividade económica, mesmo quando *sem fim lucrativo,* em vez de se multiplicarem os ordenamentos jurídicos e as instâncias de registo.

Daí a solução adotada no nº 2 do art. 1º do Código no sentido de o registo comercial abranger também as *cooperativas*, as *empresas públicas* – que englobam hoje as designadas *entidades públicas empresariais* –, os *agrupamentos complementares de empresas* e os *agrupamentos europeus de interesse económico*, bem como – salvaguarda habitual do legislador – outras pessoas singulares e coletivas a ele legalmente sujeitas.

Apesar de múltiplas vezes alterado, o Código do Registo Comercial não foi ainda atualizado relativamente ao registo das empresas públicas, face à revogação do Decreto-Lei nº 260/76, de 8 de abril (lei de bases das empresas públicas) pelo Decreto-Lei nº 558/99, de 17 de dezembro, este, por sua vez, revogado pelo Decreto-Lei nº 133/2013, de 3 de outubro, que estabeleceu os princípios e regras aplicáveis ao sector público empresarial, incluindo as bases gerais do estatuto das empresas públicas.

Nos termos do nº 1 do art. 5º deste último diploma, são *empresas públicas* as organizações empresariais constituídas sob a forma de sociedade de responsabilidade limitada nos termos da lei comercial, nas quais o Estado ou outras entidades públicas possam exercer, isolada ou conjuntamente, de forma direta ou indireta, influência dominante, bem como, nos termos do nº 2 do mesmo artigo, as *entidades públicas empresariais.*

[3] Os artigos citados no Capítulo II, quando não acompanhados de qualquer outra menção e se o contrário não resultar do contexto, dizem respeito ao Código do Registo Comercial; os artigos do Regulamento do Registo Comercial são seguidos da abreviatura Reg, os do Código das Sociedades Comerciais das iniciais CSC e os do Código Civil das iniciais CC.

[4] As sociedades civis sob forma comercial exercem uma atividade económica com fim lucrativo (art. 980º CC), mas, como se disse, não são comerciantes: é por força da forma que escolheram que lhes é aplicável o Código das Sociedades Comerciais (nº 4 do art. 1º) e, consequentemente, o Código do Registo Comercial.

São entidades públicas empresariais as pessoas coletivas de direito público, com natureza empresarial, *criadas pelo Estado, por decreto-lei*, para prossecução dos seus fins, e estão sujeitas a registo comercial nos termos gerais, com as adaptações que se revelem necessárias, nos termos previstos pelos artigos 56º, 57º e 61º do referido Decreto-Lei nº 133/2013.

Assim, as empresas públicas a que se refere o nº 1 do citado art. 5º estão sujeitas a registo comercial nos mesmos termos que as sociedades comerciais, que também são, enquanto as entidades públicas empresariais o são "com as adaptações que se revelem necessárias" (art. 61º).

Estão também sujeitas a registo as *empresas locais* que são sociedades constituídas ou participadas nos termos da lei comercial, tendo *natureza municipal, intermunicipal ou metropolitana,* consoante a influência dominante seja exercida, respetivamente, por um município, dois ou mais municípios ou uma associação de municípios, ou uma área metropolitana; apenas podem ser constituídas empresas locais de responsabilidade limitada (art. 19º da Lei nº 50/2012, de 31 de agosto[5]).

Conforme determinação do nº 3 do art. 22º da mesma lei, a "conservatória do registo comercial competente, a expensas das empresas locais, deve comunicar oficiosamente a constituição ou a aquisição de participações, bem como os estatutos e respetivas alterações, ao Tribunal de Contas, ao Ministério Público e à Direção-Geral das Autarquias Locais e assegurar a devida publicação nos termos do Código das Sociedades Comerciais."

São ainda abrangidas no âmbito do nº 2 do art. 1º as *pessoas coletivas de utilidade pública* que, por força do art. 1º do Decreto-Lei nº 57/78, de 1 de abril, são equiparadas, para efeitos de registo, às sociedades comerciais, com as especialidades constantes daquele diploma.

Estão todavia excluídas deste registo as instituições particulares de solidariedade social, nos termos a que adiante se faz referência[6].

Também o Regulamento (CE) nº 2157/2001 do Conselho, de 8 de outubro, em vigor a partir de 8 de Outubro de 2004, instituiu a *sociedade europeia (SE)* que, por virtude do nº 1 do seu art. 12º, está sujeita a inscrição no registo do Estado-Membro onde tem a sua sede.

Em cumprimento do nº 1 do art. 68º daquele Regulamento, que determina aos Estados-Membros que tomem as disposições adequadas para garantir a sua aplicação efetiva, o Decreto-Lei nº 2/2005, de 4 de janeiro,[7] aprovou o *Regime*

[5] Alterada pela Lei nº 69/2015, de 16 de julho, mas não no art. 19º.

[6] Ver *3.10. Pessoas coletivas de utilidade pública.*

[7] Entretanto alterado pelo Decreto-Lei nº 76-A/2006, de 29 de março.

Jurídico das Sociedades Anónimas Europeias, alterando em consequência os Códigos do Registo Comercial e do Notariado, bem como o regime jurídico do Registo Nacional de Pessoas Coletivas.

Por sua vez, o Regulamento (CE) 1435/2003 do Conselho, de 22 de julho de 2003, instituiu a *Sociedade Cooperativa Europeia* (*SCE*) que, de harmonia com o nº 1 do seu art. 11º, "está sujeita a inscrição no Estado-Membro onde tem a sua sede, num registo assegurado pela lei desse Estado-Membro, nos termos da legislação aplicável às sociedades anónimas de responsabilidade limitada".

O Regulamento é obrigatório em todos os seus elementos e diretamente aplicável em todos os Estados-Membros da União Europeia desde 18 de agosto de 2006.

Estão ainda sujeitas a registo, por força do art. 10º, as *representações permanentes* de sociedades, cooperativas, agrupamentos complementares de empresas e de agrupamentos europeus de interesse económico com sede em Portugal ou no estrangeiro.

1.2. Enquadramento legal

O registo comercial é regulado pelo Código do Registo Comercial, aprovado pelo Decreto-Lei nº 403/86, de 3 de dezembro, retificado por Declaração de Retificação de 31 de janeiro de 1987, e pelo Regulamento do Registo Comercial, aprovado pela Portaria nº 657-A/2006, de 29 de junho.

O código tem tido um percurso particularmente agitado, em certa medida justificado pela necessidade de dar resposta a novas realidades, e foi já objeto de múltiplas alterações: mas não pode deixar de notar-se a desconsideração que o legislador repetidamente demonstra pelas boas regras de feitura de leis, ao remendar sistematicamente o código – e nalguns casos mais recentes com significativo impacto na sua estrutura –, sem cuidar de elaborar todo um novo texto, clara exigência de uma realidade bem diversa daquela que, há mais de duas dezenas de anos, inspirou o Código de 1986.

A última alteração do Código do Registo Comercial foi introduzida pelo Decreto-Lei nº 109-D/2021, de 9 de dezembro, e a do Regulamento pela Portaria nº 47/2022, de 20 de janeiro.

O Decreto-Lei nº 125/2006, de 29 de junho, modificado entretanto pelos Decretos-Lei nº 318/2007, de 26 de setembro, nº 33/2011, de 7 de março, e nº 109-D/2021, de 9 de dezembro, não alterando embora qualquer disposição do Código, instituiu o regime especial de constituição *on-line* de sociedades; do mesmo passo, a Portaria nº 1416-A/2006, de 19 de dezembro, alterada pela Portaria nº 562/2007, de 30 de abril, regulou a *promoção on-line de atos* de registo comercial e criou a *certidão permanente*.

Como expressamente se afirmou no preâmbulo do Decreto-Lei nº 403/86, o atual Código abandonava, relativamente ao registo comercial, a tradicional subsidiariedade do regime do registo predial[8].

Assim teria de ser, por força da dinâmica da atividade económica moderna e das exigências de resposta adequada e oportuna às formulações em constante evolução que regem a ordenação das relações comerciais.

A autonomia do registo comercial é hoje incontestável, não obstante alguns acidentes de percurso bem espelhados no preâmbulo do Decreto-Lei nº 349/89, de 13 de outubro. Sem esquecer que o art. 115º, aditado ao Código por este último diploma, ainda mantém, "na medida indispensável ao preenchimento das lacunas", a referida subsidiariedade – não pode, a este propósito, deixar de assinalar-se o percurso ziguezagueante de que o legislador frequentemente sofre, passo à frente, passo atrás: é o resultado óbvio do legiferar menos ponderado que é frequente pecha nacional.

É claramente mais fácil estabelecer uma subsidiariedade do que regulamentar exaustivamente uma disciplina historicamente próxima de outra, mas necessariamente cada vez mais diferenciada e mais dinâmica numa economia moderna.

1.3. Registo especial das fundações

A Lei nº 24/2012, de 9 de julho[9], entretanto alterada pelas Leis nº 150/2015, de 10 de setembro, 36/2021, de 14 de junho, e 67/2021, de 25 de agosto, aprovou a lei-quadro das fundações, sujeitando estas entidades a um registo especial, nos termos previstos nos nºs 3 e 4 do seu art. 8º:

> "3 – As fundações portuguesas e as fundações estrangeiras que desenvolvam os seus fins em território nacional estão sujeitas a registo nos termos da lei.
>
> 4 – O registo referido no número anterior consta de uma base de dados única, mantida e disponibilizada para consulta pública pelo Instituto dos Registos e do Notariado, I. P. (IRN, I. P.)."

[8] Como bem observa Maria Ema A. Bacelar A. Guerra (*Código do Registo Comercial Anotado*, Ediforum, p. 10), por lapso evidente do legislador, escreve-se no preâmbulo: "Abandona-se a tradicional subsidiariedade do regime do registo comercial relativamente ao do registo predial" quando se queria dizer o contrário.

[9] É do seguinte teor o art. 1º da Lei-quadro:
"1 – A presente lei-quadro estabelece os princípios e as normas por que se regem as fundações.
2 – As normas constantes da presente lei-quadro são de aplicação imperativa e prevalecem sobre as normas especiais atualmente em vigor, salvo na medida em que o contrário resulte expressamente da presente lei-quadro."

De harmonia com o seu art 2º, na versão da Lei nº 150/2015, é o seguinte o âmbito de aplicação da Lei:

> "1 – A presente lei-quadro é aplicável às fundações portuguesas e às fundações estrangeiras que desenvolvam os seus fins em território nacional, sem prejuízo do disposto quanto a estas no direito internacional aplicável, nomeadamente na Convenção Europeia sobre o Reconhecimento da Personalidade Jurídica das Organizações Internacionais Não-governamentais, ratificada pelo Decreto do Presidente da República nº 44/91, de 6 de setembro, e no artigo 5º da presente lei -quadro, e com exclusão das fundações criadas por ato de direito derivado europeu.
>
> 2 – A presente lei-quadro é também aplicável às fundações de solidariedade social abrangidas pelo Estatuto das Instituições Particulares de Solidariedade Social, aprovado pelo Decreto-Lei nº 119/83, de 25 de fevereiro, alterado pelos Decretos-Leis nºs 386/83, de 15 de outubro, 9/85, de 9 de janeiro, 89/85, de 1 de abril, 402/85, de 11 de outubro, 29/86, de 19 de fevereiro, e 172-A/2014, de 14 de novembro.
>
> 3 – As fundações instituídas por confissões religiosas são reguladas pela Lei da Liberdade Religiosa, aprovada pela Lei nº 16/2001, de 22 de junho, e pelos artigos 10º e seguintes da Concordata entre a República Portuguesa e a Santa Sé, ratificada pelo Decreto do Presidente da República nº 80/2004, de 16 de novembro."

Pelo que respeita às fundações estrangeiras, prevê o nº 1 do art. 5º que a "fundação criada ao abrigo de uma lei diferente da portuguesa que pretenda prosseguir de forma estável em Portugal os seus fins deve ter uma representação permanente em território português, conforme previsto na alínea *b*) do nº 1 do artigo 4º do Registo Nacional de Pessoas Coletivas, aprovado pelo Decreto-Lei nº 129/98, de 13 de maio."

O Decreto-Lei nº 157/2019, de 22 de outubro, desenvolvendo o regime jurídico estabelecido pela Lei nº 24/2012, de 9 de julho, na sua redação atual, regula a forma do ato de instituição e o Regime do Registo de Fundações. Este regime é aplicável a todas as fundações que exerçam os seus fins em território nacional, com exceção das inscritas no Registo das Pessoas Jurídicas Canónicas e no Registo das Pessoas Coletivas Religiosas, das instituições de ensino superior públicas de natureza fundacional e da Agência de Avaliação e Acreditação do Ensino Superior (art. 2º).

A instituição de fundações privadas por atos entre vivos deve constar de escritura pública ou documento particular autenticado (art. 3º).

Compete ao presidente do conselho diretivo do IRN designar os serviços com competência para a prática de atos de registo referentes à situação jurídica das fundações regulados neste diploma (artº 4º).

O Regime do Registo de Fundações consta de anexo a este decreto-lei, sendo de assinalar que estão sujeitos a publicação obrigatória, efetuada gratuitamente e promovida pelo notário ou pela entidade autenticadora, conforme aplicável, o ato de instituição de fundação, os seus estatutos e as respetivas alterações (art. 7º).

O registo de fundações destina-se a dar publicidade aos factos respeitantes à situação jurídica das fundações e das representações permanentes em território nacional de fundações estrangeiras, para salvaguarda da segurança do comércio jurídico, como explicita o art. 1º do anexo, estando sujeitos a registo os seguintes factos relativos à situação jurídica de fundações (art. 2º do anexo):

a) O pedido de reconhecimento de fundação, bem como o reconhecimento ou a recusa do reconhecimento da fundação, após a sua conclusão;
b) A concessão do estatuto de utilidade pública, a renovação e a sua cessação;
c) A alteração dos estatutos, incluindo a ampliação e mudança dos fins da fundação;
d) A designação, recondução e cessação de funções, por qualquer causa que não seja o decurso do tempo, dos membros do órgão de administração, do órgão diretivo ou executivo e do órgão de fiscalização da fundação;
e) A fusão de fundações;
f) A extinção da fundação;
g) O encerramento da liquidação do património;
h) A designação e cessação de funções, anterior ao encerramento da liquidação, dos liquidatários.

Constam do art. 3º do anexo os factos relativos à situação jurídica de fundações estrangeiras com representação permanente em território nacional e do art. 4º as ações e decisões sujeitos a registo.

É de dois meses o prazo do registo, que é obrigatório, dos factos, das ações, procedimentos, providências e decisões judiciais (art. 5º do anexo).

1.4. Constituição imediata de associações (Associação na hora)

Não estão estas associações sujeitas a registo comercial, mas a sua constituição é tramitada nas *conservatórias do registo comercial*, por virtude da Lei nº 40/2007, de 24 de agosto, que criou um regime especial de *constituição imediata de associações com personalidade jurídica*, com ou sem a simultânea aquisição, pelas associações, de marca registada (*associação na hora*).

Este regime *não é aplicável* aos partidos políticos, às pessoas coletivas religiosas, às associações socioprofissionais de militares e de agentes das forças de segurança, às associações de empregadores, às associações sindicais, às comissões de trabalhadores e às associações humanitárias de bombeiros, nem o é também às associações cujos constituintes concorram para o património social com bens imóveis (nºs 2 e 3 do art. 1º).

São *pressupostos* de aplicação deste regime (art. 2º):

a) A *opção por uma denominação* constituída por expressão de fantasia previamente criada e reservada a favor do Estado, associada ou não à aquisição de uma marca previamente registada a favor do Estado, ou *a apresentação de certificado de admissibilidade* de denominação emitido pelo Registo Nacional de Pessoas Coletivas (RNPC); e,

b) A *opção por estatutos de modelo aprovado* por deliberação do conselho diretivo do Instituto dos Registos e do Notariado, desde que o mesmo se adeque ao fim da associação que se pretende constituir.

A aplicação deste regime é da competência das conservatórias do registo comercial e de outros serviços previstos em portaria do Ministro da Justiça, *independentemente da localização da sede da associação* a constituir (art. 3º).

As conservatórias e demais serviços competentes devem iniciar e concluir a tramitação do procedimento no mesmo dia, em atendimento presencial único (art. 4º). Os procedimentos de constituição são explicitados adiante no *nº 8.10. Processo de constituição imediata de associações.*

2. Princípios orientadores do registo comercial

São princípios orientadores do registo comercial os princípios que enformam – ou deveriam enformar – o respetivo ordenamento jurídico, não só inspirando as normas regulamentadoras deste registo, mas também auxiliando a compreensão e correta interpretação dessas normas.

Consideramos, entre eles, o princípio da instância, o princípio da tipicidade, o princípio da presunção da verdade registal, o princípio da publicidade, o princípio da especialidade, o princípio da legalidade, o princípio da prioridade e o princípio do trato sucessivo; adiante se verá como foram ou não entendidos pelo legislador e se analisam as disposições legais que direta ou indiretamente os consagram e a forma por que o fazem ou mesmo até os ignoram.

2.1. Princípio da instância

O *princípio da instância* traduz-se no facto de o registo se efetuar a pedido dos *interessados.*

Este princípio está consagrado no art. 28º, que, além de ressalvar os casos de oficiosidade previstos na lei[10], prevê que, em portaria do Ministro da Justiça,

[10] A título de exemplo, as inscrições dependentes a que se refere o nº 4 do art. 65º ou a promoção das publicações na Internet (nº 1 do art. 71º).

sejam identificadas as situações em que o pedido é efetuado de forma verbal ou escrita.

É o art. 4º do Regulamento, aprovado pela Portaria nº 657-A/2006, de 29 de Junho, que determina que o pedido de registo é formulado verbalmente, se efetuado *presencialmente* por *pessoa com legitimidade* para o efeito, caso em que deve ser disponibilizado ao interessado um *comprovativo* do pedido.

Nos restantes casos, o pedido de registo é efetuado pela *forma escrita*, em impresso de modelo aprovado, sem prejuízo da possibilidade de promoção *on-line* de registos, nos termos regulados pela Portaria nº 1416-A/2006, de 19 de dezembro, alterada pela Portaria nº 562/2007, de 30 de abril, adiante tratada.

2.1.1. Legitimidade para pedir os atos de registo

Quem são os *interessados* ou, por outras palavras, quem tem *legitimidade* para pedir os atos de registo?

Têm legitimidade, diz-nos o art. 29º, os próprios comerciantes individuais, os representantes das pessoas coletivas sujeitas a registo, bem como as demais pessoas que tenham interesse nesses atos.

No entanto, o registo do início, da alteração e da cessação de atividade do *comerciante individual,* bem como da mudança do seu estabelecimento principal, só podem ser pedidos pelo próprio ou pelo seu representante (nº 2 do art. 29º): esta restrição tem fundamentalmente a ver com a circunstância de este registo ter como base a *declaração* do próprio ou seu representante e de ser *facultativo* desde que o comerciante não use firma diferente do seu nome completo ou abreviado[11].

O *Código da Insolvência e da Recuperação de Empresas*[12] veio suscitar algumas dúvidas de interpretação nesta matéria. De facto, no seu art. 38º, determina que cabe à secretaria judicial remeter à conservatória competente o pedido de registo da declaração de insolvência e da nomeação de um administrador da insolvência – à "conservatória do registo civil, se o devedor for uma pessoa singular" e à "conservatória do registo comercial, se houver quaisquer factos relativos ao devedor insolvente sujeitos a esse registo".

Fica a dúvida de saber se, neste último caso, o legislador teve em consideração o carácter facultativo do registo do comerciante individual, caso em que seriam levados a registo comercial os factos relativos a comerciantes individuais aí registados e a registo civil os factos relativos a quaisquer pessoas singulares, incluindo os comerciantes individuais não constantes do registo comercial.

[11] Cf. nº 2 do art. 29º e nº 4 do art. 38º do Regime do Registo Nacional de Pessoas Coletivas, aprovado pelo Decreto-Lei nº 129/98, de 13 de maio.

[12] Aprovado pelo Decreto-Lei nº 53/2004, de 18 de março, e alterado pelo Decreto-Lei nº 200/2004, de 18 de agosto, e pela Lei nº 16/2012, de 20 de abril.

Todavia o nº 3 do art. 189º do mesmo Código[13] dispõe: "A inibição para o exercício do comércio tal como a inibição para a administração de patrimónios alheios são oficiosamente registadas na conservatória do registo civil, e bem assim, quando a pessoa afetada for comerciante em nome individual, na conservatória do registo comercial, com base em comunicação eletrónica ou telemática da secretaria, acompanhada de extrato da sentença."

Parece claro resultar desta disposição que o Código da Insolvência não teve em conta o dispositivo constante do nº 2 do art. 29º pelo que, nos casos nele previstos, se trata de registo comercial obrigatório e oficioso[14] de comerciante individual, mesmo quando este não tenha anteriormente efetuado o seu pedido de registo comercial.

Para o pedido de registo provisório do *contrato de sociedade anónima, com apelo a subscrição pública de ações,* só têm legitimidade os respetivos promotores (nº 3 do art. 29º).

O *Ministério Público* tem legitimidade, por seu lado, para pedir os registos das ações por ele propostas e das respetivas decisões finais (nº 4 do art. 29º).

Salvo no que respeita ao registo de ações e outras providências judiciais, para pedir o registo de *atos a efetuar por depósito* apenas tem legitimidade, em regra, a *entidade sujeita a registo* e, para o pedido de depósito dos documentos de prestação de contas, também a têm os *revisores e técnicos oficiais de contas*[15] (nº 5 do art. 29º e nº 1 do art. 30º).

Ainda, quanto aos *factos relativos a quotas e partes sociais,* o Código das Sociedades Comerciais prescreve, no seu art. 242º-B[16], que a sociedade deve promover os registos relativos a factos em que, de alguma forma, tenha tido intervenção ou mediante solicitação de quem tenha legitimidade, a saber:

a) O transmissário, o transmitente e o sócio exonerado;
b) O usufrutuário e o credor pignoratício.

No entanto, conforme previsão do art. 29º-A, no caso de a sociedade não promover o *registo por depósito* de factos relativos *a participações sociais e respetivos titulares,* nos termos do acima citado nº 5 do art. 29º, *qualquer pessoa* pode solicitar junto da conservatória que esta promova o respetivo registo.

[13] Na redação que lhe foi dada pela Lei nº 16/2012, de 20 de abril.

[14] A oficiosidade recai sobre a secretaria do tribunal que, ao remeter a certidão da sentença à conservatória, dá satisfação ao princípio da instância.

[15] Atualmente designados *contabilistas certificados* (cf. Lei nº 139/2015, de 7 de setembro).

[16] Aplicável também ao *registo de partes sociais* por força do disposto no art. 188º-A CSC.

Em tal situação, a conservatória notifica a sociedade para que esta, no prazo de 10 dias, promova o registo sob pena de, não o fazendo, nem se opondo, a conservatória proceder ao registo do facto, arquivar os documentos que tiverem sido entregues e enviar cópia dos mesmos à sociedade.

Se, uma vez notificada, a sociedade se opuser, esta oposição deve ser apreciada pelo conservador, ouvidos os interessados.

A decisão do conservador em promover o registo ou indeferir o pedido[17] é recorrível nos termos dos artºs 101º e seguintes.

Nos casos em que o registo de factos relativos a participações sociais e respetivos titulares não deva ser promovido pela sociedade, designadamente no caso de *ações e providências judiciais*, o requerente do registo deve enviar à sociedade cópia dos documentos que titulem o facto, para que aquela os arquive (art. 29º-B).

2.1.2. Representação

Os interessados podem, no entanto, ser *representados* nos termos previstos no art. 30º; o registo pode assim ser pedido por:

a) Quem tenha poderes de representação para intervir no respetivo título;
b) Mandatário com procuração bastante;
c) Advogados, notários e solicitadores;
d) Revisores e técnicos oficiais de contas, mas estes apenas para o pedido de depósito dos documentos de prestação de contas[18].

A representação subsiste até à realização do registo, abrangendo, designadamente, a faculdade de requerer urgência na sua realização e a de impugnar a *decisão de qualificação* do registo, nos termos do art. 101º, e implica a responsabilidade solidária do representante pelo pagamento dos respetivos encargos (nº 2 do art. 30º).

No entanto, a representação para efeitos de *impugnação judicial* só pode ser assegurada por mandatário com *poderes especiais* para o efeito ou com *poderes forenses gerais* (nº 3 do art. 30º).

[17] Esta intervenção do conservador no registo por depósito vai inteiramente ao arrepio da norma do art. 47º que limita o controlo da legalidade ao registo por transcrição.

[18] O Decreto-Lei nº 8/2007, de 17 de janeiro, criou a *Informação Empresarial Simplificada* que, nos termos do seu art. 2º, abrange também a obrigação legal de registo da prestação de contas, a efetuar agora de harmonia com o disposto naquele diploma e nas portarias que o regulamentam. Ver 8.5.12 – *Registo da prestação de contas: Informação Empresarial Simplificada.*

2.2. Princípio da tipicidade

O princípio da tipicidade, também conhecido por princípio do *numerus clausus*, implica que só possam ser levados ao registo os factos que *a lei indica como a ele sujeitos* e, consequentemente, nenhuns outros.

Os artigos 2º a 10º do Código enumeram os factos jurídicos, incluindo as ações e as correspondentes decisões, que, relativamente a cada uma das entidades abrangidas pelo registo comercial, podem dele constar.

A consagração legal do princípio da tipicidade não é unanimemente aceite pela doutrina, com o argumento de que o art. 10º abrange "quaisquer outros factos que a lei declare sujeitos a registo comercial", donde resultaria não haver *numerus clausus*.

Mas se é certo que o Código não enuncia de forma direta e específica todos os factos registáveis, não é menos certo que garante que ao registo não são levados factos que não sejam concretamente respaldados por lei expressa: é o caso, por exemplo, do já citado art. 61º do Decreto-Lei nº 133/2013, sobre o registo dos factos relativos a entidades públicas empresariais.

A essência do princípio está bem salientada em parecer de Remo de Noronha: "O princípio do *numerus clausus* dos factos sujeitos a registo implica a impossibilidade de à respetiva enumeração legal serem pelo intérprete acrescentados novos factos, a título de integrar lacunas da lei".[19]

Também o Conselho Técnico da Direção-Geral dos Registos e do Notariado se pronunciou no mesmo sentido em parecer de 21 de março de 1997: "Os factos que a lei sujeita a registo comercial – designadamente os que, quanto às sociedades comerciais, se acham indicados no artigo 3º do Código do Registo Comercial – são *taxativos* e não meramente exemplificativos."

2.3. Princípio da presunção da verdade registal

O princípio da *presunção da verdade registal* afirma a presunção de que a situação jurídica resultante do registo existe, e existe nos precisos termos aí definida.

Como dispõe o nº 1 do art. 350º CC, quem tem a seu favor a presunção legal escusa de provar o facto que a ela conduz: o ónus da prova é assim invertido.

O registo comercial tem, em regra, efeito declarativo, e, em consequência, a presunção legal dele decorrente é meramente *iuris tantum*: pode ser ilidida mediante prova em contrário.

Casos há todavia em que o registo tem efeito constitutivo e origina uma presunção *iuris et de iure*, como é, por exemplo, o caso da constituição das sociedades comerciais.

[19] Em *Boletim dos Registos e do Notariado*, nº 5/2000, p. 22.

Como veremos mais adiante[20], a propósito dos efeitos do registo, a qualificação das presunções dele derivadas não é pacífica na doutrina.

O princípio da presunção da verdade registral está assim consagrado no art. 11º: "O registo por transcrição definitivo constitui presunção de que existe a situação jurídica, nos precisos termos em que é definida."

Como resulta da redação do art. 11º, *o registo por depósito e o registo por transcrição provisório não beneficiam da presunção legal.*

2.4. Princípio da publicidade

O *princípio da publicidade* significa que o registo se destina precisamente a dar publicidade à situação jurídica das pessoas singulares ou coletivas por ele abrangidas: daí que não só a qualquer pessoa é reconhecido o direito de ser informada de quais os factos constantes do registo, como também certos atos de registo são mesmo de publicação obrigatória, atualmente na Internet.

O princípio da publicidade está refletido desde logo no art. 1º – o *registo comercial destina-se a dar publicidade* –, bem como nos artºs 70º, que determina a *publicação obrigatória* em sítio na Internet de acesso público[21] de certos atos, 73º, que permite a qualquer pessoa o pedido de *certidões dos atos de registo* e dos documentos arquivados, bem como a obtenção de *informações verbais ou escritas* sobre o conteúdo de uns e outros, e 74º, que prevê a possibilidade de obtenção de *cópias não certificadas* dos registos e despachos e de quaisquer documentos.

2.5. Princípio da especialidade

Ao *princípio da especialidade* corresponde a necessidade de tanto o comerciante individual ou o estabelecimento individual de responsabilidade limitada, como qualquer das pessoas coletivas sujeitas a registo comercial, serem caracterizados através de menções individualizadoras no registo, por forma clara e específica, de maneira a afastar quaisquer dúvidas, quer sobre a sua identificação precisa, quer sobre a abrangência dos direitos e vinculações que lhes digam respeito.

Em aplicação do princípio da especialidade, o art. 8º Reg determina quais os elementos que devem constar da *matrícula* das entidades sujeitas a registo; os artºs 9º e 10º Reg especificam, respetivamente, as menções gerais e especiais das *inscrições* dos factos jurídicos objeto do registo por transcrição, enquanto os artºs 11º e 12º Reg determinam quais as menções gerais e especiais dos correspondentes *averbamentos.*

[20] Em *4.1. Presunções derivadas do registo.*

[21] *www.mj.gov.pt/publicacoes*

Os artºs 14º e 15º Reg especificam, por sua vez, as menções gerais e especiais a que deve obedecer o *registo por depósito.*

2.6. Princípio da legalidade

O *princípio da legalidade,* também chamado da *qualificação,* obriga o conservador a apreciar a viabilidade do pedido de registo a efetuar *por transcrição,* em face das disposições legais aplicáveis, dos documentos apresentados e dos registos anteriores, verificando especialmente a legitimidade dos interessados, a regularidade formal dos títulos e a validade dos atos neles contidos (art. 47º).

É neste ato, denominado *qualificação,* que se analisa de forma preponderante a atividade jurídica do conservador.

É preciso ter em atenção que, em sede de registo comercial, como determina o art. 32º, só podem ser objeto de registo os factos constantes de documentos que legalmente os comprovem, para além de que, em consequência de o art. 47º referir expressamente a necessidade de verificar a validade dos atos contidos nos títulos, *não podem ser registados atos nulos,* o que todavia não implica a recusa de registo de atos anuláveis.

Atente-se todavia em que, após as alterações introduzidas pelo Decreto-Lei nº 76-A/2006, a qualificação a efetuar pelo conservador respeita apenas ao *registo por transcrição.*

A responsabilidade pela observância do princípio da legalidade no que respeita ao registo de atos modificativos da *titularidade de participações sociais* e de direitos sobre elas passou a ser da *sociedade,* por força do nº 1 do art. 242º-E CSC:

> "1 – A sociedade não deve promover o registo se o pedido não for viável, em face das disposições legais aplicáveis, dos documentos apresentados e dos registos anteriores, devendo verificar especialmente a legitimidade dos interessados, a regularidade formal dos títulos e a validade dos atos neles contidos."

Trata-se, como é por demais evidente, de lamentável e bem pouco avisada desconsideração da segurança jurídica, o subtrair destes atos ao controlo do conservador.

2.7. Princípio da prioridade

O facto registado em primeiro lugar prevalece sobre os que se lhe seguirem, *relativamente às mesmas quotas ou partes sociais,* segundo a ordem do respetivo pedido: é o que implica o *princípio da prioridade,* acolhido pelo art. 12º.

Também o art. 242º-C CSC retoma o princípio ao prescrever que a promoção dos registos deve respeitar a ordem dos respetivos pedidos e que, se for pedido na mesma data o registo de diversos factos relativos à mesma quota, os registos devem ser requeridos pela ordem de antiguidade dos factos; no caso de tais factos terem sido titulados na mesma data, o registo deve ser promovido pela ordem da respetiva dependência.

Há que notar que o registo provisório, se e quando for convertido em definitivo, *conserva a prioridade* que tinha como provisório. Da mesma maneira, no caso de recusa do registo, se vier a ser dado provimento a recurso, o registo conserva a prioridade do ato recusado.

Embora o art. 12º obrigue à observância do princípio da prioridade apenas no registo dos factos relativos às mesmas quotas ou partes sociais, seria de boa regra conferir maior amplitude à sua aplicação[22].

Uma vez que, apesar de tudo, o art. 12º restringe a sua aplicação *aos factos relativos a quotas ou partes sociais* é apenas às sociedades em causa que cabe a responsabilidade pela sua aplicação: são estas, mais uma vez, erigidas desta forma em juízes em causa própria, ficando sem outro controlo a aplicação do princípio.

2.8. Princípio do trato sucessivo

O *princípio do trato sucessivo* significa que os titulares dos direitos devem constar do registo de forma continuada e não de forma descontínua: isto é, o titular atual do direito adquiriu-o do anterior, tal como o titular seguinte só do titular atual poderá adquirir o mesmo direito.

O Decreto-Lei nº 76-A/2006, de 29 de março, revogou o artº 31º que, sob a epígrafe "princípio do trato sucessivo", previa: "Para poder ser lavrada a inscrição definitiva de atos modificativos da titularidade de quotas ou partes sociais e de direitos sobre elas é necessária a intervenção nesses atos do titular inscrito, salvo se o facto for consequência de outro inscrito."

Pareceria assim que se tinha optado por eliminar do registo comercial o princípio do trato sucessivo.

Só que o mesmo diploma acrescentou ao Código das Sociedades Comerciais o art. 242º-D que, sob a epígrafe *sucessão de registos*, dispõe: "Para que a sociedade possa promover o registo de atos modificativos da titularidade de quotas e de direitos sobre elas é necessário que neles tenha intervindo o titular registado."

E, tendo em conta a responsabilidade atribuída à sociedade pela promoção dos registos (art.ºs 242º-B e 242º-C), bem como o disposto no art. 188º-A, também acrescentado ao referido Código – "Ao registo de partes sociais aplica-se,

[22] Vd. José de Oliveira Ascensão, *Direito Comercial*, I, Parte Geral, Lisboa, 1994, p. 599, e Luís Brito Correia, *Direito Comercial*, I, AAFDL, 1987, p. 330.

com as necessárias adaptações, o disposto quanto ao registo de quotas" – terá de concluir-se que apenas se mudou para o Código das Sociedades Comerciais um princípio registal.

Ao revogar o art. 31º, o legislador parece ter confundido o Código do Registo Comercial com um manual dos procedimentos do conservador: a necessidade de observância do princípio mantém-se, apenas com a diferença de que deixou de pertencer ao conservador essa responsabilidade, transferida que foi apenas para a própria sociedade que, como antes já se notou, passa a julgar em causa própria. Fica também assim sem controlo de legalidade a aplicação do trato sucessivo, com grave dano aliás, como acima se salientou, para a segurança jurídica.[23]

Não deixa ainda de assinalar-se a incoerência do legislador ao retirar do Código o princípio do trato sucessivo, mas a manter nele o da prioridade, sendo certo que também a aplicação deste fica apenas à responsabilidade da sociedade em causa e limitada ao registo de factos relativos a quotas, ambos agora sem controlo de legalidade na sua aplicação.

3. Factos e ações sujeitos a registo

Só podem ser admitidos a registo os factos expressamente previstos na lei, como decorre do princípio da tipicidade ou do *numerus clausus*, devendo ser recusado o registo de quaisquer outros.

Nem todos os factos que podem ser admitidos ou sujeitos a registo são, como veremos, de registo obrigatório, embora seja essa a regra.

3.1. Comerciantes individuais

Estão sujeitos a registo, relativamente a comerciantes individuais (art. 2º), o início, a alteração e a cessação da sua atividade, as modificações do seu estado civil e regime de bens, bem como a mudança de estabelecimento principal[24].

O registo destes factos relativos a comerciantes é, como se disse, *facultativo*[25], sem prejuízo todavia de, por aplicação do nº 1 do art. 14º, tais factos não poderem ser opostos a terceiros na falta de registo.

[23] Escreve Carlos Ferreira de Almeida: "Sem observância do trato sucessivo, sem possibilidade de controlo da legalidade, sem utilização de conexões relevantes entre os documentos, sem registo provisório de situações judiciais e negociais em evolução, parece que a publicidade registral pública relativa a direitos sobre quotas sofreu um rude golpe na sua credibilidade e eficácia" (*O Registo Comercial na Reforma do Direito das Sociedades de 2006* em *A Reforma do Código das Sociedades Comerciais – Jornadas em Homenagem ao Professor Doutor Raul Ventura*, p. 286).

[24] São comerciantes, diz o art. 13º do Código Comercial, para além das sociedades comerciais, as pessoas que, tendo capacidade para praticar atos de comércio, fazem deste profissão.

[25] Tal como resulta do art. 15º – cuja previsão não inclui os comerciantes individuais – e do nº 2 do art. 29º.

É todavia obrigatório o registo da constituição do *estabelecimento individual de responsabilidade limitada*, de que é titular um comerciante individual: daqui resulta indiretamente a obrigatoriedade de registo do comerciante individual que constitua tal estabelecimento.

Por outro lado, o comerciante individual que quiser usar *firma diferente do seu nome completo ou abreviado*, terá de obter um certificado de admissibilidade dessa firma, certificado que tem um prazo de validade limitado a três meses: por conseguinte, para consolidar o direito ao uso da firma admitida, terá de efetuar o seu próprio registo.

Também, como já foi salientado a propósito do princípio da instância, o nº 3 do art. 189º do Código da Insolvência e Recuperação de Empresas determina, na redação da Lei nº 16/2012, de 20 de abril, que a inibição para o exercício do comércio tal como a inibição para a administração de patrimónios alheios são oficiosamente registadas na conservatória do registo civil, e bem assim, quando a pessoa afetada for comerciante em nome individual, na conservatória do registo comercial, com base em comunicação eletrónica ou telemática da secretaria, acompanhada de extrato da sentença. Da aplicação deste dispositivo legal resulta assim o registo obrigatório e oficioso[26] do comerciante individual que tenha sido declarado inibido para o exercício do comércio ou inabilitado.

3.2. Sociedades comerciais e sociedades civis sob forma comercial

Estão sujeitas a registo, relativamente a sociedades comerciais e a sociedades civis sob forma comercial, os seguintes factos, enumerados no nº 1 do art. 3º, que, por força do disposto no nº 1 do art. 15º, com exceção dos referidos na alínea *d)*, estão sujeitos a *registo obrigatório*:

a) A constituição;
b) A deliberação da assembleia geral, nos casos em que a lei a exige, para aquisição de bens pela sociedade[27];
c) A unificação, divisão e transmissão de quotas de sociedades por quotas, bem como de partes sociais de sócios comanditários de sociedades em comandita simples;
d) A promessa de alienação ou de oneração de partes de capital de sociedades em nome coletivo e de sociedades em comandita simples e de quotas de sociedades por quotas, bem como os patos de preferência, se tiver sido convencionado atribuir-lhes eficácia real, e a obrigação de

[26] Oficiosidade que, como já se disse, recai sobre a secretaria do tribunal.
[27] É o art. 29º CSC que prevê os casos em que a aquisição de bens por uma sociedade anónima ou em comandita deve ser previamente aprovada por deliberação da assembleia geral.

preferência a que, em disposição de última vontade, o testador tenha atribuído igual eficácia;

e) A transmissão de partes sociais de sociedades em nome coletivo, de partes sociais de sócios comanditados de sociedades em comandita simples, a constituição de direitos reais de gozo ou de garantia sobre elas e a sua transmissão, modificação e extinção, bem como a penhora dos direitos aos lucros e à quota de liquidação;

f) A constituição e a transmissão de usufruto, o penhor, arresto, arrolamento e penhora de quotas ou direitos sobre elas e ainda quaisquer outros atos ou providências que afetem a sua livre disposição;

g) A exoneração e exclusão de sócios de sociedades em nome coletivo e de sociedades em comandita, bem como a extinção de parte social por falecimento do sócio e a admissão de novos sócios de responsabilidade ilimitada;

h) *(Revogada pelo Decreto-Lei nº 76-A/2006, de 29 de março)*[28];

i) A amortização de quotas e a exclusão e exoneração de sócios de sociedades por quotas;

j) A deliberação de amortização, conversão e remissão de ações;

l) A emissão de obrigações, quando realizada através de oferta particular, exceto se tiver ocorrido, dentro do prazo para requerer o registo, a admissão das mesmas a negociação em mercado regulamentado de valores mobiliários;

m) A designação e cessação de funções, por qualquer causa que não seja o decurso do tempo, dos membros dos órgãos de administração e de fiscalização das sociedades, bem como do secretário da sociedade;

n) A prestação de contas das sociedades anónimas, por quotas e em comandita por ações, bem como das sociedades em nome coletivo e em comandita simples quando houver lugar a depósito, e de contas consolidadas de sociedades obrigadas a prestá-las;[29]

o) A mudança da sede da sociedade e a transferência de sede para o estrangeiro;

p) O projeto de fusão e de cisão de sociedades;

q) O projeto de constituição de uma sociedade anónima europeia por meio de fusão, o projeto de constituição de uma sociedade anónima europeia

[28] A revogada alínea *h)* previa a "autorização para que se mantenha na firma social o nome ou apelido do sócio que se retire ou faleça". É atualmente o nº 5 do art. 32º do Regime do Registo Nacional de Pessoas Coletivas que prevê esta situação.

[29] O regime do registo de prestação de contas foi objeto do Decreto-Lei nº 8/2007, de 17 de janeiro: ver adiante 8.5.13 – *Registo de prestação de contas: Informação Empresarial Simplificada.*

por meio de transformação de sociedade anónima de direito interno e o projeto de constituição de uma sociedade anónima europeia gestora de participações sociais, bem como a verificação das condições de que depende esta última constituição;

r) A prorrogação, fusão, cisão, transformação e dissolução das sociedades, bem como o aumento, redução ou reintegração do capital social e qualquer outra alteração ao contrato de sociedade;

s) A designação e cessação de funções, anterior ao encerramento da liquidação, dos liquidatários das sociedades, bem como os atos de modificação dos poderes legais ou contratuais dos liquidatários;

t) O encerramento da liquidação ou o regresso à atividade da sociedade;

u) A deliberação de manutenção do domínio total de uma sociedade por outra, em relação de grupo, bem como o termo dessa situação;

v) O contrato de subordinação, suas modificações e seu termo;

x) *(Revogada pelo Decreto-Lei nº 76-A/2006, de 29 de março)*[30];

z) A emissão de warrants autónomos sobre valores mobiliários próprios, quando realizada através de oferta particular por entidade que não tenha valores mobiliários admitidos à negociação em mercado regulamentado nacional, exceto se tiver ocorrido, dentro do prazo para requerer o registo, a admissão dos mesmos a negociação em mercado regulamentado de valores mobiliários.

Importa ainda salientar, de entre outros factos cuja sujeição a registo está prevista no Código das Sociedades Comerciais, que estão também sujeitos a registo – registo provisório – o *contrato de sociedade, antes de titulado,* no caso de os interessados não terem convencionado entradas em espécie ou aquisição de bens pela sociedade (art. 18º CSC) e *o contrato de sociedade anónima com apelo a subscrição pública de ações,* também antes de titulado (nº 3 do art. 279º CSC).

3.3. Sociedades anónimas europeias

Estão sujeitos a registo os seguintes factos relativos às sociedades anónimas europeias (nº 2 do art. 3º), sendo todos eles de *registo obrigatório* (nº 1 do art. 15º):

a) A constituição;

b) A prestação das contas anuais e, se for caso disso, das contas consolidadas;

c) O projeto de transferência da sede para outro Estado membro da União Europeia;

[30] A alínea *x)* referia a "cessação da existência do conselho fiscal e a introdução do fiscal único".

d) As alterações aos respetivos estatutos;
e) O projeto de transformação em sociedade anónima de direito interno;
f) A transformação a que se refere a alínea anterior;
g) A dissolução;
h) O encerramento da liquidação ou o regresso à atividade da sociedade;
i) Os restantes factos referentes a sociedades anónimas que, por lei, estejam sujeitos a registo.

3.4. Cooperativas

Estão sujeitos a registo, relativamente a cooperativas, os seguintes factos (art. 4º), sendo todos eles de *registo obrigatório* (nº 1 do art. 15º):

a) A constituição;
b) A nomeação e a cessação de funções, por qualquer causa que não seja o decurso do tempo, de diretores, representantes e liquidatários;
c) *(Revogada pelo Decreto-Lei nº 76-A/2006, de 29 de março)*[31];
d) A prorrogação, transformação, fusão, cisão e qualquer outra alteração dos estatutos;
e) A dissolução e encerramento da liquidação.

3.5. Empresas públicas (entidades públicas empresariais); empresas locais

Como já foi referido, o Código do Registo Comercial não foi ainda atualizado relativamente ao registo das empresas públicas, face à revogação do Decreto-Lei nº 260/76, de 8 de abril (lei de bases das empresas públicas) e consequentemente aos princípios e regras aplicáveis ao sector público empresarial, incluindo as bases gerais do estatuto das empresas públicas, atualmente disciplinado pelo Decreto-lei nº 133/2013, de 3 de outubro.

Assim, as empresas públicas a que se refere o nº 1 do art. 5º deste diploma são constituídas sob a forma de sociedade de responsabilidade limitada nos termos da lei comercial, pelo que *estão sujeitos a registo os factos acima indicados para as sociedades comerciais.*

Por sua vez, as empresas públicas a que se refere o nº 2 do mesmo artigo, designadas *entidades públicas empresariais,* são criadas por decreto-lei; fazendo uma interpretação atualista do art. 5º do Código do Registo Comercial, diríamos que estão sujeitos a registo, relativamente a *entidades públicas empresariais,* os seguintes factos, sendo de *registo obrigatório* os indicados nas alíneas *a), e)* e *f)* (nº 3 do art. 15º):

a) A constituição;

[31] Era do seguinte teor a revogada alínea *c)*: "*c)* O penhor, arresto, arrolamento e penhora das partes de capital das cooperativas de responsabilidade limitada".

b) A emissão de obrigações e de títulos de participação;
c) A designação e cessação de funções, por qualquer causa que não seja o decurso do tempo, dos membros dos órgãos de administração e fiscalização;
d) A prestação de contas;
e) O agrupamento, fusão, cisão e qualquer outra alteração dos estatutos;
f) A extinção da empresa, a designação e cessação de funções, anterior ao encerramento da liquidação, dos liquidatários, bem como o encerramento da liquidação.

As empresas locais são entidades abrangidas pelo *regime jurídico da atividade empresarial local*, aprovado pela Lei nº 50/2012, de 31 de agosto, constituídas ou participadas nos termos da lei comercial, pelo que, neste caso e em consequência, estão sujeitos a registo os factos indicados para as sociedades comerciais.

3.6. Agrupamentos complementares de empresas

Estão sujeitos a registo, relativamente a agrupamentos complementares de empresas, os seguintes factos (art. 6º), que são todos eles de *registo obrigatório* (nº 1 do art. 15º):

a) O contrato de agrupamento;
b) A emissão de obrigações;
c) A nomeação e exoneração de administradores e gerentes;
d) A entrada, exoneração e exclusão de membros do agrupamento;
e) As modificações do contrato;
f) A dissolução e encerramento da liquidação.

3.7. Agrupamentos europeus de interesse económico

Estão sujeitos a registo, relativamente a agrupamentos europeus de interesse económico, os seguintes factos (art. 7º), que são também todos eles de *registo obrigatório* (nº 1 do art. 15º):

a) O contrato de agrupamento;
b) A cessão, total ou parcial, de participação de membro do agrupamento;
c) A cláusula que exonere um novo membro do pagamento das dívidas contraídas antes da sua entrada;
d) A designação e cessação de funções, por qualquer causa que não seja o decurso do tempo, dos gerentes do agrupamento;
e) A entrada, exoneração e exclusão de membros do agrupamento;
f) As alterações do contrato de agrupamento;
g) O projeto de transferência da sede;

h) A dissolução;
i) A designação e cessação de funções, anterior ao encerramento da liquidação, dos liquidatários;
j) O encerramento da liquidação.

3.8. Estabelecimentos individuais de responsabilidade limitada

Estão sujeitos a registo, relativamente a estabelecimentos individuais de responsabilidade limitada, os seguintes factos (art. 8º), todos eles de *registo obrigatório* (nº 1 do art. 15º):

a) A constituição;
b) O aumento e redução do capital;
c) A transmissão do estabelecimento por ato entre vivos e a sua locação;
d) A constituição por ato entre vivos de usufruto e de penhor sobre o estabelecimento;
e) As contas anuais;
f) As alterações do ato constitutivo;
g) A entrada em liquidação e o encerramento da liquidação;
h) A designação e a cessação de funções, anterior ao termo da liquidação, do liquidatário do estabelecimento, quando não seja o respetivo titular.

3.9. Outros factos sujeitos a registo

Estão ainda sujeitos a registo os seguintes factos (art. 10º), sendo de *registo obrigatório* os referidos nas alíneas *c)* e *d)* (nº 1 do art. 15º):

a) O mandato comercial escrito, suas alterações e extinção;
b) *(Revogada pelo Decreto-Lei nº 53/2004, de 18 de março)*[32];
c) A criação, a alteração e o encerramento de representações permanentes de sociedades, cooperativas, agrupamentos complementares de empresas e agrupamentos europeus de interesse económico com sede em Portugal ou no estrangeiro, bem como a designação, poderes e cessação de funções dos respetivos representantes;
d) A prestação de contas das sociedades com sede no estrangeiro e representação permanente em Portugal;
e) O contrato de agência ou representação comercial, quando celebrado por escrito, suas alterações e extinção;
f) O incumprimento da obrigação de declaração de beneficiário efetivo, nos termos da lei;
g) Quaisquer outros factos que a lei declare sujeitos a registo comercial.

[32] A revogada alínea *b)* dizia: "*b)* A designação do gestor judicial, quando os poderes conferidos e os suspensos, restringidos ou condicionados aos órgãos sociais devam ser registados;".

Os factos enunciados neste art. 10º podem dizer respeito a qualquer das pessoas coletivas anteriormente referidas, bem como a estabelecimentos individuais de responsabilidade limitada.

São exemplo de factos abrangidos pela alínea *g)*, os atos de constituição, modificação ou extinção do *trust* da Zona Franca da Madeira (art. 2º do Decreto-Lei nº 149/94, de 25 de maio), bem como múltiplos factos referidos no Código das Sociedades Comerciais.

Nos termos do art, 10º-A, estão especialmente sujeitos a registo sobre as *representações permanentes de sociedades de responsabilidade limitada com sede em país da União Europeia,* os seguintes factos relativos à sociedade representada:

a) As alterações ao contrato de sociedade registadas, designadamente, as relativas à firma ou denominação, à sede e à natureza jurídica da sociedade;
b) A abertura e o encerramento dos processos de liquidação e de insolvência;
c) O cancelamento do registo da sociedade.

O registo destes factos é efetuado oficiosamente, na sequência de comunicação, através do sistema de interconexão dos registos da União Europeia, pelo registo competente do respetivo Estado-Membro da União Europeia.

3.10. Pessoas coletivas de utilidade pública

O Decreto-Lei nº 460/77, de 7 de Novembro, aprovou o estatuto das pessoas coletivas de utilidade pública, definindo-as, no nº 1 do seu art. 1º, como sendo "as associações ou fundações que prossigam fins de interesse geral, ou da comunidade nacional ou de qualquer região ou circunscrição, cooperando com a Administração Central ou a administração local, em termos de merecerem da parte desta administração a declaração de «utilidade pública»."

A declaração de utilidade pública é da competência do Governo, nos termos do art. 3º do diploma citado, diploma este que, no seu art. 8º, previa a criação de um registo próprio na Direção-Geral dos Registos e do Notariado.

Considerando que a direção-geral não era o local adequado para funcionar como serviço registral, o Decreto-Lei nº 57/78, de 1 de abril, consagrou "a equiparação, exclusivamente para fins de registo, das pessoas coletivas de utilidade pública às sociedades comerciais, regulamentando apenas as especialidades ocorrentes" e acrescentando que, "para momento ulterior, designadamente para quando for revista a lei regulamentar do registo comercial, se reserva o estabelecimento de mais pormenorizada disciplina".

Assim, ficaram sujeitos a *registo comercial*, por força do art. 2º do referido Decreto-Lei nº 57/78:

a) Os atos de constituição ou instituição das pessoas coletivas declaradas de utilidade pública, bem como os respetivos estatutos e suas alterações;
b) A eleição, designação, recondução ou exoneração dos respetivos administradores e outros representantes legais;
c) O mandato escrito conferido pelas pessoas coletivas de utilidade pública aos respetivos agentes e mandatários, sua modificação, renovação, revogação ou renúncia;
d) A extinção das pessoas coletivas de utilidade pública ou declaração de nulidade do respetivo ato de constituição ou de instituição.

Estranhamente, no entanto, em 13 de dezembro de 2007, foi publicado o Decreto-Lei nº 391/2007, que alterou e republicou o Decreto-Lei nº 460/77, de 7 de novembro, ignorando completamente a existência do Decreto-Lei nº 57/78, de 1 de abril, e o regime do registo comercial aí previsto.

De harmonia com o art. 3º da nova formulação do Decreto-Lei nº 460/77, compete ao Primeiro-Ministro, com faculdade de delegação, a declaração do reconhecimento de utilidade pública, bem como a da sua cessação.

Por sua vez, o art. 8º deste diploma, sob a epígrafe *registo das pessoas coletivas de utilidade pública*, dispõe agora:

> "1 – É criada uma base de dados das entidades declaradas de utilidade pública no âmbito do presente decreto-lei, mantida pela Secretária-geral da Presidência do Conselho de Ministros que a disponibiliza, para efeitos de consulta pública, no respetivo portal na Internet.
>
> 2 – A Secretária-geral da Presidência do Conselho de Ministros disponibiliza, ainda, informação permanente e atualizada acerca da instrução dos processos, acessível aos requerentes mediante a utilização de códigos de acesso individuais."

Cria-se assim uma nova espécie de registo, sem que nada seja alterado à disciplina prevista no Decreto-Lei nº 57/78.

Entretanto, a Lei nº 6/2008, de 13 de fevereiro, estabeleceu o regime jurídico das *associações públicas profissionais,* declarando-as pessoas coletivas de utilidade pública (art. 3º) e determinando a sua criação por lei (art. 6º).

3.11. Ações, decisões, procedimentos e providências cautelares

Estão sujeitas a *registo obrigatório* (nº 5 do art. 15º), as seguintes as ações e decisões, bem como os procedimentos e providências cautelares, previstos no art. 9º:

a) As ações de interdição do comerciante individual e de levantamento desta;

b) As ações que tenham como fim, principal ou acessório, declarar, fazer reconhecer, constituir, modificar ou extinguir qualquer dos direitos referidos nos artºs 3º a 8º do Código do Registo Comercial;
c) As ações de declaração de nulidade ou anulação dos contratos de sociedade, de agrupamento complementar de empresas e de agrupamento europeu de interesse económico registados;
d) As ações de declaração de nulidade ou anulação dos atos de constituição de cooperativas e de estabelecimentos individuais de responsabilidade limitada;
e) As ações de declaração de nulidade ou anulação de deliberações sociais, bem como os procedimentos cautelares de suspensão destas;
f) As ações de reforma, declaração de nulidade ou anulação de um registo ou do seu cancelamento;
g) As providências cautelares não especificadas requeridas com referência às mencionadas nas alíneas anteriores;
h) As decisões finais, com trânsito em julgado, proferidas nas ações e procedimentos cautelares referidos nas alíneas anteriores;
i) As sentenças de declaração de insolvência de comerciantes individuais, de sociedades comerciais, de sociedades civis sob forma comercial, de cooperativas, de agrupamentos complementares de empresas, de agrupamentos europeus de interesse económico e de estabelecimentos individuais de responsabilidade limitada, e as de indeferimento do respetivo pedido, nos casos de designação prévia de administrador judicial provisório, bem como o trânsito em julgado das referidas sentenças;
j) As sentenças, com trânsito em julgado, de inabilitação e de inibição de comerciantes individuais para o exercício do comércio e de determinados cargos, bem como as decisões de nomeação e de destituição do curador do inabilitado;
l) Os despachos de nomeação e de destituição de administrador judicial e do administrador judicial provisório da insolvência, de atribuição ao devedor da administração da massa insolvente, assim como de proibição da prática de certos atos sem o consentimento do administrador da insolvência e os despachos que ponham termo a essa administração;
m) Os despachos, com trânsito em julgado, de exoneração do passivo restante de comerciantes individuais, assim como os despachos inicial e de cessação antecipada do respetivo procedimento e de revogação dessa exoneração;
n) As decisões judiciais de encerramento do processo de insolvência;
o) As decisões judiciais de confirmação do fim do período de fiscalização incidente sobre a execução de plano de insolvência.

O registo do *procedimento cautelar* não é obrigatório se já se encontrar pedido o registo da providência cautelar requerida; por sua vez, o registo desta não é obrigatório se já se encontrar pedido o registo da *ação principal* (nº 6 do art. 15º).

As alíneas *i)* a *o)* do art. 9º foram aditadas pelo art. 7º do Decreto-Lei nº 53/2004, de 8 de março, que aprovou o Código da Insolvência e da Recuperação de Empresas; o nº 5 do art. 9º deste Código determina que têm carácter urgente os registos de sentenças e despachos proferidos no processo de insolvência.

Como já foi referido, ainda por força do nº 2 do art. 38º daquele Código, a *declaração de insolvência* e a *nomeação de um administrador da insolvência* são registadas oficiosamente, com base na respetiva certidão, para o efeito remetida pela secretaria, na conservatória do registo civil, se o devedor for uma pessoa singular, ou na conservatória do registo comercial, se houver quaisquer factos relativos ao devedor insolvente sujeitos a esse registo.

Também o nº 3 do art. 189º do mesmo Código determina a oficiosidade do registo da inibição para o exercício do comércio tal como a inabilitação do comerciante em nome individual, com base em comunicação eletrónica ou telemática da secretaria, acompanhada de extrato da sentença.

Idêntica publicidade se aplica à cessação de funções do administrador da insolvência e à nomeação de outra pessoa para o desempenho do cargo (art. 57º).

3.12. Prazos e sanções

A regra geral fixa o *prazo* para o pedido dos registos obrigatórios em *dois meses* a contar da data em que tiverem sido titulados (nº 2 do art. 15º).

O mesmo prazo, mas a contar da data da publicação do decreto que o determinou, é previsto no nº 3 do art. 15º para o requerimento do registo dos factos referidos nas alíneas *a, e)* e *f)* do art. 5º, relativos a *entidades públicas empresariais.*

O pedido de registo de *prestação de contas* de sociedades e de estabelecimentos individuais de responsabilidade limitada deve ser efetuado até ao 15º dia do 7º mês posterior à data do termo do exercício económico (nº 4 do art. 15º[33]).[34]

O registo das *ações e dos procedimentos cautelares de suspensão de deliberações sociais* devem ser pedidos no prazo de *dois meses* a contar da data da sua propositura (nº 7 do art. 15º).

O registo das *decisões finais* proferidas nas ações e procedimentos referidos no nº 7 do art. 15º deve ser pedido no prazo de *dois meses* a contar do trânsito em julgado (nº 8 do art. 15º).

[33] Na redação dada pelo Decreto-Lei nº 292/2009, de 13 de outubro.

[34] Ver adiante *8.5.13 – Registo de prestação de contas: Informação Empresarial Simplificada.*

Com o objetivo de controlar o cumprimento das obrigações de registo obrigatório, o art. 16º encarrega os *notários* de remeterem à conservatória situada no concelho da sede da entidade sujeita a registo, até ao dia 15 de cada mês, a relação dos documentos lavrados no mês anterior, para prova dos factos sujeitos a registo comercial obrigatório; idêntica obrigação incumbe às secretarias dos tribunais, relativamente às decisões proferidas nas ações e procedimentos a que respeita o nº 5 do art. 15º.

As *sanções* para o não cumprimento da obrigação de registar dentro do prazo são fixadas no art. 17º. Assim, pelo registo dos factos previstos no artigo 15º, para além dos prazos aí mencionados, é devido o *pagamento em dobro do emolumento aplicável*, sanção que todavia não se aplica aos tribunais e ao Ministério Público.

O *incumprimento da obrigação de registar a prestação de contas obsta ao registo de outros factos sobre a entidade*, com exceção dos registos de designação e cessação de funções, por qualquer causa que não seja o decurso do tempo, dos membros dos órgãos de administração e de fiscalização, de atos emanados de autoridade administrativa, das ações, decisões, procedimentos e providências cautelares previstas no artigo 9º, bem como do arresto, arrolamento e penhora de quotas ou direitos sobre elas, outros atos ou providências que afetem a sua livre disposição e quaisquer outros registos a efetuar por depósito (nº 3 do art. 17º).

4. Efeitos do registo

4.1. Presunções derivadas do registo

Como já vimos a propósito dos princípios orientadores, o registo por transcrição definitivo constitui presunção de que existe a situação jurídica, nos precisos termos em que é definida (art. 11º).

A *presunção legal* respeita apenas ao *registo por transcrição*, a que se aplica o princípio da qualificação, e *não ao registo por depósito*, não sujeito a qualificação pelo conservador. Da presunção também apenas beneficia o registo definitivo, não o registo provisório.

A presunção legal da verdade do registo implica pois a inversão do ónus da prova. As presunções legais podem, na verdade, ser ilididas mediante prova em contrário, exceto nos casos em que a lei o proibir (nº 2 do art. 350º CC).

A presunção de verdade da situação jurídica resultante dos factos registados pode ser impugnada mediante a ação de declaração de nulidade do registo. Particularmente nos casos de registo falso ou de registo efetuado com base em títulos falsos ou insuficientes, a situação jurídica não existia e a presunção legal pode ser afastada.

Estamos assim, em princípio e segundo o art. 11º, perante uma presunção apenas *iuris tantum* relativamente à situação jurídica resultante do facto registado[35].

Este ponto não é inteiramente pacífico. Mouteira Guerreiro entende que, no caso de registos de efeito declarativo, a presunção nem sempre será *iuris tantum*: "não nos parece que siga a regra geral da elisão em qualquer circunstância". E acrescenta em nota de rodapé: "Será talvez um *tertium genus* – um conceito atípico, específico do direito registral (com aspetos em que a elisão é possível e outros em que o não é) [36]."

Por outro lado, nem sempre, em registo comercial, os registos têm efeito meramente declarativo: o registo do contrato de sociedade, por exemplo, é *constitutivo*, donde decorre uma presunção *iuris et de iure*.

De facto, o art. 5º CSC dispõe que "as sociedades gozam de personalidade jurídica e existem como tais a partir da data do registo definitivo do contrato pelo qual se constituem": é o registo que confere personalidade jurídica à sociedade comercial[37].

Também este ponto não é pacífico: Isabel Mendes[38] considera que o legislador, para definir a presunção em que assenta o registo, não se baseou no critério tradicional que estabelece a dualidade presunção *iuris et de iure* e presunção *iuris tantum* e entende que a presunção derivada do registo comercial não se integra rigorosamente em qualquer destas espécies porquanto o seu regime está contido nos artºs 42º e seguintes do Código das Sociedades Comerciais.

É certo que, depois de efetuado o registo definitivo do contrato de sociedade por quotas, anónima ou em comandita por ações, o contrato pode ser declarado nulo por algum dos vícios previstos no art. 42º CSC.

Por sua vez, de harmonia com o art. 43º CSC, "nas sociedades em nome coletivo e em comandita simples são fundamentos de invalidade do contrato,

[35] No mesmo sentido, M. Ema Guerra, *ob. cit.*, p. 149 e Fernando Fontinha, *Código do Registo Comercial Anotado e Comentado,* Elcla, 1991, p.224.

[36] J. A. Mouteira Guerreiro, *ob. cit.*, p. 391; em *A posse, o registo e seus efeitos* (separata do *Boletim dos Registos e do Notariado,* nº 11/2003), Mouteira Guerreiro explicita melhor o seu pensamento e propõe o seguinte exemplo, a p. 7: "(...) não podemos presumir que uma sociedade cujo objeto, ou a firma, ou o capital eram uns e que deliberou alterá-los (até com ata lavrada por notário) mas não registou essas alterações, o efeito presuntivo derivado do registo, mesmo entre os sócios, *possa ser elidido* com a simples exibição daquela ata." E acrescenta no seu recente *Ensaio...* (cit.), p. 387: "(...) a presunção da "verdade publicitada" não é, em várias situações, suscetível de prova em sentido contrário. A própria sociedade comercial (e outras pessoas coletivas referidas no C. R. Co.) nem sequer tem "existência" enquanto não estiver feito o respetivo registo definitivo."

[37] Sem prejuízo de terem personalidade judiciária anteriormente à data do registo definitivo (alínea *d)* do art. 12º do Código de Processo Civil).

[38] Isabel Pereira Mendes, *Código do Registo Comercial Anotado,* Almedina, p. 37.

além dos vícios do título constitutivo, as causas gerais de invalidade dos negócios jurídicos segundo a lei civil".

O facto todavia é que a personalidade jurídica da sociedade existiu desde o registo e manter-se-á, em qualquer caso, até à extinção da sociedade: a existência de personalidade jurídica durante este período não pode ser questionada. É o que resulta do confronto do nº 1 do art. 52º CSC – a declaração de nulidade e a anulação do contrato de sociedade determinam a entrada da sociedade em liquidação – com o nº 2 do art. 146º do mesmo Código, segundo o qual a sociedade em liquidação mantém a personalidade jurídica.

Após a declaração judicial de nulidade do contrato de sociedade, a própria matrícula da sociedade só pode ser cancelada após o encerramento da fase da liquidação e como consequência final da sua extinção[39].

Resta referir que, além do registo das sociedades comerciais, tem também efeito constitutivo o registo das *cooperativas* (art. 17º do Código Cooperativo[40]), dos *agrupamentos complementares de empresas* (Base IV da Lei nº 4/73, de 4 de junho) e dos *agrupamentos europeus de interesse económico* (art. 1º do Decreto-Lei nº 148/90, de 9 de maio).

4.2. Eficácia dos factos entre as partes, independentemente do registo

A *falta de registo* não impede todavia, como regra, a *eficácia entre as partes*: nos termos do art. 13º, os factos sujeitos a registo, ainda que não registados, podem ser invocados entre as próprias partes ou seus herdeiros.

São todavia *exceção* os atos constitutivos das sociedades e respetivas alterações, a que se aplica o disposto no Código das Sociedades Comerciais: como acima se viu, de harmonia com o art. 5º deste Código, as sociedades só gozam de personalidade jurídica e existem como tais a partir da data do registo defi-

[39] Cf. parecer do C. T. da DGRN, em *Boletim dos Registos e do Notariado*, nº 5/2001, II, p. 36-38, que concluiu: "I – A decisão final da ação de declaração de nulidade do contrato de sociedade é registada por *averbamento* à inscrição a que respeita.
II – Resultando inequivocamente da sentença que é julgada procedente a ação e em consequência declarado *nulo* o contrato de sociedade, a referência contida na mesma sentença ao "cancelamento dos registos" – que nem sequer é literalmente tomada em consideração pelo requerente – não pode impedir a efectuação dos registos (de cancelamento ou não) que competem à decisão.
III – Em conformidade, haverá lugar, na dependência do averbamento de conversão, ao *cancelamento* oficioso do registo do facto declarado nulo, lavrando-se outrossim o averbamento da *abertura da fase da liquidação*, em que se entra automaticamente, enquanto que o cancelamento da matrícula apenas terá lugar encerrada que seja esta fase e como consequência final da extinção da sociedade."

[40] Aprovado pela Lei nº 119/2015, de 31 de agosto e alterado pela Lei nº 66/2017, de 9 de agosto.

nitivo do contrato pelo qual se constituem, sem prejuízo do disposto quanto à constituição de sociedades por fusão, cisão ou transformação de outras[41].

Também os *factos relativos a quotas são ineficazes* perante a sociedade enquanto não for solicitada, quando necessária, a promoção do respetivo registo (art. 242º-A CSC).

Embora o nº 2 do art. 13º apenas mencione os atos constitutivos das sociedades e respetivas alterações – a que se aplica o disposto no Código das Sociedades Comerciais e também na legislação aplicável às sociedades anónimas europeias –, a mesma exceção vale para as *cooperativas* (art. 17º do Código Cooperativo[42]), para os *agrupamentos complementares de empresas* (Base IV da Lei nº 4/73, de 4 de junho) e para os *agrupamentos europeus de interesse económico* (art. 1º do Decreto-Lei nº 148/90, de 9 de maio) cujo registo tem igualmente carácter constitutivo.

O regime das sociedades antes do registo é objeto dos artºs 36º e seguintes do Código das Sociedades Comerciais, do mesmo passo que o art. 17º do Código Cooperativo o define no que respeita às cooperativas.

4.3. Oponibilidade a terceiros

Não são oponíveis a terceiros, isto é, *não produzem efeitos contra terceiros* os factos sujeitos a registo senão depois da data do respetivo registo (nº 1 do art. 14º); do mesmo modo, os factos sujeitos a registo e a publicação obrigatória só produzem efeitos contra terceiros depois da data da publicação (nº 2 do art. 14º).

"Terceiros, para efeitos de registo, são aqueles que tenham adquirido de um autor comum direitos incompatíveis entre si" – é este o conceito que veio a ser definido pelo Decreto-Lei nº 533/99, de 11 de dezembro, que alterou o Código do Registo Predial e incidentalmente o Código do Registo Comercial.

Ao artº 5º do Código do Registo Predial foi aditado um nº 4 com a redação acima transcrita: ora, considerando o disposto no art. 115º[43], é este o entendimento que terá de prevalecer também em sede de registo comercial.

Até à definição legal, o conceito de terceiro para efeitos de registo tinha dado lugar a divergências doutrinais e jurisprudenciais de relevo, tendo sido mesmo objeto de dois acórdãos de uniformização de jurisprudência do Supremo Tribunal de Justiça em sentido divergente: um de 20 de maio de 1997,

[41] Cf. artºs 112º (fusão), 120º (cisão) e 130º (transformação) CSC.

[42] E também para as uniões, federações e confederações de cooperativas (art. 101º do Código Cooperativo).

[43] Art. 115º: "São aplicáveis, com as necessárias adaptações, ao registo comercial, na medida indispensável ao preenchimento das lacunas da regulamentação própria, as disposições relativas ao registo predial que não sejam contrárias aos princípios informadores do presente diploma."

que dava guarida a um conceito mais amplo de "terceiro", e outro, de 18 de maio de 1999, que optava pelo conceito mais restrito[44].

A definição legal pendeu também para o conceito restrito; examinaremos esta questão mais detidamente no capítulo referente ao registo predial.

Esta noção de terceiros em sentido técnico-registal, *terceiros com interesses incompatíveis*, não deve confundir-se com o conceito lato de terceiros que, com exceção das partes, seus herdeiros e representantes, se aplica a quaisquer pessoas, incluindo *interessados com interesses não incompatíveis.*

A falta de registo *não pode ser oposta* aos interessados pelos seus *representantes* legais a quem incumbe a obrigação de o promover, nem pelos *herdeiros* destes (nº 3 do art. 14º).

O nº 4 deste art. 14º determina todavia que o disposto no art. 14º não prejudica o estabelecido no Código das Sociedades Comerciais e na legislação aplicável às sociedades anónimas europeias.

Na verdade, aquele Código prevê várias exceções ao princípio, ou seja, considera que certos factos produzem efeitos independentemente do seu registo ou do termo de todos os procedimentos de registo:

- De harmonia com o nº 6 do art. 130º, a sociedade formada por transformação, nos termos do nº 2 do mesmo artigo, sucede *automática e globalmente* à sociedade anterior.
- O art. 168º dispõe, no seu nº 2, que a sociedade não pode opor a terceiros atos cuja publicação seja obrigatória sem que esta seja efetuada, [45]*salvo se a sociedade provar que o ato está registado e que o terceiro tem conhecimento dele*;
- O art. 170º determina que a *eficácia para com a sociedade* de atos que, nos termos da lei, devam ser-lhe notificados ou comunicados não depende de registo ou de publicação;
- No nº 4 do art. 182º lê-se que a *transmissão da parte do sócio* se torna eficaz para com a sociedade logo que lhe for comunicado por escrito ou por ela reconhecida expressa ou tacitamente;
- O nº 3 do art. 228º determina que a *transmissão de quota entre vivos* se torna eficaz para com a sociedade logo que lhe for comunicada por escrito ou por ela reconhecida, expressa ou tacitamente.

Note-se todavia que, em aparente contradição com este nº 3 do art. 228º, o art. 242º-A CSC, introduzido pelo Decreto-Lei nº 76-A/2006, determina:

[44] O último dos acórdãos, publicado no *Diário da República*, série I-A, de 10 de julho de 1999, dá conta do essencial das diferentes correntes doutrinais e jurisprudenciais.

[45] Art. 168º, nº 4: "Os atos sujeitos a registo, mas que não devam ser obrigatoriamente publicados, não podem ser opostos pela sociedade a terceiros enquanto o registo não for efetuado." É o caso dos contratos de sociedade em nome coletivo e em comandita simples (cf. artº 70º, nº 1).

"Os factos relativos a quotas são ineficazes perante a sociedade enquanto não for solicitada, quando necessária, a promoção do respetivo registo."[46]

Oliveira Ascensão, por sua vez, chama a atenção para o facto de a ressalva do nº 4 do art. 14º não ter sido completa, uma vez que o art. 6º do Decreto-Lei nº 248/86, de 25 de agosto, diploma que criou e regulamentou o *estabelecimento individual de responsabilidade limitada*, estabelece outra importante ressalva, ou seja, mais uma exceção ao princípio:

> "Art. 6º – O ato constitutivo do estabelecimento individual de responsabilidade limitada é eficaz em relação a terceiros a partir da sua publicação, nos termos do nº 2 do artigo anterior, não impedindo a falta de publicação que o referido ato constitutivo seja invocado por e contra terceiros que dele tivessem conhecimento ao tempo da criação dos seus direitos."

4.4. Caducidade dos registos

Os registos caducam, o que é dizer, *deixam de produzir efeitos*, por força da lei ou pelo decurso do prazo de duração do negócio (art. 18º).

Os registos provisórios caducam se não forem convertidos em definitivos ou renovados, quando legalmente permitido, no *prazo de 6 meses*, se outro prazo não estiver especialmente definido por lei (nº 3 do art. 18º): o art. 65º prevê prazos diferentes para os registos provisórios por natureza.

Não é possível converter em definitivo um registo provisório que entretanto tenha caducado.

Para se contar o prazo da caducidade tem de se ter em atenção que a data dos registos por transcrição é a data da sua apresentação ou, se desta não depender – é o caso, por exemplo dos registos oficiosos –, a data em que tiver lugar (nº 4 do art. 55º).

No caso dos registos provisórios por *dúvidas*, o prazo de caducidade só se conta *a partir da data da notificação*, como decorre do nº 1 do art. 50º. É que, como preceitua o art. 329º CC, o prazo de caducidade, se a lei não fixar outra data, começa a correr no momento em que o direito puder ser legalmente exercido.

Por virtude da redação dada ao nº 1 do art. 50º pelo Decreto-Lei nº 76-A/ /2006, de 29 de março, todos os despachos de provisoriedade por dúvidas são *notificados* aos interessados nos cinco dias seguintes, independentemente da data do seu lançamento.

Por aplicação do disposto no nº 1 do art. 249º do Código de Processo Civil[47], a notificação postal presume-se feita no terceiro dia posterior ao do registo, ou no primeiro dia útil seguinte a esse, quando o não seja.

[46] Ver adiante 6.6 *c) Consequências da falta de publicação.*

[47] Art. 249º (Notificações às partes que não constituam mandatário) 1 – Se a parte não tiver constituído mandatário, as notificações são feitas por carta registada, dirigida para a sua residência ou

Temos assim que o prazo de caducidade dos registos lavrados como *provisórios por dúvidas*, é de *seis meses* a contar da *data da notificação*, que se presume feita no terceiro dia posterior ao do registo da carta de notificação, ou no primeiro dia útil seguinte a esse, quando o não seja.

Também os despachos de qualificação dos registos como provisórios por natureza são notificados dos interessados no prazo de cinco dias seguintes à sua qualificação, de harmonia com o nº 2 do art. 50º, *com exceção* dos casos previstos nas alíneas *a)* [constituição de sociedade antes de titulado o contrato], *c)* [constituição provisória de sociedade anónima com apelo a subscrição pública de ações] e *n)* [ações judiciais] do art. 64º: estes são os casos em que o registo nunca poderia obviamente deixar de ser feito como provisório por natureza.

4.5. Cancelamento dos registos

Os registos são cancelados, isto é, *declarados sem efeito,* com base na *extinção dos direitos, ónus ou encargos* neles definidos, em execução de *decisão administrativa,* nos casos previstos na *lei,* ou de *decisão judicial* transitada em julgado (art. 20º).

Os efeitos do registo extinguem-se, por consequência, por virtude do cancelamento.

O cancelamento é efetuado *a pedido dos interessados* ou *oficiosamente*: o cancelamento dos registos cuja caducidade decorre da lei é efetuado oficiosamente, como não podia deixar de ser.

São, por exemplo, casos de *cancelamento oficioso* previstos no Código, os do nº 2 do art. 27º – transferência da sede de sociedade anónima europeia para outro Estado membro da União Europeia –, do art. 62º-A – cancelamento da matrícula –, do nº 4 do art. 69º – conversão em definitiva da inscrição de ação em que se julgue modificado ou extinto um facto registado, ou se declare nulo ou anulado um registo –, do nº 2 do art. 82º – registos indevidamente lavrados –, ou do nº 4 do art. 87º – averbamento da pendência mediante decisão definitiva do processo.

O *cancelamento dos registos provisórios por dúvidas* é feito com base em declaração do respetivo titular (art. 44º).

No caso de existirem *registos dependentes* destes, é igualmente necessário o consentimento dos respetivos titulares, prestado em declaração com idêntica formalidade.

sede ou para o domicílio escolhido para o efeito de as receber, presumindo-se feita no 3º dia posterior ao do registo ou no 1º dia útil seguinte a esse, quando o não seja.
2 – A notificação não deixa de produzir efeito pelo facto de o expediente ser devolvido, desde que a remessa tenha sido feita para a residência ou a sede da parte ou para o domicílio escolhido para o efeito de a receber; nesse caso, ou no de a carta não ter sido entregue por ausência do destinatário, juntar-se-á ao processo o sobrescrito, presumindo-se a notificação feita no dia a que se refere a parte final do número anterior.

Tanto a *assinatura do declarante* como a de *outros eventuais titulares* devem ser reconhecidas presencialmente, se não forem feitas na presença do funcionário da conservatória competente para o registo.

O cancelamento do *registo provisório de ação e de procedimento cautelar* é feito com base em certidão da decisão transitada em julgado que absolva o réu do pedido ou da instância, a julgue extinta ou a declare interrompida, se o serviço de registo não conseguir aceder à informação necessária por meios eletrónicos.

O cancelamento, total ou parcial, dos registos é *efetuado por averbamento* à inscrição a que dizem respeito[48] (alínea *f)* do nº 2 do art. 69º).

5. Vícios do registo

Os vícios do registo podem ser a nulidade e a inexatidão.

5.1. Nulidade

O registo *por transcrição*[49] é *nulo* (art. 22º):

a) Quando for falso ou tiver sido feito com base em títulos falsos;
b) Quando tiver sido feito com base em títulos insuficientes para a prova legal do facto registado;

[48] O cancelamento não se efetua, por conseguinte, riscando o registo ou declarando-o "sem efeito", mas sim averbando "cancelado" com referência à letra e número da inscrição cancelada.

[49] Ao referir só o registo por transcrição, o legislador deixa de fora a possibilidade de ser arguida a nulidade do registo por depósito. O Conselho Consultivo do IRN pronunciou-se sobre esta matéria nos seguintes termos:
"I – Em face do disposto no art. 22º/1 do Código do Registo Comercial, as causas de nulidade do registo previstas na lei são privativas do registo por transcrição, não sendo, por isso, aplicáveis ao registo por depósito.
II – A hipótese normativa contida no artigo 22º/1/b) do Código do Registo Comercial não se ajusta ao regime jurídico do registo por depósito, desde logo porque este registo é feito com base nos elementos constantes do pedido (artigos 14º/2 e 15º/3 do Regulamento do Registo Comercial), e não com base no documento que legalmente comprova o facto.
III – O registo por depósito que se mostre desconforme com a realidade substantiva não pode ser cancelado no âmbito do processo de retificação previsto e regulado nos artigos 82º e seguintes do Código do Registo Comercial, designadamente por falta de disposição legal que estabeleça a invalidade desses registos e que confira ao conservador os poderes necessários à sua expurgação tabular.
IV – O cancelamento do registo por depósito é feito mediante novo registo por depósito, a realizar através do arquivamento do documento comprovativo da extinção do facto registado ou da decisão judicial transitada em julgado que o determine, e de menção efetuada nos termos do artigo 15º/1/l) do Regulamento do Registo Comercial." (Parecer R.Co. 4/2015 STJSR-CC, de 29 de abril de 2015, consultado em:
http://www.irn.mj.pt/sections/irn/doutrina/pareceres/Pareceres-Conselho-Tecnico/).

c) Quando enfermar de omissões ou inexatidões de que resulte a incerteza acerca dos sujeitos ou do objeto da relação jurídica a que o facto registado se refere;
d) Quando tiver sido assinado por pessoa sem competência funcional, salvo o disposto no nº 2 do art. 369º CC[50], e não possa ser confirmado;
e) Quando tiver sido lavrado sem apresentação prévia.

Atente-se ainda em que, como resulta do disposto no art. 295º CC, por remissão do art. 294º CC, são nulos os atos jurídicos praticados contra *disposição legal de carácter imperativo,* salvo nos casos em que outra solução resulte da lei.

Parece inquestionável que a *nulidade do título,* hipótese não prevista no art. 22º, implica, quando declarada, a nulidade do registo.

A nulidade do registo só pode, porém, ser invocada depois de declarada por decisão judicial com trânsito em julgado (nº 3 do art. 22º), sem prejuízo de ser invocável a todo o tempo e de poder ser declarada oficiosamente pelo tribunal (art. 286º CC).

Os registos nulos só podem ser retificados nos casos previstos na lei, e se ainda não tiver sido[51] registada a ação de declaração de nulidade (nº 2 do art. 22º): o processo especial de retificação é objeto dos artºs 81º e seguintes.

Os registos, embora nulos, subsistem e produzem todos os seus efeitos, como se fossem válidos, enquanto não transitar em julgado a decisão que as declare nulos[52], sem prejuízo, no entanto, do seu efeito retroativo (nº 1 do art. 289º CC).

Assim, a declaração de nulidade do registo não prejudica os direitos adquiridos a título oneroso por terceiro de boa-fé, se o registo dos correspondentes factos for anterior ao registo da ação de nulidade (nº 4 do art. 22º): é uma disposição importante, que conduz à *aquisição tabular,* ou aquisição pelo registo, situação similar à que será tratada com mais detalhe no capítulo referente ao registo predial.[53]

5.2. Inexatidão

O registo é *inexato,* quando se mostre lavrado em desconformidade com o título que lhe serviu de base ou enferme de deficiências provenientes desse título que não sejam causa de nulidade (art. 23º).

[50] Ver, a este propósito, a anotação sobre "funcionários de facto" do *Código Civil Anotado,* de Pires de Lima e Antunes Varela, vol. I, p. 326, transcrita em *Introdução 4. Força probatória dos registos.*

[51] Por manifesto lapso, omitiu-se o vocábulo "sido" na republicação do Código efetuada pelo Decreto-Lei nº 76-A/2006, de 29 de março.

[52] Cf. Fernando Fontinha, *ob. cit.*, p. 240.

[53] Ver 5.2. *Nulidade* no Capítulo IV – Registo Predial.

Os registos inexatos são *retificados* mediante o *processo especial de retificação*, regulado nos artigos 81º e seguintes, por iniciativa do *conservador*, logo que tome conhecimento da irregularidade, ou a pedido de *qualquer interessado*, ainda que não inscrito.

6. Atos de registo

6.1. Formas e âmbito

6.1.1. Depósito de documentos

O depósito dos documentos correspondentes aos atos sujeitos a publicação obrigatória foi uma exigência do nº 2 do art. 3º da *Primeira Diretiva* do Conselho da CEE (Diretiva do Conselho nº 68/151/CE, de 9 de março de 1968).

O depósito dos documentos seria efetuado mediante o seu arquivo num *processo*, expressão esta que o legislador nacional preferiu substituir por *pasta*.

A referida diretiva foi entretanto alterada pela *Diretiva 2003/58/CE* do Parlamento Europeu e do Conselho, de 15 de julho de 2003, tendo sido dada aos nºs 1 e 2 do art. 3º a seguinte redação:

> "1. Em cada Estado-Membro será aberto um processo, seja junto de um registo central, seja junto de um registo comercial ou de um registo das sociedades, para cada uma das sociedades que aí estiverem inscritas.
>
> 2. Todos os documentos e indicações que estão sujeitos a publicidade, por força do artigo 2º, serão arquivados no processo ou transcritos no registo. O objeto das transcrições no registo deve, em qualquer caso, constar do processo.
>
> Os Estados-Membros assegurarão que o arquivo no processo, por parte das sociedades e das restantes pessoas e órgãos obrigados a efetuar o arquivo ou a nele colaborar, de todos os documentos e indicações sujeitos a publicidade em conformidade com o artigo 2º possa ser efetuado por via eletrónica, o mais tardar a partir de 1 de janeiro de 2007. Além disso, os Estados-Membros podem impor a todas ou a certas categorias de sociedades o arquivo no processo por via eletrónica de todos ou de certos tipos desses documentos e indicações.
>
> Todos os documentos e indicações referidos no artigo 2º que forem arquivados no processo a partir de 1 de janeiro de 2007, quer em suporte de papel quer por via eletrónica, serão arquivados no processo ou transcritos no registo em formato eletrónico. Para este efeito, os Estados-Membros assegurarão que todos os documentos e indicações que forem arquivados em suporte de papel a partir de 1 de Janeiro de 2007 sejam transcritos no registo em formato eletrónico.

Os documentos e indicações referidos no artigo 2º arquivados em suporte de papel até 31 de dezembro de 2006 não têm de ser convertidos automaticamente para formato eletrónico pelo registo. Os Estados-Membros assegurarão, porém, que sejam convertidos para formato eletrónico pelo registo, após receção de um pedido de que lhes seja dada publicidade por via eletrónica, apresentado de acordo com as normas adotadas para dar execução ao disposto no nº 3."

Em conformidade com a Primeira Diretiva, o art. 57º determina que a cada entidade sujeita a registo seja destinada uma *pasta*, guardada na conservatória situada no *concelho da respetiva sede*, onde são arquivados todos os documentos respeitantes aos atos submetidos a registo (nº 1), podendo ser determinado, por despacho, o arquivo dos documentos em suporte eletrónico, em substituição do arquivo previsto nas pastas (nº 2).

Tendo cessado a competência territorial das conservatórias do registo comercial[54], a redação do nº 1, ao referir a conservatória situada no concelho da respetiva sede, teve certamente em conta a eventualidade de terem de ser mantidos em pastas físicas os documentos cuja conservação deva ser assegurada e não possam ou não venham a ser digitalizados, como foi aliás admitido pela Diretiva 2003/58/CE, prevendo assim a sua guarda num local geograficamente individualizado.

Os documentos arquivados em suporte eletrónico, como determina o nº 3 do mesmo art. 57º, têm a força probatória dos originais.

Os documentos que servem de base ao registo lavrado por transcrição são obrigatoriamente arquivados, naturalmente agora em *suporte eletrónico* (art. 59º).

Relativamente a cada alteração do contrato de sociedade deve ser apresentado, para arquivo, o *texto completo do contrato alterado*, na sua redação atualizada.

A expressão "contrato de sociedade" terá de ser entendida de forma atualizada de maneira a abranger o *documento de constituição* da sociedade unipessoal por quotas, bem como os diplomas legais de constituição de sociedades comerciais ou de entidades públicas empresariais[55].

Em contrapartida, no caso do chamado *registo por depósito*, os documentos são arquivados *na sede da sociedade*, nos termos previstos no nº 3 do art. 242º-E CSC: "Os documentos que titulam os factos relativos a quotas ou aos seus

[54] Foi o Decreto-Lei nº 324/2007, de 28 de setembro, que alterou a redação do art. 7º do Decreto-Lei nº 519-F2/79, de 29 de Dezembro, que passou a ler-se: 2 – *Os atos do registo comercial podem ser efetuados e os respetivos meios de prova obtidos em qualquer conservatória do registo comercial, independentemente da sua localização geográfica.*

[55] O legislador substituiu, e bem, a expressão "contrato" por "constituição" no nº 1 do art. 3º, mas, por óbvio lapso, não atualizou a menção constante do art. 59º.

titulares devem ser arquivados na sede da sociedade até ao encerramento da liquidação, após o qual se deve observar o disposto quanto aos documentos de escrituração da sociedade."

Por força do nº 4 do mesmo artigo, a sociedade *deve facultar o acesso* a esses documentos *a qualquer pessoa* que demonstre ter um *interesse atendível* na sua consulta, no prazo de cinco dias a contar da solicitação, bem como emitir *cópia daqueles documentos*, a solicitação dos interessados, podendo ser cobrado o pagamento de uma quantia que não pode ser desproporcionada face aos custos de emissão da cópia."

Bem frágil se afigura esta forma de publicidade, sendo certo que fica nas mãos da sociedade a qualificação da atendibilidade do interesse: dirá o avisado legislador que está sempre salvaguardado o recurso aos tribunais...

6.1.2. Registo por transcrição e registo por depósito

Os registos são efetuados por *transcrição* ou por *depósito* (art. 53º-A).

O *registo por transcrição* consiste na *extratação dos elementos* que definem a situação jurídica das entidades sujeitas a registo constantes dos documentos apresentados[56].

Sem prejuízo de regimes especiais de depósito da prestação de contas, *o registo por depósito* consiste no *mero arquivamento* dos documentos que titulam factos sujeitos a registo com a respetiva menção na ficha de registo.

Torna-se necessário esclarecer que chamar "registo" ao mero arquivamento de documentos, sem *qualificação* pelo conservador, representa um manifesto abuso da linguagem jurídica registal.[57]

6.1.3. Âmbito do registo

É o seguinte o âmbito, respetivamente, do *registo por transcrição* e do *registo por depósito* (art. 55º):

O *registo por transcrição* compreende a *matrícula* das entidades sujeitas a registo, bem como as *inscrições*, *averbamentos* e *anotações* de factos a elas respeitantes, enquanto o *registo por depósito* abrange os documentos arquivados e a respetiva menção na ficha de registo.

[56] Chamar registo por transcrição a um registo por extratação é mais uma imprecisão do legislador; de facto, transcrever significa "trasladar (texto ou documento) literalmente para outro documento ou escritura, para que integre o novo documento ou escritura", o que não é o caso, enquanto extratar significa "tirar extrato ou trecho de (livro, textos diversos) ", que é o que a lei manda fazer (cf. *Dicionário Houaiss da Língua Portuguesa*).

[57] "O registo por depósito, tal como está regulado, é um meio débil para a garantia da legalidade e da revelação da situação jurídica atual" (Carlos Ferreira de Almeida, *loc. cit.*, p. 288).

A *data do registo por transcrição* é a da apresentação ou, se desta não depender, a data em que tiver lugar; a *data do registo por depósito* é a do respetivo pedido, mas a *data do pedido de registo da prestação de contas* é a do respetivo pagamento por via eletrónica.

Os atos de registo por transcrição são efetuados em *suporte informático*, sendo as inscrições e averbamentos lavrados *por extrato*; deles decorre a *matrícula* (art. 58º).

O Decreto-Lei nº 76-A/2006, ao distinguir no registo as duas formas, transcrição e depósito, esquece as *publicações* que, efetivamente não caberiam em nenhuma dessas formas: mas nem por isso, e nem por serem promovidas oficiosamente, deixam de ser atos de registo quando publicitem os factos a ele sujeitos.

Só o registo por transcrição definitivo constitui *presunção de que existe a situação jurídica*, nos precisos termos em que é definida, estando sujeito a despacho de *qualificação*, nos termos previstos no art. 47º, enquanto a promoção do registo por depósito é da responsabilidade da sociedade ou outra entidade em causa e não beneficia de presunção de verdade legal.

O *prazo de feitura* do registo por *transcrição* é de *10 dias*, pela ordem de anotação ou da sua dependência, ou até apenas de *um dia útil*, se for requerida *urgência*; a menção na ficha do registo por *depósito* é efetuada no *próprio dia* em que for pedido.

Ao registo por *transcrição* não se aplicam os *princípios do trato sucessivo e da prioridade* porquanto o art. 12º apenas prevê a sua aplicação aos factos relativos às mesmas *quotas ou partes sociais*, sujeitos apenas a registo por *depósito*.

A *apresentação* do registo por transcrição está sujeita a *anotação*, por ordem dos respetivos pedidos, o que não sucede com o registo por *depósito* que não está sujeito a apresentação, mas a simples *pedido*.

Os documentos que servem de base ao registo por *transcrição* são obrigatoriamente *arquivados* na conservatória, podendo estar redigidos em *inglês, francês ou espanhol*, desde que o funcionário domine a língua e dispense a tradução; no registo por depósito *não há arquivamento* de documentos *na conservatória*, mas sim *na sede da sociedade* ou outra entidade que o promova, documentos que têm sempre de ser redigidos em língua *portuguesa*.[58]

[58] Cabe aqui recordar o disposto no art. 3º-A da Diretiva 2003/58/CE, de 15 de julho, que altera a Diretiva 68/151/CEE, de 9 de março, e aponta como prazo limite para a sua transposição a data de 31 de dezembro de 2006, e a que o Decreto-Lei nº 76-A/2006 não faz, aliás, a menor referência: "1. Os documentos e indicações sujeitos a publicidade nos termos do artigo 2º serão elaborados e arquivados numa das línguas autorizadas pelo regime linguístico aplicável no Estado-Membro em que se abra o processo referido no nº 1 do artigo 3º.

Apenas no caso de registo por *transcrição* caberá à conservatória verificar se estão pagos ou assegurados os *direitos do fisco* em factos sujeitos a encargos de natureza fiscal.

6.1.4. *Factos registados por depósito*

São registados por depósito (nº 5 do art. 53º-A):

a) Os factos mencionados nas alíneas *b*) a *l*), *n*), *p*), *q*), *u*), *v*) e *z*) do nº 1 do art. 3º *(sociedades comerciais e sociedades civis sob forma comercial)* – salvo o registo do projeto de constituição de sociedade anónima europeia gestora de participações sociais, bem como o da verificação das condições de que depende a sua constituição –, ou seja:

- A deliberação da assembleia geral, nos casos em que a lei a exige, para aquisição de bens pela sociedade;
- A unificação, divisão e transmissão de quotas de sociedades por quotas, bem como de partes sociais de sócios comanditários de sociedades em comandita simples;
- A promessa de alienação ou de oneração de partes de capital de sociedades em nome coletivo e de sociedades em comandita simples e de quotas de sociedades por quotas, bem como os patos de preferência, se tiver sido convencionado atribuir-lhes eficácia real, e a obrigação de preferência a que, em disposição de última vontade, o testador tenha atribuído igual eficácia;
- A transmissão de partes sociais de sociedades em nome coletivo, de partes sociais de sócios comanditados de sociedades em comandita simples, a constituição de direitos reais de gozo ou de garantia sobre

2. Para além da publicidade obrigatória a que se refere o artigo 3º, os Estados-Membros devem autorizar que os documentos e indicações referidos no artigo 2º sejam publicados em conformidade com o artigo 3º em qualquer das línguas oficiais da Comunidade.
Os Estados-Membros podem exigir a autenticação da tradução de tais documentos e indicações.
Os Estados-Membros tomarão as medidas necessárias para facilitar o acesso de terceiros às traduções voluntariamente publicadas.
3. Para além da publicidade obrigatória a que se refere o artigo 3º, e da publicidade voluntária prevista no nº 2 do presente artigo, os Estados-Membros podem autorizar que os documentos e indicações em questão sejam publicados em conformidade com o artigo 3º em qualquer outra língua.
Os Estados-Membros podem exigir a autenticação da tradução de tais documentos e indicações.
4. Em caso de discrepância entre os documentos e indicações publicados nas línguas oficiais do registo e a tradução voluntariamente publicada, esta não é oponível a terceiros. Estes podem, no entanto, invocar as traduções voluntariamente publicadas, salvo se a sociedade provar que tinham conhecimento da versão objeto de publicidade obrigatória."

elas e a sua transmissão, modificação e extinção, bem como a penhora dos direitos aos lucros e à quota de liquidação;
- A constituição e a transmissão de usufruto, o penhor, arresto, arrolamento e penhora de quotas ou direitos sobre elas e ainda quaisquer outros atos ou providências que afetem a sua livre disposição;
- A exoneração e exclusão de sócios de sociedades em nome coletivo e de sociedades em comandita, bem como a extinção de parte social por falecimento do sócio e a admissão de novos sócios de responsabilidade ilimitada;
- A amortização de quotas e a exclusão e exoneração de sócios de sociedades por quotas;
- A deliberação de amortização, conversão e remissão de ações;
- A emissão de obrigações, quando realizada através de oferta particular, exceto se tiver ocorrido, dentro do prazo para requerer o registo, a admissão das mesmas a negociação em mercado regulamentado de valores mobiliários;
- A prestação de contas das sociedades anónimas, por quotas e em comandita por ações, bem como das sociedades em nome coletivo e em comandita simples quando houver lugar a depósito, e de contas consolidadas de sociedades obrigadas a prestá-las;
- O projeto de fusão e de cisão de sociedades, bem como a deliberação de redução do capital social da sociedade;
- O projeto de constituição de uma sociedade anónima europeia por meio de fusão, o projeto de constituição de uma sociedade anónima europeia por meio de transformação de sociedade anónima de direito interno e o projeto de constituição de uma sociedade anónima europeia gestora de participações sociais;
- A deliberação de manutenção do domínio total de uma sociedade por outra, em relação de grupo, bem como o termo dessa situação;
- O contrato de subordinação, suas modificações e seu termo;
- A emissão de warrants autónomos sobre valores mobiliários próprios, quando realizada através de oferta particular por entidade que não tenha valores mobiliários admitidos à negociação em mercado regulamentado nacional, exceto se tiver ocorrido, dentro do prazo para requerer o registo, a admissão dos mesmos a negociação em mercado regulamentado de valores mobiliários;

b) Os factos referidos nas alíneas *b*), *c*) e *e*) do nº 2 do art. 3º *(sociedades anónimas europeias)*:
- A prestação das contas anuais e, se for caso disso, das contas consolidadas;

- O projeto de transferência da sede para outro Estado membro da União Europeia;
- O projeto de transformação em sociedade anónima de direito interno;

c) Os factos constantes das alíneas *b*) e *d*) do art. 5º *(entidades públicas empresariais)*:
- A emissão de obrigações e de títulos de participação;
- A prestação de contas;

d) O facto mencionado na alínea *b*) do art. 6º *(agrupamentos complementares de empresas)*:
- A emissão de obrigações;

e) O facto referido na alínea *g*) do art. 7º *(agrupamentos europeus de interesse económico)*:
- O projeto de transferência da sede;

f) O facto constante da alínea *e*) do art. 8º *(estabelecimentos individuais de responsabilidade limitada)*:
- As contas anuais;

g) Os factos constantes do art. 9º *(ações e decisões)* se respeitarem a factos que estão sujeitos a registo por depósito;

h) Os factos mencionados nas alíneas *a*), *d*) e *e*) do art. 10º:
- O mandato comercial escrito, suas alterações e extinção;
- A prestação de contas das sociedades com sede no estrangeiro e representação permanente em Portugal;
- O contrato de agência ou representação comercial, quando celebrado por escrito, suas alterações e extinção;

i) Todos os factos que por lei especial estejam sujeitos a depósito.

6.1.5. Menções do registo por depósito

As *menções gerais* dos registos por depósito, a recolher do pedido de registo, devem indicar a data do depósito, o facto a registar, o nome ou denominação, da residência habitual, domicílio profissional ou sede e do número de identificação fiscal do sujeito ativo do facto, bem como o nome de quem requereu o depósito (art. 14º Reg).

Por sua vez, as *menções especiais* do registo por depósito, igualmente a recolher do pedido de registo, são as enumeradas no art. 15º Reg.

6.1.6. Factos registados por transcrição

Face à enumeração constante do nº 5 do art. 53º-A, devem ser registados por *transcrição*:

1. Todos os factos sujeitos a registo relativos a *comerciantes individuais* (art. 2º).

2. Factos relativos a *sociedades comerciais* e *sociedades civis sob forma comercial* (nº 1 do art. 3º):
   - A constituição;
   - A designação e cessação de funções, por qualquer causa que não seja o decurso do tempo, dos membros dos órgãos de administração e de fiscalização das sociedades, bem como do secretário da sociedade;
   - A mudança da sede da sociedade e a transferência de sede para o estrangeiro;
   - A verificação das condições de que depende a constituição de uma sociedade anónima europeia gestora de participações sociais;
   - A prorrogação, fusão, cisão, transformação e dissolução das sociedades, bem como o aumento, redução ou reintegração do capital social e qualquer outra alteração ao contrato de sociedade;
   - A designação e cessação de funções, anterior ao encerramento da liquidação, dos liquidatários das sociedades, bem como os atos de modificação dos poderes legais ou contratuais dos liquidatários;
   - O encerramento da liquidação ou o regresso à atividade da sociedade.
3. Factos relativos a *sociedades anónimas europeias* (nº 2 do art. 3º):
   - A constituição;
   - As alterações aos respetivos estatutos;
   - A transformação em sociedades anónimas de direito interno;
   - A dissolução;
   - O encerramento da liquidação ou o regresso à atividade da sociedade;
   - Os restantes factos referentes a sociedades anónimas que, por lei, estejam sujeitos a registo.
4. Todos os factos sujeitos a registo relativos a *cooperativas* (art. 4º).
5. Factos relativos a *entidades públicas empresariais* (art. 5º do Código e art. 28º do Decreto-Lei nº 558/99, de 17 de dezembro):
   - A constituição;
   - A designação e cessação de funções, por qualquer causa que não seja o decurso do tempo, dos membros dos órgãos de administração e de fiscalização;
   - O agrupamento, fusão, cisão e qualquer outra alteração dos estatutos;
   - A extinção das empresas públicas, a designação e cessação de funções, anterior ao encerramento da liquidação, dos liquidatários, bem como o encerramento da liquidação.
6. Factos relativos a *agrupamentos complementares de empresas* (art. 6º):
   - O contrato de agrupamento;
   - A nomeação e exoneração de administradores e gerentes;
   - A entrada, exoneração e exclusão de membros do agrupamento;

- As modificações do contrato;
- A dissolução e encerramento da liquidação do agrupamento.

7. Factos relativos a *agrupamentos europeus de interesse económico* (art. 7º):
   - O contrato de agrupamento;
   - A cessão, total ou parcial, de participação de membro do agrupamento;
   - A cláusula que exonere um novo membro do pagamento das dívidas contraídas antes da sua entrada;
   - A designação e cessação de funções, por qualquer causa que não seja o decurso do tempo, dos gerentes do agrupamento;
   - A entrada, exoneração e exclusão de membros do agrupamento;
   - As alterações do contrato de agrupamento;
   - A dissolução;
   - A designação e cessação de funções, anterior ao encerramento da liquidação, dos liquidatários;
   - O encerramento da liquidação.
8. Factos relativos a *estabelecimentos individuais de responsabilidade limitada* (art. 8º):
   - A constituição;
   - O aumento e redução do capital do estabelecimento;
   - A transmissão do estabelecimento por ato entre vivos e a sua locação;
   - A constituição por ato entre vivos de usufruto e de penhor sobre o estabelecimento;
   - As alterações do ato constitutivo;
   - A entrada em liquidação e o encerramento da liquidação do estabelecimento;
   - A designação e a cessação de funções, anterior ao termo da liquidação, do liquidatário do estabelecimento, quando não seja o respetivo titular.
9. Todas as *ações* e *decisões* judiciais sujeitas a registo, desde que respeitem a factos que devam ser registados por transcrição (art. 9º), tendo em atenção que são sempre registados por transcrição:
   - As ações de interdição do comerciante individual e de levantamento desta (alínea *a*));
   - As ações de declaração de nulidade ou anulação dos contratos de sociedade, de agrupamento complementar de empresas e de agrupamento europeu de interesse económico registados (alínea *c*));
   - As ações de declaração de nulidade ou anulação dos atos de constituição de cooperativas e de estabelecimentos individuais de responsabilidade limitada (alínea *d*));

- As sentenças de declaração de insolvência de comerciantes individuais, de sociedades comerciais, de sociedades civis sob forma comercial, de cooperativas, de agrupamentos complementares de empresas, de agrupamentos europeus de interesse económico e de estabelecimentos individuais de responsabilidade limitada, e as de indeferimento do respetivo pedido, nos casos de designação prévia de administrador judicial provisório, bem como o trânsito em julgado das referidas sentenças (alínea *i)*);
- As sentenças, com trânsito em julgado, de inabilitação e de inibição de comerciantes individuais para o exercício do comércio e de determinados cargos, bem como as decisões de nomeação e de destituição do curador do inabilitado (alínea *j)*);
- Os despachos de nomeação e de destituição do administrador judicial e do administrador judicial provisório da insolvência, de atribuição ao devedor da administração da massa insolvente, assim como de proibição da prática de certos atos sem o consentimento do administrador da insolvência e os despachos que ponham termo a essa administração (alínea *l)*);
- Os despachos, com trânsito em julgado, de exoneração do passivo restante de comerciantes individuais, assim como os despachos inicial e de cessação antecipada do respetivo procedimento e de revogação dessa exoneração (alínea *m)*);
- As decisões judiciais de encerramento do processo de insolvência (alínea *n)*);
- As decisões judiciais de confirmação do fim do período de fiscalização incidente sobre a execução de plano de insolvência (alínea *o)*).

10. A criação, a alteração e o encerramento de *representações permanentes* de sociedades, cooperativas, agrupamentos complementares de empresas e agrupamentos europeus de interesse económico com sede em Portugal ou no estrangeiro, bem como a designação, poderes e cessação de funções dos respetivos representantes (art. 10º).
11. *Todos os factos* que não estejam sujeitos por lei especial ao registo por depósito.

6.2. Matrícula

A matrícula é, como se escreve no preâmbulo do Decreto-Lei nº 403/86, a mera ficha de identificação da entidade sujeita a registo: destina-se, diz o art. 62º, à identificação da entidade sujeita a registo, identificação unívoca pois que a cada uma destas entidades corresponde uma só matrícula.

A matrícula é um ato de registo: não um facto sujeito a registo.

6.2.1. *Menções*

O extrato da matrícula deve conter (nº 1 do art. 8º Reg):

a) O número de matrícula, que corresponde ao *número de identificação de pessoa coletiva ou entidade equiparada (NIPC)* da entidade sujeita a registo, e a conservatória detentora da pasta desta última[59] [60];

b) A *natureza jurídica* da entidade;

c) O *nome* completo e a *firma*, se diferente daquele, do comerciante individual, o seu número fiscal e o estabelecimento principal ou o local do exercício da atividade principal;

d) A *firma* ou *denominação*, o número de identificação de pessoa coletiva e a *sede* da pessoa coletiva e do estabelecimento individual de responsabilidade limitada;

e) A firma da representação permanente de pessoa coletiva, bem como o número de identificação de pessoa coletiva e o local da representação;

f) O código CAE (compreendendo o CAE principal e até três CAE secundários);

g) Outros elementos identificadores da entidade sujeita a registo cuja menção no extrato da matrícula seja determinada por despacho do presidente do Instituto dos Registos e do Notariado.

Nos termos do nº 2 do mesmo art. 8º, a matrícula das representações permanentes das sociedades com sede principal e efetiva no estrangeiro deve incluir a referência a '*representação permanente*', '*sucursal*' ou outra equivalente, à escolha do interessado.

O registo de declaração de *perda do direito ao uso de firma* ou denominação determina a correspondente *menção* na matrícula (nº 3).

As alterações ao código CAE constantes do Sistema de Informação da Classificação Portuguesa das Atividades Económicas (SICAE) são automaticamente refletidas na matrícula (nº 4).

[59] Às sociedades por quotas, às sociedades anónimas e às sociedades em comandita por ações, bem como às representações permanentes e sucursais financeiras exteriores de sociedades de responsabilidade limitada com sede noutro Estado-Membro da União Europeia é atribuído um número único de identificação (EUID) que permite a sua identificação inequívoca nas comunicações efetuadas através do Sistema de Interconexão dos registos centrais, comerciais e das sociedades da União Europeia (arts. 2º e 4º do Decreto-Lei nº 24/2019, de 1 de fevereiro). O EUID em Portugal é composto pelo código PTIRNMJ, seguido do NIPC das pessoas coletivas acima identificadas e passa a constar da matrícula (nºs 7 e 8 do art. 8º do Regulamento do Registo Comercial, na redação aprovada pela Portaria nº 80/2019, de 18 de março).

[60] Embora as pastas em suporte eletrónico estejam integradas na base de dados nacional, designada por SIRCOM, deveriam continuar a existir ainda, nas conservatórias anteriormente competentes, como o legislador aqui prudentemente prevê, pastas em suporte papel com os documentos que não tenham sido digitalizados e que devam ser conservados.

A matrícula dos comerciantes em nome individual, constituída pelo seu número de identificação fiscal, é substituída automaticamente pelo NIPC (art. 6º da Portaria nº 4/2009, de 2 de janeiro).

6.2.2. *Abertura e cancelamento*

A matrícula é *oficiosamente* aberta com a *primeira inscrição*, como decorre do nº 4 do art. 61º, ao dispor que do primeiro registo *decorre a matrícula* do comerciante individual, da pessoa coletiva ou do estabelecimento individual de responsabilidade limitada.

Sob a epígrafe "primeiro registo", determina o nº 1 do mesmo art. 61º que nenhum facto referente a comerciante individual, pessoa coletiva sujeita a registo ou estabelecimento individual de responsabilidade limitada pode ser registado sem que se mostre efetuado *o registo do início de atividade* de comerciante individual *ou da constituição* da pessoa coletiva ou do estabelecimento de responsabilidade limitada.

Desta exigência excetuam-se naturalmente, como refere o nº 2 do art. 61º, os registos decorrentes do processo de insolvência.

No caso de *transferência da sede de sociedade anónima europeia para Portugal*, o primeiro registo referente a essa sociedade é o da alteração dos estatutos decorrente de tal transferência, sem prejuízo também dos registos decorrentes do processo de insolvência (nº 3 do art. 61º).

Os elementos constantes da matrícula e a sua correspondente atualização ou retificação resultam dos registos que sobre ela incidem, sendo a matrícula *aberta com carácter definitivo*, independentemente da qualificação atribuída ao registo que origina a sua abertura (art. 62º).

Esta mesma preocupação de *afastar o carácter provisório da matrícula*, provisoriedade que era admitido na formulação anterior do art. 62º, é reforçado pelo atual nº 5 ao prever que a atualização ou retificação dos elementos da matrícula só pode decorrer do registo definitivo que publicite tais factos.

A matrícula é *oficiosamente cancelada*, por meio de inscrição (art. 62º-A)[61]:

a) Com o registo definitivo de factos que tenham por efeito a extinção da entidade registada;
b) Se a conversão em definitivo do registo provisório, na dependência do qual foi aberta, não se efetuar dentro do prazo legal;

[61] Só por lapso pode o legislador referir que a matrícula é cancelada por *inscrição*: conforme claramente explicita o art. 63º, as inscrições extratam dos documentos depositados os *elementos* que definem a *situação jurídica* dos comerciantes individuais, das pessoas coletivas e dos estabelecimentos individuais de responsabilidade limitada. De resto, o nº 1 do art. 70º determina a publicação obrigatória, na alínea *f)*, do *averbamento* – e não inscrição – *de cancelamento da matrícula* da sociedade anónima europeia que se transfira para outro país.

c) Se aberta na dependência de um ato recusado, se o despacho de qualificação não tiver sido impugnado no prazo legal ou, tendo-o sido, se se verificar algum dos factos previstos no nº 2 do art. 111º [improcedência ou desistência da impugnação das decisões do conservador, bem como a deserção do recurso ou a sua paragem durante mais de 30 dias por inércia do recorrente];

d) Com o registo definitivo de transferência de sede para o estrangeiro.

6.3. Inscrições

6.3.1. Objeto

As inscrições extratam dos documentos depositados os *elementos* que definem a *situação jurídica* dos comerciantes individuais, das pessoas coletivas e dos estabelecimentos individuais de responsabilidade limitada (art. 63º).

Em princípio, *a cada facto* sujeito a registo corresponde *uma inscrição.*

São exceção, todavia, na previsão do art. 66º, sob a epígrafe "*unidade de inscrição*":

> "1 – Todas as alterações do contrato ou ato constitutivo da pessoa coletiva ou estabelecimento individual de responsabilidade limitada dão lugar a uma só inscrição, desde que constem do mesmo título.
>
> 2 – A nomeação ou recondução dos gerentes, administradores, diretores, membros do órgão de fiscalização, liquidatários e secretários da sociedade feita no título constitutivo da pessoa coletiva ou estabelecimento individual de responsabilidade limitada ou da sua alteração não tem inscrição autónoma, devendo constar, consoante os casos, da inscrição do ato constitutivo ou da sua alteração.
>
> 3 – A nomeação de administrador judicial da insolvência, a atribuição ao devedor da administração da massa insolvente e a proibição ao devedor administrador da prática de certos atos sem o consentimento do administrador judicial, quando determinadas simultaneamente com a declaração de insolvência, não têm inscrição autónoma, devendo constar da inscrição que publicita este último facto; a inscrição conjunta é também feita em relação aos factos referidos que sejam determinados simultaneamente em momento posterior àquela declaração.
>
> 4 – A nomeação de curador ao comerciante individual insolvente, quando efetuada na sentença de inabilitação daquele, é registada na inscrição respeitante a este último facto.
>
> 5 – A cumulação prevista nos números anteriores só é permitida se a qualificação dos atos for a mesma."

6.3.2. *Menções gerais*

Do extrato da inscrição deve constar (nº 1 do art. 9º Reg):

a) O *número de ordem* correspondente e o *número e a data da apresentação*;
b) Sendo a *inscrição provisória*, a menção de que o é, por natureza ou por dúvidas, com indicação, no primeiro caso, da disposição legal aplicável;
c) O *facto* registado;
d) O nome completo, a residência habitual ou domicílio profissional e o número de identificação fiscal (NIF) ou a firma, a sede e o número de identificação de pessoa coletiva (NIPC) dos *sujeitos que figurem ativamente* no facto.

Do extrato da inscrição, deve constar, igualmente, o *estado civil dos sócios* e, sendo casados, o *nome do cônjuge e o respetivo regime de bens* (nº 2 do art. 9º).

6.3.3. *Menções especiais*

O extrato da inscrição deve ainda conter as menções especiais enumeradas no art. 10º Reg.

6.3.4. *Espécies de inscrições*

As inscrições podem ser *definitivas* ou *provisórias* e estas podem sê-lo por *natureza* ou por *dúvidas*.

6.3.5. *Inscrições provisórias por natureza*

São *provisórias por natureza* as inscrições *taxativamente* enumeradas no art. 64º.

São inscrições de factos que, pela sua própria natureza, não podem ter um carácter definitivo porque a possibilidade de revestirem ou não esta característica está dependente da ocorrência de um outro facto no futuro ou de facto cuja validade ainda é incerta. Assim:

> "1. São provisórias por natureza as seguintes inscrições:
>
> *a)* De constituição de sociedades antes de titulado o contrato;
>
> *b)* De constituição de sociedades dependente de alguma autorização especial, antes da concessão desta;
>
> *c)* De constituição provisória de sociedades anónimas com apelo a subscrição pública de ações;
>
> *d)* *(Revogada pelo Decreto-Lei nº 76-A/2006, de 29 de março)*;
>
> *e)* De declaração de insolvência ou de indeferimento do respetivo pedido, antes do trânsito em julgado da sentença;
>
> *f)* *(Revogada pelo Decreto-Lei nº 76-A/2006, de 29 de março)*;
>
> *g)* *(Revogada pelo Decreto-Lei nº 76-A/2006, de 29 de março)*;

h) (Revogada pelo Decreto-Lei nº 76-A/2006, de 29 de março);

i) (Revogada pelo Decreto-Lei nº 116/2008, de 4 de julho);

j) De negócio jurídico celebrado por gestor ou por procurador sem poderes suficientes, antes da ratificação;

l) (Revogada pelo Decreto-Lei nº 76-A/2006, de 29 de março);

m) (Revogada pelo Decreto-Lei nº 76-A/2006, de 29 de março);

n) De ações judiciais.

2. São ainda provisórias por natureza as inscrições:

a) (Revogada pelo Decreto-Lei nº 76-A/2006, de 29 de março);

b) Dependentes de qualquer registo provisório ou que com ele sejam incompatíveis;

c) Que, em reclamação contra a reforma de livros e fichas, se alega terem sido emitidas;

d) Efetuadas na pendência de recurso hierárquico ou impugnação judicial da recusa do registo ou enquanto não decorrer o prazo para a sua interposição."

6.3.6. Inscrições provisórias por dúvidas

São *provisórias por dúvidas* as inscrições de factos sujeitos a registo cujo pedido se não mostre instruído com todos os documentos legalmente exigíveis, falta essa que todavia não constitua fundamento para um despacho de recusa do registo por não ser subsumível a qualquer dos casos para tanto legalmente previstos.

A interpretação literal da expressão "por dúvidas" poderia levar a crer que era aplicada nos casos em que ao conservador se suscitariam dúvidas sobre a qualificação do ato de registo em causa; não é assim. Trata-se de uma expressão tradicional na linguagem jurídica registal para significar que é o pedido que apresenta deficiências, em princípio suscetíveis de correção, e por conseguinte não sendo caso de recusa do registo.

O Conselho Técnico da Direção-Geral dos Registos e do Notariado achou conveniente esclarecer o equívoco de alguns, escrevendo:[62] "Para o conservador as dúvidas são certezas por onde se resolve uma das vias da não admissibilidade. Ao lavrar o registo provisório por dúvidas, o conservador deve ter a certeza de que existe motivo que, não sendo fundamento de recusa, obste ao registo do ato tal como é pedido. Não tem dúvidas, opõe-nas. A dúvida não existe na mente do julgador, mas tão-somente no fecho tabular do registo, que é feito sob condição suspensiva até que seja preenchido o requisito em falta ou desfeita a contradição existente."

[62] No parecer proferido no P. 11/84-RP.3, citado no *Manual de Procedimentos do Registo Comercial*, editado pela Direção-Geral dos Registos e do Notariado, p. 40.

6.3.7. Prazo de vigência das inscrições provisórias

O *prazo de vigência das inscrições provisórias* é, em regra, de *seis meses*, como resulta do já citado nº 3 do art. 18º que todavia ressalva o caso da fixação legal de outros prazos.

Recorda-se que é o art. 65º que estabelece os seguintes prazos especiais de vigência de inscrições provisórias por natureza:

> "1 – É de um ano o prazo de vigência das inscrições provisórias referidas nas alíneas *a)* a *c)* do nº 1 do artigo anterior *[constituição de sociedades antes de titulado o contrato, constituição de sociedades dependente de alguma autoridade especial, antes da concessão desta, e constituição provisória de sociedades anónimas com apelo a subscrição pública de ações]*.
>
> 2 – As inscrições referidas nas alíneas *e*) do nº 1 e *c*) do nº 2 do artigo anterior, se não forem também provisórias com outro fundamento, mantêm-se em vigor pelo prazo de cinco anos, renovável por períodos de igual duração, mediante prova de subsistência da razão da provisoriedade *[declaração de insolvência ou de indeferimento do respetivo pedido, antes do trânsito em julgado da sentença, bem como as que, em reclamação contra a reforma de livros e fichas, se alega terem sido omitidas]*.
>
> 3 – As inscrições referidas na alínea *n*) do nº 1 do artigo anterior *[ações judiciais]* não estão sujeitas a qualquer prazo de caducidade.
>
> 4 – As inscrições referidas na alínea *b*) do nº 2 do artigo anterior *[dependentes de qualquer registo provisório ou que com ele sejam incompatíveis]* mantêm-se em vigor pelo prazo do registo de que dependem ou com o qual colidem, salvo se antes caducarem por outra razão, e a conversão do registo em definitivo determina a conversão oficiosa das inscrições dependentes ou a caducidade das inscrições incompatíveis, sendo que o cancelamento ou a caducidade do registo provisório determina a conversão oficiosa da inscrição incompatível.
>
> 5 – Sem prejuízo do disposto no artigo 112º[63], as inscrições referidas na alínea *d*) do nº 2 do artigo anterior *[efetuadas na pendência de recurso hierárquico ou impugnação judicial da recusa do registo ou enquanto não decorrer o prazo*

[63] Art. 112º *(Registos dependentes)*: 1 – No caso de recusa, julgado procedente o recurso hierárquico ou a impugnação judicial, deve anotar-se a caducidade dos registos provisórios incompatíveis com o ato inicialmente recusado e converter-se oficiosamente os registos dependentes.
2 – Verificando-se a caducidade do direito de impugnação ou qualquer dos factos previstos no nº 2 do artigo anterior *[improcedência ou desistência do recurso hierárquico ou da impugnação judicial, deserção da instância ou paragem do processo durante mais de 30 dias por inércia do autor]*, é anotada a caducidade dos registos dependentes e são convertidos os registos incompatíveis.

para a sua interposição] mantêm-se em vigor nos termos previstos no nº 2, salvo se antes caducarem por outra razão."

6.4. Averbamentos

As inscrições podem ser *atualizadas* ou *retificadas* por averbamento (art. 68º).

a) Factos registados por averbamento

São também registados por averbamento às inscrições a que respeitam os factos previstos no nº 1 do art. 69º, a seguir enumerados com as alterações decorrentes do Decreto-Lei nº 76-A/2006, de 29 de Março:

"1- São registados por averbamento às inscrições a que respeitam os seguintes factos:

a) *(Revogada pelo Decreto-Lei nº 76-A/2006)*;

b) *(Revogada pelo Decreto-Lei nº 76-A/2006)*;

c) *(Revogada pelo Decreto-Lei nº 76-A/2006)*;

d) *(Revogada pelo Decreto-Lei nº 76-A/2006)*;

e) *(Revogada pelo Decreto-Lei nº 76-A/2006)*;

f) *(Revogada pelo Decreto-Lei nº 76-A/2006)*;

g) *(Revogada pelo Decreto-Lei nº 76-A/2006)*;

h) *(Revogada pelo Decreto-Lei nº 76-A/2006)*;

i) *(Revogada pelo Decreto-Lei nº 76-A/2006)*;

j) *(Revogada pelo Decreto-Lei nº 76-A/2006)*;

l) A recondução ou cessação de funções de gerentes, administradores, diretores, representantes e liquidatários;

m) *(Revogada pelo Decreto-Lei nº 76-A/2006)*;

n) *(Revogada pelo Decreto-Lei nº 76-A/2006)*;

o) *(Revogada pelo Decreto-Lei nº 76-A/2006)*;

p) *(Revogada pelo Decreto-Lei nº 76-A/2006)*;

q) A cessação de funções do administrador judicial e do administrador judicial provisório da insolvência;

r) A decisão judicial de proibição ao devedor insolvente da prática de certos atos sem o consentimento do administrador da insolvência, quando tal proibição não for determinada conjuntamente com a atribuição ao devedor da administração da massa insolvente;

s) A decisão judicial que ponha termo à administração da massa insolvente pelo devedor;

t) A decisão judicial de cessação antecipada do procedimento de exoneração do passivo restante de comerciante individual e a de revogação dessa exoneração;

u) A decisão judicial de confirmação do fim do período de fiscalização incidente sobre a execução de plano de insolvência;

v) A declaração de perda do direito ao uso de firma ou denominação.

De harmonia com o nº 2 deste art. 69º, são igualmente registados nos termos do nº 1:

a) *(Revogada pelo Decreto-Lei nº 76-A/2006)*;

b) A decisão final das ações inscritas;

c) A conversão em definitivos, no todo ou em parte, dos registos provisórios;

d) A renovação dos registos;

e) A nomeação de terceiro ou a sua não nomeação em contrato de pessoa a nomear;

f) O cancelamento, total ou parcial, dos registos.

A conversão em definitiva da inscrição de ação em que se julgue modificado ou extinto um facto registado, ou se declare nulo ou anulado um registo, determina o correspondente *averbamento oficioso* de alteração ou cancelamento (nº 4 do art. 69º), do mesmo modo que o trânsito em julgado da sentença prevista na alínea *e)* do nº 1 do art. 64º determina o averbamento de *conversão em definitivo* do correspondente registo (nº 5 do art. 69º).

As *decisões judiciais* previstas na alínea *t)*[64] do nº 1 são averbadas, respetivamente, à inscrição do despacho inicial de exoneração do passivo restante e à do despacho final que determine essa exoneração (nº 6 do art. 69º), enquanto a decisão judicial prevista na alínea *u)* do nº 1 é averbada à inscrição da decisão de encerramento do processo de insolvência que publicite a sujeição da execução de plano de insolvência a fiscalização (nº 7 do mesmo artigo).

Os factos constantes do nº 1 não representam, como é próprio dos averbamentos, atualizações ou retificações de inscrições.

São factos que deveriam ingressar no registo como inscrições mas que o Código veio a optar por integrá-los como averbamentos a inscrições já existentes.

[64] *t)* e não *s)*, e adiante *u)*, e não *t)*, como, por óbvio lapso, consta do texto legal: as referências feitas às alíneas *s)* e *t)*, escreve Maria Ema Guerra, *ob. cit.*, em anotação a este artigo, "não fazem sentido, devendo considerar-se como feitas às alíneas *t)* e *u)*, já que são estas as alíneas que dizem respeito aos averbamentos dos factos mencionados naqueles números."

Por isso é frequentemente preferida na doutrina a designação de *subinscrições* para os averbamentos previstos no nº 1 deste art. 69º[65]. De facto, estes averbamentos podem ser provisórios por dúvidas (nº 3 do art. 69º), possibilidade que é própria das inscrições e que se não verifica relativamente aos outros averbamentos.

b) Menções gerais dos averbamentos à inscrição

Os averbamentos à inscrição devem conter (art. 11º Reg):

a) O número de ordem privativo do averbamento dentro da inscrição a que respeita;
b) O número e a data da apresentação ou, se desta não dependerem, a data em que são feitos;
c) A menção do facto averbado.

c) Menções especiais dos averbamentos à inscrição

O extrato do averbamento à inscrição deve ainda conter as menções especiais constantes do art. 12º Reg.

6.5. Anotações

A anotação não é um ato de registo em sentido próprio, mas uma mera nota de circunstâncias a que interessa dar publicidade; os casos em que há lugar a anotação estão previstos na lei.

São exemplos a anotação da apresentação do registo por transcrição (art. 5º Reg.), da caducidade dos registos (art.os 18º e 112º), das publicações (art. 71º), ou da interposição de recurso hierárquico ou impugnação judicial (art. 111º).

As anotações, quando outras exigências não forem feitas na lei, devem conter a data da apresentação dos documentos ou, se dela não dependerem, a data em que foram lavradas, bem como o número de ordem privativo dentro das inscrições ou averbamentos a que respeitam, e o facto anotado (art. 13º Reg).

6.6. Publicações obrigatórias

a) Atos de publicação obrigatória

É obrigatória a publicação dos atos de registo referidos no nº 1 do art. 70º, a saber:

a) Os previstos no art. 3º, quando respeitem a *sociedades por quotas, anónimas* ou *em comandita por ações*, desde que sujeitas a registo obrigatório, salvo os das alíneas *c*), *e*), *f*) e *i*) do nº 1;

[65] "É que, na substância, são inscrições, visto que é através delas que se definem determinadas situações jurídicas por lei sujeitas a registo" (Mouteira Guerreiro, *ob. cit.*, p. 240).

b) Os previstos nos artºs 4º *[cooperativas]*, 6º *[agrupamentos complementares de empresas]*, 7º *[agrupamentos europeus de interesse económico]* e 8º *[estabelecimentos individuais de responsabilidade limitada]*;

c) *(Revogada pelo Decreto-Lei nº 76-A/2006)*;

d) Os previstos nas alíneas *c)*, *d)* e *h)* do art. 9º *[ações e decisões]*;

e) Os previstos nas alíneas *c)* e *d)* do art. 10º *[representações permanentes]*;

f) O averbamento de cancelamento a que se refere o nº 2 do art. 27º *[matrícula de sociedade anónima europeia por transferência de sede para outro Estado membro da União Europeia]*.

De harmonia com o art. 71º, uma vez efetuado o registo, deve o conservador promover as publicações obrigatórias imediatamente e a expensas do interessado (nº 1).

As publicações que, por força do nº 4 do art. 70º, devam também ser feitas no *Jornal Oficial da União Europeia* – a constituição e o encerramento da liquidação de um agrupamento europeu de interesse económico, bem como os factos cujo registo determina a abertura ou o cancelamento da matrícula de uma sociedade anónima europeia – são promovidas no prazo de 5 dias a contar do registo (nº 2).

As publicações efetuam-se com base nos dados transmitidos por via eletrónica entre a conservatória e o Instituto dos Registos e do Notariado e, apenas nos casos em que este meio não esteja disponível, com base em certidões passadas na conservatória ou com base em certidões passadas em cartório notarial ou tribunal judicial e juntas ao pedido de registo, as quais devem ser remetidas ao Instituto dos Registos e do Notariado, no prazo de 15 dias, por via postal ou ainda por telecópia ou por correio eletrónico, nos termos do nº 1 do art. 2º e do art. 4º do Decreto-Lei nº 66/2005, de 15 de março[66], aplicáveis com as necessárias adaptações (nº 3).

[66] O Decreto-Lei nº 66/2005, de 15 de março, que regula a transmissão e receção por telecópia e por via eletrónica pelos serviços registrais, cartórios notariais e outros serviços, determina nas disposições acima referidas:
Art. 2º: "1 – Os serviços registrais e os cartórios notariais podem transmitir entre si documentos constantes dos respetivos arquivos por meio de telecópia ou por via eletrónica nos mesmos termos em que deles podem extrair certidões, sendo reconhecida aos documentos emitidos a força probatória dos originais."
Art. 4º: "1 – O serviço registral ou cartório notarial que emite, por telecópia, a certidão ou certificado de admissibilidade de firma ou denominação deve fazer menção à aposição do selo branco no próprio documento a transmitir ou em papel avulso, a transmitir na continuidade daquele, sem prejuízo dos formalismos especialmente previstos pela lei notarial para a transmissão de documentos por telecópia."

As certidões emitidas pelas conservatórias para efeitos das publicações no *Jornal Oficial da União Europeia* devem conter as indicações cuja publicitação é exigida pela legislação comunitária aplicável (nº 4).

As publicações devem ser anotadas na ficha de registo, sendo competentes para a sua assinatura o conservador e qualquer oficial dos registos (nº 5).

Deve salientar-se que o nº 1 do art. 70º se refere a *atos de registo* – definitivos ou provisórios por natureza – e não aos factos sujeitos a registo. Por isso, as menções obrigatórias do registo têm de constar sempre das publicações (nº 1 do art. 72º).

As *publicações* são feitas em *sítio na Internet* de acesso público, no qual a informação objeto de publicidade possa ser acedida, designadamente por ordem cronológica (nº 2 do art. 70º e nº 1 do art. 167º CSC).

A tramitação dos procedimentos de publicação é objeto da Portaria nº 590-A/ /2005, de 14 de julho, que dispõe o seguinte, no seu art. 1º:

> "1 – As publicações obrigatórias referidas no artigo 167º do Código das Sociedades Comerciais e no nº 2 do artigo 70º do Código do Registo Comercial fazem-se através do sítio da Internet de acesso público com o endereço eletrónico *www.mj.gov.pt/publicacoes*, mantido pela Direção-Geral dos Registos e do Notariado.
>
> 2 – A informação objeto de publicidade no sítio referido no número anterior deve poder ser acedida, designadamente, por ordem cronológica e por outros elementos identificativos, como a denominação, o número de identificação de pessoa coletiva ou o concelho da localização da sede da pessoa coletiva.
>
> 3 – O acesso ao sítio referido no nº 1 e à respetiva informação aí publicada é gratuito."

O art. 2º da mesma portaria define os *procedimentos para publicação* nos seguintes termos:

> "1 – A publicação obrigatória dos atos sujeitos a registo é oficiosamente promovida pelas conservatórias do registo comercial, nos termos do disposto no artigo 71º do Código do Registo Comercial.
>
> 2 – Os textos relativos aos restantes atos societários sujeitos a publicação obrigatória podem ser entregues junto de qualquer conservatória ou remetidos por via postal aos serviços centrais da Direção-Geral dos Registos e do Notariado, em endereço a identificar no sítio referido no nº 1 do artigo anterior.
>
> 3 – Os textos respeitantes aos atos societários referidos no número anterior podem ainda ser remetidos à Direção-Geral dos Registos e do Nota-

riado mediante transmissão eletrónica de dados, de acordo com as instruções constantes do sítio da Internet identificado no nº 1 do artigo anterior.

4 – Os textos destinados a publicação dos atos societários referidos nos nºs 2 e 3 devem conter todas as indicações referidas no artigo 171º do Código das Sociedades Comerciais, cabendo à Direção-Geral dos Registos e do Notariado assegurar a sua publicação no prazo máximo de 15 dias contados a partir da respetiva receção."

b) Modalidades das publicações

O art. 72º define as modalidades das publicações.

A publicação do *contrato* ou do *estatuto* por que se rege a pessoa coletiva, bem como das respetivas *alterações*, é efetuada com a menção especial do *depósito do texto atualizado do contrato ou estatuto*, além das já referidas menções obrigatórias do registo (nº 2).

Os documentos de *prestação de contas* das *sociedades abertas* que não tenham valores mobiliários admitidos à negociação em mercado regulamentado e a ata de encerramento da liquidação destas sociedades são *publicados integralmente* (nº 3)[67].

A publicação da informação constante dos documentos de *prestação de contas* de *outras sociedades* que não as referidas no número anterior não inclui a certificação legal das contas, mas é nela divulgado (nº 4):

a) Se o parecer da revisão traduz uma opinião sem reservas ou com reservas, se é emitida uma opinião adversa ou se o revisor oficial de contas não está em condições de exprimir uma opinião de revisão;
b) Se no documento de certificação legal das contas é feita referência a qualquer questão para a qual o revisor oficial de contas tenha chamado a atenção com ênfase, sem qualificar a opinião de revisão.

c) Consequências da falta de publicação

É preciso ter em atenção que a falta de publicação dos factos a ela obrigatoriamente sujeitos, nos termos do nº 2 do art. 70º, ou seja, publicação no sítio na Internet acima referido, implica a *não produção de efeitos contra terceiros* (nº 2 do art. 14º).

O art. 168º CSC, já anteriormente citado, precisa, no entanto, que os terceiros *podem prevalecer-se de atos cujo registo e publicação não tenham sido efetuados*, salvo se a lei privar esses atos de todos os efeitos ou especificar para que efeitos podem os terceiros prevalecer-se deles.

[67] A prestação de contas deve agora obedecer aos procedimentos previstos no Decreto-Lei nº 8/2007, de 17 de janeiro, que criou a *Informação Empresarial Simplificada* (ver 8.5.12 – *Registo da prestação de contas: Informação Empresarial Simplificada*).

Por sua vez, a sociedade não pode opor a terceiros atos cuja publicação seja obrigatória sem que esta esteja efetuada, *salvo se a sociedade provar que o ato está registado e que o terceiro tem conhecimento dele.*

Relativamente a *operações efetuadas antes de terem decorrido 16 dias sobre a publicação*, os atos não são oponíveis pela sociedade a terceiros que provem ter estado, durante esse período, impossibilitados de tomar conhecimento da publicação.

Os atos sujeitos a registo, mas que não devam ser obrigatoriamente publicados, *não podem ser opostos pela sociedade a terceiros enquanto o registo não for efetuado.*

Disposição similar à do art. 168º CSC, e também já anteriormente referida, é a do art. 6º do Decreto-Lei nº 248/86, de 25 de agosto, na redação do Decreto-Lei nº 76-A/2006, de 29 de março, aplicável aos estabelecimentos individuais de responsabilidade limitada.

d) Comunicações obrigatórias à administração tributária, à segurança social e à entidade da administração pública com atribuições na área do desporto

O Decreto-Lei nº 122/2009, de 21 de maio, aditou ao Código do Registo Comercial o art. 72º-A, com a epígrafe "comunicações obrigatórias" e a seguinte redação:

> "1 – É oficiosa e gratuitamente comunicado, por via eletrónica, o conteúdo dos seguintes atos de registo aos serviços da administração tributária e da segurança social:
>
> *a*) A inscrição no registo comercial;
>
> *b*) As alterações aos estatutos quanto à natureza jurídica, à firma, ao nome ou à denominação, à sede ou à localização de estabelecimento principal, ao capital e ao objeto;
>
> *c*) A designação e cessação de funções, por qualquer causa que não seja o decurso do tempo, dos órgãos de administração e fiscalização;
>
> *d*) A fusão e a cisão;
>
> *e*) A designação e cessação de funções, anterior ao encerramento da liquidação, de liquidatários;
>
> *f*) A nomeação e destituição do administrador de insolvência;
>
> *g*) A dissolução e o encerramento da liquidação.
>
> 2 – Para os efeitos do disposto na alínea *g*) do número anterior, no momento do registo do encerramento da liquidação deve ser obrigatoriamente indicado o representante da entidade para efeitos tributários, nos termos do nº 4 do artigo 19º do Decreto-Lei nº 398/98, de 17 de dezembro.
>
> 3 – As comunicações obrigatórias efetuadas nos termos dos números anteriores determinam que os serviços da administração tributária e da segurança social não podem exigir a apresentação das respetivas declarações."

Por sua vez, o art. 28º do Decreto-Lei nº 10/2013, de 25 de janeiro, que a constituição e os estatutos e suas alterações das sociedades desportivas sejam, oficiosamente e a expensas destas, comunicados pela conservatória do registo comercial à entidade da administração pública com atribuições na área do desporto.

e) Disponibilização oficiosa de informação
É oficiosa e gratuitamente disponibilizada, para simples consulta, no Portal Europeu da Justiça Eletrónica, a informação sobre a natureza jurídica, firma, número de pessoa coletiva e sede das pessoas coletivas inscritas no registo comercial (art.72º-B).

7. Organização do registo comercial

7.1. Competência genérica das conservatórias do registo comercial

O registo comercial está a cargo das conservatórias do registo comercial que podem funcionar como serviços autónomos – ou seja, efetuando apenas registo comercial – ou em regime de anexação com outras conservatórias, conforme prevê o art. 7º do Decreto-Lei nº 519-F2/79, de 29 de dezembro, na redação que lhe foi conferida pelo art. 5º do Decreto-Lei nº 324/2007, de 28 de setembro:

> "1 – As conservatórias do registo comercial funcionam como repartições autónomas ou em regime de anexação com outras conservatórias.
>
> 2 – Os atos do registo comercial podem ser efetuados e os respetivos meios de prova obtidos em qualquer conservatória do registo comercial, independentemente da sua localização geográfica."

7.2. Competência territorial das conservatórias do registo comercial

Até à entrada em vigor do Decreto-Lei nº 76-A/2006, de 29 de março, a competência territorial das conservatórias do registo comercial para o processo de registo estava claramente definida como forma de garantir a segurança do comércio jurídico.

De facto, um sistema de documentos em suporte papel exigia que não houvesse dúvidas sobre a conservatória em que poderiam ser consultados os registos relativos a qualquer das entidades a eles obrigatoriamente sujeitas.

A implementação de um sistema informático que abrangesse o universo dos registos existentes em todas as conservatórias, de fiabilidade assegurada e acessível a partir de qualquer delas, permitiria abandonar o sistema tradicional e consequentemente a definição de uma competência territorial de cada conservatória para lavrar os registos.

É este sistema, designado por *SIRCOM – Sistema Integrado de Registo Comercial*, que o Decreto-Lei nº 76-A/2006, de 29 de março, previa que entrasse em pleno funcionamento a partir de 1 de janeiro de 2007 e que, em consequência, tornasse inútil a manutenção da competência territorial das conservatórias do registo comercial, tal como fixadas nos artºs 24º a 26º.

Estas normas foram de facto revogadas por aquele diploma, tal como, na mesma linha lógica, deveriam ser revogadas ou alteradas todas as disposições que pressupunham, para esse efeito, a competência territorial das conservatórias, se porventura fosse viável transferir para suporte eletrónico todos os documentos e registos em vigor.

Impunha-se, em consequência, a alteração do art. 28º da então vigente Lei Orgânica da Direção Geral dos Registos e do Notariado (Decreto-Lei nº 87/2001, de 17 de março), pelo que o art. 33º do Decreto-Lei nº 76-A/2006 deu aos nºs 2 e 3 daquele artigo a seguinte redação:

> "2 – Os atos relativos aos sujeitos mencionados no número anterior *[entidades sujeitas a registo comercial]* podem ser efetuados e os respetivos meios de prova obtidos em qualquer conservatória do registo comercial, independentemente da sua localização geográfica.
>
> 3 – A competência para a prática dos atos referidos no número anterior pode ser atribuída a qualquer conservatória de registos, através de despacho do diretor-geral dos Registos e do Notariado."

Considerando, todavia, que até 31 de dezembro de 2006 se manteria o sistema tradicional, o diploma republicou, em substituição dos artigos revogados ou alterados, como disposições transitórias para vigorar até àquela data, as mesmas normas, agora com os nºs 45º a 52º, e cujo interesse, como veremos, continua a ser importante, pese o facto de a sua validade formal ter cessado.

A área de competência prevista pelos artºs 45º e 46º era a seguinte:

a) Para *comerciantes individuais*, a área do seu estabelecimento principal ou, na falta deste, do exercício da sua atividade principal, e para *estabelecimentos individuais de responsabilidade limitada* a área da sua *sede* (art. 45º);

b) Para *sociedades, cooperativas, empresas públicas, agrupamentos complementares de empresas e agrupamentos europeus de interesse económico*, a área da a sua *sede estatutária* (nº 1 do art. 46º);

c) Para *sociedades ou outras pessoas coletivas* ou estabelecimentos de tipo correspondente a qualquer dos abrangidos pelo Código do Registo Comercial com *sede estatutária no estrangeiro*, mas que tenham em Portugal a *sede principal e efetiva da sua administração*, a área *desta sede* (nº 2 do art. 46º).

Em vez de terem sido, como foram, simplesmente revogadas as disposições referentes à competência territorial das conservatórias, teria sido mais adequado manter a definição clara dessa competência territorial, mas agora apenas para efeitos de *guarda do arquivo em suporte papel*, de forma a não fragilizar a segurança jurídica neste particular.

De facto, em lugar de ter sido prevista, no art. 1º, alínea *h)*, do Decreto-Lei nº 76-A/2006, de 29 de março, a "eliminação da competência territorial das conservatórias do registo comercial a partir de 1 de Janeiro de 2007", teria sido naturalmente mais apropriado prever apenas a eliminação, *para efeitos de registo*, da aludida competência territorial.

De resto, é o próprio legislador que o deixa manifesto, ao determinar no nº 1 do art. 57º que a cada entidade sujeita a registo é destinada uma *pasta, guardada na conservatória situada no concelho da respetiva sede*, onde são arquivados todos os documentos respeitantes aos atos submetidos a registo.

Da mesma maneira, o art. 3º Reg prevê, no seu nº 1, que os documentos que serviram de base ao registo e a respetiva requisição, bem como o texto das publicações, quando não efetuadas por via eletrónica, são arquivados em *pastas privativas* de cada entidade sujeita a registo, *existentes na conservatória da área da respetiva sede.*

Também o art. 27º determina que, quando a sociedade ou outra entidade sujeita a registo solicitar o registo de *alteração de sede para localidade pertencente a outro concelho*, a conservatória remete oficiosamente a respetiva pasta à *conservatória situada nesse concelho* e de tal facto notifica a entidade em causa.

Em qualquer dos casos, quando estiverem em causa documentos referentes a comerciantes individuais, terá ainda de interpretar-se a expressão *sede* como extensiva a área do seu estabelecimento principal ou do exercício da sua atividade principal.

7.3. Suportes documentais do registo

Vimos que o art. 57º, na redação que lhe foi dada pelo Decreto-Lei nº 76-A/ /2006, prevê que a cada entidade sujeita a registo seja destinada uma *pasta*, guardada na conservatória situada no concelho da respetiva sede, podendo, em substituição deste arquivo, ser determinado, agora pelo presidente do Instituto dos Registos e do Notariado, o arquivo dos documentos em suporte eletrónico.

O Código prevê de facto, no art. 58º, que os atos de registo por transcrição sejam efetuados em *suporte informático*, acautelando, no entanto, o art. 53º do Decreto-Lei nº 76-A/2006 uma solução de recurso para os casos em que a informatização do registo não tenha sido ainda conseguida ou não seja mesmo encarada.

Existem nas conservatórias, para o serviço de registo (nº 1 do art. 1º Reg):

a) Um diário, em suporte informático, destinado à anotação cronológica das apresentações dos pedidos de registo por transcrição e respetivos documentos;
b) Fichas de registo em suporte informático;
c) Pastas destinadas ao arquivo de documentos.

O nº 2 deste artigo reafirma a disposição do nº 2 do art. 57º no sentido de que as pastas podem ser substituídas pelo arquivo dos documentos em suporte eletrónico, nos termos fixados por despacho do presidente do Instituto dos Registos e do Notariado.

Estes documentos arquivados em suporte eletrónico têm a força probatória dos originais (nº 3 do art. 57º).

As *fichas informáticas* de registo contêm a matrícula da entidade sujeita a registo e os registos por transcrição e menções dos registos por depósito que lhe respeitem, sendo que a cada entidade corresponde uma *única ficha* informática (nºs 1 e 2 do art. 2º Reg).

Se, no entanto, a *alteração da natureza jurídica* da entidade registada determinar a atribuição de um novo número de identificação de pessoa coletiva, é aberta uma nova ficha informática para o registo da entidade em causa (nº 3).

Das *pastas* se ocupa o art. 3º Reg; assim, os documentos que serviram de base ao registo e a respetiva requisição, bem como o texto das publicações, quando não efetuadas por via eletrónica, são arquivados em *pastas privativas* de cada entidade sujeita a registo, existentes na *conservatória da área da respetiva sede* (nº 1), podendo estas conservatórias atribuir um *número de ordem* a cada pasta (nº 2).

Os documentos respeitantes a registos que já não se encontrem em vigor podem ser transferidos para uma *pasta-desdobramento,* com anotação do facto em ambas as pastas (nº 3). Anotada a caducidade do registo provisório, os documentos são desentranhados da pasta para devolução aos interessados (nº 4).

Após a feitura de registo solicitado em conservatória não detentora da pasta da entidade, deve esta conservatória remeter à competente a requisição e os documentos que a instruíram, bem como os despachos a que tenha havido lugar, para arquivamento na pasta respetiva (nº 5).

Sempre que a conservatória onde foi solicitado o registo não for a detentora da pasta da entidade e o funcionário competente para o registo tenha necessidade de consultar documentos nela arquivados, deve solicitar àquela conservatória o envio imediato de cópia dos mesmos, por telecópia ou qualquer outra forma expedita (nº 7).

Efetuada a inscrição que publicite a mudança voluntária da sede da entidade para outro concelho, a pasta respetiva é remetida oficiosamente à conservatória nele situada, sendo a entidade notificada de tal facto (nº 8): esta obrigação tinha sido já determinada pelo nº 1 do art. 27º.

Todavia, o envio dos documentos previsto nos nºs 5, 7 e 8 só ocorre quando não existam condições que garantam o acesso por via eletrónica à informação sobre a entidade (nº 9): é este acesso que se presume representar agora a situação normal na medida em que a via eletrónica deverá estar disponível, *por forma segura*, no universo do registo comercial.

Note-se que, como já foi salientado, os documentos que servem de base ao registo lavrado por transcrição são obrigatoriamente arquivados, seja em suporte eletrónico ou em suporte papel, devendo ser apresentado, para arquivo, relativamente a cada alteração do contrato de sociedade, versões atualizadas e completas do texto do contrato alterado e da lista dos sócios, com os respetivos dados de identificação (art. 59º).

O registo por depósito consiste, como se viu, no mero arquivamento dos documentos que titulam factos sujeitos a registo (e da sua menção na ficha de registo): o art. 54º do Decreto-Lei nº 76-A/2006 prevê que os atos de registo por depósito sejam efetuados em suporte informático no momento em que as condições técnicas o permitirem, em termos a definir por portaria do Ministro da Justiça. Esta definição foi efetuada pela Portaria nº 1416-A/2006, de 19 de dezembro, nos termos que são adiante explicitados.

8. Processo de registo

8.1. Primeiro registo

O primeiro registo, de que, em regra, decorre a *matrícula*, é, quanto aos comerciantes individuais, o do início da sua atividade e, quanto às pessoas coletivas sujeitas a registo e aos estabelecimentos individuais de responsabilidade limitada, o da sua constituição, bem como, no caso de transferência da sede de sociedade anónima europeia para Portugal, o da alteração dos estatutos decorrente de tal transferência (art. 61º).

Excetuam-se, por força do nº 2 do art. 61º, os registos decorrentes do *processo de insolvência*: estes registos podem assim ser efetuados mesmo quando o do início de atividade ou de constituição ainda o não tenha sido.

Só podem ser registados os *factos constantes de documentos* que legalmente os comprovem, como determina o art. 32º, que esclarece ainda que os documentos escritos em *língua estrangeira* só podem ser aceites quando traduzidos nos termos da lei, salvo se titularem factos sujeitos a registo por transcrição, estiverem redigidos em língua inglesa, francesa ou espanhola e o funcionário competente dominar essa língua[68].

Podem ser depositadas, na pasta da entidade sujeita a registo, traduções efetuadas nos termos da lei, de documentos respeitantes a atos submetidos a registos, em qualquer língua oficial da União Europeia – entenda-se, em qualquer outra língua que não as acima referidas –, em termos a definir por portaria (nº 3 do art. 32º).

Os documentos arquivados nos *serviços da Administração Pública* podem ser utilizados para a realização de registos por transcrição, devendo tais documentos ser referenciados no pedido, sem prejuízo do reembolso pelo apresentante dos pagamentos devidos àqueles serviços (nºs 4 e 5 do art. 32º).

Sem prejuízo da competência para certificação de fotocópias atribuída por lei a outras entidades, para efeitos de registo comercial *on-line* de atos sobre sociedades comerciais ou civis sob forma comercial os respetivos *gerentes, administradores e secretários* podem, quando os promovam, *certificar a conformidade dos documentos* eletrónicos por si entregues, através do sítio na Internet, com os documentos originais, em suporte de papel (nº 6 do art. 32º).

As comunicações recebidas através do sistema de interconexão dos registos da União Europeia dispensam a apresentação de prova documental adicional dos factos nelas contidos (nº 7 do art. 32º).

8.2. Processo do registo por depósito

O pedido de *registo por depósito* é formulado *verbalmente*, se efetuado *presencialmente* por pessoa com legitimidade para o efeito; nos restantes casos, o pedido é efetuado pela *forma escrita*, em impresso de modelo aprovado por despacho do presidente do Instituto dos Registos e do Notariado (art. 4º Reg)[69].

[68] Esquece-se aparentemente que, devendo os documentos ficar arquivados e não havendo competência territorial, é irrelevante que o funcionário aceitante domine a língua em que estiverem redigidos se o mesmo não suceder com quaisquer outros funcionários que tiverem de aceder a esses documentos. Cria-se, por esta forma, uma *segurança jurídica relativa*.
Também não é aceitável a discriminação linguística: fica por explicar a razão da escolha daqueles idiomas, excluindo outras línguas comunitárias razoavelmente difundidas. De qualquer forma, é uma opção que não parece respeitar o disposto no nº 1 do art. 3ºA da Diretiva 2003/68/CE: "Os documentos e indicações sujeitos a publicidade nos termos do artigo 2º serão elaborados e arquivados numa das línguas autorizadas pelo regime linguístico aplicável no Estado-Membro em que se abra o processo referido no nº 1 do artigo 3º." Ora, o regime linguístico aplicável em Portugal – ou seja, as línguas oficiais em Portugal –, só compreende a língua portuguesa (para além da língua mirandesa, nos estreitos limites previstos na Lei 7/99, de 29 de janeiro).

[69] Modelos disponíveis na Internet, no sítio do Instituto dos Registos e do Notariado: requerimento modelo 3 para o pedido de registo de factos relativos a quotas, partes sociais e respetivos titulares, e modelo 2 para o pedido de registo de outros factos.

Sem prejuízo dos regimes especiais de depósito da prestação de contas, o registo por depósito consiste, recorda-se, no mero arquivamento dos documentos que titulam factos sujeitos a registo (nº 3 do art. 53º-A).

É à *sociedade que cabe promover* os registos relativos a factos em que, de alguma forma, tenha tido intervenção ou mediante solicitação de quem tenha legitimidade, como já foi referido a propósito do princípio da instância (art. 242º-B CSC).

Compete ao *secretário da sociedade,* naturalmente quando exista, promover o registo dos atos sociais a ele sujeitos (art. 446º-B CSC).

Como anteriormente vimos, têm *legitimidade* para solicitar à sociedade a promoção do registo o transmissário, o transmitente e o sócio exonerado, bem como o usufrutuário e o credor pignoratício.

A solicitação à sociedade da promoção do registo deve ser acompanhado dos documentos que titulem o facto a registar e dos emolumentos, taxas e outras quantias devidas.

Também já foi dito que, conforme a previsão do art. 29º-A, no caso de a sociedade não promover o *registo por depósito* de factos relativos *a participações sociais e respetivos titulares,* nos termos do acima citado nº 5 do art. 29º, *qualquer pessoa* pode solicitar junto da conservatória que esta promova o respetivo registo.

O art. 242º-E ocupa-se dos *deveres da sociedade,* começando por lhe atribuir a responsabilidade pelo cumprimento do *princípio da qualificação,* como se fosse detentora de fé pública.

O pedido de registo por depósito *não está sujeito a anotação da apresentação,* a que a seguir se faz referência, sem prejuízo, no entanto, da aplicação, relativamente à ordenação dos pedidos, das regras constantes do art. 45º.

É agora possível a promoção *on-line* de atos de registo comercial, nos termos e procedimentos regulados pela Portaria nº 1416-A/2006, de 19 de dezembro, adiante explicitados em *8.4.1 – Apresentação por via eletrónica.*

8.3. Rejeição do pedido de registo por depósito

O *pedido de registo por depósito* deve ser rejeitado (nº 2 do art. 46º):

a) Quando o requerimento não respeitar o modelo aprovado, quando tal for exigível;
b) Quando não forem pagas as quantias que se mostrem devidas;
c) Quando a entidade objeto de registo não tiver número de identificação de pessoa coletiva atribuído;
d) Se o requerente não tiver legitimidade para requerer o registo;
e) Quando não se mostre efetuado o primeiro registo da entidade, nos termos previstos no art. 61º;
f) Quando o facto não estiver sujeito a registo.

Salvo se a entidade objeto de registo não tiver número de identificação de pessoa coletiva atribuído, uma vez verificada a existência de causa de rejeição de registo por depósito, é feita menção do pedido com os elementos disponíveis (nºs 3 e 4 do art. 46º).

A rejeição do pedido deve ser fundamentada em despacho a notificar ao interessado, para efeitos de impugnação, nos termos do disposto nos artºs 101º e seguintes, aplicando-se-lhe, com as devidas adaptações, as disposições relativas à recusa.

Nos casos em que a entidade se encontre registada sem número de identificação de pessoa coletiva atribuído (*NIPC*), a conservatória comunica tal facto ao Registo Nacional de Pessoas Coletivas de modo que se proceda, no próprio dia, à inscrição da entidade no ficheiro central de pessoas coletivas (nº 6 do art. 46º).

A verificação do cumprimento de *obrigações fiscais* relativamente a factos que devam ser registados por depósito não compete às conservatórias (nº 4 do art. 51º), competindo antes às sociedades, como resulta do nº 2 do art. 242º-E CSC.

A verificação das causas de rejeição do pedido de registo pode efetuar-se até à realização do registo (nº 7 do art. 46º).

8.4. Processo do registo por transcrição

8.4.1. Apresentação

O processo de *registo por transcrição* inicia-se com a *apresentação*, que é o ato pelo qual se pede o registo (art. 4º Reg).

O pedido é acompanhado pelos documentos pertinentes, a que adiante se faz referência.

São admitidas *declarações complementares* dos títulos nos casos previstos na lei, designadamente para completa identificação dos sujeitos, sem prejuízo da exigência da prova do estado civil – o que significa que o estado civil, no sentido de situação matrimonial, tem de ser provado por um dos meios previstos no art. 211º do Código do Registo Civil[70] –, e bem assim dos gerentes, administradores, diretores, liquidatários e demais representantes das pessoas coletivas (art. 33º).

As declarações complementares são aquelas a que a lei se refere, como base acessória dos registos, *destinadas a suprir deficiências, erros, omissões ou contradições* dos títulos sobre elementos indispensáveis à sua realização.

A *apresentação* de documentos para registo pode ser feita pessoalmente, pelo correio ou ainda por via eletrónica[71] (nº 1 do art. 45º).

[70] Que prevê a possibilidade de prova por acesso à base de dados do registo civil.

[71] Nos termos da Portaria nº 1416-A/2006, de 19 de dezembro.

a) Apresentação pessoal

A apresentação pessoal, como a própria expressão o implica, é feita ao balcão do serviço competente e dentro do horário legal de abertura ao público.

O pedido de registo é formulado *verbalmente*, se efetuado *presencialmente* por pessoa com legitimidade para o efeito, caso em que deve ser disponibilizado ao interessado um comprovativo do pedido efetuado (art. 4º Reg).

Nos restantes casos, o pedido é efetuado pela *forma escrita*, em impresso de modelo aprovado, designado por *requisição.*[72]

Os documentos apresentados pessoalmente são *anotados* pela ordem de entrega dos pedidos (nº 2 do art. 45º).

Para fins de apresentação, a matrícula e o registo pedido constituem *um só ato de registo* (nº 2 do art. 5º Reg.).

b) Apresentação pelo correio

A apresentação pelo correio deve ser feita por carta registada[73] na qual devem ser remetidos o impresso de *requisição* devidamente preenchido e os documentos pertinentes.

Os documentos apresentados pelo correio são anotados com a observação de "correspondência" no dia da receção e imediatamente após a última apresentação pessoal (nº 4 do art. 45º).

A apresentação pelo correio ocorre no próprio dia em que são recebidos pela conservatória a requisição e os documentos enviados, verificando-se essa receção logo que tais documentos ficam à disposição da conservatória no apartado dos correios que, por opção própria, lhe possa estar atribuído[74].

c) Apresentação por via eletrónica

Em alternativa às formas tradicionais de apresentação, o art. 45º prevê a apresentação *por via eletrónica,* regulamentada pela Portaria nº 1416-A/2006, de 19 de dezembro.

Na previsão desta portaria, a *promoção on-line de atos de registo* comercial faz-se através do sítio na Internet com o endereço *www.empresaonline.pt,* mantido pelo Instituto dos Registos e do Notariado (art. 2º).

Os interessados na promoção de atos de registo *on-line* formulam o seu pedido e enviam, através do sítio *www.empresaonline.pt,* os documentos necessários ao registo, designadamente os que legalmente comprovem os factos cons-

[72] Os modelos de impresso de requisição estão disponíveis no sítio do IRN.

[73] Registada, por aplicação do art. 41º-D do Código do Registo Predial, em virtude da norma do art. 115º.

[74] Em *Boletim dos Registos e do Notariado,* nº 2/2002, p. 47.

tantes do pedido, bem como a sua capacidade e os seus poderes de representação para o ato (art. 4º).

Todos os documentos entregues através do sítio na Internet, desde que tenham sido *corretamente digitalizados*, sejam *integralmente apreensíveis* e tenham sido *enviados por quem tenha competência* para a conferência de documentos eletrónicos com os respetivos originais em formato de papel, têm o mesmo *valor probatório dos originais*.

Os documentos que não tenham sido enviados por quem não tenha a competência acima mencionada têm de ser certificados nos termos da lei.

Estes pedidos de atos de registo são anotados pela ordem da hora[75] da respetiva receção.

Determina todavia o nº 5 do art. 45º que a anotação dos documentos apresentados por via eletrónica *ocorre apenas com a comunicação do pagamento* das quantias que forem devidas.

Os pedidos recebidos após o horário de atendimento ao público são anotados, automaticamente, no dia seguinte, imediatamente antes da primeira apresentação pessoal ou por telecópia (art. 5º).

A *autenticação eletrónica* de *advogados, solicitadores e notários* deve fazer-se mediante *certificado digital* que comprove a qualidade profissional do utilizador (nº 1 do art. 6º).

Apenas são admitidos os certificados digitais de advogados, solicitadores e notários cuja utilização para fins profissionais seja confirmada através de *listas eletrónicas de certificados*, disponibilizadas, respetivamente, pela Ordem dos Advogados, pela Câmara dos Solicitadores [*leia-se agora* Ordem dos Solicitadores e dos Agentes de Execução] e pela Ordem dos Notários (art. 7º).

Para os restantes utilizadores, a autenticação eletrónica faz-se mediante a utilização de *certificado digital qualificado*, nos termos previstos no regime jurídico dos documentos eletrónicos e da assinatura eletrónica, aprovado pelo Decreto-Lei nº 290-D/99, de 2 de agosto [76](nº 2 do art. 6º).

Aos documentos deve ser aposta a *assinatura eletrónica qualificada* do interessado que efetuar o envio, *salvo quando este for realizado por advogado, solicitador ou notário*.

Os documentos entregues no processo de promoção de atos de registo comercial *on-line* são assinados digitalmente pelo sistema informático que os receciona (art. 8º).

[75] A hora de receção dos pedidos de registo apresentados *online* tem por referência a hora do meridiano de Greenwich, assinalada nas certidões de registo pela aposição do acrónimo UTC *(universal time, coordinated)* (nº 3 do art. 5º).

[76] Na versão do Decreto-Lei nº 161/2012, de 31 de Julho, que o republicou.

O pedido só é *considerado validamente submetido* após a emissão de um *comprovativo eletrónico*, através do sítio referido no art. 2º, que indique a data e a hora em que o pedido foi concluído (art. 9º); o comprovativo eletrónico deve ser enviado aos interessados através de *mensagem de correio eletrónico* (art. 10º).

A Portaria nº 1416-A, de 19 de dezembro, permite, no seu art. 24º, a promoção por via eletrónica dos atos de registo de *transmissão e unificação de quotas* e de designação e cessação de funções dos *membros dos órgãos de administração e fiscalização das sociedades* por quotas e anónimas, bem como do *secretário da sociedade*, sem prejuízo da possibilidade de promoção eletrónica de outros atos de registo comercial, nos termos de despacho do presidente do Instituto dos Registos e do Notariado.

E, de facto, por despacho nº 14 871/2007[77], foi determinado que possam ser promovidos por via eletrónica os seguintes atos de registo comercial:

> *Penhor, penhora, arresto, amortização de quotas, mandato, contrato de agência, retificação e cancelamento de registos por depósito on-line, projeto de fusão e projeto de cisão e ainda quanto a registos a efetuar por transcrição: conversão de registos provisórios on-line, transformação de sociedade, alteração do contrato social, aumento de capital, redução de capital social, fusão e cisão-fusão.*

O mesmo despacho determinou a inclusão da Conservatória do Registo Comercial da Zona Franca da Madeira no serviço de registos *on-line*, limitando todavia a sua competência aos atos de registo de entidades sediadas naquela Conservatória.

Posteriormente, o despacho nº 914/2009[78] acrescentou os seguintes atos:

> *Dissolução, dissolução com nomeação de liquidatários, dissolução com encerramento da liquidação, encerramento da liquidação e requerimento inicial para extinção imediata.*

8.4.2. Suprimento de deficiências

No caso de eventuais deficiências do pedido, caberá ao conservador suprir, na medida do possível, tais deficiências. "Mais do que um simples intérprete, o conservador é um executante da política legislativa consagrada no Código, numa atuação que, embora se assemelhe à judicial, mais justamente deve ser vista como um *tertium genus* entre jurisdição e administração. O corolário de quanto fica exposto é o reconhecimento da obrigação, que ao conservador

[77] Publicado no *Diário da República*, 2ª série, de 10 de julho de 2007.
[78] Publicado no *Diário da República*, 2ª série, de 13 de janeiro de 2009.

incumbe, de convolar o pedido e, na medida do possível, suprir as eventuais deficiências do processo".[79]

Determina, assim, o art. 52º[80], no seu nº 1, que, sempre que possível, *as deficiências* do processo de registo por transcrição *devem ser supridas oficiosamente* com base nos documentos apresentados ou já existentes no serviço de registo ou por acesso direto à informação constante de *bases de dados das entidades ou serviços da Administração Pública.*

Não sendo possível o suprimento das deficiências, nos termos previstos no nº 1, e tratando-se de deficiência que não envolva novo pedido de registo nem constitua motivo de recusa nos termos das alíneas *c*) a *e*) e *h*) do nº 1 do artigo 48º, o serviço de registo competente comunica este facto ao interessado, por correio eletrónico, sempre que o interessado tenha fornecido o respetivo endereço, ou por qualquer meio idóneo, para que este, *no prazo de cinco dias*, proceda a tal suprimento, *sob pena de o registo ser lavrado como provisório ou recusado* (nº 2).

Em todo o caso, o registo não é lavrado provisoriamente ou recusado se as deficiências em causa respeitarem à *omissão de documentos a emitir pelas entidades referidas no nº 1* e a informação deles constante não puder ser obtida nos termos aí previstos, desde que o interessado tenha expressamente solicitado ao serviço de registo, pessoalmente ou por escrito, através de correio eletrónico ou sob registo postal, e no prazo referido no número anterior, que diligencie pela sua obtenção diretamente às entidades ou serviços da Administração Pública (nº 3).

Por sua vez, a falta de apresentação do título que constitua motivo de recusa, nos termos da alínea *b*) do nº 1 do artigo 48º pode ser suprida, com observância dos números anteriores, desde que o facto sujeito a registo seja anterior à data da apresentação ou à hora desta se, sendo da mesma data, o título contiver a menção da hora em que foi assinado ou concluído (nº 5).

O suprimento de deficiências nos termos dos nºs 2, 3 e 5 depende da entrega das quantias devidas (nº 7).

Das decisões tomadas no âmbito do suprimento de deficiências não cabe recurso hierárquico ou impugnação judicial (nº 8).

Os documentos que o interessado deva juntar para sanar deficiências que não envolvam novo pedido de registo, nem constituam motivo de recusa, são-no em *apresentação complementar*[81].

[79] Parecer do C. T. dos Registos e do Notariado, em *Boletim dos Registos e do Notariado*, nº 6, Novembro de 1985, p. 12; o art. 73º aí citado corresponde ao Código do Registo Predial, sendo o art. 52º do Código do Registo Comercial ainda mais afirmativo no papel que nesta matéria cabe às conservatórias.

[80] Na redação que lhe foi dada pelo Decreto-Lei nº 201/2015, de 17 de setembro.

[81] No art. 52º não se menciona a possibilidade de apresentação complementar; perante eventuais dúvidas que pudessem ser suscitadas sobre a manutenção desta figura, o despacho do diretor-

8.4.3. Omissão de anotação de apresentações

O Decreto-Lei nº 76-A/2006 aditou ao Código do Registo Comercial o art. 45º-A com o objetivo de prevenir a ocorrência de ser *omitida a anotação da apresentação* de pedidos de registo constantes de uma mesma requisição: é a situação em que, constando de uma mesma requisição vários pedidos de registo, o funcionário anotou a apresentação de um ou mais, mas esqueceu que haveria ainda outro ou outros sujeitos a anotação.

Determina o citado art. 45º-A que, sempre que ocorra uma omissão de anotação de apresentação de pedidos de registo relativamente à mesma requisição, as apresentações omitidas sejam anotadas no dia em que a omissão for constatada, fazendo-se referência a esta e ao respetivo suprimento no dia a que respeita, ficando salvaguardados os efeitos dos registos entretanto apresentados.

No já citado *Manual de Procedimentos do Registo Comercial* entende-se que este art. 45º-A se deve interpretar extensivamente, "aplicando-se também aos casos em que a anotação da apresentação de todos os pedidos da mesma requisição foi, por lapso, omitida".[82]

8.5. Titulação

8.5.1. Documentos a apresentar para o registo por transcrição

Como se disse, o pedido de registo por transcrição é efetuado mediante a entrega do impresso oficial de *requisição* – quando não seja efetuado presencialmente ou por via eletrónica –, e dos documentos pertinentes.

Para o *registo inicial*, que implica a *matrícula* da entidade sujeita a registo, a requisição deve ser acompanhada dos documentos que a seguir se indicam.

O primeiro facto cujo registo deve ser pedido é o do *início de atividade* do comerciante individual ou da *constituição da pessoa coletiva* ou do *estabelecimento* de responsabilidade limitada, consoante os casos, em cumprimento do disposto no já citado nº 1 do art. 61º.

Salvo nos casos dos comerciantes em nome individual que usem como firma apenas o seu nome, completo ou abreviado, e das representações permanentes

-geral dos Registos e do Notariado, de 27 de junho de 2006, esclareceu: "O facto da nova redação do artigo 52º do Código do Registo Comercial haver eliminado a referência à "apresentação complementar" não deve ser interpretado como impossibilitando, no âmbito do registo comercial, o recurso a esta figura. Esta figura deve continuar a ser utilizada sempre que exista necessidade de junção de documentos a uma apresentação já efetuada, quer essa junção tenha por base uma iniciativa do próprio apresentante, quer seja efetuada no âmbito e por força dos procedimentos previstos no nº 2 do artigo 52º."

[82] Pgs. 33.

de pessoas coletivas, é necessária, antes de mais, a prova *da admissibilidade da firma ou denominação pretendida*, nos termos previstos no Regime do Registo Nacional de Pessoas Coletivas.[83]

Atualmente, a prova da *prévia declaração de início de atividade* na administração tributária não é exigível: de facto, o nº 1 do art. 110º do Código do Imposto sobre o Rendimento das Pessoas Coletivas, na redação que lhe foi conferida pelo art. 23º do Decreto-Lei nº 111/2005, de 8 de julho, veio permitir que a declaração de início de atividade seja prestada posteriormente:

> "1 – A declaração de inscrição no registo a que se refere a alínea *a*) do nº 1 do artigo anterior[84] deve ser apresentada pelos sujeitos passivos, em qualquer serviço de finanças ou noutro local legalmente autorizado, no prazo de 90 dias a partir da data de inscrição no Registo Nacional de Pessoas Coletivas, sempre que esta seja legalmente exigida, ou, caso o sujeito passivo esteja sujeito a registo comercial, no prazo de 15 dias a partir da data de apresentação a registo na Conservatória do Registo Comercial."

Em consonância com a alteração precedente, o art. 24º do Decreto-Lei nº 111/2005, de 8 de julho, conferiu ao nº 2 do art. 30º do Código do Imposto sobre o Valor Acrescentado a seguinte redação:

> "As pessoas coletivas que estejam sujeitas a registo comercial e exerçam uma atividade sujeita a IVA devem apresentar a declaração de início de atividade, em qualquer serviço de finanças ou noutro local legalmente autorizado, no prazo de 15 dias a partir da data da apresentação a registo na conservatória do registo comercial."

Para efetuar a declaração de início de atividade, o interessado tem já de possuir *número de contribuinte* que, no caso das pessoas singulares, é designado por *número de identificação fiscal (NIF)* e, no caso das pessoas coletivas por *número de identificação de pessoa coletiva (NIPC)*, número que, neste último caso, é atribuído pelo Registo Nacional de Pessoas Coletivas (RNPC) e consta do certificado de admissibilidade de firma ou denominação.

[83] Os casos de necessidade, para efeitos de registo definitivo, de disponibilização do *certificado de admissibilidade de firma ou denominação* estão previstos no art. 56º do Regime do Registo Nacional de Pessoas Coletivas, que é objeto de análise no Capítulo III.

[84] Art. 109º: "1 – Os sujeitos passivos de IRC, ou os seus representantes, são obrigados a apresentar: a) Declaração de inscrição, de alterações ou de cessação, nos termos dos artigos 110º e 111º (...)".

Para o registo definitivo de entidade cuja atividade esteja dependente de qualquer *autorização especial*, é necessário o arquivamento do respetivo *documento comprovativo*, salvo se o ato de constituição tiver sido titulado por escritura pública que o mencione (nº 1 do art. 35º)[85].

Um relatório elaborado por *revisor oficial de contas* é também necessário, no caso de *entradas em espécie*, para a constituição de sociedades sujeitas a registo comercial e de estabelecimentos individuais de responsabilidade limitada (art. 28º CSC e art. 3º do Decreto-Lei nº 248/86, de 25 de agosto, respetivamente).

[85] O Decreto-Lei nº 92/2010, de 26 de setembro, que transpôs a Diretiva nº 2006/123/CE, de 12 de Dezembro, relativa aos serviços no mercado interno, criou, como diz o seu preâmbulo, "o balcão único dos serviços que passa a disponibilizar toda a informação necessária para o desenvolvimento da atividade em Portugal, bem como informação relevante para os destinatários dos serviços. Ou seja, a partir de um único portal passa a ser possível, para qualquer pessoa ou empresa que pretenda prestar serviços em território nacional, saber quais os requisitos que tem de cumprir para o exercício da sua atividade e quais os atos e permissões administrativas de que necessita."
O balcão único eletrónico é disponibilizado em sítio na Internet através do Portal da Empresa (nº 2 do art. 6º).
Excetuam-se do âmbito de aplicação deste Decreto-Lei nº 92/2010 (nº 3 do art. 3º):
a) Os serviços financeiros, nomeadamente os prestados por instituições de crédito e sociedades financeiras, os serviços de seguros, de resseguros e os regimes de pensões profissionais ou individuais;
b) Os serviços e as redes de comunicações eletrónicas, bem como os recursos e os serviços conexos regulados pela legislação aplicável às comunicações eletrónicas;
c) Os serviços no domínio dos transportes e de navegação marítima e aérea, incluindo os serviços portuários e aeroportuários, na medida em que estejam abrangidos pelo âmbito do título VI do TFUE *[Tratado sobre o Funcionamento da União Europeia]*;
d) Os serviços de empresas ou agências de trabalho temporário;
e) Os serviços de cuidados de saúde, prestados ou não no âmbito de uma estrutura de saúde e independentemente do seu modo de organização e financiamento e do seu carácter público ou privado;
f) As atividades cinematográficas, de rádio e audiovisuais, incluindo os serviços de programas de televisão e os serviços audiovisuais a pedido, independentemente do seu modo de produção, de distribuição e de transmissão;
g) As atividades de jogo a dinheiro que impliquem uma aposta com valor monetário em jogos de fortuna ou azar, incluindo lotarias, bingos e atividades de jogo em casinos e apostas;
h) Os serviços sociais no sector da habitação, da assistência à infância e serviços dispensados às famílias e às pessoas permanente ou temporariamente necessitadas, prestados pelo Estado, ou por sua conta, ou por instituições particulares de solidariedade social reconhecidas pelo Estado;
i) Os serviços de segurança privada;
j) Os serviços prestados por qualquer entidade no exercício de autoridade pública, como previsto no artigo 51º do TFUE;
l) Os serviços prestados por notários."

Além dos documentos acima referidos, o registo do início de atividade de comerciante, da constituição de pessoas coletivas e da instituição de representações deve ter por base um *título*: nos números seguintes indicam-se os títulos exigíveis em cada um destes casos.

A este propósito, deve ter-se presente o disposto no art. 4º-A CSC, relativamente à exigência de forma escrita: "A exigência ou a previsão de forma escrita, de documento escrito ou de documento assinado, feita no presente Código em relação a qualquer ato jurídico, considera-se cumprida ou verificada ainda que o suporte em papel ou a assinatura sejam substituídos por outro suporte ou por outro meio de identificação que assegurem níveis pelo menos equivalentes de inteligibilidade, de durabilidade e de autenticidade."

É igualmente necessário ter em consideração o art. 39º do Decreto-Lei nº 76-A/2006, de 29 de março, aplicável a quaisquer referências, neste âmbito, a escrituras públicas:

> "1 – Todas as disposições legais, regulamentares ou outras que exijam, para a prova de determinado facto, certidão de qualquer escritura pública que tenha sido tornada facultativa por este decreto-lei, devem ser entendidas como referindo-se a certidão do registo comercial que inclua os elementos necessários à prova dos factos.
>
> 2 – Todas as disposições legais, regulamentares ou outras que pressuponham ou exijam a celebração de escritura pública para a prática de atos societários equivalentes àqueles em relação aos quais se torna esta forma facultativa devem ser entendidas como pressupondo ou exigindo a forma estabelecida pelo presente decreto-lei."

8.5.2. Comerciante individual e estabelecimento individual de responsabilidade limitada

O registo de início, alteração e cessação de atividade do comerciante individual, bem como da modificação dos seus elementos de identificação, efetua-se com base na *declaração do interessado* (art. 34º).

Note-se todavia que o pedido de registo de *modificação do estado civil ou do regime de bens* do comerciante individual deve ser comprovado.

A constituição do *estabelecimento individual de responsabilidade limitada* deve ser reduzida a escrito, salvo se forma mais solene for exigida para a transmissão dos bens que representam o capital inicial do estabelecimento (art. 2º do Decreto-Lei nº 248/86, de 25 de agosto).

O pedido de *registo de constituição* do estabelecimento individual de responsabilidade limitada no registo comercial deve ser instruído, nos termos do art. 5º do mesmo diploma, com o documento comprovativo do ato constitutivo, o relatório do revisor oficial de contas, se houver entradas em espécie, e ainda o documento comprovativo do cumprimento do disposto no nº 4 do art. 3º[86].

Também as *alterações do ato constitutivo* do estabelecimento individual de responsabilidade limitada devem ser reduzidas a escrito; porém, se a alteração envolver aumento de capital com entradas em bens diferentes de dinheiro para cuja transmissão a lei exija forma mais solene, deve revestir essa forma (nº 1 do art. 16º do citado Decreto-Lei nº 248/86).

O estabelecimento individual de responsabilidade limitada pode, a todo o tempo, transformar-se em *sociedade unipessoal* por quotas, mediante declaração escrita do interessado (nº 5 do art. 270º-A CSC), sem prejuízo todavia da necessidade de prévia disponibilização de certificado de admissibilidade da firma desta sociedade.

8.5.3. Sociedades comerciais e sociedades civis sob forma comercial

a) Regra geral

O *contrato de sociedade*[87] deve ser reduzido a *escrito*[88] e as assinaturas dos seus subscritores devem ser *reconhecidas presencialmente*, salvo se forma mais solene for exigida para a transmissão dos bens com que os sócios entram para a sociedade, devendo, neste caso, o contrato revestir essa forma, sem prejuízo do disposto em lei especial (nº 1 do art. 7º CSC).[89]

Em todo o caso, surgem com alguma frequência sociedades comerciais, em regra de capitais públicos, criadas por *decreto-lei*.

[86] Nº 4 do art. 3º do Decreto-Lei nº 248/86: "O capital deve estar integralmente liberado no momento em que for requerido o registo do estabelecimento e a parte em numerário, deduzidas as quantias referidas na alínea *e*) do nº 2 do artigo 2º, encontrar-se depositada numa instituição de crédito à ordem do titular do estabelecimento há menos de três meses."

[87] Art. 3º da Lei nº 89/2017, de 21 de agosto: "Os documentos que formalizem a constituição de sociedades comerciais devem conter a identificação das pessoas singulares que detêm, ainda que de forma indireta ou através de terceiro, a propriedade das participações sociais ou, por qualquer outra forma, o controlo efetivo da sociedade, sem prejuízo dos demais requisitos previstos na lei."

[88] "A exigência ou a previsão de forma escrita, de documento escrito ou de documento assinado, feita no presente Código em relação a qualquer ato jurídico, considera-se cumprida ou verificada ainda que o suporte em papel ou a assinatura sejam substituídos por outro suporte ou por outro meio de identificação, nomeadamente através de assinatura eletrónica, e que assegurem níveis pelo menos equivalentes de inteligibilidade e de durabilidade." (Art. 4º-A CSC, na redação do Decreto-Lei nº 79/2017, de 30 de junho).

[89] Nº 4 do art. 202º CSC: "Sem prejuízo de estipulação contratual que preveja o diferimento da realização das entradas em dinheiro, os sócios devem declarar no ato constitutivo, sob sua responsabilidade, que já procederam à entrega do valor das suas entradas ou que se comprometem a entregar, até ao final do primeiro exercício económico, as respetivas entradas nos cofres da sociedade."

Para *alteração do contrato* de sociedade é suficiente a *ata da respetiva deliberação,* salvo se esta, a lei ou o contrato de sociedade exigirem outro documento (nº 4 do art. 85º CSC).

Relativamente a cada alteração do contrato de sociedade devem ser apresentadas, para arquivo, versões atualizadas e completas do texto do contrato alterado e da lista dos sócios, com os respetivos dados de identificação (nº 2 do art. 59º).

A *alteração do contrato* que compreenda a alteração do objeto, deixando de incluir atividade especificada na firma, implica a simultânea *modificação da firma* (nº 3 dos artºs 200º e 275º CSC).

A *deslocação da sede* da sociedade dentro do território nacional é titulada por simples *deliberação da administração,* salvo disposição em contrário no contrato da sociedade (art. 12º CSC).

O pedido de registo de *aumento do capita*l por incorporação de reservas deve ser acompanhado do balanço que serviu de base à deliberação, caso este não se encontre já depositado na conservatória (art. 93º CSC), enquanto o de *redução do capital* pode ser deliberado pela sociedade (art. 95º CSC).

No caso de *fusão* de sociedades, o ato de fusão deve revestir a forma exigida para a transmissão dos bens das sociedades incorporadas ou, no caso de constituição de nova sociedade, das sociedades participantes nessa fusão (art. 106º CSC): o mesmo regime se aplica à *cisão* (art. 120º CSC).

Para efeitos do registo da *transformação,* qualquer membro da administração deve declarar por escrito, sob sua responsabilidade e sem dependência de especial designação pelos sócios, que não houve oposição à transformação, nos termos dos nºs 2 e 3 do art. 131º CSC, bem como, em caso de necessidade, reproduzir o novo contrato (nº 1 do art. 140º-A CSC).

A *dissolução* da sociedade não depende de forma especial nos casos em que tenha sido deliberada pela *assembleia geral* (nº 1 do art. 145º CSC).

No que respeita às *sociedades desportivas,* cujo registo e publicidade se rege pela legislação aplicável às sociedades comerciais, a conservatória deve, oficiosamente e a expensas daquelas, comunicar à entidade da administração pública com atribuições na área do desporto a sua constituição, os respetivos estatutos e suas alterações (art. 28º do Decreto-Lei nº 10/2013, de 25 de janeiro).

b) Sociedades unipessoais por quotas

A constituição originária da *sociedade unipessoal* por quotas é titulada por *documento particular* (nº 1 do art. 7º CSC), a não ser que forma mais solene seja exigida para a transmissão dos bens com que o seu titular entra para a sociedade.

Além da constituição originária, a sociedade unipessoal por quotas pode resultar da concentração na titularidade de um único sócio das quotas de uma sociedade por quotas, independentemente da causa da concentração.

A transformação da sociedade originária efetua-se mediante declaração do sócio único na qual manifeste a sua vontade de transformar a sociedade em sociedade unipessoal por quotas, podendo essa declaração constar do próprio documento que titule a cessão de quotas.

Uma *pessoa singular* só pode ser sócia de uma *única sociedade unipessoal* por quotas e uma *sociedade por quotas não pode ter como sócio único uma sociedade unipessoal* por quotas (art. 270º-C CSC).

c) Registo prévio do contrato de sociedade

Ocorrem situações em que não é ainda possível celebrar o contrato de constituição de uma sociedade e todavia há necessidade de dispor de uma firma com vista à obtenção de autorização administrativa para o exercício pela sociedade de determinadas atividades económicas ou à subscrição pública de ações.

Por isso, o Código das Sociedades Comerciais prevê, no nº 1 do seu art. 18º, que, quando não tenham convencionado entradas em espécie ou aquisições de bens pela sociedade, "os interessados na constituição de sociedade podem apresentar na competente conservatória do registo comercial requerimento para registo prévio do contrato juntamente com um projeto completo do contrato de sociedade."

O registo é efetuado em face deste projeto, sendo a conversão em definitivo deste registo feita em face do contrato de sociedade (nºs 2 e 3 do art. 35º).

O contrato de sociedade deve ser redigido nos *precisos termos do projeto previamente registado* e, no prazo de 15 dias após a celebração do contrato, deve ser apresentada ao conservador, por um dos sócios subscritores ou, no caso de o contrato ter sido celebrado por escritura pública, pelo notário, cópia certificada do contrato para conversão do registo em definitivo (nºs 2 e 3 do art. 18º CSC).

Por sua vez, o *registo provisório do contrato de sociedade anónima com apelo à subscrição pública de ações* é lavrado em face do projeto completo do contrato, com reconhecimento das assinaturas de todos os interessados, de documento comprovativo da liberação das ações por eles subscritas e, quando necessário, da autorização para a subscrição pública ou emissão de ações (nº 4 do art. 35º).

8.5.4. Regime especial de constituição imediata de sociedades (empresa na hora)

As sociedades constituídas nos termos previstos no Decreto-Lei nº 111/2005, de 8 de julho, com as alterações constantes dos Decretos-Lei nº 125/2006, de 29 de junho, nº 318/07, de 26 de setembro, nº 247-B/2008, de 30 de dezembro, nº 99/2010, de 2 de setembro, e nº 33/2011, de 7 de março – regime especial de constituição imediata de sociedades, também conhecido por *"empresa na hora"* –, com ou sem a simultânea aquisição de marca registada, são-no também por *documento particular*.

Este regime não é aplicável às sociedades anónimas europeias (art. 2º).

São *pressupostos* de aplicação deste regime (art. 3º):

a) A opção por *pato ou ato constitutivo de modelo aprovado* pelo presidente do Instituto dos Registos e do Notariado[90];
b) Se o capital da sociedade for total ou parcialmente realizado mediante entradas em bens diferentes de dinheiro sujeitos a registo, os *bens estiverem registados definitivamente em nome do sócio* que os dá como entrada.

No caso previsto na alínea *b*), os serviços de registo devem verificar oficiosamente a titularidade dos bens, através do acesso direto às bases de dados respetivas.

É ainda pressuposto da aplicação deste regime a *escolha da firma* da sociedade através de uma das seguintes formas:

a) Aprovação no *posto de atendimento*;
b) Escolha de firma constituída por *expressão de fantasia previamente criada e reservada a favor do Estado*, associada ou não à aquisição de uma marca previamente registada a favor do Estado;
c) Apresentação de *certificado de admissibilidade* de firma.

A competência dos serviços de registo para a aprovação de firma referida na alínea *a*) é atribuída por despacho do presidente do Instituto dos Registos e do Notariado.

Para efeitos da opção prevista na alínea *b*), foi criada uma *bolsa de firmas e de marcas*, assim regulada pelo art. 15º:

> "1 – É criada pelo RNPC uma bolsa de firmas reservadas a favor do Estado, compostas por expressão de fantasia e às quais está associado um NIPC, independentemente da localização da sede da sociedade, para o efeito de afetação exclusiva às sociedades a constituir no âmbito do presente diploma.
>
> 2 – É criada pelo RNPC e pelo INPI uma bolsa de firmas reservadas e de marcas registadas a favor do Estado, compostas por expressões de fantasia e às quais está associado um NIPC e um número de processo de marca, inde-

[90] Os modelos aprovados para a constituição de sociedades unipessoais por quotas, de sociedades por quotas e de sociedades anónimas estão disponíveis no sítio da Internet com o endereço *www.empresanahora.mj.pt*.

pendentemente da localização da sede da sociedade, para o efeito de afetação às sociedades a constituir no âmbito do presente diploma.

3 – As marcas constantes da bolsa referida no número anterior são registadas a favor do Estado, representado pelo RNPC, para os produtos e serviços definidos por despacho conjunto do presidente do IRN, I. P., e do presidente do conselho de administração do INPI.[91].

4 – Até à sua afetação nos termos da segunda parte da alínea *c*) do nº 1 do artigo 8º, as firmas constantes das bolsas referidas nos nºs 1 e 2 gozam de proteção em todo o território nacional.

5 – O recurso à bolsa referida no nº 2 pressupõe a adoção conjunta das firmas e marcas que se encontram reciprocamente associadas.

6 – A dependência prevista no número anterior cessa com a conclusão do procedimento de constituição imediata da sociedade, momento a partir do qual a firma e a marca passam a vigorar autonomamente.

7 – A reserva a favor do Estado das firmas constantes das bolsas referidas nos nºs 1 e 2 confere o direito à sua exclusividade em todo o território nacional."

Este regime especial de constituição imediata de empresas é da competência das *conservatórias do registo comercial, ou de quaisquer outros serviços desconcentrados* do Instituto dos Registos e do Notariado, independentemente da localização da sede da sociedade a constituir (art. 4º).

Os interessados podem igualmente optar por promover o procedimento no posto de atendimento do registo comercial a funcionar junto dos centros de formalidades de empresas (CFE).

A competência dos serviços de registo para o procedimento especial de constituição imediata de sociedades *com recurso a entradas em espécie* é atribuída por despacho do presidente do Instituto dos Registos e do Notariado (art. 45º do Decreto-Lei nº 247-B/2008, de 30 de dezembro).

[91] O despacho aqui previsto foi publicado no *Diário da República*, 2ª série, de 7 de agosto de 2006, com o nº 16 144/2006 e refere os seguintes produtos e serviços:
"Classe 25 – vestuário; calçado; chapelaria;
Classe 33 – bebidas alcoólicas (com exceção das cervejas);
Classe 35 – publicidade; gestão dos negócios comerciais; administração comercial; trabalhos de escritório; promoção de venda para terceiros; venda a retalho ou por grosso;
Classe 36 – seguros; negócios financeiros; negócios monetários; negócios imobiliários; administração de imóveis; patrocínio financeiro; serviços de mediação na compra e venda de imóveis; construção; reparações; serviços de instalação;
Classe 37 – construção; reparações; serviços de instalação;
Classe 41 – educação; formação; divertimentos; atividades desportivas e culturais;
Classe 43 – serviços de restauração (alimentação); alojamento temporário."

As competências acima previstas abrangem a tramitação integral do procedimento, incluindo a prática de todos os atos de registo comercial, predial ou de veículos efetuados em consequência do procedimento.

A tramitação do procedimento da constituição destas sociedades deve iniciar-se e concluir-se no mesmo dia, em *atendimento presencial único* (art. 5º).

Para o efeito da constituição da sociedade, os interessados devem apresentar os *documentos comprovativos da sua identidade, capacidade e poderes de representação para o ato, bem como autorizações especiais* que sejam necessárias (art. 7º).

Caso ainda não haja sido efetuado, os sócios devem declarar, sob sua responsabilidade, que o depósito das entradas em dinheiro é realizado no *prazo de cinco dias* úteis ou, nos casos e termos em que a lei o permite, que as respetivas entradas em dinheiro são entregues nos cofres da sociedade, *até ao final do primeiro exercício económico.*

Sendo o capital total ou parcialmente realizado mediante entradas em bens diferentes de dinheiro, deve ser apresentado o *relatório elaborado por um revisor oficial de contas* sem interesses na sociedade, nos termos do art. 28º do Código das Sociedades Comerciais.

No caso de o capital social ser realizado mediante a *entrada de imóveis*, deve ser preferencialmente comprovada por acesso à base de dados, ou mediante a apresentação dos respetivos documentos pelos interessados:

a) A *situação matricial* do prédio;
b) A existência ou dispensa de *licença de utilização* ou de licença de construção, quando exigível;
c) A existência de *ficha técnica* do prédio, quando exigível;
d) A inexistência de manifestação da intenção de exercer o *direito de preferência* legal por parte do Estado, Regiões Autónomas, municípios, outras pessoas coletivas públicas ou empresas públicas.

A mera referência à existência de licença de utilização ou o facto de que resulte a respetiva dispensa efetuada em caderneta predial, em base de dados de serviço da Administração Pública ou em documento autêntico, constitui prova bastante para os efeitos do disposto na alínea *b*) acima mencionada.

Os interessados podem proceder à entrega imediata da declaração de início de atividade para efeitos fiscais; se o não fizerem, são advertidos de que o devem fazer no serviço competente, no prazo legalmente fixado para o efeito;[92] os serviços fiscais, por sua vez, devem notificar por via eletrónica os serviços da segurança social dos elementos relativos ao início da atividade.

[92] Como atrás se disse, 15 dias a partir da data de apresentação a registo na conservatória do registo comercial (nº 1 do art. 110º do Código do Imposto sobre o Rendimento das Pessoas Coletivas).

Uma vez efetuada a verificação inicial da identidade, da capacidade e dos poderes de representação dos interessados para o ato, bem como a regularidade dos documentos apresentados, são os seguintes os *procedimentos subsequentes* a realizar pelo serviço de registo (art. 8º):

a) Cobrança dos encargos que se mostrem devidos;
b) Promoção da liquidação do IMT, nos termos declarados pelo contribuinte, e de outros impostos que se mostrem devidos, tendo em conta os negócios jurídicos a celebrar, assegurando o seu pagamento prévio à celebração do negócio jurídico;
c) Aprovação de firma nos termos da alínea *a*) do nº 3 do artigo 3º *[aprovada no posto de atendimento]* ou afetação, por via informática e a favor da sociedade a constituir, da firma escolhida ou da firma e marca escolhidas e do número de identificação de pessoa coletiva (NIPC) associado à firma nos casos previstos na alínea *b*) do nº 3 do artigo 3º *[opção por firma previamente inserida na bolsa criada no RNPC]*;
d) Preenchimento do pato ou ato constitutivo, por documento particular, de acordo com o modelo previamente escolhido, nos termos das indicações dos interessados;
e) Reconhecimento presencial das assinaturas dos intervenientes no ato, apostas no pato ou ato constitutivo;
f) Anotação de apresentação dos pedidos verbais de registo nos respetivos diários;
g) Registo de constituição de sociedade e de outros factos sujeitos a registo comercial, predial e de veículos a serem efetuados em consequência do procedimento;
h) Comunicação automática e eletrónica da constituição da sociedade ao ficheiro central de pessoas coletivas e, se for o caso, codificação da atividade económica (CAE);
i) Disponibilização imediata do cartão eletrónico da empresa mediante a atribuição de código de acesso, bem como comunicação aos interessados do número de identificação da sociedade na segurança social;
j) Sendo caso disso, completamento da declaração de início de atividade, para menção da firma, NIPC e CAE.

A atribuição de firma no posto de atendimento ocorre com a aprovação da primeira das firmas requeridas que for viável.

A realização dos atos acima previstos é da competência do conservador e dos oficiais de registo, com exceção dos atos que envolvam entradas em imóveis que são da competência do conservador, sem prejuízo da possibilidade de delegação em oficial de registo.

O conservador deve *recusar a realização* do ato previsto na alínea *d*) do nº 1 do art. 8º sempre que verifique a existência de omissões, vícios ou deficiências que afetem a formação e exteriorização da vontade dos intervenientes no ato ou nos documentos que devam instruir e que obstem à realização, com carácter definitivo, do registo da constituição de sociedade ou de qualquer outro registo incluído no procedimento, bem como quando, em face das disposições legais aplicáveis, o ato não seja viável. Deve ainda recusar a realização do ato previsto na referida alínea *d*) do nº 1 do art. 8º quando o ato seja anulável ou ineficaz (art. 9º).

Em caso de recusa, se o interessado *declarar, oralmente ou por escrito, que pretende impugnar o respetivo ato*, o conservador deve lavrar despacho especificando os fundamentos respetivos, sendo aplicável à recusa de titulação o regime de impugnação previsto nos artºs 101º e seguintes[93].

No caso de os interessados optarem por firma constituída por expressão de fantasia previamente criada e constante da bolsa disponível no RNPC, o serviço competente deve completar a composição da firma com os aditamentos legalmente impostos, assim como com qualquer expressão alusiva ao objeto social que os interessados optem por inserir entre a expressão de fantasia escolhida e os referidos aditamentos (art. 10º).

A não conclusão do procedimento no prazo previsto no art. 5º *por facto imputável aos interessados* determina a caducidade do direito ao uso da firma, ou da firma e marca escolhidas, afetas à sociedade a constituir, nos termos da alínea *c*) do nº 1 do art. 8º, não conferindo o direito à restituição dos encargos cobrados (art. 11º).

Uma vez concluído o procedimento de constituição da sociedade, o serviço competente entrega de imediato aos representantes da sociedade, a título gratuito (art. 12º):

a) Uma *certidão do pacto ou ato constitutivo do registo* deste último;
b) Sendo caso disso, disponibilização *on-line* das *certidões de registo* a que haja lugar através da atribuição do *código de acesso* e promoção da emissão do certificado de matrícula;
c) O recibo comprovativo do pagamento dos encargos devidos;
d) Caso tenha havido aquisição de marca registada, documento comprovativo dessa aquisição, em modelo aprovado pelo Instituto Nacional da Propriedade Industrial (INPI).

[93] Os artºs 98º a 100º, referidos no nº 4 do art. 9º, foram revogados pelo Decreto-Lei nº 76-A/ /2006, de 29 de Março, pelo que o regime da impugnação terá de ser o previsto nos artºs 101º e seguintes.

Neste último caso, é dispensado o documento escrito e assinado pelas partes, previsto no nº 6 do art. 31º do Código da Propriedade Industrial, e não há lugar à emissão do título de concessão previsto no art. 27º do mesmo diploma.

O serviço procede ainda gratuitamente ao envio posterior do cartão da empresa.

Após a conclusão do procedimento de constituição da sociedade, o serviço competente, no prazo de vinte e quatro horas, deve (nº 1 do art. 13º):

a) Promover as *publicações legais*;
b) Remeter a *declaração de início de atividade* ao serviço fiscal competente;
c) Disponibilizar aos serviços competentes, por meios informáticos, os dados necessários para efeitos de comunicação do início de atividade da sociedade à Inspeção-geral do Trabalho, bem como os dados necessários à inscrição oficiosa da sociedade nos serviços da segurança social e, quando for o caso, no cadastro comercial;
d) Caso tenha havido aquisição de marca registada, comunicar ao INPI, por meios informáticos, a transmissão da mesma, para que se proceda à sua inscrição oficiosa no processo de registo, e ao RNPC para efeitos de dispensa da prova prevista no nº 6 do art. 33º do regime do RNPC;
e) Promover as restantes diligências que venham ser fixadas por via regulamentar ou protocolar.

No mesmo prazo de 24 horas, se não existirem ainda condições que garantam o acesso à informação sobre a sociedade por via eletrónica, a pasta da sociedade deve ser remetida à conservatória do registo comercial da área da respetiva sede (nºs 2 e 3 do art. 13º).

Os procedimentos de constituição imediata de sociedades em que o *capital seja total ou parcialmente realizado mediante entradas em bens diferentes de dinheiro* sujeitos a registo, podem ser realizados *mediante agendamento da data da realização* do negócio jurídico (art. 4º-A). É a Portaria nº 3/2009, de 2 de janeiro, que regulamenta esta marcação prévia da data da realização dos procedimentos que são a seguir descritos[94].

Prevê o art. 2º que a realização de procedimento de constituição imediata de sociedades em que o capital seja total ou parcialmente realizado mediante entradas em bens diferentes de dinheiro sujeitos a registo está sujeita ao *agendamento da data* da sua realização. A marcação prévia desta data pode ser promovida por via eletrónica, por telefone ou solicitada ao balcão dos serviços com competência para a realização do procedimento.

[94] Referem-se a esta portaria os artigos a seguir citados.

A realização dos procedimentos apenas pode ser marcada para data posterior a *cinco dias úteis* relativamente à data do pedido se esta for a vontade do interessado (art. 3º).

Sem prejuízo do que antecede, os documentos necessários à apreciação da validade dos negócios jurídicos e à realização dos registos que tenham de ser apresentados pelos interessados devem ser disponibilizados aos serviços competentes pelo menos *três dias úteis antes da data* marcada para a realização do procedimento.

O envio em suporte eletrónico dos documentos referidos equivale à sua disponibilização ao serviço de registo, mas não dispensa a apresentação dos documentos originais na data da realização do procedimento.

Se os documentos forem enviados por correio, a data da expedição deve anteceder pelo menos seis dias úteis a data da realização do procedimento.

Se as condições acima referidas não forem respeitadas, o procedimento deve ser remarcado, salvo se a sua realização não prejudicar o regular funcionamento do serviço competente.

A desmarcação do procedimento por motivos imputáveis aos interessados equivale, para efeitos emolumentares, à desistência do mesmo.

Aos procedimentos de constituição imediata de sociedades em que o capital seja total ou parcialmente realizado mediante entradas em bens diferentes de dinheiro sujeitos a registo e em que exista direito legal de preferência aplica-se o disposto na secção IV da Portaria nº 794-B/2007, de 23 de julho, com as necessárias adaptações (art. 4º)[95].

Na data previamente agendada os procedimentos de constituição imediata de sociedades em que o capital seja total ou parcialmente realizado mediante entradas em bens diferentes de dinheiro sujeitos a registo *são tramitados no mesmo dia*, em atendimento presencial único, nos termos previstos no Decreto-Lei nº 111/2005, de 8 de julho (art. 5º).

8.5.5. Regime especial de constituição on-line de sociedades

O Decreto-Lei nº 125/2006, de 29 de junho, na redação alterada pelos Decretos-Lei nºs 318/2007, de 26 de setembro, 247-B/2008, de 30 de dezembro, 33/2011, de 7 de março, 209/2012, de 19 de setembro, e 109-D/2021, de 9 de dezembro, criou um regime especial de *constituição on-line de sociedades* comerciais e civis sob forma comercial do tipo por quotas e anónima, com ou sem a simultânea aquisição, pelas sociedades, de marca registada, através de sítio na Internet *www.empresaonline.pt.*

[95] Ver 8.2.7 – *Procedimento especial de transmissão, oneração e registo de imóveis ("Casa Pronta")* no Capítulo IV – Registo Predial.

O decreto-lei regula pormenorizadamente este procedimento, sem prejuízo, no entanto, da aplicação subsidiária, como previsto no seu art. 15º, do Código do Registo Comercial.

Este regime especial, a que podem recorrer, tanto pessoas singulares, como pessoas coletivas (art. 4º), *não é todavia aplicável* (art. 2º) às sociedades cujo capital seja realizado com recurso a entradas em espécie em que, para a transmissão dos bens com que os sócios entram para a sociedade, seja exigida forma mais solene do que a forma escrita, bem como às sociedades anónimas europeias.

O procedimento de constituição de sociedades ao abrigo deste regime é da *competência do Registo Nacional de Pessoas Coletivas (RNPC)*, independentemente da localização da sede da sociedade a constituir, sem prejuízo de o RNPC poder distribuir por *outras conservatórias do registo comercial* a tramitação dos procedimentos de constituição *on-line* de sociedades, nos termos fixados por despacho do presidente do Instituto dos Registos e do Notariado (art. 3º).

A indicação dos dados e a entrega de documentos no sítio na Internet devem ser efetuadas *mediante autenticação eletrónica ou aposição de uma assinatura eletrónica*, cujos requisitos e condições de utilização são definidos na Portaria nº 657-C/2006, de 29 de Junho, em articulação com os mecanismos previstos no Sistema de Certificação Eletrónica do Estado – Infraestrutura de Chaves Públicas, meios de certificação através dos quais é feita a confirmação das assinaturas dos interessados (nºs 1 e 2 do art. 5º)[96].

No caso de intervir mais de um interessado na constituição da sociedade, é possível o acesso conjunto, simultâneo ou sucessivo, dos diversos interessados ao respetivo processo de constituição *on-line* (nº 3).

Os interessados na constituição da sociedade formulam o seu pedido *on-line* praticando, entre outros que se mostrem necessários, os seguintes atos (art. 6º):

a) *Opção por firma constituída por expressão de fantasia* previamente criada e reservada a favor do Estado, associada ou não à aquisição de uma marca previamente registada a favor do Estado, pela *aprovação eletrónica e automática da firma* nos termos do art. 50º-A do regime do RNPC ou pela *verificação da admissibilidade e aprovação* de firma;

[96] Deverá também ter-se agora em conta, no que toca a cidadãos, o disposto no art. 1º da Lei nº 37/2014, de 26 de junho, na redação que lhe foi dada pelo artº 5º da Lei nº 32/2017, de 1 de junho: "A presente lei cria a «Chave Móvel Digital» CMD) como meio complementar e voluntário:

a) De autenticação dos cidadãos nos portais e sítios na *Internet* da Administração Pública;

b) De assinatura eletrónica qualificada, nos termos previstos no Regulamento (UE) nº 910/2014, do Parlamento Europeu e do Conselho, de 23 de julho de 2014."

b) Não se optando por nenhuma das possibilidades previstas na alínea anterior, indicação da firma constante de *certificado de admissibilidade de firma* emitido pelo RNPC, previamente obtido;
c) Opção por *pacto ou ato constitutivo de modelo aprovado* pelo presidente do Instituto dos Registos e do Notariado ou por envio do pato ou do ato constitutivo por eles elaborado;
d) Preenchimento eletrónico dos elementos necessários à apresentação da declaração de início de atividade para efeitos fiscais;
e) Caso ainda não haja sido efetuado, devem declarar, sob sua responsabilidade, que o *depósito das entradas em dinheiro* é realizado no prazo de cinco dias úteis a contar da disponibilização de prova gratuita do registo da constituição da sociedade prevista na alínea *b*) do nº 3 do art. 12º, ou, nos casos e termos em que a lei o permite, que as respetivas entradas em dinheiro são entregues nos cofres da sociedade, até ao final do primeiro exercício económico;
f) Pagamento, através de meios eletrónicos, dos encargos que se mostrem devidos.

Para os efeitos da opção prevista na alínea *a)*, é utilizada, nos termos da previsão do art. 14º, a *bolsa de firmas* ou a *bolsa de firmas e de marcas associadas* previstas no art. 15º do Decreto-Lei nº 111/2005, de 8 de julho.

No caso de opção por firma constituída por *expressão de fantasia* previamente criada e reservada a favor do Estado, os interessados podem *completar a composição* da firma com qualquer *expressão alusiva ao objeto social* que optem por inserir entre a expressão de fantasia escolhida e os aditamentos legalmente impostos (nº 2 do art. 6º).

Se se tiver requerido a verificação e aprovação de firma nos termos da parte final da alínea *a*) do nº 1, o pedido deve ser apreciado no prazo máximo de um dia útil, sendo aprovada a primeira das firmas requeridas que for viável (nº 3 do art. 6º).

Ainda nos termos do nº 4 do art. 6º, e se for esse o caso, os interessados devem ainda enviar através do sítio na Internet, entre outros que se mostrem necessários, os documentos *comprovativos da sua capacidade e dos seus poderes de representação* para o ato, as *autorizações* especiais que sejam necessárias para a constituição da sociedade e, no caso de se tratar de sociedade cujo capital seja realizado com recurso a entradas em espécie, sem que para a transmissão dos bens com que os sócios entram para a sociedade seja exigida forma mais solene do que a forma escrita, *o relatório do revisor oficial de contas* referido no art. 28º CSC, tendo sido cumprido o estipulado no nº 5 dessa disposição.

Uma vez iniciado o procedimento ou aprovada a firma nos termos da parte final da alínea *a)* do nº 1, o pedido *on-line* deve ser submetido pelos interessados no prazo máximo de vinte e quatro horas (nº 5 do art. 6º).

Todos os documentos entregues através de sítio na Internet, desde que tenham sido corretamente digitalizados e sejam integralmente apreensíveis, têm o mesmo valor probatório dos originais (nº 6 do art. 6º).

O Decreto-Lei nº 125/2006 prevê a possibilidade de intervenção de advogados, solicitadores e notários neste processo de constituição *on-line* de sociedades.

A *intervenção de advogados e de solicitadores* – que, por força do disposto no art. 8º, não podem todavia agir como representantes dos interessados na subscrição do pato ou do ato constitutivo da sociedade – é disciplinada pelo art. 7º, nos seguintes termos:

> "1 – Os advogados e os solicitadores que disponham dos meios de certificação de acordo com a portaria referida no nº 1 do artigo 5º enviam através do sítio na Internet o pacto ou o ato constitutivo da sociedade, com as assinaturas dos seus subscritores reconhecidas presencialmente.
>
> 2 – Para o efeito previsto no número anterior, os advogados e os solicitadores reconhecem presencialmente as assinaturas dos subscritores do pacto ou do ato constitutivo, certificando a sua identidade e, se for esse o caso, a sua capacidade e os seus poderes de representação, e ainda que os mesmos manifestaram a sua vontade em constituir a sociedade.
>
> 3 – As declarações dos advogados e dos solicitadores relativas à certificação referida no número anterior fazem-se através de fórmula própria disponível no sítio na Internet, não sendo necessário proceder ao registo em sistema informático previsto no nº 3 do artigo 38º do Decreto-Lei nº 76-A/2006, de 29 de março.
>
> 4 – Se os interessados dispuserem dos meios de certificação de acordo com a portaria referida no nº 1 do artigo 5º, o advogado ou o solicitador podem enviar através do sítio na Internet o pacto ou o ato constitutivo assinados pelos interessados com esse meio de certificação.
>
> 5 – Caso intervenha mais de um advogado ou solicitador na constituição da sociedade, é possível o acesso conjunto, simultâneo ou sucessivo, dos diversos interessados, estejam ou não representados por advogado ou solicitador, nos termos do nº 1 do artigo 5º."

A *intervenção dos notários* é regulada em termos similares no art. 9º:

> "1 – Os interessados podem solicitar aos notários, que disponham dos meios de certificação de acordo com a portaria referida no nº 1 do artigo 5º, que a constituição de sociedade seja realizada através do procedimento previsto no presente decreto-lei.

2 – Para esse efeito, os notários reconhecem presencialmente as assinaturas dos subscritores do pacto ou do ato constitutivo certificando a sua identidade e, se for esse o caso, a sua capacidade e os seus poderes de representação e, ainda, que os mesmos manifestaram a sua vontade em constituir a sociedade.

3 – O disposto no nº 4 do artigo 7º é aplicável aos notários, com as necessárias adaptações."

O *pedido de constituição online da sociedade* só é considerado validamente apresentado após a emissão pelo sistema de informação de um comprovativo eletrónico, que indique a data e a hora da submissão do pedido, por referência à hora do meridiano de Greenwich, indicada pelo acrónimo UTC (Coordinated Universal Time) (art. 10º).

O serviço competente *aprecia o pedido de constituição* de sociedade, após a emissão do comprovativo eletrónico acima referido.

Se os interessados tiverem optado por pato ou ato constitutivo de modelo aprovado pelo presidente do IRN, e não houver lugar à entrega dos documentos referidos nas alíneas *b*) e *c*) do nº 4 do art. 6º (autorizações especiais e relatório do revisor oficial de contas), o serviço competente, após confirmação do pagamento efetuado pelos interessados, procede imediatamente às diligências subsequentes previstas no art. 12º e a seguir indicadas.

Nas restantes situações, o serviço competente procede a todas as *diligências subsequentes* no *prazo de 10 dias* a contar da confirmação do pagamento efetuado pelos interessados (art. 11º), devendo proceder aos seguintes atos que são da competência do conservador e dos oficiais de registo (art. 12º):

a) *Registo do pacto ou ato constitutivo* da sociedade, que deve ser imediatamente comunicado aos interessados por via eletrónica;
b) Comunicação automática e eletrónica da constituição da sociedade ao ficheiro central de pessoas coletivas e, se for o caso, codificação da atividade económica (CAE).

E ainda aos seguintes:

a) Comunicação do código de acesso do cartão eletrónico da empresa e do número de identificação da sociedade na segurança social e envio posterior do cartão da empresa a título gratuito;
b) Caso tenha havido aquisição de *marca registada* e independentemente da qualificação do correspondente ato de registo comercial, emissão e envio do documento comprovativo dessa aquisição, em modelo aprovado pelo Instituto Nacional da Propriedade Industrial;

c) Disponibilização gratuita de código de acesso à certidão permanente da sociedade pelo período de três meses;
d) Promoção das *publicações legais*, as quais se devem efetuar automaticamente e por via eletrónica;
e) Disponibilização aos serviços competentes, por meios informáticos, dos dados necessários para o *controlo das obrigações tributárias* à administração tributária, dos dados necessários para efeitos de comunicação do *início de atividade da sociedade à Inspeção-geral do Trabalho*, bem como dos dados necessários à inscrição oficiosa da sociedade nos *serviços de segurança social* e, quando for o caso, no *cadastro comercial*;
f) Caso tenha havido *aquisição de marca registada, comunicação ao INPI*, por meios informáticos, da transmissão da marca, para que se proceda à sua inscrição oficiosa no processo de registo, e ao RNPC para efeitos de dispensa da prova prevista no nº 6 do art. 33º do regime do RNPC;
g) Promoção das restantes diligências que venham a ser fixadas por via regulamentar ou protocolar.

No caso de aquisição de marca registada, é dispensado o documento escrito e assinado pelas partes, previsto no nº 6 do art. 31º do Código da Propriedade Industrial, e não há lugar à emissão do título de concessão previsto no art. 27º do mesmo diploma[97].

Para os efeitos previstos na alínea *e*), os serviços da administração tributária devem notificar, por via eletrónica, os serviços de segurança social dos elementos relativos ao início de atividade.

É a Portaria nº 657-C/2006, de 29 de junho[98], que regula a *designação, o funcionamento e as funções* do sítio na Internet *www.empresaonline.pt*, bem como os requisitos e as condições de utilização da autenticação eletrónica e da assinatura eletrónica na indicação dos dados e na entrega de documentos no referido sítio.

O sítio permite, entre outras que se mostrem necessárias, as seguintes *funções* (art. 3º):

a) A autenticação dos utilizadores através de certificados digitais;

[97] Nº 6 do art. 31º do Código da Propriedade Industrial: "6 – A transmissão por acto *inter vivos* deve ser provada por documento escrito, mas se o averbamento da transmissão for requerido pelo cedente, o cessionário deve, também, assinar o documento que a comprova ou fazer declaração de que aceita a transmissão."
Nº 1 do art. 27º: "1 – Os títulos de concessão de direitos de propriedade industrial só são entregues aos interessados decorrido um mês sobre o termo do prazo de recurso ou, interposto este, depois de conhecida a decisão judicial ou arbitral definitiva."

[98] Retificada por Declaração de Retificação nº 54/2006, de 22 de agosto.

b) A indicação dos dados de identificação dos interessados;
c) A *escolha de uma firma* constituída por expressão de fantasia previamente criada e reservada a favor do Estado;
d) A verificação da admissibilidade e obtenção da firma, nos termos do nº 3 do art. 45º do regime do RNPC;
e) A indicação da firma constante de certificado de admissibilidade de firma emitido pelo RNPC;
f) A escolha e o preenchimento de *pacto ou ato constitutivo* de modelo aprovado pelo presidente do IRN ou o envio de pato ou ato constitutivo elaborado pelos interessados;
g) A apresentação, através de fórmula própria, das declarações referidas no nº 3 do art. 7º do Decreto-Lei nº 125/2006, de 29 de junho *[declarações dos advogados e dos solicitadores]*;
h) O preenchimento eletrónico dos elementos necessários à apresentação da *declaração de início de atividade* para efeitos fiscais;
i) A entrega dos documentos necessários à apreciação do pedido e ao suprimento de suas eventuais deficiências;
j) A *assinatura eletrónica* dos documentos entregues;
l) O pagamento dos serviços por via eletrónica;
m) A recolha de informação que permita o contato entre os serviços competentes e os interessados e seus representantes;
n) O *pedido de registo comercial* da constituição da sociedade;
o) A certificação da data e da hora em que o pedido de registo foi concluído;
p) O acesso ao sítio na Internet onde se encontrem disponibilizadas as publicações legais.

No caso de ter sido escolhida uma firma constituída por expressão de fantasia previamente criada e reservada a favor do Estado, o sítio deve permitir aos interessados *completar a composição da firma com os aditamentos legalmente impostos*, assim como com qualquer expressão alusiva ao objeto social que os interessados optem por inserir entre a expressão de fantasia escolhida e os referidos aditamentos.

Os pedidos de constituição *on-line* de sociedades efetuados através do sítio são anotados pela ordem da respetiva receção (art. 4º).

Nos casos de pedidos de registo recebidos após as 16 horas e em que a respetiva anotação não possa ser efetuada automaticamente por via informática, os pedidos são anotados no dia seguinte, imediatamente antes da primeira apresentação pessoal ou por telecópia, caso exista.

Para efeitos de constituição *on-line* de sociedades, a autenticação eletrónica de *advogados, solicitadores e notários* deve fazer-se mediante *certificado digital* que comprove a qualidade profissional do utilizador (art. 5º).

Para os *restantes utilizadores*, a autenticação eletrónica faz-se mediante a utilização de *certificado digital qualificado*, nos termos previstos no regime jurídico dos documentos eletrónicos e da assinatura eletrónica, aprovado pelo Decreto-Lei nº 290-D/99, de 2 de agosto[99].

Na constituição *on-line* de sociedades, apenas são admitidos os *certificados digitais de advogados, solicitadores e notários* cuja utilização para fins profissionais seja confirmada através de listas eletrónicas de certificados, disponibilizadas, respetivamente, pela Ordem dos Advogados, pela Câmara dos Solicitadores e pela Ordem dos Notários (art. 6º).

Os termos da *aposição da assinatura eletrónica* de documentos são definidos no art. 7º; assim, cada subscritor deve apor a sua assinatura eletrónica qualificada no pacto social ou no ato constitutivo da sociedade, exceto no caso de aposição pelo subscritor de assinatura manuscrita, reconhecida presencialmente por advogado, solicitador ou notário.

Aos restantes documentos deve ser aposta a assinatura eletrónica qualificada do interessado que efetuar o envio, salvo quando este for realizado por advogado, solicitador ou notário.

Os documentos entregues são assinados digitalmente pelo sistema informático que os receciona.

O *comprovativo eletrónico* referido no nº 1 do art. 10º do Decreto-Lei nº 125/2006, de 29 de junho, deve ser enviado aos interessados através de mensagem de correio eletrónico; também o *registo do pacto ou ato constitutivo* da sociedade deve, nos termos do alínea *a*) do nº 2 do art. 12º do mesmo diploma, ser comunicado aos interessados por mensagem de correio eletrónico e, quando possível, por *short message service* (sms) (art. 8º).

As entidades empregadoras criadas, tanto por este regime especial de constituição *on-line*, como pelo regime de constituição imediata de sociedades, consideram-se oficiosamente inscritas na *segurança social* (nº 4 do art. 4º do Decreto-Lei nº 8-B/2002, de 15 de janeiro, na redação do art. 20º do Decreto-Lei nº 125/2006, de 29 de junho).

8.5.6. *Sociedades anónimas europeias*

O registo de constituição de uma sociedade anónima europeia *por fusão* ou *transformação* ou de constituição de uma sociedade anónima europeia *gestora de participações sociais ou filial* é efetuado com base no contrato de sociedade (nº 1 do art. 36º).

[99] Versão republicada pelo Decreto-Lei nº 116-A/2012, de 31 de Julho.

O nº 1 do art. 4º do Decreto-Lei nº 2/2005, de 4 de janeiro (regime jurídico das sociedades anónimas europeias) determina que a constituição de uma sociedade anónima europeia com sede em Portugal, em qualquer das modalidades previstas no Regulamento (CE) nº 2157/2001, do Conselho, de 8 de outubro, bem como a alteração dos estatutos decorrente da transferência de sede daquela sociedade para Portugal, *está sujeita às exigências de forma*, assim como ao registo e publicação previstos na *legislação aplicável às sociedades anónimas.*

Para o registo de constituição de sociedade anónima europeia *gestora de participações sociais* deve ainda ser comprovada a *prévia publicitação*, relativamente a todas as sociedades promotoras, da verificação das condições de que depende essa constituição, nos termos previstos na legislação comunitária aplicável (nº 2 do art. 36º).

O registo ou menção da *verificação das condições* de que depende a constituição de uma sociedade anónima europeia gestora de participações sociais com sede em Portugal é feito com base no ato de constituição dessa sociedade (nº 3 do art. 36º).

O registo de *alteração dos estatutos* de uma sociedade anónima europeia pelo qual seja publicitada a transferência de sede daquela para Portugal é efetuado com base no documento que formalize essa alteração, no qual seja declarada a transferência da sede e exarado o contrato pelo qual a sociedade passa a reger-se (nº 4 do art. 36º).

Os certificados a que se referem o nº 8 do art. 8º e o nº 2 do art. 25º do Regulamento (CE) nº 2157/2001, do Conselho, de 8 de outubro[100], devem, em especial, fazer referência à verificação do cumprimento de cada um dos atos e formalidades prévios, respetivamente, à transferência da sede de sociedade anónima europeia para outro Estado membro da União Europeia ou à constituição de sociedade anónima europeia por fusão, exigidos por aquele regulamento, pela legislação nacional adotada em sua execução ou ainda pela legislação nacional aplicável às sociedades anónimas de direito interno, identificando os documentos que comprovem tal verificação (nº 1 do art. 36º-A).

Nos casos em que a mesma conservatória seja competente para controlar a legalidade do cumprimento, pelas sociedades portuguesas participantes, dos atos e formalidades prévias à fusão e para o controlo da legalidade do processo na parte que respeita à fusão e à constituição da sociedade anónima europeia

[100] Art. 8º: "8. No Estado-Membro da sede da SE, deve ser emitido, por um tribunal, notário ou outra autoridade competente, um certificado que comprove de forma concludente o cumprimento dos atos e formalidades prévios à transferência."
Art. 25º: "2. Em cada Estado-Membro interessado, é emitido por um tribunal, um notário ou outra autoridade competente um certificado que comprove de forma concludente o cumprimento dos atos e formalidades prévias à fusão."

com sede em Portugal, ambos os controlos podem ser efetuados aquando do registo daquela constituição (nº 2 do art. 36º-A).

No caso de *transferência da sede* de sociedade anónima europeia para *outro Estado membro* da União Europeia, a comunicação, pelo serviço de registo competente deste último, da nova matrícula da sociedade, em consequência do registo definitivo da transferência de sede e da correspondente alteração dos estatutos, determina o *imediato registo oficioso da transferência de sede* e o correspondente *cancelamento da matrícula na conservatória nacional* (nº 2 do art. 27º).

8.5.7. Entidades públicas empresariais

O registo da constituição das empresas públicas a que se refere o nº 2 do art. 5º do Decreto-lei nº 133/2013, de 3 de outubro – *entidades públicas empresariais* – efetua-se em face do *decreto-lei* que a determinou (art. 37º). As empresas públicas referidas no nº 1 do mesmo artigo são organizações empresariais constituídas sob a forma de sociedade de responsabilidade limitada nos termos da lei comercial.

8.5.8. Cooperativas

Nos termos do art. 10º do Código Cooperativo[101], a constituição das cooperativas deve ser *reduzida a escrito*, salvo se forma mais solene for exigida para a transmissão dos bens que representem o capital social com que os cooperadores entram para a cooperativa; esta adquire personalidade jurídica com o registo da sua constituição (art. 17º do Código).

As cooperativas podem ser do primeiro grau ou de grau superior; são cooperativas do primeiro grau aquelas cujos cooperadores sejam pessoas singulares ou coletivas. São cooperativas de grau superior as uniões, federações e confederações de cooperativas (art. 5º do Código).

De harmonia com o art. 101º do mesmo Código, as uniões, federações e confederações de cooperativas adquirem personalidade jurídica com o registo da sua constituição, aplicando-se-lhes, na sua constituição a forma prevista no art. 10º para as cooperativas do primeiro grau.

As *alterações de estatutos* das cooperativas devem observar a forma exigida para o ato constitutivo (art. 14º do Código Cooperativo).

Para a constituição da *sociedade cooperativa europeia (SCE)* também só é exigível documento escrito, de harmonia com o disposto no nº 2 do art. 5º do Regulamento (CE) nº 1435/2003 do Conselho, de 22 de julho: "Os fundadores elaboram os estatutos da SCE nos termos das disposições previstas na legislação do Estado da sede para a constituição de cooperativas. Os estatutos devem ser consignados por escrito e assinados pelos fundadores."

[101] Aprovado pela Lei nº 119/2015, de 31 de agosto e alterado pela Lei nº 66/2017, de 9 de agosto.

Como esclarece o nº 1 do mesmo art. 5º, a expressão *estatutos da SCE* designa simultaneamente o ato constitutivo e os estatutos propriamente ditos da SCE, quando estes sejam objeto de um ato separado.

8.5.9. *Regime especial de constituição imediata de cooperativas (Cooperativa na hora)*

À semelhança do que fora previsto para a constituição imediata de associações, o Decreto-Lei nº 54/2017, de 2 de junho, criou um regime especial de constituição imediata de cooperativas, com ou sem a simultânea aquisição de marca registada.

Este regime *não é todavia aplicável* (art. 2º:

a) Às Cooperativas de crédito;
b) Às Cooperativas de ensino superior;
c) Às Cooperativas de Seguros;
d) Às Cooperativas de grau superior;
e) Às Cooperativas de interesse público;
f) À Sociedade Cooperativa Europeia.

Não é igualmente aplicável às cooperativas cujo capital seja realizado com recurso a entradas em espécie, nem às cooperativas que integrem membros investidores.

A aplicação deste regime é da *competência das conservatórias do registo comercial, ou de quaisquer outros serviços de registo do IRN*, fixados por despacho do presidente do seu conselho diretivo, independentemente da localização da sede da cooperativa a constituir, competência essa que abrange a tramitação integral do procedimento, incluindo a prática dos atos de registo comercial a efetuar (art. 3º).

São *pressupostos* de aplicação deste regime, nos termos do art. 4º, a opção por ato constitutivo de modelo aprovado pelo presidente do conselho diretivo do IRN, bem como a escolha da *denominação da cooperativa* através de uma das seguintes formas:

a) Aprovação no *posto de atendimento*;
b) Escolha de denominação constituída por *expressão de fantasia previamente criada e reservada a favor do Estado*, associada ou não à aquisição de uma marca previamente registada a favor do Estado;
c) Apresentação de *certificado de admissibilidade* de denominação.

A aprovação de denominação no posto de atendimento é da competência dos serviços de registo a quem for atribuída por despacho do presidente do conselho diretivo do IRN.

A tramitação do procedimento deve ser iniciada e concluída no mesmo dia (art. 5º).

Os interessados na constituição da cooperativa formulam o seu pedido junto de um serviço competente, manifestando a sua opção pela denominação e marca, se for o caso, e pelo modelo de ato constitutivo; a prossecução do procedimento depende da verificação inicial da identidade, da capacidade e dos poderes de representação dos interessados para o ato (art. 6º).

Para este efeito, e conforme o art. 7º, os interessados devem apresentar os documentos comprovativos da sua identidade, capacidade e poderes de representação para o ato, bem como autorizações especiais que sejam necessárias.

Caso ainda não haja sido efetuado, os cooperadores devem declarar, sob sua responsabilidade, que o depósito das entradas, no mínimo de 10%, é efetuado no prazo de cinco dias úteis, e que o remanescente do capital social é realizado no prazo previsto nos estatutos, nos termos do Código Cooperativo.

Os interessados são advertidos de que devem proceder à entrega da declaração de início de atividade para efeitos fiscais, no serviço competente, no prazo legalmente fixado para o efeito.

De harmonia com o art. 8º, uma vez efetuada a verificação inicial da identidade, da capacidade e dos poderes de representação dos interessados para o ato, bem como a regularidade dos documentos apresentados, o serviço competente procede aos seguintes atos, pela ordem indicada:

a) Cobrança dos encargos que se mostrem devidos;
b) Aprovação da denominação no posto de atendimento (alínea *a*) do nº 2 do art. 4º), ou afetação, por via informática e a favor da cooperativa a constituir, da denominação escolhida ou da denominação e marca escolhidas na bolsa de firmas e marcas (alínea *b*) do nº 2 do art. 4º) e do número de identificação de pessoa coletiva associado à denominação;
c) Preenchimento do ato constitutivo, por documento particular, de acordo com o modelo previamente escolhido, nos termos das indicações dos interessados;
d) Recolha das assinaturas dos intervenientes no ato constitutivo;
e) Anotação automática da apresentação do pedido verbal de registo no respetivo diário e digitalização para o arquivo eletrónico dos documentos que servem de base ao registo;
f) Registo de constituição da cooperativa e de designação dos membros dos órgãos sociais;
g) Promoção das publicações legais;
h) Comunicação automática e eletrónica da constituição da cooperativa ao ficheiro central de pessoas coletivas e codificação da atividade económica (CAE);

i) Disponibilização imediata do cartão eletrónico da empresa mediante a atribuição de código de acesso, bem como comunicação aos interessados do número de identificação da cooperativa na segurança social.

A atribuição de denominação no posto de atendimento ocorre com a aprovação da primeira das denominações requeridas que for viável.

A realização dos atos acima previstos é da competência do conservador, sem prejuízo da possibilidade de delegação em oficial de registo.

O conservador deve *recusar a realização* do preenchimento do ato constitutivo, ou seja, a titulação do ato, ao abrigo do art. 9º, sempre que verifique a existência de omissões, vícios ou deficiências que afetem a formação e exteriorização da vontade dos intervenientes no ato ou nos documentos que devam instruir e que obstem à realização, com caráter definitivo, do registo da constituição da cooperativa, bem como quando, em face das disposições legais aplicáveis, o ato não seja viável, ou seja anulável ou ineficaz.

Em caso de recusa, se o interessado declarar, oralmente ou por escrito, que pretende impugnar o respetivo ato, o conservador deve lavrar despacho especificando os fundamentos respetivos, sendo aplicável à recusa de titulação o regime de impugnação previsto nos artigos 101º e seguintes do Código do Registo Comercial.

No caso de opção por denominação constante da bolsa de firmas criadas pelo RNPC e reservadas a favor do Estado, o serviço competente deve completar a composição da denominação com os aditamentos legalmente impostos, assim como com qualquer expressão alusiva ao objeto de atividade que os interessados optem por inserir entre a expressão de fantasia escolhida e os referidos aditamentos (art. 10º).

A não conclusão do procedimento no próprio dia, por facto imputável aos interessados, determina a caducidade do direito ao uso da denominação, ou da denominação e marca escolhidas afetas à cooperativa a constituir (art. 11º).

Concluído o procedimento de constituição da cooperativa, o serviço competente entrega de imediato, ou remete por via eletrónica sempre que tal se mostre possível, aos representantes da cooperativa (art. 12º):

a) Original do título constitutivo;
b) Código de acesso à certidão permanente de registo comercial, nos termos do nº 6 do artigo 75º do Código do Registo Comercial;
c) O recibo comprovativo do pagamento dos encargos devidos;
d) Caso tenha havido aquisição de marca registada, documento comprovativo dessa aquisição, em modelo aprovado pelo Instituto Nacional da Propriedade Industrial, I. P. (INPI, I. P.).

Tendo havido aquisição de marca registada, nos termos acima referidos, é dispensado o documento escrito e assinado pelas partes, previsto no nº 6 do artigo 31º do Código da Propriedade Industrial, e não há lugar à emissão do título de concessão previsto no artigo 27º do mesmo diploma.

O serviço competente procede ainda ao envio posterior do cartão da cooperativa, a título gratuito.

Após a conclusão do procedimento de constituição da cooperativa, o serviço competente (art. 13º):

a) Disponibiliza, por meios informáticos, à Cooperativa António Sérgio para a Economia Social, os dados necessários ao cumprimento do disposto no Código Cooperativo;

b) Caso tenha havido aquisição de marca registada, comunica ao INPI, por meios informáticos, a transmissão da mesma, para que se proceda à sua inscrição oficiosa no processo de registo, e ao Registo Nacional de Pessoas Coletivas (RNPC) para efeitos de dispensa da prova prevista no nº 6 do artigo 33º do regime do RNPC;

c) Promove as restantes diligências e procedimentos que venham a ser considerados necessários para a execução do presente decreto-lei.

Todas as comunicações eletrónicas previstas no Decreto-Lei nº 54/2017, de 2 de junho, são realizadas através da Plataforma de Interoperabilidade da Administração Pública (art. 14º).

8.5.10. Agrupamentos complementares de empresas

O contrato constitutivo dos agrupamentos complementares de empresas deve ser *reduzido a escrito*, salvo se forma mais solene for exigida para a transmissão dos bens com que os sócios entram para o agrupamento, e nele "se determinará a firma, o objeto, a sede e a duração, quando limitada, do agrupamento, bem como as contribuições dos agrupados para os encargos e a constituição do capital, se o houver" (nºs 1 e 2 da Base III da Lei nº 4/73, de 4 de junho, na redação que lhe foi dada pelo Decreto-Lei nº 76-A/2006).

8.5.11. Agrupamentos europeus de interesse económico

O contrato de agrupamento e as suas alterações devem constar de *documento escrito* (art. 2º do Decreto-Lei nº 148/90, de 9 de maio).

São aplicáveis aos agrupamentos europeus de interesse económico com sede contratual em Portugal as normas estabelecidas pela lei portuguesa para o agrupamento complementar de empresas em tudo o que não se encontre previsto no Regulamento (CEE) nº 2137/85, do Conselho, de 25 de julho de 1985, nem no presente diploma (art. 12º do Decreto-Lei nº 148/90).

8.5.12. *Representações permanentes*

a) De sociedades com sede em Portugal

O registo das representações permanentes de sociedades com sede principal e efetiva em Portugal é feito em face de *documento comprovativo da deliberação social* que a estabeleça (nº 1 do art. 40º).

b) De sociedades com sede no estrangeiro

O registo das representações permanentes de sociedades com sede principal e efetiva no estrangeiro é feito em face de *documento comprovativo da deliberação social* que a estabeleça, do texto completo e atualizado do *contrato de sociedade* e de *documento que comprove a existência jurídica* deste (nº 2 do art. 40º).

Ao registo das representações permanentes de outras pessoas coletivas sujeitas a registo comercial é aplicável o mesmo regime, com as adaptações que se mostrarem necessárias (nº 3 do art. 40º).

A instituição de representações permanentes de pessoas coletivas registadas no estrangeiro *deixou de estar sujeita à disponibilização de certificado de admissibilidade* de firma (nº 1 do art. 34º do Regime do RNPC, na redação que lhe foi dada pelo Decreto-Lei nº 111/2005, de 8 de julho), mas, em contrapartida, a matrícula das representações permanentes das sociedades com sede principal e efetiva no estrangeiro deve incluir a referência *'representação permanente'*, *'sucursal'* ou outra *equivalente*, à escolha do interessado (nº 2 do art. 8º Reg).

c) Criação imediata de representações permanentes de entidades estrangeiras (Sucursal na Hora)

O Decreto-Lei nº 73/2008, de 16 de abril, alterado pelos Decretos-Lei nºs 247-B/2008, de 30 de Dezembro, e 209/2012, de 19 de Setembro, estabeleceu um regime especial de *criação imediata de representações permanentes* em Portugal de sociedades comerciais e civis sob forma comercial, cooperativas, agrupamentos complementares de empresas e agrupamentos europeus de interesse económico com *sede no estrangeiro*, com a simultânea *nomeação dos respetivos representantes.*

A tramitação deste procedimento, que é da *competência das conservatórias do registo comercial e dos seus postos de atendimento* (art. 2º), é iniciada e concluída no mesmo dia, em atendimento presencial único (art. 3º).

Os interessados na criação da representação permanente formulam o seu pedido junto do serviço competente, apresentando os documentos comprovativos da sua *identidade* e da sua *legitimidade* para o ato, da *existência jurídica da entidade* que cria a representação permanente, do *texto completo e atualizado do pacto social* ou dos estatutos desta entidade e ainda das *deliberações sociais* que aprovam a criação da representação permanente e designam o respetivo *representante* (art. 4º).

A prossecução do procedimento depende da verificação inicial da identidade e da legitimidade dos interessados para o ato.

Efetuada essa verificação, bem como a da regularidade dos documentos apresentados, o serviço competente procede, pela ordem indicada, aos seguintes atos, cuja realização é da competência do conservador e dos oficiais de registo (art. 5º):

a) Cobrança dos *encargos* que se mostrem devidos;
b) *Anotação da apresentação* do pedido verbal de registo no diário;
c) *Registo de criação da representação* permanente e da nomeação dos respetivos representantes;
d) Comunicação automática e eletrónica da criação da representação permanente ao ficheiro central de pessoas coletivas e codificação da atividade económica (CAE);
e) Promoção da *publicação legal* dos atos de registo referidos na alínea *c*);
f) Comunicação aos interessados do *número de identificação da representação* permanente *na segurança social*.

A firma ou denominação constante da matrícula da representação permanente deve incluir a designação *«representação permanente»*, *«sucursal»* ou outra *equivalente*, a escolher pelos interessados.

A realização do registo da representação permanente *deve ser recusada* sempre que se verifique a existência de omissões, vícios ou deficiências que obstem à realização do correspondente registo definitivo, bem como quando, em face das disposições legais aplicáveis, o ato não seja viável (art. 6º).

Concluído o procedimento de criação da representação permanente, os interessados são advertidos de que devem entregar a *declaração de início de atividade* no serviço competente, no prazo de 15 dias, e é-lhes disponibilizado e entregue, de imediato, a título gratuito o *cartão eletrónico de empresa* mediante a atribuição de código de acesso, o *código de acesso* à certidão permanente disponibilizada em sítio da Internet pelo período de três meses e o recibo comprovativo do pagamento dos encargos devidos (art. 7º).

O serviço procede ainda ao envio posterior do cartão da empresa a título gratuito.

A certidão permanente é disponibilizada em língua portuguesa ou, a pedido dos interessados, também em língua estrangeira, nos termos dos nºs 3 e 4 do art. 58º do Código, disposições estas que preveem que a informação constante do registo comercial seja disponibilizada, quando solicitada, através de certidão permanente em *língua inglesa* ou *noutras línguas estrangeiras* determinadas por despacho do presidente do Instituto dos Registos e do Notariado, tendo *efeitos jurídicos equivalentes* à informação disponibilizada em língua portuguesa.

Após a conclusão do procedimento de criação da representação permanente, o serviço competente, no prazo de 24 horas, disponibiliza, por meios informáticos, os dados necessários para efeitos de comunicação do *início de atividade* da representação permanente à Direção-Geral dos Impostos e à Inspeção-geral do Trabalho, bem como os dados necessários à inscrição oficiosa daquela nos serviços da *segurança social* e, quando for o caso, no *cadastro comercial*, e promove ainda as restantes diligências que venham a ser fixadas por via regulamentar ou protocolar (art. 8º).

Cabe aos serviços fiscais notificar por via eletrónica os serviços da segurança social dos elementos relativos ao início da atividade.

d) Registo online de representações permanentes de sociedades com sede no estrangeiro

Pelo Decreto-Lei nº 109-D/2021, de 9 de dezembro, foi criado um regime de registo online de representações permanentes de sociedades de responsabilidade limitada com sede no estrangeiro.

O procedimento é da competência do *Registo Nacional de Pessoas Coletivas (RNPC)* e das conservatórias do registo comercial determinadas por despacho do presidente do conselho diretivo do Instituto dos Registos e do Notariado (IRN), podendo recorrer a este regime pessoas singulares e pessoas coletivas.

Os interessados no registo online destas representações permanentes formulam o seu *pedido online*, efetuando, entre outros atos que se mostrem necessários, o pagamento, através de meios eletrónicos, dos encargos devidos. Devem ser enviados para o registo de criação da representação permanente e para o registo da designação e poderes dos respetivos representantes, através do sítio na Internet, entre outros que se venham a mostrar necessários, os seguintes documentos:

a) Documentos comprovativos da *sua legitimidade para o ato*;
b) Documento comprovativo da *existência jurídica da sociedade* que cria a representação permanente, quando não se trate de sociedade com sede num Estado-Membro;
c) Documento comprovativo da *deliberação da sociedade representada* que aprova a criação da representação permanente, o seu objeto, a sua denominação, o local da representação, o capital afeto quando exigível e a data de encerramento do exercício social;
d) Documento comprovativo da *designação dos representantes* da representação permanente e respetivos poderes e, quando deste não constem, declaração da aceitação da designação e declaração da qual conste não terem conhecimento de circunstâncias suscetíveis de os inibir para a ocupação do cargo;

e) Cópia do *contrato de sociedade da sociedade representada*, completo e atualizado;
f) Documento comprovativo da *existência jurídica da sociedade representada.*

Os interessados podem formular, através do sítio na Internet, pedidos de registo relativos a factos posteriores à criação da representação permanente, devendo enviar os documentos que comprovem os factos a registar.

Sem prejuízo da competência para certificação de fotocópias atribuída por lei a outras entidades, os gerentes, administradores e secretários podem, quando os promovam, certificar a conformidade dos documentos eletrónicos por si entregues, através do sítio na Internet, com os documentos originais em suporte de papel.

O pedido de registo online *só é considerado validamente apresentado após a emissão pelo sistema de informação de um comprovativo eletrónico,* que indique a data e a hora da submissão do pedido, por referência à hora do meridiano de Greenwich, indicada pelo acrónimo UTC (Coordinated Universal Time).

Emitido o comprovativo eletrónico acima referido, o serviço competente, após confirmação do pagamento, aprecia o pedido de registo da representação permanente, procedendo às diligências subsequentes e convidando os interessados, se for o caso, a enviar, preferencialmente através do sítio na Internet e no prazo de cinco dias, os documentos em falta, quando não seja possível suprir oficiosamente as informações que deles constem.

O serviço competente pode verificar as informações sobre a sociedade representada com sede noutro Estado-Membro através do sistema de interconexão dos registos regulado no Decreto-Lei nº 24/2019, de 1 de fevereiro.

Efetuada a verificação inicial da identidade e da legitimidade dos interessados para o ato, bem como a regularidade dos documentos apresentados, o serviço competente procede aos seguintes atos:

a) *Registo da representação permanente e da designação dos respetivos representantes;*
b) *Comunicação automática e eletrónica da criação da representação permanente ao ficheiro central de pessoas coletivas* e codificação da atividade económica;
c) *Promoção das publicações legais* dos atos de registo;
d) Comunicação aos interessados do *número de identificação da representação permanente na segurança social;*
e) Comunicação aos interessados do *código de acesso ao cartão eletrónico da empresa* e envio posterior do cartão da empresa a título gratuito;
f) Disponibilização gratuita de *código de acesso à certidão permanente* da representação permanente pelo período de três meses;

g) Disponibilização aos serviços competentes, por via eletrónica, dos dados necessários para o controlo das obrigações tributárias à *administração tributária*, dos dados necessários para efeitos de comunicação do início de atividade da representação permanente à *Autoridade para as Condições do Trabalho*, bem como dos dados necessários à inscrição oficiosa da sociedade nos serviços de *segurança social* e, quando for o caso, no *cadastro comercial*.

A firma ou denominação constante da matrícula da representação permanente deve incluir a *designação «representação permanente» ou «sucursal»*, a escolher pelos interessados.

8.5.13. Registo da prestação de contas; Informação Empresarial Simplificada

A *prestação de contas* obedece ao disposto no Decreto-Lei nº 8/2007, de 17 de janeiro, que criou a *Informação Empresarial Simplificada*, entretanto alterado pelos Decretos-Leis nºs 116/2008, de 4 de julho, 292/2009, de 13 de outubro, 209/2012, de 14 de setembro, 10/2015, de 16 de janeiro, e 87/2018, de 31 de outubro.

De harmonia com o disposto no art. 2º daquele decreto-lei, na sua atual versão, a Informação Empresarial Simplificada *(IES)* compreende as seguintes obrigações legais:

a) A entrega da declaração anual de informação contabilística e fiscal prevista no nº 1 do art. 113º do Código do Imposto sobre o Rendimento das Pessoas Singulares (CIRS), quando respeite a pessoas singulares titulares de estabelecimentos individuais de responsabilidade limitada;
b) A entrega da declaração anual de informação contabilística e fiscal prevista na alínea *c)* do nº 1 do art. 117º do Código do Imposto sobre o Rendimento das Pessoas Coletivas;
c) *O registo da prestação de contas, nos termos previstos na legislação do registo comercial;*
d) A prestação de informação de natureza estatística ao Instituto Nacional de Estatística (INE), nos termos previstos na Lei do Sistema Estatístico Nacional e em outras normas, designadamente emanadas de instituições da União Europeia;
e) A prestação de informação relativa a dados contabilísticos anuais para fins estatísticos ao Banco de Portugal, de acordo com o estabelecido na respetiva lei orgânica, incluindo a que decorre da participação do Banco de Portugal no Sistema Europeu de Bancos Centrais;
f) A prestação de informação de natureza estatística à Direção-Geral das Atividades Económicas (DGAE), para os efeitos previstos no regime jurí-

dico de acesso e exercício de atividades de comércio, serviços e restauração, aprovado em anexo ao Decreto-Lei nº 10/2015, de 16 de janeiro;

g) A confirmação da informação sobre o beneficiário efetivo, nos termos previstos em legislação especial.

O cumprimento das obrigações legais referidas neste art. 2º é efetuado, de harmonia com o disposto no art. 4º do mesmo diploma, através do envio da respetiva informação ao Ministério das Finanças, por transmissão eletrónica de dados, nos termos de portaria dos membros do Governo responsáveis pela área das finanças, pelo INE e pelas áreas da justiça e da economia[102].

Com vista à articulação entre as entidades perante as quais deva ser legalmente prestada a informação constante da IES, o art. 9º-A prevê a celebração de protocolo entre a Autoridade Tributária e Aduaneira, o IRN, o Instituto de Gestão Financeira e Equipamentos da Justiça, o INE, o Banco de Portugal, a DGAE e a Agência para a Modernização Administrativa.

A informação que respeita ao cumprimento da obrigação prevista na alínea *c)* do nº 1 do referido art. 2º *é publicada* no sítio das publicações[103], e integrada na *BDCA (base de dados das contas anuais)*, da titularidade do Instituto dos Registos e do Notariado.

A *IES* deve ser apresentada anualmente, até ao 15º dia do 7º mês posterior à data do termo do exercício económico – prazo fixado no nº 4 do art. 15º do Código, a que o artº 5º do Decreto-Lei nº 8/2007, na sua atual versão, acrescenta «independentemente de esse dia ser útil ou não útil, salvo disposição em contrário» –, considerando-se, como *data de apresentação* da *IES*, a da respetiva submissão por via eletrónica.

O registo da prestação de contas, como é expresso na alínea *c)* do art. 2º acima transcrito, obedece aos termos previstos na legislação comercial.

Como já foi referido a propósito das sanções para o incumprimento de prazos, o art. 17º do Código determina que o incumprimento *da obrigação de registar a prestação de contas obsta ao registo de outros factos sobre a entidade,* com exceção dos registos de designação e cessação de funções, por qualquer causa que não seja o decurso do tempo, dos membros dos órgãos de administração e de fiscalização, de atos emanados de autoridade administrativa, das ações, decisões, procedimentos e providências cautelares previstas no artigo 9º, bem como do

[102] Nº 1 do art. 6º da Portaria nº 370/2015, de 20 de outubro: "1 – A informação respeitante ao cumprimento das obrigações previstas nas alíneas *c)* a *f)* do nº 1 do artigo 2º do Decreto-Lei nº 8/2007, de 17 de janeiro, é disponibilizada, por via eletrónica, pela Autoridade Tributária e Aduaneira (AT), ao Instituto dos Registos e do Notariado, I. P. (IRN), através do Instituto de Gestão Financeira e Equipamentos da Justiça, I. P. (IGFEJ)."

[103] *www.mj.gov.pt/publicacoes* ou *http://publicacoes.mj.pt*

arresto, arrolamento e penhora de quotas ou direitos sobre elas, outros atos ou providências que afetem a sua livre disposição e quaisquer outros registos a efetuar por depósito.

Nos termos do nº 1 do art. 42º, na redação do Decreto-Lei nº 24/2019, de 1 de fevereiro, o *registo da prestação de contas* consiste no depósito, por transmissão eletrónica de dados e de acordo com os modelos oficiais, da informação constante dos seguintes documentos:

a) Ata de aprovação das contas do exercício da aplicação dos resultados;
b) Balanço;
c) Demonstração dos resultados;
d) Demonstração das alterações no capital próprio/património líquido;
e) Demonstração de fluxos de caixa;
f) Anexo às demonstrações financeiras;
g) Certificação legal das contas;
h) Parecer do órgão de fiscalização, quando exista.

O *registo da prestação de contas consolidadas* consiste no depósito, por transmissão eletrónica de dados e de acordo com os modelos oficiais acima referidos, da informação constante dos seguintes documentos (nº 2 do art. 42º):

a) Ata da deliberação de aprovação das contas consolidadas do exercício, de onde conste o montante dos resultados consolidados;
b) Balanço consolidado, demonstração consolidada dos resultados, demonstração das alterações no capital próprio/património líquido, demonstração consolidada de fluxos de caixa e anexo às demonstrações financeiras;
c) Certificação legal das contas consolidadas;
d) Parecer do órgão de fiscalização, quando exista.

Relativamente às *empresas públicas*[104], a informação respeitante à deliberação da assembleia geral é substituída pela referente aos despachos de aprovação do ministro das Finanças e do ministro da tutela e a informação respeitante à certificação legal das contas é substituída pela referente ao parecer da Inspeção-geral de Finanças (nº 3).

Quanto às *representações permanentes* em Portugal de sociedades com sede no estrangeiro, a ata de aprovação é substituída por declaração da entidade representada, de onde conste que os documentos referidos no nº 1 lhe foram apresentados (nº 6).

[104] Deverá entender-se *entidades públicas empresariais*, porque as empresas públicas a que se refere o nº 1 do art. 5º do Decreto-Lei nº 133/2013, de 3 de outubro, são constituídas sob a forma de sociedade de responsabilidade limitada nos termos da lei comercial.

O preenchimento dos modelos oficiais com a informação constante dos documentos referidos nos números anteriores permite a utilização dessa informação para fins de investigação científica ou de estatística, ainda que o registo não possa ser efetuado por falta de pagamento da taxa devida (nº 7).

O *acesso por meios eletrónicos*, nos termos legalmente previstos, à informação constante dos documentos referidos nos nºs 1 e 2, *substitui*, para todos os efeitos legais, os correspondentes documentos em suporte de papel (nº 8).

Por cada registo de prestação de contas é disponibilizada uma certidão permanente gratuita, válida pelo período de três meses (nº 4 do art. 10º do Decreto-Lei nº 8/2007, na redação dada pelo Decreto-Lei nº 209/2012, de 19 de setembro).

8.5.14. Registo provisório de ação e de procedimento cautelar

O registo provisório de ação e o de procedimento cautelar de suspensão de deliberações sociais é feito com base em *certidão de teor do articulado* ou em *duplicado* deste, acompanhado de *prova* da sua apresentação a juízo; todavia, se a apresentação for feita pelo mandatário judicial, é suficiente a entrega da cópia do articulado e de declaração da sua prévia ou simultânea apresentação em juízo com indicação da respetiva data (art. 43º).

8.6. Rejeição da apresentação

Ressalvados os procedimentos específicos previstos designadamente nos regimes especiais de constituição da empresa na hora, da sociedade online e da cooperativa na hora, acima explicitados, a apresentação do pedido de registo, devidamente titulado, determina uma primeira apreciação que pode resultar na não aceitação do pedido de registo, ou seja, a sua rejeição.

A *apresentação* deve ser *rejeitada* (nº 1 do art. 46º):

a) Quando o requerimento não respeitar o modelo aprovado, quando tal for exigível;
b) Quando não forem pagas as quantias que se mostrem devidas;
c) Quando a entidade objeto de registo não tiver número de identificação de pessoa coletiva atribuído.

Salvo no caso de a entidade objeto de registo não ter número de identificação de pessoa coletiva atribuído, uma vez verificada a existência de causa de rejeição de registo por transcrição, *é feita a apresentação do pedido no diário* com os elementos disponíveis (nºs 3 e 4 do art. 46º).

A rejeição da apresentação deve ser *fundamentada em despacho* a notificar ao interessado, para efeitos de impugnação, nos termos do disposto nos artºs 101º e seguintes, aplicando-se-lhe, com as devidas adaptações, as disposições relativas à recusa (nº 5 do art. 46º).

Nos casos em que a entidade se encontre registada sem número de identificação de pessoa coletiva atribuído, a conservatória comunica tal facto ao Registo Nacional de Pessoas Coletivas de modo que se proceda, *no próprio dia, à inscrição da entidade* no ficheiro central de pessoas coletivas (nº 6 do art. 46º).

A verificação das causas de rejeição da apresentação pode efetuar-se até à realização do registo, mas se for verificada após a apresentação do pedido no diário dá lugar à recusa (nºs 7 e 8 do art. 46º).

Quando não forem pagos os emolumentos e taxas devidas e não tiver havido rejeição, o serviço de registo notifica o interessado por qualquer meio idóneo para, no prazo de dois dias, proceder à entrega das quantias em falta (nº 8 do art. 114º).

8.7. Recusa do registo por transcrição

O registo por transcrição deve ser *recusado* nos seguintes casos (art. 48º):

- *a)* *(Revogada pelo Decreto-Lei nº 76-A/2006, de 29 de março)*;
- *b)* Quando for manifesto que o facto não está titulado nos documentos apresentados;
- *c)* Quando se verifique que o facto constante do documento já está registado ou não está sujeito a registo;
- *d)* Quando for manifesta a nulidade do facto;
- *e)* Quando o registo já tiver sido lavrado como provisório por dúvidas e estas não se mostrem removidas;
- *f)* *(Revogada pelo Decreto-Lei nº 76-A/2006, de 29 de março)*;
- *g)* *(Revogada pelo Decreto-Lei nº 247-B/2008, de 30 de dezembro)* [105];
- *h)* Quando a entidade se encontrar em incumprimento quanto à obrigação do registo da prestação de contas, sem prejuízo das exceções previstas no nº 3 do art. 17º, e não proceder ao referido registo durante o prazo fixado para o suprimento de deficiências.

Além dos casos previstos nas alíneas anteriores, o registo só *pode ser recusado se*, por falta de elementos ou pela natureza do ato, *não puder ser feito como provisório por dúvidas* (nº 2 do art. 48º).

[105] A revogada alínea *a)* referia a incompetência territorial da conservatória enquanto a alínea *f)* previa a falta de pagamento das quantias devidas, situação que logicamente passou a ser causa de rejeição; a alínea *g)* tratava da apresentação por telecópia por notário, modalidade já não admitida.

Por falta de que elementos, pergunta Fernando Fontinha[106], que de seguida responde: "A lei não indica um critério para se poder concluir que há falta de elementos. Entendemos, porém, que em qualquer registo não devem ser omitidos os requisitos julgados necessários e suficientes para que terceiros possam tomar conhecimento das relações jurídicas nele contidas e que lhe podem ser opostas (C.R.C., artigo 14º)."

Ou pela natureza do ato: será, por exemplo, o caso dos atos de *averbamento* – desde que não sejam subinscrições – que não podem ser provisórios por dúvidas.

O registo não pode ser recusado com base em qualquer outro fundamento, salvo se estiver expressamente determinado em *disposição legal*: é esse o caso do *art. 58º do Regime do Registo Nacional de Pessoas Coletivas*, que é do seguinte teor:

O registo comercial ou a inscrição no FCPC, consoante os casos, é recusado quando:

a) O ato for nulo;
b) O certificado de admissibilidade tiver sido emitido com manifesta violação da lei;
c) No ato destinado à constituição ou modificação da pessoa coletiva tiverem sido desrespeitados os elementos ou as condições de validade constantes do certificado de admissibilidade.

A recusa com base na manifesta violação da lei ocorrida na emissão do certificado de admissibilidade não comporta qualquer verificação, por parte do conservador, da observância pelo RNPC dos princípios da novidade e da exclusividade no licenciamento da firma ou denominação em causa.

Assim o esclareceu a seguinte orientação da Direção-Geral dos Registos e do Notariado: "Na qualificação do registo de contrato de sociedade não pode o conservador pôr em causa o direito ao uso de firma regularmente emitida pelo Registo Nacional de Pessoas Coletivas com fundamento na violação do princípio da novidade ou exclusividade, posto que a atribuição do direito ao uso exclusivo de qualquer firma é da exclusiva competência do RNPC, tal qual – salvo no caso de decisão judicial – a declaração de perda desse direito."[107]

Se as deficiências não forem sanadas nos termos do art. 52º, já referido a propósito do suprimento das deficiências do pedido[108], o registo por transcrição *deve ser feito provisoriamente por dúvidas* quando existam motivos que obstem ao registo do ato tal como é pedido que não sejam fundamento de recusa (art. 49º).

[106] Em *ob. cit.*, p. 281.
[107] Em *Boletim dos Registos e do Notariado*, I, nº 5/2001.
[108] Ver *8.4.2 Suprimento de deficiências.*

Embora o nº 1 do art. 51º determine que *nenhum ato de natureza fiscal possa ser definitivamente registado sem que se mostrem pagos ou assegurados os direitos do fisco*, não está sujeita à apreciação do funcionário competente para o registo a correção da liquidação de encargos fiscais feita nas repartições de finanças, presumindo-se assegurado o pagamento dos direitos correspondentes a qualquer transmissão desde que tenham decorrido os prazos de caducidade da liquidação ou de prescrição previstos nas leis fiscais (nºs 2 e 3 do art. 51º).

Os despachos de recusa e de provisoriedade por dúvidas são *lavrados pela ordem de apresentação dos respetivos pedidos de registo*, salvo quando deva ser aplicado o mecanismo de suprimento das deficiências, nos termos do art. 52º, e são *notificados aos interessados nos dois dias seguintes* (nº 1 do art. 50º).

A qualificação dos registos como *provisórios por natureza é notificada* aos interessados no mesmo prazo, salvo nos casos previstos nas alíneas *a, c)* e *n)* do nº 1 do artº 64º, ou seja, no caso da constituição de sociedades antes de titulado o contrato, da constituição provisória de sociedades anónimas com apelo a subscrição pública de ações ou ainda de ações judiciais. A provisoriedade por natureza nestes casos é naturalmente óbvia pelo que a obrigação de notificação dos interessados não teria justificação.

Por aplicação subsidiária do nº 1 do art. 615º do Código de Processo Civil, é nulo o despacho de qualificação do registo que não especifique os fundamentos de facto e de direito que justificam a decisão, que deixe de pronunciar-se sobre questões que devia apreciar ou que conheça de questões de que não podia tomar conhecimento[109].

A apresentação de pedido de *desistência de um registo* e dos que dele dependam só pode ser aceite no caso de deficiência que motive recusa ou se for junto documento comprovativo da extinção do facto desde que o pedido de desistência seja apresentado *antes da assinatura do registo* (art. 53º).

8.8. Prazo legal para a feitura dos registos

Os prazos de feitura dos registos são objeto do art. 54º. Assim, os *registos por transcrição* devem ser efetuados no prazo de *10 dias* e pela ordem de anotação

[109] Constitui orientação uniforme do então C. T. da DGRN; neste sentido o parecer, publicado no *Boletim dos Registos e do Notariado*, nº 4/2000, II, p. 25: "I – É nulo o despacho de qualificação de registo que não especifique os fundamentos de facto e de direito que justificam a decisão (cfr. art. 668º, nº 1, *b*), do C.P.C.).
II – É igualmente nulo o despacho que, em processo de reclamação deduzida contra o próprio conservador, manteve a decisão de recusa do registo, se o conservador deixou de pronunciar-se sobre questões que deveria apreciar (cfr. art. 668º, nº 1, *d*), do C.P.C.)."
O referido art. 668º é agora, no Código de Processo Civil de 2013, o art. 615º.

no diário, salvo nos casos de urgência e de suprimento de deficiências nos termos do art. 52º.

No caso de o apresentante requerer *urgência*, o registo deve ser efetuado no prazo máximo de um dia útil, podendo o funcionário proceder à feitura do registo sem subordinação à ordem da anotação, mas sem prejuízo da dependência dos atos (nº 2 do art. 54º).

Por força da redação conferida a este nº 2 pelo Decreto-Lei nº 76-A/2006, deixou de ser necessário fundamentar o pedido de urgência, bastando pagar o emolumento correspondente.

A menção na ficha do *registo por depósito* é efetuada no *próprio dia* em que for pedido.

No caso de promoção *on-line* do registo de atos, nos termos regulados pela Portaria nº 1416-A/2006, de 19 de dezembro, uma vez emitido o comprovativo eletrónico da receção do pedido, como já foi referido, o serviço competente aprecia o pedido de registo e procede a todas as diligências subsequentes previstas no artigo seguinte no *prazo de dois dias úteis* a contar da confirmação do pagamento efetuado pelos interessados (art. 11º da portaria).

8.9. Competência para a feitura dos registos

O funcionário competente para o registo é o *conservador ou o seu substituto legal*, quando em exercício, sem prejuízo da competência atribuída aos oficiais dos registos para os atos de registo expressamente previstos no art. 55º-A, bem como para aqueles relativamente aos quais o conservador lhes tenha delegado competência.

Os oficiais dos registos têm ainda competência para anotação das publicações na ficha de registo (nº 5 do art. 71º), para a emissão e confirmação do conteúdo das certidões e de fotocópias não certificadas de registos, incluindo certidões negativas de registos e de documentos ou despachos (nº 3 do art. 76º) e anda para fazer reconhecimentos simples e com menções especiais, presenciais e por semelhança, autenticar documentos particulares, certificar, ou fazer e certificar, traduções de documentos nos termos previstos na lei notarial (art. 38º do Decreto-Lei nº 76-A/2006).

A competência delegada nos oficiais não todavia pode abranger "a sustentação ou reparação de decisão de qualificação, em sede de recurso hierárquico, e a decisão de promover o registo de atos relativos a participações sociais e respetivos titulares, no caso de ter havido oposição da sociedade, estabelecida no artigo 29º-A do CRCom, que são atos de competência exclusiva do conservador ou do seu substituto legal."[110]

[110] *Manual de Procedimentos de Registo Comercial*, cit., p. 15.

A *menção de depósito* pode também ser efetuada pelo *próprio requerente* quando o pedido seja entregue por via eletrónica (nº 4 do art. 55º-A e nº 3 do art. 12º da Portaria nº 1416-A/2006, de 19 de dezembro).

8.10. Procedimento de constituição imediata de associações

a) Início do procedimento
Conforme foi referido em *1.4 Constituição imediata de associações (Associação na hora)*, a Lei nº 40/2007, de 24 de agosto, veio permitir essa constituição em *conservatórias do registo comercial* e outros serviços de registo nos termos previstos em portaria do Ministro da Justiça[111].

O procedimento para a constituição inicia-se com o ato do pedido em que os interessados devem apresentar os documentos comprovativos da sua *identidade, capacidade* e poderes de *representação* para o ato e podem proceder à entrega imediata da *declaração de início de atividade* para efeitos fiscais ou, em alternativa, indicarem os dados que permitam a sua entrega por via eletrónica (art. 6º), sendo advertidos, no caso de o não fazerem, de que terão de proceder à sua entrega no serviço fiscal competente, no prazo de *quinze dias.*

b) Tramitação do procedimento
Uma vez efetuada a verificação inicial da identidade, da capacidade e dos poderes de representação dos interessados para o ato, bem como a regularidade dos documentos apresentados, o conservador, ou o oficial dos registos, procede aos seguintes atos, pela ordem indicada (art. 7º):

a) Cobrança dos *encargos* que se mostrem devidos;
b) *Aprovação de denominação* no posto de atendimento ou afetação, por via informática e a favor da associação a constituir, da denominação escolhida ou da denominação e marca escolhidas e do número de identificação de pessoa coletiva (NIPC) associado à denominação, nos casos previstos na alínea *b*) do nº 2 do art. 2º;
c) Preenchimento do *ato constitutivo e dos estatutos*, por documento particular, de acordo com o *modelo previamente escolhido*, nos termos das indicações dos interessados;
d) *Reconhecimento presencial* das assinaturas dos intervenientes no ato, apostas no ato constitutivo e nos estatutos;

[111] Portaria nº 1441/2007, de 7 de novembro, que, numa 1ª fase, atribuiu a competência para a tramitação deste regime especial ao Registo Nacional de Pessoas Coletivas e a um certo número de conservatórias do registo comercial, competência que tem vindo a ser progressivamente alargada às restantes.

e) Comunicação automática e eletrónica da constituição da associação ao ficheiro central de pessoas coletivas e, se for o caso, codificação da atividade económica (CAE);

f) Disponibilização imediata do cartão eletrónico de pessoa coletiva mediante a atribuição de código de acesso e comunicação aos interessados do número de identificação da associação na segurança social;

g) Sempre que possível, *arquivo, em suporte eletrónico,* com dispensa da sua conservação em suporte físico, do ato constitutivo, dos estatutos, dos documentos comprovativos da capacidade e poderes de representação e de outros documentos que se revelem necessários à instrução do ato;

h) *Publicação do ato constitutivo* e dos estatutos da associação nos termos legalmente previstos para os atos das sociedades comerciais;

i) Sendo caso disso, completamento da declaração de início de atividade, para menção da denominação, NIPC e CAE.

A atribuição de denominação no posto de atendimento ocorre com a aprovação da primeira das denominações requeridas que for viável.

O conservador ou o oficial de registo *deve recusar* o preenchimento do ato constitutivo e dos estatutos sempre que verifique a existência de *omissões, vícios ou deficiências* que afetem a formação e exteriorização da vontade dos intervenientes no ato ou nos documentos que o devam instruir, bem como nos casos em que, perante as disposições legais aplicáveis, o ato não possa ser praticado (art. 8º).

O conservador ou o oficial de registo *deve ainda recusar* a realização desse mesmo ato quando ele for *nulo, anulável ou ineficaz.*

Em caso de recusa, se o interessado declarar, oralmente ou por escrito, que pretende *impugnar o respetivo ato,* o conservador ou o oficial de registo deve lavrar despacho especificando os *fundamentos* respetivos.

À recusa de titulação é aplicável o *regime de impugnação* previsto nos artºs 101º e seguintes.

c) Denominação da associação

No caso de os interessados terem optado por uma denominação constituída por expressão de fantasia previamente criada e reservada a favor do Estado, o serviço competente deve *completar a composição da denominação* com a menção do *elemento indicativo da natureza associativa da entidade,* assim como com a menção de qualquer expressão alusiva aos fins estatutários que os interessados optem por inserir naquela (art. 9º).

Não pode, no entanto, ser aditada qualquer menção que sugira a atribuição de um estatuto *dependente de reconhecimento legal ou administrativo.*

A bolsa de firmas criada no âmbito do RNPC e reservadas a favor do Estado, bem como a bolsa de firmas reservadas e marcas registadas igualmente a favor do Estado, podem ser utilizadas para a afetação de denominações às associações a constituir no âmbito da Lei nº 40/2007, sendo aplicável, com as necessárias adaptações, às denominações e marcas afetas às associações a constituir no âmbito desta lei, o disposto nos nºs 3 a 7 do art. 15º do Decreto-Lei nº 111/2005, de 8 de julho, na sua redação atual[112] (art. 15º).

A *não conclusão do procedimento* no mesmo dia, por facto imputável aos interessados, determina a *caducidade do direito ao uso da denominação* aprovada ou escolhida ou da denominação e marca escolhidas afetas à associação a constituir, nos termos da alínea *b)* do nº 1 do art. 7º, não conferindo o direito à restituição dos encargos cobrados (art. 10º).

d) Diligências finais

Concluído o procedimento de constituição da associação, o serviço entrega de imediato aos interessados, a título gratuito (art. 11º), uma *certidão* do ato constitutivo e dos estatutos, o *recibo* comprovativo do pagamento dos encargos e, nos casos em que com a constituição da associação ocorra a simultânea aquisição do registo de *marca,* também documento comprovativo de tal aquisição, de modelo aprovado pelo Instituto Nacional da Propriedade Industrial.

O serviço procede ainda ao envio posterior do cartão de pessoa coletiva a título gratuito.

Após a conclusão do procedimento de constituição da associação, a conservatória, no prazo de 24 horas (art. 12º):

a) Remete, quando for caso disso, a declaração de início de atividade ao serviço fiscal competente;
b) Disponibiliza aos serviços competentes, por meios informáticos, os dados necessários para efeitos de comunicação da constituição da asso-

[112] nºs 3 a 7 do art. 15º do Decreto-Lei nº 111/2005 na sua atual redação: "3 – As marcas constantes da bolsa referida no número anterior são registadas a favor do Estado, representado pelo RNPC, para os produtos e serviços definidos por despacho conjunto do presidente do IRN, I. P., e do presidente do conselho de administração do INPI..
4 – Até à sua afetação nos termos da segunda parte da alínea *c)* do nº 1 do artigo 8º, as firmas constantes das bolsas referidas nos nºs 1 e 2 gozam de proteção em todo o território nacional.
5 – O recurso à bolsa referida no nº 2 pressupõe a adoção conjunta das firmas e marcas que se encontram reciprocamente associadas.
6 – A dependência prevista no número anterior cessa com a conclusão do procedimento de constituição imediata da sociedade, momento a partir do qual a firma e a marca passam a vigorar autonomamente.
7 – A reserva a favor do Estado das firmas constantes das bolsas referidas nos nºs 1 e 2 confere o direito à sua exclusividade em todo o território nacional."

ciação à administração fiscal, do respetivo início de atividade à Inspeção-geral do Trabalho, bem como os dados necessários à inscrição oficiosa da associação nos serviços da segurança social;

c) Comunica o ato constitutivo e os estatutos da associação, por via eletrónica, à entidade ou serviço competentes, nos casos de associações cujo registo em entidade ou serviço da Administração Pública seja obrigatório ou seja solicitado pelos interessados, quando facultativo;

d) Promove as restantes diligências que venham a ser fixadas por via regulamentar ou protocolar, nos termos do presente regime especial.

j) No mesmo prazo, o serviço que conduziu o procedimento deve enviar os documentos previstos na alínea *g)* do nº 1 do art. 7º (ato constitutivo, estatutos, comprovativos da capacidade e poderes de representação e outros documentos que se revelem necessários à instrução do ato) à conservatória do registo comercial da área da sede da associação, mas apenas nos casos em que não existam condições que garantam o arquivo, em suporte eletrónico, daqueles documentos.

A comunicação prevista na alínea *c)* constitui prova suficiente, para efeitos do registo aí referido, do ato constitutivo, dos estatutos e da admissibilidade da denominação da associação.

As *certidões do ato constitutivo e dos estatutos* da associação podem ser solicitadas e emitidas em *qualquer conservatória do registo comercial*, bem como nos serviços a designar por despacho do Ministro da Justiça (art. 13º); para o efeito de emissão destas certidões, a cópia que seja arquivada em suporte eletrónico tem o mesmo valor probatório do original.

9. Publicidade e prova do registo

9.1. Carácter público do registo

Qualquer pessoa pode pedir *certidões dos atos de registo e dos documentos arquivados*, bem como obter *informações verbais ou escritas* sobre o conteúdo de uns e outros, mas, para tanto, apenas os funcionários podem consultar os suportes documentais e de registo, de harmonia com as indicações dadas pelos interessados (art. 73º).

A parte final deste art. 73º não seria estranha à conveniência de prevenir divergências de interpretação sobre o âmbito do direito conferido aos advogados pela primeira parte do nº 1 do art. 74º do Estatuto da Ordem dos Advogados, aprovado pela Lei nº 15/2005, de 26 de janeiro[113]. Hoje esta reserva perdeu

[113] Art. 74º, nº 1: "1 – No exercício da sua profissão, o advogado tem o direito de solicitar em qualquer tribunal ou repartição pública o exame de processos, livros ou documentos que não tenham

atualidade, dado que os registos e a generalidade dos documentos são guardados em suporte eletrónico.

Podem ser extraídas *fotocópias* ou *cópias, integrais ou parciais, não certificadas,* com o valor de informação, dos registos e despachos e de quaisquer documentos; em tais cópias deve ser aposta a menção *«cópia não certificada»* (art. 74º).

O carácter público do registo deve todavia ser temperado pelo respeito pela privacidade e pelas normas de proteção dos dados pessoais, definidas nos artºs 26º e 35º da Constituição da República, no Regulamento Geral de Proteção de Dados (RGPD) e na Lei nº 58/2019, de 8 de agosto.

De facto, a publicidade das situações jurídicas das entidades sujeitas a registo comercial não é uma publicidade em abstrato, mas sim uma publicidade que tem por objetivo a *segurança do comércio jurídico* (nº 1 do art. 1º), ou seja, é condicionada por este outro requisito.

Assim sendo, o estrito cumprimento das disposições constitucionais e legais nesta matéria exigiria que o acesso aos *dados pessoais* constantes dos registos fosse limitado à publicidade das *situações jurídicas* que relevem da *segurança do comércio jurídico*, o que levaria a conhecer da legitimidade do interesse de quem solicita as certidões ou as informações relativas a *pessoas singulares* já que só a estas – e não às pessoas coletivas[114] – são aplicáveis as disposições em causa.

Por consequência, se a busca de informação respeita a um comerciante individual, a situação jurídica a publicitar é a da sua identidade, da qualidade de comerciante, eventualmente da sua situação matrimonial e regime de bens, ou de inabilitações ou incapacidades para o *exercício do comércio.*

Se essa relação se estabelece com um estabelecimento individual de responsabilidade limitada, os dados pessoais a publicitar são apenas a identidade do respetivo titular, bem como, se existirem, inabilitações ou incapacidades deste.

Se a procura de informação respeita a qualquer pessoa coletiva sujeita a registo comercial, as situações jurídicas a publicitar são as referentes à identidade de sócios, de membros dos corpos sociais ou de representantes autorizados dessa pessoa coletiva.

Em qualquer caso, a informação, pelas razões já expostas, deveria estar condicionada à existência de um *interesse relacionado com a segurança do comércio jurídico* com a entidade em causa.

Em contrapartida, seria claramente ilegal, por ofender a finalidade do registo, e consequentemente o o nº 1 do art. 5º do RGPD, prestar informação

carácter reservado ou secreto (...).".

[114] Ao contrário do que sucede noutros países, como por exemplo na Áustria, a legislação portuguesa de proteção de dados pessoais não se aplica aos dados referentes a pessoas coletivas, nem a legislação comunitária o obriga.

centrada sobre determinado indivíduo: isto é, informar, por exemplo, de que sociedades determinada pessoa é sócia ou de que corpos sociais é membro.

A base de dados do registo comercial tem por *finalidade* organizar e manter atualizada a informação respeitante à situação jurídica das entidades sujeitas a tal registo *com vista à segurança do comércio jurídico,* nos termos e para os efeitos previstos na lei, *não podendo ser utilizada para qualquer outra finalidade com aquela incompatível* (art. 78º-B).

Mas se a qualquer pessoa é permitido obter informações verbais ou escritas e certidões sem ter que alegar qual o seu destino e utilização (cf. art. 73º), há que reconhecer que a parte final do art. 78º-B constitui letra morta.

Por sua vez, o art. 78º-D especifica que são recolhidos para tratamento automatizado os dados pessoais referentes aos sujeitos do registo e aos apresentantes dos pedidos de registo.

Relativamente aos sujeitos do registo, são recolhidos os seguintes dados pessoais: nome, estado civil e, sendo o de solteiro, menção de maioridade ou menoridade, nome do cônjuge e regime de bens, residência habitual ou domicílio profissional e número de identificação fiscal; relativamente aos apresentantes dos pedidos de registo, são recolhidos os seguintes dados pessoais: nome, residência habitual ou domicílio profissional, número do documento de identificação e ainda número de identificação bancária, se disponibilizado pelo apresentante.

Acrescenta o nº 4 deste art. 78º-D que são ainda recolhidos quaisquer outros dados referentes à situação jurídica das entidades sujeitas a registo.

No caso dos dados a que se refere o nº 4, se respeitassem apenas a pessoas coletivas e sendo certo que estas não são abrangidas pela legislação de proteção de dados pessoais, a sua recolha apenas teria de conformar-se com a legislação registal.

Já não assim no caso dos comerciantes individuais e de outras pessoas singulares: exigir-se-ia assim que os dados recolhidos, quando lhes dissessem respeito, fossem claramente especificados, até porque podem estar em causa dados que integrem o conceito de vida privada, a que acima se aludiu e que são de revelação condicionada pelo texto constitucional[115].

9.2. Meios de prova

O registo prova-se por meio de *certidão.* A validade das certidões de registo é de *seis meses* (nºs 1 e 2 do art. 75º).

[115] As normas de proteção dos dados pessoais constantes dos arts. 78º-B a 78º-L mantêm-se em vigor em tudo o que não contrarie o disposto no RGPD e na Lei nº 58/2019, de 8 de agosto, de harmonia com o disposto no art. 62º desta lei que revogou a Lei nº 67/98, de 26 de outubro.

As certidões podem ser disponibilizadas em suporte eletrónico e neste caso também fazem prova para todos os efeitos legais e perante qualquer autoridade pública ou entidade privada nos mesmos termos da correspondente versão em suporte de papel (nºs 3 e 4 do art. 75º).

Faz igualmente prova para todos os efeitos legais e perante qualquer autoridade pública ou entidade privada, conforme o nº 5, a disponibilização da informação constante da certidão em sítio da Internet – a *certidão permanente* regulada pela Portaria nº 1416-A/2006, a que adiante se faz referência detalhada.

Por cada processo de registo é disponibilizada gratuitamente, pelo período de três meses, a informação acima referida (nº 6 do art. 75º).

As certidões podem ser *requisitadas verbalmente ou por escrito,* sendo os modelos dos requerimentos de certidões que possam ser requisitadas por escrito aprovados por despacho do presidente do Instituto dos Registos e do Notariado (art. 77º)[116]; o pedido de certidão é formulado verbalmente, se efetuado presencialmente pelo interessado (art. 7º Reg).

As requisições de certidões podem ser entregues na conservatória ou enviadas pelo correio ou ainda por via eletrónica, nos termos previstos em diploma próprio.

Os pedidos de certidão de registo devem conter, além da identificação do requerente, o número de matrícula da entidade ou, nos casos de certidão negativa, o nome ou firma da entidade.

As certidões de registo devem conter (art. 78º):

a) A reprodução dos *registos em vigor* respeitantes à entidade em causa, salvo se tiverem sido pedidas com referência a todos os atos de registo;
b) A menção das *apresentações e dos pedidos de registo pendentes* sobre a entidade em causa;
c) As *irregularidades ou deficiências* de registo não retificadas.

As certidões e as cópias não certificadas de registos podem ser emitidas e confirmadas por qualquer conservatória, mas as certidões negativas de registos e as certidões de documentos ou despachos apenas podem ser emitidas pela conservatória competente para o registo[117] (art. 76º).

As certidões devem ser emitidas imediatamente após a receção do requerimento (art. 78º-A).

[116] Modelos disponíveis para descarregamento gratuito no sítio do IRN.

[117] Esta restrição, constante do nº 2 do art. 76º, supõe inexplicavelmente a competência territorial das conservatórias para o registo, competência essa que era definida por disposições já então revogadas.

Sem prejuízo de outros fundamentos de recusa de emissão de certidão previstos na lei, a emissão da certidão deve todavia ser recusada nos casos seguintes:

a) Se o requerimento não contiver além da identificação do requerente, o número de matrícula da entidade ou, nos casos de certidão negativa, o nome ou firma da entidade;
b) Se a entidade não estiver sujeita a registo.

A Portaria nº 1416-A/2006, de 19 de dezembro, criou a *certidão permanente do registo comercial,* considerando «certidão permanente» a disponibilização, em suporte eletrónico e permanentemente atualizada, da reprodução dos registos em vigor respeitantes a entidade sediada em conservatória informatizada, bem como da menção das apresentações e dos pedidos de registo pendentes (art. 14º).

O pedido de certidão permanente pode ser efetuado através do sítio na Internet com o endereço *www.empresaonline.pt,* mantido pelo Instituto dos Registos e do Notariado, ou, verbalmente, em qualquer serviço com competência para a prática de atos de registo comercial (art. 15º).

A identificação do requerente da certidão permanente faz-se pela indicação do nome ou firma e do endereço de correio eletrónico (art. 16º).

Após a solicitação do serviço, é disponibilizado ao requerente um *código de acesso* que permite a visualização da certidão permanente a partir do momento em que seja confirmado o pagamento da taxa devida. A entrega, a qualquer entidade pública ou privada, do código de acesso à certidão permanente equivale, para todos os efeitos, à entrega de uma certidão do registo comercial (art. 17º).

O serviço certidão permanente é prestado mediante a *subscrição de uma assinatura* que pode ter a duração de um, dois, três ou quatro anos (art. 18º), mediante o pagamento pela assinatura do serviço das taxas fixadas no art. 19º.

O Decreto-Lei nº 73/2008, de 16 de abril, aditou ao art. 58º um nº 3, nos termos do qual, quando solicitada, a informação constante do registo comercial é disponibilizada através de *certidão permanente em língua inglesa ou noutras línguas estrangeiras* determinadas por despacho do presidente do Instituto dos Registos e do Notariado. A informação disponibilizada em língua estrangeira tem *efeitos jurídicos equivalentes* à informação disponibilizada em língua portuguesa (nº 4).

Entretanto, a Portaria nº 285/2012, de 20 de setembro, veio alargar o leque de serviços on-line, criando a *certidão permanente de registos e de documentos, arquivados na pasta eletrónica das entidades inscritas no registo comercial, bem* como a *certidão permanente do pato social atualizado.*

A certidão permanente de registo e de documentos reproduz, em suporte eletrónico e permanentemente atualizada, os registos respeitantes a entidades inscritas no registo comercial, a menção das apresentações e pedidos de registo pendentes, bem como os documentos que serviram de base aos registos efetuados, com exceção do registo da prestação de contas (nº 1 do art. 2º).

Por sua vez, a certidão permanente do pato atualizado reproduz, em suporte eletrónico e permanentemente atualizada, o último pato ou estatutos entregue por entidade inscrita no registo comercial, quando este esteja digitalizado e disponível na respetiva pasta eletrónica (nº 2 do art. 2º).

A portaria prevê, no entanto, no seu art. 3º, certas restrições ao seu *âmbito de aplicação.*

Assim, a disponibilização da certidão permanente de registo e de documentos só é assegurada se sobre a entidade existirem registos requeridos e efetuados após 1 de janeiro de 2011. Pelo que toca à certidão permanente de registo e de documentos, ela não é disponibilizada se o único registo efetuado após aquela data for o da prestação de contas.

Também os documentos associados ao registo da prestação de contas são exclusivamente disponibilizados pela certidão de contas anuais, nos termos da Portaria nº 1416 -A/2006, de 19 de dezembro.

O *pedido de qualquer das certidões* reguladas na Portaria nº 285/2012 é efetuado mediante indicação do número de identificação de pessoa coletiva da entidade a que respeita a mesma, através do sítio na Internet com o endereço *www.empresaonline.pt,* ou verbalmente, em qualquer serviço com competência para a prática de atos de registo comercial. Igual procedimento se aplica ao pedido de renovação da certidão, mas, neste caso, mediante indicação do código de acesso à certidão permanente (art. 4º).

A *identificação do requerente* da certidão permanente faz-se pela indicação do nome ou firma e do endereço de correio eletrónico, sem necessidade de utilização de meios especiais de autenticação (art. 5º).

Após a solicitação do serviço, é disponibilizado ao requerente um *código de acesso* que permite a visualização da certidão permanente a partir do momento em que seja confirmado o pagamento da taxa devida (nº 1 do art. 6º).

A entrega, a qualquer entidade pública ou privada, do código de acesso à certidão permanente *equivale, para todos os efeitos, à entrega de uma certidão do registo comercial,* não sendo exigível a entrega de certidão de documentos em suporte papel (nº 2 do art. 6º).

O serviço certidão permanente de documentos é prestado mediante a subscrição de uma assinatura que pode ter a duração de *um, dois, três ou quatro anos* (art. 7º).

10. Suprimento, retificação e reconstituição do registo

10.1. Procedimento simplificado de justificação

O legislador de 2006 manteve a expressão "suprimento" no título do capítulo VI do Código mas revogou os artºs 79º e 80º que precisamente regulavam o procedimento de suprimento.

Em contrapartida, criou o *procedimento simplificado de justificação*, regulado no art. 79º-A, para permitir uma forma simples de promover a dissolução de sociedades nos casos de *decurso do prazo* fixado no contrato e de *realização completa* ou *ilicitude superveniente* do objeto contratual, situações previstas no nº 2 do art. 141º CSC.[118]

O procedimento inicia-se mediante *requerimento escrito dos interessados* com alegação da *situação que fundamenta a dissolução* imediata e confirmação do facto por *três declarantes* que o conservador considere dignos de crédito.

O pedido efetuado *presencialmente,* perante funcionário competente, é *sempre verbal e reduzido a auto,* não havendo lugar a qualquer requerimento escrito.

Após o que o *conservador profere decisão* pela qual declara *justificada a dissolução* da sociedade, lavra o registo da dissolução e promove as comunicações previstas no regime jurídico do procedimento administrativo de dissolução de entidades comerciais.

10.2. Retificação

O *processo especial de retificação* tem lugar no caso de *registos inexatos* ou *indevidamente lavrados,* bem como no de registos *lançados em ficha indevida.*

É regulado pelos artºs 81º e seguintes e subsidiariamente, com as necessárias adaptações, pelo Código de Processo Civil.

O processo especial de retificação é aplicável, também com as necessárias adaptações, aos *registos por depósito* (nº 2 do art. 81º).

[118] Art. 141º "1 – A sociedade dissolve-se nos casos previstos no contrato e ainda:
a) Pelo decurso do prazo fixado no contrato;
b) Por deliberação dos sócios;
c) Pela realização completa do objeto contratual;
d) Pela ilicitude superveniente do objeto contratual;
e) Pela declaração de insolvência da sociedade.
2 – Nos casos de dissolução imediata previstos nas alíneas *a), c)* e *d)* do número anterior, os sócios podem deliberar, por maioria simples dos votos produzidos na assembleia, o reconhecimento da dissolução e, bem assim, pode qualquer sócio, sucessor de sócio, credor da sociedade ou credor de sócio de responsabilidade ilimitada promover a justificação notarial ou o procedimento simplificado de justificação."

Os registos *inexatos e os registos indevidamente lavrados* devem ser *retificados por iniciativa do conservador,* logo que tome conhecimento da irregularidade, ou a pedido de qualquer interessado, ainda que não inscrito (art. 82º).

A retificação do registo é feita, em regra, por averbamento.

Os registos *indevidamente lavrados* que enfermem das nulidades previstas nas alíneas *b)* e *d)* do nº 1 do art. 22º, ou seja, de nulidade resultante de *insuficiência dos títulos* para a prova legal do facto registado, ou de ter sido *assinado por pessoa sem competência* funcional e não possa ter sido confirmado, podem ser *cancelados* com *consentimento dos interessados* ou em *execução de decisão* tomada neste mesmo processo de retificação.

Os registos *lançados em ficha distinta* daquela em que deviam ter sido lavrados são *oficiosamente* transcritos na ficha que lhes corresponda, anotando-se ao registo errado a sua inutilização e a indicação da ficha em que foi transcrito.

A retificação do registo *não prejudica os direitos adquiridos a título oneroso por terceiros de boa-fé,* se o registo dos factos correspondentes for anterior ao registo da retificação ou da pendência do respetivo processo (art. 83º).

Esta disposição do art. 83º representa, tal como a do nº 4 do art. 22º, uma aquisição tabular, ou seja, uma aquisição por virtude de um registo definitivo efetuado antes de suscitada a irregularidade do registo anterior: esse registo definitivo é assim um *registo aquisitivo.*

O pedido de retificação, em que devem ser *especificados os fundamentos* e a *identidade dos interessados,* é acompanhado dos *meios de prova* necessários e do pagamento dos *emolumentos* devidos, constituindo causa de rejeição a falta deste pagamento (art. 84º).

Se a retificação tiver sido *requerida por todos os interessados,* é retificado o registo sem necessidade de outra qualquer formalidade, se os pressupostos da retificação pedida resultarem dos documentos apresentados (art. 85º).

O art. 86º prevê os *casos em que o consentimento dos interessados pode ser dispensado.* Assim, a retificação que não seja suscetível de prejudicar direitos dos titulares inscritos é efetuada, mesmo sem necessidade do seu consentimento, nos casos seguintes:

- Sempre que a inexatidão provenha da *desconformidade com o título,* analisados os documentos que serviram de base ao registo;
- Sempre que provindo a inexatidão da *deficiência dos títulos,* a retificação seja requerida por qualquer interessado com base em documento bastante.

Deve entender-se, para efeitos da aplicação da norma supra, que a retificação do registo inexato por desconformidade com o título não prejudica o titular do direito nele inscrito. Presume-se também que da retificação não resulta prejuízo para a herança se tal for declarado pelo respetivo cabeça-de-casal (nºs 2 e 3 do art. 86º).

Se a retificação não puder ser efetuada nos termos acima previstos, a *pendência é averbada* ao respetivo registo, sem prejuízo do prazo de caducidade a que este possa estar sujeito; os registos de outros factos que venham a ser lavrados e dependam, direta ou indiretamente da retificação pendente, serão provisórios por natureza (art. 87º). O averbamento da pendência é oficiosamente cancelado após a decisão definitiva.

O conservador *indefere liminarmente o pedido que se lhe afigure manifestamente improcedente*, devendo fazê-lo em despacho fundamentado de que notifica o requerente (nº 1 do art. 88º).

A decisão de indeferimento liminar pode ser *impugnada* nos termos previstos no art. 92º, adiante referido, mediante a interposição de *recurso hierárquico* ou *impugnação judicial* (nº 2 do art. 88º).

No entanto, o conservador, face aos fundamentos alegados no recurso interposto, pode *reparar a sua decisão* de indeferimento liminar, mediante *despacho fundamentado* que ordene o prosseguimento do processo, disso notificando o recorrente (nº 3 do art. 88º).

Não sendo a decisão reparada, são *notificados os interessados* não requerentes para, no prazo de 10 dias, impugnarem os fundamentos do recurso ou deduzirem oposição à retificação, juntando os elementos de prova e pagando os emolumentos devidos (nº 4 do art. 88º e art. 90º).

Se os interessados forem *incertos*, o conservador notifica o Ministério Público, nos mesmos termos.

A notificação realiza-*se por via eletrónica*, nos termos do art. 3º-A da Portaria nº 590-A/2005, de 14 de julho, alterada pela Portaria nº 621/2008, de 18 de julho, ou, não sendo possível, por carta registada com aviso de receção.

Se for possível realizar a notificação nos termos acima previstos, é publicado um aviso, nos termos do nº 1 do art. 167º CSC, ou seja, no sítio da Internet destinado às publicações obrigatórias.

Recebida a oposição ou decorrido o respetivo prazo, o conservador procede às diligências necessárias à *produção de prova* (art. 91º).

A prova testemunhal tem lugar mediante a apresentação das *testemunhas* pela parte que as tiver indicado, em número *não superior a três*, sendo os respetivos depoimentos reduzidos a escrito por extrato.

A *perícia* é requisitada pelo conservador ou realizada por perito a nomear nos termos previstos no art. 467º do Código de Processo Civil, aplicável com as necessárias adaptações.

O conservador pode, em qualquer caso, ordenar as diligências e a produção de prova que considerar necessárias.

A *decisão* sobre o pedido de retificação é proferida pelo conservador no prazo de *10 dias* (art. 91º).

A *decisão de indeferimento pode ser impugnada* mediante a interposição de *recurso hierárquico* para o presidente do Instituto dos Registos e do Notariado, nos termos previstos nos artºs 101º e seguintes, ou mediante *impugnação judicial* para o tribunal da comarca da área da circunscrição a que pertence a conservatória (art. 92º).

No caso de o recurso hierárquico, cujos termos são adiante expostos, ser indeferido, pode ainda o interessado recorrer contenciosamente da decisão do conservador.

Têm *legitimidade* para impugnar judicialmente a decisão do conservador *qualquer interessado* e o *Ministério Público.*

A *impugnação judicial* tem *efeito suspensivo* e deve ser proposta no *prazo* previsto no art. 638º do Código de Processo Civil[119], por meio de *requerimento* onde são expostos os respetivos fundamentos.

A propositura de ação de impugnação judicial considera-se efetuada com a *apresentação do respetivo requerimento na conservatória* em que o processo foi objeto da decisão impugnada, sendo aquela anotada no Diário.

Uma vez recebido o processo, o juiz ordena a *notificação dos interessados* para, no *prazo de 10 dias*, impugnarem os fundamentos da impugnação judicial. Não havendo lugar a qualquer notificação, ou findo este prazo, vai o processo com vista ao Ministério Público (art. 93º).

Da sentença proferida pelo tribunal de 1ª instância *podem interpor recurso* para o tribunal da Relação os interessados, o conservador e o Ministério Público.

O recurso, que tem efeito suspensivo, é processado e julgado como agravo em matéria cível[120]; do acórdão do tribunal da Relação *não cabe recurso para o Supremo* Tribunal de Justiça, sem prejuízo dos casos em que o recurso é sempre admissível (art. art. 93º-A).

Após o trânsito em julgado da sentença ou do acórdão proferidos, o tribunal devolve à conservatória o processo de retificação (art. 93º-B).

[119] Nº 1 do art. 638º CPC: "1 – O prazo para a interposição do recurso é de 30 dias e conta-se a partir da notificação da decisão, reduzindo-se para 15 dias nos processos urgentes e nos casos previstos no nº 2 do artigo 644º e no artigo 677º."

[120] Nº 1 do art. 4º do Decreto-Lei nº 303/2007, de 24 de agosto, que alterou a matéria de recursos em processo civil: "Para efeitos do disposto em legislação avulsa, entende-se o seguinte: *a)* As referências ao agravo interposto na primeira instância consideram-se feitas ao recurso de apelação; *b)* As referências ao agravo interposto na 2ª instância consideram-se feitas ao recurso de revista; (...)".

10.3. Reconstituição

Em caso de extravio ou inutilização dos suportes documentais, os registos podem ser reconstituídos por *reprodução* a partir dos arquivos existentes, por *reelaboração* do registo com base nos respetivos documentos, ou por *reforma* dos referidos suportes; a data da reconstituição dos registos deve constar da ficha (art. 94º).

A *reprodução* consiste na cópia de duplicados dos registos, no caso de existirem – o que não é invulgar nos sistemas informáticos, tendo em conta que as regras de segurança da informação exigem a existência de *cópias de segurança*.

Por sua vez, a *reelaboração* dos registos será necessária no caso de registos não digitalizados ou de falência dos sistemas informáticos e das cópias de segurança: terá então de promover-se a reconstituição dos registos a partir dos documentos que estiveram na base da feitura dos registos originais e que podem encontrar-se nas próprias conservatórias, em cartórios notariais e outros arquivos públicos, ou ainda em poder dos interessados.

No caso de reelaboração do registo, o extravio ou inutilização de um suporte de registo determina a reelaboração oficiosa de todos os registos respeitantes à entidade comercial, devendo ser requisitados aos serviços competentes os documentos que se mostrem necessários à reelaboração do registo, os quais são isentos de emolumentos e de quaisquer outros encargos legais (art. 94º-A).

Quando a reconstituição não for possível por reprodução ou reelaboração dos registos, terá de recorrer-se ao processo de *reforma*.

Este é iniciado por um *auto de ocorrência* lavrado pelo conservador e do qual constarão as circunstâncias do extravio ou inutilização, a especificação dos suportes documentais abrangidos e a referência ao período a que correspondem os registos.

O auto é enviado ao *Ministério Público* e o processo segue os trâmites constantes dos artºs 95º a 97º.

11. Impugnação das decisões do conservador

11.1. Formas de impugnação e prazo

A decisão de *recusa da prática* do ato de registo *nos termos requeridos* pode ser impugnada mediante a interposição de *recurso hierárquico* para o presidente do Instituto dos Registos e do Notariado ou mediante *impugnação judicial* para o tribunal da área da circunscrição a que pertence a conservatória (art. 101º).

A expressão "recusa da prática do ato de registo" deve entender-se em sentido amplo, abrangendo não só a *recusa do registo*, prevista no art. 48º, como também a *rejeição da apresentação ou do pedido*, a que se refere o art. 46º. Por sua vez, ao usar a expressão "nos termos requeridos", o legislador admite também a impugnação da *qualificação do ato* de registo como provisório quando requerido como definitivo.

O prazo para impugnar judicialmente a decisão é de *30 dias* a contar da notificação dela, efetuada aos interessados nos termos previstos no art. 50º, ou seja, nos cinco dias seguintes.

O recurso hierárquico ou a impugnação judicial interpõem-se por meio de *requerimento* em que são expostos os seus fundamentos e consideram-se interpostos com a apresentação das respetivas petições na conservatória competente, ou seja, na conservatória em que foi proferido o despacho de recusa (art. 101º-A).

11.2. Sustentação ou reparação da decisão

Uma vez impugnada a decisão, e independentemente da categoria funcional de quem tiver lavrado o despacho recorrido, este é submetido à *apreciação do conservador*, o qual deve proferir, no *prazo de 10 dias*, despacho a *sustentar ou a reparar* a decisão, dele notificando o recorrente (art. 101º-B). Com a notificação deve ser enviada ou entregue ao notificando fotocópia dos documentos juntos ao processo.

Sendo *sustentada a decisão*, o processo deve ser remetido à entidade competente – Instituto dos Registos e do Notariado, no caso de recurso hierárquico, ou tribunal da área da circunscrição a que pertence a conservatória, no caso de impugnação judicial –, no *prazo de cinco dias*, instruído com fotocópia autenticada do despacho de qualificação do registo e dos documentos necessários à sua apreciação.

Cabe aqui recordar o disposto no já citado nº 1 do art. 615º do Código do Processo Civil, aplicável subsidiariamente, donde decorre a nulidade do despacho do conservador que, em processo de recurso, manteve a decisão de recusa do registo e deixou de pronunciar-se sobre questões que devia apreciar ou que não especificou os fundamentos de facto e de direito que justificam a decisão.

A tramitação da impugnação judicial, incluindo a remessa dos elementos acima referidos ao tribunal competente, é efetuada eletronicamente.

11.3. Recurso hierárquico

A decisão do *recurso hierárquico* deve ser proferida no prazo de 90 dias pelo presidente do Instituto dos Registos e do Notariado, o qual pode determinar que seja previamente ouvido o *conselho técnico*[121] (art. 102º).

[121] O conselho técnico é um órgão de apoio ao presidente do I.R.N. a quem compete emitir parecer sobre recursos hierárquicos (vd. art. 6º do Decreto-Lei nº 129/2007, de 27 de abril). Este

A decisão proferida *é notificada* ao recorrente e comunicada ao conservador que sustentou a decisão.

Sendo o recurso hierárquico *deferido*, deve ser dado cumprimento à decisão no *próprio dia*.

Aos recursos hierárquicos é aplicável, subsidiariamente, o disposto no *Código do Procedimento Administrativo* (art. 109º-A).

Tendo o recurso hierárquico sido julgado improcedente, o interessado pode ainda *impugnar judicialmente* a decisão de qualificação do ato de registo, nos termos do art. 104º.

11.4. Impugnação judicial

A impugnação judicial é proposta mediante apresentação do *requerimento* na *conservatória competente*, no *prazo de 20 dias* a contar da data da notificação da decisão que tiver julgado improcedente o recurso hierárquico.

O processo é remetido ao tribunal *no prazo de cinco dias*, instruído com o de recurso hierárquico.

Uma vez recebido em juízo e independentemente de despacho, o processo vai com vista ao Ministério Público para emissão de parecer (nº 1 do art. 105º).

O juiz que tenha intervindo no processo donde conste o ato cujo registo está em causa fica impedido de julgar a impugnação judicial (nº 2 do art. 105º).

Da sentença proferida, que é sempre notificada ao presidente do Instituto dos Registos e do Notariado, podem interpor recurso para a Relação, com efeito suspensivo, o impugnante, o conservador que sustenta, o presidente do IRN e o Ministério Público.

Do acórdão do tribunal da Relação não cabe recurso para o Supremo Tribunal de Justiça, sem prejuízo dos casos em que o recurso é sempre admissível (nº 4 do art. 106º).

Após o trânsito em julgado da decisão, a secretaria comunica a decisão proferida ao serviço de registo (art. 107º). A secretaria deve igualmente comunicar à conservatória a desistência ou deserção da instância, bem como o facto de o processo ter estado parado mais de 30 dias por inércia do autor.

O *valor da ação* é o do facto cujo registo foi recusado ou feito provisoriamente (art. 108º).

órgão passou a ser designado por "conselho consultivo" pelo Decreto-Lei nº 148/2012, de 12 de julho (lei orgânica do IRN, I. P.).

11.5. Impugnação da recusa de emissão de certidões

Nos termos do art. 110º[122], assiste ao interessado o direito de recorrer hierarquicamente ou de promover a impugnação judicial da decisão de recusa de emissão de certidão.

Ao recurso hierárquico é aplicável, com as necessárias adaptações, o disposto no nº 2 do art. 101º e nos artºs 101º-A, 101º-B e 102º, e é subsidiariamente aplicável o disposto no Código do Procedimento Administrativo; os *prazos* estabelecidos nos nºs 1 e 3 do art. 101º-B e no nº 1 do art. 102º *são reduzidos a 5, 2 e 30 dias*, respetivamente.

O prazo para a interposição do recurso hierárquico conta -se a partir da comunicação do despacho de recusa.

A impugnação judicial é dirigida ao tribunal administrativo com jurisdição sobre a área da circunscrição da conservatória e rege-se pelo disposto na legislação processual aplicável.

11.6. Efeitos da impugnação

A interposição de recurso hierárquico ou a impugnação judicial devem ser imediatamente *anotadas*, a seguir à anotação da recusa ou ao registo provisório (art. 111º).

São ainda anotadas a *improcedência ou a desistência do recurso hierárquico* ou da *impugnação judicial*, bem como, sendo caso disso, a *deserção da instância* ou a paragem do processo durante mais de 30 dias por *inércia do autor*.

Com a propositura da ação ou a interposição de recurso hierárquico *fica suspenso o prazo de caducidade do registo provisório* até lhe serem anotados os factos referidos no número anterior.

Proferida decisão final que julgue insubsistente a recusa da prática do ato nos termos requeridos, *deve ser efetuado o registo recusado*, com base na apresentação correspondente, ou *convertido oficiosamente* o registo provisório.

Dos efeitos relativamente aos *registos dependentes*, trata o art. 112º: no caso de recusa, julgado procedente o recurso hierárquico ou a impugnação judicial, deve anotar-se a *caducidade dos registos provisórios incompatíveis* com o ato inicialmente recusado e converter-se oficiosamente os registos dependentes, salvo se outra for a consequência da requalificação do registo dependente.

Verificando-se a caducidade do direito de impugnação ou qualquer dos factos previstos no nº 2 do art. 111º (improcedência ou desistência do recurso hierárquico ou da impugnação judicial, deserção da instância ou paragem do processo por inércia), é anotada a *caducidade dos registos dependentes* e são *conver-*

[122] Na redação que lhe foi conferida pelo Decreto-Lei nº 201/2015, de 17 de setembro.

tidos os registos incompatíveis, salvo se outra for a consequência da requalificação do registo dependente.

11.7. Tramitação, comunicações e notificações por via eletrónica

Nos termos do art. 116º, tal como acontece com a tramitação dos procedimentos e atos para os quais a conservatória seja competente, também a *tramitação dos recursos e impugnações pode ser integralmente eletrónica.*

Da mesma forma, todas as comunicações e notificações previstas no Código poderão ser efetuadas por via eletrónica, nos termos regulamentados pela Portaria nº 1416-A/2006, de 19 de dezembro.

12. Deveres relativos ao branqueamento de capitais e ao financiamento do terrorismo

A Lei nº 83/2017, de 18 de agosto, que estabelece *medidas de combate ao branqueamento de capitais e ao financiamento do terrorismo*, impõe aos conservadores e oficiais dos registos um conjunto de deveres, a saber:

a) O dever de comunicação;
b) O dever de colaboração;
c) O dever de não divulgação;
d) O dever de exame e de abstenção;
e) O dever de conservação.

O nº 1 do art. 7º daquela lei considera os conservadores e oficiais dos registos *entidades auxiliares na prevenção e combate ao branqueamento de capitais e ao financiamento do terrorismo.* O conteúdo das obrigações que, nesta matéria, passa a impender sobre os conservadores e oficiais dos registos é detalhadamente exposto no capítulo referente ao registo predial em *15. Branqueamento de capitais e financiamento do terrorismo.*

O regime sancionatório é objeto do Capítulo XII da Lei nº 83/2017: os *ilícitos criminais* estão previstos nos artigos 157º a 159º e os *ilícitos contraordenacionais* nos artigos 160º e seguintes.

O art. 2º da Portaria nº 310/2018, de 4 de dezembro, elenca as operações a comunicar mensalmente pelas entidades obrigadas ao DCIAP (Departamento Central de Investigação e Ação Penal da Procuradoria-Geral da República) e â UIF (Unidade de Informação Financeira da Polícia Judiciária).

13. Regime jurídico dos procedimentos administrativos de dissolução e de liquidação de entidades comerciais

O nº 3 do art. 1º do Decreto-Lei nº 76-A/2006, de 29 de março, aprovou o *regime jurídico dos procedimentos administrativos de dissolução e de liquidação de enti-*

dades comerciais, publicado em anexo àquele diploma, criando-se, na esfera de competência das conservatórias do registo comercial, procedimentos administrativos de dissolução e de liquidação de entidades comerciais, desencadeado um a *requerimento de certos interessados*, e outro por *iniciativa do Estado*, e ainda, como se escreve no preâmbulo daquele diploma, "uma modalidade de «dissolução e liquidação na hora» para as sociedades comerciais, assim se permitindo que se extingam e liquidem imediatamente, num atendimento presencial único, nas conservatórias de registo comercial, quando determinados pressupostos se verifiquem".

13.1. Âmbito de aplicação

O âmbito do *regime jurídico dos procedimentos administrativos de dissolução e de liquidação de entidades comerciais* abrange as sociedades comerciais, as sociedades civis sob forma comercial, as cooperativas e os estabelecimentos individuais de responsabilidade limitada, designados nas disposições seguintes por *entidades comerciais*. Em consequência, também os sócios e cooperadores passam a ser designados por *membros de entidades comerciais* (art. 2º[123]).

Não se incluem neste âmbito de aplicação as empresas de seguros, as instituições de crédito, as sociedades financeiras, as empresas de investimento prestadoras de serviços que impliquem a detenção de fundos ou de valores mobiliários de terceiros e os organismos de investimento coletivo, na medida em que a sujeição aos procedimentos administrativos de dissolução e de liquidação de entidades comerciais seja incompatível com os regimes especiais previstos para tais entidades.

Também se, durante a tramitação dos procedimentos administrativos de dissolução e de liquidação de entidades comerciais, for pedida a *declaração de insolvência da entidade comercial*, os atos praticados ao abrigo dos procedimentos ficam sem efeito, seguindo o processo de insolvência os termos previstos no Código da Insolvência e da Recuperação de Empresas (art. 3º).

13.2. Procedimento administrativo de dissolução

a) Início voluntário do procedimento

Este procedimento pode ser da *iniciativa das entidades comerciais*, dos seus membros e dos respetivos sucessores, dos seus credores e dos credores de sócios

[123] Os artigos citados neste nº 12 – Regime jurídico dos procedimentos administrativos de dissolução e de liquidação de entidades comerciais, quando não acompanhados de qualquer outra menção, respeitam ao Anexo III do Decreto-Lei nº 76-A/2006, de 29 de março, com as alterações introduzidas pelos Decretos-Lei nº 318/2007, de 26 de setembro, nº 209/2012, de 19 de setembro, e nº 250/2012, de 23 de novembro.

e cooperadores de responsabilidade ilimitada *quando a lei o permita* e ainda quando (art. 4º):

a) Por período superior a um ano, o número de sócios da sociedade for inferior ao mínimo exigido por lei, exceto se um dos sócios for uma pessoa coletiva pública ou entidade a ela equiparada por lei para esse efeito;
b) A atividade da sociedade que constitui o objeto contratual se torne de facto impossível;
c) A sociedade não tenha exercido qualquer atividade durante dois anos consecutivos;
d) A sociedade exerça de facto uma atividade não compreendida no objeto contratual;
e) Uma pessoa singular seja sócia de mais do que uma sociedade unipessoal por quotas;
f) A sociedade unipessoal por quotas tenha como sócio único outra sociedade unipessoal por quotas;
g) Se verifique a impossibilidade insuperável da prossecução do objeto da cooperativa ou a falta de coincidência entre o objeto real e o objeto expresso nos estatutos da cooperativa;
h) Ocorra a diminuição do número de membros da cooperativa abaixo do mínimo legalmente previsto por um período de tempo superior a 90 dias e desde que tal redução não seja temporária ou ocasional.

O procedimento é iniciado mediante a apresentação, no serviço de registo competente, de *requerimento* em que o interessado deve pedir o reconhecimento da *causa de dissolução* da entidade e apresentar documentos ou requerer diligências de prova úteis para o esclarecimento dos factos com interesse para a decisão.

Se o requerimento for apresentado pela entidade comercial, e esta optar pela forma de liquidação prevista nos artºs 15º e seguintes, pode indicar um ou mais liquidatários, comprovando a respetiva aceitação, ou solicitar a sua designação pelo conservador, mas se o requerimento tiver sido apresentado por outro interessado, que não a entidade comercial, a liquidação terá de ser feita por via administrativa.

O conservador deve *indeferir liminarmente o pedido*, por decisão fundamentada, que é notificada ao requerente, sempre que o considere manifestamente improcedente ou não tenham sido apresentados os documentos comprovativos dos factos com interesse para a decisão que só documentalmente possam ser provados e cuja verificação constitua pressuposto da procedência do pedido (nº 1 do art. 7º).

Todavia, o *indeferimento por falta de apresentação dos documentos* comprovativos dos factos com interesse para a decisão só pode ter lugar quando não for possível o acesso do serviço de registo competente, por meios informáticos, à informação constante de base de dados de entidade ou serviço da Administração Pública que permita comprovar esses factos (nº 2 do art. 7º).

A decisão de indeferimento liminar pode ser *impugnada judicialmente* pelo interessado nos termos previstos no art. 12º para a impugnação da decisão final do conservador, com as necessárias adaptações (nº 3 do art. 7º).

b) Início oficioso do procedimento

O procedimento administrativo de dissolução é instaurado *oficiosamente* pelo conservador, mediante auto que especifique as circunstâncias que determinaram a instauração do procedimento e que identifique a entidade e a causa de dissolução, *quando resulte da lei* e ainda quando:

a) Durante dois anos consecutivos, a sociedade não tenha procedido ao registo da prestação de contas;

b) A *administração tributária* tenha comunicado ao serviço de registo competente a ausência de atividade efetiva da sociedade, verificada nos termos previstos na legislação tributária;

c) *A administração tributária* tenha comunicado ao serviço de registo competente a declaração oficiosa da cessação de atividade da sociedade, nos termos previstos na legislação tributária;

d) As sociedades não tenham procedido ao aumento do capital e à liberação deste, nos termos dos nºs 1 a 3 e 6 do art. 533º CSC;

e) A sociedade não tenha sido objeto de atos de registo comercial obrigatórios durante mais de 20 anos;

f) Ocorra omissão de entrega da declaração fiscal de rendimentos da cooperativa durante dois anos consecutivos comunicada pela administração tributária ao serviço de registo competente;

g) Ocorra a comunicação de ausência de atividade efetiva da cooperativa verificada nos termos da legislação tributária, efetuada pela administração tributária junto do serviço de registo competente;

h) Ocorra a comunicação da declaração oficiosa de cessação de atividade da cooperativa nos termos previstos na legislação tributária, efetuada pela administração tributária junto do serviço de registo competente;

i) As cooperativas não tenham procedido ao registo do capital social atualizado nos termos previstos nos nºs 3 e 4 do art. 91º do Código Cooperativo;

j) A entidade competente para a concessão da licença para operar no âmbito institucional da Zona Franca da Madeira comunique à conservatória do registo comercial privativa a caducidade ou revogação da respetiva licença.

c) Tramitação e decisão do procedimento

Uma vez iniciado o procedimento, o conservador lavra oficiosamente *averbamento da pendência da dissolução*, reportando-se a este momento os efeitos dos registos que venham a ser lavrados na sequência do procedimento, averbamento este que será oficiosamente cancelado mediante a decisão que indefira o pedido de dissolução ou declare findo o procedimento, logo que tal decisão se torne definitiva (art. 6º).

Para garantir a participação no procedimento da entidade comercial em causa e dos seus membros, quando não sejam requerentes, são, consoante o caso, *notificados* para os efeitos do procedimento (nº 1 do art. 8º):

a) A sociedade e os sócios, ou os respetivos sucessores, e um dos seus gerentes ou administradores;
b) A cooperativa e os cooperadores, ou os respetivos sucessores, e um dos membros da sua direção.

A notificação deve dar conta do início dos procedimentos de dissolução e de liquidação, exceto no caso em que o requerimento seja apresentado pela entidade comercial e esta não tenha optado pela liquidação por via administrativa, e conceder um prazo de 10 dias, a contar da notificação, para os notificados dizerem o que se lhes oferecer, apresentando os respetivos meios de prova.

Se a situação tiver sido regularizada no prazo concedido para o efeito, o conservador *declara findo o procedimento.*

Em caso contrário, o conservador procede à audição das testemunhas, no caso de terem sido indicadas, sendo os respetivos depoimentos reduzidos a escrito (art. 11º).

A *decisão* é proferida no *prazo de 15 dias* após o termo dos prazos para os interessados dizerem o que se lhes oferecer e apresentarem os respetivos meios de prova ou para a regularização da situação.

Se do requerimento apresentado, do auto elaborado pelo conservador ou dos demais elementos constantes do processo não for apurada a existência de ativo ou passivo a liquidar, o conservador *declara simultaneamente a dissolução e o encerramento da liquidação* da entidade comercial.

d) Impugnação judicial da decisão do conservador

Qualquer interessado pode *impugnar judicialmente* a decisão do conservador, com efeito suspensivo, no prazo de 10 dias a contar da notificação da decisão (art. 12º).

A ação judicial considera-se proposta com a sua *apresentação no serviço de registo* competente em que decorreu o procedimento, sendo de seguida o processo remetido ao tribunal judicial competente.

Após o trânsito em julgado da decisão judicial proferida, o tribunal deve comunicá-la ao serviço de registo competente e devolver a este os documentos constantes do procedimento administrativo.

Todos os atos e comunicações acima referidos devem ser obrigatoriamente efetuados por via eletrónica, sempre que tal meio se encontre disponível.

e) Registo da dissolução e comunicações subsequentes

Logo que a decisão se tornar definitiva, o conservador lavra oficiosamente o registo da dissolução e se, no caso previsto no art. 11º, tiver declarado simultaneamente a dissolução e o encerramento da liquidação da entidade comercial, lavra simultaneamente também o registo do encerramento da liquidação (art. 13º).

Efetuado o registo da dissolução, o serviço de registo competente deve proceder de imediato à *comunicação* do facto, por via eletrónica, às seguintes entidades (art. 14º):

a) Ao *Registo Nacional de Pessoas Coletivas*, para efeitos da inscrição do facto no ficheiro central de pessoas coletivas;

b) À *administração tributária* e à *segurança social*, para efeitos de dispensa de apresentação das competentes declarações de alteração de situação jurídica.

13.3. Procedimento administrativo de liquidação

a) Início do procedimento

O procedimento administrativo de *liquidação* inicia-se mediante *requerimento* da entidade comercial, dos seus membros, dos respetivos sucessores, dos credores das entidades comerciais ou dos credores de sócios e cooperadores de responsabilidade ilimitada quando resulte da lei que a liquidação deva ser feita por via administrativa (art. 15º).

Se o requerimento for apresentado pela entidade comercial, devem ser indicados um ou mais liquidatários, comprovando a respetiva aceitação, ou ser solicitada a sua nomeação pelo conservador.

Se todavia forem os requerimentos apresentados por outros interessados, a designação de liquidatários compete ao conservador, salvo indicação de liquidatários pela entidade comercial.

Nos casos em que a dissolução tenha sido declarada no âmbito do procedimento administrativo de dissolução, o pedido de liquidação considera-se efetuado no requerimento de dissolução, salvo nos casos em que a dissolução tenha sido requerida pela entidade comercial e esta não tenha optado nesse momento pela liquidação por via administrativa.

O procedimento administrativo de liquidação é instaurado *oficiosamente* pelo conservador, mediante auto que especifique as circunstâncias que determinaram a instauração do procedimento e no qual nomeie um ou mais liquidatários, quando:

a) A dissolução tenha sido realizada em procedimento administrativo de dissolução instaurado oficiosamente pelo conservador;
b) Se verifique terem decorrido os prazos previstos no artigo 150º CSC[124] para a duração da liquidação sem que tenha sido requerido o respetivo registo de encerramento;
c) Durante dois anos consecutivos, o titular do estabelecimento individual de responsabilidade limitada não tenha procedido ao registo da prestação de contas;
d) A administração tributária tenha comunicado ao serviço de registo competente a ausência de atividade efetiva do estabelecimento individual de responsabilidade limitada, verificada nos termos previstos na legislação tributária;
e) A administração tributária tenha comunicado ao serviço de registo competente a declaração oficiosa da cessação de atividade do estabelecimento individual de responsabilidade limitada, nos termos previstos na legislação tributária;
f) Se verifique que o titular do estabelecimento individual de responsabilidade limitada não procedeu ao aumento de capital do estabelecimento, nos termos do art. 35º-A do Decreto-Lei nº 248/86, de 25 de agosto[125];
g) O estabelecimento individual de responsabilidade limitada não tenha sido objeto de atos de registo comercial obrigatórios durante mais de 20 anos;

[124] Art. 150º: "1 – A liquidação deve estar encerrada e a partilha aprovada no prazo de dois anos a contar da data em que a sociedade se considere dissolvida, sem prejuízo de prazo inferior convencionado no contrato ou fixado por deliberação dos sócios.
2 – O prazo estabelecido no número anterior só pode ser prorrogado por deliberação dos sócios e por período não superior a um ano.
3 – Decorridos os prazos previstos nos números anteriores sem que tenha sido requerido o registo do encerramento da liquidação, o serviço de registo competente promove oficiosamente a liquidação por via administrativa."

[125] Art. 35º-A: "Os estabelecimentos individuais de responsabilidade limitada cujos titulares não tenham procedido ao aumento do capital do estabelecimento até ao montante mínimo previsto no nº 2 do artigo 3º [5 000 €] entram em liquidação, através de procedimento administrativo iniciado oficiosamente no serviço de registo competente."

h) Tenha ocorrido o óbito do titular do estabelecimento individual de responsabilidade limitada, comprovado por consulta a base de dados de serviço da Administração Pública;

i) O tribunal que decidiu o encerramento de um processo de insolvência por insuficiência da massa insolvente tenha comunicado esse encerramento ao serviço de registo competente, nos termos do nº 4 do art. 234º do Código da Insolvência e da Recuperação de Empresas[126].

O procedimento corre os seus termos em serviço de registo competente para o registo da liquidação, sendo que no caso de dissolução realizada em procedimento administrativo instaurado oficiosamente pelo conservador, é competente para o procedimento o serviço de registo competente que procedeu ao registo da dissolução.

No caso de se tratar da liquidação de estabelecimento individual de responsabilidade limitada, a instauração do procedimento determina o registo oficioso de entrada em liquidação do estabelecimento (art. 16º).

b) Trâmites subsequentes

No procedimento administrativo de liquidação só há lugar a notificação quando a dissolução não tiver sido declarada por via administrativa ou quando, tendo sido requerida pela entidade comercial, esta não tenha optado nesse momento pela liquidação por via administrativa (art. 17º).

Cabe ao conservador *nomear os liquidatários* que lhe tenham sido indicados pela entidade comercial desde que verifique estar comprovada a aceitação dos mesmos; no caso de competir ao conservador a designação de liquidatários ou quando a entidade comercial não tenha procedido à sua indicação, o conservador deve nomear um ou mais liquidatários de reconhecida capacidade técnica e idoneidade para o cargo (art. 18º).

O *prazo para a liquidação* é fixado pelo conservador, com o limite máximo de um ano, podendo ouvir os membros da entidade comercial ou o titular do estabelecimento individual de responsabilidade limitada, bem como os administradores, gerentes ou membros da direção da cooperativa.

No prazo de 10 dias após o decurso do prazo fixado pelo conservador sem que a liquidação se tenha concluído, os liquidatários podem requerer a sua *prorrogação* por idêntico prazo por uma única vez, justificando a causa da demora.

[126] "4 – No caso de encerramento por insuficiência da massa insolvente, a liquidação da sociedade prossegue nos termos do regime jurídico dos procedimentos administrativos de dissolução e de liquidação de entidades comerciais, devendo o juiz comunicar o encerramento e o património da sociedade ao serviço de registo competente."

A disciplina das operações de liquidação e das operações posteriores é objeto dos artºs 19º a 21º, prevendo o art. 22º os casos em que os liquidatários podem ser destituídos.

Estão sujeitas a *registo comercial,* segundo o art. 23º, as decisões do conservador que titulem a nomeação e a destituição dos liquidatários, bem como a autorização para a prática por estes dos atos referidos no nº 2 do art. 19º.

c) Regime especial de liquidação oficiosa

Aos casos de liquidação oficiosa promovida nos termos das alíneas *b*) a *i*) do nº 5 do art. 15º é aplicável o regime previsto no art. 24º.

Assim, no caso previsto na alínea *b*) do nº 5 do art. 15º, o conservador declara o encerramento da liquidação da entidade comercial se, tendo sido efetuada a notificação prevista no art. 8º, os interessados não tiverem comunicado ao serviço de registo competente o ativo e o passivo da entidade comercial; ou, se após a notificação a que se referem os nºs 2 e 3 do art. 17º não for apurada a existência de qualquer ativo ou passivo a liquidar.

Nos casos previstos nas alíneas *c*) a *h*) do nº 5 do art. 15º, a notificação deve dar conta do início do procedimento administrativo de liquidação e ordenar a comunicação ao serviço de registo competente, no prazo de 10 dias, do ativo e do passivo da entidade comercial.

Cumpridas estas diligências, se não for apurada a existência de qualquer bem ou direito de que a entidade em liquidação seja titular, o conservador declara imediatamente o encerramento da liquidação do estabelecimento individual de responsabilidade limitada.

No caso de verificar a existência de bens ou direitos da titularidade do estabelecimento individual de responsabilidade limitada, o procedimento segue os trâmites previstos nos artºs 18º a 23º.

No caso a que se refere a alínea *i*) do nº 5 do art. 15º, o conservador deve declarar imediatamente o encerramento da liquidação da entidade comercial, salvo se do processo de insolvência resultar a existência de ativos que permitam suportar os encargos com o procedimento administrativo de liquidação.

d) Decisão, registo de encerramento da liquidação e comunicações subsequentes

A decisão que declare *encerrada a liquidação* deve ser proferida no prazo de *cinco dias* após a conclusão dos atos de liquidação e partilha do património da entidade e dela são imediatamente notificados os interessados (art. 25º).

A decisão do conservador pode ser *impugnada judicialmente* nos termos do art. 12º. Logo que se torne definitiva, o conservador lavra oficiosamente o registo do encerramento da liquidação.

Efetuado o registo do encerramento da liquidação, o serviço de registo competente procede de imediato à *comunicação* do facto, por via eletrónica, às seguintes entidades (art. 26º):

a) Ao *Registo Nacional de Pessoas Coletivas*, para efeitos da inscrição do facto no ficheiro central de pessoas coletivas;
b) À *administração tributária* e à *segurança social*, para efeitos de dispensa de apresentação das competentes declarações de cessação de atividade;
c) Aos serviços que gerem o *cadastro comercial*, para efeito de dispensa de apresentação da competente declaração de encerramento de estabelecimento comercial;
d) À *Inspeção-geral do Trabalho.*

13.4 Procedimento especial de extinção imediata de entidades comerciais

A *dissolução e liquidação* das sociedades e das cooperativas deve processar-se *de forma imediata* desde que se verifiquem cumulativamente os seguintes pressupostos (art. 27º):

a) Instauração do procedimento de dissolução e liquidação por qualquer pessoa, desde que apresentado *requerimento* subscrito por qualquer dos membros da entidade comercial em causa ou do respetivo órgão de administração, e apresentada *ata de assembleia geral* que comprove deliberação unânime nesse sentido tomada por todos os membros da entidade comercial;
b) Declaração, expressa na ata referida na alínea anterior, da *não existência de ativo ou passivo* a liquidar.

O requerimento e a ata podem ser substituídos por *requerimento subscrito por todos os membros da entidade* comercial e apresentado por qualquer pessoa.

Quando o pedido for efetuado *presencialmente* perante funcionário competente por qualquer dos membros da entidade comercial em causa ou do respetivo órgão de administração, ou por todos os membros da entidade comercial, esse pedido é *sempre verbal*, não havendo lugar a qualquer requerimento escrito.

Os interessados devem apresentar os documentos comprovativos da sua identidade, capacidade e poderes de representação para o ato (art. 28º).

O procedimento previsto no art. 27º é aplicável, com as necessárias adaptações, à liquidação imediata dos *estabelecimentos individuais de responsabilidade limitada.*

Uma vez apresentado o pedido, o conservador ou o oficial de registos em quem aquele delegar poderes para o efeito profere de imediato decisão de *declaração da dissolução e do encerramento da liquidação* da entidade (nº 1 do art. 29º).

Proferida a decisão, o conservador ou o oficial com competência delegada lavra oficiosa e imediatamente o registo simultâneo da dissolução e do encerramento da liquidação e disponibiliza aos interessados uma certidão permanente gratuita, válida por três meses (nº 2 do art. 29º).

Efetuado o registo, o serviço de registo competente procede de imediato, segundo o art. 30º, à *comunicação* do facto, por via eletrónica, às entidades e para os efeitos previstos no art. 26º, a saber:

a) Ao *Registo Nacional de Pessoas Coletivas*, para efeitos da inscrição do facto no ficheiro central de pessoas coletivas;

b) À *administração tributária* e à *segurança social*, para efeitos de dispensa de apresentação das competentes declarações de cessação de atividade;

c) Aos serviços que gerem o *cadastro comercial*, para efeito de dispensa de apresentação da competente declaração de encerramento de estabelecimento comercial;

d) À *Inspeção-geral do Trabalho*.

Capítulo III
Registo Nacional de Pessoas Coletivas

1. Funções e competências do RNPC

O Registo Nacional de Pessoas Coletivas (RNPC) cujo regime foi aprovado pelo Decreto-Lei nº 129/98, de 13 de maio,[1][2] é atualmente um serviço central do Instituto dos Registos e do Notariado, e tem por função organizar e gerir o *ficheiro central de pessoas coletivas*, bem como certificar a *admissibilidade de firmas e denominações* (art. 1º).

O art. 78º daquele decreto-lei enumera assim as competências do RNPC:

> "1 – Compete ao RNPC e aos serviços de registo designados em despacho do presidente do IRN, I. P.:
>
> *a*) Velar pela exatidão e atualidade da informação contida no FCPC *[ficheiro central de pessoas coletivas]*, promovendo as correções necessárias;
>
> *b*) Promover a inscrição no FCPC dos atos de constituição, modificação e dissolução das pessoas coletivas e entidades equiparadas;
>
> *c*) Emitir certificados de admissibilidade de firmas e denominações assegurando o cumprimento dos princípios da novidade e da verdade;
>
> *d*) Declarar a perda do direito ao uso de firma ou denominação nos termos do artigo 61º.

[1] Os artigos citados sem outra menção referem-se ao Decreto-Lei nº 129/98, de 13 de maio, que aprovou o Regime do RNPC, entretanto alterado por vários diplomas, o último dos quais foi o Decreto-Lei nº 52/2018, de 25 de junho.

[2] Art. 92º: "As disposições do Código do Registo Comercial são subsidiariamente aplicáveis, com as necessárias adaptações, a tudo o que não estiver disposto no presente diploma."

2 – Compete em especial ao RNPC:

a) Estudar, planear e coordenar as tarefas necessárias à identificação das pessoas coletivas e entidades equiparadas;

b) Organizar, manter e explorar o FCPC, sem prejuízo do disposto no nº 1 do artigo 30º[3];

c) Promover as ações necessárias à coordenação no sector público das bases de dados de pessoas coletivas e entidades equiparadas;

d) Coordenar, em conjunto com o IRN, I. P., a prestação dos serviços *online* e de balcão único disponibilizados nos serviços de registo;

e) Praticar atos de registo que venham a ser fixados por despacho do presidente do IRN, I. P.;

f) Assegurar a participação portuguesa em reuniões internacionais sobre matérias da sua competência."

O RNPC pode prestar serviços, no âmbito da sua competência, a entidades públicas ou privadas nos termos que forem autorizados por despacho do presidente do Instituto dos Registos e do Notariado (art. 88º).

O ficheiro central de pessoas coletivas (FCPC) é constituído por uma base de dados que contém primordialmente, mas não só, dados atualizados sobre pessoas coletivas, informação essa necessária a variados serviços da Administração Pública para o exercício das suas atribuições legais (art. 2º).

O FCPC contém ainda, com os mesmos objetivos, informação de interesse geral relativa a entidades públicas ou privadas não dotadas de personalidade jurídica, bem como a pessoas coletivas internacionais e a pessoas coletivas de direito estrangeiro que exerçam atividade em Portugal.

O Decreto-Lei nº 134/2003, de 28 de junho, aprovou o registo das pessoas coletivas religiosas, que fora já previsto no art. 33º da Lei da Liberdade Religiosa, colocando-o também no âmbito da competência funcional do Registo Nacional de Pessoas Coletivas (RNPC).

O registo de pessoas coletivas religiosas (RPCR) é constituído por uma base de dados que contém informação organizada e atualizada destinada à identificação das entidades religiosas e à publicitação da sua situação jurídica (nº 2 do art. 1º do citado Decreto-Lei nº 134/2003).

De harmonia com o disposto no nº 1 do art. 17º daquele diploma, a admissibilidade das denominações das pessoas coletivas religiosas rege-se, com as necessárias adaptações, pelos princípios gerais e pelas regras especiais do regime do RNPC, adiante explicitados.

[3] Designa o presidente do IRN, I. P., como entidade responsável pela base de dados.

Por sua vez, o Decreto-Lei nº 19/2015, de 3 de fevereiro, instituiu o Registo de Pessoas Jurídicas Canónicas (RJPC), igualmente integrado no âmbito da competência funcional do RNPC, criado em cumprimento da Concordata celebrada entre a República Portuguesa e a Santa Sé, em 18 de maio de 2004.

Este registo tem por objetivo organizar e manter atualizada a informação sobre a identificação das entidades canónicas, bem como dar publicidade à sua situação jurídica, por forma a que todos os interessados possam ter um conhecimento sistemático da informação atinente a estas entidades.

2. Princípios orientadores da admissibilidade de firmas e denominações

Na terminologia do Regime do Registo Nacional de Pessoas Coletivas, a expressão *firma*, por que são designados os comerciantes individuais, as sociedades civis e comerciais e os estabelecimentos individuais de responsabilidade limitada, compreende a *firma-nome*, constituída pelo nome do comerciante ou de um ou mais sócios da sociedade[4], a *firma-denominação*, constituída por elementos descritivos, em regra alusivos à natureza jurídica e à atividade, frequentemente precedidos ou seguidos por um elemento característico – sigla, fantasia, composição ou acrónimo –, e *firma mista*, constituída por elementos nominativos e por elementos denominacionais; em qualquer caso, acresce o *aditamento* identificativo do tipo de pessoa coletiva, sempre que legalmente exigido.

A expressão *denominação* designa os empresários não comerciantes e as demais pessoas coletivas, obedecendo a sua atribuição a regras adiante explicitadas.

A composição das firmas e denominações está sujeita à observância dos princípios da verdade, da novidade, da exclusividade, da prioridade e da instância.

2.1. Princípio da verdade

O *princípio da verdade* tem por objetivo assegurar que os elementos componentes da firma ou denominação são verdadeiros e evitar que tanto o seu elemento característico – sigla, fantasia, composição ou acrónimo[5] –, como o elemento

[4] O nome pode abranger nomes próprios e apelidos, só nomes próprios ou só apelidos, incluindo alcunhas usadas pelo seu titular.

[5] Esta expressão tem sido usada, mesmo em textos legislativos, como sinónimo de sigla, pelo que aqui se anota a sua definição constante do dicionário da Texto Editora: *conjunto de letras, pronunciado como uma palavra normal, formado a partir das letras iniciais (ou de sílabas) de palavras sucessivas que constituem uma denominação;* e como se esclarece em *www.infopedia,pt:* " enquanto a sigla é pronunciada letra a letra, ou seja, como se estivéssemos a soletrar (normalmente tem muitas consoantes seguidas), do acrónimo faz-se uma leitura silábica, tal como se fosse uma palavra normal." Citando o exemplo que dá o dicionário de Houaiss, *sida* (síndroma de imunodeficiência adquirida) é um acrónimo e não uma sigla.

descritivo da atividade social, possam sugerir natureza, dimensão ou inexistentes.

Assim, nos termos previstos no art. 32º:

1 – Os *elementos componentes* das firmas e denominações devem ser *verdadeiros e não induzir em erro* sobre a identificação, natureza ou atividade do seu titular.

2 – Os *elementos característicos* das firmas e denominações, ainda quando constituídos por designações de fantasia, siglas[6] ou composições, não podem sugerir *atividade diferente da que constitui o objeto social.*

3 – Para efeitos do disposto neste artigo não deve ser efetuado *o controlo da legalidade do objeto social*, devendo somente ser assegurado o cumprimento do disposto nos números anteriores.

4 – Das firmas e denominações *não podem fazer parte*:

a) Expressões que possam *induzir em erro* quanto à *caracterização jurídica* da pessoa coletiva, designadamente o uso, por entidades com fim lucrativo, de expressões correntemente usadas na designação de organismos públicos ou de entidades sem finalidade lucrativa;

b) Expressões *proibidas por lei* ou *ofensivas da moral* ou dos bons costumes;

c) Expressões incompatíveis com o respeito pela *liberdade de opção* política, religiosa ou ideológica;

d) Expressões que *desrespeitem ou se apropriem ilegitimamente* de símbolos nacionais, personalidades, épocas ou instituições cujo nome ou significado seja de salvaguardar por razões históricas, patrióticas, científicas, institucionais, culturais ou outras atendíveis.

5 – Quando, por qualquer causa, deixe de ser associado ou sócio pessoa cujo nome figure na firma ou denominação de pessoa coletiva, deve tal firma ou denominação ser alterada no prazo de um ano, a não ser que o associado ou sócio que se retire ou os herdeiros do que falecer consintam por escrito na continuação da mesma firma ou denominação.

[6] Sobre a legitimidade do uso de siglas, cf. o despacho nº 14/99 do diretor-geral dos Registos e do Notariado, em *Boletim dos Registos e do Notariado,* I, nº 4/99, do seguinte teor: "Constituindo a sigla uma palavra formada pelas letras iniciais dos vocábulos componentes de uma expressão ou denominação, separadas ou não por pontos, e não resultando o seu significado manifesto pelos elementos constantes do respetivo pedido de certificado de admissibilidade – seja por referência ao nome dos sócios, seja por referência à atividade que a sociedade se propõe exercer – deve ser solicitada ao requerente do certificado, ou ao respetivo mandatário, explicação do seu significado e inclusão na denominação social.
Não sendo verosímil a justificação dada pelos interessados deve o pedido ser indeferido por inobservância do princípio da verdade – cfr. artº 32º, nº 1 do Decreto-Lei nº 129/98, de 13 de maio."

O *princípio da verdade* encontra-se também refletido nos nºs 1 e 5 do art. 10º e no nº 2 do art. 11º CSC. Dispõe o art. 10º, sob a epígrafe "requisitos da firma":

> "1. Os elementos característicos das firmas das sociedades não podem sugerir atividade diferente da que constitui o objeto social."
>
> ....
>
> "5. Da denominação das sociedades não podem fazer parte:
>
> *a)* Expressões que possam induzir em erro quanto à caracterização jurídica da sociedade, designadamente expressões correntemente usadas na designação de organismos públicos ou de pessoas coletivas sem finalidade lucrativa;
>
> *b)* Expressões proibidas por lei ou ofensivas da moral ou dos bons costumes."

Por sua vez, dispõe o art. 11º, sob a epígrafe "objeto":

> "2. Como objeto da sociedade devem ser indicados no contrato as atividades que os sócios propõem que a sociedade venha a exercer."

Ainda em consonância com o princípio da verdade, os nºs 2 e 3 dos artºs 200º e 275º do mesmo Código, determinam, respetivamente quanto às sociedades por quotas e às sociedades anónimas:

> "2. Na firma não podem ser incluídas ou mantidas expressões indicativas de um objeto social que não esteja especificamente previsto na respetiva cláusula do contrato de sociedade.
>
> 3. No caso de o objeto contratual da sociedade ser alterado, deixando de incluir atividade especificada na firma, a alteração do objeto deve ser simultaneamente acompanhada da modificação da firma."

De recordar também, a propósito das *sociedades em liquidação*, o disposto no nº 3 do art. 146º CSC: "3 – A partir da dissolução, à firma da sociedade deve ser aditada a menção «sociedade em liquidação» ou «em liquidação»."

2.2. Princípio da novidade

O *princípio da novidade* significa que as firmas e denominações devem ser *distintas* e *não suscetíveis de confusão ou erro com as registadas ou licenciadas* no mesmo âmbito de exclusividade, mesmo quando a lei permita a inclusão de elementos utilizados por outras já registadas, ou com *designações de instituições notoriamente conhecidas* (art. 33º).

A incorporação na firma ou denominação de *sinais distintivos* registados (elementos característicos de outras firmas, marcas, nomes de estabelecimento) está sujeita à prova do seu uso legítimo.

O juízo sobre a distinção e a não suscetibilidade de confusão ou erro devem ter em conta o tipo de pessoa, o seu domicílio ou sede, a afinidade ou proximidade das suas atividades e o âmbito territorial destas.

Deve ser também considerada a existência de marcas e logótipos já concedidos que sejam de tal forma semelhantes que possam induzir em erro sobre a titularidade desses sinais distintivos[7].

Para que pudessem prevalecer-se desta proteção, diz o nº 6 deste art. 33º que os titulares das marcas ou logótipos deveriam ter efetuado anteriormente prova do seu direito junto do RNPC: há que ter em conta agora a alteração introduzida pelo art. 42º do Decreto-Lei nº 247-B/2008, de 30 de dezembro, transcrita em nota de rodapé[8].

Não são admitidas denominações constituídas *exclusivamente* por *vocábulos de uso comum* que permitam identificar ou se relacionem com atividade, técnica ou produto, bem como *topónimos* e qualquer indicação de *proveniência geográfica*.[9]

Quando a lei refere que determinados vocábulos *não são de uso exclusivo* ou que não são admitidas denominações constituídas exclusivamente por vocá-

[7] "I – A prioridade registal entre uma firma ou denominação e uma marca afere-se pela data dos pedidos referentes ao certificado de admissibilidade da firma ou denominação e ao registo da marca.
II – A composição de uma marca, através da utilização integral e exclusiva de parte da denominação de uma firma não pertencente ao titular daquela, e em que tal marca se destina à publicitação de serviços que constituem o objeto comercial da sociedade a que se reporta a referida firma, constituem-se como fundamento de anulação da referida firma." (Acórdão do Supremo Tribunal de Justiça, de 9 de Fevereiro de 2012).

[8] Num caso em que uma sociedade estrangeira pretendia não estar sujeita a este condicionalismo, face ao disposto no art. 8º da Convenção da União de Paris, nos termos do qual o nome comercial é protegido em todos os países da União sem obrigação de registo, o Supremo Tribunal de Justiça decidiu: "Se os nacionais portugueses que pretendam beneficiar da titularidade exclusiva de determinado nome de estabelecimento, insígnia ou marca, devem comunicar tal direito ao RNPC, igual comportamento tem de adotar os estrangeiros" (cf. acórdão publicado no *Boletim dos Registos e do Notariado*, I, nº 7/99).
O art. 42º do Decreto-Lei nº 247-B/2008, de 30 de dezembro, veio determinar, a este respeito: "1 – Nos juízos a que se refere o nº 2 do artigo 33º do Regime do RNPC, aprovado pelo Decreto -Lei nº 129/98, de 13 de maio, deve ser ainda considerada a existência de nomes de estabelecimentos, insígnias ou marcas de tal forma coincidentes ou semelhantes que possam induzir em erro sobre a titularidade desses sinais distintivos, desde que essa titularidade tenha sido comprovada junto do RNPC antes da entrada em vigor do presente decreto-lei.
2 – São eliminados da base de dados do RNPC os nomes de estabelecimento, insígnia de estabelecimento e marcas que por força das disposições do Código da Propriedade Industrial já tenham cessado a sua vigência."

[9] Disposição idêntica à do nº 4 do art. 10º CSC, na redação que lhe foi dada pelo Decreto-Lei nº 111/2005, de 8 de julho.

bulos de uso comum pretende significar que tais vocábulos podem ser utilizados na composição das firmas e denominações mas não conferem, por si sós, a *característica de novidade* exigida pelo art. 33º, precisamente porque podem ser utilizados por qualquer entidade, desde que o princípio da verdade seja respeitado.

A fim facilitar aos interessados informação sobre firmas ou denominações existentes, o RNPC mantém, no sítio da Internet com o endereço *www.irn.mj.pt*, a possibilidade de acesso às suas bases de dados para pesquisa das designações sociais já atribuídas.

Também os nºs 2 e 3 do art. 10º CSC acolhem nos seguintes termos o princípio da novidade:

> "2. Quando a firma da sociedade for constituída exclusivamente por nomes ou firmas de todos, algum ou alguns sócios deve ser completamente distinta das que já se acharem registadas.
>
> 3. A firma da sociedade constituída por denominação particular ou por denominação e nome ou firma de sócio não pode ser idêntica à firma registada de outra sociedade, ou por tal forma semelhante que possa induzir em erro."

2.3. Princípio da exclusividade

O princípio da exclusividade reconhece o *direito ao uso exclusivo* de uma firma ou denominação por parte do seu titular em determinado *âmbito territorial* (art. 35º).

Após o registo definitivo na conservatória do registo comercial competente ou, se a entidade em causa não estiver sujeita a registo comercial, no RNPC, é conferido o direito ao uso exclusivo de firma ou denominação no âmbito territorial especialmente definido nos artigos 36º a 43º para cada um dos tipos de entidades em causa.

a) Associações, fundações e sociedades civis sob forma civil

As *associações, fundações e sociedades civis sob forma civil* têm direito, a partir da data do seu registo definitivo no RNPC, ao uso exclusivo da denominação em todo *o território nacional*, quando o seu objeto estatutário não indicie a prática de atividades de carácter essencialmente local ou regional, uma vez que, neste último caso, a exclusividade é restringida ao *âmbito geográfico do exercício das suas atividades estatutárias* (art. 36º).

Este regime é igualmente aplicável às *pessoas coletivas religiosas* a partir da data do seu registo no Registo das Pessoas Coletivas Religiosas (nº 2 do art. 17º do Decreto-Lei nº 134/2003, de 28 de junho).

b) Comerciantes individuais

Os *comerciantes individuais,* que não usem como firma apenas o seu nome completo ou abreviado, e os estabelecimentos individuais de responsabilidade limitada têm direito ao uso exclusivo da sua firma desde a data do registo definitivo e no âmbito do concelho onde se encontra o seu estabelecimento principal (art. 38º).

c) Sociedades comerciais e sociedades civis sob forma comercial

As *sociedades comerciais e as sociedades civis sob forma comercial* têm direito ao uso exclusivo da sua firma em todo o *território nacional* a contar da data do registo definitivo na conservatória do registo comercial (art. 37º).

d) Outras pessoas coletivas

Se a lei que especialmente reger a constituição de outras pessoas coletivas não dispuser de forma diferente, é-lhes aplicável o regime definido para as associações e fundações (art. 43º).

e) Bolsa de firmas

O artº 15º do Decreto-Lei nº 111/2005, de 8 de julho, determinou, no âmbito do regime especial de constituição imediata de sociedades, a criação pelo RNPC de uma *bolsa de firmas reservadas a favor do Estado,* e de que adiante se falará. A reserva a favor do Estado das firmas constantes da bolsa confere o direito à sua exclusividade em *todo o território nacional.*

2.4. Princípios da prioridade e da instância

Finalmente, o princípio da prioridade significa que o pedido, incluindo o de *reserva,* de firma ou denominação apresentado *em primeiro lugar prevalece* sobre os que se lhe seguirem (art. 50º) e o princípio da instância que o certificado de admissibilidade das firmas e denominações é emitido pelo RNPC a pedido dos interessados (art. 45º).

3. Regras especiais de composição das firmas e denominações

A lei define um certo número de regras que devem presidir à composição das firmas e denominações cuja admissibilidade é certificada pelo RNPC, consoante a natureza e o tipo das entidades em causa.

3.1. Associações e fundações

As denominações das associações e das fundações devem ser compostas por forma a dar a conhecer a sua *natureza associativa ou institucional,* respetivamente, podendo conter siglas, expressões de fantasia ou composições (art. 36º).

A natureza associativa é dada a conhecer pelo uso na denominação da expressão "associação" ou do qualificativo "associativo" ou similar; por sua vez, a expressão "fundação" revela a natureza institucional da pessoa coletiva em causa.

Podem, todavia, ser admitidas denominações sem referência explícita à natureza associativa ou institucional, desde que correspondam a *designações tradicionais* ou não induzam em erro sobre a natureza da pessoa coletiva. Estão neste caso, por exemplo, as ordens profissionais, os clubes recreativos e desportivos, a Sociedade de Geografia, a Academia das Ciências e as diversas outras Academias, etc..

As *associações públicas profissionais* têm a denominação «*ordem profissional*» quando correspondam a profissões cujo exercício é condicionado à obtenção prévia de uma habilitação académica de licenciatura ou superior e a denominação «*câmara profissional*» no caso contrário (nº 1 do art. 11º da Lei nº 2/2013, de 10 de janeiro).

A utilização das denominações «ordem profissional» e «câmara profissional[10]» bem como da denominação «colégio de especialidade profissional» é exclusiva das associações públicas profissionais ou seus organismos, respetivamente.

As *federações desportivas*, que são constituídas sob a forma de associações, devem, na sua denominação, mencionar a modalidade desportiva a que dedicam a sua atividade e têm direito ao uso da qualificação «utilidade pública desportiva» ou, abreviadamente, «UPD», a seguir à sua denominação (artºs 6º e 13º do Decreto-Lei nº 248-B/2008, de 31 de dezembro).

Nos termos do art. 8º da Lei-Quadro das Fundações (Lei nº 24/2012, de 11 de julho), a utilização do termo *fundação* na denominação de pessoas coletivas é exclusiva das entidades reconhecidas como fundações nos termos da lei-quadro.

As fundações públicas utilizam obrigatoriamente os acrónimos «IP» ou «FP» no final da respetiva designação, consoante sejam de direito público ou de direito privado (nº 2 do citado art. 8º).

3.2. Sociedades civis sob forma civil

As denominações das sociedades civis sob forma civil, salvo o disposto em legislação especial, podem ser compostas pelos *nomes, completos ou abreviados, de um ou mais sócios*, seguidos do aditamento «*e Associados*», bem como por siglas,

[10] As câmaras profissionais têm vindo a ser transformadas em ordens profissionais: são exemplo a Câmara dos Solicitadores, atual Ordem dos Solicitadores e dos Agentes de Execução, e a Câmara dos Técnicos Oficiais de Contas, atual Ordem dos Contabilistas Certificados.

iniciais, expressões de fantasia ou composições, desde que acompanhadas da expressão «*Sociedade*» (art. 42º).

3.3. Sociedades de profissionais sujeitas a associações públicas profissionais

A Lei nº 53/2015, de 11 de junho, que estabeleceu o regime jurídico das sociedades de profissionais que estejam sujeitas a associações públicas profissionais, podendo ser sociedades civis ou assumir qualquer forma jurídica societária admissível segundo a lei comercial, estatuiu, no seu art. 20º, o seguinte sobre a firma destas sociedades:

> "1 – A firma das sociedades de profissionais rege-se pela legislação referida no nº 3 do artigo 4º[11], sem prejuízo do disposto nos números seguintes.
>
> 2 – A firma da sociedade pode conter o nome, completo ou abreviado, de anteriores sócios, mediante autorização escrita destes ou dos seus herdeiros, dada a qualquer momento.
>
> 3 – Quando o nome do anterior sócio tenha figurado na firma da sociedade por mais de 20 anos, deixa de ser necessária a autorização referida no número anterior.
>
> 4 – A firma das sociedades de profissionais inclui sempre a menção do título profissional dos respetivos sócios profissionais, seguido da expressão «sociedade de
>
> profissionais» ou «SP», imediatamente antes da menção da forma jurídica societária que concretamente assuma, e à qual esteja obrigada nos termos da legislação referida no nº 3 do artigo 4º.
>
> 5 – A expressão «sociedade de profissionais» ou «SP» é exclusiva das sociedades de profissionais constituídas nos termos da presente lei."

3.4. Comerciantes individuais

Os comerciantes individuais devem adotar uma só firma, composta pelo seu *nome, completo ou abreviado*, conforme seja necessário para identificação da pessoa, podendo aditar-lhe *alcunha ou expressão alusiva à atividade exercida* (art. 38º). Podem ainda aditar à sua firma a indicação «*Sucessor de*» ou «*Herdeiro de*» e a firma do estabelecimento que tenha adquirido.

O nome do comerciante individual não pode ser antecedido de quaisquer expressões ou siglas, salvo as correspondentes a *títulos académicos, profissionais ou*

[11] Nº 3 do art. 4º: "3 – No que a presente lei não dispuser, são aplicáveis às sociedades de profissionais as normas da lei civil ou da lei comercial, consoante se trate de uma sociedade de profissionais sob a forma civil ou de uma sociedade de profissionais sob a forma comercial, respetivamente."

nobiliárquicos a que tenha direito, e a sua abreviação *não pode reduzir-se a um só vocábulo*, a menos que a adição efetuada o torne completamente individualizador.

Não se confunda a firma do comerciante individual com o nome do estabelecimento comercial: "a firma designa o comerciante (pessoa), enquanto o nome do estabelecimento designa este"[12].

3.5. Empresários individuais não comerciantes

Os *demais empresários individuais* que exerçam habitualmente, por conta própria e com fim lucrativo, atividade económica legalmente não qualificada como comercial ou como profissão liberal podem adotar uma firma sob a qual são designados no exercício dessa atividade e com ela podem assinar os respetivos documentos, aplicando-se, com as necessárias adaptações, as regras referentes aos *comerciantes individuais* (art. 39º).

3.6. Estabelecimentos individuais de responsabilidade limitada

A firma do estabelecimento individual de responsabilidade limitada é composta pelo *nome do seu titular*, acrescido ou não de referência ao objeto do comércio nele exercido, e pelo aditamento «*Estabelecimento Individual de Responsabilidade Limitada*» ou «*E. I. R. L.*» (art. 40º). O nome do titular pode ser abreviado, nos termos previstos para o comerciante individual.

3.7. Sociedades comerciais e sociedades civis sob forma comercial

As firmas das sociedades comerciais e das sociedades civis sob forma comercial devem ser compostas nos *termos previstos no Código das Sociedades Comerciais* e em legislação especial, sem prejuízo da aplicação das disposições do regime do RNPC no que se não revele incompatível com a referida legislação (art. 37º).

a) Sociedades em nome coletivo

A firma das sociedades em nome coletivo deve, quando não individualizar todos os sócios, conter, pelo menos, o nome ou firma de um deles, com o aditamento, abreviado ou por extenso, «e companhia» ou qualquer outro que indique a existência de outros sócios (nº 1 do art. 177º CSC).

Se alguém que não for sócio da sociedade incluir o seu nome ou firma na firma social, fica sujeito à responsabilidade imposta aos sócios no art. 175º CSC, ou seja, responde pelas obrigações sociais subsidiariamente em relação à sociedade e solidariamente com os sócios (nº 2 do art. 177º CSC).

[12] Luís Brito Correia, *Direito Comercial*, cit., p. 217.

b) Sociedades por quotas

A firma das sociedades por quotas deve ser formada, com ou sem sigla, pelo nome ou firma de todos, algum ou alguns dos sócios, ou por uma denominação particular, ou pela reunião de ambos esses elementos, mas, em qualquer caso, concluirá pela palavra «Limitada» ou pela abreviatura «L^{da}.» (nº 1 do art. 200º CSC).

c) Sociedades unipessoais por quotas

A firma das sociedades unipessoais por quotas deve ser formada pela expressão «sociedade unipessoal» ou pela palavra «unipessoal» antes [13]da palavra «Limitada» ou da abreviatura «L^{da}.» (art. 270º-B CSC);

d) Sociedades anónimas

A firma das sociedades anónimas deve ser formada, com ou sem sigla, pelo nome ou firma de um ou alguns dos sócios ou por uma denominação particular, ou pela reunião de ambos esses elementos, mas, em qualquer caso, concluirá pela expressão «sociedade anónima» ou pela abreviatura «S.A.» (nº 1 do art. 275º CSC).

e) Sociedades em comandita

A firma das sociedades em comandita é formada pelo nome ou firma de um, pelo menos, dos sócios comanditados e o aditamento «em Comandita» ou «& Comandita», «em Comandita por Ações» ou «& Comandita por Ações» (art. 467º CSC).

f) Sociedades anónimas europeias

A firma das sociedades anónimas europeias deve ser precedida ou seguida da sigla SE, sigla que só estas sociedades podem incluir na sua firma (art. 11º do Regulamento (CE) nº 2157/2001, do Conselho, de 8 de outubro).

[13] "II – Sendo o dispositivo atinente à composição da firma social destas sociedades (art. 270º-B), uma das manifestações desse enquadramento sistemático, o melhor sentido a atribuir à citada norma, e em consonância com o que se encontra estabelecido no artigo 200º do mesmo diploma, será o de considerar que a firma destas sociedades deve ser formada pela palavra 'unipessoal' ou pelas palavras 'sociedade unipessoal' *imediatamente antes* do aditamento 'Limitada' ou da abreviatura 'Lda.'". (Parecer dos serviços jurídicos da Direção-Geral dos Registos e do Notariado em *Boletim dos Registos e do Notariado*, I, nº 1/2003, p. 23).

3.8. Outras pessoas coletivas

a) Empresas públicas; entidades públicas empresariais e empresas locais

As empresas públicas previstas no nº 1 do art. 5º Decreto-Lei nº 133/2013, de 3 de outubro, são constituídas sob a forma de sociedade de responsabilidade limitada nos termos da lei comercial, pelo que a *sua firma é composta nos mesmos termos já referidos para as sociedades comerciais.*

As empresas públicas previstas no nº 2 do mesmo art. 5º são designadas *entidades públicas empresariais* e a sua denominação deve integrar a expressão «Entidade Pública Empresarial» ou as iniciais «E. P. E.» (nº 1 do art. 13º e nº 2 do art. 57º do citado Decreto-Lei nº 133/2013, de 3 de outubro).

A *denominação das empresas locais*, constituídas nos termos do art. 19º da Lei nº 50/2012, de 31 de agosto, é acompanhada da indicação da sua natureza municipal, intermunicipal ou metropolitana, respetivamente E. M., E. I. M. ou E. M.T." (nº 5 do mesmo art. 19º).

b) Agrupamentos complementares de empresas

A firma dos agrupamentos complementares de empresas deve conter o aditamento «agrupamento complementar de empresas» ou as iniciais «A. C. E.» (nº 2 da Base III da Lei nº 4/73, de 4 de junho, na redação que lhe foi dada pelo art. 10º do Decreto-Lei nº 76-A/2006, de 29 de março).

c) Agrupamentos europeus de interesse económico

A denominação dos agrupamentos europeus de interesse económico deve incluir o aditamento «agrupamento europeu de interesse económico» ou a abreviatura «AEIE» (art. 4º do Decreto-Lei nº 148/90, de 9 de maio[14]).

d) Cooperativas

A denominação adotada pelas cooperativas deve ser sempre seguida das expressões "cooperativa", "união de cooperativas", "federação de cooperativas", "confederação de cooperativas" e ainda de "responsabilidade limitada" ou de "responsabilidade ilimitada", ou das respetivas abreviaturas, conforme os casos (nº 1 do art. 15º do Código Cooperativo).[15]

[14] O Regulamento (CEE) nº 2137/85 do Conselho, de 25 de julho, que instituiu o Agrupamento Europeu de Interesse Económico, dispõe na alínea a) do seu art. 5º: "*a)* A denominação do agrupamento antecedida ou seguida da expressão «agrupamento europeu de interesse económico» ou das iniciais «AEIE», a não ser que esta expressão ou estas iniciais estejam já incluídas na denominação".

[15] Aprovado pela Lei nº 119/2015, de 31 de agosto e alterado pela Lei nº 66/2017, de 9 de agosto.

O uso da palavra "cooperativa" e da sua abreviatura "coop" é exclusivamente reservado às cooperativas e às suas organizações de grau superior, constituindo violação o seu uso por outrem, punido ao abrigo da legislação aplicável (nº 2 do art. 15º do Código Cooperativo).

3.9. Expressões obrigatórias em função do objeto social

Variada legislação avulsa determina a inclusão obrigatória, nas firmas ou denominações de sociedades comerciais e de sociedades civis, com ou sem forma comercial, de expressões, aditamentos ou abreviaturas, em função do respetivo objeto social. Assim, para além das *sociedades de profissionais sujeitas a associações públicas profissionais* já referidas, citam-se os seguintes exemplos:

a) Sociedades desportivas

Nos termos do nº 1 do art. 6º do Decreto-Lei nº 10/2013, de 25 de janeiro, a firma das sociedades desportivas contém a indicação da modalidade desportiva prosseguida pela sociedade, se tiver por objeto uma única modalidade, concluindo ainda pela abreviatura SAD ou SDUQ, Lda., consoante o tipo societário adotado seja o de uma sociedade anónima ou de uma sociedade unipessoal por quotas.

Por força do nº 2 do mesmo art. 6º, a denominação destas sociedades inclui obrigatoriamente menção que as relacione com o clube que lhes dá origem no caso de a sociedade resultar, seja da transformação de um clube desportivo, seja da personalização jurídica de equipas, que participem, ou pretendam participar, em competições desportivas profissionais.

b) Sociedades gestoras de participações sociais

A firma das sociedades gestoras de participações sociais, que podem constituir-se segundo o tipo de sociedades anónimas ou de sociedades por quotas, "deve conter a menção «sociedade gestora de participações sociais» ou a abreviatura SGPS considerando-se uma ou outra dessas formas indicação suficiente do objeto social" (nº 4 do art. 2º do Decreto-Lei nº 485/88, de 24 de dezembro, alterado pelo Decreto-Lei nº 378/98, de 27 de novembro).

c) Sociedades gestoras de fundos de titularização de créditos

A firma das sociedades gestoras de fundos de titularização de créditos, sociedades financeiras que adotam o tipo de sociedade anónima, deve incluir a expressão «Sociedade gestora de fundos de titularização de créditos» ou a abreviatura SGFTC (art. 17º do Decreto-Lei nº 453/99, de 5 de novembro, alterado pelo Decreto-Lei nº 82/2002, 5 de abril, e pelo Decreto-Lei nº 303/2003, de 5 de dezembro).

d) Sociedades gestoras de fundos de recuperação de créditos

As sociedades gestoras de fundos de recuperação de créditos são também sociedades financeiras que adotam o tipo de sociedade anónima e cuja firma deve incluir a expressão «Sociedade gestora de fundos de recuperação de créditos» ou a abreviatura SGFRC" (nºs 1 e 3 do art. 41º da Lei nº 69/2017, de 11 de agosto).

e) Sociedades gestoras de mercado regulamentado

As sociedades gestoras de mercado regulamentado são sociedades anónimas e a sua firma inclui a expressão «sociedade gestora de mercado regulamentado» ou a abreviatura SGMR, as quais, ou outras que com elas se confundam, não podem ser usadas por outras entidades (nº 2 do art. 4º do Decreto-Lei nº 357-C/2007, de 31 de outubro).

f) Sociedades de garantia mútua

As sociedades de garantia mútua são sociedades financeiras constituídas sob a forma de sociedade anónima e a sua firma "deve incluir a expressão «sociedade de garantia mútua» ou a abreviatura SGM, as quais, ou outras que com elas se confundam, não poderão ser usadas por outras entidades que não as previstas no presente diploma" (artºs 1º e 4º do Decreto-Lei nº 211/98, de 16 de julho, alterado pelo Decreto-Lei nº 19/2001, de 30 de janeiro).

g) Sociedades de capital de risco

As sociedades de capital de risco são sociedades comerciais constituídas segundo o tipo de sociedades anónimas e a sua firma inclui a expressão ou a abreviatura, respetivamente, «Sociedade de Capital de Risco» ou «SCR», as quais, ou outras que com ela se confundam, não podem ser usadas por outras entidades (art. 11º da Lei nº 18/2015, de 4 de março).

i) Sociedades de mediação imobiliária

A utilização da denominação «mediação imobiliária» é exclusiva das empresas que operem legalmente em Portugal na atividade respetiva (nº 1 do art. 13º da Lei nº 15/2013, de 8 de fevereiro).

j) Sociedades financeiras de microcrédito

As sociedades financeiras de microcrédito devem incluir na sua denominação a expressão «sociedade financeira de microcrédito», podendo apenas estas entidades utilizar tal designação (art. 4º do Decreto-Lei nº 12/2010, de 19 de fevereiro).

l) Caixas económicas bancárias

As caixas económicas bancárias são constituídas sob a forma de sociedade anónima e devem incluir na sua firma a expressão «caixa económica bancária», ficando a inclusão da expressão reservada exclusivamente às firmas dessas entidades (art. 19º do Decreto-Lei nº 190/2015, de 10 de setembro).

m) Organismos de investimento coletivo, capital de risco, empreendedorismo social e investimento especializado; sociedades de investimento e gestão imobiliária

Os organismos de investimento coletivo assumem a forma de fundo de investimento[16] ou de sociedade de investimento mobiliário. Ao fundo de investimento fica reservada a expressão «fundo de investimento» que deve integrar a sua denominação. À sociedade de investimento mobiliário, abreviadamente designada «SIM», fica reservada a designação «SICAF» ou «SICAV», consoante se constitua como SIM de capital fixo ou de capital variável, devendo a mesma integrar a sua denominação (Decreto-Lei nº 63-A/2013, de 10 de maio, que aprovou o regime jurídico dos organismos de investimento coletivo, alterado pela Lei nº 104/2017, de 30 de agosto).

O Decreto-Lei nº 56/2018, de 9 de julho, que alterou o Regime Geral dos Organismos de Investimento Coletivo, o Regime Jurídico do Capital de Risco, do Empreendedorismo Social e do Investimento Especializado, admitiu mais as seguintes denominações:

A denominação das *sociedades de empreendedorismo social* contém a expressão ou a abreviatura 'Sociedade de Empreendedorismo Social' ou 'SES' e dos fundos de empreendedorismo social a expressão ou a abreviatura, 'Fundo de Empreendedorismo Social' ou 'FES', as quais não podem ser usadas por outras entidades (nº 4 do art. 4º).

A denominação das *sociedades de investimento alternativo especializado* contém a expressão ou a abreviatura, respetivamente, 'Sociedade de Investimento Alternativo Especializado' ou 'SIAE', e a dos fundos de investimento alternativo especializado a expressão ou a abreviatura 'Fundo de Investimento Alternativo Especializado' ou 'FIAE', as quais não podem ser usadas por outras entidades (nº 9 do art. 5º).

A firma das *sociedades de investimento e gestão imobiliária* deve incluir a menção «Sociedade de Investimento e Gestão Imobiliária, S. A.» ou «SIGI, S. A.» (art. 3º do Decreto-Lei nº 19/2019, de 28 de janeiro).

n) Associações mutualistas e de socorros mútuos

O uso das denominações «associação mutualista», «associação de socorros mútuos» ou «mutualidade» é exclusivamente reservado às instituições abran-

[16] Patrimónios autónomos, sem personalidade jurídica.

gidas pelo Código das Associações Mutualistas, aprovado pelo Decreto-Lei nº 59/2018, de 2 de agosto.

4. Exigibilidade de certificado de admissibilidade de firma ou denominação

4.1. Celebração de atos

A *verificação da disponibilização de certificado de admissibilidade* de firma ou denominação é necessária nas situações previstas no art. 54º.

Assim, os *atos de constituição* de pessoas coletivas ou de estabelecimentos individuais de responsabilidade limitada *devem fazer referência à emissão do certificado de admissibilidade* da firma ou denominação adotada, através da indicação do respetivo número e data de emissão (nº 1).

O *ato de alteração* do contrato de sociedade ou estatutos que determine a modificação da firma ou denominação, a modificação do objeto, a alteração da sede para concelho diferente ou a transferência para Portugal da sede de sociedade estrangeira *não pode ser efetuado sem que seja feita referência ao certificado* comprovativo da admissibilidade da nova firma ou denominação ou da sua manutenção em relação ao novo objeto e sede, indicando o respetivo número e data de emissão (nº 2).

A exigência de certificado *não se aplica* se a alteração da firma se limitar à *alteração do elemento que identifica o tipo de pessoa coletiva* ou, no caso de *alteração de sede* para concelho diferente, se a firma for constituída por *expressão de fantasia*, acrescida ou não de referência à atividade (nº 3).

Nos atos acima referidos, o *objeto social não pode ser ampliado a atividades não contidas no objeto* declarado no certificado de admissibilidade, sem prejuízo todavia da especificação ou restrição das atividades contidas no objeto declarado, desde que estas não estejam refletidas na denominação, nem as alterações de redação ou correção de erros materiais que não envolvam a sua ampliação (nºs 4 e 5).

A atividade resultante da participação no capital de outras entidades não é considerada atividade autónoma para efeitos deste art. 54º.

É nulo o ato efetuado (art. 55º):

a) Com inobservância do disposto nos nºs 1 e 3 do art. 53º; ou
b) Sem a emissão do certificado de admissibilidade de firma ou denominação, quando este deva ser exigido.

A nulidade prevista na alínea *b*) é sanável mediante a apresentação do certificado de admissibilidade de firma ou denominação em falta no prazo de três meses a contar da data do ato.

4.2. Registo comercial ou inscrição no FCPC

Está *sujeita à verificação da disponibilização de certificado* de admissibilidade da respetiva firma ou denominação o registo comercial ou a inscrição no FCPC, consoante os casos (nº 1 do art. 56º):

a) Do início de atividade de comerciante individual que adote firma diferente do seu nome completo ou abreviado, bem como alteração desta firma ou mudança de estabelecimento principal para outro concelho;
b) Contrato de sociedade, ou constituição de sociedade anónima europeia, alteração da respetiva firma ou objeto, mudança de sede para outro concelho ou transferência para Portugal da sede de sociedade estrangeira, bem como fusão, cisão ou transformação de sociedade;
c) Constituição, alteração da respetiva denominação ou objeto, mudança de sede para outro concelho, bem como fusão, cisão ou transformação de cooperativa;
d) Constituição, agrupamento, alteração da respetiva denominação ou objeto, bem como fusão ou cisão de empresa pública;
e) Contrato de agrupamento complementar de empresas ou de agrupamento europeu de interesse económico, bem como alteração da respetiva denominação ou objeto;
f) Constituição de estabelecimento individual de responsabilidade limitada, bem como alteração da sua firma ou objeto ou ainda mudança de domicílio do seu titular;
g) Da denominação de empresário individual não comerciante, da sua alteração ou, se a denominação contiver indicação de atividade, da mudança de domicílio do seu titular;
h) Constituição de associação ou instituição de fundação com personalidade jurídica, bem como alteração da denominação, objeto estatutário ou transferência da sede para outro concelho;
i) Da criação pelo Estado e outros entes públicos de pessoas coletivas e de organismos da Administração Pública que incorporem na sua denominação siglas, expressões de fantasia ou composições.

O acima disposto não é aplicável:

a) À alteração da denominação decorrente de transformação que se restrinja à alteração do elemento que identifica o tipo de pessoa coletiva;
b) À fusão por incorporação que não implique alteração de denominação, sede ou objeto.

O certificado de admissibilidade *deve estar dentro do seu prazo de validade* à data à data de apresentação do pedido de registo comercial ou de inscrição no FCPC.

O registo comercial ou a inscrição no FCPC, consoante os casos, é recusado quando (art. 58º):

a) O ato for nulo;
b) O certificado de admissibilidade tiver sido emitido com manifesta violação da lei;
c) No ato destinado à constituição ou modificação da pessoa coletiva tiverem sido desrespeitados os elementos ou as condições de validade constantes do certificado de admissibilidade.

5. Pedido de certificado de admissibilidade de firma ou denominação

Em aplicação do princípio da instância, a admissibilidade das firmas e denominações é comprovada através da disponibilização do respetivo certificado emitido pelo RNPC e *requerido pelos interessados* (nº 1 do art. 45º).

5.1. Formas de pedido

O pedido de certificado de admissibilidade de firma ou denominação deve ser requerido por um dos constituintes ou, sendo o caso, pelas entidades já constituídas, através das seguintes formas (art. 46º):

a) *Presencialmente, por forma verbal,* pelo próprio ou por pessoa com legitimidade para o efeito, ou advogado, notário ou solicitador ou *por escrito* em formulário próprio;
b) Através de sítio na *Internet*;[17]
c) Pelo *correio* em formulário próprio.

Antes de efetuar o pedido de certificado, qualquer interessado pode solicitar nos serviços de receção do RNPC *informação* sobre a viabilidade de firma ou denominação que pretenda usar (art. 47º).

Os requerentes podem juntar ao pedido de certificado os documentos que considerem pertinentes para a apreciação do pedido (art. 49º).

Deve ser oficiosamente solicitada aos requerentes, quando não a tenham feito, a junção, no prazo de cinco dias úteis, dos *documentos e das informações necessárias* à verificação da ocorrência dos requisitos estabelecidos na lei.

A *falta de apresentação* dos documentos e das informações no prazo fixado implica o *arquivamento do pedido*, sem direito à restituição do correspondente emolumento.

O *pedido de certificado não é aceite* quando (art. 46º-A):

a) O requerimento do pedido não respeite o modelo aprovado ou não contenha os elementos de preenchimento obrigatório;

[17] *https://portaldaempresa.pt/*

b) O pedido seja ininteligível;
c) Não tenham sido pagas as quantias que se mostrem devidas;
d) Não haja lugar a emissão de certificado de admissibilidade.

Em caso de não-aceitação do pedido, se o interessado declarar que pretende impugnar o ato, o funcionário deve proferir a sua decisão por escrito.

5.2. Procedimentos de observância do princípio da prioridade

Em aplicação do *princípio da prioridade*, e uma vez que os pedidos de certificado podem dar entrada no RNPC por uma pluralidade de vias, houve que estabelecer critérios de prioridade por forma a garantir que o pedido de firma ou denominação apresentado em primeiro lugar prevaleça sobre os que se lhe seguirem (art. 50º).

Em consequência, o número de referência, a data e a hora de receção em UTC *(universal time coordinated)* do pedido devem constar dos pedidos de certificado apresentados.

A ordem da prioridade do pedido é definida pela data e hora do registo do pedido no sistema informático.

Os pedidos apresentados através de sítio na Internet são registados pela ordem da respetiva receção, enquanto os pedidos apresentados pelo correio são registados logo após a abertura da correspondência.

5.3. Disponibilização do certificado

O certificado de admissibilidade de firma ou denominação *é disponibilizado exclusivamente de forma eletrónica* (art. 51º).

O requerente pode *desistir do pedido* de certificado, tal como pode pedir a sua *invalidação*, desde que o certificado não tenha sido utilizado. Qualquer destes pedidos pode ser apresentado presencialmente, através do sítio na Internet ou pelo correio em formulário próprio (art. 52º).

No caso de pedidos de firmas para efeitos de constituição de sociedades por quotas, unipessoal por quotas ou anónima em que as firmas correspondam ao nome dos sócios pessoas singulares, *podem ser utilizados meios eletrónicos e automáticos* para a sua aprovação (art. 50º-A).

Os *indeferimentos dos pedidos de certificados* de admissibilidade apresentados *eletronicamente* são exclusivamente notificados através de mensagem de correio eletrónico enviada para endereço eletrónico válido fornecido pelo requerente, devendo ainda os interessados, sempre que possível, ser avisados por *short message service* (sms) ou outro meio considerado adequado.

Os indeferimentos dos pedidos de certificados de admissibilidade apresentados por outras vias podem ser notificados nos termos acima previstos caso os interessados forneçam um endereço eletrónico válido (art. 50º-B).

6. Valor do certificado; perda do direito a firma ou denominação

6.1. Validade e presunção de exclusividade

O certificado de admissibilidade de firma ou denominação é válido pelo período de *três meses*, a contar da data da sua emissão, para a firma, sede, objeto, requerente e condições de validade nele indicadas.

O certificado condicionado à participação de pessoa singular ou coletiva ou de titular de direito de propriedade industrial já registado *só é válido quando utilizado por pessoa legitimada para o efeito* (art. 53º).

O certificado de admissibilidade de firma ou denominação constitui *mera presunção de exclusividade* (art. 35º).

Todavia, salvo no caso de decisão judicial, a atribuição do direito ao uso exclusivo ou a declaração de perda do direito ao uso de qualquer firma ou denominação efetuadas pelo RNPC *não podem ser sindicadas* por qualquer entidade, ainda que para efeitos de registo comercial (nº 3 do art. 35º).

Significa isto que *apenas os tribunais ou o próprio RNPC*, em sede de impugnação judicial ou de recurso hierárquico, podem pôr em causa o direito ao uso exclusivo de uma firma ou denominação por este último atribuído ou declarar a perda desse direito.

O exclusivo da competência conferida aos tribunais e ao RNPC para a declaração da perda do direito ao uso de uma firma ou denominação não pode confundir-se com o dever que incumbe aos conservadores do registo comercial de *recusar o registo* nos casos previstos no art. 58º, acima referido.

Cabe aqui recordar o que já ficou dito no capítulo anterior a propósito dos casos de recusa pelo conservador do registo por transcrição: a recusa com base na manifesta violação da lei ocorrida na emissão do certificado de admissibilidade *não comporta qualquer verificação, por parte do conservador*, da observância pelo RNPC dos princípios da novidade e da exclusividade no licenciamento da firma ou denominação em causa.

6.2. Perda do direito ao uso de firma ou denominação

Cabe aos tribunais a possibilidade de *declaração de nulidade, anulação ou revogação do direito* à exclusividade de uma firma ou denominação.

Deve, por sua vez, o RNPC declarar a perda do direito ao uso de firmas ou denominações quando se verificar terem sido violados os princípios consagrados nos artºs 32º e 33º (art. 60º).

Na sequência da declaração de perda do direito ao uso de firma ou denominação, deve (nº 2 do art. 60º):

a) Realizar-se o respetivo ato de registo comercial, tratando-se de entidade a ele sujeita;

b) Comunicar-se o facto a outros serviços onde a entidade esteja registada para que a perda do direito ao uso da firma ou denominação seja inscrita.

O RNPC ou qualquer um dos serviços de registo designados por despacho do presidente do Instituto dos Registos e do Notariado podem, oficiosamente ou a requerimento de qualquer interessado, *declarar a perda do direito ao uso de firma ou denominação* de terceiro, mediante prova da verificação das seguintes situações (art. 61º):

a) *Falta de inscrição da entidade no FCPC* decorrido um ano desde o prazo em que a mesma deveria ter sido realizada;
b) *Não exercício de atividade* pelo titular da firma ou denominação durante um período de dois anos consecutivos.

No caso previsto na alínea *a*), pode ser declarada a perda do direito ao uso da firma ou denominação, desde que os interessados tenham sido notificados para a sede declarada a fim de regularizarem a situação e o não fizerem no prazo de um mês, a contar da notificação; a esta declaração de perda do direito ao uso de firma ou denominação prevista no número anterior é aplicável o disposto no nº 2 do art. 60º.

O uso ilegal de uma firma ou denominação confere aos interessados o direito de exigir a sua proibição, bem como a indemnização pelos danos daí emergentes, sem prejuízo da correspondente ação criminal, se a ela houver lugar (art. 62º).

7. Inscrição de pessoas coletivas e entidades equiparadas

7.1. Entidades inscritas no Ficheiro Central de Pessoas Coletivas (FCPC)

O ficheiro central de pessoas coletivas (FCPC), ou seja a base de dados que constitui o suporte informático do RNPC, integra informação relativa a (art. 4º, nº 1):

a) Associações, fundações, sociedades civis e comerciais, cooperativas, empresas públicas, agrupamentos complementares de empresas, agrupamentos europeus de interesse económico, bem como quaisquer outros entes coletivos personalizados, sujeitos ao direito português ou ao direito estrangeiro, que habitualmente exerçam atividade em Portugal;
b) Representações de pessoas coletivas internacionais ou de direito estrangeiro que habitualmente exerçam atividade em Portugal;

c) Entidades a que a lei confira personalidade jurídica após o respetivo processo de formação, entre o momento em que tiverem iniciado esse processo e aquele em que o houverem terminado;
d) Entidades que, prosseguindo objetivos próprios e atividades diferenciadas das dos seus associados, não sejam dotadas de personalidade jurídica[18];
e) Organismos e serviços da Administração Pública, não personalizados, que constituam uma unidade organizativa e funcional[19];
f) Estabelecimentos individuais de responsabilidade limitada;
g) Comerciantes individuais;
h) Empresários individuais que exerçam atividade económica legalmente não qualificada como profissão liberal e usem firma diferente do seu nome completo ou abreviado;
i) Instrumentos de gestão fiduciária e sucursais financeiras exteriores registados na Zona Franca da Madeira.

O FCPC pode ainda incluir informação (art. 4º, nº 2)[20]:

a) De quaisquer sujeitos passivos da relação jurídica tributária não abrangidos pelo número fiscal de pessoa singular, enquanto tal for necessário

[18] É o caso das associações sem personalidade jurídica, sociedades irregulares, comissões de moradores, comissões de festas, associações de condóminos, etc.; estão também aqui incluídas as administrações conjuntas de prédio ou prédios integrados na mesma AUGI [área urbana de génese ilegal] que o nº 6 do art. 8º da Lei nº 91/95, de 2 de setembro, republicada pela Lei nº 70/2015, de 16 de julho, sujeita "à inscrição no Registo Nacional de Pessoas Coletivas, para efeitos de identificação."
O acórdão do STJ, de 19 de abril de 2012, delineou nos seguintes termos a abrangência do conceito de AUGI: "I – Consideram-se AUGI os prédios ou conjuntos de prédios contíguos que, sem a competente licença de loteamento, quando legalmente exigida, tenham sido objeto de operações físicas de parcelamento destinadas à construção até à data da entrada em vigor do Decreto-Lei nº 400/84, de 31 de dezembro, e que, nos respetivos planos municipais de ordenamento do território (PMOT), estejam classificadas como espaço urbano ou urbanizável. II – São ainda considerados AUGI os prédios ou conjuntos de prédios parcelados anteriormente à entrada em vigor do Decreto-Lei nº 46 673, de 29/11/1965, quando predominantemente ocupados por construções não licenciadas."
Estão também aqui incluídas as *comunidades locais,* enquanto conjunto de compartes organizado nos termos da lei que possui e gere os *baldios* e outros meios de produção comunitários (art. 4º da Lei nº 75/2017, de 17 de agosto).
[19] São abrangidos por esta alínea os serviços da Administração Pública não dotados de personalidade jurídica, como em regra é o caso das direções-gerais, dos estabelecimentos públicos de ensino secundário e básico, dos estabelecimentos hospitalares públicos, das conservatórias dos registos, etc..
[20] Redação conferida pelo art. 13º da Lei nº 89/2017, de 21 de agosto.

para efeitos fiscais, incluindo de fundos fiduciários e de outros centros de interesses coletivos sem personalidade jurídica com uma estrutura ou funções similares que não se encontrem integrados no FCPC nos termos do número anterior;

b) De qualquer outra entidade sujeita à obrigação de declaração do beneficiário efetivo, nos termos da lei.

Os *profissionais liberais* e os *trabalhadores por conta de outrem* não são consequentemente abrangidos pelo FCPC.

7.2. Factos inscritos no FCPC

a) Factos sujeitos a inscrição

Estão sujeitos a inscrição no FCPC os seguintes atos e factos relativos a *pessoas coletivas*:

Constituição; modificação de firma ou denominação; alteração do objeto ou do capital; alteração de localização da sede ou do endereço postal, incluindo a transferência da sede de e para Portugal; alteração do código de atividade económica (CAE); fusão, cisão ou transformação; cessação de atividade; dissolução, encerramento da liquidação ou regresso à atividade (art. 6º).

O art. 7º sujeita a inscrição no FCPC os seguintes atos e factos relativos a *representações de pessoas coletivas internacionais ou de direito estrangeiro* que exerçam atividade em Portugal: início e cessação de atividade; alteração do objeto ou capital; alteração da localização da sede ou do endereço postal; alteração do código de atividade económica (CAE); elementos de identificação da entidade representada e suas alterações.

Estão sujeitos a inscrição no FCPC, relativamente a *organismos e serviços da Administração Pública não personalizados*: nome, endereço postal e suas alterações, bem como a menção do diploma da sua criação (art. 8º).

Estão, por sua vez, sujeitos a inscrição no FCPC os seguintes atos e factos relativos a *estabelecimentos individuais de responsabilidade limitada*: constituição; alteração da firma; alteração da localização da sede ou do endereço postal; alteração do objeto ou do capital; alteração do código de atividade económica (CAE); cessação de atividade, entrada em liquidação e encerramento da liquidação (art. 9º).

Finalmente, o nº 1 do art. 10º prevê a inscrição no FCPC dos seguintes atos e factos, bem como as suas alterações, relativos às entidades referidas nas alíneas *c*) e *d*) do nº 1 do art. 4º – *entidades a que a lei confira personalidade jurídica após o respetivo processo de formação*, entre o momento em que tiverem iniciado esse processo e aquele em que o houverem terminado, e entidades que, prosseguindo objetivos próprios e atividades diferenciadas das dos seus associados, não sejam dotadas de personalidade jurídica –, bem como a *comerciantes individuais*: firma ou denominação; sede ou domicílio e endereço postal; objeto social ou atividade exercida; alteração do código de atividade económica (CAE); início e cessação de atividade.

b) Procedimento de inscrição

Nos termos do art. 11º, as entidades sujeitas a *registo comercial obrigatório* e as que o tenham requerido, bem como os atos e factos que a umas e outras respeitem, são *oficiosamente inscritas* no FCPC, através de comunicação automática eletrónica do sistema integrado de registo comercial (SIRCOM).

As *demais entidades* devem promover a inscrição no FCPC no prazo de validade do certificado de admissibilidade, quando exista, ou no prazo de um mês a contar da verificação dos seguintes factos:

a) Finalização das formalidades legais de constituição, no caso de pessoas coletivas;
b) Publicação do diploma de criação, no caso de entidades constituídas por diploma legal;
c) Início de atividade, nos restantes casos.

A inscrição pode ser requerida por um dos constituintes ou, sendo o caso, pelas entidades já constituídas, através das seguintes formas:

a) Presencialmente, por forma verbal, pelo próprio ou por pessoa com legitimidade para o efeito ou advogado, notário ou solicitador, ou por escrito em formulário próprio;
b) Através de sítio na Internet, se essa funcionalidade estiver disponibilizada;
c) Pelo correio em formulário próprio.

Quando intervenham na formalização dos atos constitutivos das pessoas coletivas não sujeitas a registo comercial ou em alterações estatutárias posteriores, os notários devem promover a inscrição no FCPC ou advertir para a necessidade de esta ser efetuada no prazo legal.

O pedido de inscrição não é aceite nos casos seguintes (art. 11º-B):

a) O requerimento do pedido não respeite o modelo aprovado, não contenha os elementos de preenchimento obrigatório ou não se encontre devidamente instruído;
b) O pedido seja ininteligível;
c) Não tenham sido pagas as quantias que se mostrem devidas;
d) Não haja lugar a inscrição.

Em caso de não-aceitação do pedido, se o interessado declarar que pretende impugnar o ato, o funcionário deve proferir a sua decisão por escrito.

c) Comunicações obrigatórias

O Decreto-Lei nº 122/2009, de 21 de maio, aditou ao Regime do RNPC o art. 11º-A com a seguinte redação, sob a epígrafe *comunicações obrigatórias*:

> "1 – É oficiosa e gratuitamente comunicado aos serviços da administração tributária e da segurança social, por via eletrónica, o conteúdo dos seguintes atos respeitantes a entidades inscritas no FCPC que não estejam sujeitas ao registo comercial:
> *a*) Inscrição inicial;
> *b*) A mudança da firma ou da denominação;
> *c*) A alteração da localização da sede, do domicílio ou do endereço postal;
> *d*) A dissolução e o encerramento da liquidação.
> 2 – Para os efeitos do disposto na alínea *d*) do número anterior, no momento da inscrição desse facto no FCPC deve ser obrigatoriamente indicado o representante da entidade para efeitos tributários, nos termos do nº 4 do artigo 19º do Decreto-Lei nº 398/98, de 17 de Dezembro.
> 3 – As comunicações obrigatórias efetuadas nos termos dos números anteriores determinam que os serviços da administração tributária e da segurança social não podem exigir a apresentação das respetivas declarações."

7.3. Número de identificação de pessoa coletiva (NIPC); identificador único europeu (EUID)

a) NIPC

A cada entidade inscrita no FCPC é atribuído um número de identificação próprio, designado número de identificação de pessoa coletiva (NIPC) (nº 1 do art. 13º).

O NIPC, que é atribuído pelo Registo Nacional de Pessoas Coletivas e é também o número de identificação fiscal das pessoas coletivas[21], é um número sequencial de nove dígitos, variando o primeiro dígito entre os algarismos 5 e 9, com exclusão do algarismo 7[22].

[21] "1 – O NIF das entidades abrangidas pelo regime jurídico do Registo Nacional de Pessoas Coletivas (RNPC) corresponde ao Número de Identificação de Pessoas Coletiva (NIPC) que for atribuído por esta entidade, após emissão de certificado de admissibilidade de firma ou denominação ou de inscrição no ficheiro central de pessoas coletivas." (nº 1 do art. 11º do Decreto-Lei nº 14/2013, de 28 de janeiro).

[22] O algarismo inicial 7 é atribuído pela Administração Tributária e Aduaneira (AT) ao NIF das entidades previstas no nº 2 do art. 11º do Decreto-Lei nº 14/2013, de 28 de janeiro.

O algarismo inicial 5 é reservado a pessoas coletivas, o 6 a organismos da Administração Pública não personalizados, o 8 a empresários individuais e o 9 a outras entidades sem personalidade jurídica.

O NIPC só pode ser atribuído pelo RNPC, ou pelos serviços de registo designados por despacho do presidente do Instituto dos Registos e do Notariado, sendo vedada a atribuição por qualquer outra entidade de número suscetível de confusão com ele, bem como o uso de designações genéricas, nomeadamente número de pessoa coletiva, número de empresa ou semelhante, para designar números diferentes do NIPC e que possam gerar confusão com este (art. 14º).

Com a emissão do certificado de admissibilidade é atribuído um *NIPC provisório* para efeitos de constituição de pessoa coletiva, de estabelecimento individual de responsabilidade limitada, de organismos da Administração Pública que incorporem na sua denominação siglas, expressões de fantasia ou composições e para os empresários individuais que exerçam atividade económica legalmente não qualificada como profissão liberal e usem firma diferente do seu nome completo ou abreviado (nº 1 do art. 15º).

Para a apresentação de pedidos no registo comercial é igualmente atribuído pelos serviços de registo um NIPC provisório às seguintes entidades (nº 2 do art. 15º):

a) Representações permanentes de pessoas coletivas registadas no estrangeiro;
b) Comerciantes individuais que usem firma exclusivamente composta pelo seu nome completo ou abreviado;
c) Instrumentos de gestão fiduciária e sucursais financeiras exteriores da Zona Franca da Madeira que tenham efetuado o pedido de registo.

O NIPC provisório tem o mesmo prazo de validade do certificado que lhe deu origem ou, nos casos previstos no nº 2, o prazo de validade do registo que lhe está associado (nº 3 do art. 15º).

b) EUID; PTIRNMJNIPC

O Decreto-Lei nº 24/2019, de 1 de fevereiro, transpondo diretiva comunitária, estabeleceu as regras de um sistema de comunicação eletrónica entre os registos dos Estados-Membros, bem como um modo de transmissão da informação aos utilizadores individuais, de forma normalizada, por meio de conteúdo idêntico e de tecnologias interoperáveis em toda a União Europeia, designado *Business Register Interconnection System* (BRIS).

Determinante para a interconexão dos registos, como se escreve no preâmbulo daquele diploma, seria a criação do identificador único (EUID), destinado a identificar de forma inequívoca as sociedades comerciais e as representações permanentes nas comunicações entre os registos dos Estados-Membros da União Europeia através do BRIS.

Assim, as sociedades por quotas, anónimas e em comandita por ações, bem como as representações permanentes e sucursais financeiras exteriores de sociedades de responsabilidade limitada com sede noutro Estado-Membro da União Europeia dispõem de um número único de identificação (EUID) que permite a sua identificação inequívoca nas comunicações efetuadas através do Sistema de Interconexão BRIS.

Conforme estabelece o art. 4º do referido decreto-lei, o EUID deve incluir, pelo menos, os elementos que permitam a identificação do Estado-Membro do registo, o registo nacional de origem e o número de identificação da entidade nesse registo nacional.

A atribuição do EUID é feita oficiosa e automaticamente com a inscrição no registo comercial e a sua composição do EUID é fixada por portaria.

Foi a Portaria nº 80/2019, de 18 de março, que alterou os artºs 8º e 10º do Regulamento do Registo Comercial, fazendo constar o EUID da matrícula das entidades acima referidas e determinando que o EUID dessas entidades seja composto pelo código PTIRNMJ seguido do NIPC dessas pessoas coletivas.

7.4. Cartão de empresa e cartão de pessoa coletiva

O Decreto-Lei 247-B/2008, de 30 de dezembro criou o *cartão da empresa* e o *cartão de pessoa coletiva* que são documentos de identificação múltipla e contêm os dados das pessoas coletivas e entidades equiparadas relevantes para a sua identificação perante quaisquer autoridades e entidades públicas ou privadas (art. 2º).

Ambos os cartões incluem o número de identificação de pessoa coletiva (NIPC) que funciona, em princípio, também como número de identificação fiscal das pessoas coletivas e entidades equiparadas, e o número de identificação da segurança social (NISS) de pessoa coletiva.

Podem solicitar a emissão do *cartão da empresa* as seguintes pessoas coletivas e entidades equiparadas (art. 3º):

a) Sociedades comerciais e civis sob forma comercial, cooperativas, empresas públicas, agrupamentos complementares de empresas e agrupamentos europeus de interesse económico;

b) Estabelecimentos individuais de responsabilidade limitada e comerciantes individuais;

c) Representações de pessoas coletivas com sede no estrangeiro que habitualmente exerçam atividade em Portugal e estejam sujeitas a registo comercial;

d) Instrumentos de gestão fiduciária e sucursais financeiras exteriores registados na Zona Franca da Madeira;
e) Quaisquer outras pessoas coletivas sujeitas a registo comercial;
f) Empresários individuais inscritos no ficheiro central de pessoas coletivas (FCPC).

Por sua vez, podem solicitar a emissão do *cartão de pessoa coletiva* todas as entidades não referidas acima e que estejam inscritas no FCPC, bem como as associações ou fundações que estejam sujeitas a registo comercial devido ao seu reconhecimento como pessoas coletivas de utilidade pública.

O *cartão da empresa* contém os seguintes elementos visíveis de identificação, enumerados na Portaria nº 4/2009, de 2 de Janeiro:

a) Nome, firma ou denominação;
b) Número de identificação de pessoa coletiva (NIPC) ou número de identificação fiscal das pessoas coletivas e entidades equiparadas;
c) Número de identificação da segurança social (NISS) de pessoa coletiva;
d) Domicílio ou morada da sede;
e) Natureza jurídica;
f) Data da constituição;
g) Código da Classificação Portuguesa de Atividades Económicas (código CAE) principal e até três códigos CAE secundários;[23]
h) Código da certidão permanente;
i) Código do cartão eletrónico.

O *cartão de pessoa coletiva* contém os mesmos elementos que o cartão da empresa com exceção do referido na alínea *h*).

Na ausência de informação sobre algum daqueles elementos, o cartão da empresa e o cartão de pessoa coletiva contêm, na área destinada a esse elemento, a inscrição da letra «X».

Os pedidos de emissão do cartão da empresa e do cartão de pessoa coletiva podem ser efetuados: *eletronicamente*, através dos sítios na Internet manti-

[23] O Decreto-Lei nº 247-B/2007, de 30 de dezembro, instituiu o SICAE, que definiu como constituindo um subconjunto do FCPC que integra, em suporte eletrónico e permanentemente atualizado, a informação sobre o código CAE das pessoas coletivas e entidades equiparadas, com exceção dos comerciantes e dos empresários individuais, inscritos no FCPC.
O SICAE integra, designadamente, nome, firma ou denominação, NIPC, CAE principal e até três CAE secundárias. O código CAE é atribuído inicialmente pelo Instituto dos Registos e do Notariado, no momento da emissão do certificado de admissibilidade de firma para efeitos de constituição da pessoa coletiva ou entidade equiparada ou no momento da inscrição da mesma no FCPC.

dos pelo Instituto dos Registos e do Notariado, com os endereços *www.empresa online.pt* ou *www.irn.mj.pt;* ou *presencialmente,* nos serviços de registo com competência para a prática de atos de registo comercial ou noutros que venham a ser fixados por despacho do presidente do IRN.

Nos casos em que a pessoa coletiva ou entidade equiparada deva apresentar a *declaração de início de atividade para efeitos fiscais,* o cartão da empresa ou o cartão de pessoa coletiva não podem ser emitidos enquanto a declaração não for entregue; da mesma forma, se a pessoa coletiva ou entidade equiparada estiver sujeita a *inscrição na segurança social,* o cartão da empresa ou o cartão de pessoa coletiva não podem ser emitidos enquanto o NISS não for atribuído (art. 10º do Decreto-Lei nº 247-B/2008).

Sempre que a emissão do cartão esteja *suspensa por mais de um ano* devido à não apresentação da declaração de início de atividade para efeitos fiscais ou da não promoção da inscrição na segurança social, o *pedido é cancelado.*

A emissão do cartão da empresa ou do cartão de pessoa coletiva pode ser recusada ou suspensa em caso de existência de nulidades no processo legal de constituição da pessoa coletiva ou da entidade equiparada.

O cartão da empresa ou o cartão de pessoa coletiva são oficiosamente cancelados nos casos de extinção da pessoa coletiva ou entidade equiparada, de transferência de sede para o estrangeiro ou de cessação de atividade do comerciante ou empresário individual.

O art. 15º do Decreto-Lei nº 247-B/2008 prevê ainda a existência do *cartão eletrónico da empresa* ou *da pessoa coletiva,* que é disponibilizado automaticamente no momento da inscrição da pessoa coletiva ou entidade equiparada no FCPC, mediante a atribuição de um código de acesso, tendo o mesmo valor e efeitos do que o cartão da empresa ou de pessoa coletiva.

O cancelamento oficioso do cartão da empresa ou do cartão de pessoa coletiva determina o cancelamento do respetivo cartão eletrónico (art. 16º).

7.5. Certidão online de inscrição de pessoa coletiva

O Decreto-Lei nº 52/2018, de 25 de junho, previu a conveniência da disponibilidade de uma certidão online, entretanto regulamentada pela Portaria nº 259/2018, de 13 de setembro, nos seguintes termos:

É designada *por certidão online de inscrição de pessoa coletiva* a disponibilização do acesso à informação, em suporte eletrónico e permanentemente atualizada, de identificação das entidades previstas nas alíneas *a), b)* e *e)* do nº 1 do art. 4º do regime do Registo Nacional de Pessoas Coletivas, bem como dos atos e factos relativos aquelas que estejam sujeitos a inscrição no Ficheiro Central de Pessoas Coletivas; este acesso efetua-se mediante a disponibilização de um código de acesso, que permite a visualização da informação através da Internet, durante o prazo de validade da respetiva certidão (art. 1º).

O pedido da certidão é efetuado através de sítio na Internet da área da justiça, devendo o requerente indicar o nome ou firma e o respetivo endereço de correio eletrónico, sem necessidade de utilização de meios de autenticação; deve ainda indicar o número de identificação fiscal, o número de identificação bancária e o contacto telefónico (art. 2º).

Após a submissão eletrónica do pedido, é gerada automaticamente uma referência para pagamento dos encargos devidos pela certidão, que deve ser efetuado no prazo de cinco dias úteis, caso não seja efetuado de imediato através de cartão de crédito.

O sítio na Internet acima referido deve permitir as seguintes funcionalidades (art. 3º):

a) O preenchimento eletrónico dos elementos necessários ao pedido;
b) A identificação do utilizador e requerente da certidão;
c) A certificação da data, hora e estado do pedido;
d) O pagamento dos encargos devidos por via eletrónica;
e) O envio de avisos por correio eletrónico ao requerente da certidão, ou sempre que possível, por short message service (SMS).

Efetuado o pedido de certidão online, e a partir do momento em que é confirmado o pagamento dos encargos devidos, é disponibilizado ao requerente um código que permite a visualização da certidão permanente no sítio da Internet referido; a entrega, a qualquer entidade pública ou privada, do código de acesso à certidão online equivale, para todos os efeitos, à entrega de uma certidão de inscrição de pessoa coletiva no Registo Nacional de Pessoas Coletivas, não sendo exigível a entrega de certidão em suporte de papel (art. 4º).

O serviço de certidão online é prestado mediante a subscrição de uma assinatura que pode ter a duração de um, dois, três ou quatro anos /art. 5º).

7.6. Base de dados do FCPC

O Regime do Registo Nacional de Pessoas Coletivas, na atual redação do Decreto-Lei nº 129/98, de 13 de maio, prevê um conjunto de normas de proteção de dados, começando por definir, no art. 21º, que os dados constantes da base de dados do FCPC se destinam:

a) A fornecer aos organismos e serviços do Estado e demais pessoas coletivas de direito público a informação básica sobre pessoas coletivas e entidades equiparadas de que necessitem para prossecução das suas atribuições legais ou estatutárias;

b) A fornecer a entidades privadas, designadamente do sector financeiro, a informação referida na alínea anterior, na medida em que esta seja necessária para execução das políticas definidas pelas entidades legalmente competentes, particularmente nos domínios financeiro, monetário e fiscal;

c) A fornecer informação de identificação das entidades referidas nas alíneas *a), b), e), f), g)* e *i)* do nº 1 do art. 4º, bem como dos atos e factos relativos a estas que estejam sujeitos a inscrição no Ficheiro Central de Pessoas Coletivas;

d) À verificação da admissibilidade de firmas ou denominações.

Relativamente às entidades sujeitas a registo comercial, a base de dados do FCPC é automaticamente atualizada através do SIRCOM.

São recolhidos para tratamento automatizado os seguintes dados pessoais referentes aos requerentes dos certificados de admissibilidade de firma ou denominação e aos sujeitos dos atos ou factos a inscrever na base de dados do FCPC: nome; residência habitual ou domicílio profissional; número do documento de identificação; número de identificação fiscal; número de identificação bancária, se disponibilizado; meios de contato telefónicos e informáticos (nº 1 do art. 21º-A).

Os dados pessoais constantes da base de dados do FCPC são recolhidos dos requerimentos ou documentos apresentados pelos interessados ou das comunicações efetuadas pelas conservatórias do registo comercial através do SIRCOM e servem para tornar mais célere a comunicação com os interessados e efetuar os reembolsos a que estes tenham direito (nº 2 do art. 21º-A).

Os dados constantes do FCPC podem, consequentemente, ser *comunicados* às entidades referidas no art. 21º e para as finalidades aí previstas[24].

A consulta *online* e a cedência de cópias totais ou parciais podem ser autorizadas (nº 2 do art. 22º):

a) Aos serviços e entidades referidos no artigo 21º;

b) Às entidades legal ou estatutariamente competentes para intervir na constituição de pessoas coletivas;

[24] A Lei nº 32/2014, de 30/5, que aprovou o procedimento extrajudicial pré-executivo, acrescenta no nº 1 do seu art. 9º: "1 – O agente de execução realiza as consultas às bases de dados da administração tributária, da segurança social, do registo civil, do registo nacional de pessoas coletivas, do registo predial, do registo comercial e do registo de veículos e de outros registos ou arquivos semelhantes, para obtenção de informação referente à identificação e localização do requerido, bem como dos bens penhoráveis de que seja titular, nos termos a definir por portaria do membro do Governo responsável pela área da justiça, sob parecer da Comissão Nacional de Proteção de Dados, nos termos do artigo 22º da Lei nº 67/98, de 26 de outubro (...)".

c) Aos magistrados judiciais e do Ministério Público, juízes de paz, bem como aos agentes de execução e aos administradores da insolvência, no âmbito da prossecução das suas atribuições;

d) Às entidades que, nos termos da lei processual, recebam delegação para a prática de atos de inquérito ou de instrução ou a quem incumba cooperar internacionalmente na prevenção e repressão da criminalidade e no âmbito dessas competências, bem como às entidades com competência legal para garantir a segurança interna, no âmbito da prossecução dos seus fins.

O acesso aos dados nos termos do nº 2 está sujeito à celebração de protocolo com o Instituto dos Registos e do Notariado, que define os seus limites face às atribuições legais e estatutárias das entidades interessadas, e ao envio de cópia deste, por via eletrónica, à Comissão Nacional de Proteção de Dados.

O art. 22º-A prevê que a informação constante do FCPC referente às entidades mencionadas nas alíneas *a*), *b*) e *e*) do nº 1 do art. 4º pode ser disponibilizada em suporte eletrónico e permanentemente atualizada, mediante certidão, fazendo prova, para todos os efeitos legais e perante qualquer entidade pública ou privada, dos atos e factos relativos à entidade a que diga respeito, nos mesmos termos da certidão em suporte de papel. O pedido da certidão apenas pode ser efetuado eletronicamente.

Qualquer pessoa tem o direito de conhecer o conteúdo do registo ou registos constantes da base de dados que lhe respeitem. A reprodução exata dos registos, com a indicação do significado de quaisquer códigos ou abreviaturas deles constantes, é fornecida, a requerimento dos respetivos titulares, *gratuitamente*, no momento da inscrição no FCPC (ou em caso de alteração à inscrição inicial), ou, nos outros casos, *mediante o pagamento dos encargos* devidos correspondentes às informações dadas por escrito (art. 23º).

Para além dos casos previstos no art. 22º, a informação pode ser divulgada para *fins de investigação ou de estatística*, desde que não possam ser identificáveis as pessoas a que respeita, mediante autorização do diretor do RNPC (nº 1 do art. 24º).

A informação para fins de investigação científica ou de estatística relativa a entidades sujeitas a inscrição no Ficheiro Central de Pessoas Coletivas pode resultar do cruzamento dos dados contidos nas diversas bases de dados registais e Base de Dados das Contas Anuais, desde que não possam ser individualizadas as entidades a que respeita a informação (nº 2 do art. 24º).

Os dados comunicados nos termos do art. 22º *não podem ser transmitidos a terceiros*, salvo mediante autorização escrita do diretor do RNPC onde se refira a finalidade prosseguida com a transmissão e com respeito pelas condições definidas no diploma que aprova o regime do RNPC (art. 25º).

Qualquer interessado tem o direito de exigir a correção de eventuais inexatidões e omissões, bem como a supressão de dados indevidamente registados, nos termos previstos na alínea *d)* do art. 11º da Lei nº 67/98, de 26 de Outubro (art. 26º).[25]

Os *dados pessoais* podem ser conservados no FCPC *até um ano* após a inscrição da cessação da atividade de empresário individual ou após a caducidade do certificado de admissibilidade ou, no caso de recurso hierárquico ou impugnação judicial, até um ano após o trânsito em julgado da decisão final (artºs 27º e 28º).

Devem ser conferidas as *garantias de segurança* necessárias a impedir a consulta, a modificação, a supressão, o acrescentamento, a destruição ou a comunicação dos dados constantes no FCPC por forma não consentida nas normas acima referidas (art. 29º).

O presidente do Instituto dos Registos e do Notariado é a entidade responsável pela base de dados, nos termos e para os efeitos definidos na alínea *d*) do artigo 3º da Lei nº 67/98, de 26 de Outubro, cabendo ao diretor do RNPC o dever de assegurar o direito de informação e de acesso aos dados pelos respetivos titulares e a correção de inexatidões, bem como o de velar pela legalidade da consulta ou comunicação da informação (art. 30º).

Os responsáveis pelo tratamento de dados pessoais, bem como as pessoas que, no exercício das suas funções, tenham conhecimento dos dados pessoais registados na base de dados do FCPC, ficam obrigados a sigilo profissional, mesmo após o termo das suas funções (art. 31º).

8. Impugnação das decisões em matéria de atribuição de firmas ou denominações

8.1. Recurso hierárquico e impugnação judicial

Podem ser impugnados mediante a interposição de *recurso hierárquico* para o presidente do Instituto dos Registos e do Notariado, ou mediante *impugnação judicial* para o tribunal do domicílio ou sede do recorrente (nº 1 do art. 63º):

a) Os despachos que admitam ou recusem firmas ou denominações;
b) Os despachos que declarem a perda do direito ao uso de firma ou denominação ou que indefiram o respetivo pedido;
c) A imposição de condições à validade do certificado de admissibilidade de firma ou denominação;
d) Os despachos que recusem a aceitação do pedido, exijam o cumprimento de certas formalidades ou o preenchimento de certos requisitos;

[25] As normas de proteção dos dados pessoais constantes dos arts. 21º a 31º mantêm-se em vigor em tudo o que não contrarie o disposto no RGPD e na Lei nº 58/2019, de 8 de agosto, de harmonia com o disposto no art. 62º desta lei que revogou a Lei nº 67/98, de 26 de outubro.

e) Os despachos que recusem a invalidação de certificado de admissibilidade de firma ou denominação;

f) Os despachos que recusem ou admitam a inscrição definitiva de pessoas coletivas ou outras entidades no FCPC.

De harmonia com o disposto no art. 65º, o *recurso hierárquico* é apresentado no RNPC; uma vez recebido, o diretor do RNPC deve, no prazo de 10 dias, proferir despacho fundamentado a reparar ou a sustentar a decisão, que é imediatamente notificado ao recorrente.

No caso de *manter a decisão*, o diretor do RNPC deve, no *prazo de cinco dias*, remeter ao Instituto dos Registos e do Notariado todo o processo, instruído com o despacho recorrido, o despacho de sustentação e demais documentos.

O recurso é decidido no prazo máximo de 30 dias a contar da sua receção no IRN. No caso de a decisão afetar direitos de terceiros, estes devem ser ouvidos, concedendo -lhes o prazo de 30 dias para a sua resposta, e, caso sejam trazidos novos factos ao procedimento, é garantido, por igual prazo, o direito de resposta do recorrente, suspendendo-se o prazo para a decisão do recurso.

Para proferir as respetivas decisões, o diretor do RNPC ou o presidente do IRN podem solicitar ao recorrente documentos ou informações adicionais, suspendendo-se o correspondente prazo.

A decisão final é notificada ao recorrente e aos terceiros que possam ser por ela afetados.

Ao recurso hierárquico é aplicável, subsidiariamente, o disposto no Código do Procedimento Administrativo (art. 66º).

O *prazo para a interposição* da *impugnação judicial* é de 30 dias após a notificação ou, nos casos em que o ato recorrido não tenha dado lugar a notificação, após o seu conhecimento pelo impugnante ou, se for o caso, da publicação da constituição ou alteração da pessoa coletiva (art. 69º).

No caso de se tratar de *impugnação judicial subsequente a recurso hierárquico*, o prazo é de 30 dias a contar da data da notificação ao impugnante da decisão do recurso hierárquico

São *partes legítimas para impugnar judicialmente* os requerentes e ainda as pessoas ou entidades que se considerem diretamente prejudicadas pelos atos previstos no nº 1 do art. 63º. As pessoas não requerentes podem impugnar judicialmente os despachos finais que defiram firma ou denominação ou declarem a perda do direito ao seu uso e os que determinem o cancelamento do registo (art. 67º).

Nos termos do art. 70º, a *impugnação judicial* dos despachos previstos no nº 1 do art. 63º ou do despacho do presidente do Instituto dos Registos e do Notariado, é *apresentada no RNPC*.

A impugnação deve ser interposta *mediante requerimento* em que são expostos os seus fundamentos, acompanhado por todos os meios de prova e, se for o caso, requerendo as diligências que considere necessárias à prova da sua pretensão. A impugnação deve ser interposta também contra os interessados a quem tenha sido favorável o despacho impugnado.

Recebida a impugnação, caso não tenha havido recurso hierárquico, o diretor do RNPC deve, no prazo de 10 dias, proferir *despacho fundamentado* a reparar ou a sustentar a decisão que é imediatamente notificado ao recorrente.

No caso de manter a decisão ou de a decisão ter sido mantida na sequência de recurso hierárquico, o diretor do RNPC deve, *no prazo de cinco dias, remeter ao tribunal da propriedade intelectual* todo o processo, instruído com o despacho recorrido, o despacho de sustentação e demais documentos, bem como o recurso hierárquico, se tiver sido interposto.

Após a distribuição, se não houver motivo para rejeição liminar, são notificados, para contestar, caso ainda se não tenham pronunciado, os terceiros interessados.

Cabe ao tribunal da propriedade intelectual conhecer das questões relativas a ações em que a causa de pedir verse sobre firmas ou denominações sociais, bem como a recursos das decisões do Instituto dos Registos e do Notariado relativas à admissibilidade de firmas e denominações no âmbito do Registo Nacional de Pessoas Coletivas (alíneas *h)* e *i)* do art. 89º-A da Lei nº 3/99, de 13 de janeiro, na redação que lhe foi dada pelo art. 2º da Lei nº 46/2011, de 24 de junho).

Da sentença proferida em processo de recurso contencioso cabe sempre recurso, com efeito suspensivo, para o tribunal da Relação e deste, nos termos da lei de processo, para o Supremo Tribunal de Justiça (art. 72º).

Têm *legitimidade para interpor recurso* o autor, o réu, o presidente do IRN, o Ministério Público e os terceiros lesados.

8.2. Resolução alternativa de litígios

A Lei nº 29/2009, de 29 de junho, aditou ao Regime do Registo Nacional de Pessoas Coletivas os arts 73º-A a 73º-C, prevendo a constituição de tribunal arbitral para o julgamento de todas as questões suscetíveis de reação contenciosa em matéria de firmas e denominações, desde que não existam contra interessados, a não ser que estes aceitem o compromisso arbitral.

O tribunal arbitral é constituído e funciona nos termos previstos na lei da arbitragem voluntária.

Nos termos da previsão do art. 73º-B, o interessado que pretenda recorrer à arbitragem pode requerer a celebração de compromisso arbitral, nos termos da lei de arbitragem voluntária, e aceitar a competência do tribunal arbitral, tendo a apresentação do requerimento o efeito de suspender os prazos de reação contenciosa.

A outorga de compromisso arbitral por parte do Instituto dos Registos e do Notariado é objeto de despacho do seu presidente, a proferir no prazo de 30 dias, sem prejuízo de poder ser determinada, mediante portaria do Ministro da Justiça, a vinculação genérica do IRN a centros de arbitragem institucionalizada com competência para dirimir os conflitos sobre questões suscetíveis de reação contenciosa em matéria de firmas e denominações.

A portaria deve estabelecer o tipo e o valor máximo dos litígios abrangidos, conferindo aos interessados o poder de se dirigirem a esses centros para a resolução de tais litígios.[26]

9. Registo de Pessoas Coletivas Religiosas (RPCR)

Como já se referiu, o registo de pessoas coletivas religiosas, previsto no art. 33º da Lei da Liberdade Religiosa – Lei nº 16/2001, de 22 de junho –, foi regulamentado pelo Decreto-Lei nº 134/2003, de 28 de junho, que o integrou no âmbito da competência funcional do RNPC.

A inscrição no RPCR tem por efeito a atribuição de *personalidade jurídica* às pessoas coletivas religiosas que a não detivessem anteriormente.

9.1. Âmbito pessoal do RPCR

Podem inscrever-se no RPCR (art. 2º[27]):

a) As igrejas e demais comunidades religiosas de âmbito nacional ou, em sua vez, as organizações representativas dos crentes residentes em território nacional;

b) As igrejas e demais comunidades religiosas de âmbito regional ou local;

c) Os institutos de vida consagrada e outros institutos, com a natureza de associações ou de fundações, fundados ou reconhecidos pelas pessoas coletivas referidas nas alíneas *a*) e *b*) para a prossecução de fins religiosos;

d) As federações ou as associações de pessoas coletivas referidas nas alíneas anteriores.

[26] A Portaria nº 1046/2009, de 15 de setembro, vinculou o Instituto dos Registos e do Notariado à jurisdição do *Arbitrare – Centro de Arbitragem para a Propriedade Industrial, Nomes de Domínio, Firmas e Denominações* para a composição de litígios de valor igual ou inferior a 1 milhão de euros e que tenham por objeto questões relativas a firmas e denominações.

[27] As disposições legais citadas em 9. *Registo de Pessoas Coletivas Religiosas*, quando não acompanhadas de qualquer outra menção, dizem respeito ao Decreto-Lei nº 134/2003, de 28 de junho.

9.2. Procedimentos de registo no RPCR

a) Pedido de registo

O *pedido de inscrição* no registo é formalizado por escrito e instruído com os *estatutos da entidade requerente* e qualquer outra documentação que permita inscrever (art. 3º):

a) O nome, que deve permitir distingui-la de qualquer outra pessoa coletiva religiosa existente em Portugal;
b) A constituição, instituição ou estabelecimento em Portugal da organização correspondente à igreja ou comunidade religiosa ou o ato de constituição ou fundação e, eventualmente, também o de reconhecimento da pessoa coletiva religiosa;
c) A sede em Portugal;
d) Os fins religiosos;
e) Os bens ou serviços que integram ou devem integrar o património;
f) As disposições sobre formação, composição, competência e funcionamento dos seus órgãos;
g) As disposições sobre a extinção da pessoa coletiva;
h) O modo de designação e os poderes dos seus representantes;
i) A identificação dos titulares dos órgãos dirigentes em efetividade de funções e dos representantes e a especificação da competência destes últimos.

A *inscrição das igrejas ou comunidades religiosas de âmbito nacional,* ou de âmbito regional ou local quando não sejam criadas ou reconhecidas pelas anteriores, é instruída adicionalmente com prova documental (art. 4º):

a) Dos princípios gerais da doutrina e da descrição geral de prática religiosa e dos atos de culto e, em especial, dos direitos e deveres dos crentes relativamente à igreja ou comunidade religiosa, devendo ainda ser apresentado um sumário de todos estes elementos;
b) Da sua existência em Portugal, com especial incidência sobre os factos que atestam a sua presença social organizada, a prática religiosa e a duração em Portugal.

Por sua vez, as *igrejas e comunidades religiosas que tenham âmbito supranacional* podem instituir uma *organização representativa* dos crentes residentes no território nacional, que requererá a sua própria inscrição no registo, em vez da inscrição da parte da igreja ou comunidade religiosa existente no território nacional.

A inscrição está sujeita às mesmas condições da inscrição de igrejas ou comunidades religiosas de âmbito nacional (art. 5º).

b) Recusa de registo

A inscrição no RPCR só pode ser *recusada* por falta dos requisitos legais, falsificação de documento ou violação dos limites constitucionais da liberdade religiosa (art. 9º). A intenção de recusa de inscrição é comunicada pelo RNPC à entidade requerente, acompanhada dos fundamentos da recusa, para que esta se pronuncie, querendo, no prazo de 30 dias.

A intenção de recusa é comunicada pelo RNPC, de modo fundamentado e acompanhada da oposição do requerente, quando esta exista, à *Comissão da Liberdade Religiosa,* só podendo ser proferida decisão definitiva da inscrição após a emissão de *parecer vinculativo* por parte desta entidade.

c) Deferimento tácito do registo

O art. 10º prevê o *deferimento tácito do pedido de inscrição* e a consequente inscrição oficiosa. Assim, decorrido o prazo de um ano sobre a apresentação do requerimento de inscrição sem que esta última tenha sido efetuada e sem que o requerente tenha sido notificado por carta registada da sua recusa, a inscrição é obrigatoriamente efetuada, a título oficioso.

O prazo de um ano, no caso da inscrição de igrejas ou comunidades religiosas ou de respetiva organização representativa, é suspenso pelo prazo do suprimento das faltas ou da audiência previsto no art. 7º.

Esta última disposição determina que, no caso de o requerimento de instrução estar insuficientemente instruído, o requerente seja notificado para suprir as faltas no prazo de 60 dias, sem prejuízo de poder também ser notificado para uma audiência da Comissão da Liberdade Religiosa.

9.3. Atos de registo

São atos de registo no RPCR as *inscrições* e os *averbamentos* que são efetuados por extrato, podendo remeter, por forma parcial ou total e sempre que a extensão das menções a efetuar o justifique, para os documentos depositados (art. 13º).

Tal como sucede no registo comercial, nenhum ato sujeito a registo pode ser lavrado sem que os respetivos documentos se encontrem *depositados* na pasta própria. A omissão ou a deficiência da inscrição ou averbamento não prejudica os efeitos atribuídos por lei ao registo desde que o depósito dos respetivos documentos esteja efetuado (art. 14º).

Às pessoas coletivas religiosas inscritas no RPCR é atribuído pelo RNPC um *número de identificação próprio,* em termos similares ao atribuído às demais entidades inscritas no RNPC (art. 15º), havendo também lugar à emissão de *cartão de identificação das pessoas coletivas religiosas* de harmonia com a legislação específica relativa à emissão de cartão de identificação fiscal de pessoa coletiva ou entidade equiparada, com as necessárias adaptações (art. 16º).

9.4. Registo de radicação no País

O art. 37º da Lei da Liberdade Religiosa prevê que sejam *consideradas como radicadas* no País as igrejas e comunidades religiosas inscritas com garantia de duração, sendo a qualificação atestada pelo membro do Governo competente em razão da matéria, em vista do número de crentes e da história da sua existência em Portugal, depois de ouvir a Comissão da Liberdade Religiosa.

O atestado não poderá ser requerido antes de *30 anos* de presença social organizada no País, salvo se se tratar de igreja ou comunidade religiosa fundada no estrangeiro há mais de *60 anos*.

O atestado é averbado no registo.

A qualificação de uma igreja ou comunidade religiosa como *radicada no País* é efetuada através de *atestado* emitido pelo Ministro da Justiça, sendo averbada à respetiva inscrição de pessoa coletiva religiosa (art. 6º).

O reconhecimento da radicação em Portugal de igrejas e comunidades religiosas para o efeito de cooperação com o Estado acarreta designadamente o reconhecimento de efeitos civis ao casamento celebrado por forma religiosa (art. 19º), a participação na Comissão do Tempo de Emissão das Confissões Religiosas (art. 25º), a atribuição de uma quota equivalente a 0,5% do IRS que lhe seja destinado pelo respetivo contribuinte (art. 32º), a possibilidade de celebração de acordos com o Estado sobre matérias de interesse comum (art. 45º) e a participação na Comissão da Liberdade Religiosa (art. 56º).

9.5. Direito subsidiário

Por virtude do disposto no seu art. 19º, são aplicáveis ao RPCR, com as necessárias adaptações e na medida do indispensável ao preenchimento das lacunas da regulamentação própria, as disposições do regime do RNPC e as normas aplicáveis ao registo comercial que não sejam contrárias aos princípios enformadores do Decreto-Lei nº 134/2003, de 22 de junho.

10. Registo de Pessoas Jurídicas Canónicas (RPJC)

O Decreto-Lei nº 19/2015, de 3 de fevereiro, instituiu o Registo de Pessoas Jurídicas Canónicas (RJPC), integrado no âmbito da competência funcional do RNPC, dando cumprimento, como se escreve no preâmbulo, a uma das obrigações constantes da Concordata celebrada entre a República Portuguesa e a Santa Sé, em 18 de maio de 2004.

Com este registo, explicita ainda o preâmbulo, pretende-se organizar e manter atualizada a informação sobre a identificação das entidades canónicas, bem como dar publicidade à sua situação jurídica, por forma a que todos os interessados possam ter um conhecimento sistemático da informação atinente a estas entidades.

10.1. Âmbito pessoal do RPJC

Podem inscrever-se no RPJC, nos termos do art. 10º da Concordata, os institutos de vida consagrada, as sociedades de vida apostólica e as restantes pessoas jurídicas canónicas assim reconhecidas pela autoridade eclesiástica competente, a saber: o Bispo Diocesano, para as pessoas jurídicas canónicas com sede na Diocese e de âmbito diocesano, e a Conferência Episcopal Portuguesa, para as pessoas jurídicas canónicas de âmbito nacional (art. 3º)[28].

A inscrição no RPJC tem por efeito a atribuição de personalidade jurídica às entidades nele inscritas (art. 4º), sem prejuízo de manterem a sua personalidade jurídica as pessoas jurídicas canónicas já anteriormente constituídas e participadas pelo Bispo da Diocese onde tenham a sua sede, ou pelo seu legítimo representante, à autoridade competente (art. 21º).

10.2. Requisitos e formalidades de inscrição no registo

O pedido de inscrição no RPJC é formalizado por escrito, em formulário próprio, pela autoridade eclesiástica competente e instruído com documento autêntico que comprove e permita inscrever (art. 5º):

a) A constituição como pessoa jurídica canónica em Portugal;
b) A denominação da pessoa jurídica canónica, que deve permitir distingui-la de qualquer outra pessoa jurídica canónica existente em Portugal;
c) A morada da sede da pessoa jurídica canónica em Portugal;
d) Os fins da pessoa jurídica canónica;
e) Os órgãos representativos da pessoa jurídica canónica e respetivas competências;
f) A autoridade eclesiástica proponente da pessoa jurídica canónica.

No caso de o documento de pedido não conter elementos suficientes que permitam o registo, o RNPC, no prazo de 10 dias, notifica a autoridade eclesiástica proponente da pessoa jurídica canónica para suprir as faltas no prazo de 30 dias (art. 6º).

Nos termos do art. 7º, a inscrição no RPJC só pode ser recusada por:

a) Falta dos requisitos legais;
b) Manifesta falta de autenticidade do documento.

A intenção de recusa de inscrição acompanhada dos respetivos fundamentos é comunicada, pelo RNPC, à autoridade eclesiástica proponente da

[28] As disposições legais citadas em *10. Registos de Pessoas Jurídicas Canónicas (RJPC)*, quando não acompanhadas de qualquer outra menção, dizem respeito ao Decreto-Lei nº 19/2015, de 3 de fevereiro.

pessoa jurídica canónica, para efeitos de esclarecimento e de eventual retificação, a fim de que esta se pronuncie, querendo, no prazo de 30 dias. Em qualquer caso, a inscrição definitiva depende sempre da indicação dos elementos previstos no art. 5º.

A modificação dos elementos da inscrição de pessoa jurídica canónica é comunicada ao RPJC pela autoridade eclesiástica competente, através de requerimento escrito, em formulário próprio, no prazo de dois meses a contar da sua ocorrência ou, quando exista, no prazo de validade do certificado de admissibilidade, sem prejuízo de o RNPC poder averbar oficiosamente os elementos da inscrição que não lhe tenham sido comunicados no prazo referido; neste caso, é dado conhecimento da intenção de averbamento oficioso à autoridade eclesiástica competente, a fim de que esta se possa pronunciar, querendo, no prazo de 30 dias (art. 8º).

10.3. Extinção das pessoas jurídicas canónicas

A extinção de pessoa jurídica canónica implica o cancelamento da inscrição no respetivo registo. A extinção é comunicada no prazo de dois meses a contar da sua ocorrência, ao RPJC pela autoridade eclesiástica competente, através de formulário próprio, o qual é instruído com o documento comprovativo do facto (art. 9º).

10.4. Atos de registo

As inscrições e os averbamentos são efetuados por extrato. Sempre que a extensão das menções a efetuar o justifique, o extrato do registo pode remeter, parcial ou totalmente, para os documentos depositados que servem de base àquele (art. 10º).

Nenhum ato sujeito a registo pode ser efetuado sem que os respetivos documentos se encontrem depositados na pasta própria, mas a omissão ou a deficiência da inscrição ou averbamento não prejudicam os efeitos atribuídos por lei ao registo desde que o depósito dos respetivos documentos tenha sido efetuado (art. 11º).

10.5. Identificação e denominação

À pessoa jurídica canónica inscrita no RPJC é atribuído pelo RNPC um *número de identificação próprio*, aplicando-se, com as necessárias adaptações, o disposto no regime do RNPC (art. 12º).

A emissão de *cartão de pessoa coletiva* das pessoas jurídicas canónicas inscritas no RPJC rege-se, com as necessárias adaptações, pelo disposto no Decreto-Lei nº 247-B/2008, de 30 de dezembro (art. 13º).

A admissibilidade das denominações das pessoas jurídicas canónicas rege-se também, segundo o art. 14º, pelos princípios gerais e pelas regras especiais constantes do regime do RNPC, com as necessárias adaptações.

São igualmente aplicáveis, com as necessárias adaptações, as regras do regime do RNPC relativas à informação sobre viabilidade de denominação, bem como, nos casos de entidades cuja constituição seja formalizada em ato público previamente ao registo no RPJC, as regras do mesmo regime que regulam o certificado de admissibilidade de denominação.

O uso da denominação por parte das pessoas jurídicas canónicas inscritas no RPJC fica sujeito, com as necessárias adaptações, aos artigos 60º (perda do direito ao uso) e 62º (uso ilegal) do regime do RNPC, devendo a decisão tomada no âmbito do processo de perda de denominação ser comunicada à autoridade eclesiástica proponente da pessoa jurídica canónica.

10.6. Proteção e comunicação dos dados

Segundo o art. 16º, os dados constantes do RPJC ficam sujeitos, com as necessárias adaptações, ao regime do RNPC. Sem prejuízo do acesso, para efeitos fiscais, à informação nos termos da alínea *a*) do nº 1 do art. 21º do regime do RNPC, os dados comunicados não podem ser transmitidos a terceiros, salvo existindo interesse especialmente atendível e mediante autorização escrita do presidente do conselho diretivo do Instituto dos Registos e do Notariado, ouvida a autoridade eclesiástica proponente da pessoa jurídica canónica.

A autoridade eclesiástica proponente da pessoa jurídica canónica beneficia de especial prioridade na comunicação de dados constantes do RPJC que sejam requeridos no cumprimento das atribuições daquela entidade, através do estabelecimento de linha de comunicação de dados, estabelecimento este que depende da celebração de protocolo entre o IRN e a autoridade eclesiástica proponente da pessoa jurídica canónica, e do envio de cópia, por via eletrónica, à Comissão Nacional de Proteção de Dados.

A informação sobre o número de identificação de pessoa coletiva (NIPC), a denominação e o concelho da sede das pessoas jurídicas canónicas é de acesso público e gratuito, através do sítio na Internet com o endereço *www.irn.mj.pt*, mantido pelo IRN, ou através de outro sítio que venha a ser designado em portaria do membro do Governo responsável pela área da justiça.

Quando estiverem reunidas as condições técnicas para o efeito, a informação referente às entidades registadas no RPJC pode ser disponibilizada em suporte eletrónico e permanentemente atualizada, em termos a definir por portaria do membro do Governo responsável pela área da justiça (art. 15º).

Capítulo IV
Registo Predial

1. Objeto do registo predial

O registo predial destina-se essencialmente, de harmonia com o art. 1º do Código do Registo Predial[1], a dar *publicidade à situação jurídica dos prédios*, tendo em vista a *segurança do comércio jurídico imobiliário.*

Trata-se de uma publicidade jurídica no sentido de que garante a verdade e a legalidade da situação jurídica que dá a conhecer.

O registo predial é um registo de factos relativos a direitos e a ónus que incidem sobre prédios – cuja identificação constitui igualmente objeto do registo – e de que decorre a situação jurídica desses mesmos prédios.

1.1. Conceito de prédio

O conceito de *prédio* não é harmónico entre a doutrina e até o próprio legislador o considera diversamente.

Assim, o artigo 204º CC[2], embora não avançando nenhuma definição de prédio, traça o âmbito do conceito, ao distinguir dos prédios as águas, as plantações e as próprias partes integrantes dos prédios.

[1] Os artigos citados no Capítulo IV, quando não acompanhados de qualquer outra menção, ou se o contrário não resultar do contexto, respeitam ao Código do Registo Predial.

[2] Art. 204: "1 – São coisas imóveis:

a) Os prédios rústicos e urbanos;

b) As águas;

c) As árvores, os arbustos e os frutos naturais, enquanto estiverem ligados ao solo;

d) Os direitos inerentes aos imóveis mencionados nas alíneas anteriores;

e) As partes integrantes dos prédios rústicos e urbanos.

Posição diferente, designadamente quanto à abrangência do conceito, assume o legislador no Código do Imposto Municipal sobre Imóveis (CIMI) cujo nº 1 do art. 2º define *prédio* como "toda a fração de território, abrangendo as águas, plantações, edifícios e construções de qualquer natureza nela incorporados ou assentes com carácter de permanência, desde que faça parte do património de uma pessoa singular ou coletiva e, em circunstâncias normais, tenha valor económico, bem como as águas, plantações, edifícios ou construções nas circunstâncias anteriores, dotados de autonomia económica em relação ao terreno onde se encontrem implantados, embora situados numa fração de território que constitua parte integrante de um património diverso ou não tenha natureza patrimonial."

No mesmo sentido vai o conceito de prédio constante do Regulamento do Cadastro Predial, aprovado pelo Decreto-Lei nº 172/95, de 18 de julho: "uma parte delimitada do solo juridicamente autónoma, abrangendo as águas, plantações, edifícios e construções de qualquer natureza nela existentes ou assentes com carácter de permanência, e, bem assim, cada fração autónoma no regime de propriedade horizontal" (alínea *b)* do nº 1 do art. 1º).

Embora, sem referir as frações autónomas, o Decreto-Lei nº 224/2007, de 31 de maio, que visa a criação do SINERGIC – Sistema Nacional de Exploração e Gestão de Informação Cadastral, também define *prédio* como "a parte delimitada do solo juridicamente autónoma, abrangendo as águas, plantações, edifícios e construções de qualquer natureza nela incorporados ou assentes com carácter de permanência" (alínea *s)* do art. 6º).

Pese a consideração devida às opiniões que entendem o conceito de prédio, *para efeitos de registo*, como sendo o resultante da lei civil, tal entendimento está longe de ser líquido: de facto, o art. 1º do Código do Registo Predial é explícito ao definir como seu objeto a publicidade da situação jurídica dos prédios, não em abstrato, mas sim com a finalidade declarada da *segurança do comércio jurídico imobiliário*.

Ora, o comércio jurídico imobiliário abrange todas as coisas imóveis[3] – era esta de resto a expressão usada no Código de 1967 –, ou seja, também, na terminologia do Código Civil, além dos prédios, as águas – no caso apenas as

2 – Entende-se por prédio rústico uma parte delimitada do solo e as construções nele existentes que não tenham autonomia económica, e por prédio urbano qualquer edifício incorporado no solo, com os terrenos que lhe sirvam de logradouro.

3 – É parte integrante toda a coisa móvel ligada materialmente ao prédio com carácter de permanência."

[3] Com exclusão naturalmente das coisas que estão fora do comércio, como é o caso dos bens do domínio público e, em certa medida, dos baldios, a que adiante nos referimos.

águas particulares[4], desde que com autonomia económica –, as plantações e as partes integrantes dos prédios.

Se o âmbito do conceito de prédio do Código do Registo Predial fosse o restrito da lei civil, não compreenderia nele estas últimas realidades – as águas particulares com autonomia económica, as plantações e as partes integrantes dos prédios –, donde resultaria que a primeira parte do art. 1º entrava em contradição com a sua segunda parte: o registo predial não garantiria a segurança do comércio imobiliário, o comércio das coisas imóveis, mas tão só o comércio dos prédios *stricto sensu*, dos prédios na aceção da lei civil.

Ora, a descrição do prédio em registo predial tem por fim, segundo o art. 79º, a sua identificação física, económica e fiscal: não é possível traçar adequadamente a identificação física e económica de um prédio sem nele incluir a menção de águas, plantações e partes integrantes que assumam importância física e económica relevante, o que é dizer, sem incluir no conceito de prédio realidades que a lei civil considera distintas dele.

Veja-se ainda como o art. 28º exige harmonia entre a descrição predial constante do registo e a correspondente inscrição matricial[5]: ora, não poderia conseguir-se a imposta harmonização se fossem diversos os conceitos de prédio para efeitos de registo e para efeitos fiscais.

A mesma preocupação de harmonia é espelhada no já citado Regulamento do Cadastro Predial cujo art. 27º afirma que "(...) a caracterização cadastral é

[4] Art. 1385º CC: "As águas são públicas ou particulares; as primeiras estão sujeitas ao regime estabelecido em leis especiais e as segundas às disposições dos artigos seguintes." São os nºs 1 dos artºs 1386º e 1387º que explicitam quais as *águas particulares.*

São, por sua vez, do seguinte teor os artigos 18º e 19º da Lei nº 54/2005, de 15 de novembro (alterada pelas Leis nº 34/2014, de 19 de junho, e nº 31/2016, de 23 de agosto, mas não nos artigos transcritos), que estabelece a titularidade dos recursos hídricos:

Art. 18º *(Águas patrimoniais e águas particulares)* "1 – Todos os recursos hídricos que não pertencerem ao domínio público podem ser objeto do comércio jurídico privado e são regulados pela lei civil, designando-se como águas ou recursos hídricos patrimoniais.

2 – Os recursos hídricos patrimoniais podem pertencer, de acordo com a lei civil, a entes públicos ou privados, designando-se neste último caso como águas ou recursos hídricos particulares.

3 – Constituem designadamente recursos hídricos particulares aqueles que, nos termos da lei civil, assim sejam caracterizados, salvo se, por força dos preceitos anteriores, deverem considerar-se integrados no domínio público."

Art. 19º *(Desafetação)* "Pode, mediante diploma legal, ser desafetada do domínio público qualquer parcela do leito ou da margem que deva deixar de ser afeto exclusivamente ao interesse público do uso das águas que serve, passando a mesma, por esse facto, a integrar o património do ente público a que estava afeto."

[5] "1 – A harmonização do registo com a matriz implica que os prédios não podem ser descritos, nem atualizadas as respetivas descrições, em contradição com a correspondente inscrição matricial" (parecer do C. T. da DGRN no processo P. 63/90).

sempre provisória enquanto não for obtida a harmonização com o registo predial" e que "(...) o IPCC [*Instituto Português de Cartografia e Cadastro,* atualmente *Instituto Geográfico Português*] e a Direção-Geral dos Registos e do Notariado [hoje, *Instituto dos Registos e do Notariado*] asseguram reciprocamente acesso aos elementos relativamente a prédios constantes das respetivas bases de dados (...)".

Também muito claramente no preâmbulo da Resolução do Conselho de Ministros nº 45/2006, de 2 de março, se pode ler: "A informação predial única (...) consiste na reconciliação e condensação sistemática da realidade fatual da propriedade imobiliária com o registo predial, as inscrições matriciais e as informações cadastrais."

Por último, o citado Decreto-Lei nº 224/2007, de 31 de maio, depois de definir *harmonização* como "o processo que permite a identificação unívoca dos prédios através da correspondência entre o número de identificação do prédio e os números das descrições prediais e os dos artigos matriciais" (alínea *m)* do art. 6º), explicita, no nº 1 do art. 22º, que a "harmonização é efetuada no decurso da operação de execução do cadastro predial, através da articulação entre o teor da declaração de titularidade e os dados constantes das descrições prediais e das inscrições matriciais", sendo que, nos termos do nº 2 do seu art. 3º, as relações entre o cadastro, o registo predial e a matriz predial se regem por um princípio de complementaridade.

Daqui se conclui que, *para efeitos de registo predial,* o conceito de prédio é, não o da lei civil, mas sim similar ao da lei fiscal e da regulamentação cadastral: ou seja, para efeitos de registo, prédio e coisas imóveis são conceitos com idêntica abrangência[6] [7].

Sendo evidente que na lei civil o conceito de coisas imóveis não é coincidente com o de prédio, temos que o Código do Registo Predial, ao afirmar o propósito de segurança do comércio imobiliário, através da publicidade da situação jurídica dos prédios, se afasta claramente daquele outro conceito de prédio, naturalmente, tal como acontece na legislação tributária, por razões específicas, neste caso, do ordenamento registal.

[6] A este propósito, recorde-se que Oliveira Ascensão entende mesmo que a enumeração de *coisas imóveis* constante do citado art. 204º deve considerar-se exemplificativa: "Várias coisas integradas no terreno mas socialmente autónomas, como monumentos, minas e estradas, que não são móveis e seria uma violência considerar prédios, rústicos ou urbanos, entram assim na categoria de imóveis" (Cf. *Direito Civil – Reais,* 4ª edição, 1987, p. 40).

[7] Menezes Cordeiro, por sua vez, considera que a enumeração do art. 204º está errada e é insuficiente, mas deve considerar-se taxativa; entende que está errada por incluir os direitos inerentes aos imóveis (*ob. cit.,* pp. 195-197); Oliveira Ascensão critica também a inclusão dos direitos inerentes (*Direitos Reais,* Lex, p. 39).

Diríamos então que *prédio, para efeitos de registo, é uma parte delimitada do solo, juridicamente autónoma, com as construções, águas, plantações e partes integrantes nele existentes.*

Por vezes, o legislador também emprega a expressão *prédio,* no sentido de *unidade predial,* para se referir a uma fração autónoma no regime de propriedade horizontal: é o caso da já transcrita definição de prédio constante do Regulamento do Cadastro Predial.

1.2. Classificação dos prédios quanto à sua natureza

Mas este não é o único caso em que a definição para efeitos de registo se afasta da lei civil: o mesmo acontece no que respeita à *classificação dos prédios quanto à sua natureza.*

O art. 204º CC distingue apenas entre prédios rústicos e prédios urbanos, entendendo "por prédio rústico uma parte delimitada do solo e as construções nele existentes que não tenham autonomia económica, e por prédio urbano qualquer edifício incorporado no solo, com os terrenos que lhe sirvam de logradouro".

Tal como a legislação tributária, o Código do Registo Predial admite, no art. 82º, a distinção da natureza dos prédios em rústica, urbana ou mista, mas demite-se de precisar os critérios de diferenciação.

Em contrapartida, fá-lo o Código do Imposto Municipal sobre Imóveis (CIMI) que, no nº 1 do seu art. 3º, diz serem *prédios rústicos* os terrenos situados fora de um aglomerado urbano que não sejam de classificar como terrenos para construção, nos termos do nº 3 do artigo 6º[8], desde que:

a) Estejam afetos ou, na falta de concreta afetação, tenham como destino normal uma utilização geradora de rendimentos agrícolas, tais como são considerados para efeitos do imposto sobre o rendimento das pessoas singulares (IRS);
b) Não tendo a afetação indicada na alínea *a),* não se encontrem construídos ou disponham apenas de edifícios ou construções de carácter acessório, sem autonomia económica e de reduzido valor.

[8] "3 – Consideram-se terrenos para construção os terrenos situados dentro ou fora de um aglomerado urbano, para os quais tenha sido concedida licença ou autorização, admitida comunicação prévia ou emitida informação prévia favorável de operação de loteamento ou de construção, e ainda aqueles que assim tenham sido declarados no título aquisitivo, excetuando-se os terrenos em que as entidades competentes vedem qualquer daquelas operações, designadamente os localizados em zonas verdes, áreas protegidas ou que, de acordo com os planos municipais de ordenamento do território, estejam afetos a espaços, infraestruturas ou equipamentos públicos" (redação conferida pelo art. 23º da Lei nº 64-A/2008, de 31 de dezembro).

Segundo o nº 2 do mesmo artigo, "são também prédios rústicos os terrenos situados dentro de um aglomerado urbano, desde que, por força de disposição legalmente aprovada, não possam ter utilização geradora de quaisquer rendimentos ou só possam ter utilização geradora de rendimentos agrícolas e estejam a ter, de facto, esta afetação."

O nº 3 acrescenta que são ainda prédios rústicos os edifícios e construções diretamente afetos à produção de rendimentos agrícolas, quando situados nos terrenos referidos nos números anteriores, bem como as águas e plantações nas situações a que se refere o nº 1 do artigo 2º.

Com o propósito de clarificar o conceito de *aglomerado urbano*, referido no nº 1 do art. 3º, o nº 4 deste mesmo artigo considera como aglomerados urbanos, além dos situados dentro de perímetros legalmente fixados, os núcleos com um mínimo de dez fogos servidos por arruamentos de utilização pública, sendo o seu perímetro delimitado por pontos distanciados 50 metros do eixo dos arruamentos, no sentido transversal, e 20 metros da última edificação, nos sentidos dos arruamentos.

Por sua vez, o art. 4º do CIMI define *prédio urbano* por exclusão de partes: "Prédios urbanos são todos aqueles que não devam ser classificados como rústicos, sem prejuízo do disposto no artigo seguinte."

Ao art. 5º do CIMI coube definir, por sua vez, *prédio misto*: "Sempre que um prédio tenha partes rústica e urbana será classificado, na íntegra, de acordo com a parte principal. Se nenhuma das partes puder ser classificada como principal, o prédio será havido como misto."

O CIMI distingue ainda os prédios urbanos em quatro categorias (art. 6º): habitacionais; comerciais, industriais ou para serviços; terrenos para construção; e outros.

Parece assim que, para o CIMI, o critério distintivo da natureza dos prédios reside fundamentalmente no seu *destino*: se destinados principalmente a exploração agrícola são rústicos, caso contrário são urbanos; a expressão "exploração agrícola" terá de ser entendida em sentido lato, abrangendo consequentemente a exploração pecuária e a florestal.

Os prédios urbanos abrangerão, em consequência, os prédios destinados a *habitação*, a utilização de tipo *comercial, industrial ou de prestação de serviços* ("para tal licenciados ou, na falta de licença, que tenham como destino normal cada um destes fins", segundo diz o nº 2 do citado art. 6º), os *lotes para construção*, tal como definidos no nº 3 do mesmo artigo, e uma *categoria de prédios definida por exclusão*: enquadram-se nesta previsão, segundo o nº 4, os terrenos situados dentro de um aglomerado urbano que não sejam terrenos para construção nem se encontrem abrangidos pela definição de prédios rústicos, bem como os edifícios e construções licenciados ou, na falta de licença, que tenham como destino normal outros fins que não os das categorias mencionadas.

Prédios mistos serão os que partilham simultaneamente ambas as utilizações, como prédio rústico e como prédio urbano, sem que nenhuma delas se assuma como principal.

Monumentos privados, conglomerados desportivos e outros tipos de prédios não dedicados à exploração agrícola incluem-se certamente no âmbito dos prédios urbanos: é uma abrangência que demonstra bem como peca por defeito a classificação dos prédios em razão da sua natureza.

Já citámos, em nota de rodapé, a observação de Oliveira Ascensão sobre a violência que é que considerar como prédios, rústicos ou urbanos, coisas imóveis, socialmente autónomas, tais como monumentos, minas e estradas. De facto, embora na generalidade dos casos, os exemplos citados sejam bens do domínio público, há, por exemplo, estádios, campos de golfe e complexos desportivos ou de lazer, designadamente, que não constituindo edifícios, no sentido que a esta expressão é conferido pela doutrina, como a seguir se salienta, nem sendo bens do domínio público, mas sim bens do domínio privado sujeitos a registo[9], mereceriam ser integrados em categoria autónoma, e não considerados simples prédios urbanos.

Por outro lado, há bens do domínio público objeto de concessão, sujeita esta a registo quando onerada por hipoteca e em consequência obrigando à descrição desses bens[10] – vias de comunicação terrestres e fluviais, praias, minas, redes de comunicações elétricas e eletrónicas, por exemplo –, como há também caminhos e lagoas privados, com autonomia relativamente a prédios circundantes, a que só forçadamente se atribui a natureza de prédios rústicos ou de prédios urbanos, consoante os casos.

[9] Cf., a propósito dos bens imóveis que pertenciam à Igreja Católica e passaram a integrar o património do Estado, o parecer do C. T. da DGRN, publicado no *Boletim dos Registos e do Notariado*, nº 6/2001, II, p. 13, onde se conclui:
"III – Os bens imóveis que pertenciam à Igreja Católica e passaram para a posse do Estado após a implantação da República, que estivessem classificados como *monumentos nacionais* ou *imóveis de interesse público*, ou que fossem classificados como tal dentro dos cinco anos a contar da troca das ratificações da Concordata, foram atribuídos «em *propriedade* do Estado com afetação permanente ao serviço da Igreja», de acordo com as regras estabelecidas no artigo VI da Concordata entre a Santa Sé e o Estado Português.
IV – Esta propriedade deve ser entendida como integrando o domínio privado do Estado, dado tratar-se de bens que antes tinham integrado o domínio privado da Igreja Católica, estando os mesmos sujeitos a registo."

[10] Cf. art. 84º: Na descrição do objeto de concessões em bens do domínio público observar-se-á o seguinte: *a)* Quando a concessão se referir a parcelas delimitadas de terreno, serão as mesmas descritas, com as necessárias adaptações, nos termos do artigo 82º; *b)* Quando respeitarem a vias de comunicação, é feita uma única descrição na conservatória competente, com os elementos de individualização constantes do respetivo título.

"Prédio urbano é todo o edifício incorporado no solo. Estão afastadas quaisquer outras construções não consideradas edifícios (...)", escreveu Pires de Lima[11].

Também, no seu Código Civil Anotado, Pires de Lima e Antunes Varela explicitam assim o conceito de *edifício*: "Edifício é uma construção que pode servir para fins diversos (habitação, atividades comerciais ou industriais, arrecadação de produtos, etc.), constituída necessariamente por paredes que delimitam o solo e o espaço por todos os lados, por uma cobertura superior (telhado ou terraço), normalmente por paredes divisórias interiores e podendo ter um ou vários pisos[12]."

Recorda-se por sua vez como Manuel de Andrade explicava os conceitos de prédio urbano e de edifício: "Quanto à noção de prédio urbano, ela pressupõe um *edifício*. Não constitui edifício toda e qualquer construção – como seja um muro, uma cerca, uma coluna ou série de colunas – mas tão-só a que possa denominar-se *casa*, quaisquer que sejam os materiais de que é feita, ou a sua forma, proporções e destino." (...) Por *casa* entender-se-á a construção que limite o solo por todos os lados – incluindo o espaço aéreo correspondente, por meio de telhado ou qualquer outra cobertura".[13]

Se, para o conceito de prédio da lei civil, a classificação dos prédios em rústicos e urbanos já se pode considerar que peca por defeito – recordem-se os exemplos acima referidos – também para o conceito mais abrangente de prédio adotado pela lei fiscal e pela lei registal, a classificação em rústicos, urbanos e mistos é claramente insuficiente.

As águas com autonomia económica, os monumentos ou os caminhos, sempre que inseridas no âmbito do domínio privado e consequentemente do comércio imobiliário, têm de ser considerados prédios para efeitos da lei registal e dificilmente se podem conceber incluídos no espartilho das categorias de rústicos, urbanos ou mistos, mesmo com o conceito abrangente que aos segundos é conferido pelo CIMI.

A dificuldade em encontrar uma definição para "prédio urbano" – como vimos, a lei registal demite-se sequer de o tentar e o CIMI não vai além da confissão implícita da ausência de critério, ao dizer que prédios urbanos "são todos aqueles que não devam ser classificados como rústicos (...)" – espelha bem a fragilidade da classificação.

[11] Pires de Lima, *Das coisas*, em *Boletim do Ministério da Justiça*, nº 91, p. 211.

[12] Em *Código Civil Anotado*, vol. I, p. 195.

[13] Em *Teoria Geral da Relação Jurídica*, vol. I, p. 233.

1.3. Natureza dos lotes para construção e dos logradouros

a) Lotes para construção

Controversa foi, em registo predial que não em sede fiscal, a classificação dos terrenos para construção, também designados por lotes para construção.

Alguns autores consideraram como prédios rústicos os terrenos para construção com fundamento na lei substantiva: recorda-se o já citado nº 2 do art. 204º CC ao dizer que se entende "por prédio rústico uma parte delimitada do solo e as construções nele existentes que não tenham autonomia económica, e por prédio urbano qualquer edifício incorporado no solo, com os terrenos que lhe sirvam de logradouro".

Não nos parece argumento de grande valia sabendo-se que, quando o Prof. Fernando Pires de Lima redigiu o anteprojeto do Código na parte referente a direito das coisas [14], a realidade dos lotes para construção não podia ter sido tida em conta. De facto, a primeira disciplina do loteamento urbano – e consequente reconhecimento da realidade dos lotes para construção – resulta do Decreto-Lei nº 46 673, de 29 de novembro de 1965, altura em que o projeto da lei civil já estava terminado e em fase de impressão[15].

É o próprio preâmbulo do citado Decreto-Lei nº 46 673 a reconhecer a novidade do loteamento: "Em várias regiões do País em que se está processando ou simplesmente se presume que venha a processar-se intenso desenvolvimento urbanístico, tem sido verificada, com frequência crescente, a atividade especulativa de indivíduos ou de empresas para o efeito constituídas, visando o aproveitamento indiscriminado de terrenos para a construção urbana."[16]

Foi este diploma que primeiro obrigou os terrenos para construção ao cumprimento de um certo número de requisitos que lhes conferissem ou confirmassem autonomia económica – critério enunciado pela própria lei civil para caracterizar a natureza do prédio –, sem qualquer relação com a afetação económica a fins agrícolas, florestais ou pecuários, característica, essa sim, indiciadora da natureza rústica dos prédios.

O Conselho Técnico da Direção-Geral dos Registos e do Notariado já se pronunciara no sentido de que o lote de terreno para construção não deve

[14] Em finais dos anos cinquenta e publicado em dezembro de 1959 no já citado nº 91 do *B.M.J.*

[15] O art. 204º do *Projeto de Código Civil*, Imprensa Nacional, 1966, em nada difere do texto final.

[16] Escreve mesmo Mouteira Guerreiro: "Este conceito [de loteamento urbano] foi evoluindo, e, como bem se sabe, entre nós, só com o Decreto-lei nº 289/73, de 6 de junho, adquiriu verdadeiro significado, após a tentativa algo gorada do anterior Decreto-lei nº 46 673, de 29 de novembro de 1965" (em *O Prédio – o loteamento, a propriedade horizontal e problemas conexos*, separata do *Boletim dos Registos e do Notariado*, nº 6/2000, junho de 2000, p. 6).

considerar-se como prédio rústico[17]. E também Cano Tello escreve que devem considerar-se prédios urbanos os terrenos edificáveis afetados por planos de urbanização aprovados legalmente[18].

Por sua vez, o CIMI, no já citado art. 6º, integra os terrenos para construção no conceito de prédio urbano.

b) Logradouros

Não se abandona este tema da natureza dos prédios, sem precisar que os jardins, piscinas, *courts* de ténis e outros espaços de lazer anexos a prédios urbanos – correntemente abrangidos pela expressão *logradouro* – *mantém a natureza urbana* que cabe ao prédio principal.

O conceito de logradouro não é objeto de definição nem na lei civil nem na legislação registal; em contrapartida, a jurisprudência tem considerado o logradouro de prédio urbano como "o terreno contíguo que é ou pode ser fruído por quem de utiliza daquele" [prédio urbano], ou ainda "o terreno adjacente à casa, com carácter de quintal, pátio ou jardim, terreno de horta, com árvores, na dependência da moradia, servindo de aproveitamento ou suporte às necessidades ocasionais dos donos da casa".[19]

Também, em parecer de 27 de maio de 1998[20], o Conselho Técnico da Direção-Geral dos Registos e do Notariado explicou: "A lei não dá uma noção de *logradouro*. De modo que esta expressão tem de entender-se (e de facto tem sido entendida) no seu sentido comum: a de que se trata do terreno contíguo a um edifício, como local que pode ser "*logrado*", desfrutado, fruído. Tem um significado equivalente ao de terreiro, eido, rossio, quintal, jardim, pátio, enfim, à de uma zona do prédio não edificada (ou com construções acessórias), mas anexa à que se acha construída e que lhe é, de certo modo, *complementar*."

c) Diferenciação entre lote para construção e logradouro

À estabelecer a diferenciação entre lote para construção e logradouro ajuda também a análise efetuada no parecer que acaba de ser citado e que conclui do seguinte modo:

> "I – O logradouro é uma porção de terreno – podendo ou não conter certas construções acessórias, sem autonomia própria – que se destina a servir de terreiro ou quintal de um edifício, mas não tendo individualidade

[17] Parecer 65/89, RP3 (conclusões disponíveis em *www.irn.mj.pt/pareceres/1989/585.html*).

[18] *Ob. cit.*, p. 163.

[19] Acórdãos respetivamente da Relação de Évora e de Coimbra, citados em Parecer do C. T. da DGRN, em *Boletim dos Registos e do Notariado*, nº 11/2000, II, p. 25.

[20] Em *Boletim dos Registos e do Notariado*, nº 7/1998, II, proc. 11/98.

em relação ao prédio urbano em que se integra e possuindo a mesma natureza deste.

II – O lote de terreno destinado a construção é uma parcela de terreno dotada de autonomia, que a lei considera dever possuir tal finalidade e as características definidas no plano com o qual, em princípio, se há de compatibilizar."

E escreve-se ainda, noutro parecer: "(...) estando em causa indagar e decidir se o destaque de uma parcela de terreno para a constituição ou ampliação do logradouro de um prédio urbano confinante é ou não uma operação de loteamento, haverá que concluir pela negativa, pela decorrente razão de que essa parcela não é uma unidade predial, ou seja, não tem a autonomia normal e característica de um prédio independente, não possuindo, em suma, uma independência imobiliária própria, pois só existe em função da finalidade em vista da qual foi desanexada (complementar um outro prédio ao qual vai servir de quintal, jardim, eido, parque, lugar de recreio ou similares) – pelo que não pode ser havida como um lote, na sua aceção plena, exata e comummente aceite, e, por consequência, não é tal destaque subsumível no correspetivo conceito de loteamento".[21]

E ainda, mais recentemente:

> "O destaque de uma parcela de terreno de um prédio para servir de "complemento" a prédio urbano já edificado, na vigência do D.L. nº 448/91, de 29/11, não constitui operação de loteamento, nos termos da correspondente definição legal, plasmada na alínea *a*) do artigo 3º do referido diploma, pelo facto da dita parcela não poder integrar-se, atenta a sua falta de autonomia, no conceito de *lote*, particularmente quando, dos documentos matriciais juntos ao processo de registo, decorra que a função de complementaridade do prédio urbano edificado, que lhe havia sido assinalada no título aquisitivo, se esgotou na ampliação de área do logradouro respetivo."[22]

Em contrapartida, "[a] ação voluntária de anexação de dois prédios urbanos situados em perímetro urbano ou em solo rural intervencionado, com a declaração de que os edifícios foram demolidos e o terreno resultante da demolição se destina à edificação, constitui operação de loteamento nos termos do art. 2º,

[21] Em *Boletim dos Registos e do Notariado*, nº 9/2002, II, p. 19.

[22] Parecer do C. T. do Instituto dos Registos e do Notariado, de 24 de julho de 2008 – Proc. 295/2007.

i), do D.L. nº 555/99, de 16 de dezembro, e como tal está sujeita a licença ou autorização municipal."[23]

1.4. Bens do domínio público

Diga-se por fim que o registo predial, tendo por objetivo a segurança do *comércio jurídico*, não abrange por conseguinte coisas que se situem fora desse âmbito: respeita assim apenas a bens do domínio privado – incluindo o domínio privado do Estado, das Regiões Autónomas e das autarquias locais, bem como o património próprio dos institutos públicos – mas não os *bens do domínio público*, que estão fora do comércio (nº 2 do art. 202º CC[24]) e que não podem, enquanto tais, ser objeto de registo.

Pertencem ao domínio público os bens enumerados no nº 1 do art. 84º da Constituição da República. A lei define, diz o nº 2 do mesmo artigo, quais os bens que integram o *domínio público do Estado*, o *domínio público das regiões autónomas* e o *domínio público das autarquias locais*, bem como o seu regime, condições de utilização e limites.

Integram o *domínio público do Estado*, nos termos do art. 4º do Decreto-Lei nº 477/80, de 15 de outubro:

a) As águas territoriais com os seus leitos, as águas marítimas interiores com os seus leitos e margens e a plataforma continental;
b) Os lagos, lagoas e cursos de água navegáveis ou flutuáveis com os respetivos leitos e margens e, bem assim, os que por lei forem reconhecidos como aproveitáveis para produção de energia elétrica ou para irrigação;
c) Os outros bens do domínio público hídrico referidos no Decreto nº 5787-4I, de 10 de maio de 1919, e no Decreto-Lei nº 468/71, de 5 de novembro;[25]
d) As valas abertas pelo Estado e as barragens de utilidade pública;
e) Os portos artificiais e docas, os aeroportos e aeródromos de interesse público;
f) As camadas aéreas superiores aos terrenos e às águas do domínio público, bem como as situadas sobre qualquer imóvel do domínio privado para além dos limites fixados na lei em benefício do proprietário do solo;

[23] Deliberação do C. T. do IRN, de 22 de novembro de 2007 – proc. R. P. 65/2007.

[24] "2. Consideram-se, porém, fora do comércio todas as coisas que não podem ser objeto de direitos privados, tais como as que se encontram no domínio público e as que são, por sua natureza, insuscetíveis de apropriação individual."

[25] É a Lei nº 54/2005, de 24 de novembro, que estabelece atualmente o âmbito do domínio público hídrico.

g) Os jazigos minerais e petrolíferos, as nascentes de águas mineromedicinais, os recursos geotérmicos e outras riquezas naturais existentes no subsolo, com exclusão das rochas e terras comuns e dos materiais vulgarmente empregados nas construções;
h) As linhas férreas de interesse público, as autoestradas e as estradas nacionais com os seus acessórios, obras de arte, etc.;
i) As obras e instalações militares, bem como as zonas territoriais reservadas para a defesa militar;
j) Os navios da armada, as aeronaves militares e os carros de combate, bem como outro equipamento militar de natureza e durabilidade equivalentes;
l) As linhas telegráficas e telefónicas, os cabos submarinos e as obras, canalizações e redes de distribuição pública de energia elétrica;
m) Os palácios, monumentos, museus, bibliotecas, arquivos e teatros nacionais, bem como os palácios escolhidos pelo Chefe do Estado para a Secretaria da Presidência e para a sua residência e das pessoas da sua família;
n) Os direitos públicos sobre imóveis privados classificados ou de uso e fruição sobre quaisquer bens privados;
o) As servidões administrativas e as restrições de utilidade pública ao direito de propriedade;
p) Quaisquer outros bens do Estado sujeitos por lei ao domínio público.

Cabem na previsão desta alínea *p)* as infraestruturas a que se refere o art. 4º do Decreto-Lei nº 68/2005: "Integram o domínio público do Estado todas as infraestruturas construídas ou a construir no domínio público do Estado para alojamento de redes de comunicações eletrónicas, nos termos do presente diploma, incluindo as que integram infraestruturas concessionadas, sem prejuízo dos termos e condições definidos nos correspondentes contratos de concessão."

O *domínio público das Regiões Autónomas* é definido no respetivo Estatuto político-administrativo.

Assim, a Lei nº 39/80, de 5 de agosto, na redação da Lei nº 2/2009, de 12 de janeiro, que aprovou o Estatuto político-administrativo da Região Autónoma dos Açores, prevê no seu art. 22º:

"1 – Os bens situados no arquipélago historicamente englobados no domínio público do Estado ou dos extintos distritos autónomos integram o domínio público da Região.

2 – Pertencem, nomeadamente, ao domínio público regional:

a) Os lagos, lagoas, ribeiras e outros cursos de água, com os respetivos leitos e margens e, bem assim, os que por lei forem reconhecidos como aproveitáveis para produção de energia elétrica ou para irrigação;

b) As valas e os canais de irrigação abertos pela Região e as barragens de utilidade pública;

c) Os jazigos minerais;

d) Os recursos hidrominerais, incluindo as nascentes de águas minerais naturais e as águas minero-industriais;

e) As cavidades naturais subterrâneas existentes no subsolo, com exceção das rochas, terras comuns e outros materiais habitualmente usados na construção;

f) Os recursos geotérmicos;

g) As estradas regionais, vias rápidas e autoestradas com os seus acessórios e obras de arte;

h) As redes de distribuição pública de energia;

i) Os portos artificiais, as docas e os ancoradouros;

j) Os aeroportos e aeródromos de interesse público;

l) Os palácios, monumentos, museus, bibliotecas, arquivos e teatros;

m) Os direitos públicos sobre imóveis privados classificados ou de uso e fruição sobre quaisquer bens privados;

n) As servidões administrativas e as restrições de utilidade pública ao direito de propriedade.

3 – Excetuam-se do domínio público regional os bens afetos ao domínio público militar, ao domínio público marítimo, ao domínio público aéreo e, salvo quando classificados como património cultural, os bens dominiais afetos a serviços públicos não regionalizados."

Por seu lado, o art. 144º da Lei nº 13/91, de 5 de junho, na redação da Lei nº 130/99, de 21 de Agosto, que aprovou o Estatuto político-administrativo da Região Autónoma da Madeira, prevê:

"1 – Os bens do domínio público situados no arquipélago, pertencentes ao Estado, bem como ao antigo distrito autónomo, integram o domínio público da Região.

2 – Excetuam-se do domínio público regional os bens afetos à defesa nacional e a serviços públicos não regionalizados não classificados como património cultural."

A previsão do *domínio público das autarquias locais* consta de legislação avulsa, designadamente do Decreto-Lei nº 555/99, de 16 de dezembro[26], que estabe-

[26] Alterado, por último, pela Lei nº 79/2017, de 18 de agosto.

lece o *Regime Jurídico da Urbanização e da Edificação (RJUE)*, e que, a propósito das operações de loteamentos, na versão alterada e republicada pelo Decreto-Lei nº 136/2014, de 9 de setembro, refere, no seu art. 43º que os projetos de loteamento devem prever áreas destinadas à implantação de espaços verdes e de utilização coletiva, infraestruturas viárias e equipamentos, sendo definidos em plano municipal ou intermunicipal de ordenamento do território os parâmetros para o dimensionamento dessas áreas.

Nos termos do art. 44º do mesmo diploma, o proprietário e os demais titulares de direitos reais sobre o prédio a lotear cedem gratuitamente ao município as parcelas para implantação de espaços verdes públicos e equipamentos de utilização coletiva e as infraestruturas que, de acordo com a lei e a licença ou comunicação prévia, devam integrar o domínio municipal.

Alguns bens do domínio público do Estado foram objeto de regulamentação relativamente recente: assim, o Decreto-Lei nº 276/2003, de 4 de novembro, regulou o *domínio público ferroviário*, e a Lei nº 54/2005, de 24 de novembro, alterada pelas Leis nº 34/2014, de 19 de junho, e nº 31/2016, de 23 de agosto, estabeleceu a titularidade dos *recursos hídricos*.

Os *recursos hídricos* compreendem, por seu lado, as águas, bem como os respetivos leitos e margens, zonas adjacentes, zonas de infiltração máxima e zonas protegidas. Nos recursos hídricos, distinguem-se os recursos dominiais, ou pertencentes ao domínio público, e os recursos patrimoniais, pertencentes a entidades públicas ou particulares.

O *domínio público hídrico* compreende o domínio público marítimo, o domínio público lacustre e fluvial e o domínio público das restantes águas, podendo pertencer ao Estado, às Regiões Autónomas e aos municípios e freguesias. Todos os recursos hídricos que não pertencerem ao domínio público podem ser objeto do comércio jurídico privado e são regulados pela lei civil, designando-se como águas ou recursos hídricos patrimoniais.

O enquadramento para a gestão das águas superficiais e subterrâneas fora entretanto objeto da Lei nº 58/2005, de 29 de dezembro (Lei da Água)[27], que, no seu art. 61º, enumera os casos de possibilidade de concessão de utilizações privativas dos recursos hídricos do domínio público, designadamente a captação de água para abastecimento público, rega ou produção de energia e a utilização de terrenos do domínio público para edificação de empreendimentos turísticos e similares.

[27] Sem prejuízo do disposto na Lei nº 17/2014, de 10 de abril, que estabelece as Bases da Política de Ordenamento e de Gestão do Espaço Marítimo Nacional. A Lei nº 58/2005 sofreu várias alterações, a última das quais resultante da Lei nº 44/2016, de 19 de junho, mas sem alteração do art. 61º.

O Decreto-Lei nº 280/2007, de 7 de agosto[28], promoveu a reforma do *regime do património imobiliário público*, estabelecendo disposições gerais e comuns sobre a gestão dos bens imóveis dos domínios públicos do Estado, das Regiões Autónomas e das autarquias locais. Neste diploma reafirma-se a inalienabilidade dos imóveis do domínio público (art. 18º)[29], bem como a não suscetibilidade da sua aquisição por usucapião (art. 19º).

Estes imóveis podem deixar de integrar o domínio público, ingressando neste caso no domínio privado do Estado, das Regiões Autónomas ou das autarquias locais (art. 17º).

Os particulares podem adquirir direitos de uso privativo do domínio público por *licença* ou *concessão*, através de ato ou contrato administrativos, durante um período determinado de tempo (artºs 27º e 28º).

O direito resultante da concessão pode constituir objeto de atos de transmissão entre vivos e de garantia real, de arresto, de penhora ou de qualquer outra providência semelhante desde que precedidos de autorização expressa da entidade concedente; a falta desta autorização determina a nulidade dos atos (nºs 3 e 4 do art. 28º).

A *alteração de dominialidade* dos bens – de afetação de bens do domínio público ao domínio privado e vice-versa – está todavia sujeita a registo, como decorre da sua função de assegurar a publicidade da situação jurídica dos prédios, e sendo certo que envolve, em qualquer caso, a modificação de um dos direitos enumerados na alínea *a)* do art. 2º do Código do Registo Predial.

Assim se pronunciou o Conselho Técnico da Direção-Geral dos Registos e do Notariado: "(...) é a publicidade registral que demanda a tradução tabular da mudança de regime jurídico da propriedade (que passaria de privada a pública), e (...) a publicitação, ao nível das tábuas, da pessoa coletiva pública titular de um direito de propriedade pública sobre imóvel anteriormente pertencente ao domínio privado facilitaria a «reentrada» do bem no comércio jurídico privado, se e quando se verificasse a cessação da dominialidade (pela desafetação)."[30]

[28] Entretanto objeto de várias alterações, ainda que não nas disposições citadas, a última das quais introduzida pela Lei nº 83-C/2013, de 31 de dezembro.

[29] Art. 18º (*Inalienabilidade*): "Os imóveis do domínio público estão fora do comércio jurídico, não podendo ser objeto de direitos privados ou de transmissão por instrumentos de direito privado."

[30] Em *Boletim dos Registos e do Notariado,* nº 4/2000, II, p.24. Cite-se, a título de exemplo, o disposto nos nºs 1 e 2 do art. 7º da Lei nº 109-B/2001, de 27 de dezembro: "1 – Os bens do domínio público ferroviário, desde que não estejam adstritos ao serviço a que se destinam ou dele dispensáveis, poderão ser desafectados do referido domínio público e integrados no património privado da Rede Ferroviária Nacional – REFER, E. P., por despacho conjunto dos Ministros das Finanças e do Equipamento Social.

Note-se todavia que a tradução tabular da alteração da dominialidade em caso algum implica a descrição de bens do domínio público que possam ter sido destacados de bens do domínio privado, situação de pode ser exemplo a cedência de parcelas a integrar no domínio público municipal para implantação de espaços verdes públicos, equipamentos de utilização coletiva e infraestruturas: implica sim a atualização por averbamento da descrição do imóvel que era – ou que parcialmente continua – do domínio privado[31].

O único caso em que a lei admite a descrição de bens do domínio público é o previsto na alínea *v)* do nº 1 do art. 2º – concessão em bens do domínio público e suas transmissões, quando sobre o direito concedido se pretenda registar hipoteca –, sem prejuízo da descrição a que se refere o art. 84º, na medida em que podem ser objeto de registo, e consequentemente de descrição, as construções efetuadas por concessionários em terrenos do domínio público:

> "I – Destinando-se o registo predial a dar publicidade à situação jurídica dos prédios, com vista a segurança do comércio jurídico imobiliário, estão, como regra, fora do seu objeto as *coisas públicas*.
>
> II – São, consequentemente, as coisas imóveis que se acham *no comércio jurídico* as que constituem o objeto mediato do registo, podendo, no entanto, este incidir sobre concessões em bens do domínio público quando sobre o direito concedido se pretenda registar hipoteca, visto que tal é admitido pelo artigo 688º, nº 1, *d*), do Código Civil.
>
> III – As construções que, no âmbito de um contrato de concessão, em regime de serviço público, venham a ser feitas pela concessionária de harmonia com o admitido nesse contrato e que, segundo ele, constituam *sua propriedade* durante o prazo da concessão, poderão ser objeto *de registo* na modalidade de um direito de superfície temporário.
>
> IV – Igualmente podem ser registados outros direitos reais que, ao abrigo daquele contrato, à concessionária tenha sido facultado constituir, desde que previamente titulados em conformidade com as regras gerais.
>
> V – Na verdade, o aludido direito de superfície poderá coexistir com a propriedade horizontal e com o direito real de habitação periódica que a concessionária venha a constituir sobre os edifícios que, nos termos das

2 – O despacho referido no número anterior constitui documento bastante para o registo dos imóveis nele identificados na conservatória do registo predial respetiva, a favor da REFER, E. P.".

[31] Cf. pareceres do C. T. da DGRN, proc.os RP 157/99 e RP 160/2003, em *Boletim dos Registos e do Notariado*, nº 4/200, II, e nº 2/2005, II, respetivamente.

conclusões anteriores, lhe pertençam, uma vez que estes direitos não são incompatíveis com o de superfície."[32]

1.5. Baldios

A Lei nº 75/2017, de 17 de agosto, estabeleceu um novo regime dos baldios e demais meios de produção comunitários possuídos e geridos por comunidades locais integrados no setor cooperativo e social dos meios de produção, referido na alínea *b*) do nº 4 do artigo 82º da Constituição, revogando a Lei nº 68/93, de 4 de setembro, que definira o anterior regime.

Por *baldios* são considerados os terrenos com as suas partes e equipamentos integrantes, possuídos e geridos por comunidades locais, nomeadamente os que se encontrem nas seguintes condições (art. 2º, alínea *a*)):

i) Terrenos considerados baldios e como tais possuídos e geridos por comunidade local, mesmo que ocasionalmente não estejam a ser objeto, no todo ou em parte, de aproveitamento pelos compartes, ou careçam de órgãos de gestão regularmente constituídos;

ii) Terrenos considerados baldios e como tais possuídos e geridos por comunidade local, os quais, tendo anteriormente sido usados e fruídos como baldios, foram submetidos ao regime florestal ou de reserva não aproveitada, ao abrigo do Decreto-Lei nº 27207, de 16 de novembro de 1936, e da Lei nº 2069, de 24 de abril de 1954, e ainda não devolvidos ao abrigo do Decreto-Lei nº 39/76, de 19 de janeiro;

iii) Terrenos baldios objeto de apossamento por particulares, ainda que transmitidos posteriormente, aos quais sejam ainda aplicáveis as disposições do Decreto-Lei nº 40/76, de 19 de janeiro;

iv) Terrenos passíveis de uso e fruição por comunidade local que tenham sido licitamente adquiridos por uma tal comunidade e afetados ao logradouro comum da mesma.

A *comunidade local* é o conjunto de compartes organizado nos termos da lei que possui e gere os baldios e outros meios de produção comunitários (art. 2º, alínea *c*)).

Por sua vez, são considerados *meios de produção comunitários* a unidade ou conjunto de unidades produtivas possuídas e geridas de forma unificada por comunidades locais, nomeadamente baldios ou outros imóveis comunitários, como eiras, fornos, moinhos e azenhas, que não sejam propriedade de quaisquer pessoas singulares ou coletivas legalmente constituídas, fazendo parte integrante do setor cooperativo e social de propriedade dos meios de produção, referido na alínea *b*) do nº 4 do artigo 82º da Constituição (art. 2º, alínea *e*)).

[32] Parecer do C. T. da DGRN, em *Boletim dos Registos e do Notariado*, nº 2/99, II, proc. 65/98.

Os titulares dos baldios são os *compartes;* o universo dos compartes é, nos termos previstos no art. 7º, integrado por cidadãos com residência na área onde se situam os correspondentes imóveis, no respeito pelos usos e costumes reconhecidos pelas comunidades locais, podendo também ser atribuída pela assembleia de compartes essa qualidade a cidadão não residente.

Os baldios constituem, em regra, conforme o art. 3º, logradouro *comum dos compartes*, designadamente para efeitos de apascentação de gados, de recolha de lenhas e de matos, de culturas e de caça, de produção elétrica e de todas as suas outras atuais e futuras potencialidades económicas, nos termos da lei e dos usos e costumes locais, podendo ainda, mediante deliberação da assembleia de compartes, constituir logradouro comum dos compartes para fins culturais e sociais de interesse para os habitantes do núcleo ou núcleos populacionais da sua área de residência.

O uso, a posse, a fruição e a administração dos baldios faz-se de acordo com o disposto na presente Lei nº 75/2017, os usos e costumes locais e as deliberações dos órgãos competentes das comunidades locais, democraticamente eleitos.

As comunidades locais *não têm personalidade jurídica*, sem prejuízo de terem personalidade judiciária, de serem titulares de direitos e deveres e de se poderem relacionar com todos os serviços públicos e entidades de direito público e privado para o exercício de todos os direitos reconhecidos às entidades privadas que exercerem atividades económicas que não sejam contrárias à sua natureza comunitária, incluindo a celebração de contratos, inscrição na matriz fiscal ou cadastral dos imóveis que administra, e de deverem inscrever-se no Registo Nacional de Pessoas Coletivas (art. 4º).

Podem ser constituídas servidões de passagem, de aqueduto e outras, nos termos previstos na lei, em proveito de baldios e de outros imóveis comunitários, do mesmo modo que podem ser constituídas servidões sobre baldios, igualmente nos termos da lei, em proveito de prédios particulares e públicos e de serviços públicos, estando sujeitos às demais restrições de utilidade pública previstas na lei, e nos mesmos termos a que estão sujeitos os prédios particulares (art. 5º).

As comunidades locais *podem adquirir coisas imóveis* por qualquer modo legalmente admitido, que passam a integrar o subsetor dos bens comunitários (art. 6º, nº 1).

Os terrenos baldios encontram-se *fora do comércio jurídico*, não podendo, no todo ou em parte, ser objeto de apropriação por terceiros por qualquer forma ou título, incluindo por usucapião, e não são suscetíveis de penhora, nem podem ser objeto de penhor, hipoteca ou outros ónus, sem prejuízo da constituição de servidões, nos termos gerais de direito (art. 6º, nºs 2 e 3).

Cada baldio é inscrito na *matriz predial* e cadastral respetiva em nome da comunidade local que esteja na sua posse e gestão, devendo constar da sua descrição a menção *«imóvel comunitário»*; a cada baldio corresponde um artigo matricial ou cadastral próprio, que deve incluir, nomeadamente, a sua caracterização, localização e área e a identificação da comunidade local. Cabe ao conselho diretivo do universo de compartes requerer ao serviço de finanças competente a inscrição dos imóveis comunitários que gere na respetiva matriz predial, bem como a correção de inscrição matricial desconforme (artº 8º).

Na previsão do art. 9º, deve ser organizada uma *plataforma eletrónica nacional*, de acesso público, de que conste a identificação de cada baldio com a designação, se a tiver, as principais coordenadas geográficas, a área, a implantação cartográfica, as principais confrontações, a indicação do concelho, da freguesia ou freguesias em que se situar e do aglomerado ou aglomerados populacionais em que reside a maioria dos correspondentes compartes e também os seus órgãos de gestão, a relação de compartes, o plano de utilização, o relatório de atividade e as contas anuais e também informação suficientemente identificadora de cada um dos baldios que foram submetidos ao regime florestal nos termos da Lei nº 1971, de 15 de junho de 1938, que ainda não foram devolvidos ao uso, fruição e administração dos respetivos compartes nos termos do Decreto-Lei nº 39/76, de 19 de janeiro, e legislação posterior.

A inscrição e a comunicação dos demais atos de informação referidos no art. 9º dispensam os órgãos do baldio da sua comunicação aos serviços da administração tributária e ao Registo Nacional de Pessoas Coletivas, cabendo esse encargo, de forma oficiosa e gratuita, à entidade responsável pela gestão e manutenção da plataforma.

São *órgãos dos baldios* a *assembleia de compartes*, o *conselho diretivo* e a *comissão de fiscalização* (art. 17º), com as competências previstas respetivamente nos artigos 24º, 29º e 31º.

Os meios de produção comunitários podem, de harmonia com o disposto nos artigos 36º e seguintes, ser objeto de aproveitamento total ou parcial por terceiros por *contrato de cessão de exploração*, sem prejuízo do disposto sobre utilização precária por junta de freguesia, delegação de poderes de administração e administração em regime de associação com o Estado, nos casos previstos na lei. Pode também a assembleia de compartes deliberar a cessão da exploração de partes limitadas do respetivo baldio para o aproveitamento dos recursos dos respetivos espaços rurais, nomeadamente para fins de exploração agrícola, agropecuária, florestal ou cinegética aos respetivos compartes, sem prejuízo do princípio da igualdade de tratamento dos propostos cessionários.

Da *extinção, alienação ou expropriação* dos meios de produção comunitários tratam os artigos 38º a 41º.

Ocorre a *extinção* no caso de serem objeto, no todo ou em parte da sua área (art. 38º):

a) De deliberação de cessação de integração no domínio comunitário aprovada por unanimidade da respetiva assembleia de compartes com a presença do mínimo de dois terços de compartes;
b) De expropriação conforme o previsto na lei, incluindo por aquisição nos termos do direito civil em fase anterior ou posterior à declaração da utilidade pública;
c) De alienação por motivos de interesse local, nos termos da lei.

A *extinção por abandono injustificado*, judicialmente declarado, deve ter lugar a pedido da junta ou juntas de freguesia em cuja área o baldio se situe, quando este tenha deixado de ser objeto de atos significativos de domínio, posse, gestão e fruição durante um período não inferior a 15 anos; dessa extinção decorre a integração do baldio no domínio público da freguesia ou freguesias correspondentes.

Da cessação de integração total ou parcial de um imóvel comunitário, prevista no art. 38º, decorre a sua integração no domínio público (art. 39º):

a) Da freguesia em cujo território se situar a parte extinta, se a cessação resultar de deliberação da assembleia de compartes;
b) De cada uma das respetivas freguesias da área situada no correspondente território, se o imóvel comunitário for baldio e se situar, ou a parte dele extinta, em mais do que uma freguesia.

Sobre a *alienação por razões de interesse local* dispõe o art. 40º:

A assembleia de compartes pode deliberar a alienação a título oneroso, por concurso público, de área ou áreas limitadas de baldio, tendo por base o preço do mercado:

a) Quando o baldio confrontar com limite da área de povoação e a alienação for necessária à expansão do respetivo perímetro urbano;
b) Quando a alienação se destinar à instalação de unidades industriais, de infraestruturas e também de empreendimentos de interesse coletivo, nomeadamente para a comunidade local.

O art. 40º prevê ainda um conjunto de restrições a observar nesta alienação por razões de interesse local.

Pelo que respeita à *expropriação*, dispõe o art. 41º:

"1 – Os imóveis comunitários, incluindo os baldios, são expropriáveis por utilidade pública no todo ou em parte.

2 – A expropriação aplica-se o disposto no Código das Expropriações, com as especificidades previstas nos números seguintes.

3 – Não pode ser requerida a declaração de utilidade pública sem que, previamente, a entidade interessada diligencie no sentido de adquirir o baldio por via de direito privado.

4 – A assembleia de compartes dispõe do prazo de 60 dias para se pronunciar sobre a proposta de aquisição.

5 – A proposta de expropriação deve ser documentada com descrição precisa e clara do que se pretender expropriar, incluindo a situação, o desenho topográfico, as confrontações, a área, a justificação da indemnização proposta e a declaração precisa dos fins da expropriação.

6 – No cálculo da indemnização deve ser tomado em consideração não só o grau de utilização efetiva do baldio, como as vantagens propiciadas à comunidade local pela afetação do terreno aos fins da expropriação, não podendo, no entanto, daí resultar um valor inferior ao decorrente da aplicação do princípio da justa indemnização devida por expropriação."

Finalmente, o art. 56º encarrega da *atualização de nomenclaturas* os serviços do Instituto dos Registos e do Notariado, I. P. (IRN, I. P.), da Autoridade Tributária e Aduaneira (AT), do Instituto da Conservação da Natureza e das Florestas, I. P. (ICNF, I. P.) e das demais entidades públicas que devem assim proceder oficiosamente às alterações de nomenclatura, junto dos respetivos registos, sem necessidade de requerimento das comunidades locais para o efeito.

Os serviços do IRN, da AT e do ICNF devem também proceder à inscrição na plataforma eletrónica prevista no art. 9º das informações de que disponham, comunicando às comunidades locais esse facto, estando estas dispensadas da sua comunicação à referida plataforma, sem prejuízo do dever das referidas comunidades procederem à atualização de informação, nomeadamente quanto à respetiva sede.

1.6. Bens culturais

Embora os *bens culturais* não estejam fora do comércio jurídico, a sua transmissão está sujeita ao cumprimento das formalidades e às restrições previstas na Lei nº 107/2001, de 8 de setembro, que definiu as bases da política e do regime de proteção e valorização do património cultural.

São considerados bens culturais, pelo nº 1 do art. 14º desta lei, os bens móveis e imóveis que, de harmonia com o disposto nos nºs 1, 3 e 5 do art. 2º, representem testemunho material com valor de civilização ou de cultura. São do seguinte teor os citados números do art. 2º:

> "1 – Para os efeitos da presente lei integram o património cultural todos os bens que, sendo testemunhos com valor de civilização ou de cultura portadores de interesse cultural relevante, devam ser objeto de especial proteção e valorização.
>
> ....
>
> 3 – O interesse cultural relevante, designadamente histórico, paleontológico, arqueológico, arquitetónico, linguístico, documental, artístico, etnográfico, científico, social, industrial ou técnico, dos bens que integram o património cultural refletirá valores de memória, antiguidade, autenticidade, originalidade, raridade, singularidade ou exemplaridade.
>
> ....
>
> 5 – Constituem, ainda, património cultural quaisquer outros bens que como tal sejam considerados por força de convenções internacionais que vinculem o Estado Português, pelo menos para os efeitos nelas previstos."

As limitações incidentes sobre a transmissão de bens classificados ou em vias de classificação estão previstas nos artºs 36º e 37º da Lei nº 107/2001.

A primeira destas disposições obriga ao *dever de comunicação:* assim, a alienação, a constituição de outro direito real de gozo ou a dação em pagamento de bens classificados nos termos do art. 15º da lei, ou em vias de classificação como tal, depende de prévia comunicação escrita ao serviço competente para a instrução do respetivo procedimento, ou seja, ao serviço que procedeu, ou está em vias de proceder, à classificação.

O mesmo dever impende sobre o cabeça de casal no caso de transmissão por herança ou legado, de bens classificados, em vias de classificação, ou ainda situados nas zonas de proteção destes, devendo a comunicação, neste caso, ser feita no prazo de três meses contados sobre a data de abertura da sucessão.

O art. 37º determina quem são os titulares do direito de preferência, em caso de venda ou dação em pagamento dos referidos bens: os comproprietários, o Estado, as Regiões Autónomas e os municípios, por esta ordem.

A proibição da *celebração de escrituras* e da *feitura de registos,* em caso de incumprimento, do dever de comunicação está prevista no nº 1 do art. 38º, segundo o qual o incumprimento do dever de comunicação constituirá *impedimento à celebração pelos notários das respetivas escrituras,* bem como obstáculo a que os *conservadores inscrevam os atos* em causa nos competentes registos.

Na falta da comunicação devida, a alienação, a constituição de outro direito real de gozo ou a dação em pagamento são anuláveis pelos tribunais sob iniciativa do membro da administração central, regional ou municipal competente, dentro de um ano a contar da data do conhecimento (nº 2 do art. 38º).

Finalmente, o art. 39º determina que os prédios *classificados ou em vias de classificação,* bem como os prédios incluídos em conjuntos igualmente classificados ou em vias de classificação, devem ter esta qualidade *inscrita gratuitamente* no respetivo *registo predial.*

1.7. Enquadramento legal do registo predial

O atual Código do Registo Predial foi aprovado pelo Decreto-Lei nº 224/84, de 6 de julho, mas sofreu entretanto numerosas alterações, a última das quais introduzida pela Lei nº 89/2017, de 21 de agosto.

O Decreto-Lei nº 44/2004, de 3 de março, estabeleceu um regime especial de registo dos *prédios situados no município do Corvo,* bem como dos direitos e ónus ou encargos sobre eles incidentes; este regime, segundo o nº 2 do art. 1º daquele diploma, é igualmente aplicável "aos casos de omissão de descrição predial, bem como aos de desatualização do registo por falta de trato sucessivo, desde que se verifique a falta de título que permita estabelecer ou restabelecer o trato sucessivo ou estabelecer um novo trato".

O Decreto-Lei nº 44/2004 foi entretanto alterado pelo Decreto-Lei nº 65/2005, de 15 de março, que estendeu o seu âmbito de aplicação aos municípios de *Lages das Flores e de Santa Cruz das Flores,* bem como pela Lei nº 41/2005, de 3 de agosto[33].

Também a regularização da situação registal dos bens imóveis pertencentes ao *domínio privado do Estado* ou ao *património próprio dos institutos públicos* foi objeto do Decreto-Lei nº 199/2004, de 18 de agosto, que instituiu para o efeito um regime simplificado de carácter excecional aplicável até 31 de dezembro de 2008: mas, entretanto, o Decreto-Lei nº 280/2007, de 7 de agosto, que corporizou a reforma do património imobiliário público, substituiu aquele regime por um *procedimento de justificação administrativa,* a que adiante se faz referência detalhada, aplicável, sem limite temporal, sempre que o Estado ou os institutos públicos pretendam justificar o seu direito para efeitos de registo predial ou quando haja dúvidas acerca dos limites ou características dos prédios do seu domínio privado.

2. Princípios orientadores do registo predial[34]

Os princípios orientadores do registo predial são os princípios que enformam o ordenamento jurídico do instituto "registo predial", isto é, são os princípios de

[33] A Lei 41/2005 corrigiu apenas o art. 3º, quanto à autarquia competente para emitir a declaração exigida pelos diplomas anteriores, e o art. 7º, quanto aos casos de isenção emolumentar.

[34] Cf., sobre os princípios orientadores do registo predial, entre outros, Serrano Alonso, *Conceptos Fundamentales del Derecho Hipotecario,* p. 22-29; Chico y Ortiz, *Seguridad jurídica y revision crítica de los*

que são consequência as disposições legais reguladoras desta espécie de registo e que ajudam a compreendê-las e a interpretá-las.

Consideramos princípios orientadores do registo predial o princípio da instância, o princípio da tipicidade, o princípio da presunção da verdade registal, o princípio da publicidade, o princípio da especialidade, o princípio da legalidade, o princípio da prioridade, o princípio da legitimação de direitos e o princípio do trato sucessivo.

2.1. Princípio da instância

O *princípio da instância* significa que o registo se efetua a *pedido dos interessados*, ou seja, que, salvo em casos expressamente previstos na lei, o conservador não atua por sua própria iniciativa.

O princípio da instância está consagrado no art. 41º, que, na sua atual redação, substituiu a expressão "pedido dos interessados" por "pedido de quem tenha legitimidade", ressalvando os casos de *oficiosidade* previstos na lei. Esta alteração, introduzida pelo Decreto-Lei nº 116/2008, de 4 de Julho, tem em vista abranger as entidades que titulam certos factos jurídicos e que passam também a estar obrigadas a promover o correspondente registo.

A regra geral de legitimidade é definida pelo art. 36º. Assim, têm legitimidade para pedir o registo os sujeitos, ativos ou passivos, da respetiva relação jurídica e, em geral, todas as pessoas que nele tenham interesse ou que estejam obrigadas à sua promoção.

Ao referir todas as pessoas que possam ter interesse no registo, a norma legal abrange assim, por exemplo, os credores, bem como os interessados na feitura de um ato de registo dependente de outro ainda não efetuado, que terão assim legitimidade para requerer também este último.

O art. 37º prevê o caso da *contitularidade de direitos*, admitindo que o meeiro ou qualquer dos herdeiros possa pedir, a favor de todos os titulares, o registo de aquisição de bens e direitos que façam parte de herança indivisa, do mesmo passo também que qualquer comproprietário ou compossuidor possa pedir, a favor de qualquer dos demais titulares, o registo de aquisição dos respetivos bens ou direitos.

Mas já os *averbamentos às descrições*, salvo quando se trate de factos que constem de *documento oficial*, só podem ser pedidos (nº 1 do art. 38º):

a) Pelo proprietário ou possuidor definitivamente inscrito ou com a sua intervenção;

princípios hipotecarios, p. 49 e seguintes; Mouteira Guerreiro, *Noções... cit.*, p. 25 e seguintes; Carvalho Fernandes, *Lições de Direitos Reais*, 4ª edição, Quid Juris, p. 109 e seguintes.

b) Por qualquer interessado inscrito ou com a sua intervenção, não havendo proprietário ou possuidor inscrito;

c) Por qualquer interessado inscrito que tenha requerido a notificação judicial do proprietário ou possuidor inscrito, não havendo oposição deste no prazo de 15 dias.

A intervenção acima referida nas alíneas *a)* e *b)* tem-se por verificada desde que os interessados tenham intervindo nos respetivos títulos ou processos (nº 2). A oposição referida na alínea *c)* é anotada à descrição mediante apresentação de requerimento do proprietário ou possuidor inscrito.

E quem é que pode ser *representante* dos interessados?

Como regra, registo pode ser pedido por *mandatário com procuração que lhe confira poderes especiais* para o ato. Não carecem, porém, de procuração (art. 39º):

a) Quem tenha *poderes de representação para intervir no respetivo título,* nos quais se haverão como compreendidos os necessários às declarações complementares relativas à identificação do prédio;

b) Os *advogados,* os *notários* e os *solicitadores.*

Atente-se todavia em que, de harmonia com o nº 3 do art. 39º, e sem prejuízo do disposto na alínea *a)*, esta dispensa de procuração não se aplica aos pedidos de *averbamento à descrição de factos* que não constem de *documento oficial.*

A representação abrange sempre a faculdade de requerer *urgência* na realização do registo, subsiste até à feitura deste e implica a responsabilidade solidária do representante no pagamento dos respetivos encargos.

Ao respetivo representante legal ou ao Ministério Público compete requerer o registo quando, em processo de inventário, for adjudicado a incapaz ou ausente em parte incerta qualquer direito sobre imóveis (nº 5 do art. 39º).

2.2. Princípio da tipicidade

O princípio da tipicidade, também designado por princípio do *numerus clausus,* analisa-se em que só podem ser levados ao registo os factos que a lei indica como a ele sujeitos e, consequentemente, nenhuns outros.

Os artºs 2º e 3º enumeram os factos jurídicos, incluindo as ações, decisões, procedimentos e providências, sujeitos a registo predial.

A consagração, no nosso ordenamento jurídico-registal, do princípio da tipicidade não é unanimemente aceite pela doutrina, particularmente com o argumento de que o Código não indica factos concretos em algumas das alíneas dos artigos citados.

Assim, por exemplo, a alínea *a)* do nº 1 do artº 2º limita-se a enunciar como factos sujeitos a registo os "factos jurídicos que determinem a constituição, o reconhecimento, a aquisição ou a modificação dos direitos de propriedade (...)", sem concretizar esses mesmos factos: compra e venda, doação, etc.

Mas se é certo que o Código não enuncia de forma direta e concreta todos os factos registáveis, não é menos certo que qualifica suficientemente as espécies de factos jurídicos em causa por forma a que se não possam razoavelmente suscitar dúvidas quanto aos que estão ou não abrangidos pela enumeração legal.

A essência do princípio está em que não reside na disponibilidade do conservador ou dos interessados fazer registar factos jurídicos que estes entendam dever ficar inscritos nas tábuas.

Mais uma vez se cita a síntese feliz de Remo de Noronha: "O princípio do *numerus clausus* dos factos sujeitos a registo implica a impossibilidade de à respetiva enumeração legal serem pelo intérprete acrescentados novos factos, a título de integrar lacunas da lei".[35]

2.3. Princípio da presunção da verdade registal

O *princípio da presunção da verdade registal*, ou de *exatidão do registo*, significa que o que consta do registo é juridicamente existente e consequentemente que o direito que aí é enunciado existe e existe com a precisa extensão nele refletida.

O princípio implica, por outro lado, a presunção de que quem consta no registo como titular de um direito real sobre um bem imóvel é de facto o seu titular e pode portanto dispor desse direito.

Nos *registos declarativos*, como é a regra no sistema de registo predial português, trata-se de uma presunção *iuris tantum*, uma vez que pode ser destruída por prova em contrário. Mas quem tem a seu favor a presunção legal escusa de provar o facto que a ela conduz: o efeito da presunção é portanto o de inverter o ónus da prova (cf. art. 350º CC).

Como veremos a propósito dos vícios do registo, o Código admite a prova da inexistência jurídica ou da nulidade do registo.

É o artº 7º que consagra o princípio da verdade registal ao declarar que o registo definitivo constitui presunção de que o direito existe e pertence ao titular inscrito, nos precisos termos em que o registo o define.

Note-se que as titularidades constantes das *inscrições matriciais*[36] só constituem presunção de propriedade para efeitos tributários (nº 5 do art. 12º do CIMI).

[35] Em *Boletim dos Registos e do Notariado*, nº 5/2000, p. 22.

[36] Elementos constantes das matrizes prediais, mantidas pelos serviços de finanças.

2.4. Princípio da publicidade

O *princípio da publicidade* significa que qualquer pessoa tem o direito de pedir informações sobre a titularidade dos direitos inscritos no registo e sobre o conteúdo dos registos.

É o corolário da própria finalidade do registo, enunciada no art. 1º: dar publicidade à situação jurídica dos prédios, tendo em vista a segurança do comércio jurídico imobiliário.

O art. 104º reafirma o carácter público do registo, ao determinar que qualquer pessoa pode pedir certidões dos atos de registo e dos documentos arquivados, bem como obter informações verbais ou escritas sobre o conteúdo de uns e de outros.

O registo predial é um registo de *base real*[37], isto é, assenta na realidade *prédio*; regista factos jurídicos respeitantes ao prédio e de que decorrem situações jurídicas, como seja, por exemplo, a qualidade de proprietário. Se fosse um registo de base *pessoal*, como acontece noutros países, centrar-se-ia nos titulares dos direitos.

A publicidade do registo respeita pois aos factos registados de que decorre a titularidade dos direitos correspondentes.

Responde assim a questões sobre quais são os factos registados e quem são os titulares dos direitos correspondentes, questões como será, por exemplo, a de saber quem é o proprietário de determinado prédio e que encargos recaem eventualmente sobre ele.

Em contrapartida, a publicidade do registo predial já não abrange o acesso à informação dos direitos de que é titular determinada pessoa, como seria, por exemplo, a informação dos prédios de que determinado indivíduo é proprietário.

A prestação de informações pessoais só pode ser efetuada com observância do condicionalismo previsto nos artigos 109º-A e seguintes.

O nº 1 do art. 109º-A estabelece o princípio geral: "1. Os dados referentes à situação jurídica de qualquer prédio constantes das bases de dados podem ser comunicados a qualquer pessoa que o solicite, nos termos previstos neste Código."

Os dados suscetíveis de ser comunicados são pois apenas os que respeitam à *situação jurídica de prédios em concreto*. Esta matéria será adiante objeto de estudo mais detalhado.

2.5. Princípio da especialidade

Ao *princípio da especialidade* corresponde a necessidade de tanto o prédio como os direitos que sobre ele possam existir, sejam definidos no registo por forma

[37] Também chamado de *fólio real*.

clara e específica, de maneira a afastar quaisquer dúvidas, quer sobre a sua identificação precisa, quer sobre a extensão dos direitos e vinculações que sobre eles incidam.

A necessidade de certeza jurídica reclama assim que os prédios sejam descritos com o número suficiente de elementos individualizadores, por forma a permitir identificá-los sem margem para dúvidas, e que os direitos que sobre eles incidem, bem como o próprio negócio jurídico subjacente, sejam caracterizados de maneira a que também se não suscitem dúvidas sobre a sua verdadeira natureza e alcance.

A indeterminação de qualquer destes elementos ofenderia o objetivo fundamental prosseguido pelo registo – o da certeza jurídica – pelo que são adequadamente concretizados em disposições legais.

Assim, os artºs 82º e seguintes especificam os elementos que devem constar das descrições dos prédios, tal como os artºs 93º e seguintes explicitam as menções que devem constar das inscrições dos factos sujeitos a registo.

2.6. Princípio da legalidade

De harmonia com o *princípio da legalidade*, também chamado da *qualificação*, consagrado no art. 68º, compete ao conservador apreciar a viabilidade do pedido de registo, em face das disposições legais aplicáveis, dos documentos apresentados e dos registos anteriores, verificando especialmente a identidade do prédio, a legitimidade dos interessados, a regularidade formal dos títulos e a validade dos atos dispositivos neles contidos.

É nesta tarefa delicada e responsabilizante, designada por *qualificação*, que toma corpo a função mais nobre da atividade jurídica do conservador.

Não pode todavia o conservador, na sua função qualificadora, socorrer-se de elementos de facto que se não contenham nos documentos apresentados ou não resultem de registos anteriores.

É importante, a este propósito, referir as seguintes conclusões de um parecer do Conselho Técnico da Direção-Geral dos Registos e do Notariado[38]:

> "I – O princípio da legalidade define as balizas da atuação do conservador, estando a função qualificadora confinada às disposições legais aplicáveis ao caso submetido a registo, aos documentos que para tal foram apresentados pelo interessado e à situação tabular resultante dos registos anteriores àquele que é objeto do pedido (ou que deva ser efetuado oficiosamente).

[38] Em *Boletim dos Registos e do Notariado*, nº 4/99, II, p. 33-34.

II – Decorre de tal princípio, por via negativa, que no exercício da sua função qualificadora o conservador não pode apreciar factos que chegaram ao seu conhecimento por outra via que não seja a da apresentação para registo (com exceção daqueles que a lei manda registar oficiosamente) e, consequentemente, com base na valoração desses factos, decidir-se pela recusa (entendida esta em sentido amplo) em lavrar o registo nos termos em que é pedido.

III – Os documentos apresentados ao conservador – e que este deve apreciar na qualificação do pedido de registo, nos termos do art. 68º do C.R.P. – são, assim, aqueles que foram carreados (ainda que por remissão) para o processo registral pelo interessado, diretamente ou através de mandatário expresso ou tácito, visando titular o facto a inscrever e comprovar os demais requisitos exigidos por lei.

IV – Estão pois excluídos de tal qualificação os documentos que, sendo apresentados por outrem que não o interessado, não visem o suprimento de deficiências do respetivo processo registral.

V – Estes últimos deverão ser restituídos ao apresentante com a nota expressa da sua irrelevância para o registo em causa.

VI – Também o conservador não pode instruir o processo de recurso hierárquico com documentos que foram juntos a processos de registo instaurados na conservatória já após a apresentação do pedido de registo cuja qualificação é objeto de impugnação."

2.7. Princípio da prioridade

O *princípio da prioridade* reflete o aforismo latino *prior tempore, potior iure*, isto é, primeiro no tempo, melhor direito.

Sendo possível a concorrência de direitos similares, pertencentes a titulares diferentes, sobre o mesmo prédio, é necessário definir entre eles uma ordem de prioridade.

Não é de facto admissível que sobre o mesmo prédio possam sobrepor-se direitos da mesma natureza e extensão pertencentes a pessoas diferentes: daí o ter de fixar-se um meio jurídico de solucionar eventuais conflitos entre direitos sobre o mesmo prédio.

É por isso necessário definir um critério que permita estabelecer sem margem para dúvidas qual o direito que deve ter a prevalência; *critério de exclusão*, no caso de direitos incompatíveis, ou *critério de graduação*, no caso de um direito poder ser satisfeito depois do outro.

O critério legalmente estabelecido foi o da prevalência do direito primeiramente inscrito no registo, independentemente da antiguidade do título.

Segundo o princípio da prioridade do registo, definido no art. 6º, o *direito inscrito em primeiro lugar prevalece sobre os que se lhe seguirem* relativamente aos mesmos bens, por ordem da data dos registos e, dentro da mesma data, pela ordem temporal das apresentações correspondentes. Como decorre do nº 1 do art. 77º, a data dos registos é a da apresentação ou, se desta não dependerem, a data é aquela em que forem efetuados.

Note-se que o registo inicialmente inscrito como *provisório*, uma vez convertido em definitivo, conserva a prioridade que tinha como provisório.

Em aplicação ainda do princípio da prioridade, também o art. 6º dispõe que, no caso de ter havido *recusa* de efetuar um registo, se esse registo vier a ser feito na sequência de recurso julgado procedente, ele *conservará a prioridade* correspondente à apresentação do ato recusado.

2.8. Princípio da legitimação de direitos

O *princípio da legitimação de direitos* significa que só pode exercer direitos quem estiver legitimado para o fazer, ou, por outras palavras, só tem legitimidade para exercer direitos sobre imóveis quem estiver munido de título suficiente para prova do seu direito.

Em consequência, só pode transmitir direitos sobre imóveis quem tiver esses bens inscritos no registo em seu nome, da mesma maneira que só podem ser constituídos encargos sobre bens imóveis contra a pessoa em nome de quem eles estão inscritos no registo (nº 1 do art. 9º).

Uma vez que a transmissão de direitos ou a constituição de encargos tem de ser titulada, este princípio é aplicado pelas *entidades que têm competência legal para lavrar tais títulos*: juízes, notários, advogados, solicitadores, câmaras de comércio e indústria e outras entidades legalmente competentes[39].

"Com esta medida o legislador procurou legitimar a titulação dos atos e o seu registo, dando mais segurança ao comércio jurídico, na medida em que os bens imóveis só com intervenção do proprietário inscrito podem ser alienados ou onerados"[40].

Se o vendedor que constar do título não for o titular inscrito no registo ou se o seu estado civil se tiver modificado em termos de alterar os pressupostos

[39] Também o nº 1 do art. 124º do CIMI, relativamente à inscrição na matriz predial, visa garantir que, em qualquer transmissão de direitos sobre prédios, seja previamente confirmada a sua inscrição na matriz, determinando o seguinte: "1 – As entidades públicas, ou que desempenhem funções públicas, que intervenham em atos relativos à constituição, transmissão, registo ou litígio de direitos sobre prédios, devem exigir a exibição de documento comprovativo da inscrição do prédio na matriz ou, sendo omisso, de que foi apresentada a declaração para inscrição."

[40] Fernando Neto Ferreirinha, *A justificação notarial para fins do registo predial*, p. 2.

da sua titularidade, o registo poderá ser efetuado mas apenas como provisório por dúvidas[41].

A este propósito deliberou o Conselho Técnico da Direção-Geral dos Registos e do Notariado[42]:

> "1º – Não há lugar a recusa do registo de aquisição a favor de certa e determinada pessoa, quando o prédio submetido a registo estiver inscrito a favor de pessoa diferente ou, mesmo, da mesma pessoa, desde que se verifique alteração do seu estado civil, e esta possa modificar os pressupostos ou o condicionalismo da respetiva titularidade.
>
> 2º – O registo a efetuar nos casos referidos deve ter a qualificação de provisório por dúvidas até que se estabeleça o trato sucessivo.
>
> 3º – Na hipótese em apreço, assim deverá acontecer, a não ser que, ao mesmo tempo, se requeira e se efetue o registo de aquisição a favor do vendedor e reclamante, no estado de divorciado, como consequência da adjudicação do citado prédio, operada em partilha judicial ou extrajudicial, subsequente e resultante do divórcio, o que, desde logo, permitirá a efetivação do registo a favor da compradora, com o carácter de definitivo."

O nº 2 do art. 9º prevê, no entanto, as seguintes *exceções* ao princípio de legitimação de direitos:

a) A partilha, a expropriação, a venda executiva, a penhora, o arresto, a declaração de insolvência e outras providências que afetem a livre disposição dos imóveis[43];

b) Os atos de transmissão ou oneração outorgados por quem tenha adquirido no mesmo dia – "e com conhecimento pessoal do notário, que será expressamente mencionado", precisa a alínea *a)* do nº 3 do art. 54º do Código do Notariado[44] –, os bens transmitidos ou onerados;

[41] "A posição deste Conselho, como é consabido, vai no sentido de que a transmissão de um direito com infração do princípio da legitimação não implica a invalidade do ato, tendo meras consequências disciplinares." (Parecer do C. T. da DGRN, em *Boletim dos Registos e do Notariado*, nº 4/2003, II, p. 6).

[42] Em *Boletim dos Registos e do Notariado*, nº 4/85, p. 6-8.

[43] Cf. o procedimento previsto no art. 119º, que obriga à citação do titular inscrito ou dos seus herdeiros.

[44] Disposição a observar também pelas entidades que autentiquem documentos particulares que titulem atos sujeitos a registo predial, por força do disposto no art. 24º do Decreto-Lei nº 116/2008, de 4 de julho.

c) Os casos de urgência devidamente justificada por perigo de vida dos outorgantes.[45]

O Código do Notariado, que contém no seu art. 54º disposição similar, explicita, relativamente a partilhas, no nº 2 desse artigo:

"2 - Os instrumentos pelos quais se partilhem ou transmitam direitos sobre prédios, ou se contraiam encargos sobre eles, não podem ser lavrados sem que também se faça referência à inscrição desses direitos em nome do autor da herança, ou de quem os aliena, ou à inscrição de propriedade do prédio em nome de quem o onera."

O art. 55º do mesmo Código dispensa da exigência constante do nº 2, os atos de partilha de herança e, tratando-se de prédios não descritos ou sem inscrição de aquisição, nos de transmissão de prédios que dela façam parte, se os partilhantes ou transmitentes se encontrarem habilitados como únicos herdeiros, ou for feita, simultaneamente, a respetiva habilitação.

Para ter em conta a situação de desatualização do registo predial que, à data da entrada em vigor do atual Código, prevalecia em muitas regiões do país, o legislador previu uma outra *exceção* para os prédios situados em área *onde não tenha vigorado o registo obrigatório*[46]: permite assim o nº 3 do art. 9º (tal como o art. 55º, al. *b)*, do Código do Notariado) que o primeiro ato de transmissão posterior a 1 de Outubro de 1984 possa ser titulado sem a exigência prevista no nº 1 - inscrição em favor da pessoa de quem se adquire o direito -, se for exibido documento comprovativo, ou feita justificação simultânea, do direito da pessoa de quem se adquire.

"Por "documento comprovativo" para este efeito deve entender-se aquele que prove o direito para fins de registo, como é o caso da certidão da escritura de habilitação notarial."[47]

2.9. Princípio do trato sucessivo

Corolário do princípio da legitimação de direitos é o *princípio do trato sucessivo*: diferencia-os sobretudo a qualidade dos destinatários, uma vez que a garantia do cumprimento do primeiro é da responsabilidade das entidades que titulam os factos sujeitos a registo enquanto é ao *conservador* que tem a seu cargo

[45] O art. 56º do Código do Notariado exige que do instrumento notarial conste o modo como foi comprovada a urgência: será normalmente, mas não necessariamente, por via da apresentação de atestado médico.

[46] Ver em *6.3.1 - Harmonização entre a matriz predial e a descrição* a relação dos concelhos em que vigorou o registo predial obrigatório a que se refere o nº 3 do art. 9º.

[47] Parecer do C. T. da DGRN em *Boletim dos Registos e do Notariado* nº 3/2002, II, p. 48.

o registo que, na sua função qualificadora, cabe assegurar a observância do segundo[48].

A segurança jurídica exige que no registo estejam refletidas todas as vicissitudes da vida de um direito real, de tal maneira que os assentos sobre um direito sejam consequência uns dos outros, não havendo entre estes solução de continuidade: quer isto dizer que o atual titular do direito o adquiriu do titular imediatamente antes inscrito no registo e que o próximo titular só o poderá adquirir do atualmente inscrito.

É a esta concatenação sucessiva de titulares que se dá o nome de *trato sucessivo*.

Por sua vez, a *constituição de encargos* sobre um prédio reclama que esse prédio esteja inscrito no registo em nome de quem constitui o encargo. É o nº 1 do art. 34º que exige que o registo definitivo de *constituição de encargos* por *negócio jurídico* dependa da prévia inscrição dos bens em nome de quem os onera.

A referência a *negócio jurídico* exclui naturalmente toda a constituição de encargos que não resulte de negócio jurídico: hipoteca legal ou judicial, penhora, arresto e outras providências cautelares, por exemplo.

Por sua vez, o *registo definitivo de aquisição de direitos*, como diz agora o nº 2 do art. 34º, depende da prévia inscrição dos bens em nome de quem os transmite, quando o documento comprovativo não tiver sido apresentado perante o serviço de registo.

Esta inscrição é sempre dispensada no registo de aquisição com base em partilhas (nº 3 do art. 34º).

No caso de existir sobre os bens *registo de aquisição ou reconhecimento de direito suscetível de ser transmitido ou de mera posse*, é necessária a intervenção do respetivo titular para poder ser lavrada nova inscrição definitiva, *salvo se o facto for consequência de outro anteriormente inscrito* (nº 4 do art. 34º).

Para ilustração da salvaguarda constante da parte final deste nº 2, pode apontar-se o seguinte exemplo: *A*, titular inscrito, vende a *B*, que regista, um prédio que se encontra hipotecado. *A* não paga e o credor instaura o correspondente processo de execução: não obstante a inscrição de propriedade em nome de *B*, pode ser registada definitivamente a penhora e a posterior aquisição no processo de execução em nome do comprador porquanto se trata de factos – penhora e posterior venda – consequentes de outro inscrito anteriormente à aquisição de *B* – a hipoteca.

[48] A aplicação do princípio da legitimação nos termos constantes do art. 9º é também mais abrangente que a do princípio do trato sucessivo porque inclui qualquer forma de titulação, baseada ou não em negócio jurídico, enquanto o princípio do trato sucessivo, segundo o art. 34º, se aplica à titulação baseada em negócio jurídico.

No caso de bens ou direitos que façam parte de *herança indivisa*, é dispensada a inscrição intermédia em nome dos respetivos titulares (art. 35º).

O estabelecimento do trato sucessivo para primeira inscrição de um prédio, bem como o reatamento do trato sucessivo para justificação da continuidade das inscrições, estão sujeitos, em alternativa, ao processo de justificação administrativa previsto no Código do Registo Predial, ou ao processo de justificação notarial previsto no Código do Notariado, ambos adiante tratados.

O registo pedido com violação do trato sucessivo só pode ser efetuado como provisório por dúvidas, conforme reafirma a seguinte deliberação do Conselho Técnico da Direção-Geral dos Registos e do Notariado[49]:

> "1º – Da aplicação do princípio do trato sucessivo, na modalidade da continuidade das inscrições, resulta que no caso de existir em vigor qualquer registo de aquisição dos bens, é necessária a intervenção do respetivo titular para poder ser lavrada nova inscrição definitiva sobre os mesmos bens.
>
> 2º – Nesta modalidade, o princípio aplica-se a todos os casos de aquisição de direitos e constituição de encargos, seja por negócio jurídico, seja por qualquer outro título.
>
> 3º – O registo pedido com violação do princípio do trato sucessivo deve ser registado como provisório por dúvidas, sendo, porém, nulo se vier a ser lavrado como definitivo."

3. Factos e ações sujeitos a registo

3.1. Factos sujeitos a registo

O art. 2º enuncia os seguintes factos como sujeitos a registo:

a) Factos jurídicos que determinem a constituição, o reconhecimento, a aquisição ou a modificação dos direitos de propriedade, usufruto, uso e habitação, superfície ou servidão[50] *[não abrange a comunicabilidade de bens resultante do regime matrimonial* (nº 2 do art. 2º)*]*;

[49] Em *Boletim dos Registos e do Notariado*, nº 12/86, p. 9.

[50] Inclui as servidões administrativas, de que são exemplo as servidões de gás e as servidões de oleoduto/gasoduto, a que se referem os Decretos-Lei nº 11/94, de 13 de janeiro, e 152/94, de 26 de maio (cf. deliberações do C. T. da DGRN em *Boletim dos Registos e do Notariado*, nº 11/2000, II, p. 18/19, nº 6/2003, p. 28, e nº 2/2004, p. 12). "Para a prossecução de finalidades concretas de interesse público relativas à política fundiária podem, nos termos legalmente previstos, ser constituídas servidões administrativas sobre bens imóveis que, com carácter real, limitem o direito de propriedade ou outros direitos reais, por lei, ato administrativo ou contrato, prevalecendo sobre as demais restrições de uso do solo." (Nº 1 do art. 1º da Lei nº 31/2014, de 30 de maio – Lei de bases gerais da política pública de solos, de ordenamento do território e de urbanismo).

b) Factos jurídicos que determinem a constituição ou a modificação da propriedade horizontal e do direito de habitação periódica[51];
c) Factos jurídicos confirmativos de convenções anuláveis ou resolúveis que tenham por objeto os direitos mencionados na alínea *a)*;
d) As operações de transformação fundiária resultantes de loteamento, de estruturação de compropriedade e de reparcelamento, bem como as respetivas alterações[52];
e) A mera posse[53];
f) A promessa de alienação ou oneração, os patos de preferência e a disposição testamentária de preferência, se lhes tiver sido atribuída eficácia real, bem como a cessão da posição contratual emergente desses factos;
g) A cessão de bens aos credores;
h) A hipoteca, a sua cessão ou modificação, a cessão do grau de prioridade do respetivo registo e a consignação de rendimentos;
i) A transmissão de créditos garantidos por hipoteca ou consignação de rendimentos, quando importe transmissão de garantia;
j) A afetação de imóveis ao caucionamento das reservas técnicas das companhias de seguros, bem como ao caucionamento da responsabilidade das entidades patronais;

[51] Art. 8º do Decreto-Lei nº 275/93, de 5 de agosto, alterado pelos Decretos-Lei nº 180/99, de 22 de maio, e nº 22/2002, de 31 de janeiro:
"1 – O título de constituição do direito real de habitação periódica está sujeito a inscrição no registo predial.
2 – Só pode ser objeto de direito real de habitação periódica o edifício, grupo de edifícios ou conjunto imobiliário objeto de uma única descrição no registo predial.
3 – Se a execução do empreendimento turístico tiver sido prevista por fases, o registo de constituição dos direitos reais de habitação periódica respeitantes a cada fase será feito por averbamento à respetiva descrição."

[52] As alterações prediais resultantes de operações de emparcelamento rural estão igualmente sujeitas a registo predial (nº 2 do art. 5º da Lei nº 111/2015, de 27 de agosto). Vd., quanto às operações de loteamento, o Regime Jurídico da Urbanização e da Edificação (RJUE), aprovado pelo Decreto-Lei nº 555/99, de 10 de dezembro, alterado e republicado pelo Decreto-Lei nº 136/2014, de 9 de setembro (e alterado, por último, pelo Decreto-Lei nº 66/2019, de 21 de maio), e, quanto à estruturação da propriedade, o Regime Jurídico dos Instrumentos de Gestão Territorial, revisto e republicado pelo Decreto-Lei nº 80/2015, de 14 de maio, a Lei nº 31/2014, de 30 de maio (Lei de bases gerais da política pública de solos, de ordenamento do território e de urbanismo) e a Lei nº 111/2015, de 27 de agosto (Regime Jurídico da Estruturação Fundiária).

[53] Mera posse é a posse não titulada; será bem raro o pedido de registo da mera posse, como nota Mouteira Guerreiro (*Noções... cit.*, p. 48), porquanto esta só é registada após decisão proferida no processo de justificação previsto no art. 118º na qual, por força do nº 2 do art. 1295º do Código Civil, "se reconheça que o possuidor tem possuído pacífica e publicamente por tempo não inferior a cinco anos" e só tem, como efeito, o de abreviar o prazo da usucapião (nº 1 do mesmo art. 1295º).

l) A locação financeira e as suas transmissões;
m) O arrendamento por mais de seis anos e as suas transmissões ou sublocações, excetuado o arrendamento rural;[54]
n) A penhora e a declaração de insolvência;
o) O penhor, a penhora, o arresto e o arrolamento de créditos garantidos por hipoteca ou consignação de rendimentos e quaisquer outros atos ou providências que incidam sobre os mesmos créditos;
p) A constituição do apanágio e as suas alterações;
q) O ónus de eventual redução das doações sujeitas a colação *[ónus de colação]*;
r) O ónus de casa de renda limitada ou de renda económica sobre os prédios assim classificados;
s) O ónus de pagamento das anuidades previstas nos casos de obras de fomento agrícola[55];
t) A renúncia à indemnização, em caso de eventual expropriação, pelo aumento do valor resultante de obras realizadas em imóveis situados nas zonas marginais das estradas nacionais ou abrangidos por planos de melhoramentos municipais[56];
u) Quaisquer outras restrições ao direito de propriedade, quaisquer outros encargos e quaisquer outros factos sujeitos por lei a registo[57];
v) A concessão em bens do domínio público e as suas transmissões, quando sobre o direito concedido se pretenda registar hipoteca;
x) Factos jurídicos que importem a extinção de direitos, ónus ou encargos registados;
z) O título constitutivo do empreendimento turístico e suas alterações.

[54] Nos termos do nº 4 do art. 6º do Decreto-Lei nº 294/2009, de 13 de outubro, o contrato de arrendamento rural – que abrange também o arrendamento florestal – não está sujeito a registo.
[55] Taxa que era devida por obras de rega e beneficiação efetuadas pelo Estado, ao abrigo das Leis nº 1949 e 2017, respetivamente de 15 de fevereiro de 1937 e 25 de junho de 1946, e do Decreto-Lei nº 33 159, de 21 de outubro de 1943.
[56] Ónus de renúncia: como explica Maria Ema Guerra (Código *do Registo Predial*, p. 74) é "um ónus que tem por fim garantir que o proprietário de imóvel situado à beira de uma estrada ou abrangido por plano municipal de melhoramentos municipais, autorizado a construir ou a melhorar um edifício já construído, renuncia a maior indemnização do que aquela que seria devida antes do prédio ser construído ou melhorado, no caso de esse imóvel vir a ser expropriado pelo Estado ou pela Câmara."
[57] São exemplo destas restrições os *ónus de inalienabilidade* ou de *impenhorabilidade* que podem impender, em certos casos previstos na lei, sobre casas de habitação construídas ou adquiridas mediante empréstimo ou em condições especiais: sirva de exemplo a aquisição de fogos de habitação social, ao abrigo do Decreto-Lei nº 141/88, de 22 de abril, sobre os quais recai ónus de inalienabilidade, sujeito a registo, conforme a previsão do seu art. 10º, na redação que lhe foi dada pelo Decreto-Lei nº 288/93, de 20 de agosto.

3.2. Ações, decisões, procedimentos e providências sujeitos a registo

Estão sujeitos a registo (art. 3º):

a) As ações que tenham por fim, principal ou acessório, o reconhecimento, a constituição, a modificação ou a extinção de algum dos direitos referidos no art. 2º, bem como as ações de impugnação pauliana;
b) As ações que tenham por fim, principal ou acessório, a reforma, a declaração de nulidade ou a anulação de um registo ou do seu cancelamento;
c) As decisões finais das ações referidas nas alíneas anteriores, logo que transitem em julgado;
d) Os procedimentos que tenham por fim o decretamento do arresto e do arrolamento, bem como de quaisquer outras providências que afetem a livre disposição de bens;
e) As providências decretadas nos procedimentos referidos na alínea *d)*.

No caso do registo de ações o que se regista é o *articulado* em que o problema é suscitado: em princípio, a petição inicial, mas pode todavia a ação sujeita a registo surgir apenas em reconvenção, na contestação ou até na réplica, caso em que se regista então um destes articulados.

Se o prédio objeto da ação estiver omisso no registo, deve proceder-se à abertura da respetiva descrição.[58]

O registo das ações *tem necessariamente natureza provisória*; a conversão em definitivo do seu registo resulta da decisão judicial que venha a ser proferida e só tem lugar *após o trânsito em julgado* dessa decisão.

Não são suscetíveis de registo ações que não ponham em causa direitos reais e que não caibam, por conseguinte, na formulação do artº 3º, como por exemplo a ação de despejo[59] ou a ação de demarcação, sem prejuízo do que diz respeito ao registo da *ação pauliana*, cuja procedência não produz qualquer efeito real mas de que o art. 3º agora *permite expressamente o registo.*

Não são suscetíveis de registo as *ações pessoais* e as *ações possessórias.*

As ações de restituição de posse, porque não põem em causa qualquer dos factos previstos no art. 2º, não são registáveis; pode todavia – e não é caso inédito – que o réu venha na contestação a alegar o seu direito de propriedade sobre o prédio em causa e a pedir o reconhecimento desse direito: essa ação de reconhecimento de propriedade, que se enxerta, por assim dizer, na primeira é que está sujeita a registo.[60]

[58] Cf. parecer do C. T. da DGRN, em *Boletim dos Registos e do Notariado,* nº 6/2003, II, p. 15.

[59] Com ressalva, naturalmente, dos arrendamentos referidos na 1ª parte da alínea *m)* do art. 2º.

[60] Cf. parecer do C. T. da DGRN, em *Boletim dos Registos e do Notariado,* nº 15/86, p. 7, cujas duas primeiras conclusões são do seguinte teor: “1º As ações possessórias não estão sujeitas a registo.

Também não são suscetíveis de registo as ações que não incidam sobre *bens determinados*: como se viu, decorre do princípio da especialidade que a correta individualização dos bens é um elemento essencial à certeza jurídica.

Assim o reafirmou o Conselho Técnico da Direção-Geral dos Registos e do Notariado, a propósito da herança indivisa e, consequentemente, do quinhão hereditário:

> "I – Os factos relativos a bens indeterminados produzem efeitos contra terceiros independentemente do registo, enquanto os mesmos não forem devidamente especificados e determinados.
>
> II – Só os factos relativos a bens certos e determinados podem ser objeto de registo, dele se devendo excluir os que respeitem a universalidades, como é o caso da herança indivisa.
>
> III – Assim, a ação que apenas tenha por objeto o exercício do direito de preferência pela transmissão de quinhão hereditário não está sujeita a registo."[61]

A *ação de demarcação* não está sujeita a registo porque tem a ver apenas com a definição exata da localização, extensão e limites dos prédios confinantes, podendo dar origem à retificação da área e confrontações constantes das descrições respetivas, mas não tem por fim o reconhecimento, a constituição, a modificação ou a extinção de algum dos direitos referidos no art. 2º.

Como se escreve em parecer do Conselho Técnico da Direção-Geral dos Registos e do Notariado[62], "a ação de demarcação, embora conexa com o direito das coisas, não é uma ação real, mas pessoal. Não se pretende a declaração de qualquer direito real, que não está em causa, nem quanto ao prédio dos réus, nem quanto ao dos autores, ainda que esteja em conexão com um direito real o comportamento que por ela se tende a tomar jurisdicionalmente efetivo.

Este comportamento destina-se a precisar as estremas de prédios confinantes, estremas essas que, uma vez definidas pelo Tribunal, hão de ser fixadas como sempre existiram, sem ter sido posto em dúvida qualquer direito real."

É certo que a ação de demarcação, enquanto ação pessoal, pressupõe que não haja dúvidas acerca dos limites dos prédios: em caso contrário, ou seja, a haver dúvidas sobre a propriedade de determinada faixa de terreno, a ação já teria natureza real.[63]

2º Quando, pelo réu, for levantada na contestação, a questão do direito de propriedade, será este pedido reconvencional que ficará obrigatoriamente sujeito a registo."

[61] Em procº 28/88 RP3, citado por Maria Ema Guerra, *ibidem*.

[62] Em *Boletim dos Registos e do Notariado*, nº 3/85, p. 10, citando o acórdão publicado no *Boletim do Ministério da Justiça*, nº 187, p.73.

[63] Pires de Lima e Antunes Varela, *Código Civil Anotado*, III, p. 197.

Poderá nem sempre ser fácil definir um critério claro de distinção entre a ação de demarcação, com carácter pessoal, e a ação de reivindicação, de carácter real. Escrevem Pires de Lima e Antunes Varela: "De todas [as variadas soluções propostas], (...) parece-nos ser correta a que apresenta como critério para distinguir entre as duas ações a diferença entre um *conflito acerca do título* e um *conflito de prédios*. Se as partes discutem o título de aquisição, como se, por exemplo, o autor pede o reconhecimento do seu direito de propriedade sobre a faixa ou sobre uma parte dela, porque a adquiriu por usucapião, por sucessão, por compra, por doação, etc., a ação é de *reivindicação*. Está em causa o próprio *título* da aquisição. Se, pelo contrário, se não discute o título, mas a relevância dele em relação ao prédio, como, por exemplo, se o autor afirma que o título se refere a *varas* e não a *metros* ou discute os termos em que deve ser feita a medição, ou, mesmo em relação à usucapião, se não discute o título de aquisição do prédio de que a faixa faz parte, mas a extensão do prédio possuído, a ação é já de *demarcação*[64].

A distinção foi também objeto de parecer do Conselho Técnico da Direção-Geral dos Registos e do Notariado[65], que conclui:

> "I – A distinção ou destrinça entre ação de reivindicação e ação de demarcação, a primeira sujeita a registo e a segunda não sujeita a registo – porquanto, nos termos do artº 3º, nº 1, alínea *a*), do Código do Registo Predial, não tem por fim o reconhecimento, a constituição, a modificação ou a extinção de algum dos direitos referidos no art. 2º anterior, entre os quais se conta, especificadamente, o direito de propriedade –, nem sempre se apresenta líquida, dado que em qualquer dessas ações se discute uma questão de domínio relativamente a uma faixa de terra;
>
> II – Reivindicação é, jurídica como etimologicamente (*rei vindicatio*), a vindicação da coisa, isto é, o pedido ou reclamação da entrega da coisa, pedido este que deverá ser o principal na respetiva ação, podendo até apresentar-se como o exclusivo, se bem que tenha que basear-se na propriedade; a pretensão real é a da entrega da "*res*", intervindo a propriedade apenas para justificar as razões absolutas daquela petição;
>
> III – Não estamos perante uma ação de reivindicação, mas sim de demarcação (não sujeita a registo nos sobreditos termos), quando a autora não formula qualquer pedido no sentido de que o réu seja condenado a entregar-lhe uma determinada parcela de terreno, mas antes peticiona, cumulativamente com o reconhecimento do seu direito de propriedade, a

[64] Em *Código Civil Anotado*, III, p. 199.

[65] Em *Boletim dos Registos e do Notariado*, nº 7/2002, II, p. 13-14.

exata definição da localização, extensão e limites dos prédios confinantes dela e do réu;

IV – Essa definição da localização, extensão e limites dos prédios em causa pode dar origem à retificação da área e confrontações das descrições a eles concernentes, dependendo a eventual retificação do que vier a decidir-se a final no feito introduzido em juízo."

Está sujeita a registo a *ação de reivindicação*, precisamente porque tem por fim o reconhecimento de um dos direitos referidos no art. 2º, mas não já se incide sobre prédio que se encontra inscrito a favor do autor, nomeadamente quando nela não se invoca causa de aquisição diferente da que já consta do registo a seu favor, como bem esclarece o Conselho Técnico da Direção-Geral dos Registos e do Notariado[66]:

"Não está sujeita a registo a ação de reivindicação pedida sobre prédio que já se encontra inscrito a favor do A, nomeadamente quando nela não se invoca causa de aquisição diferente da que já consta do registo a seu favor."[67]

"Os princípios do registo predial, designadamente os do trato sucessivo, da oponibilidade a terceiros e da prioridade, motivam que, para se efetuar o registo da ação de reivindicação, o prédio reivindicado deva estar inscrito a favor do demandado."[68]

E ainda, quanto ao caso particular do direito de superfície:

"1 – As ações sujeitas a registo por força do disposto no artigo 3º do Código do Registo Predial têm por fim, principal ou acessório, o reconhecimento, a constituição, a modificação ou a extinção de algum dos direitos referidos no artigo 2º do mesmo Código.

2 – Assim, por não se verificar aquela finalidade, a ação de reivindicação do direito de superfície intentada pelo titular inscrito do referido direito não está sujeita a registo, salvo se for invocada uma causa aquisitiva desse direito diversa da que já figura no registo, ou a acrescer àquela."[69]

[66] Parecer do C. T. da DGRN, em *Boletim dos Registos e do Notariado*, nº 11/2003, II, p. 22.

[67] Posição reafirmada em parecer de 28 de novembro de 2008 (do agora C. T. do IRN) onde se conclui que, sendo embora manifesta a registabilidade, em abstrato, da ação de reivindicação, atenta a sua natureza real, ela deverá no entanto em concreto ver-se negada quando o prédio dela objeto esteja inscrito em nome do sujeito reinvindicante.

[68] Parecer do C. T. da DGRN, em *Boletim dos Registos e do Notariado*, nº 7/95.

[69] Deliberação de 24 de julho de 2008 – Pº nº R. P. 309/2007.

Também não se confundam as *ações possessórias* – como acima vimos, não sujeitas a registo – com ações de reivindicação:

> "I – Ao proceder à qualificação do pedido do registo da ação, deve o conservador atender essencialmente ao pedido e à causa de pedir, tal como o autor os formaliza na petição inicial, valorizando-os por forma a apurar a natureza jurídica da ação proposta.
>
> II – É possessória e não de reivindicação, a ação que, identificada na petição inicial como de restituição da posse, fundamenta os pedidos de reconhecimento e de restituição da posse do autor em factos que integram efetivamente a causa de pedir própria dessa ação, com invocação, designadamente, do seu domínio como causa da posse.
>
> III – Não obsta, por isso, a tal qualificação a circunstância de o autor ter também deduzido, a par do reconhecimento da posse legítima, o pedido de declaração do direito de propriedade para aquele fim invocado.
>
> IV – Deve, assim, ser recusado o pedido de registo da ação referida nas conclusões anteriores, com fundamento na irregistabilidade das ações possessórias."[70]

Tem ainda interesse referir, a propósito da *ação de execução específica*, as consequências de a um contrato-promessa ter sido ou não conferida eficácia real.

O acórdão do Supremo Tribunal de Justiça nº 4/98[71] firmou jurisprudência nos seguintes termos: "A execução específica do contrato-promessa sem eficácia real, nos termos do artigo 830º do Código Civil, não é admitida no caso de impossibilidade de cumprimento por o promitente-vendedor haver transmitido o seu direito real sobre a coisa objeto do contrato promessa antes de registada a ação de execução específica, ainda que o terceiro adquirente não haja obtido o registo da aquisição antes do registo da ação; o registo da ação não confere eficácia real à promessa."

Escreve-se, a dado passo, no acórdão que, repete-se, se refere a uma situação de contrato-promessa a que não foi conferida eficácia real:

> "O direito do promitente-comprador tem simples carácter obrigacional e não está sujeito a registo.
>
> A promessa de transmissão ou constituição de direitos reais sobre bens imóveis, ou imóveis sujeitos a registo, só adquire eficácia real nos termos do artigo 413º do Código Civil, que não está aqui em causa.

[70] Cf. *Boletim dos Registos e do Notariado*, nº 11/97 (parecer dos serviços jurídicos da Direção-Geral dos Registos e do Notariado – Pº 1/37 R.P. 95).

[71] Acórdão uniformizador de jurisprudência de 5 de novembro de 1998, em *Diário da República*, I série – A, nº 291, de 18 de dezembro de 1998.

A hipótese que está em julgamento, em que o contrato-promessa não tem eficácia real, dá lugar a conflito entre o direito de crédito do promitente-comprador, destituído de eficácia *erga omnes*, e o direito real do terceiro adquirente da coisa; e não a conflito entre dois direitos reais."

E mais adiante: "O que se regista nos termos do artigo 3º do Código do Registo Predial são as ações e as decisões. Não é o direito de crédito do autor, ou seja, do promitente-comprador. O registo da ação não confere eficácia real ao direito de crédito, que não é, ele próprio, objeto do registo. A eficácia do direito de crédito do promitente-comprador em confronto com o direito real do terceiro é regulada pelo direito civil, nos termos acima apontados, sem que o registo da ação nela interfira."

Os *embargos de terceiro* estão sujeitos a registo quando dirigidos ao reconhecimento de um dos direitos previstos no art. 2º:

> "I – Os embargos de terceiro, embora sejam um incidente de oposição, têm a natureza de uma verdadeira ação declarativa, formando caso julgado material relativamente à existência e titularidade dos direitos que neles forem objeto de decisão – artigos 357º e 358º do Código de Processo Civil.
>
> II – Assim sendo, estão sujeitos a registo, por força do artigo 3º, nº 1, alínea *a*) do Código de Registo Predial, quando tenham por finalidade o reconhecimento de algum dos direitos referidos no artigo 2º do mesmo Código."[72]

Por sua vez, *a ação pauliana individual*, ou impugnação pauliana, a que se refere o art. 610º CC, tem natureza pessoal e escopo meramente indemnizatório, não produzindo a sua procedência qualquer efeito real: não obstante, o Decreto-Lei nº 116/2008, de 4 de julho, contrariando o acórdão uniformizador de jurisprudência, adiante referido, e sem qualquer explicação ou justificação preambular, fez incluir a impugnação pauliana no elenco das ações sujeitas a registo.

"[É] hoje unânime a doutrina em considerar a ação pauliana como ação de responsabilidade ou indemnizatória, não podendo os bens adquiridos por terceiro ser atingidos senão na medida do necessário ao ressarcimento do prejuízo sofrido pelo credor impugnante"[73].

[72] Parecer do C. T. da DGRN, em *Boletim dos Registos e do Notariado*, nº 6/99, II, p. 30.

[73] Acórdão do Supremo Tribunal de Justiça, em *Boletim dos Registos e do Notariado*, nº 10/99, p. 13-15.

Esta questão foi objeto do acórdão uniformizador de jurisprudência, de 27 de maio de 2003, que decidiu: *"A ação pauliana individual não está sujeita a registo predial"*[74].

Chamado entretanto a pronunciar-se, o Tribunal Constitucional: decidiu "não julgar inconstitucional a norma que se extrai dos artigos 2º, nº 1, alínea u), e 3º, nº 1, alínea a), do Código do Registo Predial, quando interpretada em termos de não admitir o registo da ação de impugnação pauliana"[75].

O legislador, no Decreto-Lei nº 116/2008, certamente movido pelos argumentos invocados nos votos de vencido do acórdão uniformizador[76], determinou pois a sujeição a registo da impugnação pauliana sem, no entanto, e ao contrário do que sucede com as outras ações previstas no art. 3º, o tornar obrigatório.

[74] Acórdão nº 6/2004, processo nº 02A1174, publicado no *Diário da República*, nº 164, I série-A, de 14 de julho de 2004, com 14 votos de vencido. O qualificativo *individual* era então necessário para estabelecer a diferença com a impugnação pauliana coletiva, prevista no art. 157º do Código dos Processos Especiais de Recuperação da Empresa e de Falência, entretanto revogado, e essa sim sujeita a registo (cf. parecer do C. T. da DGRN, em *Boletim dos Registos e do Notariado*, nº 3/2003, II, p.8).

[75] Acórdão nº 273/2004 em *Boletim dos Registos e do Notariado*, nº 5/2004, p. 10 e segs.

[76] Escreve, no seu voto de vencido, o Conselheiro Ferreira de Almeida: "A impugnação pauliana, se obtiver êxito, acaba sempre por enfraquecer o direito de propriedade do adquirente, pois que o bem adquirido ao devedor do impugnante continua a poder responder pelas dívidas do alienante na medida do interesse do credor/impugnante em termos algo similares a um «direito de sequela», na medida em que o «atual» proprietário fica sujeito a ver o seu bem executado pelo credor do transmitente. Com o registo da ação pauliana, impedir-se-á o registo definitivo das subsequentes e sucessivas alienações do mesmo bem, registo aquele que naturalmente será sempre provisório por natureza [artigo 92º, nº 1, alínea *a*), do CRP de 1984], caducando ou convertendo-se em definitivo em caso de inêxito ou de sucesso da ação, respetivamente.
Partindo dos fins de interesse público subjacentes ao registo predial – publicitação da situação jurídica dos prédios, tendo em vista a segurança do comércio jurídico imobiliário (artigo 1º do CRP de 1984) – existe um manifesto paralelismo entre os factos «típicos» sujeitos a registo (artigo 2º, nº 1, do mesmo CRP de 1984) e os factos, como é o caso da eventual procedência da ação pauliana, que, sem constituírem propriamente ónus reais ou obrigações *propter* ou *ob rem* em sentido técnico, representam, na sua essência, verdadeiras «restrições ao direito de propriedade» e que por isso cabem, sem dificuldades de maior, na estatuição/previsão da alínea *u*) do nº 1 desse mesmo artigo 2º e na alínea *a*) do nº 1 do artigo 3º, ambos do mesmo diploma. Deparar-se-nos-ia assim, e quando muito, uma lacuna de regulamentação registral, a integrar com recurso à analogia com as demais restrições ou encargos relativos ao direito de propriedade tipicamente sujeitos por lei a registo, tendo em atenção a unidade e o espírito do sistema – artigo 10º do CC. Produzindo a procedência da ação pauliana a ineficácia relativa superveniente da transmissão a terceiro, tradutora de uma exceção à presunção legal de existência do direito e da respetiva titularidade – contemplada no artigo 7º do CRP –, há toda a conveniência na publicitação registral da respetiva propositura, em ordem a prevenir situações surpresa, suscetíveis de comprometer a segurança do tráfico jurídico imobiliário."

Finalmente, quanto à registabilidade de um recurso extraordinário de *revisão de sentença,* referem-se as seguintes conclusões de um parecer do Conselho Técnico da Direção-Geral dos Registos e do Notariado:[77]

"I – É de considerar *ação,* para efeitos do art. 3º, nº 1, *a*), do Código do Registo Predial, toda a pretensão regularmente deduzida em juízo, independentemente da forma que assumir ou do meio processual utilizado, por uma das partes em litígio contra outra com vista a obter do tribunal uma decisão que, apreciando tal pretensão, forme caso julgado.

II – E ela está sujeita a registo – bem como, aliás, a decisão final da sua procedência – sempre que a providência judiciária solicitada implique reconhecimento, constituição, modificação ou extinção de algum direito real sobre imóveis (entenda-se, de algum dos direitos referidos no art. 2º do Código).

III – É por isso registável o recurso extraordinário de revisão de sentença passada em julgado quando da sua procedência resulte a extinção de relações jurídicas relevantes para o registo predial e, como tal, elas mesmas sujeitas a registo."

3.3. Obrigatoriedade do registo; prazos e sanções

O Decreto-Lei nº 116/2008, de 4 de julho, entretanto alterado pelo Decreto-Lei nº 125/2013, de 30 de agosto, aditou ao Código do Registo Predial os artigos 8º-A a 8º-D, determinando por essa forma a obrigatoriedade do registo predial nos termos a seguir referidos, individualizando os sujeitos da obrigação de registar e estabelecendo prazos para a promoção do registo, bem como sanções para o incumprimento, seja da obrigação, seja dos prazos.

É assim *obrigatório submeter a registo* (art. 8º-A):

a) Os *factos referidos no art. 2º*, exceto:
   i) Quando devam ingressar provisoriamente por natureza no registo, nos termos do nº 1 do artigo 92º;
   ii) Quando se trate de aquisição sem determinação de parte ou direito;
   iii) Aqueles que incidam sobre direitos de algum ou alguns dos titulares da inscrição de bens integrados em herança indivisa;
   iv) A constituição de hipoteca e o seu cancelamento, neste último caso se efetuado com base em documento de que conste o consentimento do credor;
   v) A promessa de alienação ou oneração, os pactos de preferência e a disposição testamentária de preferência, se lhes tiver sido atribuída eficácia real.

[77] Em *Boletim dos Registos e do Notariado*, nº 9/99, II, p. 21.

b) *As ações, decisões e providências, referidas no art. 3º*, salvo as ações de impugnação pauliana e os procedimentos mencionados na alínea *d)* do nº 1 do mesmo artigo;

O registo da providência cautelar não é obrigatório se já se encontrar pedido o registo da ação principal.

Por força do disposto no nº 1 do art. 8º-B, e com ressalva do disposto no nº 3, devem *promover o registo* de factos obrigatoriamente a ele sujeitos, as entidades que celebrem a escritura pública, autentiquem os documentos particulares ou reconheçam as assinaturas neles apostas ou, quando tais entidades não intervenham, os sujeitos ativos do facto sujeito a registo.

Estão ainda obrigados a promover o registo (nº 3 do art. 8º-B):

a) Os tribunais no que respeita às ações, decisões e outros procedimentos e providências judiciais;
b) O Ministério Público quando, em processo de inventário, for adjudicado a incapaz ou ausente em parte incerta qualquer direito sobre imóveis;
c) Os agentes de execução, ou o oficial de justiça que realize diligências próprias do agente de execução, quanto ao registo das penhoras, e os administradores judiciais, quanto ao registo da declaração de insolvência.

A obrigação de pedir o registo cessa no caso de este se mostrar promovido por qualquer outra entidade que tenha legitimidade (nº 5).

Os *prazos para a promoção do registo* são fixados pelo art. 8º-C, nos seguintes termos:

Salvo o disposto nos números seguintes, ou disposição legal em contrário, o registo deve ser pedido no *prazo de dois meses* a contar da data em que os factos tiverem sido titulados (nº 1).

O registo das *ações* referidas nas alíneas *a)* e *b)* do nº 1 do art. 3º, sujeitas a registo obrigatório, deve ser pedido até ao termo do *prazo de 10 dias* após a data da audiência de julgamento (nº 2).

O registo das *decisões finais* proferidas nas ações referidas no nº 2 deve ser pedido no *prazo de um mês* a contar da data do respetivo trânsito em julgado (nº 3).

O registo das *providências* decretadas nos procedimentos referidos na alínea *d)* do nº 1 do art. 3º deve ser pedido no *prazo de um mês* a contar da data em que em que os factos tiverem sido titulados (nº 4).

Os factos sujeitos a registo titulados em serviço de registo competente são *imediatamente apresentados* (nº 7).

Note-se todavia que "o procedimento tendente à feitura do ato é sempre acionável por quem para isso disponha de legitimidade, por mais *passado* que o prazo se mostre" (...) A ameaça do agravamento-sanção visa compelir os sujeitos obrigados a pressurosamente cuidarem de atualizar o registo, pondo termo ao estado de desencontro que a ocorrência do facto registando veio introduzir no plano tabular em face da realidade jurídico-substantiva; e a aplicação dele, constatado o desrespeito do prazo, pune objetivamente a falta de diligência revelada.

O decurso do prazo não extingue a obrigação de registar – "só" torna a feitura do registo em mora substancialmente mais onerosa."[78]

Sobre a forma de contagem dos prazos preceitua agora o art. 155º, aditado ao Código pelo Decreto-lei nº 125/2013, de 30 de agosto:

1 – É havido como prazo de um ou dois dias o designado por 24 ou 48 horas.

2 – O prazo é contínuo, não se incluindo na contagem o dia em que ocorrer o evento a partir do qual o prazo começa a correr.

3 – O prazo que termine em sábado, domingo, feriado, em dia com tolerância de ponto ou em dia em que o serviço perante o qual deva ser praticado o ato não esteja aberto ao público, ou não funcione durante o período normal, transfere-se para o primeiro dia útil seguinte.

E o art. 156º, igualmente aditado, acrescenta:

Salvo disposição legal em contrário, aos atos, processos e respetivos prazos previstos no presente código é aplicável, subsidiariamente e com as necessárias adaptações, o disposto no Código de Processo Civil.

A *sanção para o incumprimento da obrigação de registar* é determinada pelo art. 8º-D; assim:

A promoção do registo fora dos prazos referidos no art. 8º-C determina o pagamento acrescido de quantia igual à que estiver prevista a título de emolumento, independentemente da gratuitidade, isenção ou redução de que o ato beneficie, sanção esta que todavia não se aplica aos tribunais e ao Ministério Público.

A responsabilidade pelo pagamento da quantia acima prevista recai sobre a entidade que está obrigada a promover o registo e não sobre aquela que é responsável pelo pagamento do emolumento, nos termos do nº 2 do artigo 151º (o sujeito ativo dos factos).

[78] Parecer do Conselho Técnico do IRN Procº CP 22/2009, de 30/7/2009, disponível no sítio do IRN.

4. Efeitos do registo

4.1. Presunções derivadas do registo

Como já vimos a propósito do princípio da verdade registal, o art. 7º estabelece uma presunção de verdade ao dispor que o registo definitivo constitui presunção de que o direito existe e pertence ao titular inscrito, nos precisos termos em que o registo o define.

Em consequência, quem tem o registo a seu favor, não precisa de provar que o direito lhe pertence, porquanto o ónus da prova cabe a quem pretender sindicar o que consta do registo.

Ao limitar esta presunção – *iuris tantum*, como já ficou dito – ao direito inscrito e à pessoa do seu titular, o art. 7º não abrange nela os elementos de identificação do prédio, designadamente a sua área[79] ou as suas confrontações.

A impugnação judicial de factos registados faz presumir o *pedido de cancelamento* do respetivo registo (art. 8º). Deixa assim de ser obrigatório que com a impugnação judicial seja simultaneamente pedido o cancelamento do registo, como ocorria antes da entrada em vigor do Decreto-Lei nº 116/2008, de 4 de julho.

A obrigação de pedir o cancelamento do registo, que agora se presume, resulta da necessidade de ser evitada uma contradição possível: de facto poderia dar-se o caso de uma sentença declarar nulo o facto registado e entretanto manter-se um registo a fazer presumir a veracidade e validade desses atos.

Já decidira em tempos o S. T. J. que "(...) tendo-se omitido tal pedido expresso de cancelamento e tendo a ação prosseguido após os articulados é de considerar que o mesmo se encontra implicitamente efetuado e, em consequência, deve ordenar-se o cancelamento do registo."[80]

O legislador veio dar força legal, na atual versão do art. 8º, a este entendimento que, na verdade, a simplificação do registo predial naturalmente aconselhava.

4.2. Eficácia dos factos entre as partes, independentemente do registo

Os factos sujeitos a registo, ainda que não registados, podem ser invocados entre as próprias partes ou seus herdeiros (nº 1 do art. 4º).

[79] Cf., neste sentido, o parecer do C. T. da DGRN em *Boletim dos Registos e do Notariado*, nº 6/2003, II, em nota de rodapé a p. 13: "Tal presunção [presunção *juris tantum* derivada do art. 7º do C. R. P.] limita-se ao direito inscrito e à pessoa do seu titular, não abrangendo os elementos de identificação do prédio, designadamente a sua área. Cremos mesmo ser jurisprudência pacífica."

[80] Acórdão do S. T. J., de 22 de janeiro de 1998, citado por Isabel Pereira Mendes em anotação ao art. 8º do *Código do Registo Predial anotado e comentado.*

Deve todavia salientar-se que esta norma tem hoje um alcance prático muito reduzido já que a generalidade dos factos sujeitos a registo são de registo obrigatório e obrigatoriamente promovido pelas entidades tituladoras, como resulta dos arts. 8º-A e 8º-B.

Excetuam-se, diz o nº 2, os factos constitutivos de hipoteca voluntária cuja eficácia, mesmo entre as próprias partes, depende da realização do registo.

O registo predial é em princípio, como já vimos, um registo declarativo, sendo todavia constitutivo no caso da hipoteca.

Diga-se, a este propósito, que Oliveira Ascensão considera válido o ato constitutivo da hipoteca, entendendo o registo como condição de eficácia, ou seja, como elemento condicionante de eficácia absoluta: "a hipoteca existe já, mesmo antes do registo, mas é absolutamente ineficaz: só o registo lhe dá eficácia, mesmo *inter partes*"[81].

Mas, como contrapõe Carvalho Fernandes, o registo tem verdadeiro valor constitutivo, sendo certo que o negócio jurídico de que nasce a hipoteca, só por si, não é título suficiente da constituição desse direito, ainda que seja elemento necessário.[82]

Por sua vez, escreve Menezes Cordeiro: "não há na «hipoteca» não registada qualquer direito; não há, sequer, uma hipoteca"[83].

De qualquer forma, não resulta qualquer diferença, quanto à produção de efeitos, entre registo constitutivo e registo condicionante de eficácia absoluta[84].

Em contrapartida, o registo é constitutivo, sem qualquer divergência conceitual, tanto na hipoteca legal como na hipoteca judicial (artºs 704º e 710º CC, respetivamente).

4.3. Oponibilidade a terceiros

Os factos sujeitos a registo só produzem efeitos contra terceiros depois da data do respetivo registo (nº 1 do art. 5º), ou seja, são inoponíveis a terceiros enquanto não registados[85].

Excetuam-se todavia a aquisição, fundada na *usucapião*, dos direitos referidos na alínea *a)* do nº 1 do art. 2º – constituição, reconhecimento, aquisição ou

[81] Cf. *Reais*, p. 343/344.

[82] Cf. *Lições de Direitos Reais*, p. 127; também Mota Pinto considera que o registo das hipotecas tem carácter constitutivo (*Teoria Geral do Direito Civil*, p. 367).

[83] Cf. *Teoria Geral dos Direitos Reais*, p. 281.

[84] Cf. J. A. González, *ob. cit.*, p. 321.

[85] "A expressão inoponibilidade é utilizada pela doutrina para exprimir a ideia de que um sujeito que tenha a possibilidade de requerer um registo, caso não o faça, não pode ver prevalecer a sua posição jurídica em face de um terceiro" (Mónica Jardim, *Efeitos substantivos do Registo Predial – Terceiros para Efeitos de Registo*, p. 83).

a modificação dos direitos de propriedade, usufruto, uso e habitação, superfície ou servidão –, as *servidões aparentes*[86], bem como os factos relativos a *bens indeterminados*, enquanto estes não forem devidamente especificados e determinados (nº 2 do art. 5º).

A falta de registo *não pode ser oposta* aos interessados por quem esteja obrigado a promovê-lo, nem pelos herdeiros destes (nº 3 do art. 5º), o que significa que estes obrigados à promoção do registo e seus herdeiros não podem, em tais circunstâncias, ser considerados terceiros.

Esta noção de terceiros em sentido técnico-registal, *terceiros com interesses incompatíveis*, não deve confundir-se com o conceito genérico de terceiros que, com exceção das partes, seus herdeiros e representantes, se aplica a quaisquer pessoas, incluindo *interessados com interesses não incompatíveis.*

O *conceito de terceiros* para efeitos de registo predial, ou mais rigorosamente, de terceiros a quem o registo, ou a falta dele, podem ser opostos, tem sido objeto de divisão entre a doutrina e a jurisprudência.

O conceito restrito considera que terceiros são aqueles que do mesmo autor ou transmitente recebem sobre o mesmo objeto direitos total ou parcialmente incompatíveis; para usar a terminologia do nº 4 do art. 5º, na redação que lhe foi dada pelo Decreto-Lei nº 533/99, de 11 de Dezembro, são *aqueles que tenham adquirido de um autor comum direitos incompatíveis entre si.*

É esta a conceção tradicional do conceito, defendida por Manuel de Andrade e Orlando de Carvalho, e assim explicada agora por Mónica Jardim: "Para efeitos do art. 5º do Cód. Reg. Pred., terceiros são só aqueles que adquiram do mesmo causante direitos incompatíveis, *com base na sua vontade,* já não aqueles que, adquirindo direitos ao abrigo da lei, tenham esse causante como sujeito passivo, não obstante ele não ter intervindo nos atos jurídicos de que tais direitos resultaram (cfr. nº 4 do art. 5º Cód. Reg. Pred.)."[87]

Para os defensores do conceito amplo, terceiros são aqueles que têm a seu favor um direito que não pode ser afetado pela produção dos efeitos de um ato que não foi levado ao registo e que é incompatível com aquele direito.

Simplificando, seríamos tentados a dizer que *terceiros, para efeitos de registo predial, são os titulares de direitos (total ou parcialmente) incompatíveis* – conceito amplo – *provindos do mesmo autor ou transmitente* – conceito restrito.

[86] Sobre o conceito de servidão aparente, cf. o acórdão da Relação de Coimbra (procº nº 3803/02, de 4 de fevereiro de 2003, em *www.trc.pt*) em que se conclui: "III – Uma servidão terá que ser aparente para que possa constituir-se por usucapião; no entanto quando o aqueduto, embora subterrâneo, se manifesta por meio de quaisquer obras ou sinais exteriores em relação ao prédio em que a servidão se acha constituída quer no ponto em que há a presa ou derivação da água quer durante o curso desta, quer no termo desse curso, a servidão não poderá deixar de considerar-se aparente."

[87] Em *Efeitos*... cit., p. 591.

Através de dois exemplos ficam mais claros os resultados das duas interpretações:

1º – *A* vende a *B* a fração de um prédio em regime de propriedade horizontal e mais tarde *A* vende a *C* a mesma fração; *B* não registou ao contrário de *C* que registou.

Em qualquer das interpretações do conceito de terceiros, o direito de *C* prevalece, por força do nº 1 do art. 6º e do nº 1 do art. 5º (*B* e C são terceiros, para efeitos de registo predial, porque adquiriram direitos incompatíveis do mesmo transmitente).

2º – *A* vende a *B* uma fração de um prédio; a mesma fração é posteriormente nomeada à penhora, sendo *A* o executado e *C* o exequente; *C* registou a penhora e *B* não registou a aquisição ou só a registou posteriormente ao registo da penhora.

De harmonia com o conceito amplo, o direito de *C* prevalece e consequentemente prevalece a penhora, e a eventual venda judicial subsequente, porque o conceito de terceiro não exige que os direitos incompatíveis provenham do mesmo autor.

Em contrapartida, segundo o conceito restrito, a falta de registo não pode ser oposta a *B*, donde resulta que o direito de *C* não prevalece, porque os direitos incompatíveis não provêm do mesmo transmitente.

A questão não se põe todavia com esta simplicidade: é que o entendimento sobre a abrangência do conceito de "transmitente" ou "causante" é objeto de fundas divergências.

De facto, parte muito significativa da doutrina e da jurisprudência, como mais adiante se explicita, considera que tanto é transmitente quem, como sujeito ativo, transmite o seu direito como quem, como sujeito passivo, vê o seu direito ser transmitido por via de decisão judicial.

Assim, nesta conceção ampla de terceiros para efeitos do art. 5º CRP, "terceiros são aqueles que adquiram do mesmo autor ou causante direitos incompatíveis, mas também aqueles cujos direitos, adquiridos ao abrigo da lei, tenham esse causante como sujeito passivo, ainda que ele não haja intervindo nos atos jurídicos de que tais direitos resultam – *v. g.*, arresto, hipoteca judicial, etc."[88]

O acórdão uniformizador de jurisprudência do Supremo Tribunal de Justiça nº 15/97[89] decidira, de facto, que *terceiros, para efeitos de registo predial, "são todos os que, tendo obtido registo de um direito sobre determinado prédio, veriam esse direito ser arredado por qualquer facto jurídico anterior não registado ou registado posteriormente."*

[88] Mónica Jardim, *Efeitos...* cit, p. 595-596.

[89] Publicado no *Diário da República*, série I-A, de 4 de julho de 1997.

O acórdão louva-se na doutrina dominante. Assim, cita a posição defendida por Oliveira Ascensão em *Efeitos Substantivos do Registo Predial na Ordem Jurídica Portuguesa*[90]: "parece-nos seguro que semelhante conceção [a conceção restrita] é incompatível com os dados atuais da lei sobre registo. Porque existem hoje textos categóricos a estabelecer a aquisição por meio de registo, em termos que não têm já nada a ver com as hipóteses de dupla disposição de direitos incompatíveis sobre a mesma coisa."

E continua a citar Oliveira Ascensão: "Essas hipóteses são a da aquisição de um direito em consequência da disposição realizada pelo titular aparente, por força de registo formalmente inválido [hoje o nº 2 do artigo 17º], e a da aquisição de um direito de invalidade substancial, que vem prevista no Código Civil [é feita aqui referência ao artigo 291º desse Código].

Assim sendo, o conceito de terceiros tem de ser mais amplo, de modo a abranger outras situações que não somente a dupla transmissão do mesmo direito."

O acórdão recorda, por sua vez, o conceito de terceiros defendido por Antunes Varela e Henrique Mesquita na *Revista de Legislação e de Jurisprudência*[91]: "são não só aqueles que adquiram do mesmo alienante direitos incompatíveis mas também aqueles cujos direitos, adquiridos ao abrigo da lei, tenham esse alienante como sujeito passivo, ainda que ele não haja intervindo nos atos jurídicos (penhora, arresto, hipoteca judicial, etc.) de que tais direitos resultam."

Volta de novo a citar Antunes Varela e Henrique Mesquita:[92] "o registo destina-se a facilitar e a conferir segurança ao tráfico imobiliário, garantindo aos interessados que, sobre os bens a que aquele instituto se aplica, não existem outros direitos senão os que o registo documenta e publicita. Os direitos não inscritos no registo devem ser tratados como direitos 'clandestinos', que não produzem quaisquer efeitos contra terceiros.

Se os efeitos do registo fossem impugnáveis pelo facto de o titular inscrito ter sabido ou ter podido saber, antes de requerer a inscrição, que havia direitos incompatíveis não registados, o instituto do registo deixaria de proporcionar a segurança e a comodidade que constituem as suas finalidades principais."

Cita ainda o entendimento defendido por Vaz Serra, na *Revista de Legislação e de Jurisprudência:*[93]: "Pode dizer-se que, se um prédio for comprado a determinado vendedor e for penhorado em execução contra este vendedor, o com-

[90] Em *Coletânea de Jurisprudência,* ano II, tomo 2º, p. 113.

[91] Ano 127º, p. 20. Atente-se em que os autores apenas figuram uma segunda aquisição sem intervenção do alienante, isto é, não resultante de negócio jurídico.

[92] Em *Revista de Legislação e Jurisprudência,* ano 127º, p. 23.

[93] Ano 103º, p. 165.

prador e o penhorante são terceiros: o penhorante é terceiro em relação à aquisição feita pelo comprador, e este é terceiro em relação à penhora, pois os direitos do comprador e do penhorante são incompatíveis entre si e derivam do mesmo autor."

E ainda: "A noção de terceiro em registo predial é a que resulta da função do registo, do fim tido em vista pela lei ao sujeitar o ato a registo: e, pretendendo a lei assegurar a terceiros que o mesmo autor não dispôs da coisa ou não a onerou senão nos termos que constarem do registo, esta intenção legal é aplicável também ao caso da penhora, já que o credor que fez penhorar a coisa carece de saber se esta se encontra, ou não, livre e na propriedade do executado."

No mesmo sentido alinham, entre outros, Carlos Ferreira de Almeida[94], Meneses Cordeiro[95], Carvalho Fernandes[96], Heinrich Hörster[97], Isabel Pereira Mendes[98] e Mónica Jardim[99].

Entretanto, novo acórdão uniformizador de jurisprudência com o nº 3/99[100] veio arrepiar caminho, aproximando-se da formulação tradicional defendida por Manuel de Andrade, para quem terceiros são apenas os que do mesmo autor ou transmitente recebem sobre o mesmo objeto direitos total ou parcialmente incompatíveis, e por Orlando de Carvalho, que todavia prefere a expressão "conflituantes" a "incompatíveis".

Este segundo acórdão decidiu: "*Terceiros, para efeitos do disposto no artigo 5º do Código do Registo Predial, são os adquirentes de boa-fé, de um mesmo transmitente comum, de direitos incompatíveis, sobre a mesma coisa.*"

Repare-se que o acórdão tempera o princípio com o conceito de boa-fé, excluindo assim o caso em que o adquirente tenha conhecimento da transmissão anterior.[101]

[94] *Publicidade e teoria dos registos*, p. 260 e ss.

[95] *Sumários*, p. 92.

[96] *Revista da Ordem dos Advogados*, ano 57, p. 1303 e ss.

[97] *Revista de Direito e Economia*, ano VIII, nº 1, p. 116 e ss.

[98] *Estudos sobre registo predial*, Almedina.

[99] *Efeitos...* (cit.), p. 622.

[100] Publicado no *Diário da República*, série I-A, de 10 de julho de 1999.

[101] Este acórdão registou, no entanto, relevantes votos de vencido. O Conselheiro Quirino Soares escreveu na sua declaração de voto: "1 – Entendi que se deveria rever o anterior acórdão uniformizador de jurisprudência, de que foi relator o Exmo. Conselheiro Tomé de Carvalho, porque a norma ali fixada é demasiado abrangente; com base nela, deverão ser considerados terceiros, também, aqueles que adquiram de alienantes diferentes. O conceito de terceiros não deve ter limites tão largos, pois, de outro modo, corremos o risco de criar, por via jurisprudencial, um sistema de registo constitutivo, o que não é, de todo, a intenção da lei, como é bem evidente do teor do artigo 1º do Código do Registo Predial. Figure-se, por exemplo, a hipótese seguinte:

Na revisão do Código do Registo Predial efetuada pelo Decreto-Lei nº 533/99, de 11 de dezembro, foi conferida força legal ao conceito restrito de terceiro para efeitos de registo.

A comprou um prédio ao legítimo proprietário B (e seu titular inscrito), mas não registou a aquisição; C, por seu turno, comprou o mesmo prédio a D (que não é dono nem goza de inscrição no registo) e, apesar disso, conseguiu inscrever a aquisição (a possibilidade de inscrição, nestas circunstâncias, não é impossível, face às normas que consagram os princípios da legitimação – artigo 9º do Código do Registo Predial – e do trato sucessivo – artigos 34º e 35º do mesmo Código).
Num caso assim, C, a ser considerado terceiro (e sê-lo-á, à luz do vigente acórdão uniformizador) poderá ignorar a compra efetuada por A ao legítimo dono e titular inscrito, não obstante o registo, à data em que contratou com D, lhe dizer que não era este último o dono do prédio. Isto não pode ser.
2 – O conceito de terceiros deve ser entendido de harmonia com a função declarativa e com as finalidades de segurança do comércio imobiliário, que são reconhecidas, entre nós, ao registo predial. Pretende-se, com o registo dos prédios, garantir a quem consulta os livros e as fichas das conservatórias que aquele que figura ali como titular ainda não alienou ou onerou o prédio. O conceito de terceiros deve, por isso, limitar-se aos que, do mesmo titular inscrito, adquiriram direitos conflituantes (conflituantes no todo ou em parte).
Mas não só.
As mesmas função e finalidades do registo predial impõem que o conceito de terceiros se estenda àqueles cujo direito, adquirido ao abrigo da lei, sem intervenção voluntária do titular inscrito, tenha este mesmo titular como sujeito passivo (isto para abranger os casos, que são os mais frequentes, da penhora, do arresto, da hipoteca judicial sobre bens que, entretanto, o titular inscrito (contra quem aquelas diligências foram realizadas) já havia alienado, sem que o adquirente tenha registado a aquisição. Em ambas as situações se justifica o cumprimento das ditas funções declarativa e de segurança do comércio jurídico, reconhecidas ao registo predial.
3 – Afigurou-se-me, também, que, atenta a função publicitária do registo, esta doutrina deve ser temperada pelos princípios da boa fé de maneira a que não possam ser considerados terceiros e beneficiar da regra de inoponibilidade consagrada no artigo 5º do Código do Registo Predial, os que adquiriram o direito sabendo que o titular inscrito já havia alienado ou onerado o prédio.
O princípio da boa fé constitui uma reserva moral do sistema jurídico, que não pode ser ignorado no domínio de um direito (o direito registal) que assume, como se acaba de ver, funções substantivas, e não de mero instrumento burocrático ao serviço do direito civil. Veja-se, a propósito, o nº 2 do artigo 17º do Código do Registo Predial, onde a boa fé avulta como um princípio estruturante do registo predial.
Em resumo, e com ressalva da importância que atribuo à boa-fé, limitei-me a seguir o entendimento de Vaz Serra e de Antunes Varela e H. Mesquita (cf., a propósito, a anotação dos dois últimos, in Revista de Legislação e de Jurisprudência, ano 126º, pp. 384 e segs., onde citam Vaz Serra).
4 – Como, no caso do acórdão, não vem posta em causa a boa-fé do exequente (dada a função publicitária do registo, a boa fé daquele que baseia, no registo, os seus atos deve presumir-se), negaria a revista, mas reformularia o acórdão uniformizador de jurisprudência nos seguintes termos:
«Terceiros, nos termos do nº 1 do artigo 5º do Código de Registo Predial, são os adquirentes, de boa fé, de direitos conflituantes, no todo ou em parte, sobre o mesmo prédio, derivados de atos jurídicos que tenham o mesmo titular inscrito como sujeito ativo ou sujeito passivo.»

Assim, o nº 4 do art. 5º, já acima citado, dispôs que *terceiros, para efeitos de registo, são aqueles que tenham adquirido de um autor comum direitos incompatíveis entre si.*

A redação deste nº 4 é desde logo, do ponto de vista formal, menos feliz: como também já foi anteriormente referido, importa não confundir a noção de terceiro para efeitos de oponibilidade do registo ou da falta dele com a noção mais ampla e usual de terceiro – quem quer que não seja parte, seu herdeiro ou representante e quem quer que tenha, ou não, interesse não incompatível no registo (veja-se, por exemplo, a regra de legitimidade estabelecida no art. 36º que permite a qualquer pessoa que nele tenha interesse solicitar o registo).

O n. º 4 deveria assim limitar-se a restringir o seu comando aos efeitos previstos no nº 1 do art. 5º, à semelhança, aliás, do que fez o segundo acórdão uniformizador que teve o cuidado de restringir a aplicação do conceito aos efeitos do art. 5º.

Também a jurisprudência do Supremo Tribunal de Justiça continua a considerar a boa-fé como requisito essencial ao conceito:

> "6. Terceiros, para efeitos de registo (art. 5º, nºs 1 e 4, do C. Registo Predial) são aqueles que, de boa-fé, tenham adquirido de um autor comum direitos incompatíveis entre si.
>
> 7. Assim, a boa-fé constitui um requisito da qualidade de terceiro, já que o artigo 5º, nºs 1 e 4, do Código de Registo Predial apenas pretendeu proteger os terceiros que, iludidos pelo facto de não constar do registo a nova titularidade, foram negociar com a pessoa que no registo continuava a aparecer como sendo o titular do direito, apesar de já o não ser.
>
> 8. Não é terceiro para efeitos de registo, por ausência de boa-fé, o adquirente que sabia – ou, pelo menos não podia ignorar porquanto constava da ficha registral do imóvel o registo provisório da ação – que havia sido deduzida pelos aí autores uma petição que, a proceder, transferiria para o seu património o direito de propriedade do terreno objeto da ação."[102]

Outro exemplo: "A noção de terceiros, para efeitos de registo, não dispensa a boa-fé e, por isso, se ela não se verificar, o facto registado não é oponível."[103]

Do ponto de vista substantivo, a atual formulação legislativa fragiliza, como é bem de ver, a segurança jurídica do comércio imobiliário, objetivo primeiro que ao registo predial cumpriria garantir[104].

[102] Acórdão de 5 de Maio de 2005 (doc. nº SJ200505050007437).

[103] Acórdão de 28 de Abril de 2009 (proc. 7933/07.1TBMTS.S1).

[104] Intervenção desastrada a considera Carvalho Fernandes em *Lições de Direitos Reais*, p. 131; tristíssima inovação, diz Mouteira Guerreiro (*A posse, o registo e seus efeitos*, anexo ao *Boletim dos Registos e do Notariado*, nº 1/2003, p. 8).

Não obstante a clarificação que o legislador pretendeu obter ao inserir no art. 5º o referido nº 4, o certo é que ainda assim a jurisprudência se divide na interpretação do conceito de *transmitente comum* e do *âmbito de aplicação* do nº 4, no sentido de incluir ou não a penhora e a venda executiva, considerando os defensores desta última hipótese que o tribunal se substitui ao executado: e, assim sendo, os direitos provêm do mesmo titular inscrito, na esteira da posição acima transcrita de Antunes Varela e Henrique Mesquita.

Neste sentido, o acórdão do Supremo Tribunal de Justiça, de 4 de abril de 2002, que, tendo concluído que na venda executiva se gera uma aquisição derivada em que *o executado é o transmitente,* deliberou:

"I – Na venda executiva gera-se uma aquisição derivada em que o executado é o transmitente, pelo que aquele que adquiriu um direito de propriedade que não registou e o adquirente em venda executiva de direito de propriedade registado são terceiros para efeitos de registo nos termos do art. 5º, nº 4, do CRegP." [105]

E o acórdão de 16 de outubro de 2008:[106]

> "1– Recebem direitos (de propriedade) incompatíveis de um mesmo autor comum quem adquire esse direito por compra e venda de uma determinada pessoa e quem o adquire em execução contra essa mesma pessoa, como executada, dirigida.
>
> 2 – Estes dois adquirentes são, então, terceiros entre si para efeitos de registo.
>
> 3 – Qualquer que seja a natureza da venda judicial é do titular executado que provém o direito que o adquirente adquire.
>
> 4 – Coisa diferente se passa em relação a um simples arresto, penhora ou hipoteca judicial uma vez que, em tais caso, não estamos perante direitos reais de aquisição mas simples direitos de garantia."

Mas doutra sorte decidiu o acórdão de 1 de junho de 2006:[107]

> "I – O conceito de "terceiros", para efeitos de registo predial, deve refletir a função declarativa daquele e ser entendido à luz do fim consignado no art.1º do Código do Registo Predial.
>
> II – Tal conceito veio a ser, restritivamente, interpretado pelo Acórdão nº 3/99, de 18-05-99 (uniformizador de jurisprudência), tendo recebido consagração no nº 4 do art. 5º do CRP, com a redação que lhe foi dada

[105] Cf. *Cadernos de Direito Privado,* nº 2, abril de 2003, p. 53 e ss.

[106] Proc. 7B4396.

[107] Proc. 06B1656.

pelo DL nº 533/99, de 11 de dezembro, norma de natureza interpretativa. Por assim ser:

III – Ao adquirente, em venda judicial, pode ser, triunfantemente, oposta uma transmissão anterior feita pelo executado a favor de uma pessoa que aquela não fez inscrever no registo predial, antes do acontecido registo da penhora, por não ser de considerar "terceiro", para efeitos de registo, no confronto com tal pessoa, sopesado, como urge, que o (registado) direito de propriedade emergente de venda judicial, para o respetivo titular, não o é por ato do executado, sim por força da lei, sem ocorrência, por mor de tal, do conflito a que se reporta o art. 5º nº 4 do CRP."

E o acórdão de 8 de janeiro de 2009:[108]

"Na venda executiva, o executado não deve ser considerado "autor" para efeitos do nº4 do artigo 5º do Código de Registo Predial, não devendo, consequentemente, o comprador ser tido como "terceiro" para efeitos de registo."

Este último acórdão fundamenta assim a sua decisão:

"Como refere Castro Mendes (Direito Processual Civil, ed. da AAFDL, III, 454), a venda no processo executivo "põe um problema delicado: o de saber quem é o vendedor."

As opiniões não são consensuais, mas descortinamos uma posição largamente maioritária – ainda que não unânime, como pode ver-se dos arestos citados pelo recorrente – no sentido de que o vendedor é o Estado. Assim, Lebre de Freitas A Ação Executiva, 4ª ed., 348, nota 44, Anselmo de Castro, A Ação Executiva Singular Comum e Especial, 254; Vaz Serra, BMJ nº 73, 305 e A. dos Reis, ROA, I, nº 4, págs. 443 (entendendo que o vendedor é o Tribunal como representante do Estado). Quanto à jurisprudência deste Tribunal, pode-se abrir, no respetivo sítio, "jurisprudência" e, depois "jurisprudência temática", encontrando-se um tema especificamente reportado ao conceito de "terceiros para efeitos de registo". Dali destacamos, entre muitos, os Acórdãos de 30.4.2003, 11.11.2003, 11.12.2003 e 20.10.2005, para além dos publicados, em texto integral, de 21.2.2006 (CJ STJ XIV, I, 86), 9.1.2007 (Cadernos de Direito Privado, 23, 53), 1.6.2006 e 6.3.2008 (estes em www.dgsi.pt). Todos vão no sentido de que o vendedor, na venda executiva, não é o executado, não sendo o comprador, portanto, "terceiro" para efeitos de registo.

[108] Proc. 08B3877.

A compra e venda é um contrato (artigo 874º do Código Civil) e, embora a lei não defina o que deve entender-se por contrato, todos estão de acordo que a sua definição deve encerrar um encontro de vontades. Na venda executiva, não descortinamos qualquer encontro de vontades entre o executado – e é este apenas que aqui nos importa afastar – e o comprador. No normal, aquele até não quer vender. À parte isso, não se vislumbra qualquer vínculo ou relação que permita dizer que o tribunal age em nome ou por conta dele, falecendo, nomeadamente, os requisitos da representação.

Acolhemos, pois, esta a posição maioritária e, acolhendo-a, temos que o réu recorrente não deve ser considerado terceiro para efeitos de registo, não beneficiando de ter registado em primeiro lugar."

Em *Efeitos substantivos do Registo Predial,* Mónica Jardim afirma que "o legislador não consagrou a conceção de terceiros adotada pelo acórdão uniformizador de jurisprudência de 1999, mas sim a *conceção restrita* de terceiros."[109]

E acrescenta: "Para efeitos do art. 5º do Cód. Reg. Pred., terceiros são só aqueles que adquiram do mesmo causante, direitos incompatíveis, *com base na sua vontade,* já não aqueles que adquirindo direitos ao abrigo da lei, tenham esse causante como sujeito passivo, não obstante ele não ter intervindo nos atos jurídicos de que tais direitos resultaram (cfr. nº4 do art. 5º Cód. Reg. Pred.) Por isso, não é havido como terceiro o segundo adquirente cuja aquisição não se funde na vontade do sujeito passivo, *quer em causa esteja uma aquisição derivada constitutiva, quer uma aquisição derivada translativa.* Portanto, não é terceiro o titular de uma hipoteca judicial, o arrestante ou o exequente titular da garantia real decorrente da penhora, nem o é o adquirente na venda judicial ou o adjudicatário, uma vez que nenhum deles adquire com base na vontade do executado."

Depois desta clara explicação do que entende ser a correta interpretação do nº 4 do art. 5º, Mónica Jardim declara defender, *de iure condendo,* a conceção ampla de terceiros, [110]mas também entende que não compete aos tribunais fixar o conceito de terceiros.[111]

[109] P. 612.

[110] E sugere mesmo, designadamente, no caso de o legislador pretender manter, no art. 5º, a noção de terceiros a supressão do nº 4 e a alteração do nº 1 do art. 5º para a seguinte redação: "Os factos sujeitos a registo previstos no art. 2º e as providências decretadas nos procedimentos referidos na al. *d)* do nº 1 do art. 3º não produzem efeitos contra terceiros que, sobre o mesmo bem, adquiram direitos do mesmo sujeito, ainda que este não intervenha no ato jurídico e a aquisição ocorra ao abrigo da lei ou em virtude de decisão judicial, sempre que as aquisições dos terceiros também estejam sujeitas a registo e sejam publicitadas com prioridade." (...) (nota 1220, a p. 622)

[111] E cita H. Höster quando este recorda, no local aí referenciado, que a competência para fazer leis compete à Assembleia da República e ao Governo, enquanto os tribunais estão sujeitos à lei

Lamenta o facto de o legislador ter consagrado a conceção restrita de terceiros e reafirma "que é urgente consagrar, em Portugal, uma conceção ampla de terceiros, para efeitos do art. 5º do Cód. Reg. Pred., nos termos do qual: *terceiros são aqueles que adquiram do mesmo autor ou causante direitos incompatíveis, mas também aqueles cujos direitos, adquiridos ao abrigo da lei, tenham esse causante como sujeito passivo, ainda que ele não haja intervindo nos atos jurídicos (v. g., penhora, arresto, hipoteca judicial, etc.) de que tais direitos resultam, por forma a assegurar, com as consequências daí decorrentes, que o nº 2 do art. 824º do Código Civil volte a estar plenamente em vigor.*"[112]

Resta referir que o Tribunal Constitucional foi chamado a apreciar a constitucionalidade da interpretação do conceito de terceiro subscrita pelo acórdão uniformizador nº 15/97, alegadamente "por colidir abertamente com as normas constitucionais que protegem o direito à propriedade privada, sua transmissão e ao direito de não ser expropriado sem uma indemnização".

O acórdão nº 215/2000 do Tribunal Constitucional[113] decidiu não poder "concluir-se pela inconstitucionalidade da interpretação do artigo 5º do Código do Registo Predial enquanto considera que terceiros, para efeitos de registo predial, são todos os que, tendo obtido registo de um direito sobre determinado prédio, veriam esse direito ser arredado por qualquer facto jurídico anterior não registado ou registado posteriormente."

O conceito lato de terceiros para efeitos do art. 5º, defendido como vimos pela doutrina maioritária e rejeitado pelo legislador, não seria por consequência suscetível de ser acusado de estar ferido de inconstitucionalidade.

Mas também considerou o Tribunal Constitucional que o mesmo se aplica à conceção restrita: "(...) não se julgando inconstitucional a norma do nº 4 do artigo 5º do Código do Registo Predial, interpretado no sentido de que o adquirente de um imóvel em venda judicial efetuada em processo de execução não é "terceiro para efeitos de registo", relativamente a um adquirente a quem o executado o haja vendido, anteriormente ao registo da penhora, mas que não tenha registado a aquisição, que não viola qualquer das regras e princípios constitucionais invocados pelos recorrentes."[114]

e não lhes compete, sob pena de subverterem o princípio da separação dos poderes, colocar a sua razoabilidade ou as suas conceções político-jurídicas no lugar das conceções do legislador.

[112] *Efeitos*...cit . 631 (itálico nosso).

[113] Publicado no *Diário da República*, II série, de 13 de outubro de 2000.

[114] Acórdão nº 345/09, de 8/7/2009, proferido no processo 35/05, e disponível no sítio do Tribunal Constitucional.

– *Aquisição tabular, registo aquisitivo e registo consolidativo*

No exemplo clássico que referimos – A vende a B que não regista e A vende depois a C que regista –, o direito de C prevalece por força do registo, sendo certo que a aquisição de C é *a non domino*, porquanto A não é já o proprietário.

É a esta forma de aquisição que se dá o nome de *aquisição registal* ou *aquisição tabular.*

Por isso mesmo, este registo é chamado *aquisitivo* e o adquirente C *terceiro registal.*

Por sua vez, se B tivesse registado antes de ter sido pedido qualquer outro registo de direito incompatível com o seu, teria evitado o risco de o seu direito ser eventualmente posto em causa: por essa razão, o registo declarativo é, nesta situação, também chamado *consolidativo.*

4.4. Cessação dos efeitos do registo

Os efeitos do registo transferem-se mediante *novo registo* – caso em que se altera a titularidade do facto inscrito porque, por exemplo, o titular inscrito transmite o seu direito a outrem –, e extinguem-se por *caducidade* ou *cancelamento* (art. 10º).

A *caducidade* verifica-se *por força da lei* ou pelo decurso do *prazo de duração* do negócio (art. 11º).

Os registos provisórios caducam se não forem convertidos em definitivos ou renovados dentro do prazo da respetiva vigência.

O *prazo de vigência* do registo provisório é de *seis meses,* sempre que outro prazo não seja legalmente fixado: é esta última situação a que ocorre no caso das inscrições provisórias por natureza a cuja vigência são fixados outros prazos no art. 92º.

Sobre a data de início da contagem dos prazos de caducidade pronunciou-se o Conselho Técnico da Direção-Geral dos Registos e do Notariado nos seguintes termos:

> "I – Os prazos de caducidade do registo provisório serão tantos quantas as causas que concorreram para a provisoriedade e correm autonomamente, iniciando-se em datas nem sempre coincidentes e podendo sobre eles incidir causas ou regimes de suspensão estabelecidos exclusivamente para algum ou alguns deles.
>
> II – Assim e no que toca às causas de provisoriedade previstas nas alíneas *a), g)* e *i)* do nº 1 do artº 92º do Código do Registo Predial, na medida em que estão prefixadas e tipificadas na lei – impondo-se que os respetivos registos sejam requeridos com tal carácter ou natureza –, a contagem do prazo de caducidade deve ter início a partir da data da apresentação do

pedido de registo, por já então ser cognoscível pelos interessados a necessidade de titular ou completar os factos a registar, por forma a permitir a conversão em definitiva da sua inscrição provisória inicial.

III – Todavia, se a provisoriedade assentar em motivos de dúvidas opostas ao registo, o respetivo prazo de caducidade apenas deverá começar a contar-se a partir da data em que os interessados se devam ter por notificados do respetivo despacho.

IV – O pedido de conversão suspenderá o prazo de caducidade do registo desde a data da apresentação até à data em que se devam ter os interessados por notificados do despacho de recusa (se não houver impugnação)."[115]

Além dos prazos do registo provisório, o Código definiu, no art. 12º, *prazos especiais de caducidade.*

Trata-se no fim de contas de uma presunção de caducidade dos efeitos jurídicos do próprio ato ou facto registado, ou seja, de que decorridos os prazos fixados a situação se teria modificado, sem que os interessados tivessem promovido as diligências necessárias à atualização dos registos.

É pois uma *caducidade de direito*, assim chamada porque decorrente da lei, justificada por razões de certeza jurídica, mas que não implica ela própria a caducidade dos direitos que porventura ainda vigorem, se forem entretanto renovados os correspondentes registos.

Assim, caducam, decorridos *10 anos* sobre a sua data, os registos de hipoteca judicial de qualquer valor e os registos de hipoteca voluntária ou legal, de penhor e de consignação de rendimentos, de valor não superior a € 5 000 (valor este atualizável por portaria do Ministro da Justiça).

Por sua vez, o registo de renúncia à indemnização por aumento do valor e o do ónus de eventual redução das doações sujeitas a colação caducam decorridos *20 anos*, contados, respetivamente, a partir da data do registo e da morte do doador.

Finalmente, os registos de servidão, de usufruto, uso e habitação e de hipoteca para garantia de pensões periódicas caducam decorridos *50 anos*, contados a partir da data do registo.

Tratando-se, como se disse, de mera presunção de caducidade, os registos referidos *podem ser renovados* por períodos de igual duração, a pedido dos interessados.

A caducidade, qualquer que seja o seu fundamento legal, deve ser *anotada* ao registo, logo que verificada (nº 4 do art. 14º).

[115] Em *Boletim dos Registos e do Notariado,* nº 9/2002, II, p. 9.

Os registos são *cancelados* com base na extinção dos direitos, ónus ou encargos neles definidos ou em execução de decisão judicial transitada em julgado (art. 13º).

Tanto a caducidade como o cancelamento dos registos leva a que sejam trancadas as cotas de referência das inscrições a que se referem e que constam à margem da descrição – as cotas das referências devem publicitar que a informação deixou de estar em vigor (nº 4 do art. 79º).

Com o riscar das cotas de referência fica assim imediatamente patente a realidade tabular, mostrando logo que os correspondentes registos já não estão em vigor[116].

As *descrições* não são suscetíveis de cancelamento (nº 1 do art. 87º): devem, em contrapartida, ser inutilizadas nos casos previstos no nº 2 do art. 87º, como adiante se refere em *6.1.6 – Inutilização de descrições.*

5. Vícios do registo

Os vícios do registo podem ser a inexistência, a nulidade e a inexatidão.

5.1. Inexistência

O registo é *juridicamente inexistente* quando for insuprível a falta de assinatura do registo (art. 14º).

O registo juridicamente inexistente *não produz quaisquer efeitos*, podendo a inexistência ser invocada por qualquer pessoa, *a todo o tempo*, independentemente de declaração judicial (art. 15º).

Todavia, o *suprimento da falta de assinatura* está previsto no art. 78º, nos termos seguintes:

Os registos que não tiverem sido assinados devem ser conferidos pelos respetivos documentos para se verificar se podiam ou não ser efetuados.

Se os documentos apresentados para o registo não estiverem arquivados e a prova não poder ser obtida mediante acesso direto à informação constante das competentes bases de dados, são pedidas certidões gratuitas aos respetivos serviços.

Se a prova assim obtida não for suficiente, deve solicitar-se ao interessado a junção dos documentos necessários no prazo de 30 dias.

Se se concluir que podia ser efetuado, o registo é assinado e é feita a anotação do suprimento da irregularidade com menção da data ou, caso contrário, é consignado, sob a mesma forma, que a falta é insuprível e notificado do facto o respetivo titular para efeitos de impugnação.

[116] Cf. Mouteira Guerreiro, *ob. cit.*, p. 91.

5.2. Nulidade

O registo é nulo (art. 16º):

a) Quando for *falso* ou tiver sido lavrado com base em *títulos falsos;*
b) Quando tiver sido lavrado com base em *títulos insuficientes* para a prova legal do facto registado;
c) Quando enfermar de omissões ou inexatidões de que resulte *incerteza acerca dos sujeitos ou do objeto* da relação jurídica a que o facto registado se refere;
d) Quando tiver sido efetuado por serviço de registo incompetente ou assinado por *pessoa sem competência,* salvo o disposto no nº 2 do art. 369º do CC[117] e não for confirmado nos termos do art. 16º-A;
e) Quando tiver sido lavrado *sem apresentação* prévia ou com *violação do princípio do trato sucessivo.*

Os registos efetuados por serviço de registo incompetente ou assinados por pessoa sem competência devem ser conferidos com os respetivos documentos para se verificar se podiam ser efetuados, aplicando-se com as devidas adaptações os nºs 2 e 3 do art. 78º. Se se concluir que o registo podia ter sido efetuado, este é confirmado com menção da data. No caso de se concluir que o registo não podia ter sido efetuado, deve ser instaurado, oficiosamente, processo de retificação com vista ao seu cancelamento (art. 16º-A).

Deve ter-se ainda presente que, como resulta do disposto nos artºs 294º e 295º CC, são nulos os atos jurídicos praticados contra disposição legal de carácter imperativo, salvo nos casos em que outra solução resulte da lei.

Por consequência, a *nulidade do título,* situação não prevista na enumeração do art. 16º, terá necessariamente de acarretar, quando declarada, a nulidade do registo.

O *registo é falso* quando, por exemplo, for lavrado sem título.

O *título é falso* "quando nele se atesta como tendo sido objeto da perceção da autoridade ou oficial público qualquer facto que na realidade se não verificou, ou como tendo sido praticado pela entidade responsável qualquer ato que na realidade o não foi" (nº 2 do art. 372º CC).

O art. 16º-B veio permitir que os interessados possam, mediante apresentação de requerimento fundamentado, solicitar perante o serviço de registo

[117] Nº 2 do art. 369º CC: "Considera-se, porém, exarado por autoridade ou oficial público competente o documento lavrado por quem exerça publicamente as respetivas funções, a não ser que os intervenientes ou beneficiários conhecessem, no momento da sua feitura, a falsa qualidade da autoridade ou oficial público, a sua incompetência ou a irregularidade da sua investidura."
Veja-se sobre a interpretação deste nº 2 do art. 369º, a anotação do *Código Civil Anotado*, vol. I, de Pires de Lima e Antunes Varela, transcrita na *Introdução*, em 4. *Força probatória dos registos.*

que se proceda à anotação ao registo da invocação da falsidade dos documentos com base nos quais ele tenha sido efetuado.

Para este efeito, são considerados interessados, para além das autoridades judiciárias e das entidades que prossigam fins de investigação criminal, as pessoas que figuram no documento como autor deste e como sujeitos do facto.

A invocação da falsidade é anotada ao registo respetivo e comunicada ao Ministério Público, que promoverá, se assim o entender, a competente ação judicial de declaração de nulidade, cujo registo conserva a prioridade correspondente à anotação.

Os registos que venham a ser efetuados na pendência da anotação ou da ação que dependam, direta ou indiretamente, do registo a que aquelas respeitem estão sujeitos ao regime da provisoriedade previsto na alínea *b)* do nº 2 do artigo 92º, sendo-lhes aplicável, com as adaptações necessárias, os nºs 6 a 8 do mesmo artigo.

A anotação da invocação de falsidade é inutilizada se a ação de declaração de nulidade do registo não for proposta e registada dentro de 60 dias a contar da comunicação efetuada ao Ministério Público.

A nulidade do registo só pode ser invocada *depois de declarada por decisão judicial* com trânsito em julgado (nº 1 do art. 17º), sem prejuízo de ser invocável a todo o tempo e de poder ser declarada oficiosamente pelo tribunal (art. 286º CC). A declaração de nulidade tem efeito retroativo, "devendo ser restituído tudo o que tiver sido prestado ou, se a restituição em espécie não for possível, o valor correspondente" (nº 1 do art. 289º CC).

Todavia, no caso o registo enfermar de alguma das nulidades previstas nas alíneas *b)* e *d)* do art. 16º, o nº 2 do art. 121º permite que o registo possa ser *cancelado* com o *consentimento dos interessados* ou em execução de decisão tomada no *processo de retificação*: desta forma se evita que tenha de se aguardar pela declaração judicial de nulidade para poder ser efetuado novo registo, agora pedido ou efetuado de forma regular.

A *ação judicial de declaração de nulidade do registo* pode ser interposta por qualquer interessado e pelo Ministério Público, logo que tome conhecimento do vício (nº 3 do art. 17º).

A declaração de nulidade do registo não prejudica os *direitos adquiridos a título oneroso por terceiro de boa-fé*, se o registo dos correspondentes factos for anterior ao registo da ação de nulidade; é considerado de boa-fé o terceiro adquirente que, no momento da aquisição, desconhecia, sem culpa, o vício do negócio nulo ou anulável (nº 2 do art. 17º).

O nº 2 do art. 291º CC, dispõe, no entanto, que os direitos de terceiro não são, todavia, reconhecidos, se a ação for proposta e registada *dentro dos três anos posteriores à conclusão do negócio.*

Esta diferença de regimes dá lugar a fundas divergências doutrinais relativamente ao âmbito de aplicação de cada uma destas disposições.

Defendem alguns autores que o art. 291º se aplica às *invalidades substantivas* enquanto o art. 17º é aplicável às *invalidades registais.*

O Conselho Técnico da Direção-Geral dos Registos e do Notariado tomou posição, dizendo: "alinhamos com a orientação de que o art. 291º do Cód. Civil se aplica às invalidades substantivas e o art. 17º, nº 2, do Cód. do Registo Predial respeita tão-somente às invalidades registrais."

"Afigura-se-nos decisivo o argumento – continua o CT – de que o nosso sistema jurídico é – ainda é – marcado por uma prevalência muito forte da titularidade substantiva sobre os interesses do tráfego[118]. É essa prevalência que, a nosso ver, tem justificado o carácter meramente declarativo do registo e a dupla presunção *iuris tantum* de que o direito existe e pertence ao titular inscrito. É na fé pública que radica nestas presunções que assenta a proteção do subadquirente em desfavor do titular do direito. E o «purgatório» de três anos após a subaquisição – que também se nos afigura aplicável às invalidades registrais – constitui um fator de ponderação e equilíbrio entre os interesses contraditórios do «titular substantivo» e do tráfico jurídico."[119]

Contrapõem outros autores que não faz sentido aplicar o art. 291º às invalidades substantivas e o art. 17º às nulidades registais pois que, das nulidades do registo referidas no art. 17º, algumas são substantivas, como é o caso, por exemplo, das apontadas nas alíneas *a)* e *b)* do art. 16º: daí o defenderem que o art. 291º se aplica aos casos em que *não existe registo prévio* a favor do transmitente enquanto o art. 17º se aplica aos casos de *registo inválido* a favor do transmitente.

Escreve, sustentando esta posição, Isabel Pereira Mendes: "O artigo 17º, nº 2, do Código do Registo Predial regula todos os casos em que um subadquirente de boa-fé e a título oneroso não pode ser prejudicado pela declaração de nulidade do registo a favor do transmitente, quer essa nulidade tenha por base os motivos consignados no artigo 16º, quer outros, tal como a nulidade do próprio título que lhe serviu de base, *isto porque confiou na presunção registral e registou o seu direito antes do registo da respetiva ação impugnatória.*

Quanto ao artigo 291º do Código Civil, regula os casos e as condições em que um subadquirente de boa-fé e a título oneroso não pode ser prejudicado pela declaração de nulidade (ou pela anulação) do negócio jurídico de que resulta o direito do transmitente, *simplesmente porque registou o seu próprio direito,*

[118] Citando Oliveira Ascensão, em *Direito Civil – Reais*, p. 368.

[119] Cf. parecer em *Boletim dos Registos e do Notariado*, nº 8/2003, II, p. 21, e também os autores aí citados.

muito embora não tenha o amparo da presunção registral emergente do registo anterior a favor daquele."[120]

A jurisprudência do Supremo Tribunal de Justiça tem apoiado a primeira das posições referidas. Assim:[121]

"V – O art. 291º do CC visa a proteção do terceiro de boa-fé, ou seja, do terceiro adquirente (ou subadquirente) que, no momento da aquisição, sem culpa, desconhecia o vício do negócio nulo ou anulável, estabelecendo um desvio ao princípio geral sobre os efeitos da nulidade ou anulabilidade do negócio (art. 289º do CC) quando estão em causa bens imóveis ou móveis sujeitos a registo

VI – O terceiro adquirente fica, nos termos daquela disposição legal, protegido pelo registo público, desde que se verifiquem os requisitos aí enunciados. Mas será sempre necessário que o negócio inválido conste do registo. Se o terceiro adquire na pendência desse registo e regista por sua vez, o registo tem efeito atributivo, ele torna-se o titular verdadeiro, substituindo quem o era até então.

VII – Porém, de harmonia com o nº 2 do art. 291º do CC, os direitos de terceiro sobre a coisa a restituir, cedem se a ação de nulidade ou anulação for interposta e registada dentro de três anos posteriores ao negócio. Nesta circunstância, os direitos de terceiro não serão considerados, mesmo que o registo da aquisição seja anterior ao registo da ação de declaração de nulidade ou anulação.

VIII – Segundo o art. 17º do CRgP, desde que o registo do ato seja anterior ao registo de ação de nulidade, a declaração de invalidade do negócio não estorva os direitos adquiridos a título oneroso por terceiro de boa-fé. Esta disposição, em confronto com o art. 291º do CC, estabelece, a propósito das causas de nulidade do registo, as condições de invocação da nuli-

[120] Em *Estudos sobre Registo Predial,* Almedina, p. 37-38. Mouteira Guerreiro, em *A posse, o registo e seus efeitos*, escreve, por sua vez: "Na época da pressa, da globalização e *contratação eletrónica*, há que encontrar *tábuas de salvação.* E uma delas – para não dizer mesmo essencial no incontornável domínio da certeza do direito –, é que o terceiro protegido será sempre o que adquire e regista e, inversamente, o que não está inscrito não merece tal proteção.

O registo, ainda quando não tem eficácia constitutiva, terá pelo menos de assegurar a graduação prioritária do direito previamente inscrito, a eficaz presunção da sua existência e *a verdade* do que publicita. Não parece justo, à luz da realidade do nosso Mundo, que no conflito de interesses subjacente, se continue a dar crédito à ancestralmente protegida *mera situação de facto.* A usucapião só deveria subsistir para situações residuais – quando não há título e registo – como uma espécie de *amnistia civilística.*"

[121] Conclusões V a VIII do acórdão do Supremo Tribunal de Justiça de 16 de novembro de 2010 (proc. 42/2001.C1.S1).

dade (nº 1) e as circunstâncias em que a declaração de nulidade do registo não prejudica os direitos adquiridos a título onerosos por terceiro de boa-fé. Ou seja, o art. 291º trata da nulidade e anulabilidade do negócio jurídico (nulidade substantiva), ao passo que o art. 17º trata da nulidade do registo (nulidade registral)."

E ainda:

> "V – De acordo com o art. 17º do CRgP, desde que o registo do ato seja anterior ao registo de ação de nulidade, a declaração de invalidade do negócio não estorva os direitos adquiridos a título oneroso por terceiro de boa-fé. Esta disposição, em confronto com o art. 291º do CC, estabelece, a propósito das causas de nulidade do registo, as condições de invocação da nulidade (nº 1) e as circunstâncias em que a declaração de nulidade do registo não prejudica os direitos adquiridos a título onerosos por terceiro de boa-fé. Ou seja, o art. 291º trata da nulidade e anulabilidade do negócio jurídico (nulidade substantiva), ao passo que o art. 17º trata da nulidade do registo (nulidade registral)."[122]

No mesmo sentido já decidira o acórdão de 21 de abril de 2009: "O artigo 291º do Código Civil e 17º do Código do Registo Predial conciliam-se deixando para o primeiro a invalidade substantiva e para o último a nulidade registral."[123]

A aquisição por terceiro de boa-fé, nas condições do nº 2 do art. 17º ou do art. 291º CC, consoante os casos, é também aqui uma *aquisição tabular* e o registo definitivo é portanto um *registo aquisitivo*, que determina aliás uma presunção *iuris et de iure*, judicialmente inatacável.[124]

Daí que ao adquirente de boa-fé e a título oneroso de quem está inscrito no registo como titular do direito se chame *terceiro registal*.

No que toca à nulidade prevista na alínea *e)* do art. 16º, há que ter em conta o disposto no nº 4 do art. 121º que permite que os registos nulos por *violação do princípio do trato sucessivo* possam ser retificados pela feitura do registo em falta, se não estiver registada a ação de declaração de nulidade.

5.3. Inexatidão

O registo é *inexato* quando se mostrar lavrado em desconformidade com o título que lhe serviu de base ou enfermar de deficiências provenientes desse título que não sejam causa de nulidade (art. 18º).

[122] Conclusão V do acórdão do STJ de 26 de outubro de 2010 (proc. 1268/03.6TBSCR.L1.S1)

[123] Acórdão do STJ de 21 de abril de 2009 (proc. 5/09.6YFLSB).

[124] Cf. Rocheta Gomes, *Registo*, p. 184.

Os registos inexatos devem ser retificados nos termos do processo de retificação regulado nos artºs 120º e seguintes (*ver 10.2. Retificação do registo*).

6. Atos de registo

O registo abrange a *descrição* predial, a *inscrição* dos factos e respetivos *averbamentos*, bem como a *anotação* de certas circunstâncias, nos casos previstos na lei (art. 76º).

As descrições, as inscrições e os averbamentos são efetuados *por extrato*, o que é dizer, extraindo dos títulos e outros documentos os elementos previstos na lei para cada caso.

Como já se disse a propósito do princípio da prioridade, a data dos registos é a da apresentação ou, se desta não dependerem, a data em que forem efetuados (nº 1 do art. 77º).

Os registos são assinados, com menção da respetiva qualidade, pelo conservador ou pelo seu substituto legal, quando em exercício, ou, ainda, pelo oficial de registo, quando competente (nº 2 do art. 77º).

6.1. Descrição

6.1.1. Conceito de descrição

A descrição tem por fim a *identificação física, económica* e *fiscal* dos prédios (art. 79º), pelo que envolve uma enumeração das características individualizadoras de cada prédio de molde a diferenciá-lo de qualquer outro.

A descrição é um *ato de registo*: não é um facto sujeito a registo.

A *identificação física* deverá corresponder à indicação da localização do prédio – incluindo a indicação da rua e número de polícia ou das confrontações, consoante o caso, bem como da denominação, se a tiver, como é corrente nos prédios rústicos e mesmo nalguns urbanos – e da respetiva área.

A *identificação económica* compreende a indicação, além da sua natureza rústica, urbana ou mista, do destino e utilização concreta dos prédios: nos rústicos, o tipo de culturas ou apenas exploração agrícola, pecuária ou florestal; nos urbanos, o tipo de utilização – habitação, comércio, indústria, serviços, lote para construção ou outro –, o número de pisos e, eventualmente, logradouro, garagem ou arrecadação.

A *identificação fiscal* corresponde à indicação do artigo da matriz predial[125] ou do *NIP* (número de identificação predial).

[125] Matriz predial é o registo existente nos serviços tributários de que consta a natureza do prédio – matriz predial urbana ou rústica.

De cada prédio terá consequentemente de ser feita uma descrição distinta.

É com a descrição que se inicia a história tabular do bem imobiliário. Cada bem imobiliário constitui uma unidade registal e é o elemento básico sobre o qual se centram todos os direitos suscetíveis de serem inscritos.

As descrições são feitas na dependência de uma inscrição ou de um averbamento (art. 80º): quer isto dizer que não se pode abrir uma descrição de forma autónoma, ou seja, simplesmente para descrever um prédio. Terá de haver uma razão: inscrição de aquisição, inscrição de ação, etc..

Isto não impede todavia que deva proceder-se à *abertura da descrição, em caso de recusa do registo* de prédio omisso, para os efeitos previstos no nº 3 do art. 69º – anotação na ficha do ato recusado – e, se a descrição resultar de desanexação de outro prédio, ser feita a anotação da desanexação na ficha deste último (nº 2 do art. 80º).

O registo das *operações de transformação fundiária* e das suas alterações dá lugar à descrição dos lotes ou parcelas que já se encontrem juridicamente individualizados (nº 3 do art. 80º).

No seguimento da descrição do prédio são lançadas *as inscrições* ou as correspondentes *cotas de referência* (nº 3 do art. 79º): trata-se, quanto a estas, do lançamento do número correspondente às inscrições em vigor, forma fácil de estabelecer a ligação entre a descrição e as inscrições que lhe respeitam.

Sempre que sejam canceladas ou caduquem as inscrições correspondentes, ou se transfiram os seus efeitos mediante novo registo, como já se salientou a propósito da cessação dos efeitos do registo, as inscrições ou as cotas de referência devem publicitar que a informação deixou de estar em vigor (nº 4 do art. 79º).

6.1.2. Descrição subordinada

O art. 81º introduz o conceito de *descrição subordinada*: é que, no caso de prédios constituídos em regime de propriedade horizontal ou de direito de habitação periódica, além da descrição genérica do prédio ou do empreendimento turístico, é feita uma descrição distinta para cada fração autónoma ou unidade de alojamento ou apartamento, designada *descrição subordinada.*

A necessidade da descrição subordinada resulta assim da existência de direitos de propriedade sobre parcelas identificáveis de um prédio ou de direitos de habitação periódica.

As frações temporais do direito de habitação periódica são descritas com subordinação à descrição da unidade de alojamento ou apartamento.

6.1.3. *Conteúdo das descrições*[126]

A descrição abrange as *menções gerais* enumeradas no art. 82º, que é do seguinte teor:

> "1 – O extrato da descrição deve conter:
>
> *a)* O número de ordem privativo dentro de cada freguesia, seguido dos algarismos correspondentes à data da apresentação de que depende;
>
> *b)* A natureza rústica, urbana ou mista do prédio;
>
> *c)* A denominação do prédio e a sua situação por referência ao lugar, rua, números de polícia ou confrontações;
>
> *d)* A composição sumária e a área do prédio;
>
> *e)* *Revogada*[127];

[126] Nos serviços tributários, a matriz predial tem o seguinte conteúdo, conforme previsto nos artºs 86º, 91º e 92º do CIMI:
Art. 86º (*Matriz rústica*) "1 – As matrizes cadastrais rústicas devem especificar:
a) A designação cadastral do prédio;
b) O nome, identificação fiscal e residência dos proprietários usufrutuários ou superficiários;
c) A localização e nome dos prédios, quando o tenham;
d) Os direitos referentes a cada prédio, incluindo os resultantes de ónus e encargos permanentes que incidam sobre outros prédios;
e) As parcelas com o seu número de ordem, qualidade de cultura, classe, destino e área em hectares;
f) O valor patrimonial tributário.
2 – Nos municípios onde exista cadastro predial, a matriz deve compreender ainda o número de identificação predial (NIP)."
Art. 91º (*Matriz urbana*) "1 – As matrizes urbanas devem especificar:
a) O nome, identificação fiscal e residência dos proprietários, usufrutuários ou superficiários;
b) A localização e nome do prédio, quando o tenha, confrontações ou número de polícia, quando exista;
c) Descrição do prédio ou indicação da sua tipologia, quando esta exista;
d) Os elementos considerados para o cálculo do valor patrimonial tributário do prédio;
e) O valor patrimonial tributário.
2 – Nos municípios onde exista cadastro predial, a matriz deve compreender ainda o número de identificação predial (NIP)."
Art. 92º (*Inscrição de prédio em regime de propriedade horizontal*) "1 – A cada edifício em regime de propriedade horizontal corresponde uma só inscrição na matriz.
2 – Na descrição genérica do edifício deve mencionar-se o facto de ele se encontrar em regime de propriedade horizontal.
3 – Cada uma das frações autónomas é pormenorizadamente descrita e individualizada pela letra maiúscula que lhe competir segundo a ordem alfabética."

[127] Era do seguinte teor a alínea revogada: "*e)* O valor patrimonial constante da matriz ou, na sua falta, o valor venal;" o valor patrimonial tributário é determinado pelos serviços fiscais de harmonia com o disposto nos artigos 14º (prédios urbanos) e 17º (prédios rústicos) do CIMI.

f) A situação matricial do prédio expressa pelo artigo de matriz, definitivo ou provisório, ou pela menção de estar omisso.

2 – Na descrição genérica de prédio ou prédios em regime de propriedade horizontal é mencionada a série das letras correspondentes às frações e na de empreendimento turístico classificado para fins turísticos esta circunstância, bem como as letras correspondentes às unidades de alojamento, quando existam.

3 – Na descrição de prédio resultante de anexação ou desanexação de outros são mencionados os números das respetivas descrições."

As *descrições subordinadas* devem, por sua vez, conter as menções constantes do art. 83º:

"1 – A descrição de cada fração autónoma deve conter:

a) O número da descrição genérica do prédio, seguido da letra ou letras da fração, segundo a ordem alfabética;

b) As menções das alíneas *c), d)* e *f)* do nº 1 do artigo anterior indispensáveis para identificar a fração;

c) A menção do fim a que se destina, se constar do título.

2 – A descrição de cada unidade de alojamento ou apartamento deve conter:

a) O número da descrição genérica do empreendimento turístico seguido da letra ou letras da unidade de alojamento ou apartamento, segundo a ordem alfabética;

b) As menções das alíneas *c), d)* e *f)* do nº 1 do artigo anterior indispensáveis para identificar a unidade de alojamento ou apartamento.

3 – Às frações temporais é atribuído o número do empreendimento turístico e, havendo-a, a letra da unidade de alojamento ou apartamento, mencionando-se o início e o termo do período de cada direito de habitação."

No caso de o empreendimento turístico sujeito ao regime do direito real de habitação periódica compreender mais de um imóvel, será feita *uma só descrição* dos imóveis abrangidos (nº 2 do art. 8º do Decreto-Lei nº 275/93, de 5 de Agosto, na redação do Decreto-Lei nº 37/2011, de 10 de Março).

No caso de *concessões em bens do domínio público*, determina o art. 84º que, tratando-se de concessão referida a parcelas delimitadas de terreno, devem estas ser descritas, com as necessárias adaptações, nos termos do art. 82º: é o caso frequente de culturas marinhas ou de construções instaladas em áreas de terrenos do domínio público marítimo, em regime de contrato de concessão. Respeitando todavia a vias de comunicação, deve fazer-se uma única descrição na conservatória competente[128], com os elementos de individualização constantes do respetivo título.

6.1.4. *Anexação e desanexação*

A anexação, tal como a desanexação, tem consequências sobre a descrição dos prédios.

A *anexação* resulta da junção a um prédios de outro ou outros, ou mesmo de parcelas de outros.

Por sua vez, a *desanexação* consiste na operação inversa, ou seja, no destacamento de parcela de um prédio para constituir um outro ou juntar a um outro.

São requisitos essenciais da anexação de prédios a contiguidade dos prédios a anexar, a sua pertença ao mesmo proprietário, em termos de poderem constituir objeto de um direito de propriedade unitário, e o consentimento deste à formação da nova unidade[129].

Não obsta à anexação – e consequentemente *não fere o conceito de contiguidade* – o facto de um prédio ser atravessado por uma estrada ou curso de água. Neste sentido se pronunciou o Conselho Técnico da Direção-Geral dos Registos e do Notariado[130]:

> "I – Do mesmo modo que as divisões decorrentes de um ato da Administração (como a construção de uma estrada ou de um canal) ou de um acontecimento natural (como a mudança do leito de um rio, não provocada pelo homem), se não devem considerar como parcelamento dos prédios atravessados pelo leito da estrada, do canal ou do rio – parcelamento esse que, a produzir-se, significaria necessariamente a autonomia jurídica de cada um das parcelas, que as próprias tábuas não poderiam deixar de refletir –, assim também a eventual existência de uma corrente de água que, em dado momento, limite entre si prédios contíguos do mesmo proprietário (e como tal inscritos) não poderá obstar à sua anexação, passando a formar, por ato de vontade do proprietário, uma realidade predial una, como tal suscetível de constituir objeto de direitos próprios".

No caso de *anexação*, determina o nº 1 do art. 85º que seja aberta *nova descrição* quando o registo incidir sobre prédio constituído:

a) Por parcela de prédio descrito ou não descrito;

[128] Tendo sido eliminada a competência territorial das conservatórias, fica por esclarecer qual o significado que o legislador quereria ter atribuído à expressão "conservatória competente", sendo certo que a manteve após a eliminação da competência territorial.

[129] Cf. pareceres dos serviços jurídicos e do C. T. da DGRN, em *Boletim dos Registos e do Notariado*, respetivamente nº 10/2001, I, p. 28, e nº 8/99, II, p. 9.

[130] Em *Boletim dos Registos e do Notariado*, nº 10/2001, II, p. 41.

b) Por dois ou mais prédios já descritos;
c) Por prédios descritos e outro ou outros não descritos;
d) Por prédios descritos e parcelas de outro ou outros também descritos;
e) Por parcelas de prédios descritos e outras de prédios não descritos;
f) Por parcelas de um ou mais prédios já descritos.

As inscrições vigentes sobre a descrição de que foi desanexada a parcela ou sobre as descrições total ou parcialmente anexadas são mencionadas na ficha da nova descrição (nº 2 do art. 85º).

6.1.5. *Prédios não descritos; descrições duplicadas*

Quando o *prédio não estiver descrito*, deve esta circunstância ser previamente *confirmada pelo serviço de registo da área da sua situação*, sempre que se pretenda sobre ele registar facto em serviço de registo diverso (art. 59º-B).

É esta uma norma que revela prudência por parte do legislador: assim previne as consequências danosas que resultariam do facto de um funcionário encarregado de transpor para suporte eletrónico os registos lavrados em suporte papel, por erro ou distração, ter omitido inserir na base de dados algum ou alguns deles.

No caso de se dar pela existência de *descrições duplicadas*, o art. 86º determina que se reproduzam na ficha de uma delas os registos em vigor nas restantes fichas, cujas descrições se consideram inutilizadas.

Nas descrições inutilizadas e na subsistente far-se-ão as respetivas anotações com remissões recíprocas.

"Verificando-se uma dupla descrição, total ou parcial, do mesmo prédio, nenhum dos titulares registais poderá invocar a seu favor a presunção que resulta do artigo 7º do Código do Registo Predial, devendo o conflito ser resolvido com a aplicação exclusiva dos princípios e das regras de direito substantivo, a não ser que se demonstre a fraude de quem invoca uma das presunções" *(Acórdão do Supremo Tribunal de Justiça uniformizador de jurisprudência nº 1/2017).*

6.1.6. *Inutilização de descrições*

As descrições não são, como se disse, suscetíveis de *cancelamento* (art. 87º), mas devem ser inutilizadas quando se verificarem as condições referidas nesta disposição e que no fim de contas têm a ver com o facto de o prédio descrito ter deixado de existir em si mesmo ou ter deixado de existir na forma descrita. Devem pois ser inutilizadas:

a) As descrições de frações autónomas ou de unidades de alojamento ou apartamentos, nos casos de demolição do prédio e de cancelamento ou caducidade da inscrição de constituição ou alteração da propriedade horizontal ou do direito de habitação periódica;

b) As descrições referentes a concessões sobre bens do domínio público sobre as quais não existam registos em vigor;

c) As descrições de prédios totalmente anexados;

d) As descrições previstas na 2ª parte do nº 2 do art. 80º *[abertas para anotação da recusa de registo de um ato]*, quando não forem removidos os motivos da recusa;

e) As descrições de prédios cuja área seja totalmente dividida em lotes de terreno destinados à construção;

f) As descrições dos prédios de cada proprietário submetidos a emparcelamento;

g) As descrições sem inscrições em vigor.

A inutilização de qualquer descrição é *anotada* com menção da sua *causa.*

6.2. Averbamentos à descrição

Os elementos das descrições podem ser *alterados, completados* ou *retificados* por *averbamento,* mas as alterações resultantes de averbamentos não prejudicam os direitos de quem neles não teve intervenção, desde que definidos em inscrições anteriores (art. 88º).

Os averbamentos à descrição devem conter, além do número de ordem privativo e do número e data da apresentação (ou, se desta não dependerem, a data em que são feitos), a menção dos elementos da descrição alterados, completados ou retificados (art. 89º).

Os elementos das descrições devem ser *oficiosamente atualizados* quando a alteração possa ser comprovada por um dos seguintes meios (art. 90º):

a) Acesso à base de dados da entidade competente;

b) Documento emitido pela entidade competente; ou

c) Documento efetuado com intervenção da pessoa com legitimidade para pedir a atualização.

Enquanto não se verificar a intervenção prevista na alínea *c*), a atualização é anotada à descrição, inutilizando-se a anotação se a intervenção não ocorrer dentro do prazo de vigência do registo que lhe deu origem.

Como já foi visto a propósito do princípio da instância, independentemente da atualização oficiosa, só têm legitimidade para pedir averbamentos às descrições os interessados a que se refere o art. 38º:

a) O proprietário ou possuidor definitivamente inscrito ou com a sua intervenção;

b) Qualquer interessado inscrito ou com a sua intervenção, não havendo proprietário ou possuidor inscrito;
c) Qualquer interessado inscrito que tenha requerido a notificação judicial do proprietário ou possuidor inscrito, não havendo oposição deste no prazo de 15 dias.

O art. 90º-A prevê que, além de outros casos previstos na lei, é especialmente anotada à descrição:

a) A existência de *autorização de utilização*;
b) A existência de *ficha técnica de habitação*, se existirem condições técnicas para o efeito;
c) A classificação como *empreendimento turístico* em propriedade plural, com indicação das descrições prediais que o integram.

A existência de autorização de utilização é anotada mediante a indicação do respetivo número e da data de emissão.

Como já foi dito, os averbamentos à descrição nunca podem ser provisórios[131].

6.3. Referências matriciais e toponímicas

a) Harmonização entre a matriz predial e a descrição

A descrição dos prédios, como vimos já, existe também na administração tributária com a designação de *matrizes prediais*.

Enquanto não for possível obter a *informação predial única*, objetivo claramente enunciado no Decreto-Lei nº 224/2007, de 31 de maio, a fim de evitar, tanto quanto possível, divergências entre a informação constante das conservatórias e a dos serviços fiscais, o Código prevê, nos artºs 28º a 28º-C, disposições tendentes a conseguir a possível harmonização, em nome sobretudo da segurança jurídica.

Assim, o art. 28º determina:

> "1 – Sem prejuízo do disposto no número seguinte, deve haver harmonização quanto à localização, à área e ao artigo da matriz, entre a descrição e a inscrição matricial ou o pedido de retificação ou alteração desta.[132]

[131] "Os averbamentos às descrições são atos registrais excluídos da possibilidade legal de serem efetuados com a natureza de provisórios" (parecer do C. T. da DGRN, em *Boletim dos Registos e do Notariado*, nº 5/85, p. 18).

[132] "1. No âmbito da exigência da harmonização entre a descrição predial e a inscrição matricial prevista no art. 28º/1 e 2 do Código de Registo Predial, não cabe a concordância entre o titular tabularmente inscrito, ou a inscrever, e o titular matricial (seja ele o proprietário, o usufrutuário ou o superficiário), já que a mesma apenas se reporta a elementos de identificação do prédio,

2 – Na descrição dos prédios urbanos e dos prédios rústicos ainda não submetidos ao cadastro geométrico[133] a exigência de harmonização é limitada aos artigos matriciais e à área dos prédios.

3 – Nos títulos respeitantes a factos sujeitos a registo deve haver harmonização com a matriz, nos termos dos nºs 1 e 2, e com a respetiva descrição, salvo se quanto a esta os interessados esclarecerem que a divergência resulta de alteração superveniente ou de simples erro de medição."

Por sua vez, o art. 28º-A permite que, caso exista diferença, quanto à área, entre a *descrição* e a *inscrição matricial* ou, tratando-se de prédio não descrito, entre o *título* e a *inscrição matricial*, seja dispensada a harmonização se a diferença não exceder, em relação à área maior:

a) 20%, nos prédios rústicos não submetidos ao cadastro geométrico;
b) 5%, nos prédios rústicos submetidos ao cadastro geométrico;
c) 10%, nos prédios urbanos ou terrenos para construção.

No caso de *abertura* ou *atualização da descrição*, permite, por sua vez, o art. 28º-B que a área constante da descrição predial possa ser atualizada, no limite

nuns casos (rústicos submetidos a cadastro geométrico) quanto à localização, área a artigo e noutros (urbanos e rústicos não submetidos a cadastro geométrico) quanto ao artigo e área 2. A presunção de que a propriedade, o usufruto ou o direito de superfície pertencem a quem como tal figure na matriz, tem efeitos meramente fiscais, nomeadamente para efeito da responsabilidade pelo pagamento do Imposto Municipal Sobre Imóveis (art. 8º 1 e 4 e 12º/5 do Código do Imposto Municipal Sobre Imóveis), carecendo de fundamento legal, no âmbito do princípio da legalidade (art. 68º do CRP), a exigência de prova da elisão dessa presunção. (...)" (Parecer do Conselho Consultivo do IRN Pº R.P.61/2015 STJ-CC, de 25-09-2015, consultado em http://www.irn.mj.pt/sections/irn/doutrina/pareceres/Pareceres-Conselho-Tecnico/).

[133] Concelhos submetidos ao cadastro geométrico e onde vigorou o registo predial obrigatório a que se refere o art. 28º:
Na Região Autónoma dos *Açores*: Ponta Delgada;
Nos distritos de:
Beja: Aljustrel, Almodôvar, Alvito, Barrancos, Beja, Castro Verde, Cuba, Ferreira do Alentejo, Mértola, Moura, Odemira, Ourique, Serpa e Vidigueira;
Bragança: Mogadouro;
Évora: Alandroal, Arraiolos, Borba, Estremoz, Évora, Montemor-o-Novo, Mora, Mourão, Portel, Redondo, Reguengos de Monsaraz, Viana do Alentejo e Vila Viçosa;
Lisboa: Amadora, Arruda dos Vinhos, Cascais, Loures, Lourinhã, Mafra, Oeiras, Sintra e Vila Franca de Xira;
Portalegre: Alter do Chão, Arronches, Avis, Campo Maior, Castelo de Vide, Crato, Elvas, Fronteira, Marvão, Monforte, Nisa, Ponte de Sor, Portalegre e Sousel;
Santarém: Coruche;
Setúbal: Alcácer do Sal, Almada, Barreiro, Grândola, Santiago de Cacém, Sesimbra e Sines;
Vila Real: Mesão Frio, Peso da Régua e Santa Marta de Penaguião.

das percentagens fixadas no artigo 28º-A, se o proprietário inscrito declarar que *a área correta é a que consta da matriz* (nº 1).

Se estiver em causa a abertura da descrição por se tratar de *prédio não descrito*, aplica-se o disposto no nº 1, descrevendo-se o prédio com a *área constante da matriz*, se o interessado declarar que é essa a área correta (nº 2).

O recurso à faculdade para proceder à atualização da descrição ou à sua abertura, prevista nos nºs 1 e 2, apenas pode ser efetuado *uma única vez* (nº 3), devendo o exercício dessa faculdade ser mencionado na descrição (nº 4).

Para o caso de divergência de área entre a *descrição* e o *título*, prevê o art. 28º-C que, se essa divergência se mantiver no limite das percentagens previstas no artigo 28º-A, e não tiver havido recurso à faculdade prevista no art. 28º-B, a atualização da descrição pode ser efetuada se o proprietário inscrito esclarecer que a divergência provém de simples *erro de medição.*

Mas se essa divergência de área, entre a descrição e o título, atingir percentagens superiores às previstas no artigo 28º-A, a atualização da descrição é feita nos seguintes termos:

a) Na *matriz cadastral*[134], o erro de medição é comprovado com base na informação da inscrição matricial donde conste a retificação da área e em declaração que confirme que a configuração geométrica do prédio não sofreu alteração;

b) Na *matriz não cadastral*, o erro a que se refere a alínea anterior é comprovado pela apresentação dos seguintes documentos:
   i) Planta do prédio elaborada por técnico habilitado e declaração do titular[135] de que não ocorreu alteração na configuração do prédio; ou
   ii) Planta do prédio e declaração dos confinantes de que não ocorreu alteração na configuração do prédio.

A assinatura de qualquer proprietário confinante pode ser suprida pela sua *notificação judicial*, desde que não seja deduzida oposição no prazo de 15 dias, devendo a oposição, quando deduzida, ser anotada à descrição.

A exigência de declaração dos confinantes terá de entender-se como aplicável apenas para o caso de *aumento da área registada*, a prevenir eventualmente a possibilidade de ser pedida em prejuízo dos confinantes.

[134] Matriz cadastral é a que resultou do cadastro geométrico.

[135] "A declaração de que não ocorreu alteração na configuração do prédio (...) pode ser prestada pelo interessado que, no contexto do processo de registo em que a pretensão de atualização/retificação é manifestada, venha a tornar-se, através da feitura do correspondente registo de propriedade (de aquisição ou de reconhecimento desse direito), em titular definitivamente inscrito." (Conclusão 2) do parecer do Conselho Consultivo dos Registos e do Notariado RP 88/2015 ST JSR-CC, disponível em *www.irn.mj.pt/IRN/sections/irn/doutrina/pareceres/.*).

Não pode também esquecer-se a disposição do nº 4 do artº 27º do Regulamento do Cadastro Predial, aprovado como parte integrante do Decreto-Lei nº 172/95, de 18 de julho, que prevê a possibilidade de outra solução:

> "A inexatidão do registo quanto à área dos prédios é retificável mediante a apresentação de documento a emitir pelo IPPC [Instituto Português de Cartografia e Cadastro, hoje Instituto Geográfico Português], donde conste a demarcação efetuada com os proprietários confinantes."

É bem de ver, no entanto, que esta solução só é viável no caso de prédios já submetidos ao cadastro geométrico.[136]

O Conselho Técnico da Direção-Geral dos Registos e do Notariado também se pronunciou no sentido de que os referidos limites de 10% e 5% – hoje, 20%, 10% e 5% – não devem ser considerados como rigidamente inflexíveis no caso de desvios mínimos que não ponham em causa a certeza sobre a identidade do prédio:

> "I – A dispensa de harmonização entre a descrição e a matriz quanto às áreas dos prédios – sempre que a diferença não exceda, relativamente à área maior, 10% nos rústicos e 5% nos urbanos e terrenos para construção – é ditada pela consideração daquilo que será razoável tolerar em face das dificuldades práticas em obter uma medição exata daquelas áreas, atentos os acidentes dos terrenos e a configuração dos prédios.
>
> II – Daí que, sem embargo do carácter cogente do normativo em causa, os referidos limites de tolerância, em vez de valores rígidos e absolutos insuscetíveis de absorver qualquer excesso de área para além desses limites, por mínimo ou insignificante que seja, devem ser tidos como referências ou

[136] É do seguinte teor o art. 27º do Regulamento do Cadastro Predial: Art. 27º *(Harmonização com o registo predial)* "1 – Sem prejuízo do disposto nos artigos anteriores, a caracterização cadastral é sempre provisória enquanto não for obtida a harmonização com o registo predial.
2 – Para efeitos do disposto no número anterior, o IPCC e a Direção-Geral dos Registos e do Notariado asseguram reciprocamente acesso aos elementos relativamente a prédios constantes das respetivas bases de dados, em condições a fixar por portaria dos Ministros do Planeamento e da Administração do Território e da Justiça.
3 – No caso de haver divergência, verificada pelo proprietário ou por outra entidade, entre a caracterização cadastral e os elementos constantes do registo predial quanto à área dos prédios, devem os respetivos proprietários, mediante notificação, promover a harmonização do registo com a realidade predial que lhes está subjacente.
4 – A inexatidão do registo quanto à área de prédios é retificável mediante a apresentação de documento a emitir pelo IPCC, donde conste a demarcação efetuada com os proprietários confinantes."

balizas de contornos não flácidos, mas também não cegamente inflexíveis, a ter em conta pelo registador na verificação da identidade do prédio."[137]

Sobre a divergência de áreas tem ainda interesse citar o seguinte parecer do Conselho Técnico agora do Instituto dos Registos e do Notariado:

"I – A inexatidão quanto à área do prédio que conste da descrição predial pode ser dirimida através do mecanismo previsto no artigo 30º do Código do Registo Predial, quando se trate de matriz não cadastral e a divergência provenha de simples erro de medição, ou do meio próprio de retificação do registo previsto e regulado nos artigos 120º e seguintes do Código do Registo Predial.

II – As decisões proferidas no âmbito do processo de retificação de registo só podem ser apreciadas no meio próprio previsto nos artigos 131º e seguintes do Código do Registo Predial, não admitindo, por isso, impugnação ao abrigo do disposto nos artigos 140º e seguintes do mesmo Código.

III – A harmonização da descrição com a matriz, nos termos do artigo 28º do Código do Registo Predial, constitui um instrumento de apoio à correta identificação do prédio, procurando-se que o objeto formal da descrição corresponda, tanto quanto possível, à realidade física e geográfica do objeto material das relações jurídicas a publicitar, tendo em vista a segurança do comércio jurídico imobiliário – artigo 1º do Código do Registo Predial."[138]

b) Alteração das matrizes prediais

Quando ocorra substituição das matrizes, os serviços tributários devem comunicar aos serviços de registo, sempre que possível por via eletrónica, a *correspondência entre os artigos matriciais* relativos a todos os prédios do concelho ou de uma ou mais freguesias (art. 29º).

Nos casos em que for comunicada, oficiosamente ou a pedido dos serviços de registo, a impossibilidade de estabelecer a correspondência matricial e a mesma não resultar dos documentos apresentados, pode esta ser suprida por *declaração complementar* dos interessados que indique expressamente o artigo da matriz em vigor.

c) Harmonização através do sistema de informação predial único

Como acima se referiu, a *informação predial única*, comum por conseguinte aos serviços de cadastro, à administração tributária e aos serviços de registo, é o objetivo a atingir.

[137] Em *Boletim dos Registos e do Notariado*, nº 10/99, II, p. 42.

[138] Parecer de 21 de julho de 2007 – proc. R. P. 66/2007.

Não foi ainda concluído o chamado *cadastro geométrico* dos prédios que contém a informação de base e permite, por conseguinte, conhecer com rigor a identificação e área de cada prédio, bem como as suas coordenadas geográficas.

A execução do cadastro geométrico está a cargo do Instituto Geográfico Português e não é seguro o calendário da sua conclusão. O Decreto-Lei nº 172/95, de 18 de julho, estimava em cerca de 17 milhões os prédios rústicos e urbanos existentes no País.

Como consta da Resolução do Conselho de Ministros nº 45/2006, de 2 de março, o cadastro geométrico abrangia nessa altura apenas a propriedade rústica em 126 concelhos, maioritariamente na região Sul do continente, estando cadastrados, "aproximadamente, dois milhões de prédios rústicos, o que corresponde a cerca de 12% do universo."

O Regulamento do Cadastro Predial prevê, no seu art. 6º, que cada prédio cadastrado seja identificado através de um código numérico unívoco, designado por *número de identificação* de *prédio (NIP)*, de utilização obrigatória em todos os documentos públicos como forma de identificação de prédios cadastrados.

De harmonia com o art. 7º do mesmo regulamento, por cada prédio cadastrado deveria ser emitido um *cartão de identificação*, do qual constasse o respetivo NIP, cuja apresentação seria "obrigatória em todos os atos notariais e demais atos perante a Administração relativos a prédios localizados em área cadastrada."[139]

Esta forma de identificação dos prédios representa naturalmente uma contribuição de grande relevo para a segurança jurídica do comércio imobiliário.

Pela Resolução do Conselho de Ministros nº 45/2006, de 2 de março, foi criado o *Sistema Nacional de Exploração e Gestão de Informação Cadastral (SINERGIC)*, tendo como objetivo, entre outros, assegurar a identificação unívoca dos prédios, mediante a utilização de um número único de identificação do prédio, comum a toda a Administração Pública, promovendo a criação futura de uma informação predial única.

Só com a informação predial única, como considera a Resolução, "se consegue um suporte eficaz para a reconciliação e condensação sistemática da realidade fatual da propriedade imobiliária com o registo predial, as inscrições matriciais e as informações cadastrais."

Em seguimento da Resolução, foi entretanto publicado o Decreto-Lei nº 224/2007, de 31 de maio, que promove "a viabilização de um sistema de

[139] A forma de composição do código numérico unívoco, designado por número de identificação de prédio ou NIP, contendo 15 dígitos, distribuídos por 4 conjuntos, consta atualmente do anexo ao Decreto-Lei nº 224/2007, de 31 de maio.

informação predial único que condense, de forma sistemática, a realidade fatual da propriedade imobiliária com o registo predial, as inscrições matriciais e as informações cadastrais."

O SINERGIC, escreve-se no preâmbulo do diploma, "configura-se, pois, como um passo indispensável no sentido da criação da informação predial única, assumindo, em simultâneo, a tarefa de suprir a escassa cobertura territorial do cadastro predial, simplificando e desburocratizando os atuais procedimentos de execução e conservação do cadastro, cuja complexidade é, em parte, responsável pelo insucesso do modelo criado pelo Decreto-Lei nº 172/95, de 18 de julho."

O Decreto-Lei nº 224/2007, de 31 de maio, institui um regime experimental que visa a prossecução dos seguintes objetivos (art. 2º):

a) Assegurar a identificação unívoca dos prédios, mediante a atribuição de um número único de identificação, de utilização comum a toda a Administração Pública, possibilitando a criação da informação predial única;
b) Unificar, num único sistema de informação, os conteúdos cadastrais existentes e a produzir;
c) Permitir uma gestão uniforme e informática dos conteúdos cadastrais;
d) Assegurar que a descrição predial do registo predial é acompanhada de um suporte informático;
e) Garantir a compatibilidade com os sistemas informáticos utilizados pelas entidades referidas no art. 13º *[Instituto dos Registos e do Notariado, Direção-Geral dos Impostos – hoje Administração Tributária e Aduaneira – e câmaras municipais]*;
f) Assegurar o acesso à informação pela Administração Pública, pelos cidadãos e pelas empresas, designadamente por via eletrónica e com a garantia da proteção de dados pessoais envolvidos.

A identificação dos prédios cadastrados é efetuada através do NIP cuja utilização passa a ser obrigatória em todos os documentos administrativos como forma de identificação dos prédios cadastrados: o NIP substituirá assim os números da descrição predial e da matriz, como resulta do art. 9º do diploma em análise.

Compete ao Instituto dos Registos e do Notariado, de forma direta ou através das conservatórias competentes, consoante os casos (art. 15º):

a) Assegurar o acesso à informação constante do registo predial, em especial no decurso da operação de execução do cadastro, fornecendo informação sobre o carácter omisso ou a descrição dos prédios abrangidos operação de execução do cadastro e a identificação titulares de direitos de propriedade e de outros direitos reais menores;

b) Apoiar no âmbito das suas competências a operação de execução cadastral;

c) Comunicar à equipa de apoio técnico a apresentação de pedidos de registo relativamente a prédios incluídos na área de execução do cadastro, a partir do momento em que esta operação se inicia e até à sua conclusão;

d) Desencadear a retificação dos elementos e dados cadastrais, caso assim se justifique em caso de alteração situação jurídica dos prédios constante do registo predial.

A harmonização entre os vários sistemas seguirá os termos previstos no art. 22º:

> "1 – A harmonização é efetuada no decurso da operação de execução do cadastro predial, através da articulação entre o teor da declaração de titularidade e os dados constantes das descrições prediais e das inscrições matriciais.
>
> 2 – Não sendo possível proceder à harmonização no decurso da operação de execução do cadastro predial, o procedimento de harmonização prossegue nos termos que venham a ser definidos no regime de conservação do cadastro, considerando-se os prédios em situação de cadastro transitório.
>
> 3 – Sem prejuízo do direito de retificação que assiste aos titulares cadastrais, os dados relativos aos prédios em situação de cadastro transitório presumem-se corretos."

O *período experimental* de aplicação dos procedimentos previstos neste decreto-lei, que terá a duração fixada em portaria do membro do Governo responsável pelo ordenamento do território, é aplicável nas freguesias que forem designadas, mantendo-se em vigor no restante território nacional o disposto no Regulamento do Cadastro Predial, aprovado pelo Decreto-Lei nº 172/95, de 18 de Julho (art. 52º).

Enquanto não for possível dispor de uma identificação rigorosa dos prédios, incluindo a sua localização exata, bem como a sua área e forma geométrica precisas, a ténue harmonização atualmente prevista na lei registal tenderá a minimizar as fraudes, mas não as evita totalmente[140].

[140] Veja-se adiante em 9. *Informação cadastral simplificada* o projeto-piloto que cria um sistema de informação cadastral simplificada relativo a prédios rústicos e mistos.

d) Alteração da situação dos prédios

As alterações da situação dos prédios, decorrentes da definição dos limites do concelho ou da freguesia, devem ser comprovadas por comunicação, preferencialmente eletrónica e automática, da câmara municipal competente, oficiosamente ou a pedido do serviço de registo (art. 59º-A).

e) Alterações toponímicas

Por sua vez, as *alterações toponímicas*, ou seja, as alterações de nomes de localidades, ruas e outras vias de comunicação envolvem também a necessidade de atualizar as descrições.

Se as alterações de nomes de localidades são objeto de publicidade através do diploma legal que as determina, o mesmo não acontece com as das vias públicas.

Por isso, o art. 33º prevê que as *câmaras municipais* comuniquem, sempre que possível por via eletrónica e automática, aos serviços de registo, até ao último dia de cada mês, todas as alterações de *denominações de vias públicas e de numeração policial* dos prédios verificadas no mês anterior, no caso de essa informação não estar disponível nas respetivas bases de dados.

A prova da correspondência entre a antiga e a nova denominação ou numeração, se não puder ser obtida nos termos acima referidos, nem resultar dos documentos apresentados, pode ser suprida por *declaração complementar* dos interessados, quando a câmara municipal, a pedido do serviço de registo, comunicar a impossibilidade de a estabelecer.

6.4. Inscrições

As inscrições visam definir a *situação jurídica* dos prédios, mediante *extrato dos factos* a eles referentes, e só podem ser lavradas com referência a descrições genéricas ou subordinadas (art. 91º). A inscrição de qualquer facto respeitante a *várias descrições* é lavrada na ficha de cada uma destas.

Será feita uma *única inscrição* nos seguintes casos (art. 99º):

a) Quando os comproprietários ou compossuidores solicitarem no mesmo pedido o registo de aquisição ou posse das quotas-partes respetivas, ainda que por títulos diferentes;

b) Quando o proprietário ou possuidor tenha adquirido o direito em quotas indivisas, ainda que por títulos diferentes.

Quando o título constitutivo do *empreendimento turístico* substitua o título constitutivo da propriedade horizontal, é feita uma única inscrição que abranja os dois factos.

6.4.1. *Inscrições provisórias*

As inscrições são, em princípio, *definitivas*, mas, em certos casos, têm de ser efetuadas como *provisórias*.

As inscrições provisórias podem sê-lo *por natureza* ou *por dúvidas*.

A inscrição é provisória *por natureza* quando a lei assim o determina: é que a possibilidade de conversão do registo em definitivo está em regra dependente da futura ocorrência de determinado facto, da verificação da validade de um outro facto ou do reconhecimento de um direito. São inscrições taxativamente especificadas e tipificadas na lei.

No caso da provisoriedade *por dúvidas*, existe falta de elementos necessários, vício ou deficiência no título ou em outros documentos ou até eventual incompatibilidade com a situação refletida nas tábuas, que não permitem a feitura do registo definitivo, mas não constituem fundamento de recusa, por não integrarem nenhum dos casos previstos no art. 69º.

Conforme já se referiu no capítulo dedicado ao registo comercial, a interpretação literal da expressão "por dúvidas" poderia levar a crer que era aplicada nos casos em que ao conservador se suscitariam dúvidas sobre a qualificação do ato de registo em causa; mas não é assim.

Trata-se de uma expressão tradicional na linguagem jurídico-registal para significar que é o pedido que apresenta deficiências, em princípio suscetíveis de correção, e por conseguinte não suficientes para a recusa do registo.

"A provisoriedade por dúvidas de um registo decorre fundamentalmente da existência de um *vício* ou *deficiência* do título ou de documento complementar ou mesmo de alguma outra incompatibilidade, inclusive com a decorrente da situação tabular, diversamente do que ocorre com a provisoriedade *por natureza* que resulta diretamente *da previsão da lei*."[141]

São *provisórias por natureza* as inscrições (nº 1 do art. 92º):

a) Das ações e procedimentos referidos no art. 3º;

b) De constituição da propriedade horizontal, antes de concluída a construção do prédio;

[141] Cf. parecer do C. T. da DGRN em *Boletim dos Registos e do Notariado*, nº 1/2001, II; também no já referido parecer proferido no processo 11/84 R. P. 3 se escreveu: "Para o conservador as dúvidas são certezas por onde se resolve uma das vias da não admissibilidade. Ao lavrar o registo provisório por dúvidas, o conservador deve ter a certeza de que existe motivo que, não sendo fundamento de recusa, obste ao registo do ato tal como é pedido. Não tem dúvidas, opõe-nas. A dúvida não existe na mente do julgador, mas tão-somente no fecho tabular do registo, que é feito sob condição suspensiva até que seja preenchido o requisito em falta ou desfeita a contradição existente."

c) De factos jurídicos respeitantes a frações autónomas, antes do registo definitivo da constituição da propriedade horizontal;
d) De ónus de casas de renda económica ou de renda limitada, antes da concessão da licença de habitação, e de quaisquer factos jurídicos a elas respeitantes, antes do registo definitivo do ónus;
e) De negócio jurídico anulável por falta de consentimento de terceiro ou de autorização judicial, antes de sanada a anulabilidade ou de caducado o direito de a arguir;
f) De negócio jurídico, celebrado por gestor ou por procurador sem poderes suficientes, antes da ratificação;
g) De aquisição, antes de titulado o contrato;
h) De aquisição por venda judicial, antes de passado o título de transmissão;
i) De hipoteca voluntária, antes de lavrado o título constitutivo;
j) De aquisição por partilha em inventário, antes de a respetiva decisão homologatória se tornar definitiva;
l) De aquisição por partilha em inventário, antes de passada em julgado a sentença;
m) De hipoteca judicial, antes de passada em julgado a sentença;
n) Da hipoteca a que se refere o art. 701º CC, antes de passada em julgado a sentença que julgue procedente o pedido;
o) Da declaração de insolvência antes do trânsito em julgado da sentença;
p) De aquisição efetuada ao abrigo do disposto no Decreto-Lei nº 280/2007, de 7 de agosto, alterado pelas Leis nºs 55-A/2010, de 31 de dezembro, 64-B/2011, de 30 de dezembro, e 66-B/2012, de 31 de dezembro, e pelo Decreto-Lei nº 36/2013, de 11 de março, antes de titulado o contrato.

O nº 2 do art. 92º prevê ainda:

a) As inscrições de penhora, de declaração de insolvência e de arresto, se existir sobre os bens registo de aquisição ou reconhecimento do direito de propriedade ou de mera posse a favor de pessoa diversa do executado, do insolvente ou do requerido;
b) As inscrições dependentes de qualquer registo provisório ou que com ele sejam incompatíveis;
c) As inscrições que, em reclamação contra a reforma de suportes documentais, se alega terem sido omitidas;
d) As inscrições efetuadas na pendência de recurso hierárquico ou impugnação judicial contra a recusa do registo ou enquanto não decorrer o prazo para a sua interposição.

As inscrições de factos jurídicos respeitantes a frações autónomas, antes do registo definitivo da constituição da propriedade horizontal, referidas na alínea *c)* do nº 1, são *convertidas oficiosamente* na dependência do registo definitivo da constituição da propriedade horizontal (nº 10 do art. 92º).

Os registos provisórios caducam se não forem convertidos em definitivos ou renovados dentro do prazo da respetiva vigência, sendo de seis meses o prazo de vigência do registo provisório, salvo disposição em contrário (art. 11º).

É assim de seis meses o *prazo das inscrições provisórias por dúvidas*, sem possibilidade de renovação.

O *prazo de validade das inscrições provisórias por natureza* é determinado pelos nºs 3 a 9 e 12 do art. 92º, sendo possível a renovação nos casos adiante referidos.

As inscrições referidas nas alíneas *b)* a *e)* do nº 1, bem como na alínea *c)* do nº 2, se não forem também provisórias com outro fundamento, mantêm-se em vigor pelo prazo de cinco anos, renovável por períodos de igual duração, a pedido dos interessados, mediante a apresentação de documento que comprove a subsistência da razão da provisoriedade emitido com antecedência não superior a seis meses em relação ao termo daquele prazo (nº 3).

A inscrição referida na alínea *g)* do nº 1, quando baseada em contrato-promessa de alienação, é renovável por períodos de seis meses e até um ano após o termo do prazo fixado para a celebração do contrato prometido, com base em documento que comprove o consentimento das partes (nº 4).

As inscrições referidas na alínea *a)* do nº 2 mantêm-se em vigor pelo prazo de um ano, salvo o disposto no nº 5 do artigo 119º, e caducam se a ação declarativa não for proposta e registada dentro de 30 dias a contar da notificação da declaração prevista no nº 4 do mesmo artigo (nº 5).

As inscrições referidas na alínea *b)* do nº 2 mantêm-se em vigor pelo prazo do registo de que dependem ou com o qual colidem, salvo se antes caducarem por outra razão; a conversão do registo em definitivo determina a conversão oficiosa das inscrições dependentes e a caducidade das inscrições incompatíveis, salvo se outra for a consequência da requalificação desta. O cancelamento ou a caducidade do registo provisório determina a conversão oficiosa da inscrição incompatível (nºs 6 a 8).

Sem prejuízo do disposto no art. 149º *[registos dependentes]*, as inscrições referidas na alínea *d)* do nº 2 mantêm-se em vigor na pendência de recurso hierárquico ou de impugnação judicial ou enquanto estiver a decorrer o prazo para a sua interposição (nº 9).

As inscrições referidas nas alíneas *a)* e *j)* a *n)* do nº 1 não estão sujeitas a qualquer prazo de caducidade (nº 11).

A inscrição referida na alínea *p)* do nº 1, se não for também provisória com outro fundamento, mantém-se em vigor pelo prazo de seis anos, renovável por períodos de três anos, a pedido dos interessados, mediante apresentação de documento que comprove a subsistência da razão da provisoriedade emitido com antecedência não superior a 180 dias em relação ao termo daquele prazo (nº 12).

6.4.2. *Conteúdo das inscrições*

Do extrato da inscrição deve constar (art. 93º):

a) *(Revogada)*[142];
b) O número, a data e a hora da apresentação;
c) Caso a inscrição seja provisória, a menção de que o é por natureza ou por dúvidas, com indicação, no primeiro caso, do número e alínea aplicáveis do artigo anterior e, sendo provisória nos termos das alíneas *g)* ou *i)* do nº 1 do art. 92º, a data em que o registo foi confirmado;
d) O facto que se inscreve;
e) A identificação dos sujeitos ativos do facto inscrito, pela menção do nome completo, número de identificação fiscal, estado e residência das pessoas singulares, ou da denominação ou firma, número de pessoa coletiva e sede das pessoas coletivas, bem como a menção do nome do cônjuge e do regime de bens do casamento, se os sujeitos forem casados, ou, sendo solteiros, a indicação de serem maiores ou menores;
f) Respeitando o facto a diversos prédios, a menção dessa circunstância;
g) Tratando-se de inscrição de ampliação, o número da inscrição ampliada;
h) A nacionalidade dos sujeitos ativos, caso estes sejam estrangeiros, quando conste do título.

Os sujeitos passivos são indicados, em cada inscrição, somente pelo nome e número de identificação fiscal, no caso das pessoas singulares, ou pela denominação ou firma e número de pessoa coletiva, no caso das pessoas coletivas (nº 2 do art. 93º).

Se os sujeitos da inscrição não puderem ser identificados por esta forma, mencionam-se as circunstâncias que permitam determinar a sua identidade (nº 3 do art. 93º).

6.4.3. *Convenções e cláusulas acessórias*

O conteúdo do extrato da inscrição deve ser completado, quando for o caso, com as *convenções ou cláusulas* acessórias enumeradas *de forma taxativa* no

[142] A revogada alínea *a)* era do seguinte teor: "A letra G, C ou F, consoante se trate de inscrições de aquisição ou reconhecimento de propriedade, de hipoteca ou diversas, seguida do número de ordem correspondente;" as letras G, C e F designavam os antigos livros previstos no Código de 1967 em que eram lavradas as inscrições respetivamente de *aquisição*, de *hipoteca* e *diversas*. A letra A designava o Diário e a letra B o livro das descrições.

art. 94º, indicando-se seguidamente as disposições do Código Civil que se lhe referem:

a) Convenções de reserva de propriedade e de venda a retro estipuladas em contrato de alienação (artºs 409º e 927º, respetivamente);
b) Cláusulas fideicomissárias (artºs 962º, 1700º e 2286º), de pessoa a nomear (art. 452º), de reserva de dispor de bens doados ou de reversão deles (artºs 959º e 960º) e, em geral, outras cláusulas suspensivas ou resolutivas que condicionem os efeitos de atos de disposição ou oneração (artºs 270º e seguintes);
c) Cláusulas que excluam da responsabilidade por dívidas o beneficiário de bens doados ou deixados (artºs 602º e 603º);
d) Convenção de indivisão da compropriedade, quando estipulada no título de constituição ou aquisição (art. 1412º).

6.4.4. Menções especiais das inscrições

O conteúdo do extrato deve ainda ser completado com as seguintes *menções especiais* (nº 1 do art. 95º):

a) Na de *aquisição*, a causa[143];
b) Na de *usufruto* ou de *uso e habitação* e na de *direito de superfície*, o conteúdo dos direitos e as obrigações dos titulares, na parte regulada pelo título, a causa[144] e a duração, quando determinada;
c) Na de *servidão*, o encargo imposto, a duração, quando temporária, e a causa;
d) Na de *promessa de alienação ou de oneração* de bens, o prazo da promessa, se estiver fixado;
e) Na de *pacto ou disposição testamentária de preferência*, o contrato ou o testamento a que respeita, a duração da preferência e as demais condições especificadas no título respeitantes às prestações das partes;
f) Na de *operações de transformação fundiária*, a identificação do título e a especificação das condições da operação;
g) Na de *decisão judicial*, a parte dispositiva e, na de ação ou de procedimento, o pedido;
h) Na de *apanágio*, as prestações mensais fixas ou, na falta destas, a forma por que os alimentos devem ser prestados;

[143] Art. 1316º CC: "O direito de propriedade adquire-se por contrato, sucessão por morte, usucapião, ocupação, acessão e demais modos previstos na lei."

[144] Art. 1293º CC: "Não podem adquirir-se por usucapião:
a) As servidões prediais não aparentes;
b) Os direitos de uso e de habitação."

i) Na de eventual *redução das doações*, a indicação dos sujeitos da doação;

j) Na *de cessão de bens* aos credores, as obrigações dos cessionários especificadas no título, a causa, o montante global dos créditos, bem como o prazo e o preço convencionados para a venda, se tiverem sido fixados;

l) Na de *penhora ou de arresto*, a identificação do processo, a data do facto e a quantia exequenda ou por que se promove o arresto e ainda, caso a inscrição seja provisória nos termos da alínea *a*) do nº 2 do art. 92º, o nome, estado e residência do titular da inscrição;

m) Na de *arrolamento*, a data da diligência e, na de *declaração de insolvência*, a data e hora de prolação da sentença e a data do respetivo trânsito e ainda, caso a inscrição seja provisória nos termos da alínea *a*) do nº 2 do art. 92º, o nome, estado e residência do titular da inscrição;

n) Na de outros *atos ou providências cautelares*, o seu conteúdo e a data do negócio jurídico ou do respetivo despacho;

o) Na de *locação financeira*, o prazo e a data do seu início;

p) Na de *consignação de rendimentos*, o prazo de duração ou, se for por tempo indeterminado, a quantia para cujo pagamento se fez a consignação e a importância a descontar em cada ano, se tiver sido estipulada uma quantia fixa;

q) Na de constituição de *propriedade horizontal*, o valor relativo de cada fração, expresso em percentagem ou permilagem, a existência de regulamento, caso este conste do título constitutivo, e os direitos dos condóminos neste título especialmente regulados e, na de alteração do título constitutivo, a descrição da alteração;

r) Na de constituição do *direito de habitação periódica*, o número de frações temporais com indicação do início e termo de duração em cada ano, bem como o respetivo regime na parte especialmente regulada no título, e, na de alteração do título constitutivo, a descrição da alteração;

s) Na de *ónus de rendas económicas*, as rendas base e, na de ónus de rendas limitadas, o mapa das rendas dos andares para habitação;

t) Na de afetação ao *caucionamento das reservas técnicas*, a espécie de reservas e o valor representado pelo prédio e, na de afetação ao caucionamento da responsabilidade patronal, o fundamento e o valor da caução;

u) Na de *ónus de anuidade* em obras de fomento agrícola, as anuidades asseguradas;

v) Na de *renúncia à indemnização* por aumento de valor, a especificação das obras e o montante da indemnização ou, na sua falta, o da avaliação do prédio;

x) Na de qualquer *restrição ou encargo*, o seu conteúdo;

z) Na de *concessão*, o conteúdo do direito, na parte especialmente regulada no título, e o prazo da concessão;

aa) Na que tenha por base um *contrato para pessoa a nomear*, o prazo para a nomeação e, quando exista, a referência à estipulação que obste à produção dos efeitos do contrato;

ab) Na do título constitutivo do *empreendimento turístico*, a indicação das descrições prediais dos lotes e das frações autónomas que integram o empreendimento ou o *resort*, bem como a data da aprovação do título pelo Turismo de Portugal, I. P., e, na de alteração do título constitutivo, a descrição da alteração e a data da sua aprovação pela mesma entidade.

As inscrições referidas na alínea *t*) são feitas a favor, respetivamente, do *Instituto de Seguros de Portugal* e do *juiz do tribunal do trabalho* competente e as referidas na alínea *v*) do mesmo número a favor da entidade expropriante (nº 2).

Se as condições técnicas permitirem o arquivamento eletrónico dos documentos junto das inscrições, devem ser efetuadas por remissão para o documento arquivado que serve de base ao registo as seguintes menções especiais (nº 3):

a) As condições da operação, nos registos a que se refere a alínea *f*) do nº 1;

b) Os direitos dos condóminos especialmente regulados no título, nos registos a que se refere a alínea *q*) do nº 1;

c) O regime do direito de habitação periódica, na parte especialmente regulada pelo título, nos registos a que se refere a alínea *r*) do nº 1.

As *menções especiais* que deve conter o extrato da *inscrição de hipoteca* são (art. 96º):

a) O *fundamento* da hipoteca, o *crédito* e seus *acessórios* e o *montante máximo* assegurado;

b) Tratando-se de *hipoteca de fábrica*, a referência ao inventário de onde constem os maquinismos e os móveis afetos à exploração industrial, quando abrangidos pela garantia.

Como *fundamento* da hipoteca, há de referir-se o facto jurídico que lhe deu origem, distinguindo entre *hipoteca voluntária* – o facto aí será, por exemplo, o empréstimo ou a abertura de crédito –, *hipoteca legal* – um dos direitos referidos no art. 705º CC[145] –, ou *hipoteca judicial* – decisão judicial (sentença ou acórdão).

[145] É o art. 705º CC que enumera, nos seguintes termos, os credores que têm hipoteca legal:
a) O Estado e as autarquias locais, sobre os bens cujos rendimentos estão sujeitos à constituição predial, para garantia do pagamento desta contribuição;

Relativamente aos *acessórios do crédito*, a hipoteca assegura, como previsto no art. 693º CC, os que constem do registo e que são os *juros*, a *cláusula penal*, e as *despesas* relacionadas com a constituição do crédito que se tenha convencionado ficarem a cargo do devedor; tratando-se de juros, a hipoteca nunca abrange, não obstante convenção em contrário, mais do que os relativos a três anos.

"Quando forem convencionados juros devem os mesmos constar do extrato de inscrição de hipoteca. Sendo tais juros variáveis, é correto indicar a taxa máxima que podem atingir, que, como tal, deve constar do registo": assim deliberou o Conselho Técnico da Direção-Geral dos Registos e do Notariado[146].

Se não for indicada a taxa convencionada, deve mencionar-se na inscrição a taxa legal (nº 2 do art. 96º); de harmonia com o nº 1 do art. 559º CC, a taxa dos juros legais e dos estipulados sem determinação de taxa ou quantitativo são os fixados em portaria conjunta dos Ministros da Justiça e das Finanças[147].

Também é necessário indicar o montante das despesas, se tiver sido acordada a sua garantia: "É de lavrar como provisória por dúvidas, por infringir o princípio da especialidade, a inscrição de hipoteca em cujo título constitutivo foi acordada a garantia de despesas, sem indicação do seu valor, não sendo ainda possível determinar o valor do crédito garantido – artigos 693º, nº 1 do Código Civil e 96º, nº 1 alínea *a)* do Código de Registo Predial."[148]

Quanto ao *montante máximo assegurado*, referido no nº 1 do art. 96º, esclareceu o Conselho Técnico da Direção-Geral dos Registos e do Notariado:

> "1º – O capital ou crédito a considerar para a determinação do montante máximo do capital e acessórios, ou seja, do montante máximo assegurado, para os efeitos no disposto nos artigos 693º, nº 1 do Código Civil e alínea *a)* do nº 1 do artigo 96º do Código do Registo Predial, é o montante máximo que se prevê venha a atingir o saldo devedor do empréstimo – o qual inclui os juros capitalizáveis – quando concedido ao abrigo do Decreto-Lei nº 459/83, de 30 de dezembro, e não o crédito inicialmente concedido.

b) O Estado e as demais pessoas coletivas públicas, sobre os bens dos encarregados da gestão de fundos públicos, para garantia do cumprimento das obrigações por que se tornem responsáveis;
c) O menor, o interdito e o inabilitado, sobre os bens do tutor, curador e administrador legal, para assegurar a responsabilidade que nestas qualidades vierem a assumir;
d) O credor por alimentos;
e) O co-herdeiro, sobre os bens adjudicados ao devedor de tornas, para garantir o pagamento destas;
f) O legatário de dinheiro ou outra coisa fungível, sobre os bens sujeitos ao encargo do legado ou, na sua falta, sobre os bens que os herdeiros responsáveis houverem do testador.

[146] Em *Boletim dos Registos e do Notariado*, nº 5/2002, II, p. 30.

[147] A Portaria nº 291/2003, de 8 de abril, fixou a taxa legal em 4%.

[148] Parecer do C. T. da DGRN, em *Boletim dos Registos e do Notariado*, nº 7/98, II, procº 8/98.

2º – Não constitui fundamento de provisoriedade por dúvidas a desconformidade entre o montante máximo assegurado (capital e acessórios do crédito) porventura indicado no título e o calculado de harmonia com o critério legal."[149]

Todavia, na "qualificação dos registos de hipoteca, em que do título resulte um juro superior ao legalmente permitido, deve o conservador reduzi-lo para os limites fixados na lei e lavrar despacho de recusa em relação à parte que exceder tais limites"[150]; é aliás o que resulta da aplicação do nº 3 do art. 1146º CC: "3 – Se a taxa de juros estipulada ou o montante da indemnização exceder o máximo fixado nos números precedentes, considera-se reduzido a esses máximos, ainda que seja outra a vontade dos contraentes."

6.4.5. Inscrição de factos constituídos simultaneamente

A inscrição que envolva o registo de *aquisição* ou *mera posse* acompanhada da constituição de *outro facto sujeito a registo* ou da extinção de facto registado determina a *realização oficiosa* do registo desses factos (art. 97º).

Não se procederá, no entanto, à inscrição da hipoteca legal por dívidas de tornas ou de legados de importância global inferior a € 5000, atualizáveis nos termos do nº 2 do artigo 12º – ou seja, por portaria do Ministro da Justiça –, ou, independentemente do valor, se já tiverem decorrido 10 anos sobre a data em que os respetivos créditos se tornaram exigíveis e os credores não forem incapazes: presume-se a capacidade dos credores se o contrário não resultar dos documentos apresentados.

A hipoteca legal a que se refere o art. 97º está prevista no art. 705º CC em favor do co-herdeiro, sobre os bens adjudicados ao devedor de tornas, para garantir o pagamento destas, e do legatário de dinheiro ou outra coisa fungível, sobre os bens sujeitos ao encargo do legado ou, na sua falta, sobre os bens que os herdeiros responsáveis houverem do testador.

Os *recibos de quitação* assinados pelo credor com menção do número, data e entidade emitente do documento de identificação civil ou documento de identificação equivalente são formalmente suficientes para comprovar a extinção das dívidas de tornas ou de legados (nº 4 do art. 97º).

6.5. Averbamentos à inscrição

Tal como acontece com a descrição, também as inscrições podem ser completadas, atualizadas ou restringidas por *averbamento* (nº 1 do art. 100º), devendo

[149] Em *Boletim dos Registos e do Notariado*, nº 1/85, p. 9.
[150] Cf. *Boletim dos Registos e do Notariado*, nº 10/97 – Orientações e recomendações.

todavia ter-se em atenção que, salvo disposição em contrário, *o facto que amplie* o objeto ou os direitos e os ónus ou encargos, definidos na inscrição, apenas poderá ser registado mediante *nova inscrição* (nº 2 do art. 100º).

De harmonia com o que se passa com as inscrições, também os averbamentos às inscrições de facto respeitante a várias descrições são lavrados em cada uma das fichas respetivas (nº 4 do art. 100º).

São registados por *averbamento* às respetivas inscrições (nº 1 do art. 101º):

a) A penhora, o arresto, o arrolamento, o penhor e demais atos ou providências sobre créditos garantidos por hipoteca ou consignação de rendimentos;
b) A transmissão e o usufruto dos créditos referidos na alínea anterior;
c) A cessão de hipoteca ou do grau de prioridade da sua inscrição;
d) A convenção de indivisão da compropriedade, quando não deva ser inserida nas inscrições, nos termos da alínea *d)* do artigo 94º *[quando estipulada no título de constituição ou aquisição]*;
e) A transmissão, o usufruto e a penhora do direito de algum ou de alguns dos titulares da inscrição de bens integrados em herança indivisa, a declaração de insolvência que afete este direito, bem como os procedimentos que tenham por fim o decretamento do arresto, do arrolamento ou de quaisquer outras providências que afetem a livre disposição desse direito;
f) A cessão do direito potestativo resultante de contrato-promessa de alienação ou de oneração de imóveis e do pato de preferência, com eficácia real;
g) A transmissão de imóveis por efeito de transferência de património de um ente coletivo para outro ou de trespasse de estabelecimento comercial;
h) O trespasse do usufruto;
i) A consignação judicial de rendimentos de imóveis objeto de inscrição de penhora;
j) A transmissão dos arrendamentos inscritos e os subarrendamentos;
l) A transmissão de concessões inscritas;
m) A transmissão da locação financeira;
n) As alterações às operações de transformação fundiária.

São igualmente registados por *averbamento* (nº 2 do art. 101º):

a) As providências decretadas nos procedimentos cautelares registados;
b) A conversão do arresto em penhora ou da penhora em hipoteca;
c) A decisão final das ações inscritas;

d) A conversão em definitivos, no todo ou em parte, dos registos provisórios;
e) A renovação dos registos;
f) A nomeação de terceiro, ou a sua não nomeação, em contrato para pessoa a nomear;
g) O cancelamento total ou parcial dos registos.

Como já foi dito em situação semelhante que ocorre no registo comercial, os factos constantes do nº 1 não representam, como é próprio dos averbamentos, atualizações ou retificações de inscrições.

São factos que poderiam ingressar no registo como inscrições mas que o Código veio a optar por integrá-los como averbamentos a inscrições já existentes. Por isso é frequentemente preferida na doutrina a designação de *subinscrições* para os averbamentos previstos no nº 1 deste art. 101º. O próprio legislador, tendo embora evitado mencionar no Código esta expressão, vem a usá-la no Regulamento Emolumentar dos Registos e do Notariado (nºs 2.12 a 2.14 do art. 21º).

Precisamente porque têm a natureza de inscrições, o nº 3 do art. 101º prevê que possam ser feitos provisoriamente por dúvidas os averbamentos referidos no nº 1 e provisoriamente por natureza os averbamentos de factos constantes do mesmo número que tenham de revestir esse carácter quando registados por inscrição.

Daí também a razão da norma do nº 1 do art. 103º que determina que os averbamentos referidos no nº 1 do art. 101º devem satisfazer, na parte aplicável, os requisitos especiais fixados no nº 1 do art. 95º para o extrato das inscrições.

A conversão em definitiva da inscrição de ação em que se julgue modificado ou extinto um facto registado, ou se declare nulo ou anulado um registo, determina o correspondente averbamento oficioso de alteração ou de cancelamento (nº 4 do art. 101º).

A inscrição de aquisição, em processo de execução ou de insolvência, de bens penhorados ou apreendidos determina o averbamento oficioso de cancelamento dos registos dos direitos reais que caducam nos termos do nº 2 do art. 824º CC (nº 5 do art. 101º).

Os *requisitos gerais* dos averbamentos, ou seja, os elementos que devem conter, são (art. 102º):

a) O número, a data e a hora da apresentação ou, se desta não depender, a data em que é feito;
b) A data da inscrição a que respeita;
c) A menção do facto averbado e das cláusulas suspensivas ou resolutivas que condicionem os efeitos de atos de disposição ou de oneração;
d) Os sujeitos do facto averbado.

É aplicável à menção e identificação dos sujeitos, com as necessárias adaptações, o disposto no art. 93º, isto é, os termos definidos para a inscrição.

O averbamento de conversão de registo provisório em definitivo deve conter apenas essa menção – o que quer dizer que deve ser efetuado apenas pela expressão *convertido* –, salvo se envolver alteração da inscrição, da mesma maneira que o averbamento de cancelamento deve conter também apenas essa menção – ou seja, apenas *cancelado* –, sem prejuízo de, sendo parcial, dever especificar o respetivo conteúdo (nºs 2 e 3 do art. 103º).

6.6. Anotações

A anotação não é um ato de registo em sentido próprio, mas uma mera nota de circunstâncias a que interessa dar publicidade, em regra da iniciativa do conservador e rubricada por ele ou por funcionário competente, mas sempre em casos previstos na lei.

São múltiplos os casos sujeitos a anotação, sendo exemplos a caducidade, logo que verificada (nº 4 do art. 11º), o ato recusado (nº 3 do art. 69º), o suprimento da falta de assinatura (nº 4 do art. 78º), a desanexação de outro prédio (nº 2 do art. 80º), ou a inutilização de registos lançados em ficha errada (nº 5 do art. 121º).

7. Organização do registo

7.1. Órgãos e sua competência

O registo predial está a cargo de *conservatórias do registo predial*, ou, como recentemente se tem vindo a legislar, em contradição aliás com a própria lei orgânica do Instituto dos Registos e do Notariado[151], de *serviços do registo predial*.

Existem hoje conservatórias do registo predial na sede de todos os concelhos. Em concelhos mais populosos pode existir mais de uma conservatória do registo predial, da mesma forma que, em concelhos de menor dimensão e movimento, a conservatória do registo predial pode funcionar em regime de anexação com outras conservatórias (registo civil, registo comercial ou registo automóvel) e, em mais raros casos, até com o cartório notarial público[152].

[151] O nº 3 do art. 8º do Decreto-Lei nº 129/2007, de 27 de abril, considera como serviços desconcentrados do Instituto dos Registos e do Notariado, I. P. (IRN, I. P.) as conservatórias do registo civil, *as conservatórias do registo predial*, as conservatórias do registo comercial, as conservatórias do registo de veículos e os serviços de gestão de arquivos e documentos.

[152] A Portaria nº 237/2007, de 8 de março, determinou, entretanto, em artigo único, o seguinte: "Os cartórios notariais públicos do continente e da Região Autónoma dos Açores, com exceção dos previstos no artigo 127º do Estatuto do Notariado [notários privativos e cartórios de compe-

O Decreto-Lei nº 116/2008, de 4 de Julho, eliminou a competência territorial das conservatórias do registo predial, com efeitos a contar de 1 de Janeiro de 2009, revogando os artºs 19º a 21º, que a determinavam, e aditando ao Decreto-Lei nº 519 -F2/79, de 29 de Dezembro, o art. 6º-A com a seguinte redação:

> "1 – Os serviços de registo predial funcionam como repartições autónomas ou em regime de anexação.
> 2 – Os atos de registo predial podem ser efetuados e os respetivos meios de prova obtidos em qualquer serviço do registo predial, independentemente da sua localização geográfica.
> 3 – A competência para a prática dos atos previstos no número anterior pode ser atribuída a qualquer serviço de registos, através de despacho do presidente do Instituto dos Registos e do Notariado, I. P.".

Trata-se de uma deficiente forma de legislar porquanto aquilo que na realidade se revoga é apenas a *competência territorial para o registo*, o que representa um passo correto na medida em que o registo predial seja, todo ele, suportado por uma base de dados nacional.

Não é viável digitalizar todos os registos existentes em suporte papel, designadamente todos os lavrados em livros manuscritos, sem grave risco de erro na sua digitalização. Há pois que assegurar a guarda desse arquivo e manter uma competência territorial *de facto* para a guarda desses suportes documentais.

Daí que o legislador, desta vez com prudência, tenha mantido, *em cada conservatória*, ficheiros de verbetes (art. 24º): qual conservatória, perguntar-se-ia se, *de facto*, tivesse deixado de existir *competência territorial para a guarda do arquivo.*

Com não menos prudência foi determinado que as certidões negativas de registo têm de ser confirmadas pelo *serviço de registo da área da situação do prédio* (nº 2 do art. 110º-A).

E não foi a estas normas que se conferiu estatuto de provisoriedade.

7.2. Suportes documentais do registo

Os suportes físicos da informação, ou suportes documentais, como lhes chama o Código, são o *diário* e as *fichas* de registo, em suporte eletrónico e integrados numa base de dados de âmbito nacional, designada *SIRP – Sistema Integrado de Registo Predial.*

tência especializada], são anexados aos serviços anexados, às conservatórias do registo predial ou às conservatórias do registo civil localizadas na área do respetivo município, nos termos a determinar por despacho do diretor-geral dos Registos e do Notariado, até à tomada de posse do notário privado que inicie funções."

O *diário* é destinado à anotação cronológica dos pedidos de registo e respetivos documentos e as *fichas* de registo são destinadas a descrições, inscrições, averbamentos e anotações (art. 22º). São ordenadas por *freguesias* e, dentro de cada uma delas, pelos respetivos *números* de descrição (art. 23º).

Há em cada conservatória, para efeitos de busca, um ficheiro real e um ficheiro pessoal (art. 24º).

O *ficheiro real* é constituído por *verbetes* indicadores dos prédios, ordenados por freguesias, nos seguintes termos:

a) Prédios urbanos, por ruas e números de polícia;
b) Prédios urbanos, por artigos de matriz;
c) Prédios rústicos, por artigos de matriz precedidos das respetivas secções, sendo cadastrais.

O *ficheiro pessoal* é constituído por verbetes indicadores dos proprietários ou possuidores dos prédios, ordenados alfabeticamente.

Do *verbete real* há-de constar a situação e composição sumária do prédio, o artigo matricial e o número de descrição, ou o número e a data da apresentação ou da certidão, quando o verbete for aberto sem a descrição.

Do *verbete pessoal*, por sua vez, há-de constar o nome, estado e residência dos proprietários ou possuidores, o número da descrição do prédio e a freguesia onde se situa.

De harmonia com o nº 1 do art. 109-A, em consonância aliás com o nº 4 do art. 35º da Constituição da República – que proíbe o acesso a dados pessoais de terceiros, salvo em casos excecionais previstos na lei –, apenas os dados referentes à situação jurídica de qualquer prédio podem ser comunicados a qualquer pessoa que o solicite. Daqui decorre que os dados constantes do ficheiro pessoal não podem ser comunicados a terceiros, servido assim apenas para uso interno da conservatória.

Do *arquivo de documentos* trata o art. 26º, nos termos do qual devem ficar arquivados pela ordem das apresentações os documentos que serviram de base à realização dos registos, bem como o comprovativo do pedido.

Se as condições técnicas permitirem o seu arquivo em suporte eletrónico, os documentos que basearam atos de registo, bem como as certidões que contenham elementos que não possam ser recolhidos por acesso às respetivas bases de dados, são restituídos aos interessados.

Os documentos arquivados em suporte eletrónico têm a *força probatória dos originais*.

Prevenindo, no entanto, a eventualidade de as condições técnicas não permitirem o seu arquivo eletrónico e de o conservador ter necessidade de aceder aos documentos respeitantes a atos recusados, determina o art. 27º que estes permanecem no serviço de registo quando tenha sido interposto recurso hierárquico ou impugnação judicial ou enquanto o prazo para a sua interposição não tiver expirado.

8. Processo de registo

8.1. Apresentação

8.1.1. Modalidades

Salvo nos casos de oficiosidade previstos na lei, o processo de registo inicia-se com o seu pedido por quem para tanto tenha legitimidade, mediante a entrega, quando exigível, de um impresso de modelo oficial[153], designado por *requisição*, acompanhado dos documentos necessários e das quantias devidas (arts. 41º e seguintes). A este ato se dá o nome de *apresentação*.

O pedido de registo pode ser efetuado *pessoalmente*, por *via eletrónica* ou por correio (art. 41º-B).

A forma de efetuar o pedido de registo foi regulamentada pela Portaria nº 621/2008, de 18 de julho, alterada pela Portaria nº 283/2013, de 30 de agosto, que abrange as modalidades de apresentação pessoal e por via postal, do mesmo passo que a Portaria nº 1535/2008, de 30 de dezembro, regulamentou o pedido por via eletrónica.

a) Apresentação pessoal

O pedido de registo efetuado *presencialmente* em serviço de registo por pessoa com legitimidade para o efeito pode revestir a *forma verbal* (nº 2 do art. 2º P621[154]).

A apresentação pessoal é naturalmente efetuada ao balcão do serviço de registo, dentro do horário legal de abertura ao público.

O pedido de registo efetuado verbalmente não dispensa a apresentação das declarações para registo, nos termos do art. 45º sempre que estas se revelem necessárias para a feitura do mesmo (nº 9 do art. 64º).

Salvo disposição em contrário, as declarações para registo, principais ou complementares, devem ser assinadas e conter a indicação, feita pelo signatário, do número, data e entidade emitente do respetivo bilhete de identidade ou documento de identificação equivalente (art. 45º).

[153] Os modelos de impresso de requisição estão disponíveis para descarregamento gratuito no sítio do Instituto dos Registos e do Notariado (*www.irn.mj.pt*).

[154] São seguidos de P621 os artigos da Portaria nº 621/2008, de 18 de julho, alterada pela Portaria nº 283/2013, de 30 de agosto.

Tem interesse chamar a atenção para o disposto no nº 2 do art. 74º do Estatuto da Ordem dos Advogados, aprovado pela Lei nº 15/2005, de 26 de janeiro é do seguinte teor: "Os advogados, quando no exercício da sua profissão, têm preferência para ser atendidos por quaisquer funcionários a quem devam dirigir-se e têm o direito de ingresso nas secretarias, designadamente nas judiciais."

Cabe, por isso, recordar aqui a seguinte deliberação do Conselho Técnico da DGRN proferida a propósito de norma com a mesma redação constante do anterior Estatuto: "Face ao estabelecido nos artigos 6º e 60º a 67º do Código do Registo Predial, não é aplicável à apresentação de quaisquer pedidos de registo, o direito de atendimento preferencial por funcionário concedido aos advogados pelo artigo 63º, nº 2 do Decreto-Lei nº 84/84, de 16 de março (Estatuto da Ordem dos Advogados)."[155]

b) Apresentação por via postal

O pedido de registo pode ser remetido *por carta registada*, acompanhado dos documentos e das quantias que se mostrem devidas; é efetuado pela forma escrita com modelos aprovados pelo Instituto dos Registos e do Notariado (IRN) (art. 41º-D e nº 2 do art. 2º P621).

Os pedidos de registo efetuados *por escrito* por *entidades públicas* que intervenham como sujeitos ativos ou passivos nos atos, pelos *tribunais*, pelo *Ministério Público*, pelos *administradores judiciais*, pelos *agentes de execução* ou pelos *oficiais de justiça* a realizar diligências próprias do agente de execução, quer sejam apresentados presencialmente, por correio ou por via imediata, não carecem de utilizar o modelo acima referido, sem prejuízo todavia da necessidade de indicação dos elementos referidos no art. 3º P621 (nº 3 do art. 2º P621).

c) Apresentação por via eletrónica

O pedido de registo *por via eletrónica* é regulamentado pela Portaria nº 1535/2008, de 30 de dezembro, alterada pelas portarias nº 286/2012, de 20 de setembro, e 283/2013, de 30 de agosto[156].

O pedido efetuado pelas entidades referidas nas alíneas *a*) e *d*) do nº 1[157] e no nº 3 do art. 8º-B[158] do Código deve ser preferencialmente comunicado por

[155] Cf. *Boletim dos Registos e do Notariado*, nº 5/99, p. 20.

[156] Os artigos citados nos nºs 8.1.1 alínea *e)* e 8.1.2 sem outra indicação referem-se à Portaria nº 1535/2008 na sua versão atualizada.

[157] *a*) As entidades públicas que intervenham como sujeitos ativos ou que pratiquem atos que impliquem alterações aos elementos da descrição para os efeitos previstos no nº 1 do artigo 90º;
d) As entidades públicas que intervenham como sujeitos passivos.

[158] Estão ainda obrigados a promover o registo:
a) Os tribunais no que respeita às ações, decisões e outros procedimentos e providências judiciais;

via eletrónica e acompanhado dos documentos necessários ao registo[159], bem como das quantias que se mostrem devidas.

Os interessados na promoção de atos de registo predial *on-line formulam o seu pedido* e enviam, através do sítio *www.predialonline.mj.pt*, os *documentos necessários ao registo*, designadamente aqueles que *comprovem os factos* constantes do pedido de registo, bem como aqueles que *comprovem a capacidade e os poderes de representação* para o ato, salvo se a verificação da capacidade e poderes resultar, de forma expressa e inequívoca, do título que serve de base ao pedido de registo (art. 18º).

No pedido de registo *on-line* podem ainda ser indicados documentos arquivados em serviço da Administração Pública, em serviço de registo ou que tenham sido depositados eletronicamente nos termos adiante referidos.

Todos os documentos entregues através do sítio da Internet *www.predial online.mj.pt* têm o mesmo valor probatório dos originais, desde que tenham sido corretamente digitalizados, sejam integralmente apreensíveis e tenham sido enviados por quem tenha competência para a conferência de documentos com os respetivos originais em formato de papel.

Aos documentos que não tenham sido enviados pelas entidades com a competência acima referida deve ser associada *assinatura eletrónica qualificada.*

Os advogados, as câmaras de comércio e indústria, os notários e os solicitadores que enviem documentos que instruam pedidos de registo *on-line ficam obrigados a arquivar os respetivos originais,* aplicando-se a este arquivo o disposto no nº 2 do art. 8º (art. 19º).

Para efeitos do pedido de atos de registo predial *on-line*, a *autenticação eletrónica dos utilizadores* faz-se (art. 20º):

a) Mediante a utilização de *certificado digital qualificado*, nos termos previstos no regime jurídico dos documentos eletrónicos e da assinatura eletrónica, aprovado pelo Decreto-Lei nº 290-D/99, de 2 de agosto, na redação dada pelo Decreto-Lei nº 116-A/2006, de 16 de julho;

b) Nos termos dos nºs 1 a 3 do art. 13º, para advogados, câmaras de comércio e indústria, notários e solicitadores.

No caso da alínea *a*), os requerentes podem utilizar o *certificado digital do cartão de cidadão.*

b) O Ministério Público quando, em processo de inventário, for adjudicado a incapaz ou ausente em parte incerta qualquer direito sobre imóveis;

c) Os agentes de execução quanto ao registo das penhoras e os administradores da insolvência quanto ao registo da respetiva declaração.

[159] Os requisitos do depósito eletrónico de documentos são objeto do número seguinte *(8.1.6 – Plataforma eletrónica para o depósito de documentos particulares autenticados).*

Sem prejuízo do disposto no art. 23º, o pedido de atos de registo predial *on-line* só é considerado validamente submetido após a *emissão de um comprovativo eletrónico* pelo sítio *www.predialonline.mj.pt* que indique a data e a hora em que o pedido foi concluído; o comprovativo eletrónico deve ser enviado ao interessado através de mensagem de correio eletrónico (art. 21º).

Após a submissão eletrónica do pedido, é gerada automaticamente uma *referência para pagamento dos encargos* devidos pelo registo, caso este não seja efetuado de imediato através de cartão de crédito; o pagamento destes encargos deve ser efetuado no prazo de cinco dias após a geração da referência para pagamento, sob pena de inutilização do pedido de registo (art. 22º).

Podem ser previstas outras modalidades de pagamento dos encargos devidos pelo registo por despacho do presidente do Instituto dos Registos e do Notariado.

Nos termos do art. 23º, os pedidos de atos de registo predial recebidos através do sítio *www.predialonline.mj.pt* são anotados no livro-diário *pela ordem da respetiva receção*; a apresentação do pedido de registo no livro-diário ocorre com a confirmação do pagamento das quantias devidas pelo mesmo.

O livro-diário permite anotar imediatamente os pedidos de registo *on-line* efetuados a *qualquer hora e em qualquer dia da semana*, incluindo sábados, domingos e feriados.

A hora da receção dos pedidos de registo apresentados *on-line* tem por referência a hora do meridiano de Greenwich, assinalada nas certidões de registo pela aposição do acrónimo UTC *(universal time, coordinated)*.

Após a confirmação do pagamento efetuado pelo interessado, o serviço competente procede ao tratamento dos dados indicados e dos documentos entregues e à apreciação do pedido de registo, bem como às seguintes diligências subsequentes (art. 24º):

a) *Suprimento de eventuais deficiências* do pedido de registo, nos termos do art. 73º do Código;
b) *Registo dos factos*, o qual deve ser comunicado aos interessados através de correio eletrónico e, sempre que possível, por *sms*;
c) Disponibilização ao interessado do *comprovativo do pagamento* dos encargos devidos;
d) Disponibilização de prova gratuita do registo, mediante o envio por correio eletrónico e, sempre que possível, por *sms* do *código de acesso à certidão permanente*, nos termos do disposto no nº 6 do art. 110º do Código;
e) Promoção das restantes diligências previstas em ato normativo ou protocolo.

O código previsto na alínea *d*) pode ser enviado, por indicação do requerente, para mais de um endereço de correio eletrónico.

O pedido efetuado pelos tribunais, pelo Ministério Público, pelos agentes de execução, ou pelos oficiais de justiça que realizem diligências próprias dos agentes de execução, e pelos administradores judiciais, deve ser preferencialmente comunicado por via eletrónica e acompanhado dos documentos necessários ao registo, bem como das quantias que se mostrem devidas (art. 42º-A do Código).

A comunicação eletrónica de factos sujeitos a registo pelos *agentes de execução* ou por *oficial de justiça a realizar diligências próprias do agente de execução* processa-se por comunicação direta entre os sistemas informáticos que servem de suporte à atividade daqueles e o sistema informático do registo predial. A esta comunicação eletrónica aplica-se o disposto nos arts. 18º e seguintes (art. 24º-A).

Efetuado o registo é disponibilizada, por via eletrónica, ao agente de execução ou ao oficial de justiça, certidão dos registos em vigor sobre o prédio.

8.1.2. *Plataforma eletrónica para o depósito de documentos*

A plataforma eletrónica consiste na infraestrutura tecnológica necessária à realização do depósito, em suporte eletrónico, dos documentos particulares autenticados que titulem atos sujeitos a registo predial nos termos do art. 24º do Decreto-Lei nº 116/2008, de 4 de julho[160], bem como os documentos que os instruam e que devam ficar arquivados por não constarem de arquivo público,

[160] Art. 24º (*Documento particular autenticado*) 1 – Os documentos particulares que titulem atos sujeitos a registo predial devem conter os requisitos legais a que estão sujeitos os negócios jurídicos sobre imóveis, aplicando -se subsidiariamente o Código aprovado pelo Decreto-Lei nº 207/95, de 14 de agosto.

2 – A validade da autenticação dos documentos particulares, referidos no número anterior, está dependente de depósito eletrónico desses documentos, bem como de todos os documentos que os instruam.

3 – O funcionamento, os termos e os custos associados ao depósito eletrónico referido no número anterior são definidos por portaria do membro do Governo responsável pela área da justiça.

4 – Se o registo do ato for pedido por via eletrónica, é dispensada a obrigação de participação desse ato às entidades públicas, nos termos do nº 3 do artigo anterior, devendo estas participações ser promovidas pelos serviços de registo.

5 – A consulta eletrónica dos documentos depositados eletronicamente substitui para todos os efeitos a apresentação perante qualquer entidade pública ou privada do documento em suporte de papel.

6 – Compete às entidades autenticadoras arquivar os originais dos documentos autenticados referidos no número anterior.

Art. 25º (*Procedimento tributário*) 1 – Os documentos particulares, referidos no artigo anterior, não podem ser autenticados enquanto não se encontrar pago ou assegurado o imposto municipal sobre as transmissões onerosas de imóveis e o imposto do selo liquidados.

2 – Deve constar do termo de autenticação o valor dos impostos e a data da liquidação, ou a disposição legal que prevê a sua isenção.

a que estão obrigadas as entidades que procedam à respetiva autenticação; podem ainda ser depositados eletronicamente os documentos de que conste o consentimento do credor ao cancelamento do registo de hipoteca (art. 5º).

O acesso à plataforma eletrónica para o depósito de documentos particulares autenticados faz-se através do sítio na Internet acima referido: *www.predial online.mj.pt.*

Os requisitos e as condições de utilização da plataforma eletrónica para o depósito de documentos particulares autenticados que titulem atos sujeitos a registo predial e dos documentos que os instruam são, como se disse, regulamentados pela Portaria nº 1535/2008, de 30 de dezembro, alterada pelas Portarias nº 286/2012. de 20 de setembro, e nº 283/2013, de 30 de agosto.

É através do *sítio na Internet* com o endereço *www.predialonline.mj.pt* que se efetua o depósito eletrónico de documentos particulares autenticados, sítio esse que deve permitir, designadamente, as seguintes funções (art. 3º):

a) A possibilidade de realizar o *depósito eletrónico* dos documentos particulares autenticados *em simultâneo com o pedido on-line de atos* de registo predial;
b) A *autenticação dos utilizadores* através de certificados digitais;
c) A indicação dos dados de *identificação dos interessados*;
d) O *preenchimento eletrónico* dos elementos necessários ao depósito eletrónico de documentos particulares autenticados e o pedido de registo;
e) O *depósito de documentos particulares autenticados* que titulem atos sujeitos a registo predial e dos documentos que os instruam;
f) A *entrega por meios eletrónicos dos documentos* necessários à apreciação do pedido de registo;
g) A *assinatura eletrónica* dos documentos entregues, quando necessária;
h) O *pagamento* dos serviços por via eletrónica;
i) A recolha de informação que permita o contato entre os serviços competentes e os interessados e seus representantes;
j) A *certificação da data e da hora* em que o depósito eletrónico de documentos particulares autenticados ou o pedido de registo foi concluído;
l) O envio de *avisos por correio eletrónico* e *short message service* (*sms*) aos utilizadores, quando o deposito eletrónico do documento particular autenticado ou o registo tenha sido efetuado.

3 – As entidades com competência para a autenticação de documentos particulares devem assegurar, sempre que procedam à autenticação de um documento que titule atos e contratos previstos no Código do Imposto de Selo, com exceção dos previstos na verba 1.2 da tabela geral anexa a este Código, que a liquidação desse imposto seja efetuada nos prazos, nos termos e nas condições definidas no artigo 22º do Código do Imposto Municipal sobre as Transmissões Onerosas de Imóveis, aprovado pelo Decreto-Lei nº 287/2003, de 12 de novembro.

O depósito eletrónico dos documentos particulares autenticados pode ser efetuado no momento do pedido *on-line* de atos de registo predial.

Compete à entidade que procede à autenticação do documento particular realizar o depósito eletrónico. A promoção do depósito eletrónico de documento particular autenticado que titule ato sujeito a registo predial dispensa o registo em sistema informático previsto na Portaria nº 657-B/2006, de 29 de junho (art. 6º).

O depósito eletrónico de documentos particulares autenticados deve ser efetuado na data da realização da autenticação do documento particular (art. 7º).

Se, em virtude de *dificuldades de carácter técnico* respeitantes ao funcionamento da plataforma eletrónica, não for possível realizar o depósito, este facto deve ser expressamente mencionado em documento instrutório a submeter, indicando o motivo da impossibilidade, a data e a hora do facto e a identificação da entidade autenticadora, devendo o depósito ser efetuado nas quarenta e oito horas seguintes.

Em caso de *divergência entre a data da autenticação e a data do depósito* do documento particular autenticado prevalece a data da autenticação para efeitos da contagem do prazo para a promoção do registo.

Sem prejuízo do disposto no nº 5 do art. 24º do Decreto-Lei nº 116/2008, de 4 de julho[161], compete às *entidades autenticadoras* que depositem documentos *arquivar os originais* dos documentos depositados (nº 1 do art. 8º).

As câmaras de comércio e indústria, a Câmara dos Solicitadores[162], a Ordem dos Advogados e a Ordem dos Notários podem criar *sistemas de arquivo centralizados*, mantidos por estas ou por entidades terceiras contratadas para o efeito, para os quais podem ser transferidos os originais dos documentos depositados, informando o Instituto dos Registos e do Notariado, por meios eletrónicos, da relação das câmaras de comércio e indústria, advogados, notários e solicitadores que utilizam esses sistemas (nº 2 do art. 8º).

No formulário de depósito eletrónico devem ser designadamente identificados o requerente, os sujeitos, os factos, os prédios, a data da autenticação e os demais elementos essenciais dos atos titulados pelo documento particular autenticado a depositar (art. 9º).

O *formulário de depósito eletrónico* dos documentos previstos no nº 2 do art. 4º deve ainda conter, obrigatoriamente, o endereço eletrónico da entidade

[161] Nº 5 do art. 24º: "5 – A consulta eletrónica dos documentos depositados eletronicamente substitui para todos os efeitos a apresentação perante qualquer entidade pública ou privada do documento em suporte papel."

[162] Transformada em Ordem dos Solicitadores e dos Agentes de Execução pela Lei nº 154/2015, de 14 de setembro.

credora que presta o consentimento ao cancelamento de registo de hipoteca. Quando o depósito eletrónico dos documentos particulares autenticados seja efetuado no momento do pedido *on-line* de atos de registo predial, o formulário é único para ambos os efeitos.

Os ficheiros que contenham os documentos a submeter a depósito na plataforma eletrónica devem adotar os *formatos jpeg, tiff ou pdf* e ter uma *dimensão máxima de 5 MB* (art. 10º).

Quando se verifique um *erro de preenchimento de formulário*, de digitalização, de catalogação ou de anexação de ficheiro, durante o procedimento de depósito de documento particular autenticado que se encontre em fase de carregamento a entidade autenticadora pode proceder à respetiva *correção até ao momento da sua submissão* (nº 1 do art. 11º).

Nas situações de aceitação, ratificação, retificação, alteração ou revogação de ato titulado em documento previamente depositado, a plataforma eletrónica assegura aos utilizadores a possibilidade de associar, durante o processo de carregamento, os documentos a submeter aos já depositados através da utilização do respetivo código de identificação do documento (nº 2 do art. 11º).

Por cada depósito de documento particular autenticado é disponibilizado um comprovativo com menções de identificação da entidade autenticadora, da data e hora da submissão, dos documentos depositados e do *código de identificação atribuído ao documento*, o qual é enviado por correio eletrónico à entidade que procedeu ao depósito, após confirmação do pagamento da quantia devida (art. 12º).

O código de identificação é disponibilizado pelo *prazo de seis meses* (art. 12º-A); a forma de pagamento do emolumento devido pelo depósito eletrónico é objeto do art. 12º-B.

Qualquer pessoa pode solicitar a renovação do código de acesso a documento particular autenticado depositado eletronicamente, mediante indicação do código de identificação atribuído ao documento. O pedido de renovação poder fazer-se através do sítio na Internet com o endereço *www.predialonline.mj.pt*, ou verbalmente, em qualquer serviço com competência para a prática de atos de registo predial.

A renovação do código de acesso é efetuada pelo *prazo de um ano* a partir do momento em que seja confirmado o pagamento dos montantes devidos; pode ser pedida com um mês de antecedência relativamente ao respetivo prazo de validade e pode ocorrer mesmo depois de findo aquele (art. 12º-C).

As entidades que procederem ao depósito devem *autenticar-se mediante certificado digital que comprove a qualidade profissional* do utilizador; apenas são admitidos os certificados digitais de advogados, notários e solicitadores cuja utilização para fins profissionais seja confirmada através de listas eletrónicas de certificados, disponibilizadas, respetivamente, pela Ordem dos Advogados, pela Ordem dos Notários e pela Câmara dos Solicitadores[163], bem como por listas disponibilizadas ao Instituto dos Registos e do Notariado pelas câmaras de comércio e indústria e pelas entidades responsáveis pelos notários que não devam estar inscritos na Ordem dos Notários (art. 13º).

A qualidade do utilizador quando o *depósito for efetuado por conservadores, oficiais de registo e notários afetos ou integrados em serviços dependentes do IRN*, é comprovada mediante autenticação no Sistema Integrado de Registo Predial (SIRP).

A plataforma eletrónica associa automaticamente ao documento particular depositado eletronicamente a data e hora da sua submissão (art. 14º).

Os documentos depositados *podem ser visualizados pela entidade autenticadora* e por *qualquer pessoa a quem esta tenha disponibilizado o código de identificação* referido no art. 12º, assim que as condições técnicas o permitirem (nº 1 do art. 15º).

A *consulta de documentos particulares autenticados* pode ainda ser efetuada, através do respetivo código, dos elementos de identificação, dos sujeitos ou do ato, pelas seguintes entidades (nº 2):

a) Serviços de registo;
b) Magistrados judiciais e do Ministério Público, no âmbito da prossecução das suas atribuições;
c) As que, nos termos da lei processual, recebam delegação para a prática de atos de inquérito ou instrução, ou a quem incumba cooperar internacionalmente na prevenção e repressão da criminalidade e no âmbito dessas competências;
d) As que tenham competência legal para garantir a segurança interna e prevenir a sabotagem, o terrorismo, a espionagem e a prática de atos que, pela sua natureza, podem alterar ou destruir o Estado de direito constitucionalmente estabelecido, no âmbito da prossecução dos seus fins.

8.1.3. Elementos do pedido de registo

O pedido de registo deve conter a *identificação do apresentante*, a indicação dos *factos* e dos *prédios* a que respeita, bem como a relação dos documentos que o instruem, devendo ser assinado quando revista a forma escrita

Quando o pedido de registo seja efetuado por advogado, notário ou solicitador nos termos da alínea *b)* do nº 2 do art. 39º, deve ser indicado o nome da *pessoa representada*.

[163] Atualmente, como já referido, Ordem dos Solicitadores e dos Agentes de Execução.

Tratando-se de prédio não descrito, deve indicar-se em *declaração complementar* o nome, estado e residência dos proprietários ou possuidores imediatamente anteriores ao transmitente, bem como o anterior artigo matricial, salvo se o apresentante alegar na declaração as razões justificativas do seu desconhecimento.

Se o registo recair sobre quota-parte de prédio indiviso não descrito, deve declarar-se complementarmente o *nome, o estado e a residência de todos os comproprietários* (art. 42º e art. 3º P621).

a) Identificação do apresentante

Salvo se o pedido for feito por via eletrónica, a identificação do apresentante é feita pelo *nome, número de identificação fiscal, residência habitual ou domicílio profissional* e, se o pedido for efetuado por entidades públicas, do *cargo* (art. 4º P621).

A identificação do apresentante é *confirmada* através do número de identificação civil ou carta de condução nacional, do número e da entidade emitente de passaporte nacional, do número e da entidade emitente de documentos de identificação civil, de passaporte ou de carta de condução emitidos por autoridade estrangeira competente, ou ainda por comparação com a assinatura que conste de documento autêntico ou autenticado que instrua o pedido.

Quando o apresentante for *advogado ou solicitador*, a identificação é confirmada pela indicação do número da respetiva cédula profissional.

Quando o registo for apresentado por *câmara de comércio e indústria*, é suficiente a indicação da qualidade dessa entidade, cabendo aos serviços de registo verificar o reconhecimento legal dessa qualidade.

Quando o pedido de registo for apresentado por escrito, a assinatura das *entidades oficiais* e dos *notários* deve ser *autenticada com selo branco.*

b) Indicação dos factos, prédios e documentos entregues

A forma de indicação dos *factos, prédios e documentos* entregues é regulamentada nos seguintes termos pelo art. 5º P621:

Os *factos* de registo não oficioso são indicados, com referência aos respetivos prédios, pela ordem resultante da sua dependência ou, sendo independentes, segundo a sua antiguidade.

A indicação dos *prédios* faz-se pelo número da descrição, freguesia e concelho ou, quando não descritos, pelo número da inscrição matricial, natureza, freguesia e concelho a que pertence.

A indicação das *parcelas a desanexar* faz-se pelo número da descrição predial e da freguesia e concelho a que pertence o prédio do qual se pretende desanexar uma ou várias parcelas.

A identificação pelo interessado dos documentos entregues no pedido de registo só é exigível nos casos em que o pedido se efetue por via postal, salvo quando se trate de documentos arquivados eletronicamente. Os documentos entregues são identificados por referência à sua natureza e data ou ao respetivo código de identificação, se arquivados eletronicamente.

c) Factos relativos a imóveis do Estado e dos institutos públicos

O Decreto-Lei nº 280/2007, de 7 de agosto, que promoveu a reforma do regime do património imobiliário público, determinou, no seu art. 45º[164], que a apresentação a registo dos factos jurídicos a ele sujeitos relativos a imóveis do domínio privado do Estado compete à *Direção-Geral do Tesouro e Finanças.*

Os factos em causa são inscritos a favor do *Estado Português.* Os factos relativos a imóveis do domínio privado dos *institutos públicos* são apresentados a registo pelo instituto interessado e são inscritos a seu favor.

8.1.4. Anotação da apresentação

Os documentos apresentados para registo, que não por via eletrónica[165]; são anotados no diário pela ordem dos pedidos, tendo em conta o que a seguir se explicita (art. 60º).

Os documentos *apresentados pelo correio* são anotados imediatamente após a última apresentação pessoal de cada dia, observando-se o disposto no art. 63º, se necessário.

Por cada facto é feita uma anotação distinta no diário, segundo a ordem que no pedido lhe couber. Para fins de anotação, os averbamentos de anexação ou desanexação necessários à abertura de novas descrições consideram-se como um único facto.

No caso de *apresentações simultâneas,* isto é, se forem apresentados simultaneamente diversos documentos relativos ao mesmo prédio, as apresentações serão anotadas pela ordem de antiguidade dos factos que se pretendam registar (art. 63º).

Quando os factos tiverem a mesma data, a anotação será feita pela ordem da respetiva dependência ou, sendo independentes entre si, sob o mesmo número de ordem.

A *anotação da apresentação* deve conter os seguintes elementos (art. 61º):

a) O número de ordem, a data, a hora da apresentação em UTC *(Universal Time, Coordinated)* e a modalidade do pedido;

[164] O art. 45º não foi afetado pelas alterações entretanto sofridas pelo Decreto-Lei nº 280/2007.

[165] A anotação dos pedidos efetuados por via eletrónica é efetuada, como acima foi referido, nos termos do art. 23º da Portaria nº 1535 na sua versão atualizada.

b) O nome do apresentante e o seu cargo, quando se trate de entidade oficial que nessa qualidade formule o pedido de registo;
c) O facto que se pretende registar;
d) O número da descrição ou das descrições a que o facto respeita, freguesia e concelho, ou, tratando-se de prédio não descrito, o número da inscrição matricial, natureza, freguesia e concelho;
e) A espécie dos documentos e o seu número;

As indicações para a anotação resultam do pedido de registo.

Cada um dos prédios não descritos é identificado pelo número da descrição que lhe vier a corresponder, em anotação complementar, a efetuar automaticamente logo que as condições técnicas o permitam.

8.1.5. *Rejeição da apresentação*

A apresentação deve ser *rejeitada* apenas nos casos previstos no art. 66º, a saber:

"*a*) *(Revogada.)*[166]
b) Quando os documentos não respeitarem a atos de registo predial;
c) Quando não tiverem sido indicados no pedido de registo o nome e residência do apresentante e tais elementos não puderem ser recolhidos dos documentos apresentados ou por qualquer outro meio idóneo, designadamente por comunicação com o apresentante;
d) Salvo nos casos de retificação de registo e de anotação não oficiosa prevista na lei, quando o pedido escrito não for feito no modelo aprovado, se dele não constarem os elementos necessários e a sua omissão não for suprível por qualquer meio idóneo, designadamente por comunicação com o apresentante;
e) Quando nenhum preparo tiver sido feito;
f) Quando for possível verificar no momento da apresentação que o facto constante do documento já está registado."

Verificada a existência de causa de rejeição, é feita a *apresentação do pedido* no diário com os elementos disponíveis.

A rejeição deve ser *fundamentada* em despacho a notificar ao interessado, para efeitos de impugnação, nos termos do disposto nos artºs 140º e seguintes, aplicando-se-lhe, com as devidas adaptações, as disposições relativas à recusa (nº 3 do art. 66º).

[166] A revogada alínea *a)* era do seguinte teor: "*a)* Quando efetuada fora do período legal".

Mas se, e sem prejuízo do disposto no nº 9 do artigo 151º[167], a verificação das causas de rejeição previstas nas alíneas *b*) e *e*) do nº 1 só ocorrer após a apresentação do pedido no diário dá lugar à *recusa da qualificação*, aplicando-se com as devidas adaptações o disposto no nº 3, ou seja, notificação de despacho fundamentado para efeitos de impugnação (nº 4 do art. 66º).

8.1.6. Comprovativo do pedido de registo e encerramento do diário

Salvo se for efetuado por via eletrónica, por cada pedido de registo é emitido um *documento comprovativo da apresentação*, do qual constam a identificação do apresentante, o número de ordem e a data daquela, o facto, os documentos e as quantias entregues, bem como o pedido de urgência, se for caso disso (art. 64º).

Do comprovativo consta (nº 6 do art. 2º P621) a identificação do apresentante, o número de ordem, a data e a hora das respetivas apresentações, os factos pedidos e os documentos e as quantias entregues. O comprovativo deve ser assinado pelo funcionário e pelo apresentante sempre que o pedido não revista a forma escrita e é arquivado de forma eletrónica e devolvido ao interessado (nºs 7 e 8 do art. 6º P621).

O diário é encerrado após a última anotação do dia ou, não tendo havido apresentações com a anotação dessa circunstância, fazendo-se menção, em qualquer dos casos, da menção da data da feitura do último registo em cada dia (art. 67º).

8.2. Titulação[168]

O pedido de registo deve ser acompanhado pelo *título comprovativo* do facto a registar, além da prova da situação matricial, nos termos a seguir referidos.

[167] Nº 9 do art. 151º: "Quando o preparo não tiver sido feito e não tiver havido rejeição nos termos do disposto no nº 3 do artigo 66º, o serviço de registo notifica o interessado para no prazo de dois dias proceder à entrega das quantias em falta."

[168] Art. 123º do CIRS: "Os notários, conservadores, secretários judiciais, secretários técnicos de justiça e entidades e profissionais com competência para autenticar documentos particulares que titulem atos ou contratos sujeitos a registo predial são obrigados a enviar à Direção-Geral dos Impostos, preferencialmente por via eletrónica, até ao dia 10 de cada mês, relação dos atos por si praticados e das decisões transitadas em julgado no mês anterior dos processos a seu cargo, que sejam suscetíveis de produzir rendimentos sujeitos a IRS, através de modelo oficial."

8.2.1. Prova da situação matricial

Para a *realização de atos de registo* deve ser feita *prova da inscrição na matriz,* da declaração para inscrição, quando devida, se o prédio estiver omisso, ou da pendência de pedido de alteração ou retificação (art. 31º)[169][170].

Esta prova deve ser obtida pelo *serviço de registo* mediante acesso direto à informação constante da base de dados das entidades competentes, ou, em caso de impossibilidade, mediante emissão gratuita do documento comprovativo por tais entidades, a solicitação oficiosa do serviço de registo.

Se a declaração para inscrição na matriz, ou o pedido da sua alteração ou retificação não tiverem sido feitos pelo proprietário ou possuidor, deve ser feita prova de que o interessado, sendo terceiro, deu conhecimento às entidades competentes da omissão, alteração ou erro existente.

A declaração para inscrição na matriz, ou o pedido da sua alteração ou retificação, pode ser feita pelos serviços de registo, a pedido do interessado e de acordo com as declarações por ele prestadas.

A prova da inscrição na matriz ou da pendência de pedido de alteração ou retificação *é dispensada* para os cancelamentos de registos e ainda se já tiver sido feita perante serviço de registo ou no ato sujeito a registo *há menos de um ano.*

8.2.2. Prova documental

Só podem ser registados os factos constantes de documentos que legalmente os comprovem (art. 43º). Os documentos arquivados são utilizados para a realização de novo registo sempre que referenciados e novamente anotados no Diário.

Os documentos escritos em *língua estrangeira* só podem ser aceites quando traduzidos nos termos da lei, salvo se estiverem redigidos em *língua inglesa, francesa ou espanhola* e o funcionário competente dominar essa língua[171].

[169] Art. 124º do CIMI: "1 – As entidades públicas, ou que desempenhem funções públicas, que intervenham em atos relativos à constituição, transmissão, registo ou litígio de direitos sobre prédios, devem exigir a exibição de documento comprovativo da inscrição do prédio na matriz ou, sendo omisso, de que foi apresentada a declaração para inscrição.
2 – Sempre que o cumprimento do disposto no número anterior se mostre impossível, faz-se expressa menção do facto e das razões dessa impossibilidade, devendo comunicar-se tal facto ao serviço de finanças da área da situação dos prédios.

[170] Nº 4 do art. 93º do CIMI: "4 – Os notários, conservadores e oficiais dos registos, bem como as entidades profissionais com competência para autenticar documentos particulares que titulem atos ou contratos sujeitos a registo predial, sempre que intervenham em atos ou contratos que exijam a apresentação da caderneta predial referida no nº 1 relativa a prédios objeto desses atos, contratos ou factos, podem obtê-la por via eletrónica e entregá-la, gratuitamente, ao sujeito passivo."

[171] Cabe aqui transcrever a nota inserta a propósito de disposição similar constante do Código do Registo Comercial: Esquece-se aparentemente que, devendo os documentos ficar arquivados e

Para efeitos de *promoção de atos de registo predial* através da Internet em que sejam interessadas sociedades comerciais ou civis sob forma comercial podem os respetivos *gerentes e administradores certificar a conformidade* dos documentos eletrónicos por si submetidos com os documentos originais em suporte de papel.

Quando a viabilidade do pedido de registo deva ser apreciada com base em *direito estrangeiro*, deve o interessado fazer prova, mediante documento idóneo, do respetivo conteúdo (art. 43º-A).

Do arquivo eletrónico dos documentos tratam o art. 43º-B e a Portaria nº 1535/2008, de 30 de dezembro, alterada pela Portaria nº 283/2013, de 30 de agosto. Sem prejuízo do disposto em lei especial, a comprovação para efeitos de registo dos factos constantes de documentos que devam ser arquivados nos termos acima referidos é feita através da respetiva consulta eletrónica.

Esta consulta eletrónica dos títulos e dos documentos arquivados eletronicamente substitui, para todos os efeitos, a apresentação perante o serviço de registo do respetivo suporte em papel, devendo este, em caso de junção ao pedido de registo, ser devolvido ao apresentante.

8.2.3. Requisitos do título comprovativo

Como acima se disse, o pedido de registo deve ser acompanhada pelo *título comprovativo* do facto a registar. Se esse título for um *ato notarial, processual ou outro* que contenha factos sujeitos a registo dele deve constar (art. 44º):

a) A *identidade dos sujeitos* do facto inscrito, pela menção do nome completo, estado e residência das pessoas singulares, ou da denominação ou firma e sede das pessoas coletivas, bem como a menção do nome do cônjuge e do regime matrimonial de bens, se os sujeitos forem casados, ou, sendo solteiros, a indicação de serem maiores ou menores;

b) O *número da descrição* dos prédios ou as menções necessárias à sua descrição, bem como a indicação do número, data de emissão e entidade emi-

não havendo competência territorial, é irrelevante que o funcionário aceitante domine a língua em que estiverem redigidos se o mesmo não suceder com quaisquer outros funcionários que tiverem de aceder a esses documentos. Cria-se, por esta forma, uma *segurança jurídica relativa.*
Também não é aceitável a discriminação linguística: fica por explicar a razão da escolha daqueles idiomas, excluindo outras línguas comunitárias razoavelmente difundidas. De qualquer forma, é uma opção que não parece respeitar o disposto no nº 1 do art. 3ºA da Diretiva 2003/68/CE: "Os documentos e indicações sujeitos a publicidade nos termos do artigo 2º serão elaborados e arquivados numa das línguas autorizadas pelo regime linguístico aplicável no Estado-Membro em que se abra o processo referido no nº 1 do artigo 3º." Ora, o regime linguístico aplicável em Portugal – ou seja, as línguas oficiais em Portugal –, só compreende a língua portuguesa (para além da língua mirandesa, nos estreitos limites previstos na Lei 7/99, de 29 de janeiro).

tente das certidões de registo que tenham sido apresentadas ou, no caso de certidão permanente, a indicação do respetivo código de acesso[172];

c) A indicação do *registo prévio dos bens* em nome da pessoa de quem se adquire o direito ou contra a qual se constitui o encargo ou, no caso de urgência devidamente justificada por perigo de vida dos outorgantes, do modo como foi comprovada a invocada urgência;

d) a *f): revogados;*

g) Sempre que esteja em causa o pagamento de uma quantia, a indicação do momento em que tal ocorre e do meio de pagamento utilizado.

Para o cumprimento do disposto na alínea *g*), caso o pagamento ocorra antes ou no momento da celebração do ato, deve ser consignado no instrumento:

a) Tratando-se de pagamento em numerário, a moeda utilizada;

b) Tratando-se de pagamento por cheque, o seu número e a entidade sacada;

c) Tratando-se de pagamento através da realização de uma transferência de fundos:

  i) A identificação da conta do ordenante e da conta do beneficiário, mediante a menção dos respetivos números e prestadores de serviços de pagamento;

  ii) Quando o ordenante ou o beneficiário não realize a transferência por intermédio de uma conta de pagamento, mediante a menção do identificador único da transação ou do número do instrumento de pagamento utilizado e do respetivo emitente.[173]

O documento comprovativo do teor da *inscrição matricial* deve ter sido emitido com antecedência não superior a *um ano.*

Se o *prédio não estiver descrito,* deve ser comprovada essa circunstância por certidão passada pela conservatória com antecedência não superior a *três meses.*

Há-de ter-se ainda em conta o disposto no art. 50º do Código do Imposto Municipal sobre as Transmissões Onerosas de Imóveis (CIMT): "Nenhum facto, ato ou negócio jurídico relativo a bens imóveis sujeitos a registo pode ser definitivamente registado sem que se mostre pago o IMT que seja devido."

172 "III – Verificando-se contradições entre os elementos de identificação do prédio constantes da descrição e os títulos apresentados, o registo de constituição de propriedade horizontal que haja sido requisitado, deve ser efetuado provisoriamente por dúvidas, removíveis com a fixação da verdadeira identidade do prédio." (Parecer do C. T. da DGRN em *Boletim dos Registos e do Notariado,* nº 7/2004, II, p. 14/15).

173 Alteração efetuada pelo art. 8º da Lei nº 89/2017, de 21 de agosto (Regime Jurídico do Registo Central do Beneficiário Efetivo).

8.2.4. Declarações para registo e declarações complementares

Salvo disposição em contrário, e como já se disse, as *declarações para registo*, principais ou complementares, devem ser assinadas e datadas e conter a indicação do número, data e entidade emitente do documento de identificação civil ou documento de identificação equivalente do signatário. Esta exigência é dispensada quando o registo for promovido através da Internet, com recurso a meios eletrónicos que permitam determinar a identidade do interessado ou do apresentante (art. 45º).

Além de outros casos previstos, são admitidas *declarações complementares* dos títulos para completa identificação dos sujeitos, sem prejuízo das exigências de prova do estado civil, bem como para a menção dos elementos que integrem a descrição, quando os títulos forem deficientes, ou para esclarecimento das suas divergências, quando contraditórios, entre si, ou com a descrição, em virtude de alteração superveniente (art. 46º).

Os erros sobre elementos da identificação do prédio de que os títulos enfermem podem ser retificados por declaração de todos os intervenientes no ato ou dos respetivos herdeiros devidamente habilitados.

Foi fixada pela então Direção-Geral dos Registos e do Notariado orientação no sentido de permitir que seja suprida por declaração complementar a omissão no título do número da descrição, nos seguintes termos:

> "I – Por princípio, o número da descrição predial é uma menção que deve constar obrigatoriamente em todos os atos contendo factos sujeitos a registo, desde que os mesmos sejam respeitantes a prédio já descrito na competente Conservatória.
>
> II – No entanto, a omissão de tal menção, em título apresentado a registo, pode ser suprida por declaração complementar, nos termos conjugados dos artigos 46º, nº 1, *b)* e 82º, nº 1, *a)* do Código do Registo Predial, se dos restantes elementos descritivos nesse título referenciados resultar indubitavelmente estabelecida a identidade do prédio."[174]

"À apresentação complementar, por não consubstanciar qualquer pedido de registo, não é aplicável o regime de rejeição da apresentação regulado no art. 66º CRP" (em parecer do CC IRN nº 6/CC/2019, consultado em *irn.mj.pt/IRN/sections/irn/doutrina/pareceres/predial/2019/*)

A seguir se indica o título comprovativo exigível nos casos mais frequentes[175].

[174] Em *Boletim dos Registos e do Notariado*, I, nº 3/2000.

[175] Sobre os casos de exigência do *certificado de comportamento energético*, abreviadamente *certificado energético*, ver no capítulo VI – Notariado o nº *4.3.4 – Certificado de comportamento energético.*

8.2.5. *Aquisição por compra e venda ou por doação*

a) Título comprovativo

O título comprovativo do negócio jurídico é, no caso de *aquisição por compra e venda ou por doação*, a certidão da *escritura pública* ou *documento particular autenticado*, como resulta respetivamente do disposto nos artigos 875º e 947ºCC, nos termos dos quais estes contratos, sem prejuízo do disposto em lei especial, só são válidos se forem celebrados por escritura pública ou por documento particular autenticado.

No entanto, e pelo que toca à doação, para que se conclua o processo constitutivo do contrato, é necessária a *aceitação do donatário*, salvo quanto às doações puras feitas a incapazes, em tudo o que aproveite aos donatários[176].

b) Licença de utilização

Relativamente a prédios urbanos, o nº 1 do art. 1º do Decreto-Lei nº 281/99, de 26 de julho, estabelece a exigência, para a celebração dos atos de transmissão, da apresentação de *licença de utilização*, nos seguintes termos:

> "1 – Não podem ser realizados atos que envolvam a transmissão da propriedade de prédios urbanos ou de suas frações autónomas sem que se faça prova da existência da correspondente autorização de utilização, perante a entidade que celebrar a escritura ou autenticar o documento particular.
>
> 2 – Nos atos de transmissão de imóveis é feita sempre menção do alvará da autorização de utilização, com a indicação do respetivo número e data de emissão, ou da sua isenção.
>
> 3 – Nos prédios submetidos ao regime da propriedade horizontal, a menção deve especificar se a autorização de utilização foi atribuída ao prédio na sua totalidade ou apenas à fração autónoma a transmitir.
>
> 4 – A apresentação de autorização de utilização nos termos do nº 1 é dispensada se a existência desta estiver anotada no registo predial e o prédio não tiver sofrido alterações."

Na *primeira transmissão*, o art. 2º permite, no seu nº 1, a substituição da licença de utilização pela *licença de construção*, nas seguintes condições:

> "1 – A apresentação do alvará de licença de utilização, no caso de já ter sido requerido e não emitido, pode ser substituída pela exibição do alvará da licença de construção do imóvel, independentemente do respetivo prazo de validade, desde que:
>
> *a)* O transmitente faça prova de que está requerida a licença de utilização;

[176] Cf. artºs 945º e 951º CC.

b) O transmitente declare que a construção se encontra concluída, que não está embargada, que não foi notificado de apreensão do alvará de licença de construção, que o pedido de licença de utilização não foi indeferido, que decorreram mais de 50 dias sobre a data do seu requerimento e que não foi notificado para o pagamento das taxas devidas."

O nº 2 do mesmo art. 2º permite que, nas *subsequentes transmissões* de frações autónomas de prédios constituídos em regime de propriedade horizontal, o transmitente apenas tenha de fazer prova de que foi requerida a licença de utilização e declarar que o pedido não foi indeferido nem a licença emitida no prazo de 50 dias sobre a data do seu requerimento e que não foi notificado para o pagamento das taxas devidas.[177]

Todavia os nºs 4 e 5 deste art. 2º, para os casos de transmissão de *prédios não concluídos*, dispõem o seguinte:

"4 – Na transmissão de prédios urbanos que o alienante declare como não concluídos, com licença de construção em vigor, ou na situação dos edifícios inacabados prevista no artigo 73º-A do Decreto-Lei nº 445/91, de 20 de novembro, na redação dada pelo Decreto-Lei nº 250/94, de 15 de outu-

[177] O Regime Jurídico da Urbanização e da Edificação, na versão republicada pelo Decreto-lei nº 136/2014, de 9 de setembro, prevê prazos diferentes, dispondo, na parte que interessa:
Art. 64º (*Concessão da autorização de utilização*) "1 – A autorização de utilização é concedida no prazo de 10 dias a contar da receção do requerimento, com base nos termos de responsabilidade referidos no artigo anterior, salvo na situação prevista no número seguinte.
2 – O presidente da câmara municipal, oficiosamente ou a requerimento do gestor do procedimento e no prazo previsto no número anterior, determina a realização de vistoria, a efetuar nos termos do artigo seguinte, quando se verifique alguma das seguintes situações: (...)
3 – Quando o pedido de autorização de utilização for instruído com termo de responsabilidade referido no nº 2 do artigo anterior, é dispensada a realização de vistoria municipal, bem como a apresentação na câmara municipal
de certificações, aprovações e pareceres externos, bastando a comunicação da conclusão dos trabalhos, acompanhada de declaração subscrita pelo autor do projeto e pelo diretor de obra ou diretor de fiscalização de obra, de que tais elementos foram obtidos.
4 – Não sendo determinada a realização de vistoria no prazo referido no nº 1, o requerente pode solicitar a emissão do alvará de autorização de utilização, a emitir no prazo de cinco dias, mediante a apresentação do comprovativo do requerimento da mesma nos termos do artigo 63º."
Art. 65º (Realização da vistoria) "1 – A vistoria realiza -se no prazo de 15 dias a contar da decisão do presidente da câmara referida no nº 2 do artigo anterior, decorrendo sempre que possível em data a acordar com o requerente.
(...) 6 – Não sendo a vistoria realizada nos prazos referidos nos nºs 1 ou 5, o requerente pode solicitar a emissão do título de autorização de utilização, mediante a apresentação do comprovativo do requerimento da mesma nos termos do artigo 63º ou do número anterior, o qual é emitido no prazo de cinco dias e sem a prévia realização de vistoria."

bro, é bastante a exibição do alvará de licença de construção, independentemente do seu prazo de validade.

5 – O disposto no número anterior não é aplicável à transmissão de frações autónomas de prédios urbanos constituídos em propriedade horizontal nem a moradias unifamiliares."

Tendo a norma contida no nº 5 suscitado dúvidas de interpretação ao Conselho Técnico da Direção-Geral dos Registos e do Notariado, designadamente quanto à *proibição de venda de moradias unifamiliares inacabadas*, foi suscitada a emissão de parecer pelo Conselho Consultivo da Procuradoria-Geral da República que, considerando embora que bem se justificaria a imediata revisão do Decreto-Lei nº 281/99, concluiu[178]:

> "I – Excetuadas do disposto no nº 4 do artigo 2º do Decreto-Lei nº 281/99, de 26 de julho, as frações autónomas e moradias unifamiliares referidas no nº 5 do mesmo artigo estão sujeitas ao regime regra dos artigos 1º e 2º, nº 1, do citado diploma;
>
> II – É, consequentemente, ilegal, por violação do artigo 1º, nº 1, do Decreto-Lei nº 281/99, a transmissão dessas frações autónomas e moradias ainda em construção."

Do regime exposto se excetua a *venda por negociação particular em processo de execução*, como dispõe o nº 6 do art. 833º do Código de Processo Civil:

> "6 – A venda de imóvel em que tenha sido, ou esteja sendo, feita construção urbana, ou de fração dele, pode efetuar-se no estado em que se encontre, com dispensa da licença de utilização ou de construção, cuja falta de apresentação o notário fará consignar na escritura, constituindo ónus do adquirente a respetiva legalização."

Por outro lado, a licença de utilização apenas é exigível para *prédios construídos* depois da entrada em vigor do Decreto-Lei nº 38 382, de *7 de agosto de 1951*. De facto, a licença de utilização só passou a ser exigida pelo art. 8º do *Regulamento Geral das Edificações Urbanas*[179], aprovado por aquele diploma.

[178] Parecer publicado no *Boletim dos Registos e do Notariado*, nº 4/2002, I, p. 14 e ss.

[179] Art. 8º: "A utilização de qualquer edificação nova, reconstruída, ampliada ou alterada, quando da alteração resultem modificações importantes nas suas características carece de licença municipal." Note-se todavia que, nos termos do disposto no seu art. 1º, o Regulamento pode não ser ter sido – e não foi de facto – aplicado de imediato a todas as localidades: "Art. 1º: A execução de novas edificações ou de quaisquer obras de construção civil, a reconstrução, ampliação, alteração, reparação ou demolição das edificações e obras existentes e bem assim os trabalhos que impliquem alteração da topografia local, dentro do perímetro urbano e das zonas

Para os prédios construídos antes da referida data, o que se comprova através da caderneta predial ou de certidão predial ou camarária, *não é exigível licença de utilização* nem *licença de construção.*

c) Ficha técnica de habitação

Entretanto, o Decreto-Lei nº 68/2004, de 25 de março, veio acrescentar a necessidade da *ficha técnica de habitação* (nº 1 do seu art. 9º):

> "1 – Sem prejuízo de outras normas aplicáveis, não pode ser celebrada a escritura pública que envolva a aquisição da propriedade de prédio ou fração destinada à habitação sem que o notário se certifique da existência da ficha técnica da habitação e de que a mesma é entregue ao comprador".[180]

Esta exigência *não se aplica* (nº 2 do art. 2º do mesmo diploma):

a) Aos prédios construídos antes da entrada em vigor do Regulamento Geral das Edificações Urbanas, aprovado pelo Decreto-Lei nº 38 382, de 7 de agosto de 1951;

b) Aos prédios que se encontrem edificados e sobre os quais exista licença de utilização ou haja requerimento apresentado para a respetiva emissão à data da entrada em vigor deste Decreto-Lei nº 68/2004, de 25 de Março.

Por sua vez, o art. 18º determina que o nº 1 do art. 9º apenas se aplica aos contratos celebrados *entre consumidores* no caso de o prédio urbano destinado à habitação que é objeto da transmissão *já possuir ficha técnica de habitação.*

Daqui se retira a conclusão de que a exigência do art. 9º se aplica plenamente aos *profissionais promotores imobiliários,* normalmente a primeira transmissão, e que apenas se aplica às transmissões subsequentes entre particulares quando já exista a ficha técnica.

Chamado a pronunciar-se sobre a interpretação das normas citadas, os serviços jurídicos da Direção-Geral dos Registos e do Notariado concluíram, como não podia deixar de ser, da seguinte maneira:

rurais de proteção fixadas para as sedes de concelho e para as demais localidades sujeitas por lei a plano de urbanização e expansão subordinar-se-ão as disposições da presente regulamento; § único. Fora das zonas e localidades a que faz referência este artigo o presente regulamento aplicar-se-á nas povoações a que seja tornado extensivo por deliberação municipal e, em todos os casos, às edificações de carácter industrial ou de utilização coletiva."

A data de início da aplicação do Regulamento, fora das localidades referidas no corpo do art. 1º, ficou assim dependente de deliberação municipal.

[180] Itálicos nossos.

"I – Para a celebração de escritura que envolva a aquisição da propriedade de prédio ou fração destinada à habitação, deve o notário certificar-se da existência da ficha técnica da habitação e de que a mesma é entregue ao comprador;

II – A exigência referida no número anterior funciona quando em causa esteja uma relação entre profissionais e consumidores, a menos que as regras referentes à ficha técnica da habitação não sejam aplicáveis por força do disposto no nº 2 do art. 2º do diploma;

III – A mesma exigência é aplicável aos contratos celebrados entre consumidores, quando o prédio já possua ficha técnica da habitação.[181]"

d) Certificação energética

A existência de pré-certificado ou de certificado SCE *[Sistema de Certificação Energética]* deve ser verificada aquando da celebração de contratos de compra e venda ou locação, ficando consignado no contrato o número do certificado ou pré-certificado, conforme dispõe o nº 2 *b)* do art. 5º do Decreto-lei nº 118/2013, de 20 de agosto, alterado e republicado por último pelo Decreto-Lei nº 28/2016, de 23 de junho[182].

Aquele diploma regula o Sistema Certificação Energética dos Edifícios (SCE), transpondo para a ordem jurídica nacional a Diretiva nº 2010/31/UE do Parlamento Europeu e do Conselho, de 19 de maio de 2010, relativa ao desempenho energético dos edifícios.

O âmbito de aplicação do SCE é objeto dos arts. 3º e 4º daquele decreto-lei[183] que define *certificado SCE* como o documento com número próprio, emitido por perito qualificado para a certificação energética para um determinado edifício ou fração, caracterizando-o em termos de desempenho energético; designa-se *pré-certificado* o certificado SCE para edifícios novos ou frações em edifícios novos, bem como para edifícios ou frações sujeitas a grandes intervenções, emitido em fase de projeto antes do início da construção ou grande intervenção.

[181] Em *Boletim dos Registos e do Notariado*, nº 4/2005, I, p. 37-38.

[182] A existência de pré-certificado ou de certificado SCE não é requisito exigível para efeitos de registo: [...] para efeitos de registo, e no que toca ao regime SCE, é irrelevante, para a formação de um juízo de viabilidade do pedido, apurar se foram cumpridas as obrigações que desse regime resultam quer para o proprietário do edifício, quer para a entidade tituladora de certa tipologia de negócios jurídicos de que o edifício ou fração seja objeto (em conclusões do parecer do CC IRN nº 67/CC/2016 Ref. Pº CN 5/2016 consultado em *irn.mj.pt/IRN/sections/irn/doutrina/pareceres/predial/2016)*.

[183] Os artigos 3º e 4º são transcritos no nº 4.3.4 do Capítulo VI – Notariado, onde a certificação energética é tratada com mais detalhe.

Devem ser certificadas (art. 6º):

a) Todas as frações e edifícios destinados a habitação unifamiliar, nos termos do art. 3º;
b) As frações que se preveja virem a existir após constituição de propriedade horizontal, designadamente nos edifícios recém-constituídos ou meramente projetados;
c) Todo o edifício de comércio e serviços que disponha de sistema de climatização centralizado para parte ou para a totalidade das suas frações, estando neste caso dispensadas de certificação as frações.

Podem ser certificados os edifícios, considerando-se sempre certificado um edifício quando estejam certificadas todas as suas frações.

8.2.6. Compra e venda com mútuo concedido por instituição de crédito

No caso de *contratos de compra e venda com mútuo, com ou sem hipoteca, de prédio urbano destinado a habitação, ou fração autónoma* para o mesmo fim, nos termos previstos no Decreto-Lei nº 255/93, de 15 de julho, já não era exigida a titulação por escritura mas sim por documento particular, com reconhecimento de assinaturas, segundo o modelo aprovado por portaria conjunta dos Ministros das Finanças, da Justiça e das Obras Públicas, Transportes e Comunicações (art. 2º do diploma citado).

Sobre esta forma de titular a aquisição por compra e venda de prédio ou fração autónoma para habitação, o Conselho Técnico da Direção-Geral dos Registos e do Notariado alertou, nos seguintes termos, para a necessidade também de apresentação da *licença de utilização*:

> "I – O Decreto-Lei nº 255/93, de 15 de julho, visou regular, como estabelece o artigo 1º, a compra e venda e mútuo, com ou sem hipoteca, "referente a prédio urbano destinado a habitação, ou fração autónoma para o mesmo fim, desde que o mutuante seja uma instituição de crédito autorizada a conceder crédito à habitação".
>
> II – Por seu turno, o Decreto-Lei nº 281/99, de 26 de julho, visando dar novo enquadramento legal ao que se achava estatuído no art. 44º da Lei nº 46/85, de 20 de Setembro, considerou no seu próprio preâmbulo ser "necessário pôr cobro à incerteza em que se encontram numerosos adquirentes de frações autónomas transmitidas apenas mediante licença de construção", com a salvaguarda dos "limites razoáveis de segurança do comércio jurídico".
>
> III – Este Decreto-Lei nº 281/99 é, pois, uma lei especial que, provendo para os casos de "transmissão da propriedade de prédios urbanos ou de suas

frações autónomas", contempla a necessidade de apresentação das licenças de utilização ou de construção nas condições que pormenorizadamente prevê.

IV – Embora os documentos particulares a que se refere o citado Decreto-Lei nº 255/93 de 15 de julho, (e em conformidade com o que este Conselho concluiu no Proc. nº 22/96-RP4) sejam simples impressos – e não escrituras públicas, documentos autênticos ou instrumentos notariais, sendo aliás inquestionável que quem os preenche também não está a exercer uma função notarial –, no entanto, o efeito pretendido pelo legislador através do preenchimento desses impressos é, como decorre do disposto no art. 3º, a "transferência da propriedade" daqueles imóveis.

V – Consequentemente, são-lhe aplicáveis todas as disposições contidas na lei especial que, naquele âmbito das licenças de utilização e de construção, constitui o citado Decreto-Lei nº 281/99 (...) "[184].

Também não pode ser celebrado o *contrato de compra e venda com mútuo*, garantido ou não por hipoteca, nos termos do Decreto-Lei nº 255/93, de 15 de Julho, sem que a instituição de crédito assegure a entrega da *ficha técnica da habitação* ao comprador no momento em que é preenchido o formulário do modelo aprovado (nº 2 do art. 9º do Decreto-Lei nº 68/2004, de 25 de Março).

Da mesma forma, deve ser verificada a existência de pré-certificado ou de certificado SCE nos casos previstos no Decreto-lei nº 118/2013, de 20 de agosto, acima referido.

À semelhança do que está disposto para o registo dos factos titulados por escritura pública ou documento particular autenticado, o citado Decreto-Lei nº 255/93 prevê, no seu art. 4º, que a prova de correspondência em caso de alteração matricial ou toponímica seja feita nos seguintes termos:

a) Em caso de substituição das matrizes, se a prova não resultar dos documentos apresentados, pode ser suprida por declaração complementar dos interessados;

b) Em caso de alteração de denominação de vias públicas e de numeração policial, a prova da correspondência entre a antiga e a nova denominação ou numeração, se não resultar dos documentos apresentados, pode ser feita por certificação, gratuita, da câmara municipal ou por declaração complementar dos interessados.

Da mesma forma, o art. 5º do referido diploma prevê que para a realização de qualquer registo, no seu âmbito de aplicação, o teor da inscrição matricial

[184] Em *Boletim dos Registos e do Notariado*, nº 6/2000, II, p. 14/15.

do prédio possa ser comprovada por documento emitido com uma antecedência não superior a um ano.

A transferência de propriedade efetuada pela forma referida no art. 2º estava já sujeita a registo obrigatório, devendo a *instituição de crédito promover o respetivo registo* na conservatória do registo predial competente (art. 3º), que hoje é qualquer uma.

8.2.7. Procedimento especial de transmissão, oneração e registo de prédios ("Casa Pronta")

O Decreto-Lei nº 263-A/2007, de 23 de julho, entretanto alterado pelos Decretos-Lei nºs 122/2009, de 21 de maio, e 209/2012, de 19 de setembro, criou o procedimento especial de transmissão, oneração e registo de prédios, abrangendo o procedimento imediato em *atendimento presencial único* e o procedimento *com marcação prévia.*

a) Âmbito e pressupostos do procedimento imediato

O regime do procedimento especial de transmissão, oneração e registo imediato de prédio urbano em atendimento presencial único aplica-se aos seguintes negócios jurídicos (art. 2º):

a) Compra e venda;
b) Mútuo e demais contratos de crédito e de financiamento celebrados por instituições de crédito, com hipoteca, com ou sem fiança;
c) Hipoteca;
d) Sub-rogação nos direitos e garantias do credor hipotecário, nos termos do art. 591º CC;
e) Outros negócios jurídicos definidos em portaria do Ministro da Justiça, a saber:
  - Dação em pagamento (Portaria nº 1126/2009, de 1 de Outubro);
  - Doação e permuta de prédios (Portaria nº 67/2010, de 3 de Fevereiro);
  - Constituição de propriedade horizontal, modificação do título constitutivo da propriedade horizontal, mútuo e demais contratos de crédito e de financiamento, com hipoteca, com ou sem fiança (Portaria nº 1167/2010, de 10 de Novembro);
  - Compra e venda com locação financeira (Portaria nº 122/2017, de 24 de março);
  - Divisão de coisa comum (Portaria nº 122/2017, de 24 de março).

O procedimento aplica-se a prédios urbanos, mistos e rústicos e ainda a prédios urbanos formados, no próprio ato, a partir de outros, por fracionamento ou emparcelamento.

São *pressupostos* de aplicação deste regime (nº 1 do art. 3º):

a) A descrição do prédio no registo;
b) A inexistência de dúvidas sobre a identidade do prédio;
c) O registo definitivo a favor do alienante ou onerante;
d) A inexistência de dúvidas quanto à titularidade do prédio;
e) No caso de se tratar de compra e venda, a aquisição do direito de propriedade, no todo ou em parte, por uma ou mais pessoas, em simultâneo, tendo em vista a aquisição da totalidade do prédio;
f) A opção por contratos de modelo aprovado por despacho do presidente do Instituto dos Registos e do Notariado.

Considera-se, segundo o nº 2 deste art. 3º, que não existem dúvidas quanto à identidade do prédio quando se verifique a harmonização completa dos elementos de identificação deste, entre a matriz e o registo, nos termos gerais, sem prejuízo do disposto nos nºs 3 a 6 do art. 2º, que a seguir se referem.

Não obsta à realização do negócio jurídico a *existência de divergência* entre o registo e a matriz quando tal divergência apenas respeite ao *artigo matricial*, à *denominação das vias* públicas ou à *numeração policial*, desde que possa ser suprida por *acesso direto* à informação constante das bases de dados das entidades ou serviços da Administração Pública ou por documento (nº 3).

No caso de se verificar divergência entre a declaração dos interessados, os documentos apresentados e o registo, quanto aos elementos de identificação do alienante ou onerante, que não seja suprida por documento idóneo e da qual não resulte incerteza quanto à titularidade do prédio, deve a mesma ser resolvida por acesso direto à informação constante das *bases de dados registrais e de identificação civil* (nº 4); o mesmo se aplica às divergências respeitantes à *identificação do adquirente* ou do beneficiário da oneração (nº 5).

Para efeitos do que antecede, os serviços de registo competentes devem, oficiosamente, consultar e aceder à informação constante das bases de dados disponíveis quando tal seja necessário para suprir qualquer deficiência do procedimento (nº 6).

b) Competência e prazo para a tramitação do procedimento imediato

O procedimento cabe aos serviços com competência para a prática de atos de registo predial, *independentemente da área da situação do prédio* (art. 4º).

O início e conclusão da tramitação do procedimento, que tem natureza urgente, deve iniciar-se e concluir-se no mesmo dia, em atendimento presencial único (art. 5º).

c) Início e tramitação do procedimento imediato

O procedimento inicia-se com o pedido formulado, junto do serviço de registo competente, pelos interessados que, nesse ato, manifestam a sua opção por um dos modelos de contrato (art. 6º).

O prosseguimento do procedimento depende da comprovação de um certo número de condições, a saber (art. 7º):

- *Verificação da identidade, da capacidade e dos poderes de representação* dos interessados para os atos, devendo a capacidade e os poderes de representação ser comprovados, sempre que possível, por acesso à informação constante das respetivas bases de dados;
- *Comprovação*, preferencialmente por acesso à informação constante das respetivas bases de dados, ou mediante a apresentação dos respetivos documentos pelos interessados, da:
  a) *Situação matricial* do prédio;
  b) Existência ou dispensa de licença de utilização ou de licença de construção, nos termos legais;
  c) Existência de *ficha técnica do prédio*, quando exigível;
  d) Inexistência de manifestação da intenção de exercer o *direito de preferência legal* por parte do Estado, Regiões Autónomas, municípios, outras pessoas coletivas públicas ou empresas públicas.

A mera referência à existência de licença de utilização ou a facto de que resulte a respetiva dispensa efetuada em caderneta predial, em base de dados de serviço da Administração Pública ou em documento autêntico, constitui prova bastante para os efeitos da comprovação prevista na alínea *b*).

Também deve agora ser verificada a existência de pré-certificado ou de certificado SCE nos casos previstos no Decreto-lei nº 118/2013, de 20 de agosto, acima referido.

Os documentos escritos em língua estrangeira só podem ser aceites quando traduzidos nos termos da lei, salvo se estiverem redigidos em língua inglesa, francesa ou espanhola e o funcionário competente dominar essa língua.

Os documentos arquivados em serviço de registo podem ser utilizados para a realização deste procedimento, aplicando-se o disposto no nº 2 do art. 43º.

Os documentos que instruam o procedimento ficam arquivados pela ordem da sua apresentação; o arquivo é efetuado em suporte eletrónico e os documentos assim arquivados têm a força probatória dos originais.

Os documentos cujo original deva normalmente permanecer em arquivo público nacional e que não contenham parte narrativa são restituídos aos interessados.

O conservador ou o oficial do registo, depois de ter verificado a ocorrência dos pressupostos constantes do art. 2º e de ter efetuado as comprovações exigidas pelo art. 7º, *procede aos seguintes atos* pela ordem indicada (nº 1 do art. 8º):

a) Anotação no Diário dos factos sujeitos a registo;
b) Elaboração dos documentos que titulam os negócios jurídicos, de acordo com o modelo previamente escolhido pelos interessados, seguido da leitura e explicação do respetivo conteúdo;
c) Promoção da liquidação do IMT, nos termos declarados pelo contribuinte, e de outros impostos que se mostrem devidos, tendo em conta os negócios jurídicos a celebrar, assegurando o seu pagamento prévio à celebração do negócio jurídico;
d) Cobrança dos emolumentos e de outros encargos que se mostrem devidos;
e) Recolha das assinaturas nos documentos que titulam os negócios jurídicos;
f) Verificação da entrega da ficha técnica ao comprador;
g) Realização obrigatória, oficiosa e imediata dos registos apresentados;
h) Anotação à descrição da existência de licença de utilização, com menção do número e respetiva data de emissão.

A *pedido do interessado* e de acordo com as suas declarações, o serviço competente pratica ainda, por via eletrónica, os seguintes atos (nº 2 do art. 8º):

a) Pede a alteração da morada fiscal do adquirente;
b) Pede a isenção do IMI relativo a habitação própria e permanente;
c) Pede a inscrição ou a atualização de prédio urbano na matriz.

Os negócios jurídicos celebrados nos termos do Decreto-Lei nº 263-A/2007 estão dispensados de formalização por escritura pública quando esta seja obrigatória nos termos gerais (nº 3 do art. 8º).

A leitura dos documentos que titulam os negócios jurídicos pode ser dispensada, a pedido dos interessados (nº 4 do art. 8º).

No caso de o interessado solicitar a inscrição ou a atualização de prédio urbano na matriz, fica dispensado de anexar as plantas de arquitetura das construções correspondentes às telas finais aprovadas pela câmara municipal (nº 7), devendo então o Instituto dos Registos e do Notariado contatar a competente câmara municipal para que esta lhe disponibilize as respetivas plantas, preferencialmente por via eletrónica (nº 8 do art. 8º). Estas plantas devem ser disponibilizadas à administração fiscal pelo IRN, em termos a protocolar entre as entidades envolvidas (nº 9 do art. 8º).

No caso de as plantas não estarem depositadas na câmara municipal ou de as plantas não serem disponibilizadas à administração fiscal no prazo de 60 dias, a administração tributária deve contatar o interessado para que este as apresente, nos termos gerais (nº 10 do art. 8º).

d) Conclusão do procedimento imediato e diligências subsequentes

Concluído o procedimento, o serviço de registo procede à entrega imediata e gratuita dos seguintes documentos (art. 11º):

a) Certidão dos títulos elaborados, a quem for cobrado recibo da conta;
b) Certidão permanente dos registos em vigor sobre o prédio, a que se refere o nº 6 do artigo 110º do Código do Registo Predial, podendo o interessado fazer a opção nele prevista, ou seja, optar pela disponibilização gratuita de uma cópia não certificada dos registos efetuados;
c) Comprovativos do pagamento dos encargos devidos.

Após a realização do registo, o serviço competente promove, imediata e preferencialmente por via eletrónica, as comunicações obrigatórias à *administração tributária,* as participações para fins estatísticos e as demais comunicações impostas por lei e as diligências que venham a ser fixadas por via regulamentar ou protocolar (art. 12º).

e) Indeferimento ou desistência do procedimento imediato

Pode ocorrer que se não verifiquem as condições previstas, designadamente nos artºs 3º e 7º, pelo que o procedimento não poderá em tal caso ser levado a bom termo, e consequentemente terá de ser indeferido pelo serviço de registo. Podem os interessados, por outro lado, não querer ou não poder concluir de imediato o procedimento ou mesmo desistir dele de todo.

Em tais situações, o *procedimento é indeferido* quando ocorra alguma das seguintes circunstâncias (art. 9º):

a) Não verificação de algum dos pressupostos ou formalidades prévias previstos nos artºs 3º e 7º;
b) Violação de disposições legais imperativas;
c) Verificação de factos que possam afetar a formação e a exteriorização da vontade dos intervenientes nos atos;
d) Verificação de omissões, vícios ou deficiências nos documentos que obstem à celebração dos atos;
e) Verificação da existência de motivo de recusa dos registos;
f) Falta de liquidação dos impostos e de cobrança dos encargos que se mostrem devidos.

A anulabilidade ou a ineficácia dos atos não obsta ao prosseguimento do procedimento, ainda que dê origem a um registo provisório, desde que os interessados manifestem, expressamente, vontade nesse sentido.

Os serviços de registo são competentes para a elaboração dos documentos indispensáveis ao suprimento dos vícios referidos no número anterior.

Em caso de indeferimento ou de não conclusão do procedimento por motivo não imputável aos serviços, os interessados podem *optar pela marcação prévia do procedimento*, nos termos da secção seguinte; doutra forma, a não conclusão do procedimento por motivo não imputável aos serviços equivale à sua desistência.

No caso de indeferimento, podem os interessados *impugnar a respetiva decisão*. Prevendo essa hipótese, o art. 10º determina que seja entregue aos interessados uma cópia do despacho de indeferimento, considerando-se estes notificados para efeitos de impugnação hierárquica ou contenciosa, nos termos previstos nos artºs 140º a 149º, reduzidos a metade os prazos aí previstos.

Se, no entanto, os interessados tiverem optado pelo procedimento especial de transmissão, oneração e registo de imóveis com marcação prévia, de que a seguir se trata, tal opção, que lhes é permitida pelo art. 9º, equivale à renúncia ao direito de impugnação.

f) Procedimento com marcação prévia

O procedimento especial de transmissão, oneração e registo de imóveis pode também ser efetuado com marcação prévia, isto é, com *agendamento da data de realização* do negócio jurídico.

Este procedimento com marcação prévia é aplicável, com as necessárias adaptações, à transmissão, oneração e registo de prédios com agendamento da data da realização do negócio jurídico, tendo todavia em conta que (art. 13º):

- Não são aplicáveis os pressupostos referidos nas alíneas *e)* e *f)* do nº 1 do art. 3º, ou seja, no caso de compra e venda, a aquisição do direito de propriedade *poderá não ter em vista a aquisição da totalidade do prédio*, como também *não será necessário* ter de optar por *contrato de modelo aprovado*;
- Os pressupostos previstos nas alíneas *a*) a *d*) do nº 1 do art. 3º – descrição do prédio no registo, inexistência de dúvidas sobre a identidade ou a titularidade do prédio, registo definitivo a favor do alienante ou onerante – apenas têm de estar preenchidos no momento da celebração do negócio jurídico.

A marcação prévia pode ser promovida por via eletrónica ou por telefone, bem como solicitada ao balcão dos serviços competentes para a realização deste procedimento (art. 2º da Portaria nº 794-B/2007, de 23 de julho)[185].

[185] Neste nº 8.2.7, os artigos da Portaria nº 794-B/2007 serão seguidos apenas da letra P.

As formalidades da marcação prévia, previstas no art. 3º P, são as seguintes:

"1 – A data de realização do negócio jurídico apenas pode ser marcada para data posterior a cinco dias úteis relativamente à data do pedido se esta for a vontade do interessado.

2 – Sem prejuízo do disposto no número anterior, os documentos necessários à apreciação da validade dos negócios jurídicos e à realização dos registos que tenham de ser apresentados pelos interessados devem ser disponibilizados aos serviços competentes pelo menos três dias úteis antes da data marcada para a celebração dos atos.

3 – O envio em suporte eletrónico dos documentos referidos no número anterior equivale à sua disponibilização ao serviço de registo, mas não dispensa a apresentação dos documentos originais na data de celebração do negócio jurídico.

4 – Se os documentos referidos no número anterior forem enviados por correio, a data da expedição deve anteceder pelo menos seis dias úteis a data da celebração do negócio jurídico.

5 – Se o disposto nos números anteriores não for respeitado, o procedimento deve ser remarcado, salvo se a sua realização não prejudicar o regular funcionamento do serviço competente.

6 – A desmarcação da celebração de um negócio jurídico por motivos imputáveis aos interessados equivale, para efeitos emolumentares, à desistência do procedimento."

Em caso de indeferimento ou de não conclusão do procedimento em atendimento presencial único por motivo não imputável aos serviços, tendo os interessados optado pelo procedimento de marcação prévia, ao abrigo do nº 4 do art. 9º do Decreto-Lei nº 263-A/2007, podem ser aproveitados, se for o caso, os atos já praticados e, a pedido dos interessados, efetuados, sempre que possível e imediatamente, os correspondentes registos provisórios (art. 14º do mesmo diploma).

Os atos da competência da conservatória que sejam essenciais ao preenchimento dos pressupostos referidos nas alíneas *a*) a *d*) do nº 1 do art. 3º P, acima enumerados, são realizados com urgência (art. 15º).

O art. 16º prevê a *eventualidade de não ser possível proceder à verificação da existência ou dispensa de licença de utilização ou de construção*, nos termos previstos nos nºs 3 e 4 do art. 7º: nesse caso, a conservatória deve desenvolver todas as diligências necessárias a essa comprovação.

Com o objetivo de facilitar tais diligências, o Instituto dos Registos e do Notariado pode celebrar com os municípios protocolos que estabeleçam mecanismos céleres de comunicação com as conservatórias.

A *prova do registo* pode ser efetuada através da disponibilização da informação constante da certidão de registo predial *on-line*, no sítio da Internet *www.casapronta.pt*, a que adiante se faz referência.

g) Exercício do direito legal de preferência

Como acima se viu, o art. 7º exige que o serviço de registo *comprove a inexistência de manifestação da intenção de exercer o direito de preferência legal* por parte do Estado, Regiões Autónomas, municípios, outras pessoas coletivas públicas ou empresas públicas.

A disciplina do exercício do direito legal de preferência no âmbito destes procedimentos especiais é definida nos artºs 18º e 19º do Decreto-Lei nº 263-A//2007 e nos artºs 10º a 14º P.

O alienante pode remeter os elementos essenciais para o exercício do direito legal de preferência pelo Estado, Regiões Autónomas, municípios, outras pessoas coletivas públicas ou empresas públicas por via eletrónica, mediante a inserção dos elementos essenciais da alienação no sítio da Internet *www.casapronta.pt* (art. 18º do decreto-lei e art. 10º P).

O alienante deve inserir os dados respeitantes à sua identificação, à identificação do comprador e à identificação do prédio, bem como os elementos respeitantes ao futuro negócio, designadamente o preço.

O envio desta informação substitui a *notificação para preferência*, nos termos gerais.

A informação relativa à manifestação da intenção de exercer o direito legal de preferência fica disponível durante o período de um ano a contar da data em que foi confirmado o pagamento do serviço (art. 12º P).

O acesso ao sítio da Internet *www.casapronta.pt* pode ser efetuado pelo obrigado à preferência e pelas seguintes entidades (art. 13º P):

a) Estado, Regiões Autónomas, municípios e outras pessoas coletivas públicas ou empresas públicas, solicitando-o ao presidente do Instituto dos Registos e do Notariado;
b) Serviços com competência para a realização dos procedimentos especiais de aquisição, oneração e registo de imóveis.

O *exercício do direito legal de preferência* pelo Estado, Regiões Autónomas, municípios, outras pessoas coletivas públicas ou empresas públicas está dependente de *manifestação prévia da intenção* de exercer este direito no referido sítio na Internet, se o alienante tiver usado da faculdade de envio eletrónico da informação necessária, nos termos previstos no art. 18º (art. 19º do Decreto-Lei nº 263-A/2007 e art. 14º P).

Independentemente do prazo legal para o exercício do direito de preferência, o ato acima previsto deve ser praticado no prazo de 10 dias a contar da data de inscrição dos elementos essenciais da alienação efetuada pelo alienante.

Se o prazo legal do exercício do direito de preferência for inferior a 10 dias, o prazo de manifestação prévia da intenção de exercer aquele direito é reduzido para igual período.

Se a manifestação prévia da intenção de exercer o direito de preferência não for efetuada dentro do prazo, caduca o direito de preferência.

Caso seja manifestada, de forma expressa, pelas pelo Estado, Regiões Autónomas, municípios, outras pessoas coletivas públicas ou empresas públicas, a intenção de não exercer o direito legal de preferência, essa decisão não pode ser posteriormente alterada (nº 3 do art. 14º P).

O regime do direito legal de preferência previsto nestes procedimentos especiais não é todavia aplicável às alienações de imóveis abrangidas pelo regime previsto no Decreto-Lei nº 135/2004, de 3 de Junho, diploma que criou o PROHABITA – Programa de Financiamento para Acesso à Habitação, que regula a concessão de financiamento para resolução de situações de grave carência habitacional (nº 3 do art. 18º e nº 5 do art. 19º do Decreto-Lei nº 263-A/2007).

h) Aplicação subsidiária do Código do Registo Predial e da lei notarial aos procedimentos especiais

Nos termos do disposto no art. 29º, são aplicáveis aos atos praticados no âmbito do Decreto-Lei nº 263-A/2007, de 23 de julho, em tudo o que neste não esteja especialmente regulado e que não contrarie a natureza dos procedimentos especiais nele previstos, os requisitos legais a que estão sujeitos os negócios jurídicos sobre imóveis, competindo ao conservador ou oficial de registo que os pratique a respetiva verificação.

A estes procedimentos são também aplicáveis, subsidiariamente, as disposições do Código do Registo Predial e da lei notarial.

8.2.8. Propriedade horizontal

Só podem ser objeto de propriedade horizontal as *frações autónomas* que, além de constituírem unidades independentes, sejam distintas e isoladas entre si, com saída própria para uma parte comum do prédio ou para a via pública (art. 1415º CC).

A propriedade horizontal pode ser constituída por negócio jurídico, usucapião ou decisão judicial, proferida em ação de divisão de coisa comum ou em processo de inventário (art. 1417º CC)[186].

[186] Artigo 116º do Decreto-Lei nº 25/2017, de 3 de março: "(Constituição em propriedade horizontal) 1 – Durante o ano de 2017, a constituição da propriedade horizontal de prédios da titulari-

A constituição da propriedade horizontal por negócio jurídico é titulada por *escritura pública* ou *documento particular autenticado* e quando titulada por *decisão judicial* pode ter lugar a requerimento de qualquer consorte, desde que no caso se verifiquem os requisitos exigidos pelo art. 1415º CC.

Nos termos do art. 59º do Código do Notariado, os instrumentos de constituição da propriedade horizontal só podem ser lavrados se for junto *documento*, passado pela *câmara municipal*, *comprovativo* de que as frações autónomas satisfazem os requisitos legais

Tratando-se, no entanto, de prédio construído para transmissão em frações autónomas, o documento passado pela câmara municipal pode ser substituído pela exibição do respetivo projeto de construção e, sendo caso disso, dos posteriores projetos de alteração aprovados pela câmara municipal.

O documento que se destine a completar o título constitutivo da propriedade horizontal, quanto à especificação das partes do edifício correspondentes às frações autónomas ou ao seu valor relativo, expresso em percentagem ou permilagem, não pode ser lavrado sem a observância destas determinações.

Da mesma forma, os instrumentos de modificação do título constitutivo da propriedade horizontal que importem alteração da composição ou do destino das respetivas frações só podem ser lavrados se for junto documento camarário comprovativo de que a alteração está de acordo com os correspondentes requisitos legais (art. 60º do mesmo Código).

Por sua vez, o art. 62º, também do Código do Notariado, determina que nenhum instrumento pelo qual se transmitam direitos reais ou contraiam encargos sobre frações autónomas de prédios em regime de propriedade horizontal pode ser lavrado sem que se exiba documento comprovativo da inscrição do respetivo título constitutivo no registo predial.

Esta exigência não se aplica sempre que os atos de transmissão de direitos ou de constituição de encargos sejam lavrados no mesmo dia e com o conhecimento pessoal do notário de que foi lavrada a escritura de constituição da propriedade horizontal, circunstância que deve ser expressamente mencionada.

O art. 61º do Código do Notariado prevê um *regime especial para os testamentos*: assim, não são aplicáveis aos testamentos as exigências previstas no art. 54º – menções relativas ao registo predial –, no art. 55º – inscrição dos direitos em nome do autor da herança –, no art. 56º – menções obrigatórias nos instrumentos que contenham atos sujeitos a registo –, no art. 57º – menções relativas à matriz –, no art. 58º – harmonização entre a matriz e o registo –, e no art. 59º

dade do Estado, faz-se mediante declaração emitida pela DGTF, desde que cumpridos os respetivos requisitos legais. 2 – A declaração referida no número anterior constitui título bastante para a inscrição na matriz e respetivos registos prediais."

quanto à necessidade de junção de documento, passado pela câmara municipal, comprovativo de que as frações autónomas satisfazem os requisitos legais ou, tratando-se de prédio construído para transmissão em frações autónomas, da exibição do respetivo projeto de construção e, sendo caso disso, dos posteriores projetos de alteração aprovados pela câmara municipal.

Há ainda que ter em conta o disposto no nº 2 do art. 49º do Decreto-Lei nº 555/99, de 16 de dezembro[187] (Regime Jurídico da Urbanização e da Edificação):

> "2 – Não podem ser realizados atos de primeira transmissão de imóveis construídos nos lotes ou de frações autónomas desses imóveis sem que seja exibida, perante a entidade que celebre a escritura pública ou autentique o documento particular, certidão emitida pela câmara municipal, comprovativa da receção provisória das obras de urbanização ou certidão, emitida pela câmara municipal, comprovativa de que a caução a que se refere o artigo 54º é suficiente para garantir a boa execução das obras de urbanização."

O título constitutivo da propriedade horizontal deve ter o conteúdo previsto no art. 1418º CC:

> "1 – No título constitutivo serão especificadas as partes do edifício correspondentes às várias frações, por forma que estas fiquem devidamente individualizadas, e será fixado o valor relativo de cada fração, expresso em percentagem ou permilagem, do valor total do prédio.
>
> 2 – Além das especificações constantes do número anterior, o título constitutivo pode ainda conter, designadamente:
>
> *a)* Menção do fim a que se destina cada fração ou parte comum;
>
> *b)* Regulamento do condomínio, disciplinando o uso, fruição e conservação, quer das partes comuns, quer das frações autónomas;
>
> *c)* Previsão do compromisso arbitral para a resolução dos litígios emergentes da relação de condomínio.
>
> 3 – A falta da especificação exigida pelo nº 1 e a não coincidência entre o fim referido na alínea *a)* do nº 2 e o que foi fixado no projeto aprovado pela entidade pública competente determinam a nulidade do título constitutivo."

O título constitutivo da propriedade horizontal *pode ser modificado* por *escritura pública ou documento particular autenticado*, havendo acordo de todos os con-

[187] Anota-se que o Decreto-Lei nº 555/99, de 16 de dezembro, sofreu entretanto grande número de alterações, a última das quais a da Lei nº 79/2017, de 18 de agosto, mantendo-se todavia atualizada a norma citada.

dóminos, não carecendo todavia deste acordo a junção, numa só, de duas ou mais frações do mesmo edifício, desde que estas sejam contíguas, contiguidade esta que é dispensada quando se trate de frações correspondentes a arrecadações e garagens (artºs 1419º e 1422º-A CC).

O administrador, em representação do condomínio, pode outorgar a escritura ou elaborar e subscrever o documento particular, desde que o acordo conste de ata assinada por todos os condóminos (nº 2 do art. 1419º CC).

Não é permitida a divisão de frações em novas frações autónomas, salvo autorização do título constitutivo ou da assembleia de condóminos, aprovada sem qualquer oposição (nº 3 do art. 1422º-A CC).

No casos de os condóminos terem juntado ou cindido frações, cabe-lhes o poder de, por ato unilateral constante de escritura pública ou documento particular autenticado, introduzir a correspondente alteração no título constitutivo, devendo comunicar ao administrador, no prazo de 10 dias, a escritura ou o documento particular autenticado (nºs 4 e 5 do art. 1422º-A CC).

> "I – Deve ser recusado o registo de alteração de propriedade horizontal quanto ao destino de uma fração autónoma com base em escritura em que não intervieram todos os condóminos do prédio, ou o administrador em representação do condomínio com apresentação de ata assinada por todos donde conste o acordo quanto à alteração, por se tratar de ato nulo por violação de preceito legal imperativo artigos 294º e 1419º, nºs 1 e 2 do Código Civil.
>
> II – A afetação das frações do prédio ao fim a que se destinam faz parte do estatuto real do condomínio, com eficácia *erga omnes, por* estarem em causa regras de interesse e ordem pública."[188]

É ainda aplicável à transmissão de frações autónomas o que ficou dito sobre a *ficha técnica de habitação* e *certificação energética*, quando exigível.

No caso particular e frequente de *permuta de lote de terreno (bem presente) por «frações autónomas» do edifício a construir,* pronunciou-se o Conselho Técnico da DGRN em parecer que concluiu:[189]

> "1 – Tratando-se de um contrato com eficácia real *quoad effectum,* a permuta de lote de terreno para construção urbana (bem presente) por frações autónomas de edifício a construir nesse lote (bens futuros) produz direta e imediatamente o efeito real da transmissão do direito de propriedade sobre o lote, e direta mas diferidamente o efeito real da transmissão das frações

[188] Parecer do C. T. da DGRN, em *Boletim dos Registos e do Notariado,* nº 8/97, II, proc. 72/96.
[189] Proc. nº R.P. 173/99 DSJ-CT, em *Boletim dos Registos e do Notariado,* nº 4/2003, II.

autónomas, o qual se verificará com a existência da «coisa» e a individualização jurídica das suas fracções mediante a constituição do regime da propriedade horizontal.

II – Ocorrendo, como efeito direto e imediato do contrato de permuta, a transmissão do direito de propriedade do «lote», nada obsta ao registo definitivo da sua aquisição com base nesse contrato.

III – O artigo 62º do Código do Notariado insere-se no âmbito do princípio da legitimação (formal) dos direitos do disponente, não sendo legítimo sustentar a partir daquela norma a tese de que a individualização jurídica das frações autónomas mediante a constituição do regime da propriedade horizontal é uma condição de validade do negócio jurídico de permuta em questão; tal individualização jurídica é, antes, condição de eficácia real relativamente à transmissão das «frações autónomas»."

8.2.9. Direito real de habitação periódica

O regime jurídico do *direito de habitação periódica* é objeto do Decreto-Lei nº 275/93, de 5 de agosto, alterado pelos Decretos-Lei nºs 180/99, de 22 de maio, 22/2002, de 31 de janeiro, 116/2008, de 4 de julho, e 37/2011, que o republicou: a ele se referem os artigos citados neste nº 8.2.9.

O direito real de habitação periódica é constituído, salvo disposição especial, por *escritura pública* ou *por documento particular autenticado*, sendo o ato constitutivo instruído com cópia de certidão emitida pela Direção-Geral do Turismo, devendo nele ser mencionado que o conteúdo dessa certidão faz parte integrante do título (art. 6º).

O proprietário das *unidades de alojamento* sujeitas ao regime de direitos reais de habitação periódica não pode constituir outros direitos reais sobre as mesmas, sem prejuízo de, quando necessário, a constituição do direito real de habitação periódica poder ser precedida da sujeição do edifício, grupo de edifícios ou conjunto imobiliário ao regime da propriedade horizontal (art. 2º).

Salvo o disposto em lei especial, o título de constituição pode ser *modificado por escritura pública* ou *documento particular autenticado*, havendo acordo dos titulares de direitos reais de habitação periódica cuja posição seja afetada. A aprovação da modificação pode ser judicialmente suprida, em caso de recusa injustificada (art. 7º).

Só pode ser objeto de direito real de habitação periódica o edifício, grupo de edifícios ou conjunto imobiliário objeto de uma única descrição no registo predial (art. 8º).

Se a execução do empreendimento turístico tiver sido prevista por fases, o registo de constituição dos direitos reais de habitação periódica respeitantes a cada fase será feito por averbamento à respetiva descrição.

Relativamente a cada direito real de habitação periódica, é emitido pela conservatória do registo predial competente um *certificado predial* que titule o direito e legitime a transmissão ou oneração deste, que é entregue ao titular do direito real registado juntamente com o código de acesso à certidão permanente do registo predial (art. 10º).

O certificado predial, cujo conteúdo é especificado no art. 11º, só pode ser emitido a favor do proprietário das unidades de alojamento sujeitas ao regime de direitos reais de habitação periódica e depois de efetuado o registo definitivo do título de constituição do direito real de habitação periódica.

Só pode ser emitida uma segunda via do certificado predial em caso de destruição ou extravio, alegado em requerimento do titular. A emissão da segunda via só pode ter lugar depois de decorridos 30 dias sobre a data do respetivo pedido e é sempre anotada à descrição.

A oneração ou a transmissão por ato entre vivos de direitos reais de habitação periódica faz-se mediante declaração das partes no certificado predial, com reconhecimento presencial das assinaturas do constituinte do ónus ou do alienante, respetivamente, e está sujeita a registo nos termos gerais.

A transmissão por morte está sujeita a inscrição no certificado predial, devendo a assinatura do sucessor ser reconhecida presencialmente, após exibição ao notário de documento comprovativo da respetiva qualidade (art. 12º).

8.2.10. Aquisição por usucapião; mera posse

Se, como causa da aquisição, for invocada a usucapião, esta pode ser titulada por *escritura de justificação notarial* ou por decisão proferida no âmbito do processo de *justificação administrativa* do trato sucessivo (art. 116º).

A escritura de justificação notarial está prevista, para os casos em que seja invocada a usucapião, nos artºs 89º e 91º do Código do Notariado.

Quando for alegada a usucapião baseada em posse não titulada, devem mencionar-se expressamente as circunstâncias de facto que determinam o início da posse, bem como as que consubstanciam e caracterizam a posse geradora da usucapião (nº 2 do art. 89º C. Notariado).

Em alternativa à escritura de justificação notarial, podem os interessados optar pela justificação administrativa na conservatória do registo predial, regulada nos artºs 117º a 117º-P, adiante estudados no âmbito do processo de suprimento do registo. Também neste caso devem ser expressamente alegadas as circunstâncias de facto que determinam o início da posse, quando não titulada, bem como, em qualquer caso, as que consubstanciam e caracterizam a posse geradora da usucapião (nº 3 do art. 117º-B).

Ao registo da *mera posse*, ou *posse não titulada*, são aplicáveis as disposições relativas ao processo de justificação para primeira inscrição (nº 2 do art. 118º), sem prejuízo, também em alternativa, da titulação por escritura de justificação notarial.

8.2.11. *Usufruto; uso e habitação; direito de superfície*

Usufruto é o direito de gozar temporária e plenamente uma coisa ou direito alheio, sem alterar a sua forma ou substância – art. 1439º CC – e pode ser constituído por contrato, testamento, usucapião ou disposição da lei (art. 1440º CC).

O direito de uso – faculdade de se servir de certa coisa alheia e haver os respetivos frutos, na medida das necessidades, quer do titular, quer da sua família, chamando-se, quando se referir a casa de morada, direito de habitação – constitui-se pelos mesmos modos que o usufruto (art.ºs 1484º e 1485º CC), salvo por usucapião (alínea *b)* do art. 1293º CC).

O direito de superfície pode ser constituído por contrato, testamento ou usucapião (art. 1528º CC).

8.2.12. *Servidão*

A servidão predial – encargo imposto num prédio em proveito exclusivo de outro prédio pertencente a dono diferente, dizendo-se serviente o prédio sujeito à servidão e dominante o que dela beneficia (art. 1543º CC) – pode ser constituída por contrato, testamento, usucapião ou destinação do pai de família (nº 1 do art. 1547º CC).

As servidões legais – de passagem e de águas –, na falta de constituição voluntária, podem ser constituídas por sentença judicial ou por decisão administrativa, conforme os casos (nº 2 do art. 1547º CC).

As servidões não aparentes não podem ser constituídas por usucapião, considerando-se não aparentes as servidões que não se revelam por sinais visíveis e permanentes (art. 1548º CC)[190].

A constituição por destinação do pai de família é assim explicada pelo art. 1549º CC: "Se em dois prédios do mesmo dono, ou em duas frações de um só prédio, houver sinal ou sinais visíveis e permanentes, postos em um ou em ambos, que revelem serventia de um para com outro, serão esses sinais havidos como prova da servidão quando, em relação ao domínio, os dois prédios, ou as duas frações do mesmo prédio, vierem a separar-se, salvo se ao tempo da separação outra coisa se houver declarado no respetivo documento."

[190] Cf. a nota de rodapé em *4.3 Oponibilidade a terceiros* sobre a distinção entre servidão aparente e não aparente.

8.2.13. Hipoteca

Sem prejuízo do disposto em lei especial, o ato de constituição ou modificação da *hipoteca voluntária*, quando recaia sobre bens imóveis, deve constar de *escritura pública*, de *testamento* ou de *documento particular autenticado* (art. 714º CC).

O registo de *hipoteca legal ou judicial* é feito com base em certidão do título de que resulta a garantia, se o serviço de registo não conseguir aceder à informação necessária por meios eletrónicos e, tratando-se de prédio não descrito, em declaração que identifique os bens (art. 50º).

A hipoteca deve ser registada, sob pena de não produzir efeitos, mesmo em relação às partes (art. 687º CC).

Só podem ser hipotecados (art. 688º CC):

a) Os prédios rústicos e urbanos;
b) O domínio direto e o domínio útil dos bens enfitêuticos;
c) O direito de superfície;
d) O direito resultante de concessões em bens do domínio público, observadas as disposições legais relativas à transmissão dos direitos concedidos;
e) O usufruto das coisas e direitos constantes das alíneas anteriores;
f) As coisas móveis que, para este efeito, sejam por lei equiparadas às imóveis.

As partes de um prédio suscetíveis de propriedade autónoma sem perda da sua natureza imobiliária podem ser hipotecadas separadamente: é o caso das frações autónomas de um prédio urbano, mas não já de um andar de prédio urbano que não constitua fração autónoma.

Também podem ser hipotecadas as águas referidas nas alíneas *a), b)* e *c)* do art. 1386º CC:

a) As águas que nascerem em prédio particular e as pluviais que nele caírem, enquanto não transpuserem, abandonadas, os limites do mesmo prédio ou daquele para onde o dono dele as tiver conduzido, e ainda as que, ultrapassando esses limites e correndo por prédios particulares, forem consumidas antes de se lançarem no mar ou em outra água pública;
b) As águas subterrâneas existentes em prédios particulares;
c) Os lagos e lagoas existentes dentro de um prédio particular, quando não sejam alimentados por corrente pública;

Mas já não será o caso das águas referidas nas alíneas *d), e),* e *f)* do mesmo art. 1386º CC [*d)* As águas originariamente públicas que tenham entrado no domínio privado até 21 de Março de 1868, por preocupação, doação régia ou concessão; *e)* As águas públicas concedidas perpetuamente para regas ou melhoramentos agrícolas; *f)* As águas subterrâneas existentes em terrenos públicos, municipais ou de freguesia, exploradas mediante licença e destinadas a regas ou melhoramentos agrícolas], por a isso se opor o art. 1397º CC: "As águas referidas nas alíneas *d), e)* e *f)* do nº 1 do artigo 1386º são inseparáveis dos prédios a que se destinam, e o direito sobre elas caduca, revertendo as águas ao domínio público, se forem abandonadas, ou não se fizer delas um uso proveitoso correspondente ao fim a que eram destinadas ou para que foram concedidas."[191]

No que respeita a *bens comuns*, é suscetível de hipoteca a quota de coisa ou direito comum, sendo que a divisão da coisa ou direito comum, feita com o consentimento do credor, limita a hipoteca à parte que for atribuída ao devedor (art. 689º CC), mas não pode ser hipotecada a meação dos bens comuns do casal, nem tão-pouco a quota de herança indivisa (art. 690º CC).

A hipoteca abrange (art. 691º CC):

a) As coisas imóveis referidas nas alíneas *c)* a *e)* do nº 1 do art. 204º, ou seja, as árvores, os arbustos e os frutos naturais, enquanto estiverem ligados ao solo, os direitos inerentes aos imóveis em causa e as partes integrantes dos prédios rústicos e urbanos;
b) As acessões naturais;
c) As benfeitorias, salvo o direito de terceiros.

Na *hipoteca de fábricas*, consideram-se abrangidos pela garantia os maquinismos e demais móveis inventariados no título constitutivo, mesmo que não sejam parte integrante dos respetivos imóveis.

A hipoteca assegura, como já foi salientado a propósito das menções especiais da inscrição de hipoteca, os acessórios do crédito que constem do registo; tratando-se de *juros*, a hipoteca nunca abrange, não obstante convenção em contrário, e, como já foi referido, mais do que os relativos a *três anos*, o que não impede o registo de nova hipoteca em relação a juros em dívida (art. 693º CC).

Os acessórios do crédito podem ser, além dos juros, a cláusula penal e as despesas relacionadas com a constituição da hipoteca que fiquem a cargo do devedor. A este propósito, deliberou o Conselho Técnico da Direção-Geral dos Registos e do Notariado[192]:

> "I – Para efeito de registo de hipoteca, as verbas correspondentes aos acessórios do crédito devem ser fixadas em taxa percentual ou em quantia determinada.

[191] Cf. Pires de Lima e Antunes Varela, *Código Civil Anotado*, vol. I, p. 707-708; Fernando Neto Ferreirinha e Zulmira N. Lino da Silva, *Manual de Direito Notarial*, 3ª edição, p. 328-329.

[192] Conclusões do parecer de 25 de maio de 1990, em *Revista do Notariado*, nº 1 de 1991, citada por Fernando Fontinha, *ob. cit.*, p. 73.

II – Tendo-se estipulado, a título de cláusula penal, uma quantia certa por cada dia de mora, essa verba é redutível a uma taxa de juro.

III – Se tal exceder o máximo legalmente permitido, deverá considerar-se reduzida a esse máximo."

É válida a hipoteca que garanta obrigações futuras e indeterminadas, desde que o respetivo contrato contenha um critério objetivo para a sua determinação[193]: a possibilidade de garantia de obrigações futuras ou condicionais está expressamente prevista no nº 2 do art. 686º CC, do mesmo modo que, por virtude do disposto no nº 1 do art. 280º CC só é nulo o negócio jurídico cujo objeto seja indeterminável.

Salvo o disposto em lei especial, a *cessão de créditos hipotecários,* quando não seja feita em testamento e a hipoteca recaia sobre bens imóveis, deve constar de escritura pública ou de documento particular autenticado (nº 2 do art. 578º CC).

8.2.14. Registo provisório de aquisição de um direito ou de constituição de hipoteca

O *registo provisório* de aquisição de um direito ou de constituição de hipoteca voluntária, antes de titulado o negócio, é feito com base em *declaração do proprietário ou titular do direito* cuja assinatura deve ser reconhecida presencialmente, salvo se for feita perante funcionário dos serviços de registo no momento do pedido, sendo que o registo provisório de aquisição pode também ser feito com base em contrato-promessa de alienação, salvo convenção em contrário.

O reconhecimento pode igualmente ser dispensado quando o registo for promovido através da Internet, com recurso a meios eletrónicos que permitam determinar a identidade do interessado ou do apresentante (art. 47º).

Quanto ao *contrato-promessa,* dispõe o art. 410º CC:

"1. À convenção pela qual alguém se obriga a celebrar certo contrato são aplicáveis as disposições legais relativas ao contrato prometido, excetuadas as relativas à forma e as que, por sua razão de ser, não se devam considerar extensivas ao contrato-promessa.

2. Porém, a promessa respeitante à celebração de contrato para o qual a lei exija documento, quer autêntico, quer particular, só vale se constar de documento assinado pela parte que se vincula ou por ambas, consoante o contrato-promessa seja unilateral ou bilateral.

3. No caso de promessa relativa à celebração de contrato oneroso de transmissão ou constituição de direito real sobre edifício, ou fração autó-

[193] C. T. da DGRN, em *Boletim dos Registos e do Notariado,* nº 7/98, II, proc. 8/98.

noma dele, já construído, em construção ou a construir, o documento referido no número anterior deve conter o reconhecimento presencial das assinaturas do promitente ou promitentes e a certificação, pela entidade que realiza aquele reconhecimento, da existência da respetiva licença de utilização ou de construção; contudo, o contraente que promete transmitir ou constituir o direito só pode invocar a omissão destes requisitos quando a mesma tenha sido culposamente causada pela outra parte."

Em parecer do Conselho Técnico da Direção-Geral dos Registos e do Notariado, depois de ser referida a jurisprudência que concluiu "no sentido de que a nulidade decorrente do incumprimento das formalidades estabelecidas pelo nº 3 do art. 410º é uma nulidade mista ou atípica, não podendo ser arguida por terceiros (Assento do S. T. J. nº 15/94, de 28/06/94), nem oficiosamente conhecida pelo tribunal (Assento do S. T. J. nº 3/95, de 1/02/95), foram firmadas a este respeito as seguintes conclusões:

"I – O contrato-promessa de compra e venda de edifício já construído que não contenha as formalidades prescritas no artº 410º, nº 3, do Código Civil, designadamente, a certificação pelo notário da existência da respetiva licença de utilização, não está inquinado de uma nulidade absoluta, mas tão só de uma nulidade mista ou atípica, pelo que o registo provisório de aquisição lavrado com base nele não pode ser objeto de recusa (artºs 47º, nº 3, e 69º, nº 1, alínea *d*), do Código do Registo Predial).

II – A omissão do cumprimento da predita formalidade também não importa a provisoriedade por dúvidas da respetiva inscrição, já que, não tendo o contrato-promessa que a suporta efeitos translativos da propriedade, a situação não está abrangida pela obrigação da prova da existência da licença de utilização, estabelecida, em homenagem à proteção do interesse público do combate à construção clandestina, pelo artº 1º, nº 1, do Dec.-Lei nº 281/99, de 26 de Julho, para a celebração de escrituras públicas que envolvam a transmissão do prédio."[194]

Deve ter-se em atenção que, se à promessa for atribuída eficácia real, há lugar a registo titulado da forma prevista no art. 413º CC:

"1. À promessa de transmissão ou constituição de direitos reais sobre bens imóveis, ou móveis sujeitos a registo, podem as partes atribuir eficácia real, mediante declaração expressa e inscrição no registo.

2. Salvo o disposto em lei especial, deve constar de escritura pública ou de documento particular autenticado a promessa a que as partes atribuam

[194] Em *Boletim dos Registos e do Notariado*, nº 10/2004, II, p. 2-11.

eficácia real; porém, quando a lei não exija essa forma para o contrato prometido, é bastante documento particular com reconhecimento da assinatura da parte que se vincula ou de ambas, consoante se trate de contrato-promessa unilateral ou bilateral."

Dada a redação da parte final do nº 1 deste art. 413º no sentido de a atribuição de eficácia real ficar dependente da inscrição no registo, parece ser este um caso de *registo constitutivo*[195].

Por outro lado, o facto de o direito do transmitente estar registado como provisório por natureza não obsta a novo registo provisório de aquisição:

> "I – Não obsta ao registo provisório de aquisição, antes de titulado o negócio, a circunstância do registo de aquisição a favor do titular do direito cuja declaração serve de base ao registo se encontrar lavrado como provisório por natureza nos termos da alínea *g*) do nº 1 do artigo 92º do Código do Registo Predial.
>
> II – A inscrição de aquisição lavrada em tais circunstâncias é provisória por natureza nos termos das alíneas *g*) do nº 1 e *b*) do nº 2 do citado artigo 92º."[196]

Finalmente, estando em causa bens futuros, há que ter em conta o parecer nº 5/CC/2019 do CC IRN: "I – Tal como o contrato de compra e venda pode ter por objeto bens futuros (artigos 211º e 880º do Código Civil), o contrato-promessa de compra e venda pode, igualmente, ter por objeto bens futuros em sentido amplo (artigo 410º, nº 1, primeira parte, do Código Civil), só podendo ocorrer o registo de aquisição provisória baseado em contrato-promessa de compra e venda que tem por objeto bem futuro ainda não juridicamente individualizado, em regra, aquando da sua existência e individualização." (consultado em *irn.mj.pt/IRN/sections/irn/doutrina/pareceres/predial/2019/*)

8.2.15. Penhora, hipoteca e aquisição por venda em processo judicial

Sem prejuízo do disposto quanto às execuções fiscais, o *registo da penhora* é efetuado com base em comunicação eletrónica do agente de execução ou em declaração por ele subscrita (art. 48º).

O registo provisório de *aquisição por venda em processo judicial* é efetuado com base em comunicação eletrónica do agente de execução, com indicação da identificação do proponente, remidor ou preferente e dos bens a que respeitam (art. 48º-A).

[195] Cf. Pires de Lima e Antunes Varela, *Código Civil Anotado*, vol. I, em anotação ao art. 413º. Em sentido contrário, Carvalho Fernandes, *Lições de Direitos Reais*, p. 162, e os autores aí citados.
[196] Parecer do C. T. da DGRN, em *Boletim dos Registos e do Notariado*, nº 5/97 (P. 37RP97).

O *registo de hipoteca*, por conversão de penhora nos termos do nº 1 do art. 807º do Código de Processo Civil, é feito com base em comunicação do agente de execução, a qual deve conter, sendo o caso, declaração de que não houve renovação da instância nos termos do art. 809º do Código de Processo Civil (art. 48º-B).

8.2.16. Aquisição em comum e sem determinação de parte ou direito

O registo de *aquisição em comum e sem determinação de parte ou direito* (ou aquisição em comunhão hereditária) é feito com base em documento comprovativo da habilitação e, tratando-se de prédio não descrito, em declaração que identifique os bens (art. 49º).

O *meeiro* ou *qualquer dos herdeiros* pode pedir, a favor de todos os titulares, o registo de aquisição de bens e direitos que façam parte de herança indivisa (nº 1 do art. 37º).

8.2.17. Afetação de imóveis

O registo de *afetação de imóveis*, previsto na alínea *j)* do nº 1 do art. 2º para caucionamento das reservas técnicas das companhias de seguros, bem para caucionamento da responsabilidade das entidades patronais, é feito com base em declaração do proprietário ou possuidor inscrito (art. 51º).

Na afetação ao caucionamento das reservas técnicas, o registo é feito a favor do *Instituto de Seguros de Portugal*, devendo ser mencionados a espécie de reservas e o valor representado pelo prédio. Na afetação ao caucionamento da responsabilidade patronal, o registo é feito a favor do *juiz do tribunal do trabalho* (art. 95º).

8.2.18. Renúncia a indemnização

O registo da *renúncia a indemnização*, previsto na alínea *t)* do nº 1 do art. 2º, é feito com base na declaração do proprietário ou possuidor inscrito perante a entidade expropriante (art. 52º); é a favor desta entidade que é efetuado o registo (nº 2 do art. 95º).

8.2.19. Registo provisório de ação, de procedimento cautelar e de decisões judiciais

O registo provisório de *ação e de procedimento cautelar* é feito com base em certidão de teor do articulado ou em duplicado deste, acompanhado de prova da sua apresentação a juízo; ou com base em comunicação efetuada pelo tribunal, acompanhada de cópia do articulado. (art. 53º):

Se a apresentação for feita pelo mandatário judicial é suficiente a entrega da cópia do articulado e de declaração da sua prévia ou simultânea apresentação em juízo com indicação da respetiva data.

O registo das *decisões* a que se refere a alínea *c*) do nº 1 do art. 3º é feito com base em certidão da decisão ou em comunicação efetuada pelo tribunal acompanhada de cópia daquela (art. 53º-A).

O Conselho Técnico do Instituto dos Registos e do Notariado debruçou-se sobre o problema da registabilidade de nova ação com o mesmo objeto dentro dos 30 dias subsequentes ao trânsito em julgado da sentença de absolvição da instância, nos termos do artº 289º [atual 279º] do Código de Processo Civil, proferindo, em 25 de setembro de 2008, a seguinte deliberação[197]:

"1 – O registo das ações, ao qual se acham sujeitas as enunciadas no artigo 3º do Código do Registo Predial, insere-se no propósito que a este registo incumbe de dar publicidade às situações jurídicas reais, com vista à segurança do comércio jurídico imobiliário, e é feito com base em certidão de teor do articulado ou em duplicado deste com nota de entrada na secretaria judicial (cfr. art. 53º, CRP).

2 – Regista-se, pois, o articulado, que tanto pode ser a petição, como, *v. g.*, a contestação (reconvenção), provisoriamente por natureza, uma vez a ação ainda está na sua fase controvertida, embrionária, só acabando por encontrar resolução quando sobre ela for proferida decisão final, também esta sujeita a registo, normalmente definitivo [cfr. artº 3º, nº 1, alínea *c*), CRP].

3 – Mas, para que o juiz possa proferir uma decisão útil sobre o pedido deduzido, concedendo ou indeferindo a providência requerida, é necessário que se verifiquem determinadas condições, que estejam presentes certos elementos, que constituem os intitulados pressupostos processuais; a falta de verificação de algum deles – no caso em apreço, teria sido a ausência de mandato judicial bastante por parte do mandatário que propôs a ação – impede o tribunal de se pronunciar sobre o mérito da causa, ocorrendo, assim, uma exceção dilatória, determinante da prolação pelo juiz de uma sentença de absolvição da instância (arts. 288º, nº 1, 493º, nºs 1 e 2 e 494º, C.P.C)[198].

4 – Esta sentença da absolvição da instância, como consequência geral que é da falta de qualquer pressuposto processual, constitui um verdadeiro ato processual, que se integra na relação jurídica criada entre as partes e o tribunal, extinguindo-a, nada decidindo, face à impossibilidade em que o tribunal fica colocado de conhecer do mérito da causa, quanto à relação jurídica substancial, que assim fica intata e em condições de ser objeto de nova ação, sem que lhe possa ser oponível, por parte do réu, a exceção

[197] Proc. R.P. 85/2008.

[198] Atualmente arts. 278º, 576º e 577º, respetivamente.

perentória do caso julgado. Isto porque, dada a natureza processual da aludida sentença, com o seu trânsito em julgado, forma-se o caso julgado formal ou externo cuja força obrigatória tem lugar apenas dentro do processo, impedindo o juiz de alterar, na mesma ação, a decisão proferida, embora não obste a que, noutra ação, a mesma questão processual concreta seja decidida em termos diferentes por outro tribunal.

5 – Assim, não tendo sido atingido o fim do processo, a absolvição da instância não impede que tal propósito seja ainda alcançado, admitindo a lei ao autor, mal sucedido na primeira tentativa, que a venha renovar, mediante a proposição de nova ação com o mesmo pedido, fundado na mesma causa de pedir, contra o mesmo réu, e reconhecendo-lhe ainda – *sem prejuízo do disposto na lei civil relativamente à prescrição e à caducidade dos direitos* – a possibilidade de manutenção dos *efeitos civis derivados da proposição da primeira causa e da citação do réu, quando seja possível, se a nova ação for intentada ou o réu citado para ela dentro de 30 dias, a contar do trânsito em julgado da sentença de absolvição da instância* (cfr. artº 289º, nºs 1 e 2, C.P.C.[199]).

6 – A lei é expressa, nos termos expostos, quanto aos efeitos que, embora derivados da proposição da primeira, se mantêm na nova causa, e esses são estritamente civis, não incluindo os decorrentes da sujeição a registo daquela. A instância através da qual o autor pretendia obter uma decisão de mérito sofreu vicissitudes que impediram o conhecimento do mesmo por parte do juiz, levando-o a pôr fim à instância em que assentava o registo da ação; perdida a sua base de sustentação, o registo não pode subsistir, devendo ser cancelado, ficando, deste modo, prejudicada qualquer possibilidade de atualização da inscrição que lhe respeita – da qual ficaria a constar que lhe correspondia o novo processo – e, com ela, da recorrente beneficiar, conforme o pretendido, do disposto nos artigos 5º (oponibilidade) e 6º (prioridade), do Código do Registo Predial

7 – Do ponto de vista registral, a nova ação com o mesmo objeto, que o autor proponha, constitui outra causa, uma instância nova, que configura um outro e novo registo, pelo que a pretensão formulada no sentido de, através de averbamento (nos termos do disposto no nº 1 do artº 100º, do CRP), atualizar uma inscrição de ação, cuja instância já se extinguiu, mediante uma nova petição inicial (que, em si mesma, constitui a prova daquela extinção), cujo processo já não é o mesmo em que aquela se fundou, é – na ausência de disposição legal que expressamente o determine – agir em absoluta desconformidade com os princípios enformadores do registo predial que, nesta matéria, apontam para a feitura de dois registos

[199] Atual art. 279º.

– não necessariamente, em simultâneo –, por averbamento, o de cancelamento da mencionada inscrição da ação [artºs 59º, nº 4º e 101º, nº 2, alínea *f*), CRP], e por inscrição, o do novo articulado da ação, a consubstanciar, de acordo com o disposto nos artigos 3º e 59º, do mesmo Código, um novo facto sujeito a registo."

8.2.20. Operações de transformação fundiária

Os registos das *operações de transformação fundiária* e das respetivas alterações são efetuados com base no *alvará* respetivo, no recibo de admissão de *comunicação prévia* ou em outro documento que legalmente comprove aqueles factos, com individualização dos lotes ou parcelas.

Entre as operações de transformação fundiária, revestem-se de particular importância as *operações de loteamento* definidas na alínea *i)* do art. 2º do *Regime Jurídico da Urbanização e da Edificação* como "as ações que tenham por objeto ou por efeito a constituição de um ou mais lotes destinados, imediata ou subsequentemente, à edificação urbana e que resulte da divisão de um ou vários prédios ou do seu reparcelamento".

A autorização de loteamento é da competência das câmaras municipais, autorização essa que é consubstanciada num documento, o *alvará de loteamento*.

O Regime Jurídico da Urbanização e da Edificação (RJUE), estabelecido pelo Decreto-Lei nº 555/99, de 16 de Dezembro, alterado e republicado pelo Decreto-Lei nº 136/2014, de 9 de setembro,[200] determina no art. 49º:

> "1 – Nos títulos de arrematação ou outros documentos judiciais, bem como nos instrumentos relativos a atos ou negócios jurídicos de que resulte, direta ou indiretamente, a constituição de lotes nos termos da alínea *i*) do artigo 2º, sem prejuízo do disposto nos artigos 6º e 7º[201], ou a transmissão de lotes legalmente constituídos, devem constar o número do alvará ou da comunicação prévia, a data de emissão do título, a data de caducidade e a certidão do registo predial.
>
> 2 – Não podem ser realizados atos de primeira transmissão de imóveis construídos nos lotes ou de frações autónomas desses imóveis sem que seja exibida, perante a entidade que celebre a escritura pública ou autentique o documento particular, certidão emitida pela câmara municipal, comprovativa da receção provisória das obras de urbanização ou certidão, emitida pela câmara municipal, comprovativa de que a caução a que se refere o

[200] Alterado, por último, pela Lei nº 79/2017, de 18 de agosto, nos artigos 4º, 6º e 24º.

[201] Art. 6º: operações isentas de licença; art. 7º: operações urbanísticas promovidas pela Administração Pública.

artigo 54º *[caução destinada a garantir a boa e regular execução das obras de urbanização]* é suficiente para garantir a boa execução das obras de urbanização.

3 – Caso as obras de urbanização sejam realizadas nos termos dos artigos 84º e 85º[202], os atos referidos no número anterior podem ser efetuados mediante a exibição de certidão, emitida pela câmara municipal, comprovativa da conclusão de tais obras, devidamente executadas em conformidade com os projetos aprovados.

4 – A exibição das certidões referidas nos nºs 2 e 3 é dispensada sempre que o alvará de loteamento tenha sido emitido ao abrigo dos Decretos-Leis nºs 289/73, de 6 de junho, e 400/84, de 31 de dezembro."

Não deixa de estar sujeito a autorização de loteamento a divisão de prédio urbano em outro ou outros; sobre esta situação, pronunciou-se o C. T. da DGRN nos seguintes termos:

"I – A divisão de um prédio em outros distintos, ainda que vindo a corresponder a construções já concluídas, está sujeita à disciplina legal relativa ao loteamento.

II – É, assim, indispensável – salvo nos casos expressamente ressalvados na lei, ou anteriores à vigência do Decreto-Lei nº 289/73, de 6 de junho – que o ato ou negócio que implique a autonomização de um desses prédios mencione o respetivo alvará de loteamento, sem o que tal ato é nulo e não pode ser admitido a registo."[203]

A abrangência do *conceito de operação de loteamento* tem sofrido alterações significativas nas sucessivas alterações introduzidas no Decreto-Lei nº 555/99, de 16 de Dezembro. Debruçando-se sobre a questão de saber se constitui operação de loteamento o fracionamento de um prédio rústico em que uma parcela se destina à retificação de estremas de prédio contíguo e a parte sobrante a construção urbana, a Procuradoria-Geral da República, em parecer do seu Conselho Consultivo, de 12 de maio de 2011, além de se pronunciar sobre a questão concreta, enuncia e analisa as diversas alterações. São as seguintes as conclusões do parecer[204]:

[202] Obras de urbanização promovidas pela câmara municipal por conta do titular do alvará quando, por causa imputável a este último, as obras não tiverem sido iniciadas ou concluídas dentro dos prazos fixados (art. 84º) ou obras de urbanização promovidas por qualquer adquirente dos lotes, de edifícios aí construídos ou de frações autónomas, mediante autorização judicial, quando a câmara municipal não tenha promovido a sua execução (art. 85º).

[203] Parecer do C. T. da DGRN, em *Boletim dos Registos e do Notariado*, nº 4/96, II, proc. 80/90.

[204] Parecer nº 152/2004-C, em *Diário da República*, 2ª série, nº 126, de 4 de julho de 2011, pgs. 27932 a 27943.

"1ª – O atual conceito de operação de loteamento definido pelo artigo 2º, alínea *i*), do Decreto-Lei nº 555/99, de 16 de Dezembro, compreende a constituição de um ou mais lotes, a destinação imediata ou subsequente à edificação urbana e, como ações que lhe dão origem, prevê a divisão de um ou mais prédios ou o seu reparcelamento;

2ª – As operações de divisão e de reparcelamento implicam, por natureza, a constituição de duas ou mais unidades prediais autónomas, ainda que apenas uma delas se destine imediata ou subsequentemente à edificação urbana;

3ª – O fracionamento de um prédio rústico, em que uma parcela se destina à retificação de estremas com prédio contíguo e a parte sobrante é vendida e destinada a construção urbana, não constitui uma operação de loteamento, já que dele não resultou a constituição de novas unidades prediais autónomas no âmbito de uma operação urbanística;

4ª – As operações de loteamento devem conformar-se com os instrumentos de gestão territorial aplicáveis e estão condicionadas pela situação e classificação dos solos, devendo integrar-se em perímetro urbano e em solo urbanizado ou cuja urbanização esteja programada em plano municipal de ordenamento do território, nos termos do artigo 41º do Decreto-Lei nº 555/99;

5ª – A "pertinência" do prédio a solo com a caracterização referida na conclusão anterior, não constituindo elemento objetivo da noção legal de operação de loteamento que consta do artigo 2º, alínea *i*), do mesmo diploma legal, encontra-se, de um modo geral, subjacente à noção de loteamento que resulta duma compreensão integrada e sistemática das disposições normativas que regem as intervenções urbanísticas e dos princípios que enformam o direito do ordenamento do território e do urbanismo;

6ª – A vontade manifestada pelo adquirente quanto ao destino que pretende dar ao lote adquirido, não tendo a virtualidade de alterar a natureza do prédio nem de constituir direitos de utilização urbanística, assume relevância na medida em que, conjugada com os elementos de ordem objetiva que integram o conceito legal de operação de loteamento, pode revelar a existência de um negócio jurídico cuja validade pressupõe a emissão de um alvará de loteamento, que deve ser identificado no respetivo instrumento notarial, nos termos do artigo 49º, nº 1, do Decreto-Lei nº 555/99;

7ª – Idêntica declaração de vontade em ato de transmissão da parte sobrante de um prédio rústico, fora de uma operação de loteamento, não obsta à celebração da escritura apesar de a realização efetiva da obra de construção ficar dependente das exigências de índole administrativa e urbanística que se mostrem aplicáveis;

> 8ª – A atividade dos notários e dos conservadores do registo predial está sujeita à observância do princípio da legalidade devendo estes recusar a celebração ou o registo de atos nulos."

Tem ainda interesse citar a posição expressa pelo C. T. do Instituto dos Registos e do Notariado no seguinte parecer de 29 de maio de 2009, sobre um caso de "troca" de parcelas inicialmente atribuídas ao domínio público municipal por lotes inicialmente do proprietário do terreno submetido a operações fundiárias:

> "1 – O licenciamento da alteração de operação de loteamento que implique a "deslocação" de parcela de terreno, que de acordo com o arranjo urbanístico inicial se destinava a domínio público municipal, para a esfera jurídica do próprio proprietário do terreno objeto da operação de loteamento (loteador) tem eficácia *ex tunc*, tudo se passando como se o novo arranjo urbanístico e a transformação fundiária que lhe está subjacente eliminasse *ab origine* o arranjo urbanístico inicial e a transformação fundiária por ele pressuposta.
>
> 2 – Mas se os lotes envolvidos no licenciamento da alteração da operação de loteamento já não pertencerem ao loteador, o licenciamento terá eficácia *ex nunc*, do que resulta que a alteração da transformação fundiária dele objeto demandará efetiva transmissão da parcela de terreno referida na conclusão anterior do património privado do município para o proprietário dos lotes com ela enriquecidos.
>
> 3 –- Decorrendo dos documentos juntos ao procedimento de licenciamento da alteração da operação urbanística e do próprio licenciamento o acordo de vontades entre o município e o proprietário dos lotes envolvidos naquele pedido de licenciamento quanto à transmissão da parcela de terreno em causa, o aditamento ao alvará de loteamento constituirá título não apenas do licenciamento da alteração da transformação fundiária mas também da desafetação do domínio público e da transmissão da parcela de terreno do município para o proprietário dos lotes.
>
> 4 – O aditamento ao alvará de loteamento é também título para a integração no domínio público municipal de parcela de terreno que no arranjo urbanístico inicial integrava os lotes mas que no novo arranjo urbanístico se destina àquele domínio público.
>
> 5 – O registo da alteração da transformação fundiária é efetuado por averbamento à inscrição da transformação fundiária inicial, dele devendo constar o conteúdo da alteração com especificação dos efeitos reais produzidos, e, ao nível descritivo, com introdução nas respetivas descrições prediais das pertinentes modificações.

6 – A alteração da transformação fundiária inicial que implique a deslocação de parcela de terreno do município para o proprietário dos lotes envolvidos e a integração no domínio público de parcela de terreno que no arranjo urbanístico inicial integrava os lotes é facto tributário sujeito a IMT cuja qualificação compete à administração tributária.

7 – Deverá ser efetuado provisoriamente por dúvidas o averbamento de alteração de transformação fundiária se a área das parcelas de terreno referidas na conclusão anterior não estiver fixada, e se não estiver feita a prova da liquidação do IMT ou da sua isenção (cfr. arts 68º e 70º do C.R.P. e arts 2º, nº 1, e 50º do CIMT."

Das *operações* de *estruturação da propriedade* trata o Decreto-Lei nº 80/2015, de 14 de maio, que promoveu a revisão do *Regime Jurídico dos Instrumentos de Gestão Territorial.*

São operações de reestruturação da propriedade – diz o art. 162º – o fracionamento, o emparcelamento e o reparcelamento da propriedade.

O *reparcelamento* do solo urbano é, nos termos do art. 164º, a operação de reestruturação da propriedade que consiste no agrupamento de terrenos localizados em solo urbano e na sua posterior divisão, com adjudicação dos lotes resultantes aos primitivos proprietários ou a outros interessados.

Conforme o art. 165º, a operação de reparcelamento é da iniciativa dos proprietários, diretamente ou conjuntamente com outras entidades interessadas, ou da câmara municipal, isoladamente, sendo o registo efetuado nos termos dos artigos 108º.[205]

[205] "Artigo 108º *(Efeitos registais)* 1 – A certidão do plano de pormenor que contenha as menções constantes das alíneas *a)* a *d)*, *g)* a *i)* do nº 1 do artigo 102º, e que seja acompanhada das peças escritas e desenhadas enunciadas no nº 3 do artigo anterior, constitui título bastante para a individualização no registo predial dos prédios resultantes das operações de transformação fundiária previstas no plano. 2 – O registo previsto no número anterior incide apenas sobre as inscrições prediais em que o requerente surja como titular. 3 – Nas situações de reestruturação da compropriedade ou de reparcelamento, o registo referido no nº 1 depende da apresentação, respetivamente, do acordo de reestruturação da compropriedade ou do contrato previsto no nº 2 do artigo 165º 4 – O acordo e os contratos referidos no número anterior são oponíveis ao proprietário ou ao comproprietário que tenha inscrito o seu direito após a data da respetiva celebração. 5 – É dispensada a menção do sujeito passivo nas aquisições por reestruturação da compropriedade ou por reparcelamento. 6 – As parcelas de terreno cedidas ao município integram-se no domínio municipal no ato de individualização no registo predial dos lotes respetivos e estão sujeitas a cadastro predial. 7 – Nas situações previstas no presente artigo não é aplicável o disposto no nº 1 do artigo 49º do regime jurídico da urbanização e da edificação " *[obrigatoriedade de. constar o número do alvará ou da comunicação prévia, a data de emissão do título, a data de caducidade e a certidão do registo predial].*

Já o *emparcelamento* era definido pelo art. 1382º do Código Civil como "o conjunto de operações de remodelação predial destinadas a pôr termo à fragmentação e dispersão dos prédios rústicos pertencentes ao mesmo titular, com o fim de melhorar as condições técnicas e económicas da exploração agrícola."

A matéria de emparcelamento, atualmente regulada pela Lei nº 111/2015, de 27 de agosto, é adiante desenvolvida a propósito do processo de justificação relativa a prédios abrangidos por emparcelamento.

Cabe finalmente chamar a atenção para o disposto no nº 1 do art. 51º do Decreto-Lei nº 555/99, de 16 de dezembro, na redação que lhe foi dada pela Lei nº 60/2007[206], de 4 de Setembro, nos termos do qual os conservadores do registo predial devem remeter mensalmente à Comissão de Coordenação e Desenvolvimento Regional, até ao dia 15 de cada mês, cópia dos elementos respeitantes a operações de loteamento e respetivos anexos cujos registos tenham sido requeridos no mês anterior.

8.2.21. Contrato para pessoa a nomear

A nomeação de terceiro, em *contrato para pessoa a nomear*, é registada com base no respetivo instrumento de ratificação, acompanhado de declaração do contraente originário da qual conste que foi validamente comunicada ao outro contraente (art. 55º).

Se a nomeação não tiver sido feita nos termos legais, esta circunstância é registada com base em declaração do contraente originário; se houver estipulação que obste à produção dos efeitos do contrato relativamente ao contraente originário, é cancelada a inscrição.

As assinaturas das declarações referidas devem ser reconhecidas presencialmente, salvo se feitas na presença de funcionário de serviço de registo no momento do pedido. O reconhecimento pode igualmente ser dispensado quando o registo for promovido através da Internet, com recurso a meios eletrónicos que permitam determinar a identidade do interessado ou do apresentante.

Deve ser mencionado o prazo para a nomeação e, quando exista, a referência à estipulação que obste à produção dos efeitos do contrato (alínea *aa)* do nº 1 do art. 95º).

O contrato para pessoa a nomear é regulado nos artºs 452º a 456º CC, explicitando o nº 1 do art. 452º que, ao celebrar o contrato, "pode uma das

[206] Disposição não alterada pelo Decreto-Lei nº 136/2014, de 9 de setembro, que republicou o RJUE, e não alterada, por último, pela Lei nº 79/2017, de 18 de agosto..

partes reservar o direito de nomear um terceiro que adquira os direitos e assuma as obrigações provenientes desse contrato."

Relativamente à nomeação de terceiro, o Conselho Consultivo dos Registos e do Notariado esclareceu:

> "1. No contrato para pessoa a nomear, a eficácia da nomeação de terceiro depende de que haja procuração (anterior ao contrato) ou ratificação (posterior ao contrato) desse terceiro, devendo em ambos os casos (procuração ou ratificação) observar-se os requisitos de forma que resultam da aplicação conjugada dos arts. 262º/2 e 268º/2, do Código Civil, e 116º, do Código do Notariado.
>
> 2. A viabilidade do pedido de averbamento da nomeação do terceiro está dependente da demonstração de que se mostram assegurados os direitos do fisco, atenta a possibilidade de que a substituição do primitivo contraente pelo nomeado, no contrato oneroso, configure uma nova transmissão para efeitos fiscais."[207]

8.2.22. Locação financeira de imóveis

A *locação financeira de imóveis* pode ser titulada, nos termos do disposto no nº 1 do art. 3º do Decreto-Lei nº 149/95, de 24 de junho, na redação que lhe foi dada pelo Decreto-Lei nº 30/2008, de 25 de fevereiro, por documento particular.

Neste caso, as assinaturas das partes devem ser presencialmente reconhecidas, salvo se efetuadas na presença de funcionário dos serviços do registo, aquando da apresentação do pedido de registo.

A existência de licença de utilização ou de construção do imóvel deve ser certificada pela entidade que efetua o reconhecimento ou verificada pelo funcionário dos serviços do registo.

De harmonia com o disposto nos nºs 2 e 3 do art. 6º do Decreto-Lei nº 149/95, na redação que lhe foi dada pelo Decreto-Lei nº 285/2001, de 3 de novembro, o contrato de locação financeira não pode ter duração superior a 30 anos, considerando-se reduzido a este limite quando superior.

Não havendo estipulação de prazo, o contrato de locação financeira de bens imóveis considera-se celebrado pelo prazo de 7 anos.

8.2.23. Consignação de rendimentos

O ato constitutivo da *consignação voluntária de rendimentos* é, salvo o disposto em lei especial, titulado por escritura pública, documento particular autenticado ou testamento (art. 660º CC), desde que respeite a imóveis.

[207] Conclusões do parecer R P 72/2015 ST JSR-CC, disponível em *www.irn.mj.pt/IRN/sections/irn/doutrina/pareceres/..*

A consignação judicial é naturalmente titulada pela certidão da decisão judicial que a tenha determinado.

8.2.24. *Arrendamento por mais de seis anos*

Apenas está sujeito a registo o *arrendamento urbano por mais de seis anos*, porquanto o contrato de arrendamento rural não está sujeito a registo, de harmonia com o disposto no nº 4 do art. 6º do Decreto-Lei nº 294/2009, de 13 de outubro, diploma que estabeleceu o novo regime do arrendamento rural.

O arrendamento urbano é atualmente regulado pelo Novo Regime do Arrendamento Urbano (NRAU), aprovado pela Lei nº 6/2006, de 27 de fevereiro, e revisto pela Lei nº 31/2012, de 14 de agosto, diplomas que repuseram os artigos 1064º a 1113º CC, com a redação que reformularam.

O contrato de arrendamento urbano deve ser celebrado por escrito (art. 1069º CC).

8.2.25. *Cancelamento de registos*

O *cancelamento* de registos está condicionado à apresentação do título adequado.

O cancelamento do registo *de hipoteca* é feito com base em documento de que conste o consentimento do credor com assinatura reconhecida presencialmente, salvo se esta for feita na presença de funcionário de serviço de registo no momento do pedido (art. 56º).

O cancelamento de *hipoteca para garantia de pensões periódicas* é efetuado com base na certidão de óbito do respetivo titular e de algum dos seguintes documentos (art. 57º):

a) Recibos de pagamento das pensões vencidas nos cinco anos anteriores à morte do pensionista;
b) Declaração, assinada pelos herdeiros habilitados do pensionista, de não estar em dívida nenhuma pensão;
c) Certidão, passada pelo tribunal da residência dos devedores, comprovativa de não ter sido distribuído no último decénio processo para cobrança das pensões, se o pensionista tiver morrido há mais de cinco anos.

O cancelamento dos registos de *penhora, arresto e outras providências cautelares* efetua-se nos termos do art. 58º:

> "1 – Se o serviço de registo não conseguir aceder à informação necessária por meios eletrónicos, o cancelamento dos registos de penhora, arresto e outras providências cautelares, nos casos em que a ação já não esteja pendente, faz-se com base na certidão passada pelo tribunal competente que

comprove essa circunstância e a causa, ou ainda, nos processos de execução fiscal, a extinção ou não existência da dívida à Fazenda Pública.

2 – Nos casos em que não tenha ainda ocorrido a apreensão, o registo de penhora é cancelado com base em comunicação eletrónica do agente de execução, ou em pedido por ele subscrito, de que conste declaração expressa daquele facto.

3 – Nos casos de adjudicação ou de venda judicial em processo de execução de bens penhorados ou arrestados, só após o registo daqueles factos se podem efetuar os cancelamentos referidos no nº 1."

Pretende-se assim, com este nº 3, acautelar a possibilidade de não ser dado cumprimento à ressalva da parte final do nº 4 do art. 34º: é que se o registo do ónus fosse cancelado antes do registo da aquisição resultante da venda judicial, poderia acontecer entretanto o registo de outra aquisição por pessoa diferente do adquirente na venda judicial.

Finalmente, quanto ao cancelamento dos *registos provisórios* (art. 59º):

"1 – O cancelamento dos registos provisórios por natureza, de aquisição e de hipoteca voluntária e o cancelamento dos registos provisórios por dúvidas de factos não sujeitos a registo obrigatório são feitos com base em declaração do respetivo titular.

2 – A assinatura do declarante deve ser reconhecida presencialmente, salvo se for feita perante funcionário dos serviços de registo no momento do pedido.

3 – O reconhecimento previsto no número anterior pode igualmente ser dispensado quando o registo seja promovido através da Internet, com recurso a meios eletrónicos que permitam determinar a identidade do interessado ou do apresentante, nos termos a definir por portaria do membro do Governo responsável pela área da justiça.

4 – No caso de existirem registos dependentes dos registos referidos no nº 1 é igualmente necessário o consentimento dos respetivos titulares, prestado em declaração com idêntica formalidade.

5 – O cancelamento do registo provisório de ação e de procedimento cautelar é feito com base em certidão da decisão transitada em julgado que absolva o réu do pedido ou da instância, a julgue extinta ou a declare interrompida, ou em comunicação efetuada pelo tribunal, preferencialmente por via eletrónica, acompanhada de cópia daquela decisão e indicação do respetivo trânsito em julgado."

Para cancelamento de registos não é exigível a harmonização entre a descrição e a matriz: "IV – A falta de harmonização entre a descrição e a matriz não deve, no entanto, obstar ao cancelamento do registo – artigo 13º do Código do Registo Predial – porquanto a acreditação da existência do prédio se verificou já perante as tábuas no momento do ingresso do facto aquisitivo, recognitivo, constitutivo ou modificativo do direito agora extinto."[208]

8.3. Procedimentos de registo

8.3.1. Qualificação

Face à requisição do registo e aos documentos que a acompanham cabe agora ao conservador efetuar a *qualificação* do pedido, ou seja, aplicar o princípio da legalidade.

O princípio da legalidade traduz-se na competência do conservador para apreciar a *viabilidade do pedido* de registo, em face das disposições legais aplicáveis, dos documentos apresentados e dos registos anteriores, verificando especialmente a *identidade do prédio*, a *legitimidade* dos interessados, a *regularidade formal dos títulos* e a *validade dos atos* neles contidos (art. 68º).

Em aplicação do princípio da legalidade, só podem ser registados *os factos constantes de documentos* que legalmente os comprovem.

O Conselho Técnico da Direção-Geral dos Registos e do Notariado tem-se pronunciado, de forma insistente, como já se salientou, no sentido de que, no exercício desta função qualificadora, o conservador deve *fundamentar as suas decisões de facto e de direito e não pode deixar de se pronunciar sobre questões alegadas.*

Veja-se, a título de exemplo, o parecer RP 157/99, em que se conclui: "I – É nulo o despacho de qualificação de registo que não especifique os fundamentos de facto e de direito que justificam a decisão (cfr. art. 668º, nº 1, *b*), do C.P.C.).

II – É igualmente nulo o despacho que, em processo de reclamação deduzida contra o próprio conservador, manteve a decisão de recusa do registo, se o conservador deixou de pronunciar-se sobre questões que deveria apreciar (cfr. art. 668º, nº 1, d), do C.P.C.)."[209]

8.3.2. Recusa do registo

Embora a apresentação tenha sido regularmente efetuada, o registo pode ser objeto de recusa. O registo deve ser *recusado* nos casos previstos no art. 69º:

a) (Revogada.)[210]

[208] Em parecer do C. T. do IRN de 21 de Julho de 2007 – proc. R. P. 66/2007.

[209] Em *Boletim dos Registos e do Notariado*, nº 4/2000, II, p. 25; o citado art. 668º do C. P. C. é agora, no Código de Processo Civil de 2013, o art. 615º.

[210] As revogadas alíneas *a) Quando a conservatória for territorialmente incompetente* e *f) Quando o preparo não tiver sido feito* deixaram de fazer sentido porquanto foi revogada a competência territorial das conservatórias e a falta de preparo é motivo de rejeição da apresentação.

b) Quando for manifesto que o facto não está titulado nos documentos apresentados;[211]

c) Quando se verifique que o facto constante do documento já está registado ou não está sujeito a registo;

d) Quando for manifesta a nulidade do facto;

e) Quando o registo já tiver sido lavrado como provisório por dúvidas e estas não se mostrem removidas;

f) *(Revogada)*

g) Quando o preparo não tiver sido completado.

Além dos casos acima referidos, o registo só pode *ser recusado* se, por *falta de elementos* ou pela *natureza do ato*, não puder ser feito como provisório por dúvidas.

A falta de elementos, embora a lei não forneça qualquer critério de avaliação, terá de ser entendida como a falta de algum dos requisitos julgados necessários e suficientes para que terceiros possam tomar conhecimento das relações jurídicas nele contidas e que lhe podem ser opostas, como seria designadamente a *indeterminação dos sujeitos ou do objeto* da relação jurídica.

Quanto à recusa com fundamento na natureza do ato, é tradicionalmente apontado o caso dos averbamentos que, a menos que sejam subinscrições, não podem ser registados como provisórios por dúvidas: destinando-se estes averbamentos a atualizar ou a retificar, não teria sentido que não houvesse certeza sobre a correção da atualização ou da retificação.

Se eventuais deficiências não foram sanadas nos termos do art. 73º, abaixo analisado, o registo deve ser feito *provisoriamente por dúvidas* quando exista motivo que, não sendo fundamento de recusa, obste ao registo do ato tal como é pedido (art. 70º): seria, por exemplo, o caso de o transmitente, embora sendo o legítimo titular do direito, não ser o titular inscrito no registo, não se mostrando assim respeitado o princípio do trato sucessivo; o registo teria pois de

[211] Em deliberação de 24 de Julho de 2008, o Conselho Técnico do IRN considerou que o erro no número da descrição se deve enquadrar nesta alínea *b)*:
"1 – O princípio da instância consagrado no artigo 41º do Código do Registo Predial (CRP) demanda que o interessado no registo formule o correspondente pedido em impresso de modelo aprovado e proceda ao seu preenchimento em conformidade com o prescrito no artigo 42º do mesmo Código.
2 – A indicação dos prédios na requisição de registo faz-se pelo número da descrição a que respeita o pedido, não podendo tal menção ser nela aposta após a anotação da apresentação no Diário (que fixa os elementos essenciais do pedido – artigo 61º do CRP), nem ser objeto de anotação complementar neste.
3 – Assim, a conversão de registos requisitada sobre determinado prédio (107/...) quando a mesma respeita a prédio diverso (4556/...), embora a desanexar daquele, deve ser recusada nos termos do disposto na alínea *b)* do nº 1 do artigo 69º do CRP." (Proc. R. P. 273/2007).

ser feito como provisório por dúvidas e só poderia ser convertido em definitivo depois de registada a transmissão intermédia em falta.

Da mesma maneira, a falta de legitimidade do requisitante não seria fundamento de recusa, mas apenas de provisoriedade por dúvidas.[212]

Outro exemplo ainda é o que deu lugar ao parecer do Conselho Técnico da Direção-Geral dos Registos e do Notariado cujas duas primeiras conclusões se transcrevem[213]:

> "1º – Não há lugar a recusa do registo de aquisição a favor de certa e determinada pessoa, quando o prédio submetido a registo estiver inscrito a favor de pessoa diferente ou, mesmo, da mesma pessoa, desde que se verifique alteração no seu estado civil, e esta possa modificar os pressupostos ou o condicionalismo da respetiva titularidade.
>
> 2º – O registo a efetuar, nos casos referidos, deve ter a qualificação de provisório por dúvidas até que se estabeleça o trato sucessivo."

Como resulta do disposto nos artºs 294º e 295º CC, são nulos os atos e os negócios jurídicos celebrados *contra disposição legal de carácter imperativo*, "salvo nos casos em que outra solução resulte da lei": o pedido de registo de facto violador de disposição de tal natureza teria pois de ser também objeto de recusa.

Já assim não será se o ato ou negócio jurídico for apenas *anulável*, caso em que, dado que a anulabilidade pode ser sanada por confirmação, deveria ser efetuado um registo provisório por dúvidas[214].

Note-se, a este propósito, que o art. 92º prevê que deva ser pedida como provisória por natureza a inscrição de negócio jurídico, anulável por falta de consentimento de terceiro ou de autorização judicial, antes de sanada a anulabilidade ou de caducado o direito de a arguir (alínea *e)* do nº 1).

Como acima se disse, o despacho de recusa ou de provisoriedade por dúvidas deve especificar os fundamentos de facto e de direito que justificam a decisão, sob pena de nulidade; o mesmo se diga do despacho que deixe de pronunciar-se sobre questões que devia apreciar ou que conheça de questões de que não podia tomar conhecimento[215].

[212] No mesmo sentido, o parecer do C. T. da D. G. R. N. em *Boletim dos Registos e do Notariado*, nº 13/86, p. 8, proc. 12/86.

[213] Em *Boletim dos Registos e do Notariado*, nº 4/85, p. 6, proc. 14/85.

[214] Cf. João Guimarães Gomes de Bastos, *O controlo da legalidade quando estão em causa títulos notariais*, em separata do *Boletim dos Registos e do Notariado*, nº 11/2003.

[215] Neste sentido o já citado parecer do C. T. da DGRN (*Boletim dos Registos e do Notariado*, nº 4/2000, II, p. 25) em conclusões se escreve:

"I – É nulo o despacho de qualificação de registo que não especifique os fundamentos de facto e de direito que justificam a decisão (cfr. art. 668º, nº 1, *b*), do C. P. C.).

Também já se alertou para o facto de o conservador não poder exigir prova ou entrar em linha de conta com factos que ultrapassem o dispositivo previsto no art. 68º, como expressamente se pronunciou o Conselho Técnico da DGRN nas conclusões de parecer que a seguir se transcrevem:

> "I – Enferma de nulidade o despacho de recusa que, sem concretizar, nem especificar os motivos da recusa, se limite a invocar normas gerais definidoras dos motivos de recusa de atos de registo ou das causas de nulidade destes – artigos 666º, nº 3, e 668º, nº 1, *b*), do Código do Processo Civil.
>
> II – Não é lícito ao conservador, no exercício dos poderes de apreciação da viabilidade do pedido de registo conferidos pelo artigo 68º do Código do Registo Predial, exigir a prova da inexistência de hipotéticas situações que, a existirem, obstariam ao registo nos termos em que é pedido."[216]

Deve finalmente ter-se presente que, por ter o carácter de jurisdição voluntária, *nunca transita em julgado a recusa de registo não impugnada.*

"Tem natureza voluntária a jurisdição exercida pelo conservador do registo predial, pelo que as suas decisões nunca formam caso julgado": assim se pronunciou o CT da DGRN[217], precisando noutro parecer:

> "As decisões do conservador desfavoráveis às pretensões dos interessados no registo revestem-se do carácter de jurisdição voluntária e são insuscetíveis de formar caso julgado, pelo que é sempre possível, em processo de impugnação da recusa de averbar a remoção de dúvidas opostas à inscrição, discutir-se a bondade dos motivos determinantes dessas dúvidas, mesmo daqueles que não tenham sido objeto da reclamação anteriormente deduzida contra o despacho das dúvidas"[218].

No caso de recusa, anota-se na ficha o ato recusado, a seguir ao número, data e hora da respetiva apresentação (nº 3 do art. 69º). Esta providência permite que se respeite o princípio da prioridade, garantindo que o ato recusado conserve a prioridade correspondente à data da apresentação se, em sede de recurso, for considerado que ele deve ser efetuado.

II – É igualmente nulo o despacho que, em processo de reclamação contra o próprio conservador, manteve a decisão de recusa do registo, se o conservador deixou de pronunciar-se sobre questões que deveria apreciar (cfr. art. 668º, nº 1, *d*), do C. P. C.)."

[216] Em *Boletim dos Registos e do Notariado*, nº 5/97, II.

[217] Conclusão do parecer do C. T. da DGRN nº 45/88, RP3, disponível no sítio na Internet do IRN, IP.

[218] Conclusão do parecer do C. T. da DGRN em *Boletim dos Registos e do Notariado*, nº 1/2000, II, p. 34.

Os despachos de recusa e de provisoriedade por dúvidas devem ser efetuados pela ordem de anotação no diário, salvo quando deva ser aplicado o mecanismo do suprimento de deficiências, previsto no art. 73º, e são *notificados ao apresentante* nos dois dias seguintes (nº 1 do art. 71º).

Salvo nos casos previstos nas alíneas *a*), *g*) e *i*) do nº 1 do art. 92º – respetivamente, o registo das ações referidas no artº 3º, da aquisição, antes de titulado o contrato, e da hipoteca voluntária, antes de lavrado o título constitutivo –, a qualificação dos registos como provisórios por natureza é igualmente notificada aos interessados nos dois dias seguintes, sendo a data da notificação anotada na ficha (nºs 2 e 3 do art. 71º).

Cabe notar que, sob a epígrafe *obrigações fiscais*, o art. 72º impede que qualquer ato sujeito a encargos de natureza fiscal seja definitivamente registado sem que se mostrem pagos ou assegurados os *direitos do fisco*, mas *não está sujeita* à apreciação do conservador ou do oficial do registo a *correção da liquidação* de encargos fiscais feita nos serviços de finanças.

O imposto do selo nas transmissões gratuitas considera-se assegurado desde que esteja instaurado o respetivo processo de liquidação e dele conste o prédio a que o registo se refere.

Presume-se também assegurado o pagamento dos direitos correspondentes às transmissões operadas em inventário judicial, partilha extrajudicial e escritura de doação, bem como relativamente a qualquer outra transmissão, desde que tenham decorrido os prazos de caducidade da liquidação ou de prescrição previstos nas leis fiscais.

8.3.3. Correção de deficiências; desistência do registo

A possibilidade de correção de deficiências está prevista em termos bastante amplos no art. 73º. Assim:

A fim de evitar pedidos desnecessários de documentos, sempre que possível, as deficiências do processo de registo devem ser supridas com base nos documentos apresentados ou já existentes no serviço de registo competente ou por acesso direto à informação constante de bases de dados das entidades ou serviços da Administração Pública (nº 1).

Não sendo possível o suprimento das deficiências nos termos assim previstos e tratando-se de deficiência que não envolva novo pedido de registo nem constitua motivo de recusa nos termos das alíneas *c*) a *e*) do nº 1 do art. 69º, o serviço de registo comunica este facto ao interessado por escrito, por correio eletrónico ou sob registo postal, para que este, no *prazo de cinco dias*, proceda a tal suprimento, sob pena de o registo ser lavrado como provisório ou recusado (nº 2).

O registo não é lavrado provisoriamente ou recusado se as deficiências em causa respeitarem à omissão de documentos a emitir pelas entidades referidas no nº 1 e a informação deles constante não puder ser obtida nos termos aí previstos, desde que o interessado tenha expressamente solicitado ao serviço de registo, pessoalmente ou por escrito, através de correio eletrónico ou sob registo postal, e no prazo referido no número anterior, que diligencie pela sua obtenção diretamente junto das entidades ou dos serviços da Administração Pública (nº 3 do art. 73º).

Caso os documentos pedidos nos termos do nº 3 não sejam recebidos pelo serviço de registo até ao termo do prazo legalmente estabelecido para a emissão do documento pedido com o prazo mais longo de emissão, acrescido de três dias, o registo é lavrado como provisório ou recusado (nº 6).

A falta de apresentação de título que constitua motivo de recusa, nos termos da alínea *b*) do nº 1 do art. 69º, pode ser suprida, com observância dos números anteriores, desde que o facto sujeito a registo seja anterior à data da apresentação, ou à hora desta se, sendo da mesma data, o título contiver a menção da hora em que foi assinado ou concluído (nº 7)[219].

No caso de o registo ser recusado porque o prédio não foi devidamente identificado no pedido, deve ser efetuada nova apresentação, imediatamente após a última apresentação pessoal do dia em que foi efetuado o despacho de recusa, transferindo-se automaticamente a totalidade dos emolumentos que foram pagos (nº 8).

Das decisões tomadas no âmbito do suprimento de deficiências não cabe recurso hierárquico ou impugnação judicial (nº 10).

De harmonia com a previsão do art. 74º, é permitida a *desistência* depois de feita a apresentação e *antes de efetuado o registo.*

Tratando-se de facto sujeito a registo obrigatório, apenas é possível a desistência quando exista deficiência que motive recusa ou for apresentado documento comprovativo da extinção do facto.

A desistência pode ser requerida verbalmente ou por escrito, devendo no primeiro caso ser assinado o comprovativo do pedido. Como é bem de ver, a desistência do registo acarreta a perda da prioridade correspondente à data da respetiva apresentação: novo pedido de registo relativamente ao mesmo facto terá a prioridade que corresponda também a nova apresentação.

[219] "A aplicabilidade do nº 7 do artigo 73º do CRP na redação introduzida pelo Decreto-Lei nº 125/2013, de 30 de agosto, implica que o título apresentado complementarmente tenha anterioridade em relação à apresentação, em data ou, se da mesma data, em hora, devendo no último caso conter a menção da hora em que foi assinado ou concluído." (Conclusão do parecer R P 7/2014 STJ-CC do Conselho Consultivo dos Registos e do Notariado, disponível em *www.irn.mj.pt/IRN/sections/irn/doutrina/pareceres/).*

8.3.4. Prazo e competência para a feitura dos registos

Os registos são efetuados no prazo de 10 dias e pela ordem de anotação no diário, salvo nos casos de urgência (art. 75º).

Em relação a cada ficha, os registos são efetuados pela ordem temporal das apresentações no diário; fica excluída da subordinação à ordem de anotação no diário a feitura dos registos a que deva ser aplicado o mecanismo do suprimento de deficiências previsto no art. 73º.

Nos casos de *urgência*, o registo deve ser efetua do no prazo máximo de *um dia útil*, sem subordinação à ordem de anotação no diário, mas sem prejuízo da ordem a respeitar em cada ficha.

Se a anotação dos factos constantes do pedido não corresponder à ordem da respetiva dependência, deve esta ser seguida na feitura dos registos.

Para os atos de registo é *competente o conservador*, sem prejuízo da competência atribuída pelo art. 75º-A aos *oficiais dos registos* para os atos de registo aí previstos, bem como para aqueles em relação aos quais o conservador lhes possa delegar essa competência.

9. Informação cadastral simplificada

9.1. Âmbito do projeto

A Lei nº 78/2017, de 17 de agosto, criou, como projeto-piloto aplicável a dez municípios,[220] um *sistema de informação cadastral simplificada*, com vista à sua eventual extensão a todo o território nacional[221].

A lei prevê assim:

a) Um sistema de *informação cadastral simplificada*, adotando medidas para a imediata identificação da estrutura fundiária e da titularidade dos prédios rústicos e mistos, através de um *procedimento de representação gráfica georreferenciada*, aplicável aos prédios rústicos e mistos, um *procedimento especial de registo de prédio rústico e misto omisso*, aplicável aos prédios

[220] Pedrógão Grande, Castanheira de Pêra, Figueiró dos Vinhos, Góis, Pampilhosa da Serra, Penela, Sertã, Caminha, Alfândega da Fé e Proença-a-Nova.

[221] O Despacho nº 10913/2018, considerando que o referido regime vigora até 31 de outubro de 2018, determinou que, na área dos municípios acima referidos, continuam a ser aceites, a partir de 1 de novembro de 2018, os pedidos de representação gráfica georreferenciada e promovidos os respetivos procedimentos administrativos, nos termos previstos na Lei nº 78/2017, de 17 de agosto, bem como os procedimentos especiais de registo de prédio rústico e misto omisso, até à entrada em vigor do diploma de extensão a todo o território nacional (*Diário da República*, 2ª série, nº 226, de 23 de novembro de 2018). O diploma aqui referido veio a ser a Lei nº 65/2019, de 23 de agosto.

urbanos, rústicos e mistos e um *procedimento de identificação, inscrição e registo de prédio sem dono conhecido.*

b) O *Balcão Único do Prédio* (BUPi).

A Lei nº 78/2017, de 17 de agosto, foi completada pelo Decreto Regulamentar nº 9-A/2017, de 3 de novembro, entretanto alterado pelo Decreto Regulamentar nº 4/2019, de 20 de setembro, que define "em especial o procedimento administrativo da representação gráfica georreferenciada (RGG), as especificações técnicas e respetiva estrutura de atributos a observar naquela representação, o procedimento especial de registo de prédio rústico e misto omisso, o mecanismo de composição de interesses e a instalação, condições de funcionamento, interoperabilidade e funcionalidades do BUPi."[222]

A Lei nº 65/2019, de 23 de agosto, veio manter em vigor e generalizar a aplicação do sistema de informação cadastral simplificada, instituído pela Lei nº 78/2017, de 17 de agosto, integrando os seguintes procedimentos (art. 1º):

a) O procedimento de representação gráfica georreferenciada (RGG), aplicável aos prédios rústicos e mistos, *nos municípios que não dispõem de cadastro geométrico da propriedade rústica (CGPR) ou cadastro predial em vigor*;

b) O procedimento especial de registo, aplicável aos prédios rústicos e mistos em todo o território nacional, *com as especificidades constantes da presente lei.*

Resulta assim que o procedimento da RGG é restringido aos municípios acima referidos e que o procedimento especial de registo deixa de parte os prédios urbanos.

Esta lei cria ainda um *procedimento especial de justificação* de prédio rústico e misto omisso, aplicável em todo o território nacional e promove igualmente a *universalização do Balcão Único do Prédio (BUPi),* enquanto plataforma nacional de registo e cadastro do território (PNRCT), abrangendo os prédios urbanos, rústicos e mistos de todo o território nacional.

Todavia, a operacionalização do regime agora previsto depende da celebração de um acordo de colaboração interinstitucional entre o Centro de Coordenação Técnica, criado no Ministério da Justiça, e cada município, no prazo de um ano a contar da data de entrada em vigor desta lei. No quadro do Centro de Coordenação Técnica, mediante protocolo a celebrar entre a Autoridade Tributária e Aduaneira e o Instituto dos Registos e Notariado, a AT transmite à

[222] Neste nº 9. *Informação cadastral simplificada*, os artigos citados sem qualquer referência correspondem à Lei nº 78/2017, enquanto os artigos do Decreto Regulamentar nº 9-A, alterado pelo Decreto Regulamentar nº 4/2019, de 20 de setembro, são seguidos das iniciais DR.

plataforma BUPi a informação relativa aos prédios inscritos nas matrizes prediais rústica e urbana, localizados no respetivo município, bem como a identificação dos seus titulares, através do nome e número de identificação fiscal, e respetivo domicílio fiscal.

Compete aos serviços de registo realizar os *procedimentos especiais de registo e de justificação*, enquanto o IRN é, nos termos do art. 2º da Lei nº 65/2019, a entidade responsável pelo sistema de informação cadastral simplificada e pelo BUPi, competindo-lhe:

a) Garantir a interoperabilidade dos dados detidos pelas entidades referidas no art. 27º da Lei nº 78/2017, de 17 de agosto;
b) Assegurar a harmonização da informação relevante sobre os elementos caracterizadores e de identificação dos prédios usados para efeitos cadastrais, registrais, matriciais e agrícolas;
c) Comunicar às entidades referidas na alínea *a*) as alterações efetuadas aos prédios descritos;
d) Assegurar a supervisão do procedimento de RGG.

Por sua vez, de harmonia com o art. 3º da Lei nº 65/2019, a Direção-Geral do Território é a autoridade nacional responsável pelo *cadastro geométrico da propriedade rústica (CGPR)* e *pelo cadastro predial*, aprovado pelo Decreto-Lei nº 172/95, de 18 de julho, e pelo Sistema Nacional de Exploração e Gestão de Informação Cadastral (SINERGIC), aprovado pelo Decreto-Lei nº 224/2007, de 31 de maio, na sua redação atual, competindo-lhe assegurar:

a) A disponibilização no BUPi da informação sobre os elementos cadastrais existentes, procedendo para o efeito à respetiva informatização e vectorização, até 31 de dezembro de 2022;
b) A harmonização da caracterização e identificação dos prédios em regime de cadastro predial;
c) A conservação do cadastro predial.

9.2. Procedimento de representação gráfica georreferenciada (RGG)

Na previsão do art. 5º, a *representação gráfica georreferenciada (RGG)* constitui a configuração geométrica dos prédios constantes da base cartográfica acessível através do BUPi, sendo efetuada através de delimitação do prédio, mediante representação cartográfica das estremas do prédio, unidas através de uma linha poligonal fechada, obtida por processos diretos de medição, nomeadamente com recurso a sistemas de posicionamento global, ou de forma indireta, designadamente, através de recurso à fotointerpretação sobre os ortofotomapas disponíveis no BUPi.

A informação resultante da RGG do prédio rústico que seja validada, no que se refere à área e à localização geográfica do mesmo, releva para efeitos de natureza cadastral, registral e matricial, sem prejuízo de, nos casos em que exista a sobreposição de polígonos, a informação constante do BUPi não poder ser usada como meio de prova, nem para invocação de aquisição de direitos por usucapião.

Nos termos do art. 4º DR, *a RGG é validada* sempre que cumpra as especificações técnicas, a estrutura de atributos e os acertos de estremas e confrontações, fixados nos artigos 5º a 13º DR.

A *RGG é validada com reserva* sempre que:

a) O interessado declare que não conhece ou que não lhe é possível determinar algum dos limites do prédio;
b) Exista sobreposição de polígonos, aplicando-se o art. 5º da Lei nº 78/2017, de 17 de agosto.

A *RGG é recusada* sempre que conflitue com bens do domínio público.

A informação resultante da representação gráfica georreferenciada do prédio rústico que seja *validada por todos os proprietários confinantes* assume a natureza de cadastro predial para todos os efeitos legais. O art. 10º DR precisa que se considera validada por todos os proprietários confinantes a informação resultante da RGG nas seguintes situações:

a) Declaração de aceitação de todos os proprietários dos prédios confinantes, conforme formulário disponível no BUPi;
b) Existência, no BUPi, da totalidade dos polígonos dos prédios confinantes sem conflito de estremas comuns.

Na impossibilidade de obter declaração de aceitação de todos os proprietários dos prédios confinantes, pode ser apresentada declaração de aceitação dos proprietários confinantes que forem identificados, conforme formulário igualmente disponível no BUPi, considerando-se validadas as respetivas estremas comuns.

Em *caso de litígio* emergente de sobreposição de polígonos, a representação gráfica georreferenciada dos prédios em causa é apresentada no BUPi pelos respetivos centroides até à resolução do conflito (art. 5º). O art. 7º da Lei nº 65/2019, de 23 de agosto, retomando as condições de validação da informação resultante da RGG, precisa todavia que, no caso de existir conflito quanto aos confinantes, pode ser assinada uma declaração de aceitação de todos os proprietários dos prédios confinantes, desde que seja corrigida a sobreposição de polígonos e assinada a declaração presencialmente perante técnico habilitado para o efeito. Se se mantiver a sobreposição de polígonos de prédios confinantes, o conflito deve ser apreciado através do procedimento de *composição administrativa de interesses*, procedimento este regulado nos artigos 14º a 16º DR.

O *procedimento de RGG* é desencadeado de uma das seguintes formas (art. 2º DR):

a) Pelo interessado após elaboração do esboço do prédio no BUPi e envio a um técnico habilitado;
b) Pelo interessado ou promotor, nos termos previstos no art. 6º da Lei nº 78/2017, de 17 de agosto, ou seja, desde que as operações sejam realizadas por técnico habilitado;
c) Por entidade pública oficiosamente, nos termos previstos no art. 9º da Lei nº 76/2017 e no artº 12º DR.

São as seguintes as entidades elencadas neste artº 12º. DR:

a) Municípios;
b) Autoridade Tributária e Aduaneira (AT);
c) Direção-Geral do Território (DGT);
d) Comissões de Coordenação e Desenvolvimento Regional no âmbito dos processos respeitantes à Reserva Ecológica Nacional (REN);
e) Direção-Geral de Agricultura e Desenvolvimento Rural, no âmbito dos processos respeitantes à Reserva Agrícola Nacional;
f) Instituto de Financiamento da Agricultura e Pescas, I. P. (IFAP, I. P.); e o
g) Instituto da Conservação da Natureza e das Florestas, I. P. (ICNF, I. P.).

A promoção oficiosa por estas entidades ocorre no âmbito da avaliação de pedidos de permissão administrativa ou de comunicações prévias respeitantes à realização das operações, e sempre que sejam estas as entidades competentes para a decisão final, sem prejuízo da promoção por iniciativa destas entidades.

A atualização ou retificação da RGG é da responsabilidade do promotor ou do proprietário, quando não seja o promotor, sempre que ocorram alterações dos limites do prédio georreferenciado ou quando tenha ocorrido erro na delimitação do polígono. A atualização ou retificação é executada por um técnico habilitado, de acordo com as especificações técnicas e o procedimento previsto para a elaboração da RGG (art. 13º-A DR).

À contagem dos prazos e às notificações no âmbito do procedimento especial de representação gráfica georreferenciada são aplicáveis as regras do Código do Procedimento Administrativo (art. 12º).

9.3. Procedimento especial de registo de prédio rústico e misto omisso

Como explicita o art. 8º da Lei nº 65/2019, de 23 de agosto, o *procedimento especial de registo de prédio rústico e misto omisso* é aplicável aos prédios não descritos no registo ou descritos sem inscrição de aquisição ou reconhecimento de direito de propriedade ou de mera posse em vigor, com as especificidades previstas nesta lei, e pode ser promovido pelos interessados que disponham de documento comprovativo do seu direito de propriedade, na sequência do procedimento de RGG.

O procedimento especial de registo de prédio rústico e misto omisso cabe aos serviços com competência para a prática de atos de registo predial que forem designados por deliberação do conselho diretivo do IRN (art. 13º).

De harmonia com o art. 14º, para efeito de instauração do procedimento especial de registo de prédio rústico e misto omisso, a AT comunica ao serviço de registo competente, por intermédio do BUPi, a identificação dos prédios rústicos na matriz e dos seus titulares, através dos nomes, números de identificação fiscal e respetivos domicílios fiscais, bem como informação sobre a pendência de pedido de retificação da matriz, indicando também, sempre que forem conhecidos, os anteriores artigos matriciais, bem como os anteriores titulares.

Com base nos elementos fornecidos pela AT e sempre que os prédios não estiverem descritos ou, estando, não tiverem registo em vigor de aquisição, de reconhecimento de direito de propriedade ou de mera posse, o titular da inscrição matricial é notificado, sendo as subsequentes diligências, tramitação e meios de impugnação estabelecidos no decreto regulamentar.

Consequentemente, o art. 17º DR prevê as seguintes *diligências prévias*:

> "1 – Sempre que os prédios não estiverem descritos, ou estando, não tiverem registo de aquisição, de reconhecimento de direito de propriedade ou de mera posse em vigor, os titulares da inscrição matricial são notificados pelo Centro de Coordenação Técnica no seu domicílio fiscal, para no prazo de 90 dias:
>
> *a*) Promover o procedimento especial de registo nos termos do disposto no artigo seguinte e, quando se trate de prédio inscrito na matriz não cadastral, obter previamente a RGG do prédio; ou
>
> *b*) Declarar a quem pertence o prédio.
>
> 2 – Se o notificado nada disser no prazo indicado, o Centro de Coordenação Técnica procede a nova notificação com o conteúdo previsto nas alíneas *a*) e *b*) do número anterior para no prazo de 30 dias se pronunciar, sob cominação de se iniciar o procedimento de reconhecimento de prédio sem dono conhecido previsto no Decreto-Lei nº 15/2019, de 21 de janeiro.
>
> 3 – Se o notificado declarar que não é o proprietário do prédio, mas indicar a quem o mesmo pertence, nos termos da alínea *b*) do nº 1, notifica-se a pessoa identificada."

Por sua vez, o art. 17º-A prevê a promoção pelos interessados:

"1 – Sem prejuízo do disposto no artigo anterior, o procedimento especial de registo de prédio rústico e misto omisso é promovido pelos interessados que disponham de documento comprovativo do seu direito:

a) Presencialmente, ou pelo correio, junto de um serviço de registo competente;

b) Presencialmente, junto de um técnico habilitado no momento da realização do procedimento de RGG;

c) Por via eletrónica, através do BUPi.

2 – Quando se trate de prédio inscrito na matriz não cadastral, o procedimento especial de registo referido no número anterior só pode ser promovido após a obtenção de RGG validada ou validada com reserva."

A *tramitação subsequente* é objeto dos arts. 18º e 19º DR.

Às notificações, contagem dos prazos e qualificação dos atos de registo a praticar no âmbito do procedimento especial de registo previsto na presente lei são aplicáveis, em tudo o que não estiver especialmente regulado, as disposições do Código do Registo Predial (art. 15º).

9.4. Procedimento especial de justificação de prédio rústico e misto omisso

A Lei nº 65/2019 prevê, no seu art. 9º, o *procedimento especial de justificação de prédio rústico e misto omisso*, aplicável aos prédios não descritos no registo ou descritos sem inscrição de aquisição ou reconhecimento de direito de propriedade ou de mera posse em vigor, aplicando-se também, em matéria de competência, o disposto no art. 13º da Lei nº 78/2017, de 17 de agosto. ou seja, cabe ela aos serviços competentes para a prática de atos de registo predial designados pelo IRN.

Este procedimento é regulado pelos arts. 19º-A a 19º-H DR e começa por ser desencadeado pelo interessado que não disponha de documento para prova do seu direito. Quando se trate de prédio inscrito na matriz não cadastral, este procedimento só pode ser realizado após a obtenção de representação gráfica georreferenciada do prédio validada ou validada com reserva.

O interessado que se arrogue, com exclusão de outrem, titular do direito de propriedade, e não disponha de documento comprovativo do seu direito, pode obter a primeira inscrição por via deste procedimento especial de justificação, sem prejuízo do cumprimento de disposições legais e regulamentares aplicáveis e em vigor.

Conforme dispõe o art. 19º-B, no pedido de instauração do procedimento, que é da competência exclusiva do conservador, o interessado:

a) Solicita o suprimento do documento em falta e indica a causa da aquisição, as razões que impossibilitam a sua comprovação pelos meios normais e as circunstâncias em que baseia a aquisição originária;
b) Alega expressamente as circunstâncias de facto que determinam o início da posse, quando não titulada, bem como, em qualquer caso, as que consubstanciam e caracterizam a posse geradora da usucapião;
c) Identifica o prédio objeto do direito justificando através das menções necessárias à abertura da sua descrição.

Com o pedido, o interessado apresenta:

a) Declarações prestadas por três declarantes, com assinaturas reconhecidas presencialmente, salvo se forem feitas perante o funcionário do serviço de registo no momento do pedido, que confirmem as declarações do interessado;
b) Outros documentos que se considerem necessários para a verificação dos pressupostos da procedência do pedido.

Tanto do pedido, como das declarações acima referidas, deve constar a afirmação de que os declarantes são admitidos, não se verificando alguma das hipóteses de incapacidade e inabilidade previstas no Código do Notariado para a justificação notarial.

A justificação pode ser pedida por mandatário com procuração que lhe confira poderes especiais para o ato.

Constitui *causa de rejeição do pedido* a existência de RGG recusada quando se trate de prédio rústico inscrito na matriz não cadastral e, se for verificada após a apresentação do pedido no diário, dá lugar à *recusa de apreciação do pedido*, aplicando-se, com as devidas adaptações, o disposto no Código do Registo Predial (art. 19º-C).

A tramitação subsequente é objeto dos artigos 19º-D a 19º-F.

Da decisão do conservador pode ser interposto recurso para o tribunal de 1ª instância competente na área da circunscrição a que pertence o serviço de registo, no prazo de 30 dias a contar da notificação (art. 19º-G). Da sentença proferida no tribunal de 1ª instância podem interpor recurso para o Tribunal da Relação o interessado e o Ministério Público, no prazo e nos termos regulados no Código do Registo Predial para o processo de justificação.

Ao procedimento especial de justificação são aplicáveis, em tudo o que não estiver especialmente regulado, as disposições do Código do Registo Predial e do Código do Notariado (art. 10º da Lei nº 65/2019, de 23 de agosto).

9.5. Disposições comuns

A *conjugação do registo com a representação gráfica georreferenciada* está prevista nos artigos 16º a 19º nos seguintes termos:

A apresentação pelo interessado, para efeitos de registo, da representação gráfica georreferenciada do prédio equivale à sua declaração de que a *área nela mencionada é a área correta*.

Tratando-se de *prédio não descrito*, quando exista divergência entre o título e a representação gráfica georreferenciada quanto à área do prédio dentro das percentagens fixadas no artigo 28º-A do Código do Registo Predial, a descrição pode ser aberta com a área que consta daquela representação gráfica, não se aplicando, nesse caso, o disposto no nº 2 do artigo 28º-B do mesmo diploma.

Tratando-se de *prédio descrito* a representação gráfica georreferenciada substitui a planta prevista na subalínea *i*) da alínea *b*) do nº 2 do artigo 28º-C do Código do Registo Predial.

No caso de *prédios com descrição em vigor* compete aos serviços de registo obter a representação gráfica georreferenciada do prédio, utilizando para o efeito a informação pública disponível e partilhada nos termos do artigo 27º.

Os serviços de registo devem tomar as diligências necessárias junto das autarquias e demais entidades públicas na obtenção da informação necessária à representação gráfica georreferenciada.

No âmbito de um *pedido de registo relativo a prédio rústico e misto* compete ao serviço de registo verificar, por consulta ao BUPi, a existência de representação gráfica georreferenciada; caso exista, a respetiva referência é oficiosamente anotada à descrição predial.

Nos registos de aquisição efetuados a partir da data de entrada em vigor do presente regime é *obrigatória a indicação do número de representação gráfica georreferenciada*, exceto nos casos em que mediante consulta oficiosa no BUPi se verifique que a mesma já tenha sido entregue; esta obrigação não se aplica aos prédios inscritos na matriz cadastral nem às aquisições decorrentes de atos praticados no processo executivo ou de insolvência.

Prevê o art. 20º que *eventuais litígios de natureza civil* emergentes da representação gráfica georreferenciada relacionados com os limites dos prédios *possam ser submetidos pelas partes a resolução por arbitragem*, devendo para o efeito ser designados como árbitros os conservadores do registo predial, nos termos definidos pelo conselho diretivo do IRN. O não exercício desta faculdade não preclude a possibilidade de invocação dos direitos de natureza civil sobre prédios objeto de procedimento especial de representação gráfica georreferenciada, mediante recurso aos tribunais judiciais, nos termos gerais de direito.

Da decisão arbitral cabe recurso para o Tribunal da Relação competente, com efeito meramente devolutivo.

9.6. Balcão Único do Prédio

O BUPi, segundo a previsão do art. 22º, é um *balcão físico e virtual*, da responsabilidade do IRN, que agrega a *informação registral, matricial e georreferenciada* relacionada com os prédios.

A cada prédio corresponde um identificador único, designado por *número de identificação de prédio* (NIP) (art. 3º). Precisa o art. 6º da Lei nº 65/2019: O número de identificação de prédio (NIP) é um identificador numérico, sequencial, com dígito de controlo e sem significado lógico, destinado ao tratamento e harmonização da informação de índole predial, visando a prossecução dos seguintes objetivos:

a) Assegurar a identificação unívoca dos prédios, mediante a atribuição de um número único de identificação, de utilização comum a toda a Administração Pública, possibilitando a criação da informação predial única;
b) Unificar e permitir uma gestão uniforme e informática dos conteúdos cadastrais num único sistema de informação;
c) Assegurar o acesso à informação pela Administração Pública, pelos cidadãos e pelas empresas, designadamente por via eletrónica e com a garantia da proteção de dados pessoais envolvidos.

O NIP é atribuído a cada prédio, sempre que seja confirmada a coincidência entre a informação constante das bases de dados das descrições prediais do IRN e das bases de dados que contêm as inscrições matriciais da AT.

O *NIP corresponde à descrição do registo predial*, podendo incluir uma ou mais matrizes, e associa, além da respetiva RGG, quaisquer outros dados e elementos relativos à caracterização do prédio.

O BUPi opera através de uma plataforma integrada que comunica com todas as bases de dados e aplicações que contêm informações prediais, utilizando para o efeito, no que se aplicar, a Plataforma de Interoperabilidade da Administração Pública (iAP) e constitui-se como a *plataforma de articulação do cidadão com a Administração Pública no âmbito do cadastro predial* (art. 22º).

O art. 23º define o IRN como a entidade detentora dos conjuntos de dados geográficos adquiridos no âmbito do BUPi; a AT, a DGT, o Instituto de Financiamento da Agricultura e Pescas e o Instituto da Conservação da Natureza e das Florestas têm o dever de colaborar com o IRN na partilha da informação relevante sobre os elementos caracterizadores e de identificação dos prédios rústicos e mistos, designadamente para cumprimento das obrigações previstas no art. 22º.

O acesso ao BUPi realiza-se através da Internet, sendo o acesso às áreas reservadas efetuado mediante autenticação (art. 20º DR).

Através do BUPi é possível, entre outras funcionalidades (art. 21º DR):

a) Consultar informação dos prédios inscritos a favor de utilizador devidamente autenticado, incluindo a sua poligonal, quando exista;
b) Efetuar inscrições de técnicos habilitados;
c) Elaborar e submeter a RGG dos prédios por técnico habilitado inscrito;
d) Preparar um esboço de poligonal e enviá-lo a um técnico habilitado inscrito, para apreciação técnica e submissão;
e) Consultar o estado dos processos relativos à elaboração de RGG por técnico habilitado inscrito;
f) Submeter eletronicamente os formulários e documentos necessários ao procedimento de RGG;
g) Abrir e gerir processos relativos aos procedimentos previstos na Lei nº 78/2017, de 17 de agosto, e associar outros elementos relevantes ao prédio no âmbito da partilha de dados entre as entidades identificadas no artigo 27º da referida Lei[223], e acompanhar o seu estado;
h) Gerir comunicações entre os diferentes perfis no âmbito dos processos no BUPi;
i) Consultar no mapa a poligonal e o Número de Identificação do Prédio (NIP) de todos os prédios que tenham RGG validada ou dos centroides dos prédios com sobreposição no caso de RGG com reserva;
j) Atribuir o NIP e garantir a sua relação com os números setoriais das entidades identificadas no artigo 27º da Lei nº 78/2017, de 17 de agosto.

O BUPi contém:

a) A informação resultante da RGG, os seus atributos e confrontações;
b) Os processos de trabalho abertos no âmbito dos procedimentos previstos na Lei nº 78/2017, de 17 de agosto, e a correspondente informação do seu promotor e dos prédios em questão;
c) O NIP e as demais chaves setoriais que permitem garantir a orquestração de processos de interoperabilidade.

9.7. Procedimento de identificação, reconhecimento e registo de prédio sem dono conhecido

O Decreto-Lei nº 15/2019, de 21 de janeiro, entretanto alterado pelo Decreto-Lei nº 149/2019, de 9 de outubro, que o republicou, procedeu à concretização do disposto no art. 1345º do Código Civil, estabelecendo *o procedimento de iden-*

[223] AT, IRN, DGT, Instituto de Financiamento da Agricultura e Pescas e Instituto da Conservação da Natureza e das Florestas.

tificação e reconhecimento da situação de prédio rústico ou misto sem dono conhecido e, ainda, o regime de administração do prédio registado como prédio sem dono conhecido.

Presume-se *prédio sem dono conhecido* (art. 3º):

a) O prédio rústico ou misto que, por omissão de descrição no registo predial ou de inscrição na matriz, não integre o património público ou privado do Estado, das Regiões Autónomas e das autarquias locais, ou o património de pessoas singulares, ou de pessoas coletivas de direito privado, público ou de natureza associativa, cooperativa ou comunitária, não havendo posse nos termos de um direito real ou pessoal de gozo, e que seja registado como prédio sem dono conhecido nos termos previstos neste decreto-lei;

b) O prédio rústico ou misto cujo titular, findo o prazo de gratuitidade emolumentar e tributária previsto no sistema de informação cadastral simplificada, não esteja identificado.

Conforme o artº 5º, a *identificação de prédio sem dono conhecido* compete ao Instituto dos Registos e do Notariado, tendo por base a informação cadastral disponível no Balcão Único do Prédio (BUPi), sendo o procedimento promovido oficiosamente.

A Direção-Geral do Território deve assegurar o acesso do IRN à informação geográfica relativa aos prédios submetidos a cadastro geométrico da propriedade rústica ou a cadastro predial, cabendo ao IRN proceder à informatização e vetorização dos elementos cadastrais existentes e assegurar a disponibilização desses dados no BUPi.

O procedimento de identificação do prédio sem dono conhecido tem também por base a informação prestada:

a) Pelas autarquias locais;

b) Pela Autoridade Tributária e Aduaneira (AT);

c) Pela Direção-Geral de Agricultura e Desenvolvimento Rural, pelas Direções Regionais de Agricultura e Pescas, pelo Instituto da Conservação da Natureza e das Florestas, I. P., e pelo Instituto de Financiamento da Agricultura e Pescas, I. P.;

d) Por outros interessados.

O IRN deve proceder à publicitação do prédio identificado nos termos do art. 6º, podendo qualquer interessado pronunciar-se no prazo de 180 dias (art, 7º). Decorrido este prazo sem pronúncia procedente, o prédio identificado é considerado prédio sem dono conhecido e o serviço de registo predial competente promove oficiosamente o registo provisório por natureza de aquisição a favor do Estado durante 15 anos e, em caso de omissão do prédio na matriz, promove à respetiva inscrição (arts. 8º e seguintes).

10. Publicidade e meios de prova

10.1. Carácter público do registo

O carácter público do registo implica que *qualquer pessoa* possa pedir *certidões* dos atos de registo e dos documentos arquivados, bem como obter *informações verbais*[224] *ou escritas* sobre o conteúdo de uns e de outros (art. 104º).

Por medida de prudência que bem se compreende, apenas os funcionários da repartição podem consultar os livros, fichas e documentos, de harmonia com as indicações dadas pelos interessados (art. 105º)[225].

Podem ser passadas *cópias integrais ou parciais não certificadas*, com o valor de informação, dos registos e despachos e de quaisquer documentos.

Deve ter-se em atenção que a publicidade respeita tão só a atos de registo e a documentos arquivados, não abrangendo por conseguinte quaisquer informações sobre a situação patrimonial e financeira dos titulares dos direitos, de harmonia com as disposições legais em matéria de proteção da privacidade e dos dados pessoais. Tal informação só pode ser prestada a autoridades judiciais e policiais e a entidades públicas, nos termos de legislação específica.

Em todo o caso, é sempre precária a informação que sobre a situação patrimonial e financeira das pessoas possa ser prestada pelas conservatórias do registo predial. Assim o acautelou a então Direção-Geral dos Registos e do Notariado: na "informação a prestar dever-se-á advertir que o ficheiro pessoal é um mero instrumento ao serviço interno da conservatória, pelo que é precária e de reduzida fiabilidade a informação nele contida"[226].

O carácter público do registo está todavia condicionado pela necessidade de respeitar as normas de proteção dos dados pessoais, definidas nos artºs 26º e 35º da Constituição da República, no Regulamento Geral de Proteção de

[224] As informações verbais são gratuitas (cf. deliberação do C. T. do IRN no proc. C. P. 52/2007, de 30 de abril de 2008).

[225] Como já foi referido a propósito de norma similar do Código do Registo Comercial, é à luz desta disposição do art. 105º que, relativamente ao registo predial, deverá ser interpretada a primeira parte do nº 1 do art. 74º do Estatuto da Ordem dos Advogados, aprovado pela Lei nº 15/2005, de 26 de janeiro: "1 – No exercício da sua profissão, o advogado tem o direito de solicitar em qualquer tribunal ou repartição pública o exame de processos, livros ou documentos que não tenham carácter reservado ou secreto (...)".

[226] Despacho nº 21/2003, publicado no *Boletim dos Registos e do Notariado*, nº 11/2003.

Dados (RGPD) e na Lei nº 58/2019, de 8 de agosto, que revogou a Lei nº 67/98, de 26 de outubro.[227]

De facto, a publicidade da situação jurídica dos prédios não é uma publicidade em abstrato, mas sim uma publicidade que tem por objetivo a *segurança do comércio jurídico imobiliário* (art. 1º), ou seja, é condicionada por este outro requisito.

Assim sendo, o estrito cumprimento das disposições constitucionais e legais nesta matéria exige que o acesso aos dados pessoais constantes dos registos seja limitado à publicidade das *situações jurídicas* que relevem da *segurança do comércio jurídico imobiliário,* o que levaria a conhecer da legitimidade do interesse de quem solicita as certidões ou as informações relativas a *pessoas singulares* já que só a estas – e não às pessoas coletivas – são aplicáveis as disposições em causa. A informação deveria assim estar condicionada à existência de um interesse relacionado com a segurança do comércio jurídico imobiliário.

Em contrapartida, seria claramente ilegal, por ofender a finalidade do registo, prestar informação centrada sobre determinado indivíduo: isto é, informar, por exemplo, de que prédios determinada pessoa é proprietária.

As bases de dados do registo predial têm por finalidade organizar e manter atualizada a informação respeitante à situação jurídica dos prédios, com vista à segurança do comércio jurídico, nos termos e para os efeitos previstos na lei, *não podendo ser utilizada para qualquer outra finalidade com aquela incompatível* (art. 106º).

Mas se qualquer pessoa, como permite o art. 104º, pode pedir informações verbais ou escritas e certidões sem ter que alegar qual o seu destino e utilização, há que reconhecer que a parte final do art. 106º não passa das páginas da lei.

Já os dados pessoais respeitantes aos sujeitos do registo que podem ser recolhidos são o nome, o estado civil e, sendo o de solteiro, menção de maioridade ou menoridade, o nome do cônjuge e regime de bens, a residência habitual ou domicílio profissional e o número de identificação fiscal (art. 108º).

Relativamente aos apresentantes dos pedidos de registo, são recolhidos o nome, a residência habitual ou domicílio profissional, o número de identificação fiscal, o número do documento de identificação ou da cédula profissional, e ainda o número de identificação bancária, se disponibilizado pelo apresentante."

Ao *modo de recolha* dos dados se refere o art. 109º, esclarecendo que os dados pessoais constantes das bases de dados são recolhidos do pedido de registo e

[227] As normas de proteção dos dados pessoais constantes dos arts. 106º a 109º-F mantêm-se em vigor em tudo o que não contrarie o disposto no RGPD e na Lei nº 58/2019, de 8 de agosto, de harmonia com o disposto no art. 62º desta lei.

dos documentos apresentados, e acrescentando que dos modelos destinados ao pedido de registo *devem constar as informações previstas* na Lei de Proteção de Dados Pessoais.

A comunicação dos dados constantes do registo é o objeto do art. 109º-A:

> "1 – Os dados referentes à situação jurídica de qualquer prédio constantes das bases de dados podem ser comunicados a qualquer pessoa que o solicite, nos termos previstos neste Código.
>
> 2 – Os dados pessoais referidos no nº 1 do artigo 108º podem ainda ser comunicados aos organismos e serviços do Estado e demais pessoas coletivas de direito público para prossecução das respetivas atribuições legais e estatutárias.
>
> 3 – Às entidades referidas no número anterior pode ser autorizada a consulta através de linha de transmissão de dados, garantido o respeito pelas normas de segurança da informação e da disponibilidade técnica.
>
> 4 – A consulta referida no número anterior depende da celebração de protocolo com o Instituto dos Registos e do Notariado, I. P, que define os seus limites, face às atribuições legais e estatutárias das entidades interessadas.
>
> 5 – A informação pode ser divulgada para fins de investigação científica ou de estatística, desde que não possam ser identificáveis as pessoas a que respeita."

O art. 109º-B restringe os termos da comunicação, fixando as seguintes condições:

> "1 – A comunicação de dados deve obedecer às disposições gerais de proteção de dados pessoais constantes da Lei nº 67/98, de 26 de outubro, designadamente respeitar as finalidades para as quais foi autorizada a consulta, limitando o acesso ao estritamente necessário e não utilizando a informação para outros fins.
>
> 2 – O Instituto dos Registos e do Notariado, I. P., comunica ao organismo processador dos dados os protocolos celebrados a fim de que este providencie para que a consulta por linha de transmissão possa ser efetuada, nos termos e condições deles constantes.
>
> 3 – O Instituto dos Registos e do Notariado, I. P., remete obrigatoriamente à Comissão Nacional de Proteção de Dados cópia dos protocolos celebrados.
>
> 4 – A comunicação de dados está sujeita ao pagamento dos encargos que foram devidos, nos termos de tabela a aprovar por despacho do Ministro da Justiça."

Por sua vez, o art. 109º-C permite que possam ter *acesso direto* aos dados referidos nos nºs 1 e 2 do artigo 109º-A[228]:

a) Os magistrados judiciais e do Ministério Público, no âmbito da prossecução das suas atribuições, que podem fazer-se substituir por funcionários por si designados;
b) As entidades que, nos termos da lei processual, recebam delegação para a prática de atos de inquérito ou instrução ou a quem incumba cooperar internacionalmente na prevenção e repressão da criminalidade e no âmbito dessas competências;
c) As entidades com competência legal para garantir a segurança interna e prevenir a sabotagem, o terrorismo, a espionagem e a prática de atos que, pela sua natureza, podem alterar ou destruir o Estado de direito constitucionalmente estabelecido, no âmbito da prossecução dos seus fins.

10.2. Meios de prova

a) Certidões e cópias não certificadas

O registo prova-se por meio de *certidões* que são válidas por um período de seis meses e podem ser revalidadas por períodos de igual duração, se a sua informação se mantiver atual (art. 110º).

As certidões podem ser disponibilizadas em suporte eletrónico, fazendo prova para todos os efeitos legais e perante qualquer autoridade pública ou entidade privada, nos mesmos termos da correspondente versão em suporte de papel. Faz assim prova para todos os efeitos legais a disponibilização da informação constante do sítio da Internet *www.predialonline.mj.pt*, designada por *certidão permanente* e adiante tratada.

Por cada processo de registo é disponibilizado gratuitamente, pelo período de três meses, a informação constante do sítio da Internet *www.predialonline.mj.pt*, salvo se o requerente optar pela disponibilização gratuita de uma cópia não certificada dos registos efetuados.

[228] A Lei nº 32/2014, de 30/5, que aprovou o procedimento extrajudicial pré-executivo, determina no nº 1 do seu art. 9º: "1 – O agente de execução realiza as consultas às bases de dados da administração tributária, da segurança social, do registo civil, do registo nacional de pessoas coletivas, do registo predial, do registo comercial e do registo de veículos e de outros registos ou arquivos semelhantes, para obtenção de informação referente à identificação e localização do requerido, bem como dos bens penhoráveis de que seja titular, nos termos a definir por portaria do membro do Governo responsável pela área da justiça, sob parecer da Comissão Nacional de Proteção de Dados, nos termos do artigo 22º da Lei nº 67/98, de 26 de outubro (...) "

As *certidões* e as *cópias não certificadas* de registos podem ser emitidas e confirmadas por qualquer serviço de registo, mas as *certidões negativas* de registos *têm de ser confirmadas pelo serviço de registo da área da situação do prédio* (art. 110º-A).

Enquanto as condições técnicas não permitirem a sua emissão por qualquer serviço de registo, mantém o nº 3 do art. 110º-A que as certidões de documentos ou despachos são enviadas pelo serviço de registo da área da situação do prédio.

Para a emissão das certidões e das cópias não certificadas são competentes o conservador e qualquer oficial dos registos.

b) Pedido das certidões

As certidões podem ser *pedidas verbalmente ou por escrito* (art. 111º), sendo os modelos dos pedidos de certidões requisitadas por escrito aprovados por despacho do presidente do Instituto dos Registos e do Notariado.

O pedido de certidão pode ser efetuado por qualquer uma das modalidades previstas no art. 41º -B, ou seja, pessoalmente, por via eletrónica, pelo correio, por telecópia e por via imediata.

Os *pedidos de certidão* devem conter, além da identificação do requerente, o número da descrição, a freguesia e o concelho dos prédios ou frações autónomas a que respeitem. Tratando-se de *prédio não descrito* deve indicar-se a natureza do prédio, a sua situação, as confrontações, o artigo da matriz e o nome, estado e residência do proprietário ou possuidor atual, bem como dos dois imediatamente anteriores, salvo, quanto a estes, se o requerente alegar no pedido as razões justificativas do seu desconhecimento.

Se o pedido respeitar a quota-parte de prédio não descrito e indiviso, deve conter o nome, estado e, sendo casado, o nome do cônjuge de todos os comproprietários.

c) Conteúdo e emissão das certidões

As certidões de registo devem conter (art. 112º):

a) A *reprodução das descrições e dos atos de registo em vigor* respeitantes aos prédios em causa, salvo se tiverem sido pedidas com referência a todos os atos de registo;
b) A menção das *apresentações pendentes* sobre o prédio em causa;
c) As *irregularidades ou deficiências* de registo não retificadas;
d) Os *documentos arquivados* para os quais os registos remetam.

Se as condições técnicas o permitirem, podem ser emitidas certidões com referência a determinados atos de registo ou partes de documentos.

Se for encontrado um prédio descrito que apenas ofereça semelhança com o identificado no pedido, é passada certidão daquele, com menção desta circunstância, devendo, neste caso, os interessados declarar, nos instrumentos ou termos processuais a que a certidão se destine, se existe relação entre ambos os prédios.

As certidões são emitidas *imediatamente após a receção do pedido*, quando deste não conste um termo inicial diferente. (art. 113º). As *certidões negativas* de registos são emitidas no prazo máximo de *um dia útil.*

Sem prejuízo de outros fundamentos de recusa de emissão de certidão previstos na lei, a emissão da certidão deve ser recusada nos casos seguintes:

a) Se o pedido não contiver os elementos previstos nos nºs 4 a 6 do art. 111º, ou seja: a identificação do requerente, o número da descrição, a freguesia e o concelho dos prédios ou frações autónomas a que respeitem; tratando-se de prédio não descrito, a natureza, a situação, as confrontações, o artigo da matriz e o nome, estado e residência do proprietário ou possuidor atual, bem como dos dois imediatamente anteriores, salvo, quanto a estes, se o requerente alegar no pedido as razões justificativas do seu desconhecimento; e, se o pedido respeitar a quota-parte de prédio não descrito e indiviso, o nome, estado e, sendo casado, o nome do cônjuge de todos os comproprietários;
b) Se o prédio não estiver sujeito a registo.

d) Certidão permanente

A *certidão permanente de registo predial*, regulada pela Portaria nº 1513/2008, de 23 de dezembro[229], alterada pela Portaria nº 286/2012, de 20 de setembro, significa a disponibilização do acesso à informação, em suporte eletrónico e permanentemente atualizada, dos *registos em vigor* e das *apresentações pendentes*, respeitantes a prédio descrito.

O acesso à informação efetua-se mediante a disponibilização de um *código de acesso*, que permite a visualização da informação através da Internet, durante o prazo de validade da certidão permanente (art. 1º P).

O pedido de acesso à certidão permanente pode fazer-se (art. 2º P):

a) Através do sítio na Internet com o endereço *www.predialonline.mj.pt*, mantido pelo Instituto dos Registos e do Notariado;
b) Verbalmente, em qualquer serviço com competência para a prática de atos de registo predial, com referência a cada prédio, mediante indicação da freguesia e do concelho a que o mesmo pertence e do número da descrição.

[229] São seguidos da letra P os artigos da Portaria nº 1513 citados neste nº 9.2.4.

O pedido de renovação de certidão permanente pode ser realizado através dos meios acima referidos, mediante indicação do código de acesso à certidão permanente.

A identificação do requerente da certidão permanente faz-se pela indicação do nome ou firma e do endereço de correio eletrónico.

O sítio na Internet referido com o endereço *www.predialonline.mj.pt* deve permitir, nomeadamente, a identificação do requerente da certidão permanente e dos demais elementos necessários ao pedido, o pagamento do serviço por via eletrónica e ainda o envio de avisos por correio eletrónico e *short message service* (SMS) aos utilizadores do código de acesso à certidão permanente (art. 3º P).

Após o pedido de certidão permanente, é disponibilizado ao requerente um *código de acesso* que permite a sua visualização, a partir do momento em que seja confirmado o pagamento dos montantes devidos (art. 4º P).

A certidão permanente é disponibilizada pelo *prazo de seis meses*, podendo ser renovada por iguais períodos de tempo; a sua *renovação* deve ocorrer até ao limite do prazo de duração (art. 5º P).

Mediante protocolo com o Instituto dos Registos e do Notariado, podem ser estabelecidas formas de pagamento agrupado com entidades, públicas ou privadas, cujas atribuições e competências façam pressupor um elevado nível de utilização deste serviço (art. 7º P).

Em tudo quanto não esteja previsto na Portaria nº 1513/2008, de 23 de dezembro, é aplicável o regime da certidão permanente de registo comercial (art. 8º P).

10.3. Informação predial simplificada

A Portaria nº 54/2011, de 28 de janeiro, criou a *informação predial simplificada*, que consiste na disponibilização permanente em suporte eletrónico do acesso a informação não certificada, existente sobre prédio descrito, extraída de forma automática da respetiva ficha informatizada.

A informação disponibilizada consiste na indicação de elementos essenciais da descrição, dos titulares do direito de propriedade e de outros direitos restritivos daquele, na simples menção da existência ou não de hipotecas, de penhoras e de quaisquer outros ónus ou encargos ou de outros factos registados, bem como de apresentações pendentes.

O acesso à informação predial simplificada efetua-se mediante a disponibilização de um *código de acesso* que permite a visualização da informação através da Internet.

A disponibilização do código não equivale à entrega de uma certidão de registo predial e não dispensa a apresentação desta sempre que a lei a exija.

O pedido de acesso à informação predial simplificada pode fazer -se:

a) Através do sítio na Internet com o endereço *www.predialonline.mj.pt*, mantido pelo Instituto dos Registos e do Notariado;
b) Verbalmente, em qualquer serviço com competência para a prática de atos de registo predial.

A identificação do prédio a que respeita o pedido é feita mediante indicação da freguesia e do concelho a que o mesmo pertence e do número da descrição.

A identificação do requerente da informação faz-se pela indicação do nome ou firma, residência ou sede, e do endereço de correio eletrónico.

O pedido de renovação da informação predial simplificada pode ser realizado através da mera indicação do respetivo código de acesso.

O sítio na Internet *www.predialonline.mj.pt* deve permitir nomeadamente as seguintes funções:

a) A identificação do requerente da informação predial simplificada e dos demais elementos necessários ao pedido;
b) O pagamento do serviço por via eletrónica;
c) O envio de avisos por correio eletrónico aos requerentes da informação predial simplificada.

Após o pedido da informação predial simplificada, é disponibilizado ao requerente um código que permite a sua visualização no sítio da Internet acima referido, a partir do momento em que seja confirmado o pagamento da taxa devida.

A informação predial simplificada está disponível pelo prazo de um ano, podendo ser renovada por iguais períodos de tempo, mas a renovação deve ocorrer até ao limite do prazo de duração.

Mediante protocolo com o Instituto dos Registos e do Notariado, podem ser estabelecidos montantes e formas de pagamento específicos com entidades, públicas ou privadas, cujas atribuições ou competências pressuponham um elevado nível de utilização deste serviço, designadamente as que exercem a sua atividade no âmbito do sector imobiliário.

11. Suprimento, retificação e reconstituição do registo

11.1. Suprimento

O *suprimento* diz respeito à justificação relativa ao trato sucessivo (art. 116º), ao registo de mera posse, ao cancelamento do registo de quaisquer ónus ou encargos, quando não seja possível obter documento comprovativo da respetiva extinção (art. 118º) e ao registo provisório de arresto, penhora ou apreensão em falência de bens inscritos a favor de pessoa diversa do requerido ou executado (art. 119º).

11.1.1. Justificação relativa ao trato sucessivo

Para obter a *justificação relativa ao trato sucessivo*, o adquirente que não disponha de documento para a prova do seu direito pode obter a primeira inscrição mediante escritura de *justificação notarial* ou decisão proferida em processo de *justificação administrativa* (nº 1 do art. 116º).

Aos mesmos meios se pode recorrer para suprir a *falta de intervenção do titular* de inscrição de aquisição, reconhecimento ou mera posse, nos termos exigidos pelo nº 2 do art. 34º (nº 2 do art. 116º). Nesta hipótese, a usucapião implica novo trato sucessivo a partir do titular do direito acima justificado (nº 3 do art. 116º).

Temos assim três hipóteses de justificação do trato sucessivo:

1ª – *Estabelecimento* do trato sucessivo (em regra, prédio até então omisso no registo predial);

2ª – *Reatamento* do trato sucessivo (prédio descrito que foi objeto de uma ou mais transmissões não registadas a partir do último titular inscrito e até à transmissão para o atual pretenso titular);

3ª – *Novo trato* sucessivo (aquisição originária de prédio descrito, adquirido por usucapião pelo atual pretenso titular).

Com o procedimento de justificação previsto no art. 116º, deixa assim de haver lugar ao recurso a decisão judicial, em alternativa à justificação notarial, como sucedia anteriormente à entrada em vigor do Decreto-Lei nº 273/2001, de 13 de outubro.

a) Regularidade fiscal

No que toca à observância da *regularidade fiscal*, presume-se a observância das obrigações fiscais por parte do justificante, no caso de primeira inscrição, se o direito *estiver inscrito em seu nome na matriz.*

Tratando-se de reatamento do trato sucessivo, a impossibilidade de comprovar os impostos referentes às transmissões justificadas, quando *certificada pela repartição de finanças*, dispensa a apreciação da respetiva regularidade fiscal (art. 117º).

Tenha-se todavia em conta que a justificação de direitos que, nos termos da lei fiscal, devam constar da matriz *só é admissível em relação aos direitos nela inscritos* ou relativamente aos quais esteja *pedida*, à data da instauração do processo, a sua inscrição na matriz (nº 1 do art. 117º-A).

b) Legitimidade para pedir a justificação

Tem *legitimidade* para pedir a justificação, além do pretenso titular do direito, quem demonstre ter legítimo interesse no registo do respetivo facto aquisitivo, incluindo, designadamente, os credores do titular do direito justificando (nº 2 do art. 117º-A).

c) Início dos procedimentos

O processo inicia-se com a *apresentação do pedido* em *qualquer serviço de registo* com competência para a prática de atos de registo predial (art. 117º-B).

No pedido o interessado solicita o reconhecimento do direito em causa, oferece e apresenta os meios de prova e indica, consoante os casos:

a) A *causa da aquisição* e as razões que impossibilitam a sua comprovação pelos meios normais, quando se trate de estabelecer o trato sucessivo relativamente a *prédios não descritos* ou a prédios descritos sobre os quais não incida inscrição de aquisição, de reconhecimento ou de mera posse *(estabelecimento do trato sucessivo)*;

b) As *sucessivas transmissões* operadas a partir do titular inscrito, com especificação das suas causas e identificação dos respetivos sujeitos, bem como das razões que impedem a comprovação pelos meios normais das transmissões relativamente às quais declare não lhe ser possível obter o título *(reatamento do trato sucessivo)*;

c) As circunstâncias em que baseia a *aquisição originária*, bem como as transmissões que a tenham antecedido e as subsequentes, se estiver em causa o estabelecimento de novo trato sucessivo nos termos do nº 3 do art. 116º *(novo trato sucessivo)*.

No caso de ser invocada a *usucapião* como causa da aquisição, devem ser expressamente alegadas as circunstâncias de facto que determinam o início da posse, quando não titulada, bem como, em qualquer caso, as que consubstanciam e caracterizam a posse geradora da usucapião.

O prédio objeto do direito justificando deve ser identificado no pedido nos termos exigidos na alínea *b*) do nº 1 do art. 44º (número da descrição dos prédios ou as menções necessárias à sua descrição).

Destes procedimentos previstos no art. 117º-B resulta que o requerente, se invocar como título uma forma de *aquisição originária* – usucapião ou acessão – apenas terá de provar os factos de que resulta o seu direito.

"Mas, se a aquisição é derivada, não basta provar, por exemplo, que *comprou* a coisa ou que esta lhe foi *doada*. Nem a compra e venda nem a doação se podem considerar *constitutivas* do direito de propriedade, mas apenas *translativas* desse direito *(nemo plus juris ad alium transferre potest, quam ipse habet)*.

É preciso, pois, provar que o direito já existia no transmitente *(dominium auctoris)*, o que se torna, em muitos casos, difícil de conseguir. *Probatio diabolica* lhe chama alguns autores."[230]

d) Meios de prova
Com o pedido devem ser apresentados os seguintes meios de prova (art. 117º-C):

a) *Testemunhas*, em número de *três*;
b) *Documentos comprovativos* das transmissões anteriores e subsequentes ao facto justificado a respeito das quais se não alegue a impossibilidade de os obter;
c) Outros documentos que se considerem necessários para a verificação dos pressupostos da procedência do pedido.

Às testemunhas aplica-se o disposto quanto aos declarantes no processo de justificação notarial, ou seja, não são admitidos aqueles que não podem ser testemunhas instrumentárias[231], nem os parentes sucessíveis dos justificantes, nem o cônjuge de qualquer deles.

Por força do disposto no art. 4º do Decreto-Lei nº 281/99, de 26 de Julho, a justificação para os efeitos do art. 116º que tiver por objeto *prédios urbanos* fica sujeita à disciplina daquele diploma, na parte que lhe for aplicável, ou seja, à apresentação da *licença de utilização* ou *de construção*, conforme for exigível.

e) Instauração do processo
Segundo a previsão do art. 117º-D, o processo de justificação considera-se instaurado no momento da apresentação do pedido, dos documentos e dos emolumentos devidos pelo processo, no serviço de registo, a qual é anotada no diário.

Constitui causa de rejeição do pedido a falta de pagamento de preparo; todavia, e sem prejuízo do disposto no nº 9 do artigo 151º – possibilidade de o interessado, uma vez notificado, proceder à entrega das quantias em falta no prazo de 2 dias –, a verificação desta causa de rejeição após a apresentação do pedido no diário dá lugar à recusa de apreciação do pedido, aplicando-se, com as devidas adaptações, o disposto no nº 3 do artigo 66º, ou seja, a rejeição

[230] Pires de Lima e Antunes Varela, *Código Civil Anotado*, vol. III, p. 115.

[231] Não podem ser testemunhas (nº 1 do art. 68º do Código do Notariado): os que não estiverem no seu perfeito juízo; os que não entenderem a língua portuguesa; os menores não emancipados, os surdos, os mudos e os cegos; os funcionários e o pessoal contratado em qualquer regime em exercício no cartório notarial; o cônjuge, os parentes e afins, na linha reta ou em 2º grau da linha colateral, tanto do notário que intervier no instrumento como de qualquer dos outorgantes, representantes ou representados; o marido e a mulher, conjuntamente; os que, por efeito do ato, adquiram qualquer vantagem patrimonial; os que não saibam ou não possam assinar..

deve ser fundamentada em despacho a notificar ao interessado, para efeitos de impugnação, nos termos do disposto nos artºs 140º e seguintes, aplicando-se-lhe, com as devidas adaptações as disposições relativas à recusa.

Sendo aceite a apresentação, é oficiosamente averbada a pendência da justificação, reportando-se à data daquela os efeitos dos registos que venham a ser efetuados na sequência da justificação (art. 117º -E).

É para o efeito *aberta a descrição do prédio* ainda não descrito, se for o caso, e, se a descrição resultar de desanexação de outro prédio, feita a anotação da desanexação na ficha deste último.

A *descrição terá de ser inutilizada* no caso de o averbamento de pendência ser cancelado, a menos que devam subsistir em vigor outros registos entretanto efetuados sobre o prédio.

Os registos de outros factos efetuados posteriormente e que dependam, direta ou indiretamente, da decisão do processo de justificação pendente estão sujeitos ao regime de provisoriedade previsto na alínea *b*) do nº 2 do art. 92º – inscrições dependentes de qualquer registo provisório ou com ele incompatíveis –, sendo-lhes aplicável, com as necessárias adaptações, o disposto nos nºs 6 a 8 desse mesmo artigo[232].

O averbamento de pendência é *oficiosamente cancelado* mediante a decisão que indefira o pedido de justificação ou declare findo o processo, logo que tal decisão se torne definitiva.

f) Indeferimento liminar e aperfeiçoamento do pedido

Sempre que o pedido seja manifestamente improcedente pode ser *liminarmente indeferido*, por despacho fundamentado, sendo notificado o interessado (art. 117º-F).

O justificante é convidado para, *no prazo de 10 dias*, juntar ao processo os documentos em falta ou prestar declaração complementar sobre os elementos de identificação omitidos, sob pena de indeferimento liminar da pretensão, nos seguintes casos:

a) Se ao pedido não tiverem sido juntos os documentos comprovativos dos factos alegados, que só documentalmente possam ser provados e cuja verificação constitua pressuposto da procedência do pedido; ou

[232] As inscrições referidas na alínea *b)* do nº 2 mantêm-se em vigor pelo prazo do registo de que dependem ou com o qual colidem, salvo se antes caducarem por outra razão; a conversão do registo em definitivo determina a conversão oficiosa das inscrições dependentes e a caducidade das inscrições incompatíveis, salvo se outra for a consequência da requalificação desta. O cancelamento ou a caducidade do registo provisório determina a conversão oficiosa da inscrição incompatível (nºs 6 a 8 do art. 92º).

b) Se do pedido e dos documentos juntos não constarem os elementos de identificação do prédio exigidos para a sua descrição, nos termos da alínea *b*) do nº 1 do art. 44º.

Este convite não se verifica se o serviço de registo puder obter os documentos ou suprir a ausência dos elementos em falta *por acesso às bases de dados* das entidades competentes ou qualquer outro meio idóneo, designadamente por comunicação com o justificante.

O justificante pode impugnar a decisão de *indeferimento liminar* para o tribunal de 1ª instância competente na área da circunscrição a que pertence a conservatória onde pende o processo nos termos previstos no art. 117º-I, com as necessárias adaptações.

Em face dos fundamentos alegados na impugnação, pode ser *reparada a decisão* de indeferir liminarmente o pedido, mediante despacho fundamentado que ordene o prosseguimento do processo, do qual é notificado o impugnante.

Não sendo a decisão reparada, são efetuadas simultaneamente a notificação dos interessados, nos termos do art. 117º-G, e a notificação da impugnação deduzida.

Sendo apresentada *oposição ao pedido* de justificação, o processo é *declarado findo*, sendo os interessados remetidos para os meios judiciais. Se não for deduzida oposição, o processo é remetido ao tribunal para que seja decidida a *impugnação de indeferimento liminar*.

g) Procedimentos subsequentes

Não tendo havido indeferimento liminar – ou tendo a decisão sido reparada ou anulada –, caso a justificação se destine ao reatamento ou ao estabelecimento de novo trato sucessivo, é notificado o titular da última inscrição, quando se verifique falta de título em que ele tenha intervindo, procedendo-se à sua *notificação edital* ou à dos seus herdeiros, independentemente de habilitação, quando, respetivamente, aquele titular esteja ausente em parte incerta ou tenha falecido (art. 117º-G).

As notificações são feitas nos termos gerais da lei processual civil. As notificações editais são feitas pela simples afixação de *editais*, pelo prazo *de 30 dias*, no serviço de registo da situação do prédio, na sede da junta de freguesia da situação do prédio e, quando se justifique, na sede da junta de freguesia da última residência conhecida do ausente ou do falecido.

As notificações editais são igualmente publicadas na Internet no sítio *www.predialonline.mj.pt*, nos termos previstos na Portaria nº 621/2008, de 18 de Julho.

A informação objeto de publicidade no sítio *www.predialonline.mj.pt* deve poder ser acedida, designadamente por ordem cronológica e por outros elementos identificativos, como o número da descrição predial, respetiva freguesia e concelho, o número da inscrição matricial, natureza, freguesia e concelho do prédio.

O art. 117º-H determina, quanto aos procedimentos subsequentes:

Os interessados *podem deduzir oposição nos 10 dias* subsequentes ao termo do prazo da notificação. Se *houver oposição*, o processo é *declarado findo*, sendo os interessados remetidos para os meios judiciais.

Não sendo deduzida oposição, procede-se à *inquirição das testemunhas*, apresentadas pela parte que as tenha indicado, sendo os respetivos depoimentos reduzidos a escrito por extrato.

A *decisão* é proferida no *prazo de 10 dias* após a conclusão da instrução e, sendo caso disso, especifica as sucessivas transmissões operadas, com referência às suas causas e à identidade dos respetivos sujeitos.

Os interessados são notificados da decisão no prazo de 5 dias. Tornando-se a decisão definitiva, são efetuados oficiosamente os consequentes registos.

A decisão do processo de justificação é publicada, oficiosa e imediatamente, na Internet no sítio *www.predialonline.pt*, devendo poder ser acedida, designadamente por ordem cronológica e por outros elementos identificativos, como o número da descrição predial, respetiva freguesia e concelho, o número da inscrição matricial, natureza, freguesia e concelho do prédio.

h) Impugnação da decisão final

Da decisão final do conservador, o Ministério Público e qualquer interessado podem *recorrer*, no *prazo de dez dias*, para o tribunal de 1ª instância competente na área da circunscrição a que pertence a conservatória, tendo o recurso efeito suspensivo (art. 117º-I).

A impugnação efetua-se por meio de *requerimento* onde são expostos os respetivos fundamentos. A interposição da impugnação considera-se feita com a apresentação da mesma no *serviço de registo em que o processo se encontra pendente*, a qual é anotada no diário, sendo o processo remetido à entidade competente no mesmo dia em que for recebido.

Recebido o processo, são notificados os interessados para, no *prazo de 10 dias*, impugnarem os fundamentos do recurso. Não havendo lugar a qualquer notificação ou findo aquele prazo, vai o processo com vista ao Ministério Público (art. 117º-J).

Da sentença proferida no tribunal de 1ª instância podem interpor *recurso*, que tem efeito suspensivo, para o tribunal da Relação, no prazo de 30 dias, os interessados e o Ministério Público.

Para além dos casos em que é sempre admissível recurso, do acórdão da Relação cabe, ainda, recurso para o Supremo Tribunal de Justiça nos casos seguintes:

a) Quando esteja em causa uma questão cuja apreciação, pela sua relevância jurídica, seja claramente necessária para uma melhor aplicação do direito;
b) Quando estejam em causa interesses de particular relevância social;
c) Quando o acórdão da Relação esteja em contradição com outro, já transitado em julgado, proferido por qualquer Relação ou pelo Supremo Tribunal de Justiça, no domínio da mesma legislação e sobre a mesma questão fundamental de direito, salvo se tiver sido proferido acórdão de uniformização de jurisprudência com ele conforme (art. 117º-L).

Após o trânsito em julgado da sentença ou do acórdão proferidos, o tribunal devolve à conservatória o processo de justificação (art. 117º-M). Se a justificação tiver sido indeferida por falta de provas, pode o justificante deduzir nova justificação (art. 117º-N).[233]

11.1.2. Outros casos de justificação

O art. 118º permite que as disposições relativas à justificação para primeira inscrição sejam aplicáveis, com as devidas adaptações, a outros casos de justificação: *cancelamento* pedido pelo titular inscrito do registo de quaisquer *ónus ou encargos*, quando não seja possível obter documento comprovativo da respetiva extinção, e ao registo da *mera posse*.

Pelo que respeita ao registo da mera posse – posse não titulada –, a que são aplicáveis as disposições relativas ao processo de justificação para primeira inscrição (nº 2 do art. 118º), há que ter em conta o preceituado no nº 2 do art. 1295º CC: "A mera posse só é registada em vista de decisão final proferida em processo de justificação, nos termos da lei registral, na qual se reconheça que o possuidor tem possuído pacífica e publicamente por tempo não inferior a cinco anos."

Já foi entendido que, para efeitos de registo, a posse deveria ser exercida ininterruptamente: assim, não seria considerada a posse de uma casa de férias, independente do número de anos da sua duração, uma vez que haveria soluções de continuidade no exercício dessa posse.

Em sede de recurso de uma decisão neste sentido, o Conselho Técnico da Direção-Geral dos Registos e do Notariado veio tomar posição contrária, nos

[233] Haverá que ter em conta a jurisprudência fixada no acórdão uniformizador de jurisprudência nº 1/2008, de 4/12/2007 (Diário da República, Série I, de 31/3/2008): "Na ação de impugnação de escritura de justificação notarial prevista nos artigos 116º, nº 1, do Código do Registo Predial e 89º e 101º do Código do Notariado, tendo sido os réus que nela afirmaram a aquisição, por usucapião, do direito de propriedade sobre um imóvel, inscrito definitivamente no registo, a seu favor, com base nessa escritura, incumbe-lhes a prova dos factos constitutivos do seu direito, sem poderem beneficiar da presunção do registo decorrente do artigo 7º do Código do Registo Predial."

seguintes termos: "A concretização dos atos materiais reveladores dos elementos da posse deve ser apreciada tendo em consideração a utilidade que, em cada caso, da coisa possuída advém para o possuidor, não sendo exigível, para definição do conceito de continuidade da posse, que o possuidor a exerça ininterruptamente, mas que pratique, ao longo dos anos, com a regularidade adequada, os atos materiais ajustados à natureza da coisa e ao direito que se pretende manifestar".[234]

11.1.3. Justificação relativa a prédios abrangidos por emparcelamento

O nº 3 do art. 118º remete para legislação própria a disciplina do processo de justificação para inscrição de direitos sobre os prédios abrangidos por emparcelamento: é assim agora a Lei nº 111/2015, de 27 de agosto, que estabelece o Regime Jurídico da Estruturação Fundiária e regula o emparcelamento rural, como um dos instrumentos de estruturação fundiária (nº 1, al. *a)* do art. 3º).

As operações de emparcelamento rural determinam a reunião da propriedade num único prédio rústico por titular e a eliminação de situações de prédios encravados; as alterações prediais resultantes das operações de emparcelamento rural estão sujeitas a registo predial e a inscrição matricial, bem como a georreferenciação e a inscrição no cadastro predial (art. 5º).

As operações de emparcelamento rural podem assumir as formas de emparcelamento simples ou de emparcelamento integral (art. 6º).

O emparcelamento simples consiste na correção da divisão parcelar de prédios rústicos ou de parcelas pertencentes a dois ou mais proprietários ou na aquisição de prédios contíguos, através da concentração, do redimensionamento, da retificação de estremas e da extinção de encraves e de servidões e outros direitos de superfície, podendo também integrar obras de melhoramento fundiário; entende-se por parcela toda a parte delimitada do solo sem autonomia física e as construções nele existentes que não tenham autonomia económica (art. 7º).

As operações de emparcelamento simples são da iniciativa dos proprietários interessados, diretamente ou através de representantes, incluindo organizações representativas, podendo ainda ser objeto de um acordo de parceria entre os proprietários, diretamente ou representados, e as freguesias ou os municípios (art. 8º).

O emparcelamento integral consiste na substituição de uma estrutura predial da propriedade rústica por outra que, associada à realização de obras de melhoramento fundiário, permita concentrar a área de prédios rústicos ou parcelas pertencentes a cada proprietário no menor número possível de

[234] Cf. *Boletim dos Registos e do Notariado*, n. 3/2004, II, p. 4.

prédios rústicos, melhorar a configuração e as condições de utilização das parcelas e dos prédios rústicos e apoiar o desenvolvimento das zonas rurais, aumentar a superfície dos prédios rústicos e eliminar prédios encravados. No âmbito de cada projeto de emparcelamento integral, deve ser constituída uma reserva de terras (art. 12º).

As operações de emparcelamento integral são da iniciativa do Estado ou dos municípios. A Direção-Geral da Agricultura e Desenvolvimento Rural (DGADR) é a entidade promotora nas operações da iniciativa do Estado, enquanto os municípios são a entidade promotora nas operações da sua iniciativa (art. 14º).

Os procedimentos de justificação são objeto dos artigos 24º e 29º, nos seguintes termos:

Art. 24º – *Situação jurídica dos prédios*: "1 – A determinação da situação jurídica dos prédios consiste na identificação dos respetivos titulares, bem como dos direitos, ónus e encargos que sobre eles impendem.

2 – Quando surgirem dúvidas acerca da propriedade de algum prédio ou parcela, é considerado proprietário, na falta de título suficiente, aquele que estiver na respetiva posse de acordo com o regime da usucapião.

3 – Sem prejuízo do recurso aos meios de justificação de direitos regulados no Código do Registo Predial e no Código do Notariado, o titular de direito sobre prédio abrangido no projeto de emparcelamento integral que não disponha de documento que legalmente o comprove pode obter a inscrição desse direito, para efeitos do disposto no artigo 116º do Código do Registo Predial, com base em auto lavrado e autenticado pela DGADR no âmbito de processo de justificação por esta tramitado, uma vez cumpridas as formalidades a que se referem os artigos 18º e 19º.

4 – O processo de justificação referido no número anterior segue as normas da justificação notarial, com as devidas adaptações, e é instaurado pela DGADR sempre que o pretenso titular do direito, dentro do prazo que para tanto lhe for fixado, não inferior a 30 dias, não faça prova, pelos meios normais, da respetiva titularidade ou de que promoveu a respetiva justificação pelos meios previstos no Código do Notariado ou no Código do Registo Predial.

5 – O processo de justificação referido no número anterior, quando se destine ao reatamento do trato sucessivo, dispensa a apreciação do cumprimento das obrigações fiscais relativamente às transmissões justificadas, reservando-se à Autoridade Tributária e Aduaneira a faculdade de proceder posteriormente à liquidação e cobrança dos tributos que se mostrem devidos, nos termos e prazos previstos na lei.

6 – É igualmente dispensada, como requisito do processo de justificação referido no nº 4, a inscrição matricial do prédio objeto do direito justificado

quando, de acordo com a remodelação predial definida no projeto de emparcelamento, ele venha a ser integralmente substituído por novo ou novos prédios, circunstância de que deve fazer-se menção expressa no respetivo auto final."

Art. 29º – *Auto, registo, inscrição matricial e cadastro dos prédios* "1 – Com a entrega dos novos prédios resultantes da remodelação predial, a DGADR lavra auto, contendo, relativamente a cada titular ou conjunto de titulares de direitos sobre os prédios abrangidos, menção dos bens que lhe pertenciam, dos que em substituição destes lhes ficam a pertencer e dos direitos, ónus e encargos que incidiam sobre os primeiros e são transferidos para os segundos.

2 – Quando nos novos prédios resultantes do emparcelamento foram também incorporadas parcelas da reserva de terras, o auto referido no número anterior deve igualmente fazer menção desse facto.

3 – Sem prejuízo do disposto no número seguinte, o auto constitui documento bastante para prova dos atos ou factos que dele constem, designadamente para os seguintes efeitos:

a) Registo de aquisição dos prédios resultantes da remodelação predial a favor dos proprietários;

b) Registo de quaisquer outros direitos, ónus ou encargos, designadamente o ónus de não fracionamento nos termos da presente lei;

c) Inscrição dos novos prédios nas respetivas matrizes em substituição das inscrições que caduquem;

d) Cadastro predial dos prédios resultantes da remodelação predial.

4 – As inscrições e alterações nas matrizes prediais são feitas oficiosamente, em presença da certidão ou cópia certificada do auto, a remeter aos competentes serviços de finanças pela entidade promotora.

5 – Cabe aos proprietários dos prédios resultantes da remodelação predial promover os registos referidos nas alíneas *a*) e *b*) do nº 3.

6 – O registo previsto na alínea *d*) do nº 3 é promovido nos termos do diploma que procede à reforma do modelo do cadastro predial.

7 – O conteúdo e o modelo do auto referido no nº 1 são definidos por despacho dos membros do Governo responsáveis pelas áreas da justiça, do cadastro predial e do desenvolvimento rural."

11.1.4. Procedimentos de justificação relativamente a bens imóveis do domínio privado do Estado, institutos públicos, regiões autónomas e autarquias locais

O processo de justificação administrativa para inscrição de direitos sobre imóveis a favor do Estado é também, conforme lembra o nº 3 do art. 118º, regulado por legislação própria.

O Decreto-Lei nº 199/2004, de 18 de Agosto, em vista da "existência de inúmeros bens imóveis do Estado e de institutos públicos sem situação registral atualizada ou em situação de omissão na respetiva matriz predial", adotou um procedimento simplificado para regularização da situação jurídica do património imobiliário do Estado e dos institutos públicos, procedimento cuja aplicação deveria cessar em 31 de dezembro de 2008.

O procedimento provisório não terá demonstrado ser a mais adequada solução para o problema pelo que o Decreto-Lei nº 280/2007, de 7 de agosto, que corporizou a reforma do regime do património imobiliário público, aprovou igualmente o *regime jurídico de gestão dos bens imóveis do domínio privado do Estado e dos institutos públicos.*

Considerando que a inventariação completa dos bens imóveis dos domínios públicos do Estado, das Regiões Autónomas e das autarquias locais e dos imóveis do domínio privado do Estado e dos institutos públicos constitui uma necessidade premente para a boa gestão do património imobiliário público, o diploma prevê um programa de inventariação calendarizada dos trabalhos necessários à elaboração e atualização do inventário e, bem assim, regras sobre a regularização matricial e o registo predial, nelas se incluindo a justificação administrativa, agora sem carácter provisório.

Por sua vez, o Decreto-Lei nº 51/2017, de 25 de maio, considerando que as medidas "tendencialmente de regularização massificada desse património são insuficientes e de difícil ajustamento à realidade do património público", implementou a *criação de procedimentos especiais de registo e de regularização da situação jurídico-registral dos bens imóveis do domínio privado do Estado, institutos públicos, regiões autónomas e autarquias locais,* alternativos aos já existentes, mormente ao previsto no Decreto-Lei nº 280/2007, de 7 de agosto. Temos, em consequência, que considerar a existência simultânea desses procedimentos e analisar a correspondente regulamentação, tendo todavia em conta que o regime dos procedimentos regulamentados pelo Decreto-Lei nº 51/2017, de 25 de maio, apenas se aplicam *por um período de cinco anos* a contar da data da entrada em vigor deste decreto-lei (art. 25º), sendo subsidiariamente aplicáveis as disposições do Código do Registo Predial aos atos praticados no âmbito dos procedimentos por ele regulados (art. 24º).

a) Procedimento regulamentado pelo Decreto-Lei nº 280/2007, de 7 de agosto

O art. 114º deste decreto-lei prevê que o programa de inventariação estabeleça, de forma calendarizada, os trabalhos destinados à elaboração e atualização dos inventários de bens imóveis do Estado e dos institutos públicos, tendo carácter plurianual.

No âmbito deste procedimento, sempre que pretendam justificar o seu direito para efeitos de registo predial ou quando haja dúvidas acerca dos limites ou características do prédio, o Estado ou os institutos públicos podem fazer uso do *procedimento de justificação administrativa* previsto e regulado nos artºs 46º a 51º deste Decreto-Lei nº 280/2007, agora *sem qualquer limite temporal de aplicação.*

Este procedimento de justificação administrativa inicia-se com a elaboração de *listas provisórias* (art. 47º):

> "1 – A Direção-Geral do Tesouro e Finanças procede à elaboração de listas, a homologar pelo membro do Governo responsável pela área das finanças, com a identificação dos imóveis do domínio privado do Estado.
>
> 2 – Cabe aos institutos públicos proceder à elaboração de listas, a homologar pelo membro do Governo responsável pela tutela, dos imóveis que integram o seu património.
>
> 3 – Das listas referidas nos números anteriores devem constar:
>
> *a*) As menções relativas à descrição dos prédios, nos termos do Código do Registo Predial, bem como o número da respetiva descrição, caso exista;
>
> *b*) As menções publicitadas pela descrição existente, sempre que haja dúvidas acerca dos limites ou características dos prédios.
>
> 4 – Deve também constar das listas referidas nos nºs 1 e 2 a indicação de a construção e a utilização estarem isentas de licenciamento ou de autorização administrativa por as obras terem sido promovidas pelo Estado ou pelos institutos públicos, nos termos da legislação em vigor no momento da edificação.
>
> 5 – As listas são publicadas na 2ª série do *Diário da República,* num jornal de grande circulação ao nível nacional e em sítio da Internet de acesso público, sendo as listas referidas no nº 2 enviadas previamente à Direção-Geral do Tesouro e Finanças.
>
> 6 – Para efeitos de não integração de determinado imóvel na lista definitiva a que se refere o artigo seguinte e sem prejuízo do recurso aos meios comuns de defesa da propriedade, da homologação das listas provisórias pelo membro do Governo responsável pela área das finanças ou pelo membro do Governo responsável pela tutela pode ser apresentada reclamação, no prazo de 30 dias a contar da sua publicação no *Diário da República.*"

Após decurso do prazo da reclamação, e conforme dispõe o art. 48º, as *listas definitivas* são publicadas na 2ª série do *Diário da República,* constituindo *título bastante* para efeitos de inscrição matricial e registral dos imóveis a favor do Estado ou dos institutos públicos, nos termos dos artigos seguintes.

Os atos necessários à *regularização matricial e registral de imóveis em situação de omissão ou de incorreta inscrição ou descrição nas matrizes ou nos registos prediais*, constantes das listas definitivas, *são praticados oficiosamente* pelos serviços competentes, após simples comunicação da Direção-Geral do Tesouro e Finanças, relativamente a imóveis do domínio privado do Estado, ou dos institutos públicos, relativamente a imóveis que integram seu património, acompanhada da referência à listagem publicada no *Diário da República* (art. 49º).

Para os efeitos da inscrição matricial, o valor patrimonial tributário do bem imóvel resulta de avaliação nos termos legais."

Por sua vez, a *isenção de licenciamento ou de autorização administrativa* está prevista do seguinte modo no art. 50º:

> "1 – A titulação de atos que envolvam a transmissão da propriedade de imóveis cuja construção ou utilização estejam isentas de licenciamento ou de autorização administrativa, por as obras terem sido promovidas pelo Estado ou por institutos públicos, nos termos da legislação em vigor no momento da edificação, efetua-se sem a apresentação de licença ou de autorização administrativa.
>
> 2 – O disposto no número anterior é aplicável à transmissão e à constituição de outros direitos reais e de outras situações jurídicas relativamente às quais a apresentação de licença ou de autorização administrativa seja legalmente exigida.
>
> 3 – Para os efeitos previstos nos números anteriores, a isenção de licenciamento ou de autorização administrativa está sujeita a registo, por averbamento à descrição.
>
> 4 – No caso de bens imóveis do Estado ou de institutos públicos cuja regularização registral se verifique em termos diversos dos previstos no artigo anterior, a isenção de licenciamento ou de autorização administrativa é registada a requerimento do adquirente do imóvel ao Estado ou a instituto público, com base em documento emitido pela Direção-Geral do Tesouro e Finanças ou pelo instituto público que certifique tal facto.
>
> 5 – O disposto nos números anteriores é aplicável, com as devidas adaptações, à titulação de atos que envolvam a transmissão e a constituição de direitos reais ou outras situações jurídicas sobre bens imóveis que, pertencendo ao património de empresas privatizadas ou reprivatizadas, não dispunham, à data da privatização ou reprivatização, de licenciamento e de autorização administrativa, nos termos da legislação aplicável.
>
> 6 – A titulação de atos que envolvam uma transmissão da propriedade de imóveis posterior à transmissão efetuada pelo Estado, pelos institutos públicos ou pelas empresas privatizadas ou reprivatizadas efetua-se igual-

mente sem apresentação de licença ou autorização administrativa até que ocorra operação urbanística que, nos termos gerais, careça de licenciamento ou de autorização administrativa."

Finalmente, o art. 51º determina o regime aplicável a *operações urbanísticas posteriores:*

"1 – O regime jurídico da urbanização e da edificação e as disposições que exijam a apresentação de licença ou de autorização administrativa são aplicáveis a operações urbanísticas posteriores que, nos termos gerais, careçam de licenciamento ou de autorização administrativa.

2 – No caso previsto no número anterior, o registo a que se refere o nº 3 do artigo anterior deve ser cancelado, mediante requerimento do adquirente do imóvel ao Estado, ao instituto público ou à empresa privatizada ou reprivatizada, ou por estes últimos, caso a operação urbanística que determina o cancelamento seja promovida pelos mesmos.

3 – O cancelamento do registo deve ser requerido no prazo de 30 dias após a emissão de alvará que titule a licença ou a autorização ou, em qualquer caso, sobre o início efetivo da operação urbanística em causa e é efetuado oficiosamente sempre que os órgãos competentes tenham conhecimento, no exercício das suas funções e por causa delas, das operações urbanísticas que o determinam."

b) Procedimentos regulamentados pelo Decreto-Lei nº 51/2017, de 25 de maio

O Decreto-Lei nº 51/2017, de 25 de maio, criou, relativamente a bens imóveis do domínio privado do Estado, dos institutos públicos, das regiões autónomas e das autarquias locais; *dois procedimentos extraordinários*: o *de registo* e o de *regularização da situação jurídico-registral*, aplicando-se aos atos e procedimentos necessários à regularização matricial e registral daqueles bens, quando em situação de omissão ou de incorreta ou desatualizada descrição ou inscrição nas matrizes e no registo predial.

São competentes para a prática de atos de registo predial os serviços designados pelo conselho diretivo do IRN (art. 3º), sendo dispensada a prova do cumprimento das obrigações fiscais (art. 4º).

Prevê ainda o art. 5º a possibilidade de, para o prédio objeto de qualquer dos procedimentos agora previstos, existir *representação gráfica georreferenciada*, elaborada e validada nos termos legais, caso em que ela deve ser mencionada pela entidade pública que promove o procedimento; essa indicação, confirmada pelo serviço de registo, equivale à *declaração de que a área nela mencionada é a área correta.*

No caso de prédio não descrito, quando exista divergência entre o título e a representação gráfica georreferenciada quanto à área do prédio dentro das percentagens fixadas no art. 28º-A do Código do Registo Predial, a descrição pode ser aberta com a área que consta daquela representação gráfica, não se aplicando nesse caso o disposto no nº 2 do artigo 28º-B.

A existência de representação gráfica georreferenciada é anotada oficiosamente à descrição.

O *procedimento extraordinário de registo de bens imóveis* destina-se ao registo definitivo de aquisição de direitos a favor do Estado, dos institutos públicos, regiões autónomas e autarquias locais sobre *imóveis omissos no registo predial ou descritos mas sem inscrição em vigor* a favor dessas entidades (art. 6º), sendo dispensada a prévia inscrição do prédio em nome de quem o transmite bem como a apresentação, perante o serviço de registo, do documento comprovativo do direito do transmitente (artº 7º).

Este procedimento inicia-se, nos termos do art. 10º, com a comunicação efetuada, por correio ou ao balcão do serviço de registo, dos elementos relativos à identificação dos prédios, dos titulares dos direitos que sobre eles incidem, bem como do facto que se pretende submeter a registo (nº 1).

Dos elementos relativos à identificação dos prédios e dos seus titulares devem ser comunicados, sempre que sejam conhecidos, os seguintes (nº 2):

a) Número de descrição predial, caso exista, freguesia e concelho;
b) A natureza rústica, urbana ou mista do prédio;
c) A denominação do prédio e a sua situação por referência ao lugar, rua, número de polícia ou confrontações;
d) Composição sumária e área do prédio;
e) Situação matricial do prédio expressa pelo artigo da matriz, definitivo ou provisório, ou pela menção de estar omisso;
f) Os anteriores artigos matriciais bem como os anteriores titulares;
g) A situação da classificação do prédio nos termos da Lei nº 107/2001, de 8 de setembro, se for o caso.

A comunicação deve ser acompanhada dos documentos comprovativos do facto a registar ou da indicação necessária à sua localização quando os mesmos constem de bases de dados das entidades ou serviços da administração pública, caso em que devem os serviços de registo desenvolver as diligências necessárias à sua disponibilização (nº 3).

A comunicação relativa aos imóveis do domínio privado do Estado e dos institutos públicos é efetuada pela Direção-Geral do Tesouro e Finanças (DGTF), ou, no caso destes últimos, pela própria entidade, mediante comunicação da iniciativa à DGTF, e pelas regiões autónomas e autarquias locais quando relativa aos imóveis que integram o respetivo património privado (nº 4).

A possibilidade de existência de *erro de medição* está assim prevista no art. 8º: Quando exista *divergência de área, entre a descrição e o título,* em *percentagens superiores às previstas no art. 28º-A do Código do Registo Predial,* a atualização da descrição é feita nos seguintes termos:

a) Na *matriz cadastral,* o erro de medição é comprovado com base na informação da inscrição matricial donde conste a retificação da área e em declaração que confirme que a configuração geométrica do prédio não sofreu alteração;

b) *Na matriz não cadastral,* o erro a que se refere a alínea anterior é comprovado pela apresentação dos seguintes documentos:

- *i*) Planta do prédio elaborada por técnico habilitado e declaração do titular de que não ocorreu alteração na configuração do prédio; ou
- *ii*) Planta do prédio e declaração dos confinantes de que não ocorreu alteração na configuração do prédio; ou
- *iii*) Representação gráfica georreferenciada do prédio, caso este tenha natureza rústica ou mista e declaração do titular de que não ocorreu alteração na configuração do prédio; ou
- *iv*) Cartografia produzida pela câmara municipal assinada pelo respetivo presidente e declaração do titular de que não ocorreu alteração na configuração do prédio.

Recebida a comunicação, o serviço de registo, conforme determina o art. 11º, aprecia a viabilidade do registo e, caso existam deficiências que não possam ser supridas oficiosamente, com base nos documentos já existentes nos serviços de registo ou por acesso direto à informação constante de bases de dados das entidades ou serviços da administração pública, comunica este facto à entidade interessada para que, no prazo de 20 dias, proceda a tal suprimento (nº 1).

Não sendo possível o suprimento das deficiências o procedimento é automaticamente extinto, com comunicação à entidade interessada; da mesma forma, se, na pendência do procedimento, for apresentado pedido de registo a favor de sujeito diverso da entidade interessada, o procedimento é automaticamente extinto, com comunicação a esta. A comunicação deve ser feita também à DGTF nas situações em que o início do procedimento tenha sido por ela promovido em nome de instituto público (nºs 2, 3 e 6).

No caso da impossibilidade do suprimento de deficiências ter como fundamento a inexistência ou insuficiência do título comprovativo do facto a registar ou ainda a existência de dúvidas quanto aos limites ou características do prédio, da comunicação à entidade interessada deve constar que esta pode requerer a instauração do procedimento extraordinário de regularização da situação jurídico-registal, adiante tratado (nº 4).

Quando não existam deficiências, ou as mesmas tenham sido supridas, o serviço de registo, na dependência de pedido de registo e nos termos do disposto artigo 60º do Código do Registo Predial, procede à *anotação do facto a registar no diário e à elaboração do registo.*

O art. 12º determina que os registos sejam efetuados no *prazo de cinco dias*, beneficiando de um regime de urgência legal; a execução dos registos é sempre comunicada às entidades interessadas e, quando tenha sido promovido por instituto público, também à DGTF.

No caso de prédios rústicos ou predominantemente rústicos do domínio privado do Estado ou dos institutos públicos, a execução do registo é ainda comunicada à entidade gestora prevista no diploma que cria o Banco de Terras, o Fundo de Mobilização de Terras e a Bolsa de Terras.

O serviço de registo disponibiliza, de forma gratuita e pelo período de *três meses, certidão de registo predial permanente* comprovativa dos factos registados.

O *procedimento extraordinário de regularização da situação jurídico-registral de bens imóveis* pode ser utilizado pelo Estado, institutos públicos, regiões autónomas e autarquias locais para as seguintes finalidades (art. 13º, nº 1):

a) Justificação administrativa dos direitos daquelas entidades para efeitos de registo predial;
b) Cancelamento do registo de quaisquer ónus ou encargos, quando não seja possível obter documento comprovativo da respetiva extinção;
c) Fixação, alteração ou retificação dos elementos da descrição predial quanto aos limites ou características do prédio.

Este procedimento pode igualmente destinar-se à obtenção de título para o registo da propriedade horizontal, contanto que a propriedade do edifício pertença por inteiro às entidades referidas no número anterior, e se comprove, mediante documento emitido pela câmara municipal, que as frações autónomas satisfazem os requisitos previstos no artigo 1415º do Código Civil (nº 2).

O procedimento extraordinário de regularização inicia-se (art. 14º):

a) Com a comunicação ao serviço de registo competente, efetuada nos termos previstos nos nºs 1 e 2 do art. 10º, e indicação da inexistência de documento comprovativo do facto a registar ou da impossibilidade de o obter, ou ainda da existência de dúvidas acerca dos limites ou características do prédio;
b) A requerimento da entidade, nas situações previstas no nº 4 do artigo 11º.

Recebida a comunicação ou o requerimento, o serviço de registo, conforme o art. 15º, efetua a anotação do procedimento no diário e averba a respetiva pendência. Nas situações previstas nas alíneas *a*) e *b*) do nº 1 do art. 13º, aplica-se, com as necessárias adaptações, o disposto nos nºs 1 a 4 do artigo 117º-E do Código do Registo Predial, sendo o averbamento de pendência oficiosamente cancelado logo que findo o procedimento.

Subsequentemente, em cumprimento do art. 16º, o serviço de registo desencadeia as diligências instrutórias necessárias e procede, sendo o caso, à elaboração de documento identificativo dos imóveis, de modelo aprovado pelo conselho diretivo do IRN, e dele devem constar:

a) As menções que nos termos do Código do Registo Predial devam constar da descrição do imóvel;
b) O número da descrição do prédio quando o procedimento respeite a prédio descrito;
c) As menções publicitadas pela descrição, sempre que se verifique desconformidade entre os elementos de identificação do prédio que nela figurem e os declarados pela entidade interessada;
d) A identificação da entidade que invoca o direito;
e) A identificação dos ónus e encargos registados sobre o prédio, com discriminação, se for o caso, daqueles cujo cancelamento se pretende, bem como a identificação dos demais titulares de direitos inscritos no registo;
f) Os elementos previstos no nº 1 do artigo 1418º do Código Civil, quando se pretenda obter o título referido no nº 2 do artigo 13º;
g) A menção da existência de título de controlo prévio urbanístico ou a indicação de a construção e a utilização estarem isentas de título de controlo prévio urbanístico, por as obras terem sido promovidas pela Administração Pública, nos termos da legislação em vigor no momento da edificação;
h) A situação da classificação do prédio nos termos da Lei nº 107/2001, de 8 de setembro, se for o caso[235].

O documento que comprove a verificação dos elementos a que se refere a alínea *f*), bem como, quando exigível, o documento comprovativo da existência ou da isenção do licenciamento ou da autorização administrativa a que se refere a alínea *g*), devem ser juntos para a instrução do procedimento pela entidade interessada.

[235] Os bens imóveis podem ser classificados como de interesse nacional, de interesse público ou de interesse municipal (nº 2 do art. 15º da Lei nº 107/2001, de 8 de setembro).

O documento identificativo dos imóveis é assinado pelo legal representante da entidade interessada, com os necessários poderes para o ato, e pelo conservador, sendo a assinatura deste a última do documento.

Após a assinatura do documento o serviço de registo por onde corre o procedimento promove, no prazo de dois dias, a sua publicação em sítio da Internet e a afixação de edital na sede da junta de freguesia da situação do imóvel.

A publicação e o edital devem reproduzir o documento identificativo dos imóveis e conter designadamente os seguintes elementos:

a) Identificação do procedimento;
b) Indicação do serviço de registo por onde corre o procedimento;
c) O prazo para dedução de oposição ao procedimento explicando que o mesmo se conta da data da publicação no sítio da Internet;
d) A data da publicação;
e) O local de afixação do edital;
f) A advertência de que a não dedução de oposição nos termos previstos no artigo 17º tem por consequência a feitura dos registos pretendidos.

A publicação é feita no sítio na Internet de acesso público com o endereço eletrónico https://www.predialonline.pt, mantido pelo IRN; a publicação, bem como o acesso à informação no sítio na Internet, são gratuitos.

Caso exista sobre o prédio objeto do procedimento registo de aquisição em vigor, o serviço de registo comunica, ainda, ao respetivo titular inscrito que foi publicado no sítio da Internet acima referido documento tendente à justificação administrativa do imóvel por parte do Estado, de instituto público, região autónoma ou autarquia local.

Sem prejuízo do recurso aos meios comuns de defesa da propriedade, *pode qualquer interessado deduzir oposição ao procedimento* extraordinário de regularização junto do serviço de registo, no prazo de 30 dias a contar da publicação no referido sítio na Internet: deduzida oposição, o procedimento é declarado findo, sendo os interessados remetidos para os meios judiciais ou extrajudiciais de resolução de conflitos de natureza civil (art. 17º).

Não sendo deduzida oposição, prevê o art. 18º que o documento identificativo do imóvel, elaborado e publicado nos termos do artigo 16º, constitui *título bastante para efeitos de inscrição, atualização ou retificação matricial e registral* dos bens imóveis a favor da entidade interessada.

O serviço de registo promove seguidamente, com base no documento identificativo dos imóveis, se for caso disso, a inscrição, atualização ou retificação do imóvel na matriz, executa, no prazo de cinco dias, os registos, comunica a execução dos registos e procede à emissão da certidão, nos termos do disposto no artigo 12º.

11.1.5. Suprimento em caso de arresto, penhora ou apreensão

O art. 119º prevê um procedimento para o caso de os bens objeto de arresto, penhora ou apreensão *não estarem inscritos em nome da pessoa requerida ou executada*. Assim:

Havendo *registo provisório de arresto, penhora ou de declaração de insolvência* sobre os bens inscritos a favor de *pessoa diversa do requerido*, executado ou insolvente, deve efetuar-se no respetivo processo a *citação do titular inscrito* para declarar, no prazo de 10 dias, se o prédio ou direito lhe pertence. No caso de *ausência ou falecimento* do titular da inscrição, deve fazer-se a citação deste ou dos seus herdeiros, independentemente de habilitação, afixando-se *editais pelo prazo de 30 dias* na sede da junta de freguesia da *área da situação dos prédios*.

Se o citado declarar que os bens lhe não pertencem ou não fizer nenhuma declaração, o tribunal ou o agente de execução comunica o facto ao serviço de registo para *conversão oficiosa do registo*.

Se o citado declarar que os bens lhe pertencem, o juiz remete os interessados para os *meios processuais comuns*, e aquele facto é igualmente comunicado, bem como a data da notificação da declaração, para ser anotada no registo.

O registo da ação declarativa na vigência do registo provisório é anotado neste e prorroga o respetivo prazo até que seja cancelado o registo da ação.

No caso de procedência da ação, deve o interessado pedir a *conversão do registo* no prazo de 10 dias a contar do trânsito em julgado.

Em consonância com o disposto no art. 119º, determina o art. 152º do Código da Insolvência e Recuperação de Empresas que o administrador da insolvência deve registar prontamente a apreensão dos bens cuja penhora esteja sujeita a registo, servindo de título bastante para o efeito o extrato do arrolamento ou do balanço assinado pelo administrador da insolvência.

Se no registo existir, sobre os bens apreendidos, qualquer inscrição de transmissão, de domínio ou de mera posse em nome de pessoa diversa do insolvente, deve o administrador da insolvência juntar ao processo de insolvência nota das respetivas inscrições, para que se possa observar o disposto nas leis do registo e na legislação complementar.

11.2. Retificação do registo

a) Registos inexatos e registos indevidamente lavrados

Os registos *inexatos* e os registos *indevidamente lavrados* devem ser *retificados*, por iniciativa do conservador, logo que tome conhecimento da irregularidade, ou a pedido de qualquer interessado, ainda que não inscrito, nos termos do processo de retificação regulado pelos artºs 120º a 132º-C e, subsidiariamente e com as necessárias adaptações, pelo Código de Processo Civil.

Os registos *indevidamente lavrados* que enfermem de nulidade nos termos das alíneas *b)* e *d)* do art. 16º, por terem sido lavrados com base em *títulos insuficientes* para a prova legal do facto registado ou por terem sido efetuados por *serviço de registo incompetente ou assinados por pessoa sem competência* – ressalvado o disposto no nº 2 do art. 369º CC e se não puderem ser confirmados nos termos do disposto no art. 16º-A – *podem ser cancelados* com o consentimento dos interessados ou em execução de decisão tomada no processo de retificação (nº 2 do art. 121º).

Quanto aos registos que tenham sido *lançados em ficha distinta* daquela em que deviam ter sido lavrados são oficiosamente transcritos na ficha que lhes corresponda, anotando-se ao registo errado a sua inutilização e a indicação da ficha em que foi transcrito (nº 5 do art. 121º).

Também os registos *afetados por deficiências não expressamente enquadráveis* nas irregularidades típicas do registo previstas no Código do Registo Predial, designadamente em consequência de anomalia derivada de deficiência dos serviços, devem ser equiparados a registos indevidamente lavrados, e devem ser retificados, aplicando-se por analogia o processo previsto nos artºs 120º e seguintes.

Neste sentido, as conclusões do parecer nº 73/96 da Procuradoria-Geral da República que a seguir se transcrevem[236]:

> "I – Nos termos do artigo 14º e seguintes do Código de Registo Predial, as irregularidades e deficiências do registo estão qualificadas, conforme a sua gravidade, como inexistência, nulidade ou inexatidão do registo;
>
> II – As causas de nulidade estão taxativamente indicadas no artigo 16º do Código de Registo Predial, apenas produzindo tal consequência as irregularidades expressamente referidas;
>
> III – Os registos que apresentem inexatidão pelos motivos indicados no artigo 18º do Código de Registo Predial podem ser retificados através do processo previsto nos artigos 120º e seguintes;
>
> IV – Podem igualmente ser retificados os registos nulos por terem sido lavrados com base em títulos insuficientes para a prova legal do facto registado – artigo 16º, alínea *b)*, e os efetuados com violação do trato sucessivo – artigo 120º, nº 2, ambos do Código do Registo Predial;
>
> V – Os registos referidos na consulta apresentam-se incoerentes em consequência de anomalia derivada de deficiência dos serviços, impondo-se a correção de tal anomalia, suscetível de perturbar a fé pública e a segurança registal;

[236] Em *Diário da República,* II série, de 20 de novembro de 2000, e no *Boletim dos Registos e do Notariado,* nº 10/2000, p. 31.

VI – Os registos referidos na conclusão anterior, que sofrem de deficiências não expressamente enquadráveis nas irregularidades típicas do registo previstas no Código do Registo Predial, devem ser equiparadas a registos indevidamente lavrados, e devem ser retificados aplicando-se por analogia o processo previsto nos artigos 120º e segs. do Código de Registo Predial."

A *iniciativa do processo* de retificação cabe, como fica dito, ao conservador, logo que tome conhecimento da irregularidade, ou a pedido de qualquer interessado, ainda que não inscrito.

A *retificação* do registo é feita, em regra, por averbamento mas os *registos nulos por violação do princípio do trato sucessivo* são retificados pela feitura do registo em falta se ainda não estiver registada ação de declaração de nulidade (nºs 3 e 4 do art. 121º).

b) Efeitos da retificação relativamente a terceiros de boa-fé

Pelo que diz respeito aos efeitos da retificação, determina o art. 122º que a retificação do registo *não prejudica os direitos adquiridos a título oneroso por terceiros de boa-fé,* se o registo dos factos correspondentes for anterior ao registo da retificação ou da pendência do respetivo processo.

As divergências doutrinais que foram referidas a propósito do âmbito de aplicação do art. 291º do Código Civil e do art. 17º do Código do Registo Predial mantêm-se da mesma forma relativamente ao âmbito de aplicação daquela disposição da lei civil e deste art. 122º.

c) Procedimentos de retificação

Nos casos que em que as deficiências não puderem ser sanadas nos termos previstos no art. 121º, há lugar aos procedimentos seguintes.

O pedido de retificação deve especificar os fundamentos e a identidade dos interessados e ser acompanhado dos meios de prova necessários e do pagamento dos emolumentos devidos (art. 123º).

Constitui causa de rejeição do pedido a falta de pagamento de preparo; todavia, e sem prejuízo do disposto no nº 9 do artigo 151º – possibilidade de o interessado, uma vez notificado, proceder à entrega das quantias em falta no prazo de 2 dias –, a verificação desta causa de rejeição após a apresentação do pedido no diário dá lugar à recusa de apreciação do pedido, aplicando-se, com as devidas adaptações, o disposto no nº 3 do artigo 66º, ou seja, a rejeição deve ser fundamentada em despacho a notificar ao interessado, para efeitos de impugnação, nos termos do disposto nos artºs 140º e seguintes, aplicando-se-lhe, com as devidas adaptações as disposições relativas à recusa (art. 123º).

Se a retificação tiver sido requerida *por todos os interessados, é retificado* o registo, sem necessidade de outra qualquer formalidade, quando se considere, em face dos documentos apresentados, estarem verificados os pressupostos da retificação pedida (art. 124º).

O Conselho Técnico do IRN entendeu que são "interessados para efeitos do disposto no artigo 124º, em sede de retificação da área mencionada na descrição, a demandar portanto que deles se promova a intervenção no competente processo, todos os que nas tábuas figurem como detentores de posições ativas nos registos que à data da sua instauração se encontrem em vigor – ou os seus herdeiros, caso sejam falecidos –, contanto que o resultado da retificação, relativamente ao conjunto de efeitos derivados das indicadas posições, se prefigure como capaz de afetá-los."[237]

Mesmo quando a retificação não tenha sido requerida por todos, o art. 125º prevê casos de *dispensa de consentimento* dos restantes interessados não requerentes. Assim, a retificação *que não seja suscetível de prejudicar direitos dos titulares inscritos* é efetuada, mesmo sem necessidade do seu consentimento, sempre que:

a) A inexatidão provenha da desconformidade com o título, analisados os documentos que serviram de base ao registo, devendo entender-se que a retificação de registo inexato por desconformidade com o título não prejudica o titular do direito nele inscrito;

b) Provindo a inexatidão de deficiência dos títulos, a retificação seja requerida por qualquer interessado com base em documento bastante, sem obrigatoriedade de prévia correção do título deficiente.

O art. 125º estabelece ainda a presunção de que da retificação não resulta prejuízo para a herança, se tal for declarado pelo respetivo cabeça-de-casal.

Não se tendo verificado o consentimento de todos os interessados, nem sendo caso da sua dispensa nos termos previstos no art. 125º, o processo de retificação prossegue com o averbamento ao respetivo registo da *pendência da retificação*, com referência à anotação no diário do pedido ou do auto de verificação da inexatidão, consoante os casos, não prejudicando este averbamento o decurso do prazo de caducidade a que o registo retificando esteja sujeito (nºs 1 e 2 do art. 126º).

Tal como no processo de justificação, também neste processo de retificação, os registos de outros factos lavrados posteriormente e que dependam, direta ou indiretamente, da sorte da retificação pendente estão sujeitos ao *regime de provisoriedade* previsto na alínea *b)* do nº 2 do art. 92º – inscrições dependentes de qualquer registo provisório ou com ele incompatíveis –, sendo-lhes aplicável, com as adaptações necessárias, os nºs 6 a 8 do mesmo artigo (nº 3 do art. 126º).

[237] Parecer de 29 de fevereiro de 2008, emitido no proc. CP 40/2007 DSJ-CT, disponível em *www.irn.mj.pt/IRN/sections/irn/doutrina/pareceres/*.

O averbamento da pendência é oficiosamente cancelado mediante decisão definitiva que indefira a retificação.

Os termos subsequentes do processo são regulados pelos artºs 127º a 130º, em termos similares aos do processo de justificação, como a seguir se explicita.

d) Indeferimento liminar

Quando o pedido se prefigurar como manifestamente improcedente, o conservador deve *indeferi-lo liminarmente,* por *despacho fundamentado* de que notifica o requerente (art. 127º).

A decisão de indeferimento liminar pode ser impugnada nos termos do art. 131º. Pode todavia o conservador, face aos fundamentos alegados no recurso interposto, *reparar a sua decisão* de indeferir liminarmente o pedido, mediante despacho fundamentado que ordene o prosseguimento do processo, do qual é notificado o recorrente.

Não sendo a decisão reparada, são notificados os interessados a que se refere o art. 129º para, no prazo de 10 dias, impugnarem os fundamentos do recurso, remetendo-se o processo à entidade competente.

e) Procedimentos subsequentes

Prosseguindo o processo, os interessados não requerentes são notificados para, no prazo de 10 dias, deduzirem *oposição à retificação,* devendo juntar os elementos de prova e pagar os emolumentos devidos (art. 129º). Se os interessados forem incertos, deve ser notificado o Ministério Público nos termos previstos no número anterior. As notificações são feitas nos termos gerais da lei processual civil, aplicada com as necessárias adaptações.

As notificações editais são feitas pela simples *afixação de editais,* pelo prazo de 30 dias, no serviço de registo da situação do prédio, na sede da junta de freguesia da situação do prédio e, quando se justifique, na sede da junta de freguesia da última residência conhecida do ausente ou do falecido. As notificações editais são igualmente *publicadas na Internet* no sítio *www.predialonline.mj.pt,* delas devendo constar os elementos constantes do art. 8º da Portaria nº 621/2008, e 18 de julho.

Esta informação deve poder ser acedida, designadamente por ordem cronológica e por outros elementos identificativos, como o número da descrição predial, respetiva freguesia e concelho, o número da inscrição matricial, natureza, freguesia e concelho do prédio.

f) Produção de prova

Recebida a oposição ou decorrido o respetivo prazo, o conservador procede às diligências necessárias de *produção de prova* (art. 130º).

A prova testemunhal tem lugar mediante a apresentação das testemunhas pela parte que as tiver indicado, em número não superior a três, sendo os respetivos depoimentos reduzidos a escrito por extrato.

A *perícia* é requisitada pelo conservador ou realizada por perito a nomear nos termos previstos no art. 467º do Código de Processo Civil[238], aplicável com as necessárias adaptações.

O conservador pode, em qualquer caso, proceder às diligências e produção de prova que considerar necessárias.

g) Decisão e sua impugnação

A decisão sobre o pedido de retificação é proferida no prazo de 10 dias (art. 130º/6).

Segundo a previsão do art. 131º, a decisão sobre o pedido de retificação pode ser impugnada mediante interposição de recurso hierárquico para o conselho diretivo do Instituto dos Registos e do Notariado, I.P., ou mediante impugnação judicial para o tribunal da comarca da área da circunscrição a que pertence o serviço de registo, nos termos seguintes.

A interposição da impugnação judicial por algum dos interessados faz precludir o seu direito à interposição de recurso hierárquico, e equivale à desistência deste, quando por si já interposto.

A interposição da impugnação judicial por algum dos interessados determina a suspensão do processo de recurso hierárquico anteriormente interposto por qualquer outro interessado, até ao trânsito em julgado da decisão que ponha termo àquela impugnação.

Têm legitimidade para recorrer hierarquicamente ou impugnar judicialmente a decisão do conservador qualquer interessado e o Ministério Público.

O recurso hierárquico e a impugnação judicial têm efeito suspensivo e devem ser interpostos no prazo de 10 dias, por meio de requerimento onde são expostos os respetivos fundamentos.

A interposição de recurso hierárquico ou de impugnação judicial considera-se feita com a apresentação do respetivo requerimento no serviço de registo onde foi proferida a decisão impugnada.

Apresentada a impugnação, são notificados os interessados para, no prazo de 10 dias, impugnarem os seus fundamentos; não havendo lugar a qualquer

[238] Nº 1 do art. 467º: "1 – A perícia, requerida por qualquer das partes ou determinada oficiosamente pelo juiz, é requisitada pelo tribunal a estabelecimento, laboratório ou serviço oficial apropriado ou, quando tal não seja possível ou conveniente, realizada por um único perito, nomeado pelo juiz de entre pessoas de reconhecida idoneidade e competência na matéria em causa, sem prejuízo do disposto no artigo seguinte."

notificação ou findo o prazo referido, o processo é remetido à entidade competente (art. 131º-A).

O *recurso hierárquico* é decidido no prazo de 90 dias, pelo conselho diretivo do Instituto dos Registos e do Notariado, que pode determinar que seja previamente ouvido o conselho consultivo; neste caso, o conselho consultivo deve pronunciar-se no prazo máximo de 60 dias, incluído no prazo de 90 dias.

A decisão proferida é notificada aos recorrentes e demais interessados e comunicada ao serviço de registo (art. 131º-B).

Tendo o recurso hierárquico sido julgado improcedente o interessado pode ainda *impugnar judicialmente* a decisão sobre o pedido de retificação; tendo, porém, sido julgado procedente, pode ainda qualquer outro interessado, na parte que lhe for desfavorável, impugnar judicialmente a decisão nele proferida.

A impugnação judicial é proposta mediante apresentação do requerimento no serviço de registo competente, no prazo de 10 dias a contar da data da notificação da decisão, devendo o processo ser remetido ao tribunal no prazo de dois dias, instruído com o processo de recurso hierárquico (art. 131º-C).

Recebido em juízo e independentemente de despacho, o processo vai com vista ao Ministério Público, para emissão de parecer; o juiz que tenha intervindo no processo donde conste o ato cujo registo está em causa fica impedido de julgar a impugnação judicial (art. 132º).

Da sentença proferida pelo tribunal de 1ª instância, podem interpor recurso para o tribunal da Relação os interessados, o conservador e o Ministério Público (art. 132º-A).

O recurso, que tem efeito suspensivo, deve ser interposto no prazo de 30 dias.

Para além dos casos em que é sempre admissível recurso, do acórdão da Relação cabe, ainda, recurso para o Supremo Tribunal de Justiça nos casos seguintes:

a) Quando esteja em causa uma questão cuja apreciação, pela sua relevância jurídica, seja claramente necessária para uma melhor aplicação do direito;

b) Quando estejam em causa interesses de particular relevância social;

c) Quando o acórdão da Relação esteja em contradição com outro, já transitado em julgado, proferido por qualquer Relação ou pelo Supremo Tribunal de Justiça, no domínio da mesma legislação e sobre a mesma questão fundamental de direito, salvo se tiver sido proferido acórdão de uniformização de jurisprudência com ele conforme.

Após o trânsito em julgado da sentença ou do acórdão proferidos, o tribunal devolve à conservatória o processo de retificação (art. 132º-B).

11.3. Reconstituição do registo

Em caso de extravio ou inutilização dos suportes documentais, os registos podem ser reconstituídos por *reprodução* a partir dos arquivos existentes, por *reelaboração* do registo com base nos respetivos documentos, ou por *reforma* dos referidos suportes (art. 133º).

O *extravio ou inutilização de uma ficha* determina a reelaboração oficiosa de todos os registos respeitantes ao prédio, devendo ser requisitados aos serviços competentes os documentos que se mostrem necessários à reelaboração do registo, os quais são gratuitos e isentos de quaisquer outros encargos legais (art. 135º).

Nos casos em que o registo não possa ser reconstituído por reprodução ou reelaboração, procede-se à *reforma* dos respetivos suportes, nos termos previstos no art. 136º e de harmonia com os procedimentos prescritos pelos artºs 137º a 139º.

O processo de reforma inicia-se com a remessa, preferencialmente por via eletrónica, ao Ministério Público do auto elaborado pelo conservador, do qual devem constar as circunstâncias do extravio ou inutilização, a especificação dos suportes documentais abrangidos e a referência ao período a que correspondem os registos (art. 137º).

O Ministério Público requerer ao juiz a citação edital dos interessados para, no prazo de dois meses, apresentarem na conservatória títulos, certidões e outros documentos de que disponham, indicando-se também nos editais o período a que os registos respeitem.

Decorrido o prazo dos editais e julgada válida a citação por despacho transitado em julgado, o Ministério Público promove a comunicação do facto ao conservador. O termo deste prazo é anotado no Diário, procedendo-se, de seguida, à reconstituição dos registos em face dos livros e fichas subsistentes e dos documentos arquivados e apresentados.

Concluída a reforma, o conservador participa o facto ao Ministério Público, a fim de que este promova nova citação edital dos interessados para examinarem os registos reconstituídos e apresentarem na conservatória, no prazo de 30 dias, as suas reclamações (art. 138º).

Quando a reclamação tiver por fundamento a omissão de alguma inscrição, esta é lavrada como provisória por natureza, com base na petição do reclamante e nos documentos apresentados.

Se a reclamação visar o próprio registo reformado, devem ser juntas ao processo de reclamação cópias do registo impugnado e dos documentos que lhe serviram de base e anotar-se ao registo a pendência da reclamação.

As reclamações são depois remetidas, para decisão, ao tribunal competente, com a informação do conservador.

A omissão de algum registo que não tenha sido reclamada só pode ser suprida por meio de ação intentada contra aqueles a quem o interessado pretenda opor a prioridade do registo. Julgada procedente a ação, será o registo lavrado com a menção das inscrições a que se refere (art. 139º).

A ação não prejudica os direitos decorrentes de factos registados antes do registo da ação que não tenham constado dos suportes documentais reformados (nº 3 do art. 139º).

12. Impugnação das decisões do conservador

12.1. Recurso do despacho de recusa ou de provisoriedade

A decisão de recusa da prática do ato de registo nos termos requeridos pode ser impugnada mediante a interposição de recurso hierárquico para o conselho diretivo do Instituto dos Registos e do Notariado, ou mediante impugnação judicial para o tribunal da área de circunscrição a que pertence o serviço de registo (art. 140º).

Foi já suscitada a questão da constitucionalidade da norma do art. 140º na medida em que determina que o recurso contencioso tenha lugar para o tribunal da comarca e não para a jurisdição administrativa.

O Tribunal Constitucional, por acórdão de 29 de maio de 2003, decidiu "não julgar inconstitucional a norma do artigo 140º, nº 1, do Código do Registo Predial, na parte em que define o tribunal competente para conhecer dos recursos contenciosos dos atos dos conservadores".

O prazo para a interposição de recurso hierárquico ou de impugnação judicial é de 30 dias a contar da notificação dos interessados dos despachos de recusa ou de provisoriedade dos registos (art. 141º).

A interposição da impugnação judicial faz precludir o direito de interpor recurso hierárquico e equivale à desistência deste, quando já interposto.

Tem legitimidade para interpor recurso hierárquico ou impugnação judicial o apresentante do registo ou a pessoa que por ele tenha sido representada.

O recurso hierárquico ou a impugnação judicial interpõem-se por meio de *requerimento* em que são expostos os seus fundamentos. A interposição de recurso hierárquico ou de impugnação judicial consideram-se feitas com a apresentação das respetivas petições *no serviço de registo* a que pertencia o funcionário que proferiu a decisão recorrida (art. 142º).

Uma vez impugnada a decisão e independentemente da categoria funcional de quem tiver emitido o despacho recorrido, este é submetido *à apreciação do conservador*, o qual deve proferir, no prazo de 10 dias, *despacho a sustentar ou a reparar a decisão*, dele notificando o recorrente (art. 142º-A). A notificação deve ser acompanhada do envio ou da entrega ao notificando de cópia dos documentos juntos ao processo.

Sendo sustentada a decisão, o processo deve ser remetido à entidade competente – Instituto dos Registos e do Notariado ou tribunal da área do serviço de registo –, no prazo de cinco dias, instruído com cópia do despacho de qualificação do registo e dos documentos necessários à sua apreciação.

O recurso hierárquico é decidido no *prazo de 90 dias*, pelo presidente do Instituto dos Registos e do Notariado, que pode determinar que seja previamente ouvido o *conselho técnico* (art. 144º). Quando haja de ser ouvido, o conselho consultivo deve pronunciar-se no prazo máximo de 60 dias, incluído no prazo de 90 dias, acima referido.

A decisão proferida é notificada ao recorrente e comunicada ao conservador que sustentou a decisão. Sendo o recurso hierárquico deferido, deve ser dado cumprimento à decisão no próprio dia.

Tendo o recurso hierárquico sido julgado improcedente, o interessado pode ainda impugnar judicialmente a decisão de qualificação do ato de registo (art. 145º).

A impugnação judicial é proposta mediante apresentação do *requerimento no serviço de registo* competente, no *prazo de 20 dias* a contar da data da notificação da decisão que tiver julgado improcedente o recurso hierárquico.

O processo é remetido ao tribunal no prazo de cinco dias, instruído com o de recurso hierárquico. Recebido em juízo e independentemente de despacho, o processo vai com vista ao Ministério Público, para emissão de parecer (art. 146º). O juiz que tenha intervindo no processo donde conste o ato cujo registo está em causa fica impedido de julgar a impugnação judicial.

Da sentença proferida, podem sempre interpor recurso para a Relação, com efeito suspensivo, o impugnante, o conservador que sustenta, o presidente do Instituto dos Registos e do Notariado – a quem, para este efeito, a sentença é sempre notificada – e o Ministério Público (art. 147º).

Para além dos casos em que é sempre admissível recurso, do acórdão da Relação cabe, ainda, recurso para o Supremo Tribunal de Justiça nos casos seguintes:

a) Quando esteja em causa uma questão cuja apreciação, pela sua relevância jurídica, seja claramente necessária para uma melhor aplicação do direito;
b) Quando estejam em causa interesses de particular relevância social;
c) Quando o acórdão da Relação esteja em contradição com outro, já transitado em julgado, proferido por qualquer Relação ou pelo Supremo Tribunal de Justiça, no domínio da mesma legislação e sobre a mesma questão fundamental de direito, salvo se tiver sido proferido acórdão de uniformização de jurisprudência com ele conforme.

A decisão é comunicada pela secretaria ao serviço de registo, após o seu trânsito em julgado. A secretaria deve igualmente comunicar ao serviço de registo a desistência ou deserção da instância, bem como o facto de o processo ter estado parado mais de 30 dias por inércia do impugnante.

O valor da ação é o do facto cujo registo foi recusado ou feito provisoriamente (art. 147º -A).

12.2. Impugnação da recusa de emissão de certidões

O art. 147º-C prevê assistir ao interessado o direito de recorrer hierarquicamente ou de impugnar judicialmente a recusa da emissão de certidão.

Ao recurso hierárquico acima previsto é aplicável, com as necessárias adaptações, o disposto no nº 1 do art. 141º e nos artºs 142º, 142º-A e 144º, mas os prazos estabelecidos nos nºs 1 e 3 do art. 142º-A e no nº 1 do art. 144º são reduzidos a 5, 2 e 30 dias, respetivamente.

O prazo para a interposição do recurso hierárquico conta-se a partir da comunicação do despacho de recusa.

Ao recurso hierárquico é aplicável, subsidiariamente, o disposto no Código do Procedimento Administrativo.

A impugnação judicial é dirigida ao tribunal administrativo com jurisdição sobre a área da circunscrição da conservatória e rege-se pelo disposto na legislação processual aplicável.

12.3. Efeitos da impugnação

Os efeitos da impugnação estão previstos no art. 148º. Assim, a interposição de recurso hierárquico ou a impugnação judicial devem ser imediatamente anotadas, a seguir à anotação da recusa ou ao registo provisório; do mesmo modo, são ainda anotadas a improcedência ou a desistência da impugnação, bem como, sendo caso disso, a deserção do recurso ou a sua paragem durante mais de 30 dias por inércia do recorrente.

Com a propositura da ação ou a interposição de recurso hierárquico fica suspenso o prazo de caducidade do registo provisório até lhe serem anotados os factos acima referidos.

Proferida decisão final que julgue insubsistente a recusa da prática do ato nos termos requeridos, o conservador deve lavrar o registo recusado, com base na apresentação correspondente, ou converter oficiosamente o registo provisório.

Proferida decisão final de que resulte a insubsistência da qualificação impugnada com fundamento na inobservância do disposto no artigo 73º ou na preterição de formalidades essenciais, o conservador deve anotar a procedência da impugnação e inutilizar a anotação de recusa ou o registo efetuado provisoriamente, com menção de pendência de qualificação.

No que respeita aos registos dependentes, determina o art. 149º que, no caso de recusa, julgado procedente o recurso hierárquico ou a impugnação judicial, deve anotar-se a caducidade dos registos provisórios incompatíveis com o ato inicialmente recusado e converter-se oficiosamente os registos dependentes, salvo se outra for a consequência da requalificação do registo dependente.

Verificando-se a caducidade do direito de impugnação ou qualquer dos factos previstos no nº 2 do 148º – improcedência ou desistência da impugnação, deserção do recurso ou sua paragem durante mais de 30 dias por inércia do recorrente – é anotada a caducidade dos registos dependentes e são convertidos os registos incompatíveis, salvo se outra for a consequência da requalificação do registo dependente.

13. Notificações e contagem de prazos

a) Tramitação eletrónica

Prevê art. 153º-A que os atos do processo de registo podem ser realizados por via eletrónica, nos termos definidos por portaria do membro do Governo responsável pela área da justiça, incluindo a interposição de recurso hierárquico, de impugnação judicial e os respetivos envios eletrónicos.

As notificações e outras comunicações efetuadas pelos serviços de registo são realizadas, preferencialmente por via eletrónica, nos termos da portaria acima referida, portaria esta que deve prever as medidas de segurança determinadas pela Lei da Proteção de Dados Pessoais.

b) Notificações

Nos termos previstos no art. 154º, as notificações previstas no presente código, quando não devam ser feitas por via eletrónica nos termos previstos no art. 153º-A, ou por qualquer outro meio previsto na lei, são realizadas por carta registada, podendo também ser realizadas presencialmente, por qualquer funcionário, quando os interessados se encontrem nas instalações do serviço.

A notificação postal presume-se feita no terceiro dia posterior ao do registo, ou no primeiro dia útil seguinte a esse, quando o não seja. A notificação não deixa de produzir efeito pelo facto de o expediente ser devolvido, desde que a remessa tenha sido feita para a morada indicada pelo notificando nos atos ou documentos apresentados no serviço de registo.

c) Contagem dos prazos

A forma de contagem dos prazos é objeto do art. 155º. Assim, é havido como prazo de um ou dois dias o designado por 24 ou 48 horas; o prazo é contínuo, não se incluindo na contagem o dia em que ocorrer o evento a partir do qual o prazo começa a correr.

O prazo que termine em sábado, domingo, feriado, em dia com tolerância de ponto ou em dia em que o serviço perante o qual deva ser praticado o ato não esteja aberto ao público, ou não funcione durante o período normal, transfere-se para o primeiro dia útil seguinte.

Sobre o dia e hora a que termina o prazo, pronunciou-se o Conselho Consultivo do IRN nos seguintes termos: "(...) o prazo perentório de dois meses a contar da data em que o facto foi titulado (artigo 8º-C, nº 1, do CRP) extingue-se ou termina às 24 horas do dia que corresponda, dentro do último mês, a essa data, com a exceção de no último mês não existir dia correspondente (por exemplo, dia 29 de fevereiro), pois nesse caso termina no último dia desse mês. Poderá ainda suceder que esse último dia seja sábado, domingo, feriado ou dia com tolerância de ponto, transferindo-se para o primeiro dia útil seguinte (artigo 155º, nº 3 do CRP)."[239]

14. Pagamento de emolumentos e outras quantias

É o art. 151º, a seguir transcrito, que disciplina o pagamento dos emolumentos e de outras quantias devidas:

> "1 – No momento do pedido deve ser entregue, a título de preparo, a quantia provável do total da conta.
>
> 2 – É responsável pelo pagamento dos emolumentos o sujeito ativo dos factos, não obstante o disposto nos números seguintes e na legislação própria relativamente ao pagamento de emolumentos, taxas e outros encargos devidos pela prática dos atos previstos no presente código.
>
> 3 – Sem prejuízo da responsabilidade imputada ao sujeito ativo e ao sujeito da obrigação de registar, e salvo o disposto nos números seguintes, quem apresenta o registo ou pede o ato deve proceder à entrega das importâncias devidas, nestas se incluindo a sanção pecuniária pelo cumprimento tardio da obrigação de registar.
>
> 4 – Os tribunais, no que respeita à comunicação das ações, decisões e outros procedimentos e providências judiciais sujeitas a registo, são dispensados do pagamento prévio dos emolumentos e taxas, devendo estas quantias entrar em regra de custas.
>
> 5 – Quando o pedido for efetuado pelas entidades que celebrem escrituras públicas, autentiquem documentos particulares que titulem factos

[239] Parecer nº C.P. 41/2016 STJ-CC, de 20-01-2017, consultado em http://www.irn.mj.pt/sections/irn/doutrina/pareceres/Pareceres-Conselho-Tecnico/).

sujeitos a registo, ou reconheçam as assinaturas neles apostas, estas entidades devem obter do sujeito ativo do facto, previamente à titulação ou ao reconhecimento, os emolumentos e taxas devidos pelo registo.

6 – [*Revogado*].

7 – [*Revogado*].

8 – [*Revogado*].

9 – Quando o preparo não tiver sido feito e não tiver havido rejeição nos termos do disposto no nº 3 do artigo 66º, o serviço de registo notifica o interessado para no prazo de dois dias proceder à entrega das quantias em falta.

10 – O disposto no número anterior é igualmente aplicável quando o preparo venha a mostrar-se insuficiente ou quando tenha havido suprimento de deficiências nos termos do nº 8 do artigo 73º.

11 – O pagamento das quantias devidas é feito nos termos previstos na legislação própria relativa ao pagamento de emolumentos, taxas e outros encargos devidos pela prática dos atos."

A tabela emolumentar é objeto do Regulamento Emolumentar dos Registos e Notariado.

15. Deveres relativos ao branqueamento de capitais e ao financiamento do terrorismo

A Lei nº 83/2017, de 18 de agosto, que estabelece *medidas de combate ao branqueamento de capitais e ao financiamento do terrorismo*, impõe aos conservadores e oficiais dos registos um conjunto de deveres, a saber:

a) O dever de comunicação;
b) O dever de colaboração;
c) O dever de não divulgação;
d) O dever de exame e de abstenção;
e) O dever de conservação.

O nº 1 do art. 7º daquela lei considera os conservadores e oficiais dos registos *entidades auxiliares na prevenção e combate ao branqueamento de capitais e ao financiamento do terrorismo*. Em consequência, explicita nos números seguintes do art. 7º os deveres a que estão sujeitos. Assim:

"2 – Os conservadores e os oficiais dos registos estão sujeitos, no exercício das respetivas funções:

a) Ao dever de comunicação previsto no artigo 43º;
b) Ao dever de colaboração previsto no artigo 53º;
c) Ao dever de não divulgação previsto no artigo 54º,
quanto às comunicações efetuadas ao abrigo das alíneas anteriores.

3 – Sempre que estejam em causa atos de titulação, os conservadores e os oficiais dos registos estão ainda sujeitos aos deveres de exame e de abstenção previstos na presente lei.

4 – Para os efeitos do número anterior, são atos de titulação aqueles em que se confira forma legal a um determinado ato ou negócio jurídico, designadamente, através da elaboração de títulos nos termos de lei especial, da autenticação de documentos particulares ou do reconhecimento de assinaturas.

5 – As obrigações que emergem do disposto na presente lei e na regulamentação que as concretiza integram o vínculo de trabalho em funções públicas dos conservadores e dos oficiais dos registos aplicando-se o regime previsto para o respetivo incumprimento.

6 – O Instituto dos Registos e do Notariado, I. P., constitui entidade equiparada a autoridade setorial, aplicando-se-lhe, com as necessárias adaptações, o respetivo regime.

7 – A Inspeção-Geral dos Serviços de Justiça verifica o cumprimento, pelo Instituto dos Registos e do Notariado, I. P., das funções conferidas pelo presente artigo, ficando autorizada a realizar as ações inspetivas que para o efeito considere relevantes."

O *dever de exame*, referido no nº 3, ocorre, nos casos previstos no nº 1 do art. 52º: "Sempre que detetem a existência de quaisquer condutas, atividades ou operações cujos elementos caracterizadores as tornem suscetíveis de poderem estar relacionadas com fundos ou outros bens que provenham de atividades criminosas ou que estejam relacionados com o financiamento do terrorismo, as entidades obrigadas examinam-nas com especial cuidado e atenção, intensificado o grau e a natureza do seu acompanhamento." Os números seguintes do art. 52º indicam os procedimentos a seguir em tais casos.

O *dever de abstenção*, igualmente referido no nº 3, está previsto no art. 47º cujo nº 1 dispõe: "As entidades obrigadas abstêm-se de executar qualquer operação ou conjunto de operações, presentes ou futuras, que saibam ou que suspeitem poder estar associadas a fundos ou outros bens provenientes ou relacionados com a prática de atividades criminosas ou com o financiamento do terrorismo." Os números seguintes do art. 47º explicitam os procedimentos a cumprir, se for o caso.

O *dever de comunicação* é objeto do art. 43º que, sob a epígrafe *comunicação de operações suspeitas*, dispõe:

"1 – As entidades obrigadas, por sua própria iniciativa, informam de imediato o Departamento Central de Investigação e Ação Penal da Procuradoria-Geral da República (DCIAP) e a Unidade de Informação Financeira sempre que saibam, suspeitem ou tenham razões suficientes para suspeitar que certos fundos ou outros bens, independentemente do montante ou valor envolvido, provêm de atividades criminosas ou estão relacionados com o financiamento do terrorismo.

2 – Para os efeitos do disposto no número anterior, as entidades obrigadas comunicam todas as operações que lhes sejam propostas, bem como quaisquer operações tentadas, que estejam em curso ou que tenham sido executadas.

3 – As entidades obrigadas conservam, nos termos previstos no artigo 51º, cópias das comunicações efetuadas ao abrigo do presente artigo e colocam-nas, em permanência, à disposição das autoridades setoriais."

O acima referido art. 51º dispõe, sob a epígrafe *dever de conservação:*

"1 – As entidades obrigadas conservam, por um período de sete anos após o momento em que a identificação do cliente se processou ou, no caso das relações de negócio, após o termo das mesmas:

a) As cópias, registos ou dados eletrónicos extraídos de todos os documentos que obtenham ou lhes sejam disponibilizados pelos seus clientes ou quaisquer outras pessoas, no âmbito dos procedimentos de identificação e diligência previstos na presente lei;

b) A documentação integrante dos processos ou ficheiros relativos aos clientes e às suas contas, incluindo a correspondência comercial enviada;

c) Quaisquer documentos, registos e análises, de foro interno ou externo, que formalizem o cumprimento do disposto na presente lei.

2 – Os originais, cópias, referências ou quaisquer outros suportes duradouros, com idêntica força probatória, dos documentos comprovativos e dos registos das operações são sempre conservados, de modo a permitir a reconstituição das operações, durante um período de sete anos a contar da sua execução, ainda que, no caso de se inserirem numa relação de negócio, esta última já tenha terminado.

3 – Para o cumprimento do disposto nos números anteriores, os elementos aí referidos são:

a) Conservados em suporte duradouro, com preferência pelos meios de suporte eletrónicos;

b) Arquivados em condições que permitam a sua adequada conservação e fácil localização, bem como o imediato acesso aos mesmos, sempre que solicitados pela Unidade de Informação Financeira e pelas autoridades judiciárias, policiais, setoriais e pela Autoridade Tributária e Aduaneira.

4 – O disposto no presente artigo não prejudica nem é prejudicado por outras obrigações de conservação que não decorram da presente lei,

designadamente em matéria de meios de prova aplicáveis a investigações e inquéritos criminais ou a processos judiciais e administrativos pendentes."

O *dever de colaboração* compreende, na formulação do art. 53º, os seguintes deveres:

"1 - As entidades obrigadas prestam, de forma pronta e cabal, a colaboração que lhes for requerida pelo DCIAP e pela Unidade de Informação Financeira, bem como pelas demais autoridades judiciárias e policiais, pelas autoridades setoriais e pela Autoridade Tributária e Aduaneira.

2 - Em cumprimento do disposto no número anterior, às entidades obrigadas incumbe, em especial:

a) Responder, de forma completa, no prazo fixado e através de canal seguro que garanta a integral confidencialidade dos elementos prestados, aos pedidos de informação destinados a determinar se mantêm ou mantiveram, nos últimos 10 anos, relações de negócio com uma dada pessoa singular ou coletiva ou centro de interesses coletivos sem personalidade jurídica, e qual a natureza dessas relações;

b) Disponibilizar, de forma completa e no prazo fixado, todas as informações, esclarecimentos, documentos e elementos que lhes sejam requeridos;

c) Conferir, sempre que requerido e no prazo para o efeito fixado, acesso remoto àquelas informações, documentos e elementos;

d) Cumprir, nos termos e prazos fixados, quaisquer deveres de comunicação periódicos estabelecidos em regulamentação setorial;

e) Enviar, de forma completa e nos prazos fixados, quaisquer outras informações requeridas de forma periódica ou sistemática, independentemente da existência de um dever de comunicação;

f) Colaborar plena e prontamente com as autoridades setoriais no exercício da sua atividade inspetiva, designadamente:

i) Abstendo-se de qualquer recusa ou conduta obstrutiva ilegítimas;

ii) Facultando a inspeção de quaisquer instalações utilizadas, ainda que por terceiros, para o exercício da sua atividade e serviços conexos;

iii) Garantindo acesso direto e facultando o exame de elementos de informação no local, independentemente do respetivo suporte;

iv) Facultando cópias, extratos ou traslados de toda a documentação requerida;

v) Assegurando a comparência e a plena colaboração de qualquer representante ou colaborador que deva ser ouvido pela autoridade inspetiva, qualquer que seja a natureza do respetivo vínculo;

g) Cumprir pontualmente, e no prazo fixado, as determinações, ordens ou instruções que lhes sejam dirigidas ao abrigo do disposto na presente lei;

h) Informar sobre o estado de execução das recomendações que lhes sejam dirigidas ao abrigo do artigo 98º *[recomendações formuladas pelas autoridades setoriais]*.

3 – O DCIAP ou a Unidade de Informação Financeira podem, em especial, determinar às entidades obrigadas que os informem, no imediato ou em outro prazo que para o efeito definirem, das operações propostas, tentadas, iniciadas ou efetuadas no âmbito de contas ou outras relações de negócio previamente identificadas, ainda que sobre tais operações incida medida de suspensão adotada ao abrigo dos artigos 48º e 49º.

4 – O disposto nos números anteriores em caso algum pressupõe o exercício prévio do dever de comunicação a que se refere o artigo 43º, sem prejuízo da solicitação de quaisquer informações complementares ao exercício daquele dever de comunicação por parte do DCIAP e da Unidade de Informação Financeira, ao abrigo do disposto nos números anteriores."

Finalmente, o art. 54º define, nos seguintes termos, o *dever de não divulgação*:

"1 – As entidades obrigadas, bem como os membros dos respetivos órgãos sociais, os que nelas exerçam funções de direção, de gerência ou de chefia, os seus empregados, os mandatários e outras pessoas que lhes prestem serviço a título permanente, temporário ou ocasional, não podem revelar ao cliente ou a terceiros:

a) Que foram, estão a ser ou irão ser transmitidas as comunicações legalmente devidas, nos termos do disposto nos artigos 43º, 45º, 47º e 53º;

b) Quaisquer informações relacionadas com aquelas comunicações, independentemente de as mesmas decorrerem de análises internas da entidade obrigada ou de pedidos efetuados pelas autoridades judiciárias, policiais ou setoriais;

c) Que se encontra ou possa vir a encontrar -se em curso uma investigação ou inquérito criminal, bem como quaisquer outras investigações, inquéritos, averiguações, análises ou procedimentos legais a conduzir pelas autoridades referidas na alínea anterior;

d) Quaisquer outras informações ou análises, de foro ou interno ou externo, sempre que disso dependa:

i) O cabal exercício das funções conferidas pela presente lei às entidades obrigadas e às autoridades judiciárias, policiais e setoriais;

ii) A preservação de quaisquer investigações, inquéritos, averiguações, análises ou procedimentos legais e, no geral, a prevenção, investigação e deteção do branqueamento de capitais e do financiamento do terrorismo.

2 – Não constitui violação do dever previsto no número anterior a divulgação de informações:

a) Às autoridades setoriais, no âmbito das respetivas atribuições legais;

b) Às autoridades judiciárias e policiais, no âmbito de procedimentos criminais ou de quaisquer outras competências legais;

c) À Autoridade Tributária e Aduaneira, no âmbito de procedimento de inspeção tributária e aduaneira.

3 – O disposto no nº 1 não impede a divulgação das informações e dos demais elementos ali previstos:

a) Entre entidades financeiras e outras entidades de natureza equivalente situadas em Estado membro da União Europeia, independentemente da existência de uma relação de grupo;

b) Entre entidades financeiras e as suas sucursais e filais participadas maioritariamente situadas em países terceiros, desde que essas sucursais e filiais cumpram integralmente o disposto no nº 4 do artigo 22º;

c) Entre as pessoas referidas nas alíneas *e*) e *f*) do nº 1 do artigo 4º, que estejam estabelecidas num Estado membro da União Europeia ou em país terceiro que imponha requisitos equivalentes aos estabelecidos na presente lei e na regulamentação que o concretiza, quando exerçam a sua atividade profissional, como trabalhadores assalariados ou não, dentro da mesma pessoa coletiva ou de uma estrutura mais vasta a que pertence a pessoa e que partilha a mesma propriedade, gestão ou controlo da conformidade normativa;

d) Entre entidades financeiras, outras entidades de natureza equivalente e as pessoas referidas nas alíneas *e*) e *f*) do nº 1 do artigo 4º, quando troquem entre si informação que respeite a um cliente ou a uma operação comum e desde que as entidades ou pessoas em causa:

i) Estejam situadas ou estabelecidas num Estado membro da União Europeia ou em país terceiro que imponha requisitos equivalentes aos estabelecidos na presente lei e na regulamentação que o concretiza;

ii) Pertençam à mesma categoria profissional; e

iii) Estejam sujeitas a obrigações equivalentes no que se refere ao segredo profissional e à proteção de dados pessoais.

4 – O disposto no nº 1 não prejudica ainda as obrigações de partilha de informação previstas no artigo 22º.

5 – As entidades obrigadas agem com a necessária prudência junto dos clientes relacionados com a execução de operações potencialmente suspeitas, evitando quaisquer diligências que, por qualquer razão, possam suscitar a suspeição de que estão em curso quaisquer procedimentos que visem averiguar suspeitas de práticas relacionadas com o branqueamento de capitais ou o financiamento do terrorismo.

6 – Sempre que, ao abrigo do disposto no número anterior, as entidades obrigadas se devam abster da realização de ulteriores diligências junto

dos seus clientes, exercem de imediato o dever de comunicação previsto no artigo 43º, com as informações de que disponham no momento."

O *regime sancionatório* é objeto do Capítulo XII da Lei nº 83/2017: os *ilícitos criminais* estão previstos nos artigos 157º a 159º e os *ilícitos contraordenacionais* nos artigos 160º e seguintes.

O art. 2º da Portaria nº 310/2018, de 4 de dezembro, elenca as operações a comunicar pelas entidades obrigadas, mensalmente, ao DCIAP (Departamento Central de Investigação e Ação Penal da Procuradoria-Geral da República) e â UIF (Unidade de Informação Financeira da Polícia Judiciária).

16. Responsabilidade civil e criminal

Quem fizer registar um ato falso ou juridicamente inexistente, para além da responsabilidade criminal em que possa incorrer, responde pelos danos a que der causa.

Na mesma responsabilidade incorre quem prestar ou confirmar declarações falsas ou inexatas, na conservatória ou fora dela, para que se efetuem os registos ou se lavrem os documentos necessários (art. 153º).

17. Direito subsidiário

Salvo disposição legal em contrário, aos atos, processos e respetivos prazos previstos no Código do Registo Predial é aplicável, subsidiariamente e com as necessárias adaptações, o disposto no Código de Processo Civil (art. 156º).

Capítulo V
Registo de Bens Móveis

O Decreto-Lei nº 277/95, de 25 de outubro, ao aprovar o Código de Registo de Bens Móveis, visava, como se escreveu no preâmbulo, alterar a situação de tratamento não suficientemente integrado nem coerente dos sistemas de registo dos bens móveis, "atualizando conceitos, uniformizando procedimentos e dando um novo suporte legal a toda esta matéria, de modo a permitir ajustá-la à própria realidade da vida atua."

Bem necessária seria essa alteração, até porque então – como se escreveu aí também – tais registos se efetuavam em locais diferentes, sendo também os bens considerados sob perspetivas distintas, nem sempre correspondentes à sua própria natureza e identidade física, dada a inexistência, neste domínio, de um adequado e atual enquadramento normativo.

Os bens móveis sujeitos a registo, nos termos que tinham sido previstos no Código de Bens Móveis, eram os automóveis, os navios e as aeronaves.

O Decreto-Lei nº 277/95, de 25 de outubro, determinava, no seu art. 7º, que o Código entraria em vigor com o Regulamento do Registo de Bens Móveis, a aprovar por portaria do Ministro da Justiça, enquanto o art. 3º revogava praticamente toda a legislação anterior na matéria[1]. Decorria destas disposições que, ultrapassado o prazo normal da *vacatio legis,* uma vez que o diploma não fixava

[1] "Art. 3º – É revogada toda a legislação anterior que contrarie as matérias abrangidas por este Código, excetuando os artigos 2º, nº 3, 15º a 23º do Decreto-Lei nº 54/75, de 12 de fevereiro, e as normas aplicáveis ao Registo Internacional de Navios da Madeira (MAR), aprovado pelo Decreto-Lei nº 96/89, de 28 de março."

qualquer outro prazo, entrar-se-ia num período de vazio legislativo se o Regulamento não tivesse entretanto entrado em vigor.

Não foi publicado o Regulamento e sucedeu precisamente o vazio legal: a situação foi reconhecida pelo Decreto-Lei nº 311-A/95, de 21 de novembro, que alterou a redação do referido art. 7º no sentido de que, tanto o Código como o diploma que o aprovou, só entrariam em vigor com o Regulamento.

O Decreto-Lei nº 311-A/95 determinou ainda no seu art. 2º, para prevenir a invalidade de atos de registo que eventualmente tivessem sido efetuados durante o período de vazio legal[2], que este diploma produzia efeitos a partir de 30 de outubro de 1995.

Manteve-se assim em vigor a legislação que fora considerada incoerente e não integrada – tal como ainda continua, apenas com inovações de importância na área do registo de veículos automóveis.

A Lei nº 83/2017, de 18 de agosto, que estabelece *medidas de combate ao branqueamento de capitais e ao financiamento do terrorismo*, impõe aos conservadores e oficiais dos registos um conjunto de deveres, a saber:

a) O dever de comunicação;
b) O dever de colaboração;
c) O dever de não divulgação;
d) O dever de exame e de abstenção;
e) O dever de conservação.

O nº 1 do art. 7º daquela lei considera os conservadores e oficiais dos registos *entidades auxiliares na prevenção e combate ao branqueamento de capitais e ao financiamento do terrorismo*. O conteúdo das obrigações que, nesta matéria, passa a impender sobre os conservadores e oficiais dos registos é detalhadamente exposto no capítulo referente ao registo predial em *15. Deveres relativos ao branqueamento de capitais e financiamento do terrorismo.*

[2] Na verdade, os serviços tinham continuado a efetuar os registos como se a legislação habilitante não tivesse sido revogada.

I - REGISTO DE VEÍCULOS

1. Enquadramento legal e objeto

1.1. Enquadramento legal

O registo de veículos automóveis é disciplinado pelo Decreto-Lei nº 54/75, de 12 de fevereiro, e pelo Regulamento do Registo de Automóveis, aprovado pelo Decreto nº 55/75, também de 12 de fevereiro[3], que sofreram entretanto sucessivas alterações, a última das quais pelo Decreto-Lei nº 111/2019, de 16 de agosto.

O Decreto-Lei nº 182/2002, de 20 de agosto, aditou ao Decreto-Lei nº 54/75, de 12 de fevereiro, um conjunto de normas de proteção de dados pessoais, entretanto também alteradas, com especial incidência em matéria de transmissão da informação constante do registo de automóveis e de acesso a essa mesma informação.

Por sua vez, o Decreto-Lei nº 178-A/2005, de 28 de outubro, aprovou o projeto «*Documento único automóvel*», criando o *certificado de matrícula*, que substituiu o título de registo de propriedade e o livrete do veículo.

1.2. Âmbito e objeto do registo

A designação "registo de automóveis" ou "registo automóvel", constante do Decreto-Lei nº 54/75, de 12 de fevereiro, e diplomas subsequentes, foi substituída pelo Decreto-Lei nº 178-A/2005, de 28 de outubro, pela de "registo de veículos", face à alteração do âmbito do registo. Efetivamente, conforme o disposto no seu art. 2º, este último diploma é aplicável, não só a automóveis, mas a todos os veículos com motor e respetivos reboques que estejam sujeitos a matrícula nos termos do Código da Estrada.

[3] As disposições citadas neste Cap. IV com referência ao registo de automóveis e sem qualquer menção dizem respeito ao Decreto-Lei nº 54/75, de 12 de fevereiro, na sua atual redação; as disposições seguidas da abreviatura Reg dizem respeito ao Regulamento, também na sua atual redação.
Art. 8º do Decreto-Lei nº 111/2019: "1 – As referências à Direção-Geral dos Registos e do Notariado e ao Diretor-Geral dos Registos e Notariado previstas no Decreto-Lei nº 54/75, de 12 de fevereiro, no Decreto nº 55/75, de 12 de fevereiro, e no Decreto-Lei nº 178-A/2005, de 28 de outubro, todos na sua redação atual, consideram-se efetuadas ao Instituto dos Registos e do Notariado, I. P. (IRN, I. P.), e ao presidente do conselho diretivo do IRN, I. P., respetivamente. 2 – Qualquer referência efetuada no Decreto-Lei nº 54/75, de 12 de fevereiro, na sua redação atual, ao Instituto da Mobilidade e dos Transportes, I. P., ou à Autoridade Nacional de Segurança Rodoviária, relativamente a matérias cuja competência esteja legalmente atribuída a organismos e serviços das administrações regionais autónomas, considera-se efetuada a esses organismos e serviços."

Em consonância, diz a nova redação do nº 1 do art. 2º do Decreto-Lei nº 54/75 que, para efeitos de registo, são considerados veículos os veículos a motor e respetivos reboques que, nos termos do Código da Estrada, estejam sujeitos a matrícula.

Para o Código da Estrada[4], veículos com motor são os *automóveis* (art. 105º[5]), que distingue entre ligeiros e pesados, os *motociclos, ciclomotores, triciclos* e *quadriciclos* (art. 107º)[6], os *veículos agrícolas*, que, segundo o art. 108º, compreendem os tratores agrícolas ou florestais, as máquinas agrícolas ou florestais, os motocultivadores e os tratocarros e ainda outros veículos a motor que refere no art. 109º como compreendendo os veículos sobre carris e as máquinas industriais.

O art. 117º do Código da Estrada sujeita a matrícula os veículos a motor e seus reboques, excetuando todavia os veículos que se desloquem sobre carris e os reboques cujo peso bruto não exceda 300 kg. e relegando, no seu nº 3, para futuro regulamento os casos em que as máquinas agrícolas e industriais, os motocultores e os tratocarros venham a estar sujeitos a matrícula.

Dada a diversa abrangência do âmbito do registo resultante da redação conferida ao Decreto-Lei nº 54/75 pelo Decreto-Lei nº 178-A/2005, de 28 de outubro, e a manutenção em vigor de parte das disposições originais, tanto do Decreto-Lei nº 54/75, como do Regulamento, o nº 2 do art. 2º deste último decreto-lei determina, na sua atual redação, naturalmente no sentido de evitar divergências de interpretação, que as referências a veículos automóveis e a registo de automóveis dele constantes, bem como dos demais atos normativos aplicáveis ao registo de automóveis, passam a ser entendidas como referentes aos veículos indicados no seu nº 1 e ao correspondente registo, ou seja, a *veículos a motor e respetivos reboques que, nos termos do Código da Estrada, estejam sujeitos a matrícula.*

2. Factos e ações sujeitos a registo

2.1. Factos sujeitos a registo

Estão sujeitos a registo (nº 1 do art. 5º):

a) O direito de propriedade e de usufruto;

[4] Na versão republicada pelo Decreto-Lei nº 138/2012, de 5 de julho.

[5] Art. 105º: "Automóvel é o veículo com motor de propulsão, dotado de pelo menos quatro rodas, com tara superior a 550 kg, cuja velocidade máxima é, por construção, superior a 25 km/h, e que se destina, pela sua função, a transitar na via pública, sem sujeição a carris."

[6] Art. 21º do Decreto-Lei nº 178-A/2005: "A aplicação do presente decreto-lei a ciclomotores e motociclos, triciclos e quadriciclos com cilindrada não superior a 50 cm3 depende da regulamentação do Decreto-Lei nº 44/2005, de 23 de fevereiro, nos termos do artigo 1º do Decreto-Lei nº 74-A/2005, de 24 de março."

b) A reserva de propriedade estipulada em contratos de alienação de veículos automóveis;
c) A hipoteca, a modificação e a cessão dela, bem como a cessão do grau de prioridade do respetivo registo;
d) A locação financeira e a transmissão dos direitos dela emergentes;
e) O aluguer por prazo superior a um ano, quando do respetivo contrato resulte a existência de uma expectativa de transmissão de propriedade;
f) A afetação do veículo ao regime de aluguer sem condutor;
g) A transmissão de direitos ou créditos registados e o penhor, o arresto e a penhora desses créditos;
h) A penhora e quaisquer providências administrativas que afetem a livre disposição de veículos;
i) Os ónus de intransmissibilidade e de tributação residual previstos na legislação fiscal;
j) O utilizador não proprietário;
k) A declaração de insolvência;
l) A extinção ou a modificação de direitos ou encargos anteriormente registados, a alteração da composição do nome ou denominação e a mudança da residência habitual ou sede dos proprietários ou usufrutuários dos veículos;
m) A apreensão do certificado de matrícula, nos casos em que for comunicada por entidades administrativas e policiais, bem como o pedido de apreensão e a apreensão de veículo previstos no procedimento especial para regularização de propriedade;
n) A apreensão em processo penal;
o) A apreensão de veículo por decisão administrativa condenatória, nos termos do nº 3 do artigo 147º do Código da Estrada, aprovado pelo Decreto-Lei nº 114/94, de 3 de maio, na sua redação atual;
p) A declaração de veículo perdido definitivamente a favor do Estado, por decisão judicial transitada em julgado;
q) Quaisquer outros factos jurídicos sujeitos por lei a registo.

A circunstância de o veículo ter sido furtado ou roubado é anotada no registo (art. 5º-A).

2.2. Ações e decisões sujeitas a registo

Estão sujeitas a registo as seguintes ações (art. 6º):

a) As ações que tenham por fim, principal ou acessório, o reconhecimento, a constituição, a modificação ou a extinção de algum dos direitos referidos no artigo anterior, bem como as ações de impugnação pauliana;

b) As ações que tenham por fim, principal ou acessório, a reforma, a declaração de nulidade ou a anulação de um registo ou do seu cancelamento;
c) As decisões finais das ações referidas nas alíneas anteriores, logo que transitem em julgado;
d) Os procedimentos que tenham por fim o decretamento do arresto e do arrolamento, bem como de quaisquer outras providências judiciais que afetem a livre disposição de bens;
e) As providências decretadas nas ações e nos procedimentos referidos nas alíneas anteriores.

2.3. Factos sujeitos a registo obrigatório

Dos factos enumerados no nº 1 do art. 5º, é *obrigatório*, por força do nº 2, o registo dos factos previstos nas alíneas *a*), *b*), *d*), *e*), *f*) e *i*), a saber:

- O direito de propriedade e de usufruto;
- A reserva de propriedade estipulada em contratos de alienação de veículos automóveis;
- A locação financeira e a transmissão dos direitos dela emergentes;
- O aluguer por prazo superior a um ano;
- A afetação do veículo ao regime de aluguer sem condutor;
- Os ónus de inalienabilidade ou indisponibilidade previstos na legislação fiscal.

É ainda obrigatório o *registo da mudança de nome ou denominação, residência habitual ou sede* dos proprietários, usufrutuários e locatários dos veículos.

É dispensado o registo de propriedade, em caso de sucessão hereditária, quando o veículo se destine a ser alienado pelo herdeiro ou herdeiros (nº 3 do art. 5º).

2.4. Registo definitivo

Os direitos e os factos sujeitos a registo só podem nele ingressar quando possa ser efetuado *com carácter definitivo*, podendo ser objeto de *registo provisório por natureza* o arrolamento, a penhora[7], o arresto, a declaração de insolvência e as ações (art. 7º).

Os registos lavrados posteriormente ao cancelamento da matrícula são nulos, mas este cancelamento não prejudica os registos de ónus ou encargos que estiverem em vigor sobre o veículo (art. 3º).

[7] Nos termos do nº 2 do art. 768º do Código do Processo Civil, a penhora de veículo automóvel pode ser precedida de imobilização deste, designadamente através da imposição de selos ou de imobilizadores.

Os veículos automóveis podem constituir objeto de *hipotecas legais, judiciais ou voluntárias*, mas não podem ser objeto de *penhor* (artºs 4º e 8º).

3. Certificado de matrícula

A cada veículo corresponde um *certificado de matrícula* que deve acompanhar sempre o veículo, sob pena de o infrator incorrer nas sanções previstas no Código da Estrada (art. 9º). O certificado substitui, como dissemos, a dupla de documentos "título de registo da propriedade" e "livrete".

O art. 4º do Decreto-Lei nº 178-A/2005, de 28 de outubro, define as regras de emissão e conservação do certificado, esclarecendo que o certificado de matrícula é emitido quando se efetue o primeiro registo de veículo importado, admitido, montado, construído ou reconstruído em Portugal.

A realização de qualquer ato relativo a veículo que implique alteração dos elementos constantes do certificado de matrícula determina a emissão de novo certificado, sendo obrigatória a entrega do anterior; os certificados de matrícula em mau estado de conservação são substituídos oficiosamente ou mediante requerimento dos interessados.

O art. 5º estabelece as condições em que pode ser emitida uma segunda via do certificado, enquanto o art. 6º permite a emissão de certificado provisório quando não for possível a entrega do certificado de matrícula no próprio dia em que o ato é requerido[8].

O certificado de matrícula não pode ser substituído por fotocópia simples ou autenticada do mesmo documento, exceto quanto aos veículos afetos ao regime de aluguer sem condutor; as regras de substituição do certificado de matrícula são reguladas por portaria conjunta dos Ministros de Estado e da Administração Interna e da Justiça (art. 7º).

4. Organização do registo

Os órgãos competentes para o registo de automóveis são as conservatórias do registo de veículos, anteriormente designadas por conservatórias do registo de automóveis, sem prejuízo da competência atribuída a outras entidades, como adiante se refere.

Nos termos do novo art. 2º-A, os atos relativos a veículos a motor e respetivos reboques podem ser efetuados e os respetivos meios de prova obtidos em qualquer conservatória com competência para a prática de atos relativos a

[8] O despacho nº 827-B/2005 dos diretores-gerais de Viação e dos Registos e do Notariado, de 28 de outubro de 2005, publicado no 2º suplemento do *Diário da República*, 2ª série, de 31 de outubro de 2005, determina quais os documentos de substituição que podem ser emitidos nas situações em que o certificado de matrícula não possa ser emitido no próprio dia.

veículos, independentemente da sua localização geográfica. Esta competência pode mesmo ser atribuída a qualquer conservatória, através de despacho do presidente do IRN.

As conservatórias com competência para a prática de atos relativos a veículos funcionam como repartições autónomas ou em regime de anexação com outras conservatórias.

O art. 8º do Decreto-Lei nº 178-A admite a existência de *competências partilhadas* entre conservatórias de registos e serviços da Direção-Geral de Viação (DGV), hoje Instituto da Mobilidade e dos Transportes, nos seguintes termos:

> "1 – As conservatórias de registos competentes para a prática de atos de registo de veículos podem praticar atos relativos a veículos da competência da DGV, nos termos de protocolo a celebrar entre os dirigentes máximos daqueles serviços.
>
> 2 – Junto dos serviços desconcentrados da DGV podem existir postos de atendimento das conservatórias de registos com competência para a prática de atos de registo de veículos, podendo o protocolo referido no número anterior definir aspetos relativos à homogeneidade e qualidade do atendimento nesses serviços.
>
> 3 – Os postos de atendimento referidos no número anterior são criados por despacho conjunto dos dirigentes máximos dos serviços envolvidos.
>
> 4 – Qualquer serviço desconcentrado da DGV, conservatória de registos ou posto de atendimento de conservatória de registos competentes para a prática de atos de registo de veículos pode, nos termos do protocolo referido no nº 1, receber qualquer tipo de pedido relativo a ato sobre o veículo, independentemente da sua competência para a prática do ato."

5. Processo de registo

5.1. Requerimento do registo

Os modelos de requerimento para atos de registo são aprovados por deliberação do conselho diretivo do IRN (art. 11º Reg)[9].

A Portaria nº 1050-A/2007, de 31 de agosto, regulou a promoção *online* de atos de registo de propriedade plena adquirida por contrato verbal de compra e venda referentes a veículos a motor e respetivos reboques. Esta portaria foi entretanto substituída pela Portaria nº 99/2008, de 31 de Janeiro, com o objetivo de "criar condições para se intensificar a utilização dos meios eletrónicos no relacionamento com os serviços de registo automóvel, regulamentando o

[9] Aprovados por despacho nº 22620-C/2005, de 28 de outubro, publicado no *Diário da República*, 2ª série, 2º suplemento, de 31 de outubro de 2005.

Decreto-Lei nº 20/2008, de 31 de janeiro, que introduziu novidades no sentido da simplificação de procedimentos."

A Portaria nº 99/2008, de 31 de janeiro[10], permite:

a) A promoção *online* de atos de registo de veículos;
b) A certidão *online* de registo de veículos;
c) A promoção de atos de registo de veículos pelo vendedor, nos casos em que este seja entidade que tenha por atividade principal a compra de veículos para revenda e proceda ao pedido de registo da propriedade adquirida em virtude de alienação de veículo no exercício dessa atividade;
d) A promoção de atos de registo de veículos pelo vendedor, nos casos em que este seja entidade que, em virtude da sua atividade, proceda com carácter de regularidade à transmissão da propriedade de veículos;
e) A promoção *online* do registo da penhora de veículos;
f) O regime das comunicações e das notificações por via eletrónica, no âmbito do registo automóvel.

5.2. Prazo para efetuar o requerimento

O *registo obrigatório* deve ser requerido no prazo de *60 dias* a contar da data do facto (art. 42º Reg). Tratando-se de *registo inicial* de propriedade, o prazo referido conta-se a partir da data de atribuição da matrícula.

No caso de registo de propriedade adquirida por via de *sucessão hereditária*, o prazo conta-se a partir da data da partilha ou, no caso de esta não ocorrer, da data da junção da relação de bens.

Se para a realização do registo for indispensável algum documento autêntico, o decurso do prazo sustar-se-á desde a data da requisição desse documento até à data da sua passagem, presumindo-se, até prova em contrário, que esse período teve a duração de *oito dias*.

O art. 42º-A Reg permite a *correção de deficiências* do requerimento, determinando que, sempre que possível, as deficiências do processo de registo devem ser supridas oficiosamente com base nos documentos apresentados ou já existentes na conservatória ou por acesso direto à informação constante de *bases de dados das entidades ou serviços da Administração Pública*.

Não sendo possível o suprimento das deficiências por esta forma, o serviço de registo comunica este facto ao interessado por correio eletrónico, sempre que este forneça o respetivo endereço, ou qualquer outro meio idóneo, para

[10] Alterada pelas Portarias nº 1536/2008, de 30 de dezembro, nº 426/2010, de 29 de junho, nº 283/2013, de 30 de agosto, e nº 558/2015, de 14 de outubro.

que este, no prazo de cinco dias, proceda a tal suprimento, sob pena de o registo ser recusado.

O registo não é recusado se as deficiências em causa respeitarem à omissão de documentos a emitir pelas entidades acima referidas e a informação deles constante não puder ser obtida nos termos aí previstos, desde que o interessado tenha expressamente solicitado, pessoalmente ou por escrito, e no prazo de cinco dias, que diligencie pela sua obtenção diretamente às entidades ou serviços da Administração Pública. O suprimento de deficiências depende da entrega das quantias devidas.

Das decisões tomadas no âmbito do suprimento de deficiências não cabe recurso hierárquico ou impugnação judicial.

5.3. Registo inicial de propriedade

O *registo inicial de propriedade* de veículos importados, montados, construídos ou reconstruídos em Portugal tem por base o *requerimento* respetivo e a prova do cumprimento das *obrigações fiscais* relativas ao veículo.

Se a conservatória tiver acesso por via eletrónica à informação necessária à verificação do cumprimento das obrigações fiscais, é dispensada a apresentação dessa prova (art. 24º Reg).

Como acima se disse, a Portaria nº 99/2008, de 31 de janeiro, regula agora a promoção *online* dos atos de registo de veículos nos termos seguidamente explicitados.

De harmonia com a previsão do seu art. 3º, o interessado na promoção *online* de atos de registo de veículos formula o seu pedido e envia, através do sítio *www.automovelonline.mj.pt,* os documentos necessários ao registo, designadamente:

a) Os documentos comprovativos dos factos constantes do pedido de registo;
b) Os documentos comprovativos da sua capacidade e dos seus poderes de representação para o ato.

Todos os documentos entregues através do sítio *www.automovelonline.mj.pt,* desde que tenham sido corretamente digitalizados, sejam integralmente apreensíveis e tenham sido enviados por quem tenha competência para a conferência de documentos eletrónicos com os respetivos originais em formato de papel, têm o mesmo valor probatório dos originais.

Os documentos que não tenham sido enviados pelas referidas entidades têm de ser assinados eletronicamente, com exceção dos requerimentos de modelo aprovado destinados ao registo de qualquer facto, relativamente aos quais podem ser utilizados formulários eletrónicos.

Os *advogados, os solicitadores e os notários* que enviem documentos ao abrigo do disposto no art. 3º ficam obrigados a *arquivar os respetivos originais* (art. 4º).

Os pedidos de atos de registo de veículos efetuados através do sítio *www.automovelonline.mj.pt* são anotados pela ordem da hora da respetiva receção, tendo por referência a hora do meridiano de Greenwich, assinalada nas certidões de registo pela aposição do acrónimo UTC *(universal time, coordinated)* (art. 5º).

Os pedidos de registo recebidos após o horário de atendimento ao público do serviço são anotados no dia seguinte, imediatamente antes da primeira apresentação pessoal ou por telecópia.

Para efeitos da promoção *online* de atos de registo de veículos, a autenticação eletrónica dos utilizadores faz-se mediante a utilização de certificado digital qualificado, nos termos previstos no regime jurídico dos documentos eletrónicos e da assinatura eletrónica, aprovado pelo Decreto-Lei nº 290-D/99, de 2 de agosto, alterado pelos Decretos-Leis nºs 62/2003, de 3 de abril, 165/2004, de 6 de julho, e 116-A/2006, de 16 de julho; os requerentes que sejam pessoas singulares podem utilizar o certificado digital do cartão de cidadão (art. 6º).

Para efeitos da promoção *online* de atos de registo de veículos, a *autenticação eletrónica de advogados, solicitadores e notários* deve fazer-se mediante certificado digital que comprove a qualidade profissional do utilizador, apenas sendo admitidos os certificados digitais de advogados, solicitadores e notários cuja utilização para fins profissionais seja confirmada através de listas eletrónicas de certificados, disponibilizadas, respetivamente, pela Ordem dos Advogados, pela Câmara dos Solicitadores – atualmente Ordem dos Solicitadores e dos Agentes de Execução – e pela Ordem dos Notários (art. 7º).

O pedido *online* de atos de registo de veículos só é considerado validamente submetido após a emissão de um comprovativo eletrónico, através do sítio *www.automovelonline.mj.pt*, que indique a data e a hora em que o pedido foi concluído (art. 8º). O comprovativo eletrónico do pedido de registo deve ser enviado ao interessado através de mensagem de correio eletrónico.

No prazo de dois dias úteis a contar da confirmação do pagamento efetuado pelo interessado, o serviço competente procede ao tratamento dos dados indicados e dos documentos entregues e à apreciação do pedido de registo, bem como às seguintes diligências subsequentes (art. 10º):

a) Suprimento de eventuais deficiências do pedido de registo;
b) Registo dos factos, o qual deve ser imediatamente comunicado aos interessados por via eletrónica, através de correio eletrónico e, sempre que possível, por *sms*;
c) Disponibilização ao interessado do comprovativo do pagamento dos encargos devidos;

d) Promoção da emissão do certificado de matrícula, nos casos em que o ato requerido determine tal emissão;
e) Promoção das restantes diligências previstas em ato normativo ou protocolo.

A Portaria nº 99/2008, alterada neste particular pela Portaria nº 1536/2008, de 30 de dezembro, prevê ainda, nos seus artºs 17º e seguintes, um *regime específico para quem tem por atividade principal a revenda de veículos.* Um outro regime específico é objeto do art. 21º P, aplicável este à promoção *de atos de registo de veículos por entidades que se dedicam à sua venda regular.* Adiante se faz referência a estes regimes.

5.4. Registo posterior de propriedade

O *registo posterior de propriedade* adquirida por *contrato verbal* de compra e venda pode ser efetuado em face de (nº 1 do art. 25º Reg):

a) Requerimento subscrito pelo comprador e confirmado pelo vendedor, através de declaração de venda apresentada com o pedido de registo;
b) Requerimento subscrito conjuntamente pelo vendedor e pelo comprador;
c) Requerimento subscrito pelo vendedor, nos casos em que este seja entidade comercial que tenha por atividade principal a compra de veículos para revenda e proceda ao pedido de registo da propriedade adquirida em virtude de alienação de veículo no exercício dessa atividade, nos termos da Portaria nº 99/2008, de 31 de janeiro;
d) Requerimento subscrito pelo vendedor, nos casos em que este seja entidade que, em virtude da sua atividade, proceda com carácter de regularidade à transmissão da propriedade de veículos, nos termos e com as limitações fixadas na portaria referida na alínea anterior;
e) Requerimento subscrito pelo vendedor, na sequência do exercício do direito de compra no fim do contrato de locação financeira ou de aluguer de longa duração registado, antes da caducidade do registo, acompanhado da fatura correspondente à venda respetiva ou de documento de quitação.

O registo de propriedade fundado em *facto diverso do acima referido,* ou seja, que não o contrato verbal de compra e venda, é efetuado com base em algum dos seguintes documentos (nº 2 do art. 25º):

a) Qualquer documento comprovativo de facto jurídico que importe o reconhecimento, a aquisição ou divisão do direito de propriedade do veículo;

b) Certidão de decisão judicial, passada em julgado, proferida no processo civil ou penal em que, de modo expresso ou implícito, seja reconhecido o direito de propriedade do veículo a quem deva figurar como titular do registo;

c) Certidão extraída do processo de liquidação do imposto sobre as sucessões e doações do qual conste a inclusão do veículo na respetiva relação de bens, o nome de todos os interessados e do cônjuge meeiro, no caso de aquisição de propriedade por sucessão, bem como a declaração de não haver lugar a inventário obrigatório.

O registo de propriedade adquirida *por via de sucessão hereditária* é feito com base em certidão que prove ter sido instaurado o processo fiscal relativo à transmissão sucessória, da qual conste a indicação dos herdeiros e a identificação do veículo, ou em documento comprovativo da habilitação de herdeiros, desde que se mostrem pagos ou assegurados os direitos do fisco (nº 3); se todos os herdeiros o requererem, o registo pode ser efetuado apenas a favor de algum ou alguns deles (nº 4).

No caso de dispensa do registo de propriedade adquirida por via de sucessão hereditária, o adquirente do veículo deve instruir o respetivo pedido de registo de propriedade com um dos documentos mencionados no nº 3 (nº 5).

O registo de propriedade adquirida por *doação* pode ser efetuado em face de requerimento subscrito pelo donatário e confirmado pelo doador ou subscrito conjuntamente por ambos (nº 6).

Não obsta ao registo de propriedade de veículo comprado ou vendido *por menor* a falta de prova documental do consentimento do seu representante legal, se o outro contraente declarar no requerimento apresentado que, apesar dessa circunstância, pretende que o registo seja lavrado (art. 26º Reg).

5.5. Regimes específicos de promoção de atos de registo

A Portaria nº 99/2008, de 31 de janeiro, alterada pela Portaria nº 1536/2008, de 30 de dezembro, prevê regimes específicos para a promoção de atos de registo por entidades que tenham por atividade principal a *compra de veículos para revenda*, bem como para a sua promoção por *vendedor com grande regularidade*.

No primeiro caso, a entidade que tenha por atividade principal a compra de veículos para revenda e proceda ao pedido de registo da propriedade adquirida em virtude de alienação de veículo no exercício dessa atividade, deve promover o registo por via eletrónica, no *prazo de dois dias úteis a contar da data da venda do veículo*, sem prejuízo do cumprimento das demais condições previstas no art. 17º, com observância do disposto nos artigos 3º e seguintes, já acima referidos, tendo em conta as especificidades constantes do art. 18º.

O incumprimento destas condições impede a entidade de beneficiar do regime emolumentar especial legalmente previsto para o registo da revenda de veículos.

A autenticação eletrónica destas entidades faz-se mediante certificado digital que comprove a qualidade do utilizador, apenas sendo admitidos os certificados digitais cuja utilização para fins profissionais seja confirmada através de *listas eletrónicas de certificados, disponibilizadas pelas associações representativas* dos comerciantes de veículos que tenham o *estatuto de utilidade pública*.

A inclusão nestas listas depende da prévia verificação, pela associação representativa, da idoneidade da entidade para a promoção *online* de atos de registo de veículos, de harmonia com o disposto no art. 19º, sem prejuízo de deverem ser excluídas da possibilidade de promoção de atos de registo, ao abrigo deste regime especial, as entidades que deixarem de reunir as condições de idoneidade (art. 20º).

Os procedimentos que antecedem aplicam-se, com as necessárias adaptações, à promoção de atos de registo de veículos pelo *vendedor com grande regularidade*, que seja, como precisa o art. 21º, entidade que, em virtude da sua atividade, proceda com carácter de regularidade à transmissão da propriedade de veículos.

A promoção de atos de registo por estas entidades depende de *protocolo* a celebrar entre elas ou a associação representativa do sector e o IRN, em que, designadamente, se determinem os requisitos a que devam obedecer os certificados digitais e o modo de apreciação da idoneidade das entidades.

5.6. Registo de hipoteca e apreensão do veículo

Como já se disse, os veículos automóveis podem constituir objeto de hipotecas legais, judiciais ou voluntárias. Às hipotecas são aplicáveis as disposições relativas à hipoteca de imóveis no que não forem contrariadas pelas disposições especiais do Decreto-Lei nº 54/75, de 12 de fevereiro (nº 2 do art. 4º), abaixo referidas.

A constituição ou modificação de hipoteca sobre veículos automóveis pode ser titulada por documento particular (nº 3 do art. 4º). O registo de *hipoteca voluntária* tem por base o documento comprovativo do respetivo contrato (art. 27º Reg).

Vencido e não pago o crédito hipotecário ou não cumpridas as obrigações que originaram a reserva de propriedade, o titular dos respetivos registos pode requerer em juízo a apreensão do veículo e do certificado de matrícula. O requerente expõe na petição o fundamento do pedido, oferece a prova e indica a providência requerida (art. 15º).

Provados os registos e o vencimento do crédito, ou quando se trate de reserva de propriedade, o não cumprimento do contrato por parte do adquirente, o juiz ordena a imediata apreensão do veículo.

Se no ato da apreensão não for encontrado o certificado de matrícula, deve o requerido ser notificado para o apresentar em juízo no prazo que lhe for designado, sob a sanção cominada para o crime de desobediência qualificada (art. 16º).

A apreensão do veículo e do certificado de matrícula pode ser realizada diretamente pelo tribunal ou, a requisição deste, por qualquer autoridade administrativa ou policial. A autoridade que efetuar a apreensão fará recolher a viatura a uma garagem ou a outro local apropriado, onde ficará depositada à ordem do tribunal, e nomeará fiel depositário, lavrando-se auto da ocorrência.

A secretaria deve extrair certidão do auto de apreensão, logo após a sua junção ao processo e independentemente de despacho, e entregá-la ao requerente para fins de registo (art. 17º).

Dentro de quinze dias a contar da data da apreensão, o credor deve promover a venda do veículo apreendido, pelo processo de execução ou de venda de penhor, regulado na lei de processo civil, conforme haja ou não lugar a concurso de credores; dentro do mesmo prazo, o titular do registo de reserva de propriedade deve propor ação de resolução do contrato de alienação (nº 1 do art. 18º).

O processo e a ação não poderão prosseguir seus termos sem que lhes seja apenso o processo de apreensão, devidamente instruído com certidão comprovativa do respetivo registo ou documento equivalente (nº 2 do art. 18º).

Vendido o veículo ou transitada em julgado a decisão que declare a resolução do contrato de alienação com reserva de propriedade, o certificado de matrícula apreendido é entregue pelo tribunal ao adquirente do veículo ou ao autor da ação que toma posse do veículo, independentemente de qualquer outro ato ou formalidade (nº 3 do art. 18º).

A apreensão fica sem efeito nos seguintes casos (art. 19º):

a) Se o requerente não propuser a ação dentro do prazo legal ou se, tendo-a proposto, o processo estiver parado durante mais de trinta dias, por negligência sua em promover os respetivos termos;
b) Se a ação vier a ser julgada improcedente ou se o réu for absolvido da instância por decisão passada em julgado;
c) Se o requerido provar o pagamento da dívida ou o cumprimento das obrigações a que estava vinculado pelo contrato de alienação com reserva de propriedade.

Nos casos a que se referem as alíneas *b)* e *c)*, a apreensão é levantada sem audiência do requerente; no caso da alínea *a)*, a apreensão só será levantada se, depois de ouvido, o requerente não mostrar que é inexata a afirmação do requerido (nº 2 do art. 19º).

O levantamento da apreensão é imediatamente comunicado pela secretaria à conservatória para que seja oficiosamente efetuado o respetivo registo (nº 3 do art. 19º).

O requerente da apreensão responde pelos danos a que der causa, se a apreensão vier a ser julgada injustificada ou caducar, no caso de se verificar não ter agido com a prudência normal (art. 20º).

O processo de apreensão e as ações relativas aos veículos apreendidos são da competência do tribunal da comarca em cuja área se situa a residência habitual ou sede do proprietário (art. 21º).

A apreensão envolve a proibição de o veículo circular sob pena de o depositário ficar sujeito às sanções aplicáveis ao crime de desobediência qualificada (art. 22º).

Os registos de hipoteca e penhora caducam decorridos 10 anos sobre a data do registo, sem prejuízo da possibilidade de renovação (art. 26º-A).

5.7. Registo de penhora e arresto

Nos termos do art. 23º, é aplicável à penhora e ao arresto de veículos o disposto nos nºs 2 e 3 do art. 18º. Aos registos de penhora e arresto a favor do Estado ou de outras entidades públicas, bem como aos de levantamento destas diligências, é aplicável o disposto no nº 3 do art. 19º.

Tal como sucede com a apreensão, o art. 22º prevê a proibição de o veículo circular no caso de arresto ou penhora. A circulação do veículo com infração da proibição legal sujeita o depositário às sanções aplicáveis ao crime de desobediência qualificada.[11]

5.8. Promoção online de registos por agente de execução

A Portaria nº 99/2008, de 31 de janeiro, alterada pela Portaria nº 283/2013, de 30 de agosto, prevê e regula, no seu art. 22º, a promoção *online* de registos por agente de execução, nos seguintes termos:

> "1 – Sem prejuízo do disposto nos números seguintes, aplica-se à promoção *online* do registo da penhora de veículos pelos solicitadores de execução o disposto nos artigos 3º e seguintes.

[11] Acórdão uniformizador de jurisprudência, de 9 de outubro de 2008 (*Diário da República*, I série, nº 222, de 14 de novembro de 2008): "A ação executiva na qual se penhorou um veículo automóvel, sobre o qual incide registo de reserva de propriedade a favor do exequente, não pode prosseguir para as fases de concurso de credores e da venda, sem que este promova e comprove a inscrição, no registo automóvel, da extinção da referida reserva."

2 – A comunicação eletrónica de factos sujeitos a registo pelos agentes de execução ou por oficial de justiça a realizar diligências próprias do agente de execução processa-se por comunicação direta entre os sistemas informáticos que servem de suporte à atividade dos agentes de execução ou dos oficiais de justiça e o sistema informático do registo automóvel.

3 – *[Revogado]*

4 – Se a penhora for registada definitivamente, o serviço de registo envia ao solicitador de execução a nota do registo e a certidão de ónus ou encargos registados sobre o veículo.

5 – *[Revogado]*

6 – O disposto no nº 4 aplica -se, com as necessárias adaptações, aos restantes factos sujeitos a registo no âmbito da ação executiva promovidos pelo agente de execução ou por oficial de justiça a realizar diligências próprias do agente de execução.

7 – Quando as condições técnicas não permitirem a comunicação direta entre o sistema informático que serve de suporte à atividade dos oficiais de justiça e o sistema informático do registo automóvel, a comunicação a que se refere o nº 2 é feita em suporte papel.»

5.9. Registo de outros factos

O registo de afetação do veículo ao regime de *aluguer sem condutor* é efetuado com base em declaração do locador (art. 27º-A Reg).

Os ónus de intransmissibilidade e de tributação residual previstos em legislação fiscal são registados mediante apresentação do documento comprovativo do facto tributário que lhe dá origem. Se a conservatória tiver acesso por via eletrónica à informação necessária à verificação do cumprimento das obrigações fiscais, é dispensada a apresentação da respetiva prova (art. 27º-B Reg).

O registo de *extinção de qualquer direito ou ato* anteriormente registado efetua-se em face de documento comprovativo do facto a registar. É dispensada a apresentação de documento comprovativo da extinção se, tratando-se de hipoteca ou de reserva de propriedade, o requerente for o credor ou o reservador e o pedido for formulado presencialmente ou por via eletrónica (art. 28º Reg).

A *alteração do nome ou firma, bem como a mudança de residência ou sede,* são registadas em conformidade com o pedido do interessado, sendo a prova feita por acesso às bases de dados da titularidade do IRN, por documento apresentado pelos interessados, ou por declaração, nos casos em que aquela prova não seja possível; a alteração de morada pode ser requerida em simultâneo com o pedido de alteração de morada no âmbito do cartão de cidadão (art. 29º Reg).

Segundo a previsão do art. 26º-A, os registos de usufruto caducam decorridos 20 anos sobre a data do registo, sem prejuízo da possibilidade de renovação. Por sua vez, os registos de locação financeira e de aluguer de longa duração caducam decorrido um ano sobre a data do termo final do prazo fixado no respetivo contrato, exceto se sobre o veículo se encontrar registada ação que tenha por objeto o negócio que deu causa ao registo; os registos de locação financeira caducam ainda com o registo da transmissão a favor do locatário, no âmbito do exercício do direito de opção de compra, ou com o cumprimento antecipado do contrato.

5.10. Procedimentos de registo

O art. 31º Reg determina que nenhum direito ou facto relativo a veículos pode figurar no registo sem que seja efetuada a respetiva apresentação no Diário. A apresentação gera um *número de ordem a nível nacional*, que determina a *prioridade do registo*. A cada facto deve corresponder uma apresentação distinta, ainda que no mesmo requerimento possa ser pedido o registo de vários factos.

O pedido de registo pode ser efetuado presencialmente, por via eletrónica ou por correio, podendo ser remetido por correio simples, acompanhado dos documentos e dos emolumentos e demais encargos que se mostrem devidos (art. 40º Reg).

Para além dos casos de rejeição da apresentação previstos na legislação subsidiariamente aplicável, a apresentação do pedido de registo pode ainda *ser rejeitada* quando for verificada a inviabilidade do registo requerido, ou, sendo o pedido efetuado presencialmente, não for paga a totalidade das quantias pedidas a título de preparo (art. 32º Reg).

Não ocorrendo motivos para a rejeição da apresentação, é *lavrada* a correspondente nota.

No mesmo requerimento pode ser requerido mais do que um ato de registo: neste caso lavram-se tantas notas de apresentação seguidas quantos os atos de registo que hajam de ser efetuado (art. 33º Reg.).

O *conteúdo da nota de apresentação* é determinado pelo art. 35º Reg.

Cada ato de registo pode incidir sobre mais de um veículo, salvo no caso de registo inicial, ou de registo de propriedade adquirida por contrato verbal de compra e venda (art. 44º Reg).

A *reserva de propriedade* estipulada em contrato de alienação de veículo é registada na dependência da inscrição de aquisição (art. 46º Reg).

A afetação do veículo *ao regime de aluguer sem condutor* é registada autónoma ou oficiosamente na dependência do registo do direito do locador; a extinção da afetação do veículo determina o cancelamento do registo do facto (art. 46º-A Reg).

Os ónus de tributação residual e de intransmissibilidade previstos na legislação fiscal são registados oficiosamente na dependência do registo do direito onerado, com menção do diploma e disposição legal que preveem o ónus, bem como a referência aos termos inicial e final do respetivo prazo; a caducidade dos ónus fiscais deve ser anotada logo que verificada (art. 46º-B Reg).

A *locação financeira* pode ser titulada, nos termos do disposto no nº 1 do art. 3º do Decreto-Lei nº 149/95, de 24 de Junho, na redação que lhe foi dada pelo Decreto-Lei nº 30/2008, de 25 de Fevereiro, por documento particular.

A assinatura das partes nos contratos de locação financeira deve conter a indicação, feita pelo respetivo signatário, do número, data e entidade emitente do bilhete de identidade ou documento equivalente emitido pela autoridade competente de um dos países da União Europeia ou do passaporte.

Nos termos do disposto no art. 47º Reg, relativo aos *registos sobre matrículas canceladas*, o cancelamento da matrícula, desde que comunicado pela entidade competente para tal ato, determina o cancelamento oficioso do registo de propriedade em vigor sobre o veículo, se sobre este não se encontrarem em vigor registos de ónus ou encargos.

As *comunicações e notificações no âmbito do registo automóvel* são efetuadas exclusivamente por via eletrónica, através do envio de mensagem para o correio eletrónico válido, sempre que o apresentante do registo o forneça, e presumem-se feitas na data da expedição (art. 27º-J do Decreto-Lei nº 54/75, de 12 de fevereiro, e art. 2º da Portaria nº 1536/2008, de 30 de dezembro).

5.11. Recusa do registo

O ato de registo deve ser recusado, como determina o art. 49º Reg, além dos motivos de recusa previstos na legislação subsidiariamente aplicável, ou seja, para além dos casos aplicáveis dentre os previstos no art. 69º do Código do Registo Predial (legislação subsidiária, por força do art. 29º do Decreto-Lei nº 54/75, de 12 de fevereiro):

a) Se não for apresentado o certificado de matrícula, nos casos em que tal apresentação seja exigível ao requerente;

b) Se o requerimento de registo ou os documentos que o instruam apresentem deficiências insupríveis e que impeçam a feitura do ato.

O despacho de recusa é, preferencialmente, exarado pelo funcionário competente no requerimento do ato recusado (art. 50º Reg).

6. Publicidade e meios de prova

6.1. Carácter público do registo

Tendo o registo de veículos essencialmente por fim, como diz o art. 1º do Decreto-Lei nº 54/75, de 12 de fevereiro, dar publicidade à *situação jurídica dos veículos* a motor, daí resulta que qualquer pessoa pode obter certidões dos atos de registo e do documentos arquivados (art. 53º Reg) e ter acesso à informação sobre as características dos veículos (art. 27º-D), nos termos adiante explicitados.

Como já se salientou a propósito das outras espécies, o carácter público do registo está condicionado pela necessidade de respeitar as normas de proteção dos dados pessoais consagradas na Constituição da República, no Regulamento Geral de Proteção de Dados e na Lei nº 58/2019, de 8 de agosto, que revogou a Lei nº 67/98, de 26 de outubro.[12]

Nessa conformidade, preceitua o nº 2 do art. 27º que a base de dados do registo de automóveis tem por finalidade organizar e manter atualizada a informação respeitante à situação jurídica desses bens, com vista à segurança do comércio jurídico, nos termos e para os efeitos previstos na lei, não podendo ser utilizada para qualquer outra finalidade com aquela incompatível.

São recolhidos para tratamento automatizado os dados pessoais referidos no art. art. 27º-B.

Precisa o art. 27º-C que os dados pessoais constantes das bases de dados têm por suporte a identificação dos sujeitos ativos e passivos dos factos sujeitos a registo e são recolhidos do impresso do modelo próprio apresentado pelos interessados.

As condições a que a *comunicação dos dados* deve obedecer é objeto do art. 27º-D:

> "1 – A informação constante do registo automóvel, desde que respeite exclusivamente às características dos veículos e sem referência, neste caso, aos respetivos titulares, pode ser comunicada a quaisquer entidades, públicas ou privadas.
>
> 2 – Os dados pessoais referentes à situação jurídica de qualquer veículo automóvel constantes da base de dados podem ser comunicados:
>
> *a)* A qualquer pessoa que o solicite, nos termos previstos na legislação específica do registo de automóveis;
>
> *b)* Aos organismos e serviços do Estado e demais pessoas coletivas de direito público, para prossecução das respetivas atribuições legais e estatutárias;
>
> *c)* Às entidades judiciárias e policiais, para efeitos de investigação ou de instrução dos processos judiciais a seu cargo, desde que a informação não possa ou não deva ser obtida das pessoas a quem respeita;

[12] As normas de proteção dos dados pessoais constantes dos arts. 27º a 27º-I mantêm-se em vigor em tudo o que não contrarie o disposto no Regulamento Geral de Proteção de Dados (RGPD) e na Lei nº 58/2019, de 8 de agosto, de harmonia com o disposto no art. 62º desta lei.

d) Às entidades a quem incumba a fiscalização do cumprimento das disposições do Código da Estrada e legislação complementar, designadamente por linha de transmissão de dados, bem como às entidades a quem incumba a fiscalização do cumprimento das normas referentes à cobrança de portagens em infraestruturas rodoviárias, para prossecução exclusiva das respetivas atribuições;

e) A quaisquer outras entidades, mediante consentimento escrito dos seus titulares ou para proteção de interesses vitais destes.

3 – A informação pode ser divulgada para fins estatísticos, históricos ou de investigação científica, mediante autorização do responsável pela base de dados, desde que não possam ser identificáveis as pessoas a que respeita.

4 – Podem ainda ser fornecidas cópias da base de dados, de conteúdo total ou parcial da situação jurídica de cada veículo, em suporte físico ou suporte eletrónico, com respeito pelas condições definidas no presente decreto-lei, mediante autorização do presidente do conselho diretivo do IRN, I. P.

5 – Os dados comunicados não podem ser transmitidos a terceiros, estando o acesso à base de dados sujeito ao pagamento dos respetivos encargos, sendo, porém, isento o acesso e consulta à base de dados efetuados pelas entidades previstas no nº 1 do artigo seguinte."

O art. 27º-E regula *o acesso à informação*, através de linha de transmissão de dados, às entidades judiciárias, aos órgãos de polícia criminal, à Autoridade Tributária e Aduaneira e ao IMT, I. P.

Estão previstas no art. 27º-H as *medidas de segurança da informação* que devem ser adotadas nos termos referidos no nº 1 do art. 32º do RGPD.

O *acesso dos interessados* aos seus próprios dados, bem como a atualização e a correção de eventuais inexatidões é objeto do art. 27º-F.

Os prazos de *conservação dos dados pessoais* são definidos no art. 27º-G, nos termos do qual os dados pessoais podem ser conservados na base de dados durante cinco anos a contar da data do cancelamento do registo enquanto que em ficheiro histórico os dados pessoais podem ser conservados durante 10 anos a contar da data da eliminação do registo da base de dados.

O *responsável pelos tratamentos* efetuados na base de dados é, de harmonia com o art. 27º-A, o presidente do IRN, nos termos e para os efeitos definidos no nº 7 do art. 4º do RGPD, sem prejuízo da responsabilidade que, nos termos da lei, é atribuída aos conservadores dos registos de automóveis.

Cabe ao presidente do IRN assegurar o direito de informação e de acesso aos dados pelos respetivos titulares, a correção de inexatidões, o completamento de omissões, a supressão de dados indevidamente registados, bem como velar pela legalidade da consulta ou comunicação da informação.

Por último, o *sigilo profissional* é imposto pelo art. 27º-I.

6.2. Meios de prova

Qualquer pessoa pode obter *certidões* e *cópias não certificadas* dos atos de registo e dos documentos arquivados (art. 53º Reg).

As certidões e as cópias não certificadas podem ser emitidas por via eletrónica, por telecópia ou em suporte de papel, nos termos fixados em despacho do presidente do Instituto dos Registos e do Notariado (nº 1 do art. 55º Reg).

Faz, igualmente, *prova para todos os efeitos legais* e perante qualquer autoridade pública ou entidade privada a *disponibilização da informação constante da certidão em sítio da Internet*, nos termos fixados na Portaria nº 99/2008, de 31 de janeiro, adiante referidos.

Os requerimentos destinados a obter a passagem de certidões ou documentos análogos e de segundas vias de certificados de matrícula extraviados ou destruídos; podem ser remetidos pelo correio ou efetuados nos termos da Portaria nº 99/2008.

Quem prestar declarações falsas ou inexatas para obter a emissão de duplicados do título de registo responde pelos danos a que der causa e incorre, além disso, nas sanções aplicáveis ao crime de falsas declarações. Em iguais responsabilidades e pena incorre o que, com dolo, utilize o duplicado do título obtido nas condições a que se refere o número anterior (art. 14º).

6.3. Certidão online

A Portaria nº 99/2008, de 31 de janeiro, prevê e regula o acesso à *certidão online* do registo de veículos no sítio da Internet *www.automovelonline.mj.pt.*

Designa-se por «certidão *online* de registo de veículos», segundo a definição do seu art. 11º, a disponibilização, em suporte eletrónico e permanentemente atualizada, da reprodução dos registos respeitantes ao veículo, bem como da menção das apresentações e dos pedidos de registo pendentes.

O pedido de certidão *online* é efetuado através do sítio acima referido ou, verbalmente, em qualquer serviço com competência para a prática de atos de registo de veículos, mediante a indicação da matrícula do veículo (art. 12º).

A identificação do requerente da certidão *online* faz-se pela indicação do nome ou firma e do endereço de correio eletrónico, sem necessidade de utilização dos meios de autenticação eletrónica mediante certificado digital (art. 13º).

Após a solicitação do serviço, é disponibilizado ao requerente um *código* que permite a visualização da certidão *online* a partir do momento em que seja confirmado o pagamento da taxa devida (nº 1 do art. 14º).

O serviço certidão *online* é prestado mediante a subscrição de uma assinatura com a duração de seis meses (art. 15º).

A entrega, a qualquer entidade pública ou privada, do código de acesso à certidão *online* equivale, para todos os efeitos, à entrega de uma certidão do registo de veículos, não podendo aquela exigir certidão do registo do veículo em suporte de papel (nº 2 do art. 14º).

7. Impugnação das decisões do conservador

O despacho de recusa do registo pode ser impugnado, hierárquica ou contenciosamente, nos termos previstos no Código do Registo Predial, por aplicação supletiva do art. 29º, adiante transcrito.

O despacho de recusa deve, também por aplicação supletiva do nº 1 do art. 615º do Código do Processo Civil, especificar os fundamentos de facto e de direito que justificam a decisão.

Nos termos do art. 52º Reg, independentemente da categoria funcional de quem pratica o ato, se houver interposição de recurso hierárquico ou contencioso, o despacho recorrido é submetido à apreciação do conservador para efeitos de sustentação ou reparação da decisão.

8. Regime supletivo

O art. 29º considera o registo predial como supletivo do registo de automóveis, nos seguintes termos: "São aplicáveis, com as necessárias adaptações, ao registo de automóveis as disposições relativas ao registo predial, mas apenas na medida indispensável ao suprimento das lacunas da regulamentação própria e compatível com a natureza de veículos automóveis e das disposições contidas neste diploma e no respetivo regulamento."

II – REGISTO DE NAVIOS

1. Enquadramento legal e objeto

1.1. Regime jurídico do registo de navios

Se a disciplina do registo de veículos automóveis se encontra muito fragmentada e mal estruturada, a do registo de navios mostra-se completamente desajustada das realidades atuais, como se o legislador dela se tivesse olvidado. Integrada em 1959 na disciplina do *registo comercial*, aí se mantém sem ter sequer beneficiado de qualquer das atualizações de que as outras espécies de registo foram objeto.

Compete, previa o nº 2 do art. 28º do revogado Decreto-Lei nº 87/2001, de 17 de março[13], às mesmas conservatórias [do registo comercial] a publicitação da situação jurídica dos navios, até à publicação de nova legislação sobre a matéria: só que a anunciada legislação continua em espera.

O registo de navios está por isso não só profundamente desatualizado, mas também até o sistema que o enforma é de muito pobre elaboração, sem coerência sequer com o atual ordenamento registal das outras espécies.

É regulado ainda, na parte que se lhe aplique, pelo Decreto-Lei nº 42 644, de 14 de novembro de 1959[14], e pelo Regulamento do Registo Comercial, aprovado pelo Decreto nº 42 645, de 14 de novembro de 1959.

O Decreto-Lei nº 43/2018, de 18 de junho, criou o *Sistema Nacional de Embarcações e Marítimos (SNEM)*, constituído como "um sistema de dados eletrónico, nacional e único, que tem por finalidade dar publicidade e manter atualizada a informação relativa às embarcações, aos marítimos e a outros factos relacionados com a atividade marítima" (art. 2º).

O SNEM, cuja gestão é da responsabilidade da Direção-Geral de Recursos Naturais, Segurança e Serviços Marítimos (DGRM) não prejudica as competências legalmente atribuídas ao Instituto dos Registos e Notariado, que continua a praticar os respetivos atos (art. 3º).

Os atos de registo e inscrição no SNEM, bem como toda a tramitação, são efetuados de forma desmaterializada através do Balcão Eletrónico do Mar (BMar), sendo instalados, para efeitos de atendimento presencial e de proximidade, terminais de acesso, entre outras entidades, nos serviços de registo do

[13] Como já se disse, este diploma foi revogado pelo Decreto-Lei nº 129/2007, de 27 de abril, que aprovou a orgânica do IRN, mas nada dispôs quanto à explicitação da competência das conservatórias, em substituição das normas do revogado diploma.

[14] O Decreto-Lei nº 42 644, de 14 de novembro de 1959, que aprovou o ordenamento jurídico do registo comercial, foi alterado pelo Decreto-Lei nº 290/84, de 27 de agosto, mas as alterações não tocaram a matéria do registo de navios.

IRN (art. 4º). São subsidiariamente aplicáveis ao procedimento registral as disposições do Código do Registo Predial (art. 8º).

1.2. Conceito de navio

Os diplomas de 1959 não definem o âmbito do conceito "*navio*"; em contrapartida, o Código do Registo de Bens Móveis de 1995, que, como atrás se disse, não chegou a entrar em vigor, estabelecia, no seu art. 44º e sob a epígrafe *«conceito de navio»:*

> "1 - Para efeitos do presente diploma, considera-se navio qualquer embarcação no comércio jurídico, obrigatoriamente sujeita a licenciamento nas repartições marítimas competentes e que seja destinada a comércio, pesca, recreio, reboque ou serviços auxiliares, salvo o disposto no nº 3.
>
> 2 - Para efeitos de registo, consideram-se navios as embarcações que, não estando ainda construídas, sejam objeto de um contrato de construção.
>
> 3 - Não estão sujeitas a registo as embarcações da Armada, as embarcações existentes a bordo e simples auxiliares de pesca, bem como as de recreio sem motor."

O *Regulamento Geral das Capitanias,* aprovado pelo Decreto-Lei nº 265/72, de 31 de julho[15], não usa a expressão "navio", mas sim "*embarcação*" que define, no art. 19º, como "todo o engenho ou aparelho de qualquer natureza, exceto um hidroavião amarado, utilizado ou suscetível de ser utilizado como meio de transporte sobre água" e que classifica de *comércio, pesca, recreio, rebocadores* e *auxiliares,* categorias definidas por sua vez nos artigos seguintes.

O nº 3 do art. 72º deste Regulamento prevê que as *embarcações mercantes* estejam obrigatoriamente sujeitas a registo comercial, independentemente do registo nas repartições marítimas, a que a seguir se faz referência.

Embarcações mercantes são, no dizer dos nºs 1 e 2 do art. 19º, as embarcações da marinha nacional, incluindo as do Estado não pertencentes à Armada, classificadas como de comércio, de pesca, rebocadores e auxiliares.

O Regulamento contempla a existência de um registo paralelo, designado na epígrafe do art. 72º como "registo de propriedade e registo comercial" e cujo nº 1 é do seguinte teor: "1. - As embarcações nacionais, com exceção das pertencentes à Armada, estão obrigatoriamente sujeitas a registo de propriedade, abreviadamente designado por registo, para que possam exercer a atividade que determina a sua classificação."

[15] Posteriormente alterado por vários diplomas mas não em matérias objeto das presentes referências.

O nº 1 do art. 73º determina que este registo seja feito "nas repartições marítimas, exceto o das embarcações de recreio, que é efetuado nos organismos indicados na legislação em vigor e naqueles que, na metrópole, vierem a ser fixados em portaria do Ministro da Marinha."

Os procedimentos deste registo, que são pormenorizadamente regulados nos artºs 74º a 104º, estão a cargo das *capitanias dos portos*.

O nº 6 do art. 13º do Decreto-Lei nº 44/2002, de 2 de março, prevê competir ao *capitão do porto*, no âmbito do registo patrimonial de embarcações, efetuar "o registo de propriedade de embarcações nacionais, assim como o cancelamento, reforma e alteração de registo, de acordo com o estabelecido legalmente, nomeadamente em matéria de registo de bens móveis e náutica de recreio".

Por sua vez, o Decreto-Lei nº 201/98, de 10 de julho, que definiu *o estatuto legal do navio*, diz, no nº 1 do seu art. 1º, que, para efeitos do disposto neste diploma, "navio é o engenho flutuante destinado à navegação por água" e acrescenta no art. 2º: "Os navios e os factos a eles respeitantes estão sujeitos a registo, nos termos da legislação respetiva."

O Decreto-Lei nº 96/89, de 28 de março, que criou o *Registo Internacional de Navios da Madeira*, abreviadamente designado por *MAR*, e a que adiante se faz referência detalhada, define, na sua redação atual, *navio* como "toda a embarcação de comércio ou de recreio que opere no meio ambiental marinho, incluindo plataformas fixas ou flutuantes, embarcações auxiliares e rebocadores" (alínea *e)* do art. 5º).

O art. 2º do Decreto-Lei nº 42 644, 14 de novembro de 1959, ao definir o âmbito do *registo comercial*, determina que este compreende a matrícula dos *navios mercantes*, não explicitando todavia qual a abrangência conferida a esta expressão.

2. Factos e ações sujeitos a registo

Estão sujeitos a registo, quando referentes a navios mercantes, de harmonia com o disposto no art. 4º do Código do Registo Comercial de 1959:[16]

a) Os factos jurídicos que importem reconhecimento, aquisição ou divisão do direito de propriedade;

b) Os factos jurídicos que importem reconhecimento, constituição, aquisição, modificação ou extinção do direito de usufruto;

[16] No que toca a navios, os artigos sem qualquer outra menção referem-se ao Código do Registo Comercial aprovado pelo Decreto-Lei nº 42 644, de 14 de novembro de 1959; os artigos do Regulamento do Registo Comercial, aprovado pelo Decreto nº 42 645, da mesma data, são seguidos da abreviatura Reg.

c) Os contratos de construção ou de grande reparação;
d) As hipotecas, sua modificação ou extinção, bem como a cessão da hipoteca ou do grau de prioridade do respetivo registo;
e) O penhor de créditos hipotecários;
f) A penhora, o arresto e o arrolamento de navios ou de créditos hipotecários, bem como quaisquer outros atos ou providências que afetem a livre disposição deles;
g) A cessão de créditos hipotecários e a sub-rogação neles.

Estão sujeitas a registo as ações que tenham por fim, principal ou acessório, declarar, fazer reconhecer, constituir, modificar ou extinguir qualquer dos direitos sujeitos a registo, bem como a reforma, a declaração e nulidade ou a anulação e um registo ou do seu cancelamento (art. 5º).

3. Registo obrigatório

É obrigatória a *matrícula* dos navios (art. 6º), que corresponde à sua identificação[17]. Esta é condição de registo dos factos a ele sujeitos sendo que nenhum facto pode ser levado a registo comercial sem que o navio a que respeite se mostre devidamente matriculado (art. 8º). Os navios sujeitos a matrícula nem sequer podem empreender qualquer viagem enquanto não estiverem matriculados (art. 10º).

Por sua vez, nenhum facto respeitante a navios pode ser definitivamente registado, sem que seja apresentado o título de propriedade do navio, ou a certidão do seu registo, passado pela competente capitania ou delegação marítima (art. 88º Reg).

4. Organização do registo

4.1. Órgãos e suas competências

O registo de navios continua a cargo das conservatórias do registo comercial e é competente para a matrícula dos navios a *conservatória em cuja área estiver situada a capitania ou delegação marítima* respetiva, salvo tratando-se *de navio em construção* ou a construir, em que será competente a conservatória do correspondente estaleiro ou, se este se encontrar situado no estrangeiro, a Conservatória de Lisboa (art. 6º Reg).

Para a inscrição dos factos jurídicos relativos aos navios matriculados é competente a conservatória onde a matrícula, no momento da inscrição, deva legalmente estar aberta.

[17] Bem como a hipoteca, esta por força do disposto no art. 687º do Código Civil.

Matriculado numa conservatória, o navio não pode ser matriculado noutra sem que previamente seja declarado, por averbamento à matrícula efetuada, qual a nova conservatória para que vai ser transferido (art. 8º Reg).

4.2. Suportes documentais

O registo de navios não beneficiou, tendo em vista as disposições legais ainda em vigor, com o facto de no registo comercial terem acabado os livros de registo.

Seria desejável que o legislador, que se tem mostrado tão prolífero nas outras espécies de registos, tivesse também em conta a existência em vigor de disposições reveladoras de inaceitável displicência. Os registos continuariam a ser efetuados – a ser cumprida a lei em vigor, repete-se – em livros.

5. Atos de registo

São atos de registo a matrícula, as inscrições e os averbamentos (art. 21º Reg).

5.1. Matrícula

A *matrícula* é especialmente destinada à *identificação dos navios* (art. 29º Reg); a cada navio corresponde uma só matrícula – o art. 30º Reg consagra pois a *unidade da matrícula*. O extrato da matrícula dos navios deve conter, em especial, as seguintes menções (art. 43º Reg):

a) O nome do navio e o seu número oficial;
b) A tonelagem e as dimensões principais;
c) O aparelho, sistema e força das máquinas, sendo a vapor;
d) O lugar e data da construção das máquinas e do casco, bem como o material deste;
e) O sinal distintivo que tiver no Código Internacional de Sinais;
f) Os nomes e domicílio dos proprietários;
g) A declaração de ter sido apresentado o título de propriedade, dos navios e a indicação da respetiva capitania ou delegação marítima.

As menções acima enumeradas estão hoje profundamente desatualizadas pelo que não é possível efetuar bom número delas.

O art. 105º do Regulamento das Capitanias considera apenas, como elementos de identificação, o conjunto de identificação (constituído pela letra ou letras designativas do porto de registo, o número de registo e a letra ou letras indicativas da área em que a embarcação pode operar) e o nome.

Por sua vez, o Decreto-Lei nº 201/98, de 10 de julho, que, como se disse, definiu *o estatuto legal do navio*, refere apenas o nome e o número de identificação (arts. 4º e 5º).

5.2. Inscrições

A *primeira inscrição* referente a navios é a da sua *construção* ou *aquisição*. Não obstante, a hipoteca provisória de navios em construção ou a construir, bem como a sua penhora, arresto, ou arrolamento, podem ser registados, independentemente da prévia inscrição acima referida (art. 12º).

São admitidas apenas como *provisórias* as inscrições de penhora ou arresto de navio ou do direito de usufruto sobre os quais subsista inscrição de domínio ou transmissão em nome de pessoas diversas do executado ou arrestado, bem como as de contrato de construção de navio e as de hipoteca constituída sobre navio em construção (art. 68º Reg).

A inscrição do contrato de construção de navio, quando convertida em definitiva, vale, para todos os efeitos, como registo de aquisição do respetivo navio (art. 76º).

5.3. Titulação

O contrato de *compra e venda* de embarcações de comércio, rebocadores ou navios auxiliares, nomeadamente a declaração de venda *(bill of sale)*, está sujeito a *forma escrita* e ao reconhecimento presencial da assinatura do vendedor (art. 3º do Decreto-Lei nº 150/88, de 28 de abril).

Por sua vez, o art. 10º do Decreto-Lei nº 201/98, de 10 de julho[18], determinou que os contratos que impliquem a constituição, modificação, transmissão ou extinção de *direitos reais sobre o navio* – como já foi referido, o art. 1º deste diploma define como navio "o engenho flutuante destinado a navegação por água" – devem ser celebrados *por escrito*, com reconhecimento presencial da assinatura dos outorgantes.

O *contrato de construção de navio* e as suas alterações, bem como o contrato de reparação de navios – dizem, respetivamente, os artºs 12º e 32º deste mesmo decreto-lei – estão sujeitos a forma escrita.

Salvo quanto à forma, a *hipoteca de navios* é ainda regulada pelos artºs 584º a 594º do Código Comercial, de que se transcrevem os de interesse atual:

> "Art. 584º – Podem constituir-se hipotecas sobre navios por disposição de lei ou por convenção das partes.
>
> Art. 585º – As hipotecas sobre navios, sejam legais ou voluntárias, produzirão os mesmos efeitos, e reger-se-ão pelas mesmas disposições que as hipotecas sobre prédios, em tudo quanto for compatível com a sua especial natureza, e salvas as modificações da presente secção.
>
> Art. 586º – A hipoteca sobre navios só pode ser constituída pelo respetivo proprietário ou por seu procurador especial.

[18] Retificado por Declaração de Retificação nº 11-P/98, de 31 de julho.

§ 1º – Quando o navio pertencer a mais do que um proprietário, poderá ser hipotecado na totalidade para despesas de armamento e navegação, por consentimento expresso da maioria, representando mais de metade do valor do navio.

§ 2º – O coproprietário de um navio não pode hipotecar separadamente a sua parte do navio, sem assentimento da maioria designada no parágrafo antecedente.

Art. 587º – É também permitida a hipoteca sobre navios em construção ou a construir para pagamento das respetivas despesas de construção, contanto que pelo menos no respetivo instrumento se especifique o comprimento da quilha do navio e aproximadamente as suas principais dimensões, assim como a sua tonelagem provável, e o estaleiro em que se acha a construir ou tem de ser construído.

Art. 589º – A hipoteca sobre navios relativa a créditos que vençam juros abrange, além do capital, os juros de cinco anos.

Art. 591º – O proprietário do navio poderá fazer abrir registo provisório de hipoteca em que especifique a quantia ou quantias que sobre o navio possam levantar-se durante a viagem.

§ 1º – A escritura de hipoteca será feita, quando fora do reino, pelo respetivo agente consular português *[como acima ficou dito, o art. 10º do Decreto-Lei nº 201/98, de 10 de julho, prevê apenas a forma escrita com reconhecimento presencial das assinaturas]*.

§ 2º – Não havendo agente consular no local em que se queira constituir a hipoteca, poderá esta ser constituída por escrito, feito a bordo, entre os respetivos outorgantes, com duas testemunhas, e lançado no livro de contas.

Art. 592º – Os credores hipotecários serão pagos dos seus créditos, depois de satisfeitos os privilégios creditórios sobre o navio, pela ordem de prioridade do registo comercial.

§ único – Concorrendo diversas inscrições hipotecárias da mesma data, o pagamento será *pro rata.*

Art. 593º – As hipotecas sobre navios serão sujeitas a expurgação nos termos de direito.

Art. 594º – No caso de perda ou inavegabilidade do navio os direitos dos credores hipotecários exercem-se no que dele restar e sobre a respetiva indemnização devida pelos seguradores."

No caso particular do *Registo Internacional de Navios da Madeira* (MAR), a venda de navios pode ser feita por declaração de venda *(bill of sale)*, com reconhecimento presencial da assinatura do vendedor; o ato de constituição ou modificação de hipoteca sobre navio deve constar de documento assinado pelas partes, com reconhecimento presencial das assinaturas (art. 14º do Decreto-Lei nº 96/89, de 28 de março).

6. Regime supletivo

Aplica-se ao registo de navios o regime supletivo previsto no art. 19º:

> "1 – São aplicáveis ao registo comercial, com as necessárias adaptações, todas as disposições legais relativas ao registo predial que não forem contrárias à natureza daquele e às disposições especiais do presente diploma ou do respetivo regulamento.
>
> 2 – Ao registo de navios são ainda aplicáveis, nos mesmos termos, as normas regulamentares da marinha mercante."

7. Registo Internacional de Navios da Madeira MAR)

O Decreto-Lei nº 96/89, de 28 de março, na redação da Lei nº 56/2020, de 27 de agosto, definiu para o *Registo Internacional de Navios da Madeira (MAR)* um regime jurídico que infelizmente não tem paralelo na legislação nacional referente a navios, situação deveras incompreensível e de todo lamentável. Aqui se dá conta dos aspetos mais salientes, constantes dos artigos 14º-A a 14º-H:

O registo de navios, da competência da conservatória de registo comercial privativa da Zona Franca da Madeira, é submetido a tratamento informático e o seu pedido pode ser apresentado presencialmente, por via eletrónica ou por correio.

Só podem ser registados os factos constantes de documentos que legalmente os comprovem; os documentos escritos em língua estrangeira só podem ser aceites quando traduzidos nos termos da lei ou quando redigidos em formato bilingue, desde que uma das línguas adotadas seja a língua portuguesa, salvo se estiverem redigidos em língua inglesa, francesa ou espanhola e o funcionário competente dominar essa língua. Pode mesmo ser aceite tradução parcial, emitida nos termos da lei, desde que esta contenha a declaração de que a parte não traduzida não releva para efeitos do registo nem contraria a parte traduzida.

O *registo prova-se por meio de certidão*, cuja validade é de seis meses, podendo ser revalidada por períodos de igual duração se a sua informação se mantiver atual. As certidões podem ser disponibilizadas em suporte eletrónico e fazem prova para todos os efeitos legais e perante qualquer autoridade pública ou entidade privada, nos mesmos termos da correspondente versão em suporte de papel.

III – REGISTO DE AERONAVES

1. Enquadramento legal

O Código do Registo de Bens Móveis, que, como se sabe, não entrou em vigor, previa no nº 2 do seu art. 1º que os bens móveis sujeitos a registo eram os veículos, os navios e as *aeronaves.* O art. 49º definia o conceito de aeronave – "para efeitos do presente diploma, considera-se aeronave qualquer aparelho que se mantenha na atmosfera pelos adequados meios propulsores próprios e que esteja no comércio jurídico" – e isentava de registo as aeronaves militares.

Sendo que até hoje não foi publicado o Regulamento que permitia a entrada em vigor do código, mantém-se o registo de aeronaves sem disciplina registal similar à que fora prevista naquele código.

2. Registo Aeronáutico Nacional

Se é certo que as aeronaves não estão ainda protegidas por um registo de segurança jurídica, nos termos previstos no Código do Registo de Bens Móveis, estão, no entanto, sujeitas a registo no *Registo Aeronáutico Nacional,* previsto no Regulamento de Navegação Aérea, aprovado pelo Decreto nº 20062, de 25 de outubro de 1930, publicado no *Diário do Governo,* nº 160, I série, de 13 de julho de 1931.

Este regulamento deu ao conceito de "*aeronave*" muito maior abrangência do que a prevista no Código de Bens Móveis; dispõe assim o seu art. 1º: "O termo «aeronave» designa qualquer aparelho que possa estar ou navegar no ar, considerando como tal os balões, cativos ou livres, papagaios, dirigíveis, aviões e hidroaviões."

Determina o art. 47º do Regulamento que nenhuma aeronave portuguesa poderá voar sobre o território nacional ou suas águas territoriais sem estar *devidamente matriculada no registo aeronáutico nacional,* levar as marcas de nacionalidade e matrícula e estar na posse de um certificado de navegabilidade em dia, o qual levará sempre a bordo.

O *certificado de matrícula* é o documento oficial que prova a inscrição da aeronave no registo aeronáutico nacional, determina a sua identidade e permite a sua admissão à circulação aérea (art. 48º).

Deste certificado devem constar as marcas de nacionalidade e de matrícula, número do certificado e data da matrícula, aeródromo habitual da aeronave, tipo, fim a que se destina, descrição sumária da aeronave, nome e domicílio do construtor, número ou qualquer outra marca de identidade dada pelo construtor e nome e domicílio do proprietário.

Os procedimentos em caso de hipoteca estão previstos nos artºs 205º e 206º. Assim, segundo a primeira daquelas disposições, sempre que uma aeronave seja hipotecada deverá o facto ser comunicado à Secretaria Técnica do Conselho Nacional do Ar – leia-se hoje Autoridade Nacional da Aviação Civil (ANAC) – que o registará no registo aeronáutico nacional.

Por sua vez, conforme o art. 206º, logo "que seja liquidada a hipoteca de qualquer aeronave deverá o facto ser igualmente comunicado à Secretaria Técnica do Conselho Nacional do Ar, a fim de ser feito o respetivo cancelamento no registo aeronáutico nacional."

As aeronaves militares não estão sujeitas à disciplina do Regulamento de Navegação Aérea, como resulta do § único do seu art. 5º.

O Registo Aeronáutico Nacional é atualmente assegurado pela Autoridade Nacional da Aviação Civil (ANAC), nos termos das atribuições que lhe foram conferidas pelo Estatuto aprovado pelo Decreto-Lei nº 40/2015, de 16 de março, na alínea *kk)* do seu art. 4º: "*kk)* Organizar, conservar e manter atualizado o registo aeronáutico nacional, das aeronaves de matrícula nacional e das suas partes e componentes;".

O registo é obrigatório. No que respeita aos ultraleves, esta obrigatoriedade foi reafirmada pelo Decreto-Lei nº 238/2004, de 18 de dezembro, que determina no seu art. 19º serem os ultraleves "obrigatoriamente inscritos no Registo Aeronáutico Nacional pelos respetivos proprietários e em nome dos mesmos", constituindo pressuposto desta inscrição a certificação técnica da aeronave, feita pelo ANAC.

Capítulo VI
Notariado

1. A função notarial

1.1. Objeto

O notariado português integra-se no sistema designado por notariado latino que se rege por um certo número de princípios fundamentais entre os quais relevam o reconhecimento de *fé pública* aos atos praticados pelo notário – com as inerentes consequências a nível do valor probatório dos documentos –, e *autonomia funcional*.

O notário é, no dizer do art. 1º do Estatuto do Notariado[1], o jurista a cujos documentos escritos, elaborados no exercício da sua função, é conferida fé pública; o notário é, simultaneamente, um *oficial público* que confere autenticidade aos documentos e assegura o seu arquivamento e um *profissional liberal* que atua de forma independente, imparcial e por livre escolha dos interessados: a natureza pública e privada da função notarial é incindível.

Por ser um oficial público a quem o Estado confere *fé pública extrajudicial*, os documentos lavrados pelo notário no exercício das suas funções são documentos autênticos, gozando de força probatória plena.

Existe assim a presunção legal de que as declarações de vontade e os atos realizados perante notário se produziram nos precisos termos constantes dos documentos por ele lavrados ou em que ele interveio.

[1] Aprovado pelo Decreto-Lei nº 26/2004, de 4 de fevereiro, alterado e republicado pela Lei nº 155/2015, de 15 de setembro.

O notário, quando submetido ao Estatuto do Notariado, exerce as suas funções *em nome próprio e sob sua responsabilidade*, estando sujeito à fiscalização e ação disciplinar do Ministro da Justiça[2] e dos órgãos competentes da Ordem dos Notários; as funções são exercidas em instalações próprias, designadas *cartórios notariais*.

Os notários podem associar-se em *sociedades exclusivamente de notários*, segundo a previsão do nº 3 do art. 5º do Estatuto do Notariado. O regime jurídico das sociedades de notários consta dos artigos 85º a 91º do Estatuto da Ordem dos Notários, aprovado pela lei nº 155/2015, de 15 de setembro.

Aos cartórios notariais compete dar forma legal e conferir fé pública aos atos jurídicos extrajudiciais, podendo o respetivo notário, para esse fim, prestar assessoria às partes na expressão da sua vontade negocial.

O exercício da função notarial é regulado pelo Estatuto do Notariado – no que respeita ao notariado privado – e pelo Código do Notariado, aprovado pelo Decreto-Lei nº 207/95, de 14 de agosto, e entretanto alterado por múltiplos diplomas, sendo o último a Lei nº 89/2017, de 21 de agosto.

O Decreto-Lei nº 26/2004, de 4 de fevereiro, alterado e republicado pela Lei nº 155/2015, de 15 de setembro, aprovou o Estatuto do Notariado, promovendo a privatização do notariado e determinando a passagem dos notários que optassem pelo novo estatuto para o regime de profissão liberal.

O art. 107º do Estatuto reconheceu aos então notários a possibilidade de optarem pela transição para o novo regime do notariado ou, em alternativa, pela integração em serviço da Direção-Geral dos Registos e do Notariado, hoje Instituto dos Registos e do Notariado.

O art. 106º previa um período de transição de dois anos, durante o qual se deveria proceder ao processo de transformação dos cartórios existentes. Essa transformação não foi completada no período de transição, mantendo-se em funcionamento um certo número de cartórios notariais públicos.

Com o objetivo de resolver, ao menos parcialmente, os inconvenientes dessa situação, a Portaria nº 237/2007, de 8 de março, determinou que os cartórios notariais públicos do continente e da Região Autónoma dos Açores, com exceção dos previstos no art. 127º do Estatuto do Notariado – notários privativos e cartórios notariais de competência especializada –, fossem "anexados aos serviços anexados, às conservatórias do registo predial ou às conservatórias do

[2] A fiscalização e ação disciplinar do Ministro da Justiça é exercida através do Instituto dos Registos e do Notariado, como resulta do art. 3º do Decreto-Lei nº 148/2012, de 12 de julho, que confere a este instituto a atribuição de regulamentar, controlar e fiscalizar a atividade notarial e os atos notariais e exercer ação disciplinar sobre os notários, nos termos previstos na lei (alínea *m)* do nº 2).

registo civil localizadas na área do respetivo município, nos termos a determinar por despacho do diretor-geral dos Registos e do Notariado, até à tomada de posse do notário privado que inicie funções".

1.2. Exercício da atividade notarial

Para adquirir a qualidade de notário em Portugal, são requisitos indispensáveis os seguintes (art. 25º do Estatuto do Notariado):

a) Ser português ou nacional de um Estado membro da União Europeia ou de outro Estado signatário de acordo com Portugal visando o reconhecimento mútuo de qualificações profissionais para o exercício da função notarial em regime de reciprocidade;
b) Ser maior de idade;
c) Não estar inibido do exercício de funções públicas ou interdito para o exercício de funções notariais;
d) Possuir um dos seguintes graus em Direito:
  i) Grau de licenciado em Direito;
  ii) Grau académico superior estrangeiro em Direito a que tenha sido conferida equivalência ao grau a que se refere a subalínea anterior ou que tenha sido reconhecido com o nível deste;
e) Ter frequentado o estágio notarial;
f) Ter obtido aprovação em concurso promovido nos termos dos artigos 31º e 32º do Estatuto do Notariado.

Nos termos do art. 69º do Estatuto da Ordem dos Notários, o exercício da atividade notarial depende de inscrição na Ordem.

Podem inscrever-se na Ordem:

a) Quem tenha obtido o título de notário nos termos do Estatuto do Notariado, aprovado pelo Decreto -Lei nº 26/2004, de 4 de fevereiro, alterado pela Lei nº 51/2004, de 29 de outubro, e pelo Decreto-Lei nº 15/2011, de 25 de janeiro;
b) Os profissionais nacionais de Estados terceiros que se possam estabelecer em Portugal nos termos definidos no Estatuto do Notariado, aprovado pelo Decreto-Lei nº 26/2004, de 4 de fevereiro, alterado pela Lei nº 51/2004, de 29 de outubro, e pelo Decreto-Lei nº 15/2011, de 25 de janeiro;
c) As sociedades profissionais constituídas exclusivamente por associados da Ordem.

O art. 8º do Estatuto do Notariado permite que o notário possa autorizar certos trabalhadores a praticar atos notariais nas seguintes condições:

1 – O notário pode, sob sua responsabilidade, autorizar trabalhadores com formação adequada a praticar determinados atos ou certas categorias de atos, sendo as respetivas condições mínimas definidas pela Portaria nº 55/2011, de 28 de janeiro.

2 – É vedada a autorização a que se refere o número anterior para a prática de atos titulados por escritura pública, testamentos públicos, instrumentos de aprovação, de abertura e de depósito de testamentos cerrados ou de testamentos internacionais e respetivos averbamentos, atas de reuniões de órgãos sociais, procurações e termos de autenticação previstos nas alíneas *a*) a *g*) do artigo 22º do Decreto-Lei nº 116/2008, de 4 de julho.

3 – A autorização referida no nº 1 deve ser expressa e o respetivo texto afixado no cartório notarial em local acessível ao público, devendo ainda ser registada e permanentemente atualizada por via eletrónica junto da Ordem dos Notários.

4 – O registo referido no número anterior constitui requisito de validade da intervenção do colaborador e do documento em causa, devendo ser publicitado no sítio da Ordem dos Notários, com acesso livre.

A Portaria nº 55/2011, de 28 de Janeiro, determina, no seu art. 1º, que a autorização a que se refere o nº 1 do artigo 8º acima transcrito deve ser expressa, com identificação do trabalhador e da avaliação, fundamentada, da sua competência para a prática dos atos ou categoria de atos que em concreto é autorizado a praticar, com indicação da data do seu início e do seu termo.

A portaria acima referida especifica, no seu art. 2º, a que trabalhadores pode ser concedida a autorização para a prática de atos determinados ou certas categorias de atos e determina, no art. 3º, o registo eletrónico do teor da autorização concedida.

1.3. Princípios enformadores da atividade notarial

A atividade notarial deve ser exercida com respeito pelos princípios da legalidade, autonomia, imparcialidade, exclusividade e livre escolha, assim definidos nos artigos 11º a 16º do Estatuto:

Princípio da legalidade: O notário deve apreciar a viabilidade de todos os atos cuja prática lhe é requerida, em face das disposições legais aplicáveis e dos documentos apresentados ou exibidos, verificando especialmente a legitimidade dos interessados, a regularidade formal e substancial dos referidos documentos e a legalidade substancial do ato solicitado.

Princípio da autonomia: O notário exerce as suas funções com independência, quer em relação ao Estado quer a quaisquer interesses particulares.

Princípio da imparcialidade: O notário tem a obrigação de manter equidistância relativamente a interesses particulares suscetíveis de conflituar, abstendo-se, designadamente, de assessorar apenas um dos interessados num negócio.

Princípio da exclusividade: As funções do notário são exercidas em regime de exclusividade, sendo incompatíveis com quaisquer outras funções remuneradas, públicas ou privadas, salvo atividades docentes ou de formação autorizadas, participação em conferências, colóquios e palestras, ou ainda a perceção de direitos de autor.

Princípio da livre escolha: Sem prejuízo das normas relativas à competência territorial, [3] e de normas constantes de diplomas que atribuem outras competências específicas aos notários, os interessados escolhem livremente o notário.

Como escreve Fernando Neto Ferreirinha, o essencial da função notarial é "constituído pela titulação dos atos jurídicos extrajudiciais (adequando a vontade dos outorgantes à vontade do ordenamento), aliada à autenticidade que os notários lhe imprimem por via da fé pública de que gozam e que lhes é conferida pelo Estado, da qual resulta a força probatória material e formal dos títulos e documentos por eles exarados.

Mas o trabalho dos profissionais da nota, como o legislador reconhece, não se esgota nessa atividade documentadora, cabendo-lhes também o dever de prestar assistência aos particulares, orientando-os sobre a melhor forma de ajustar a vontade declarada às exigências legais e esclarecendo-os sobre os seus direitos e obrigações, face ao negócio que pretendem realizar, sem deixarem de manter a sua independência e equidistância relativamente a eles."[4]

1.4. Desempenho excecional de funções notariais

a) Entidades competentes para o desempenho excecional de funções notariais

Podem excecionalmente desempenhar funções notariais, devendo os atos praticados obedecer, na parte aplicável, ao preceituado no Código do Notariado (art. 3º [5]):

- Os agentes consulares portugueses[6];

[3] Ver adiante *2.2 Competência territorial.*

[4] Fernando Neto Ferreirinha, *As escrituras de justificação para fins de registo comercial*, anexo ao *Boletim dos Registos e do Notariado*, nº 3/2003, p. 1

[5] Os artigos citados neste capítulo sem qualquer menção, e se outra coisa não resultar do contexto, respeitam ao Código do Notariado; os artigos do Código Civil são assinalados com as iniciais CC.

[6] Como já se disse no Cap. I – Registo Civil, também aqui o exercício de funções notariais pelos agentes consulares portugueses no estrangeiro não tem carácter de excecionalidade, como a seguir se verá, pelo que não faz qualquer sentido a expressão "excecionalmente" aplicada a estes agentes.

- Os notários privativos das câmaras municipais e da Caixa Geral de Depósitos recrutados, de preferência, de entre os notários de carreira;
- Os comandantes das unidades ou forças militares, dos navios e aeronaves e das unidades de campanha, nos termos das disposições legais aplicáveis;
- As entidades a quem a lei atribua, em relação a certos atos, a competência dos notários.

Em caso de *calamidade pública* podem desempenhar todos os atos da competência notarial quaisquer juízes ou sacerdotes e, bem assim, qualquer notário, independentemente da área de jurisdição do respetivo serviço.

b) Competência específica dos serviços consulares

A competência dos serviços consulares em matéria de atos de notariado é definida pelo Regulamento Consular, aprovado pelo Decreto-Lei nº 51/2021, de 15 de junho.

A rede consular é constituída pelos postos consulares, serviços periféricos externos do Ministério dos Negócios Estrangeiros, que são (art. 3º):

a) Os consulados gerais;
b) Os consulados.

Nas missões diplomáticas podem ser organizadas secções consulares, que funcionam nas embaixadas, nos termos definidos para os postos consulares.

Os titulares de postos consulares e secções consulares são órgãos especiais da função notarial (art. 52º), Compete-lhes, bem como aos cônsules-gerais-adjuntos por eles expressamente autorizados, no exercício dessas funções, a prática de *atos notariais relativos a pessoas de nacionalidade portuguesa que se encontrem no estrangeiro, ou que devam produzir os seus efeitos em Portugal* (art. 53º).

O chanceler, o coordenador técnico e outros funcionários ou trabalhadores dos mapas de pessoal do MNE especialmente designados para o efeito pelo membro do Governo responsável pela área dos negócios estrangeiros podem também desempenhar aquelas funções, com *exceção da celebração de escrituras, bem como de testamentos públicos ou instrumentos de aprovação, depósito ou abertura de testamentos cerrados e internacionais.*

O exercício de funções consulares no âmbito do notariado rege-se, com as necessárias adaptações, pelas disposições do Código do Notariado (art. 54º).

A pedido da pessoa interessada ou de representante legal, os postos e secções consulares podem ainda emitir certificados comprovativos de factos ou de situações destinados a proteger e a assegurar direitos e interesses legalmente protegidos da requerente, bem como documentos que sejam legalmente passíveis de emissão (art. 55º).

Nos termos previstos no art. 21º, os *cônsules honorários não têm competência para a prática de atos de notariado*; no entanto, em circunstâncias excecionais e devidamente fundamentadas, o membro do Governo responsável pela área dos negócios estrangeiros pode autorizar que cônsules honorários exerçam competências de coordenador técnico relativamente a atos de notariado.

Para esse efeito, consideram-se circunstâncias excecionais e fundamentadas, designadamente quando, em relação ao cônsul honorário e às respetivas instalações consulares, se verifiquem, cumulativamente, os seguintes requisitos:

a) Se encontre a mais de 600 km do posto ou secção consular de que dependa ou se situe em ilhas ou em país onde não existe representação consular portuguesa;

b) Se encontre em local onde residam mais de 2000 pessoas de nacionalidade portuguesa.

Essa autorização é concedida através de portaria, da qual consta a identificação dos atos e as condições em que podem ser praticados.

c) Competência específica dos notários privativos das câmaras municipais

O âmbito de atuação dos *notários privativos das câmaras municipais* foi esclarecido por deliberação do Conselho Técnico da DGRN nos seguintes termos:

> "I – O notário privativo da câmara municipal é um órgão especial da função notarial (artº 3º, nº 1 al. *b*) do Código do Notariado).
>
> A competência do notário privativo da câmara municipal, para a prática de atos da função notarial, advém-lhe de norma legal que tem carácter excecional, pelo que as suas funções deverão restringir-se aos atos que concretamente lhe forem cometidos por lei.
>
> II – Estabelecendo o nº 12 do artº 137º do Código Administrativo que compete ao chefe da secretaria da câmara municipal, entre outras atribuições, "exercer as funções do notário em todos os atos e contratos em que a câmara for outorgante", só para a realização de escrituras que titulem tais atos, dispõe aquele de competência, estando impedido de celebrar escrituras em que se titulem quaisquer outros atos ou contratos em que a câmara não seja outorgante (parte ou sujeito).
>
> III – Os atos lavrados com violação do normativo precedente, enfermam de nulidade por falta de observância da forma legal, pelo que não podem aceder ao registo, devendo este ser recusado (artº 69º, nº 1, al. *d*) do CRP)."[7]

[7] Proc. R. P. 239/2001 em *Boletim dos Registos e do Notariado nº 6/2002*, II Caderno.

d) Competência específica de outras entidades

O art. 38º do Decreto-Lei nº 76-A/2006, de 29 de março, alterado pelo art. 19º do Decreto-Lei nº 8/2007, de 17 de janeiro, atribuiu às *câmaras de comércio e indústria*, reconhecidas nos termos do Decreto-Lei nº 244/92, de 29 de outubro, aos *conservadores*, aos *oficiais de registo*, aos *advogados* e aos *solicitadores* competência para fazer, *nos termos previstos na lei notarial*,[8] reconhecimentos simples e com menções especiais, presenciais e por semelhança, autenticar documentos particulares, certificar, ou fazer e certificar, traduções de documentos, bem como para certificar a conformidade das fotocópias com os documentos originais e tirar fotocópias dos originais que lhes sejam presentes para certificação, nos termos do Decreto-Lei nº 28/2000, de 13 de março.

No que respeita a advogados e solicitadores, há que ter em conta o nº 1 do art. 1º da Lei 49/2004, de 24 de agosto, segundo o qual apenas os licenciados em Direito com inscrição em vigor na Ordem dos Advogados e os solicitadores inscritos na Câmara dos Solicitadores (atualmente Ordem dos Solicitadores e dos Agentes de Execução) podem praticar os atos próprios dos advogados e dos solicitadores.

Os reconhecimentos, as autenticações e as certificações efetuados por aquelas entidades conferem ao documento a *mesma força probatória* que teria se tais atos tivessem sido realizados com intervenção notarial.

Os atos referidos, quando praticados pelas câmaras de comércio e indústria, advogados e solicitadores, apenas o podem ser validamente mediante *registo em sistema informático* na Ordem dos Advogados ou na Ordem dos Solicitadores e dos Agentes de Execução.

Foi a Portaria nº 657-B/2006, de 29 de junho, que regulou o *registo informático* que condiciona a validade dos reconhecimentos simples e com menções especiais, presenciais e por semelhança, da autenticação de documentos particulares e da certificação, ou feitura e certificação das traduções de documentos efetuados por câmaras de comércio e indústria, advogados e solicitadores.

O *desenvolvimento e a gestão do sistema informático* incumbem, nos termos previstos no art. 2º, às entidades com competência para a prática dos respetivos atos, com as seguintes exceções:

a) No caso dos advogados, é competente a *Ordem dos Advogados*;

b) No caso dos solicitadores, é competente a *Ordem dos Solicitadores e dos Agentes de Execução*.

[8] A expressão "nos termos da lei notarial" deverá implicar o respeito por todas as normas aplicáveis do Código do Notariado, incluindo as que se referem aos impedimentos, e do Estatuto do Notariado, particularmente no que respeita aos princípios da atividade notarial.

As entidades competentes para o desenvolvimento e gestão do sistema informático devem garantir os *meios de segurança necessários à sua correta e lícita utilização*, designadamente mediante o uso de meios de autenticação das pessoas que acedem ao sistema e de soluções informáticas que impeçam a alteração dos registos.

O art. 3º enumera os *elementos que devem ser registados* no sistema informático, relativamente a cada um dos atos acima referidos:

a) Identificação da natureza e espécie dos atos;
b) Identificação dos interessados, com menção do nome completo e do número do documento de identificação;
c) Identificação da pessoa que pratica o ato;
d) Data e hora de execução do ato;
e) Número de identificação do ato.

O registo informático é *efetuado no momento da prática do ato*, devendo o sistema informático gerar um número de identificação que é aposto no documento que formaliza o ato. Se, em virtude de dificuldades de carácter técnico, não for possível aceder ao sistema no momento da realização do ato, esse facto deve ser expressamente referido no documento que o formaliza, devendo o registo informático ser realizado nas quarenta e oito horas seguintes (art. 4º).

As entidades competentes para o desenvolvimento e gestão do sistema informático podem celebrar protocolos que permitam a utilização do mesmo sistema por parte de diversas entidades com competência para a prática dos atos (art. 5º).

As câmaras de comércio e indústria, reconhecidas nos termos do Decreto-Lei nº 244/92, de 29 de outubro[9], os conservadores, os oficiais de registo, os advogados e os solicitadores, tal como os notários, podem certificar a conformidade de documentos eletrónicos com os documentos originais, em suporte de papel, bem como proceder à digitalização dos originais que lhes sejam apresentados para certificação.

2. Competência do notário

2.1. Competência funcional

Cabe ao notário *redigir o instrumento público conforme a vontade das partes*, a qual deve indagar, interpretar e adequar ao ordenamento jurídico, esclarecendo-as do seu valor e alcance (nº 1 do art. 4º).

[9] Alterado pelos Decretos-Lei nº 81/2000, de 10 de maio, e nº. 154/2017, de 28 de dezembro, e pela Lei nº 36/2021, de 14 de junho.

Na concretização desta competência genérica, cabe, em especial, ao notário, designadamente (nº 2 do art. 4º):

a) Lavrar testamentos públicos, instrumentos de aprovação, depósito e abertura de testamentos cerrados e de testamentos internacionais;
b) Lavrar outros instrumentos públicos nos livros de notas e fora deles;
c) Exarar termos de autenticação em documentos particulares ou de reconhecimento da autoria da letra com que esses documentos estão escritos ou das assinaturas neles apostas;
d) Passar certificados de vida e identidade e, bem assim, do desempenho de cargos públicos, de gerência ou de administração de pessoas coletivas;
e) Passar certificados de outros factos que tenha verificado;
f) Certificar, ou fazer e certificar, traduções de documentos;
g) Passar certidões de instrumentos públicos, de registos e de outros documentos arquivados, extrair públicas-formas de documentos que, para esse fim, lhe sejam presentes ou conferir com os respetivos originais e certificar as fotocópias extraídas pelos interessados;
h) Lavrar instrumentos para receber a declaração, com carácter solene ou sob juramento, de honorabilidade e de não se estar em situação de falência, nomeadamente, para efeitos do preenchimento dos requisitos condicionantes, na ordem jurídica comunitária, da liberdade de estabelecimento ou de prestação de serviços;
i) Lavrar instrumentos de atas de reuniões de órgãos sociais;
j) Transmitir por telecópia, sob forma certificada, o teor dos instrumentos públicos, registos e outros documentos que se achem arquivados no cartório, a outros serviços públicos perante os quais tenham de fazer fé e receber os que lhe forem transmitidos, por esses serviços, nas mesmas condições[10];
l) Intervir nos atos jurídicos extrajudiciais a que os interessados pretendam dar garantias especiais de certeza ou de autenticidade;
m) Conservar os documentos que por lei devam ficar no arquivo notarial e os que lhe forem confiados com esse fim.

[10] Art. 2º do Decreto-Lei nº 66/2005, de 15 de março: "1 – Os serviços registrais e os cartórios notariais podem transmitir entre si documentos constantes dos respetivos arquivos por meio de telecópia ou por via eletrónica nos mesmos termos em que deles podem extrair certidões, sendo reconhecida aos documentos emitidos a força probatória dos originais.
2 – Os cartórios notariais podem ainda transmitir a outros serviços públicos, por telecópia e sob forma certificada, documentos constantes dos respetivos arquivos, nos termos especialmente previstos na lei notarial."

Por sua vez, o art. 4º do Estatuto, na redação que lhe foi dada pela Lei nº 155/2015, de 15 de setembro, define a competência dos notários privados nos seguintes termos:

"1 - Compete, em geral, ao notário redigir o instrumento público conforme a vontade dos interessados, a qual deve indagar, interpretar e adequar ao ordenamento jurídico, esclarecendo-os do seu valor e alcance e exercer todas as demais competências que lhe sejam atribuídas por lei.

2 – Em especial, compete ao notário, designadamente:

a) Lavrar testamentos públicos, instrumentos de aprovação, depósito e abertura de testamentos cerrados e de testamentos internacionais;

b) Lavrar outros instrumentos públicos nos livros de notas e fora deles;

c) Exarar termos de autenticação em documentos particulares ou de reconhecimento da autoria da letra com que esses documentos estão escritos ou das assinaturas neles apostas;

d) Passar certificados de vida e identidade e, bem assim, do desempenho de cargos públicos, de gerência ou de administração de pessoas coletivas;

e) Passar certificados de outros factos que tenha verificado;

f) Certificar, ou fazer e certificar, traduções de documentos;

g) Passar certidões de instrumentos públicos, de registos e de outros documentos arquivados, extrair públicas-formas de documentos que para esse fim lhe sejam presentes ou conferir com os respetivos originais e certificar as fotocópias extraídas pelos interessados;

h) Lavrar instrumentos para receber a declaração, com carácter solene ou sob juramento, de honorabilidade e de não se estar em situação de falência, nomeadamente para efeitos do preenchimento dos requisitos condicionantes, na ordem jurídica comunitária, da liberdade de estabelecimento ou de prestação de serviços;

i) Lavrar instrumentos de atas de reuniões de órgãos sociais;

j) Transmitir por via eletrónica o teor dos instrumentos públicos, registos e outros documentos que se achem arquivados no cartório a outros serviços públicos perante os quais tenham de fazer fé e receber os que lhe forem transmitidos, por esses serviços, nas mesmas condições;

l) Intervir nos atos jurídicos extrajudiciais a que os interessados pretendam dar garantias especiais de certeza e autenticidade;

m) Intervir em processos de mediação e de arbitragem;

n) Conservar os documentos que por lei devam ficar no arquivo notarial e os que lhe forem confiados com esse fim, aplicando as regras de arquivo eletrónico que cumpram as especificações técnicas fixadas pela Ordem dos Notários no quadro das suas competências de reorganização dos sistemas de arquivo notarial;

o) Liquidar por via eletrónica, a pedido do contribuinte e nos termos por este declarados, o Imposto Municipal Sobre as Transmissões Onerosas de Imóveis e outros impostos, tendo em conta os negócios jurídicos a celebrar ou celebrados, nos casos e nos termos a fixar por portaria dos membros do Governo responsáveis pelas áreas das finanças e da justiça;

p) Apresentar por via eletrónica, a pedido dos interessados e de acordo com as respetivas declarações, pedidos de alteração, nos termos do artigo 13º da Lei nº 7/2007, de 5 de fevereiro, de morada fiscal do adquirente, de isenção de Imposto Municipal sobre Imóveis relativo a habitação própria e permanente e de inscrição ou atualização de prédio urbano na matriz, nos termos a fixar por portaria dos membros do Governo responsáveis pelas áreas das finanças e da justiça;

q) Apresentar por via eletrónica, a pedido do contribuinte e de acordo com as respetivas declarações, a participação a que se refere o artigo 26º do Código do Imposto do Selo, nos termos a fixar por portaria dos membros do Governo responsáveis pelas áreas das finanças e da justiça;

r) Promover, em representação dos interessados, os registos necessários à proteção de propriedade industrial e praticar junto do Instituto Nacional da Propriedade Industrial, INPI, I. P., todos os atos necessários para o efeito;

s) Exercer as demais funções que resultam das disposições do presente Estatuto ou de outros preceitos legais.

3 – A solicitação dos interessados, o notário pode requisitar por qualquer via, a outros serviços públicos, os documentos necessários à instrução dos atos da sua competência.

4 – Incumbe ao notário, a pedido dos interessados, preencher a requisição de registo, em impresso de modelo aprovado, e remetê-la à competente conservatória do registo predial ou comercial, acompanhada dos respetivos documentos e preparo."

O Decreto-Lei nº 1/2013, de 7 de janeiro, que procedeu à definição das regras de funcionamento do Balcão Nacional do Arrendamento atribuiu ainda aos notários que tenham manifestado essa vontade junto da Ordem dos Notários a possibilidade de intervir no *procedimento especial de despejo*, criado pela Lei nº 31/2012, de 14 de agosto.

O procedimento especial de despejo, conforme explica, no seu preâmbulo, a Portaria nº 9/2013, de 10 de janeiro, aplica-se à cessação do contrato por revogação, por caducidade pelo decurso do prazo, por oposição à renovação, por denúncia livre pelo senhorio, por denúncia para habitação do senhorio ou filhos ou para obras profundas, por denúncia pelo arrendatário, bem como à resolução do contrato de arrendamento por não pagamento de renda por dois meses ou mais, por oposição pelo arrendatário à realização de obras coercivas ou por mais de quatro casos de mora superior a 8 dias no pagamento da renda.

Por sua vez, a Lei nº 23/2013, de 5 de março, aprovou o *regime jurídico do processo de inventário* que atribuiu aos notários a competência para "dirigir todas as diligências do processo de inventário e da habilitação de uma pessoa como sucessora por morte de outra, sem prejuízo dos casos em que os interessados são remetidos para os meios judiciais comuns" (nº 4 do art. 3º) e definiu a competência territorial dos cartórios notariais para este procedimento nos termos a seguir explicitados.

2.2. Competência territorial

A regra da competência territorial do notário é a da *área do concelho* em que se encontra o cartório notarial. Salvo disposição legal em contrário, o notário pode praticar, dentro da área do concelho em que se encontra sediado o cartório notarial, todos os atos da sua competência que lhe sejam requisitados, ainda que respeitem a pessoas domiciliadas ou a bens situados fora dessa área (nº 3 do art. 4º).

Significa a parte final da disposição citada que os interessados podem recorrer a um notário da sua preferência, onde quer que o seu cartório notarial se situe: necessário é que aqueles interessados se encontrem no concelho ou se desloquem à área do concelho em que se localize o cartório notarial.

O Estatuto do Notariado consagra, no seu art. 7º, a formulação constante do art. 4º do Código do Notariado, acrescentando-lhe todavia, no seu nº 3, a possibilidade de, excecionalmente, e desde que as circunstâncias o justifiquem, a competência do notário poder ser exercida em mais de uma circunscrição contígua, mediante despacho do Ministro da Justiça, ouvida a Ordem dos Notários.

Constituem exceção à regra da competência territorial:

a) A abertura de testamentos cerrados ou de testamentos internacionais depositados para a qual é apenas competente o cartório notarial onde o documento se encontre depositado (nº 2 do art. 111º);

b) O protesto de letras – ou de outros títulos que a lei sujeite a protesto – que deve ser feito no cartório notarial determinado nos termos previstos no art. 120º: em regra, a letra deve ser protestada no cartório notarial da área do domicílio nela indicado para o aceite ou pagamento ou, na falta dessa indicação, no cartório notarial do domicílio da pessoa que a deve aceitar ou pagar, incluindo a que for indicada para aceitar em caso de necessidade.

O *regime jurídico do processo de inventário*, a que acima se fez referência, estabeleceu nos 1 a 3 do seu art. 3º regras de competência territorial dos cartórios notariais nos seguintes termos:

"1 – Compete aos cartórios notariais sediados no município do lugar da abertura da sucessão efetuar o processamento dos atos e termos do processo de inventário e da habilitação de uma pessoa como sucessora por morte de outra.

2 – Em caso de impedimento dos notários de um cartório notarial, é competente qualquer dos outros cartórios notariais sediados no município do lugar da abertura da sucessão.

3 – Não havendo cartório notarial no município a que se referem os números anteriores é competente qualquer cartório de um dos municípios confinantes."

No caso de sucessão aberta fora de Portugal, prevê o nº 5:

"5 – Aberta a sucessão fora do País, observa -se o seguinte:

a) Tendo o falecido deixado bens em Portugal, é competente para a habilitação o cartório notarial do município da situação dos imóveis ou da maior parte deles, ou, na falta de imóveis, do município onde estiver a maior parte dos móveis;

b) Não tendo o falecido deixado bens em Portugal, é competente para a habilitação o cartório notarial do domicílio do habilitando."

Por fim, em caso de inventário em consequência de separação, divórcio, declaração de nulidade ou anulação de casamento, é competente o cartório notarial sediado no município do lugar da casa de morada de família ou, na falta desta, o cartório notarial competente nos termos da alínea *a*) do nº 5 (nº 6 do art. 3º).

2.3. Cartórios notariais de competência específica

Em Lisboa e no Porto existem cartórios privativos para os serviços de protesto de letras e outros títulos de crédito. A matéria do protesto de letras, que adiante será estudada, é regulada pelos artºs 119º a 130º do Código do Notariado.

Estes cartórios têm ainda competência, de harmonia com o disposto no art. 32º do Decreto-Lei nº 87/2001, de 17 de março, para lavrar termos de abertura de sinal e efetuar reconhecimentos de letra e assinatura apostas em documentos particulares, bem como para lavrar termos de autenticação dos mesmos documentos, autenticar fotocópias, fazer procurações e arquivar documentos a pedido das partes, sem prejuízo de outras competências atribuídas por lei.

O Decreto-Lei nº 234/88, de 5 de julho, criou na zona franca da Madeira, além de uma conservatória privativa de registo comercial, um cartório notarial privativo com competência para praticar os atos notariais respeitantes às entidades que operem exclusivamente no âmbito institucional da zona franca da Madeira, serviços, como se escreve no preâmbulo daquele diploma, "organizados em termos de poder satisfazer uma procura previsivelmente oriunda de países onde a língua inglesa é predominante."

2.4. Impedimentos do notário e dos seus colaboradores

O art. 5º prevê os seguintes casos em que o notário está impedido de praticar atos:

> "1 – O notário não pode realizar atos em que sejam partes ou beneficiários, diretos ou indiretos, quer ele próprio, quer o seu cônjuge ou qualquer parente ou afim na linha reta ou em 2º grau da linha colateral.
>
> 2 – O impedimento é extensivo aos atos cujas partes ou beneficiários tenham como procurador ou representante legal alguma das pessoas compreendidas no número anterior.
>
> 3 – O notário pode intervir nos atos em que seja parte ou interessada uma sociedade por ações, de que ele ou as pessoas indicadas no nº 1 sejam sócios, e nos atos em que seja parte ou interessada alguma pessoa coletiva de utilidade pública a cuja administração ele pertença."

O art. 6º determina que o impedimento do notário é extensivo aos adjuntos e oficiais do cartório a que pertença o notário impedido, salvo no que toca aos reconhecimentos de letra e assinatura apostas em documentos que não titulem atos de natureza contratual, ainda que o representado, representante ou o signatário seja o próprio notário.

Esta norma do art. 6º é apenas aplicável aos cartórios públicos.

De forma similar, relativamente aos notários privados determina o nº 2 do art. 13º do Estatuto que o notário está impedido de praticar atos notariais nos seguintes casos:

a) Quando neles tenha interesse pessoal;
b) Quando neles tenha interesse o seu cônjuge, ou pessoa em situação análoga há mais de dois anos, algum parente ou afim em linha reta ou até ao 2º grau da linha colateral;
c) Quando neles intervenha como procurador ou representante legal o seu cônjuge, ou pessoa em situação análoga há mais de dois anos, algum parente ou afim em linha reta ou até ao 2º grau da linha colateral.

Dispõe, por sua vez, o art. 75º do Estatuto da Ordem:

> "Nenhum notário pode praticar atos notariais ou exercer qualquer outra competência que lhe seja atribuída por lei nos seguintes casos:

a) Quando neles tenha interesse pessoal;

b) Quando neles tenha interesse o seu cônjuge, ou pessoa com quem viva em situação análoga há mais de dois anos, algum parente ou afim em linha reta ou até ao 2º grau da linha colateral;

c) Quando neles intervenha como procurador ou representante legal o seu cônjuge, ou pessoa com quem viva em situação análoga há mais de dois anos, algum parente ou afim em linha reta ou até ao 2º grau da linha colateral.

De harmonia com o art. 14º do Estatuto do Notariado, os impedimentos do notário são extensivos aos seus trabalhadores, com exceção das procurações e dos substabelecimentos com simples poderes forenses, bem como dos reconhecimentos de letra e de assinatura apostas em documentos que não titulem atos de natureza contratual, nos quais os trabalhadores podem intervir, ainda que o representado, representante ou signatário seja o próprio notário.

Disposição idêntica, mas extensiva aos estagiários, é a do art. 76º do Estatuto da Ordem:

> "1 – Os impedimentos do notário são extensivos aos seus trabalhadores e estagiários.
>
> 2 – Excetuam -se as procurações, as conferências de fotocópias e os substabelecimentos com simples poderes forenses e os reconhecimentos de letra e de assinatura apostas em documentos que não titulem atos de natureza contratual, nos quais os trabalhadores e os estagiários podem intervir, ainda que o representado, representante ou signatário seja o próprio notário."

3. Deveres relativos ao branqueamento de capitais e ao financiamento do terrorismo

A Lei nº 83/2017, de 18 de agosto, que estabelece *medidas de combate ao branqueamento de capitais e ao financiamento do terrorismo*, obriga os notários, constituídos em sociedade ou em prática individual, ao cumprimento das suas disposições (art. 4º, nº 1, alínea *f*)) que lhes sejam aplicáveis.

Desde logo, estão sujeitos, na sua atuação, enquanto *"entidades obrigadas"* (art. 2º, nº 1, alínea *r*)), ao cumprimento dos seguintes *deveres preventivos* previstos no nº 1 do art. 11º:

a) Dever de controlo;
b) Dever de identificação e diligência;
c) Dever de comunicação;
d) Dever de abstenção;
e) Dever de recusa;

f) *Dever de conservação;*
g) *Dever de exame;*
h) *Dever de colaboração;*
i) *Dever de não divulgação;*
j) *Dever de formação.*

Enquanto entidades obrigadas, os notários estão proibidos de praticar atos de que possa resultar o seu envolvimento em qualquer operação de branqueamento de capitais ou de financiamento do terrorismo e devem adotar todas as medidas adequadas para prevenir tal envolvimento (nº 3 do art. 11º).

Para cumprimento do *dever de controlo,* há que definir e assegurar a aplicação efetiva das políticas e os procedimentos e controlos que se mostrem adequados, devendo ser proporcionais à natureza, dimensão e complexidade da entidade obrigada e da atividade por esta prosseguida. As medidas a tomar para este efeito são especificadas nos artigos 12º a 21º.

O *dever de identificação e diligência* compreende, nos casos previstos no art. 23º, a observância dos procedimentos explicitados nos artigos 26º a 42º, com a recolha e registo dos elementos identificativos elencados no art. 24º, comprovados pelos meios referidos no art. 25º.

O *dever de comunicação* impõe às entidades obrigadas que, por sua própria iniciativa, informem de imediato o Departamento Central de Investigação e Ação Penal da Procuradoria-Geral da República (DCIAP) e a Unidade de Informação Financeira sempre que saibam, suspeitem ou tenham razões suficientes para suspeitar que certos fundos ou outros bens, independentemente do montante ou valor envolvido, provêm de atividades criminosas ou estão relacionados com o financiamento do terrorismo (nº 1 do art. 43º), comunicações essas que devem ser efetuadas nos termos do art 44º.

O *dever de abstenção* implica que as entidades obrigadas se abstenham de executar qualquer operação ou conjunto de operações, presentes ou futuras, que saibam ou que suspeitem poder estar associadas a fundos ou outros bens provenientes ou relacionados com a prática de atividades criminosas ou com o financiamento do terrorismo, observando de seguida os procedimentos previstos nos artigos 47º a 49º.

O *dever de recusa* significa que as entidades obrigadas recusam iniciar relações de negócio, realizar transações ocasionais ou efetuar outras operações, quando não obtenham:

a) Os elementos identificativos e os respetivos meios comprovativos previstos para a identificação e verificação da identidade do cliente, do seu representante e do beneficiário efetivo, incluindo a informação para a aferição da qualidade de beneficiário efetivo e da estrutura de propriedade e de controlo do cliente; ou

b) A informação prevista no artigo 27º sobre a natureza, o objeto e a finalidade da relação de negócio.

Nas situações acima previstas, as entidades obrigadas devem proceder nos termos do art. 50º.

O *dever de conservação* obriga a conservar, nos termos previstos no art. 51º, por um período de sete anos após o momento em que a identificação do cliente se processou ou, no caso das relações de negócio, após o termo das mesmas:

a) As cópias, registos ou dados eletrónicos extraídos de todos os documentos que obtenham ou lhes sejam disponibilizados pelos seus clientes ou quaisquer outras pessoas, no âmbito dos procedimentos de identificação e diligência previstos na presente lei;
b) A documentação integrante dos processos ou ficheiros relativos aos clientes e às suas contas, incluindo a correspondência comercial enviada;
c) Quaisquer documentos, registos e análises, de foro interno ou externo, que formalizem o cumprimento do disposto na presente lei.

O *dever de exame,* previsto no art. 52º, obriga a examinar, com especial cuidado e atenção a existência de quaisquer condutas, atividades ou operações cujos elementos caracterizadores as tornem suscetíveis de poderem estar relacionadas com fundos ou outros bens que provenham de atividades criminosas ou que estejam relacionados com o financiamento do terrorismo.

O *dever de colaboração* obriga a prestar, de forma pronta e cabal, a colaboração que for requerida pelo DCIAP e pela Unidade de Informação Financeira, bem como pelas demais autoridades judiciárias e policiais, pelas autoridades setoriais e pela Autoridade Tributária e Aduaneira, da forma prevista no art. 53º.

O *dever de não divulgação* implica que as entidades obrigadas, bem como os membros dos respetivos órgãos sociais – neste caso das sociedades de notários –, os que nelas exerçam funções de direção, de gerência ou de chefia, os seus empregados e outras pessoas que lhes prestem serviço a título permanente, temporário ou ocasional, não podem revelar ao cliente ou a terceiros as informações elencadas no art. 54º.

Finalmente, o *dever de* formação (art. 55º) obriga à adoção de medidas proporcionais aos respetivos riscos e à natureza e dimensão da sua atividade para que os seus dirigentes, trabalhadores e demais colaboradores cujas funções sejam relevantes para efeitos da prevenção do branqueamento de capitais e do financiamento do terrorismo tenham um conhecimento adequado das obrigações decorrentes da presente lei e da regulamentação que a concretiza, inclusive em matéria de proteção de dados pessoais.

O regime sancionatório é objeto do Capítulo XII da lei: os *ilícitos criminais* estão previstos nos artigos 157º a 159º e os *ilícitos contraordenacionais* nos artigos 160º e seguintes.

4. Atos notariais em geral

4.1. Instrumentos notariais

a) Espécies de documentos

O art. 35º enumera as espécies de documentos notariais. Assim, os documentos lavrados pelo notário, ou em que ele intervém, podem ser autênticos, autenticados ou ter apenas o reconhecimento notarial.

São *autênticos* os documentos exarados pelo notário nos respetivos livros, ou em instrumentos avulsos, e os certificados, certidões e outros documentos análogos por ele expedidos[11].

São *autenticados* os documentos particulares confirmados pelas partes perante notário[12].

Têm *reconhecimento notarial* os documentos particulares cuja letra e assinatura, ou só assinatura, se mostrem reconhecidas por notário.

Só os documentos autênticos é que são lavrados pelo próprio notário. Nos documentos particulares autenticados, o notário apenas garante que o seu conteúdo reflete corretamente a vontade das partes cuja identidade o próprio notário também verifica, mas não tem que intervir na apreciação da forma e do conteúdo do documento, isto é, não tem que validar a correção da forma legal escolhida nem a legalidade do conteúdo, a menos naturalmente que, na sua função de assessor jurídico, as partes solicitem o seu conselho.

Também o reconhecimento da letra e assinatura ou só assinatura não ultrapassa o âmbito da garantia de que a letra e a assinatura pertencem à pessoa a quem são atribuídas, nada tendo a ver com a forma e o conteúdo do

[11] Art. 371º CC: "1. Os documentos autênticos fazem prova plena dos factos que referem como praticados pelo autoridade ou oficial público respetivo, assim como dos factos que neles são atestados com base nas perceções da entidade documentadora; os meros juízos pessoais do documentador só valem como elementos sujeitos à livre apreciação do julgador."
Art. 372º CC: "1. A força probatória dos documentos autênticos só pode ser ilidida com base na sua falsidade.
2. O documento é falso, quando nele se atesta como tendo sido objeto da perceção da autoridade ou oficial público qualquer facto que na realidade se não verificou, ou como tendo sido praticado pela entidade responsável qualquer ato que na realidade o não foi.
3. Se a falsidade for evidente em face dos sinais exteriores do documento, pode o tribunal, oficiosamente, declará-lo falso."

[12] Como acima se viu, a autenticação de documentos não é atualmente exclusivo dos notários.

documento, sendo certo todavia que não é admitido o reconhecimento de uma assinatura de documento em branco, escrito em língua estrangeira que o notário não domine, escrito a lápis ou ainda cuja leitura não seja facultada ao notário (art. 157º).

b) Instrumentos lavrados nos livros de notas e instrumentos avulsos

Dos documentos notariais, são *lavrados nos livros de notas* os testamentos públicos e as escrituras públicas ou, para usar a terminologia do art. 36º, os atos para os quais a lei exija escritura pública ou que os interessados queiram celebrar por essa forma.

Os registos que a lei manda praticar pelo notário são exarados nos *livros especiais* enumerados no nº 1 do art. 7º.

São exarados *fora das notas* os atos que devam constar de documento autêntico, mas para os quais a lei não exija, ou as partes não pretendam, a redução a escritura pública; são os chamados *instrumentos avulsos*: instrumentos de aprovação, de depósito e sua restituição e de abertura de testamentos cerrados e internacionais, bem como procurações, substabelecimentos, consentimentos conjugais e protestos de letras, entre outros títulos.

A referência que a lei faz a livros de notas pode induzir em erro: de facto, tanto as escrituras como os testamentos públicos são hoje lavrados, como permite o art. 21º, em folhas avulsas, em regra por meios informáticos; só depois é que as folhas – não excedendo as 150 – são encadernadas, constituindo então livros para efeitos de arquivo.

Os instrumentos exarados fora das notas em regra não ficam arquivados, sendo entregues aos interessados.

c) Regras aplicáveis aos instrumentos notariais

As *regras de composição* e os materiais utilizáveis nos instrumentos notariais são objeto dos artºs 38º e 39º: são normas concebidas numa época em que o tratamento de texto não era ainda prática generalizada, pelo que delas se terá de fazer, aqui e ali, uma interpretação atualista.

A primeira destas disposições determina que os testamentos, as escrituras de revogação de testamentos e os instrumentos de aprovação de testamentos cerrados devem ser manuscritos com grafia de fácil leitura. Estes atos podem ser dactilografados ou processados informaticamente apenas quando o notário estiver em exercício, devendo o suporte informático ser destruído após terem sido lavrados.

O livro de notas para escrituras diversas deve ser dactilografado ou processado informaticamente mas, sendo desdobrado, um dos volumes ou, em casos fundamentados, dois deles podem ser manuscritos.

Na composição dos restantes atos notariais é permitido o uso de qualquer processo gráfico, devendo os respetivos caracteres ser nítidos. É assim legitimada a prática corrente do uso de carimbos, particularmente nos reconhecimentos e na certificação de fotocópias.

O art. 39º, por sua vez, determina que os *materiais utilizados* na composição dos atos notariais devem ser de cor preta, conferindo inalterabilidade e duração à escrita.

O Instituto dos Registos e do Notariado pode ordenar a utilização de impressos, de acordo com os modelos que vier a aprovar, para a expedição de atos avulsos, bem como ordenar ou proibir o uso, para a escrita dos atos, de determinados materiais ou processos gráficos.

A *escrita* dos documentos notariais obedece a certas *regras*, definidas no art. 40º.

Assim, os atos notariais são escritos, em princípio, com os dizeres *por extenso.*

É permitido o uso de *algarismos e abreviaturas* apenas nos casos expressamente referidos naquela disposição, a saber:

a) Nos reconhecimentos, averbamentos, extratos, registos e contas;
b) Na indicação da naturalidade e residência;
c) Na menção dos números de polícia dos prédios, respetivas inscrições matriciais e valores patrimoniais;
d) Na numeração de artigos e parágrafos de atos redigidos sob forma articulada;
e) Na numeração das folhas dos livros ou dos documentos;
f) Na referenciação de diplomas legais e de documentos arquivados ou exibidos;
g) Nas palavras usadas para designar títulos académicos ou honoríficos.

Nos documentos não deve haver *espaços em branco*: sempre que alguma linha não seja inteiramente ocupada por texto, o espaço restante deve ser preenchido por um *traço horizontal.* O legislador não acolheu aqui a simplificação que, nos assentos dactilografados do registo civil, permite a substituição do traço horizontal pela aposição de três asteriscos[13].

As palavras emendadas, escritas sobre rasura ou entrelinhadas, devem ser expressamente *ressalvadas* (art. 41º).

A eliminação de palavras escritas deve ser feita por meio de traços que as cortem e de forma que as palavras traçadas permaneçam legíveis – a inobser-

[13] Nº 5 do art. 59º do Código do Registo Civil.

vância desta norma implica a nulidade do ato notarial, por força do disposto no nº 1 do art. 70º –, devendo ser também objeto de ressalva expressa.

As ressalvas são feitas antes da assinatura dos atos de cujo texto constem e, se se tratar de atos lavrados em livros de notas, dos respetivos documentos complementares ou de instrumentos de procuração, devem ser manuscritas pelo funcionário que os assina.

As *palavras emendadas, escritas sobre rasuras ou entrelinhadas* que não forem ressalvadas consideram-se *não escritas*, sem prejuízo do disposto no nº 2 do artigo 371º CC[14].

As palavras *traçadas, mas legíveis*, que não forem ressalvadas consideram-se *não eliminadas*.

A solução legal prevista no art. 41º acima citado para as rasuras, entrelinhas e espaços em branco tem sido objeto de críticas. Escreve Borges de Araújo: "Simplesmente, teremos de reconhecer a inutilidade dos traços horizontais para cancelar espaços em branco e a ingenuidade do legislador em pensar que teria resolvido esse problema. Depois de traçado e assim inutilizado, na convicção do legislador, o espaço em branco, é perfeitamente possível escrever nesse espaço. As palavras ficarão cortadas pelo traço horizontal que já existia, mas daí não resultará qualquer consequência. Serão palavras traçadas que não têm ressalva e que por isso mesmo a lei não considera traçadas.

Quer dizer, o traço horizontal a nada conduz, não inutiliza o espaço que estava vago, pelo que não obsta minimamente a uma viciação ou adulteração. Não havendo ressalva, têm o mesmo valor as palavras traçadas e as não traçadas."[15]

E continua o mesmo autor quanto à solução prevista na lei para as palavras eliminadas de forma ilegível: "Por outro lado, terá igualmente de se reconhecer que é perigosa, embora bem intencionada, a determinação do art. 70º, nº 1, alínea *c*), prescrevendo a nulidade do ato quando tenham sido eliminadas palavras por forma a que elas fiquem ilegíveis. Está aberta a porta para a inutilização do ato notarial por quem esteja interessado em que ele não produza efeitos. Bastará que inutilize uma palavra, traçando-a por forma a que fique ilegível, para transformar um ato perfeito em ato nulo. Com tão radical consequência, será simples anular uma escritura ou testamento."

Embora se deva reconhecer um certo fundamento à crítica, a verdade é que dificilmente poderão ter lugar os expedientes imaginados no caso de ins-

[14] Art. 371º, nº 2 "Se o documento contiver palavras emendadas, truncadas ou escritas sobre rasuras ou entrelinhas, sem a devida ressalva, determinará o julgador livremente a medida em que os vícios externos do documento excluem ou reduzem a sua força probatória."

[15] Araújo, A. M. Borges de – *Prática Notarial*, com a colaboração de Albino de Matos, 3ª edição, Almedina, p. 36.

trumentos lavrados nos livros de notas – precisamente as escrituras e os testamentos públicos – uma vez que ficam à guarda do notário: só com a conivência deste ou de um funcionário do cartório é que, em princípio, tal poderia suceder.

Outra força se reconhece à crítica quando aplicada a instrumentos públicos avulsos.

d) Redação dos atos notariais

A *redação dos atos notariais* também obedece a regras definidas no art. 42º.

Os atos notariais são escritos em *língua portuguesa*, devendo ser redigidos com a necessária correção, em *termos claros e precisos*. A terminologia a utilizar pelo notário na redação dos atos é aquela que, em linguagem jurídica, melhor traduza a vontade das partes, manifestada nas suas instruções dadas verbalmente ou através de apontamentos escritos, devendo evitar-se a inserção nos documentos de menções supérfluas ou redundantes.

A mera reprodução de normas contidas em preceitos legais vigentes ou que deles resultem diretamente, feita pelo notário no contexto dos atos e por indicação expressa das partes, não deve ser considerada supérflua se for alegado que tais estipulações são essenciais ao melhor esclarecimento da sua vontade negocial.

A frequência com que têm vindo a ser alterados legislação codificada e diplomas fundamentais leva a atribuir agora à mera reprodução de normas vigentes uma importância que no passado não teria a mesma razão de ser.

As partes podem apresentar ao notário *minuta do ato*, conforme o permite o art. 43º. O notário deve reproduzir a minuta, salvo naquilo em que ela infringir leis de interesse e ordem pública, desde que se mostre redigida em conformidade com o disposto no art. 42º. Se a redação da minuta for imperfeita, o notário deve advertir os interessados da imperfeição verificada e adotar a redação que, em seu juízo, mais fielmente exprima a vontade dos outorgantes. Resulta assim da economia desta disposição do art. 43º que só se pode considerar minuta, para os efeitos do nº 2, uma redação completa do ato a outorgar.

O documento escrito em *língua estrangeira* deve ser acompanhado da tradução correspondente, a qual pode ser feita por notário português, pelo consulado português no país onde o documento foi passado, pelo consulado desse país em Portugal ou, ainda, por tradutor idóneo que, sob juramento ou compromisso de honra, afirme, perante o notário, ser fiel a tradução (art. 44º)[16].

[16] Ver em *5.12 – Traduções* as entidades atualmente autorizadas a certificar, ou fazer e certificar, traduções de documentos com a mesma força probatória de idênticos atos realizados com intervenção notarial.

e) Transmissão por telecópia e por via eletrónica

É o Decreto-Lei nº 66/2005, de 15 de março, que regula a transmissão e receção de documentos por *telecópia* e por via eletrónica pelos serviços dos registos, cartórios notariais e outros serviços, bem como a receção pelas mesmas vias por advogados e solicitadores, de documentos com valor de certidão respeitantes aos arquivos dos serviços de registo e cartórios notariais.

Nos termos do art. 2º deste diploma, os cartórios notariais, bem como os serviços registrais, podem transmitir entre si documentos constantes dos respetivos arquivos por meio de telecópia ou por via eletrónica nos mesmos termos em que deles podem extrair certidões, sendo reconhecida aos documentos emitidos a força probatória dos originais.

Os cartórios notariais podem ainda transmitir a outros serviços públicos, por telecópia e sob forma certificada, documentos constantes dos respetivos arquivos, nos termos especialmente previstos na lei notarial.

Os cartórios notariais também podem servir de intermediários em pedidos de certidão, a emitir por telecópia ou por via eletrónica, de atos de registo ou notariais, bem como de documentos arquivados em conservatórias ou cartórios notariais, nos termos do disposto no art. 3º do citado decreto-lei.

4.2. Requisitos gerais dos instrumentos notariais

4.2.1. Forma

Os instrumentos notariais estão sujeitos a certa *forma comum*, devendo conter (art. 46º):

a) A designação do dia, mês, ano e lugar em que for lavrado ou assinado e, quando solicitado pelas partes, a indicação da hora em que se realizou;

b) O nome completo do funcionário que nele interveio, a menção da respetiva qualidade e a designação do cartório a que pertence;

c) O nome completo, estado, naturalidade e residência habitual dos outorgantes, bem como das pessoas singulares por estes representadas, a identificação das sociedades, nos termos da lei comercial, e das demais pessoas coletivas que os outorgantes representem, com menção, quanto a estas últimas, das suas denominações, sedes e números de identificação de pessoa coletiva;

d) A referência à forma como foi verificada a identidade dos outorgantes, das testemunhas instrumentárias e dos abonadores;

e) A menção das procurações e dos documentos relativos ao instrumento que justifiquem a qualidade de procurador e de representante, mencionando-se, nos casos de representação legal e orgânica, terem sido verificados os poderes necessários para o ato;

f) A menção de todos os documentos que fiquem arquivados, mediante a referência a esta circunstância, acompanhada da indicação da natureza do documento, e, ainda, tratando-se de conhecimento do imposto municipal de sisa *[hoje, imposto municipal sobre transmissão onerosa de imóveis]*, a indicação do respetivo número, data e repartição emitente;
g) A menção dos documentos apenas exibidos com indicação da sua natureza, data de emissão e entidade emitente e, ainda, tratando-se de certidões de registo, a indicação do respetivo número de ordem ou, no caso de certidão permanente, do respetivo código de acesso;
h) O nome completo, estado e residência habitual das pessoas que devam intervir como abonadores, intérpretes, peritos médicos, testemunhas e leitores;
i) A referência ao juramento ou compromisso de honra dos intérpretes, peritos ou leitores, quando os houver, com a indicação dos motivos que determinaram a sua intervenção;
j) As declarações correspondentes ao cumprimento das demais formalidades exigidas pela verificação dos casos previstos nos artºs 65º *[outorgantes que não compreendam a língua portuguesa]* e 66º *[intervenção de surdos mudos]*;
l) A menção de haver sido feita a leitura do instrumento lavrado, ou de ter sido dispensada a leitura pelos intervenientes, bem como a menção da explicação do seu conteúdo;
m) A indicação dos outorgantes que não assinem e a declaração, que cada um deles faça, de que não assina por não saber ou por não poder fazê-lo;
n) As assinaturas, em seguida ao contexto, dos outorgantes que possam e saibam assinar, bem como de todos os outros intervenientes, e a assinatura do funcionário, que será a última do instrumento.

Se no ato intervier um *substituto legal*, no impedimento ou falta do notário, deve indicar-se o motivo da substituição.

Se algum dos outorgantes *não for português*, deve fazer-se constar da sua identificação a nacionalidade, salvo se ele intervier na qualidade de representante, ou na de declarante, em escritura de habilitação ou justificação notarial.

A menção a instrumento que justifique a *qualidade de representante* não é aplicável aos pais que outorguem na qualidade de representantes de filhos menores.

Nas *escrituras de repúdio de herança ou de legado* deve ser mencionado, em especial, se o repudiante tem descendentes.

4.2.2. Leitura e explicação dos atos

O art. 50º permite que a *leitura dos atos* possa ser feita por funcionário, na presença do notário, desde que em voz alta e na presença simultânea de todos os intervenientes.

A leitura do instrumento lavrado *pode ser dispensada* se todos os intervenientes declararem que a dispensam, por já o terem lido ou por conhecerem o seu conteúdo, e se o notário não vir inconveniente.

Mas a *explicação do conteúdo* dos instrumentos e das suas consequências legais tem de ser feita pelo notário, antes da assinatura, em forma resumida, mas de modo que os outorgantes fiquem a conhecer, com precisão, o significado e os efeitos do ato.

A leitura, explicação, outorga e assinatura dos instrumentos devem realizar-se em *ato continuado*. Se a leitura, explicação e outorga se não concluírem no dia em que tiverem início, deve consignar-se no instrumento, antes das assinaturas, o dia e a hora da sua conclusão (art. 53º).

As folhas dos instrumentos lavrados fora dos livros, com exceção das que contiverem as assinaturas, são rubricadas pelos outorgantes que saibam e possam assinar, pelos demais intervenientes e pelo notário (art. 52º).

4.2.3. Menções obrigatórias dos instrumentos notariais

Quando o *instrumento for destinado a titular atos sujeitos a registo* deve conter, em especial (art. 47º[17]):

a) A menção do nome completo do cônjuge e do respetivo regime matrimonial de bens, se a pessoa a quem o ato respeitar for casada;

b) A advertência de que o registo deve ser requerido no prazo de três meses[18], se respeitar a atos sujeitos a registo comercial obrigatório que não tenham sido promovidos e dinamizados pelo notário no uso de competência atribuída por lei.

A menção do nome completo do *cônjuge* e do respetivo *regime matrimonial de bens*, se as pessoas a quem o ato respeitar forem casadas, é exigida nas *escrituras de habilitação*, relativamente ao autor da herança e aos habilitandos, e aos instrumentos de procuração com poderes para a outorga de atos sujeitos a registo.

Nos instrumentos de *constituição de estabelecimento individual de responsabilidade limitada ou de constituição de pessoa coletiva*, de alteração dos respetivos estatutos que determine a modificação da firma, denominação ou objeto social deve ser mencionada a *exibição de certificado comprovativo de admissibilidade da firma ou denominação* ou da sua manutenção em relação ao novo objeto, com indicação da sua data[19].

[17] Na redação que lhe foi conferida pela Lei nº 89/2017, de 21 de agosto.

[18] É hoje de dois meses o prazo estabelecido pelo art. 15º do Código do Registo Comercial.

[19] O certificado de admissibilidade é atualmente disponibilizado exclusivamente de forma eletrónica (art. 51º do regime do RNPC).

O *testamento público*, a escritura de revogação de testamento e o instrumento de *aprovação de testamento cerrado* devem conter, como menção especial, a data de nascimento do testador e os nomes completos dos pais.

O instrumento destinado a titular atos sujeitos a registo deve ainda conter, sempre que esteja em causa o pagamento de uma quantia, a indicação do momento em que tal ocorre e do meio de pagamento utilizado. Caso o pagamento ocorra antes ou no momento da celebração do ato, deve ser consignado no instrumento:

a) Tratando-se de pagamento em numerário, a moeda utilizada;
b) Tratando-se de pagamento por cheque, o seu número e a entidade sacada;
c) Tratando-se de pagamento através da realização de uma transferência de fundos:
  i) A identificação da conta do ordenante e da conta do beneficiário, mediante a menção dos respetivos números e prestadores de serviços de pagamento;
  ii) Quando o ordenante ou o beneficiário não realize a transferência por intermédio de uma conta de pagamento, mediante a menção do identificador único da transação ou do número do instrumento de pagamento utilizado e do respetivo emitente.

A *verificação da identidade dos outorgantes* pode ser feita por alguma das seguintes formas (art. 48º):

a) Pelo *conhecimento pessoal* do notário;
b) Pela exibição do *bilhete de identidade*[20], de documento equivalente ou da carta de condução, se tiverem sido emitidos pela autoridade competente de um dos países da União Europeia;
c) Pela exibição do *passaporte*[21];
d) Pela declaração de *dois abonadores* cuja identidade o notário tenha verificado por uma das formas previstas nas alíneas anteriores, consignando-se expressamente qual o meio de identificação usado.

Não deve ser aceite, para verificação da identidade, documento cujos dados não coincidam com os elementos de identificação fornecidos pelo interessado ou cujo prazo de validade tenha expirado, admitindo-se a alteração da resi-

[20] Leia-se agora também *cartão de cidadão*.

[21] Ou título de residência, no caso de estrangeiros residentes (art. 90º do Decreto-Lei nº 244/98, de 8 de agosto).

dência e do estado civil, se, quanto a este, for exibido documento comprovativo da sua alteração não ocorrida há mais de seis meses.

Nos atos notariais devem ser mencionados o número e a data dos documentos exibidos para a identificação de cada outorgante, bem como o respetivo serviço emitente.

As *testemunhas instrumentárias* também podem servir de abonadores da identidade dos outorgantes.

A *prova documental da qualidade de representante* de pessoa coletiva sujeita a registo e da suficiência dos seus poderes faz-se por certidão do registo comercial, válida por um ano, sem prejuízo de o notário poder solicitar ainda outros documentos por onde complete a verificação dos poderes invocados (art. 49º).

As certidões arquivadas, cujo prazo tiver expirado, podem ser aceites desde que os representantes e seus poderes de representação se mantenham inalterados, ficando consignada no instrumento ou arquivada no cartório, em documento autêntico ou autenticado, uma declaração proferida nesse sentido por todos os membros da gerência ou da administração, sob sua inteira responsabilidade, a qual pode ser renovada anualmente.

O notário *pode dispensar a prova documental da representação de pessoas coletivas* ou de sociedades, quando tenha conhecimento pessoal da qualidade que se arroga o representante e dos poderes que legitimam a sua intervenção, fazendo expressa menção do facto no texto do documento.

4.2.4. Especificidades relativas a certos outorgantes

a) Outorgantes que não saibam ou não possam assinar

O art. 51º define os termos em que se pode remediar a situação em que intervêm *outorgantes que não saibam ou não possam assinar*: devem neste caso apor, à margem do instrumento, segundo a ordem por que nele foram mencionados, a *impressão digital* do indicador da mão direita.

Os outorgantes que não puderem apor a impressão do indicador da mão direita, por motivo de doença ou de defeito físico, devem apor a do dedo que o notário determinar, fazendo-se menção do dedo a que corresponde junto à impressão digital. Quando algum outorgante não puder apor nenhuma impressão digital, deve referir-se no instrumento a existência e a causa da impossibilidade.

A aposição da impressão digital pode ser substituída pela *intervenção de duas testemunhas* instrumentárias, exceto nos testamentos públicos, instrumentos de aprovação ou de abertura de testamentos cerrados e internacionais e nas escrituras de revogação de testamentos.

"A falta de aposição da impressão digital do outorgante, que não sabe ou não pode assinar, não determina a nulidade da escritura pública na qual essa menção se faça, uma vez que é taxativa a enumeração dos vícios de forma constante do art. 70º do Código do Notariado."[22]

b) Outorgantes que não compreendam a língua portuguesa
No caso de atos com intervenção de *outorgantes que não compreendam a língua portuguesa*, intervém com ele um intérprete de sua escolha, o qual deve transmitir, verbalmente, a tradução do instrumento ao outorgante e a declaração de vontade deste ao notário (art. 65º).

Se houver mais de um outorgante, e não for possível encontrar uma língua que todos compreendam, intervêm os intérpretes que forem necessários.

A intervenção de intérprete é dispensada, se o notário dominar a língua dos outorgantes a ponto de lhes fazer a tradução verbal do instrumento.

c) Intervenção de surdos e mudos
Por sua vez, quanto a atos com *intervenção de surdos e mudos*, dispõe o art. 66º: o outorgante que, por motivo de *surdez*, não puder ouvir a leitura do instrumento deve lê-lo em voz alta, e, se não souber ou não puder ler, tem a faculdade de designar uma pessoa que, na presença de todos os intervenientes, proceda a segunda leitura e lhe explique o conteúdo.

O *mudo* que souber e puder ler e escrever deve declarar, *por escrito*, no próprio instrumento e antes das assinaturas, que o leu e reconheceu conforme à sua vontade e, se não souber ou não puder escrever, deve manifestar a sua vontade *por sinais* que o notário e os demais intervenientes compreendam e, se nem isso for possível, deve intervir no ato um intérprete, nas condições previstas no art. 65º.

O mesmo se aplica também no caso de algum outorgante ser *surdo-mudo*.

Como já foi dito a propósito da intervenção de indivíduos *surdos, mudos ou surdos-mudos* em atos de registo civil, foi celebrado um acordo de cooperação entre o Ministério da Justiça, o Ministério do Emprego e da Segurança Social e a Associação Portuguesa de Surdos – a quem sucedeu, a partir do ano 2000, a Federação Portuguesa das Associações de Surdos – com o objetivo de assegurar o apoio de *intérpretes de língua gestual* na comunicação dos cidadãos surdos com o Sistema da Justiça, designadamente nas conservatórias e cartórios notariais.

O apoio de intérprete pode partir de iniciativa do próprio interessado, caso em que se dirige ao cartório acompanhado de intérprete devidamente credenciado e que deverá ser aceite sem reservas. O apoio pode também ser pedido ao cartório notarial pelo interessado ou ser mesmo da iniciativa do notário,

[22] Em *Boletim dos Registos e do Notariado*, nº 5/98. Pº C. N. 40/97.

caso em que este solicita à Federação Portuguesa das Associações de Surdos a indicação de intérprete credenciado[23].

4.2.5. *Testemunhas instrumentárias e outros intervenientes*

A intervenção de *testemunhas instrumentárias* – testemunhas que presenciam a realização do instrumento – apenas tem lugar nos casos seguintes (art. 67º):

a) Nos testamentos públicos, instrumentos de aprovação ou de abertura de testamentos cerrados e internacionais e nas escrituras de revogação de testamentos;
b) Nos casos previstos no nº 4 do art. 51º *[substituição da aposição de impressão digital]*;
c) Nos outros instrumentos, com exceção dos protestos de títulos de crédito, quando o notário ou alguma das partes reclame essa intervenção.

A intervenção de testemunhas nos atos a que se refere a alínea *a)* pode ser dispensada pelo notário, no caso de haver urgência e dificuldade em as conseguir, devendo fazer-se menção expressa desta circunstância no texto.

As testemunhas instrumentárias, quando haja lugar à sua intervenção, são em número de duas e a sua identidade deve ser verificada por uma das formas previstas nas alíneas *a), b)* e *c)* do nº 1 do art. 48º *[conhecimento pessoal, exibição de bilhete de identidade, documento equivalente ou carta de condução emitidos por entidade competente de país da União Europeia, ou ainda passaporte]*, consignando-se no instrumento o processo de identificação utilizado.

Podem ainda intervir nos atos *peritos médicos* para abonarem a sanidade mental dos outorgantes, a pedido destes ou do notário.

Não podem ser *abonadores, intérpretes, peritos, tradutores, leitores ou testemunhas* (art. 68º):

a) Os que não estiverem no seu perfeito juízo;
b) Os que não entenderem a língua portuguesa;
c) Os menores não emancipados, os surdos, os mudos e os cegos;
d) Os funcionários e o pessoal contratado em qualquer regime em exercício no cartório notarial;
e) O cônjuge, os parentes e afins, na linha reta ou em 2º grau da linha colateral, tanto do notário que intervier no instrumento como de qualquer dos outorgantes, representantes ou representados;
f) O marido e a mulher, conjuntamente;

[23] Cf. *Boletim dos Registos e do Notariado*, nº 8/2000, p. 5-6.

g) Os que, por efeito do ato, adquiram qualquer vantagem patrimonial;
h) Os que não saibam ou não possam assinar.

Não é permitida a intervenção de qualquer interveniente acidental em mais de uma qualidade, salvo quanto às testemunhas instrumentárias que podem servir de abonadores (art. 48º, nº 4).

Ao notário compete verificar a *idoneidade dos intervenientes acidentais* e pode recusar a intervenção do abonador, intérprete, perito, tradutor, leitor ou testemunha que não considere digno de crédito, ainda que ele não esteja abrangido pelas proibições constantes das alíneas acima transcritas do nº 1 do art. 68º.

Os intérpretes, peritos e leitores devem prestar, perante o notário, o juramento ou o compromisso de honra de bem desempenharem as suas funções (art. 69º).

É aplicável ao juramento ou compromisso de honra o disposto nas leis de processo, ou seja, consoante o caso: *Juro pela minha honra que hei de dizer toda a verdade e só a verdade* ou *Comprometo-me, por minha honra, a desempenhar fielmente as funções que me são confiadas.*

4.3. Requisitos especiais dos instrumentos notariais

Os artºs 54º a 64º enumeram os *requisitos especiais* a que devem obedecer certos atos notariais e designadamente as menções que devem ser efetuadas no âmbito do comércio imobiliário.[24]

Deverá todavia ser tido em conta que, de harmonia com o disposto no art. 61º, *não é aplicável aos testamentos* a exigência das menções relativas ao registo predial (art. 54º), das menções obrigatórias a que se refere o art. 56º, das menções relativas à matriz (art. 57º), da harmonização da matriz com o registo (art. 58º) e do documento da câmara municipal comprovativo de que as frações autónomas satisfazem os requisitos legais, ou, em sua substituição, do respetivo projeto de construção e, sendo caso disso, dos posteriores projetos de alteração aprovados pela câmara municipal, nos termos do disposto nos nºs 1 e 2 do art. 59º.

[24] Já foi recordado, a propósito do registo predial, o art. 123º do CIRS: "Os notários, conservadores, secretários judiciais, secretários técnicos de justiça e entidades e profissionais com competência para autenticar documentos particulares que titulem atos ou contratos sujeitos a registo predial são obrigados a enviar à Direção-Geral dos Impostos, preferencialmente por via eletrónica, até ao dia 10 de cada mês, relação dos atos por si praticados e das decisões transitadas em julgado no mês anterior dos processos a seu cargo, que sejam suscetíveis de produzir rendimentos sujeitos a IRS, através de modelo oficial."

4.3.1. Menções relativas ao registo predial e à matriz predial

Assim, no que toca às menções relativas ao registo predial, nenhum instrumento respeitante a factos sujeitos a registo pode ser lavrado sem que no texto se mencionem os *números das descrições* dos respetivos prédios na conservatória a que pertençam ou hajam pertencido, ou sem a declaração de que *não estão descritos* (nº 1 do art. 54º).

Como regra, os instrumentos pelos quais se partilhem ou transmitam direitos sobre prédios, ou se contraiam encargos sobre eles, não podem ser lavrados sem que também se faça referência à *inscrição desses direitos* em nome do autor da herança, ou de quem os aliena, ou à *inscrição de propriedade* do prédio em nome de quem o onera (nº 2 do art. 54º).

Encontramos aqui a aplicação do *princípio da legitimação de direitos* de que se falou no registo predial.

Esta exigência *não é aplicável* (nº 3 do art. 54º):

a) Nos atos de transmissão ou de constituição de encargos outorgados por quem, no mesmo dia e com conhecimento pessoal do notário, que será expressamente mencionado, tenha adquirido os bens partilhados, transmitidos ou onerados;

b) Nos casos de urgência, devidamente comprovada, motivada por perigo de vida dos outorgantes ou por extravio ou inutilização do registo causados por incêndio, inundação ou outra calamidade como tal reconhecida por despacho do Ministro da Justiça.

A prova dos números das descrições e das referências relativas às inscrições no serviço de registo é feita pela exibição de certidão de teor, passada com antecedência não superior a um ano, ou quanto a prédios situados em concelho onde tenha vigorado o registo obrigatório, pela exibição da respetiva caderneta predial, desde que este documento se encontre atualizado (nº 4 do art. 54º)[25].

A *não descrição* dos prédios prova-se mediante a exibição de certidão válida por *três meses* (nº 5 do art. 54º).

A exigência prevista no nº 2 do art. 54º é dispensada, conforme o art. 55º:

a) Nos atos de partilha de herança e, tratando-se de prédios não descritos ou sem inscrição de aquisição, nos de transmissão de prédios que dela

[25] Nº 4 do art. 93º do CIMI: "4 – Os notários, conservadores e oficiais dos registos, bem como as entidades profissionais com competência para autenticar documentos particulares que titulem atos ou contratos sujeitos a registo predial, sempre que intervenham em atos ou contratos que exijam a apresentação da caderneta predial referida no nº 1 relativa a prédios objeto desses atos, contratos ou factos, podem obtê-la por via eletrónica e entregá-la, gratuitamente, ao sujeito passivo."

façam parte, se os partilhantes ou transmitentes se encontrarem habilitados como únicos herdeiros, ou for feita, simultaneamente, a respetiva habilitação;

b) Nos instrumentos relativos a prédios situados em concelho onde não tenha vigorado o registo obrigatório, que titulem o primeiro ato de transmissão ocorrido após 1 de outubro de 1984, se for exibido documento comprovativo ou feita justificação simultânea do direito da pessoa de quem se adquire.

Dos instrumentos que contenham factos sujeitos a registo, determina o art. 56º que deve constar o modo como foi comprovada a urgência prevista na alínea *b)* do nº 3 do art. 54º.

São também necessárias as menções relativas à *matriz.*

Nos instrumentos em que se descrevam prédios rústicos, urbanos ou mistos deve indicar-se o *número da respetiva inscrição na matriz* ou, no caso de nela estarem omissos, consignar-se a declaração de haver sido apresentada na repartição de finanças a participação para a inscrição, quando devida (art. 57º).

A prova dos artigos matriciais é feita pela exibição de *caderneta predial atualizada* ou da *certidão de teor da inscrição matricial*, passada com antecedência não superior a *um ano.*

A participação para a *inscrição na matriz*, quando se trate de *prédio omisso* que nela deva ser inscrito, prova-se pela exibição de duplicado que tenha aposto o recibo da repartição de finanças, com antecedência não superior a *um ano*, ou pela exibição de outro documento dela emanado, autenticado com o respetivo selo branco.

Nos termos previstos no art. 93º do CIMI, na redação do Decreto-Lei nº 238/2006, de 20 de dezembro, os notários, sempre que intervenham em atos ou contratos que exijam a apresentação da caderneta predial relativa aos prédios urbanos ou frações autónomas objeto desses atos ou contratos, podem obtê-la por via eletrónica e entregá-la, gratuitamente, ao sujeito passivo. O mesmo procedimento é aplicável para a obtenção pelos notários da declaração entregue para efeitos de inscrição de prédio urbano ou fração autónoma na matriz.

Por último, conforme o disposto no art. 63º, nos atos sujeitos a registo predial, deve ser indicado *o valor de cada prédio*, da parte indivisa ou do direito a que o ato respeitar, devendo também mencionar-se o valor global dos bens, descritos ou relacionados, sempre que dele dependa a determinação do valor do ato.

O valor dos bens, quando não seja determinado com base em simples declaração das partes ou em publicação oficial, deve ser comprovado pela exibição dos documentos necessários ou do título do registo atualizado[26] ou de caderneta predial visada pela repartição de finanças, com antecedência não superior a seis meses, mencionando-se no instrumento o valor patrimonial indicado no documento apresentado.

4.3.2. *Licença de utilização*

Como já foi referido no capítulo IV, tratando-se de compra e venda ou doação de prédio urbano ou fração autónoma, é necessária a exibição da *licença de utilização* e da *ficha técnica de habitação*, nos casos em que são exigíveis.

Assim, o nº 1 do art. 1º do Decreto-Lei nº 281/99, de 26 de julho, determina, relativamente à *licença de utilização*:

> "1 – Não podem ser celebradas escrituras públicas que envolvam a transmissão da propriedade de prédios urbanos ou de suas frações autónomas sem que se faça perante o notário prova suficiente da inscrição na matriz predial, ou da respetiva participação para a inscrição, e da correspondente licença de utilização, de cujo alvará, ou isenção de alvará, se faz sempre menção expressa na escritura."

O art. 2º permite, no seu nº 1, a substituição da licença de utilização pela *licença de construção*, nas seguintes condições:

> "1 – A apresentação do alvará de licença de utilização, no caso de já ter sido requerido e não emitido, pode ser substituída pela exibição do alvará da licença de construção do imóvel, independentemente do respetivo prazo de validade, desde que:
>
> *a)* O transmitente faça prova de que está requerida a licença de utilização;
>
> *b)* O transmitente declare que a construção se encontra concluída, que não está embargada, que não foi notificado de apreensão do alvará de licença de construção, que o pedido de licença de utilização não foi indeferido, que decorreram mais de 50 dias sobre a data do seu requerimento e que não foi notificado para o pagamento das taxas devidas."

O nº 2 do mesmo art. 2º permite que, nas subsequentes transmissões de frações autónomas de prédios constituídos em regime de propriedade horizontal, o transmitente apenas tenha de fazer prova de que foi requerida a licença de utilização e declarar que o pedido não foi indeferido nem a licença emitida no

[26] A menção do valor do prédio deixou de constar da descrição predial: é este mais um exemplo da desatualização de normas do Código do Notariado; a informação da repartição de finanças pode também ser obtida por via eletrónica.

prazo de 50 dias sobre a data do seu requerimento e que não foi notificado para o pagamento das taxas devidas.

Já foi chamada a atenção para o regime previsto nos nºs 4 e 5 deste art. 2º para o caso de *prédios, moradias unifamiliares e frações autónomas não concluídos*:

> "4 – Na transmissão de prédios urbanos que o alienante declare como não concluídos, com licença de construção em vigor, ou na situação dos edifícios inacabados prevista no artigo 73º-A do Decreto-Lei nº 445/91, de 20 de novembro, na redação dada pelo Decreto-Lei nº 250/94, de 15 de outubro, é bastante a exibição do alvará de licença de construção, independentemente do seu prazo de validade.
>
> 5 – O disposto no número anterior não é aplicável à transmissão de frações autónomas de prédios urbanos constituídos em propriedade horizontal nem a moradias unifamiliares."

Também se referiu no capítulo referente ao registo predial o parecer do Conselho Consultivo da Procuradoria-Geral da República que, considerando embora que bem se justificaria a imediata revisão do Decreto-Lei nº 281/99, concluiu ser ilegal, por violação do nº 1 do art. 1º do Decreto-Lei nº 281/99, a transmissão de frações autónomas e moradias unifamiliares ainda em construção.

Do regime exposto se excetua a *venda por negociação particular em processo de execução*, como dispõe o nº 6 do art. 905º do Código de Processo Civil.

Por outro lado, como também se salientou no capítulo IV, a licença de utilização só é exigível para *prédios construídos depois de 7 de agosto de 1951*. De facto, a licença de utilização passou a ser exigida pelo art. 8º do Regulamento Geral das Edificações Urbanas, aprovado pelo Decreto-Lei nº 38 382, daquela data[27].

Para os prédios construídos antes da referida data, o que se comprova através da caderneta predial ou de certidão predial ou camarária, *não é exigível licença de utilização* nem *licença de construção.*

[27] Recorda-se aqui a nota inserta no capítulo referente ao registo predial porquanto, nos termos do seu art. 1º, o Regulamento pode não ter sido aplicado de imediato a todas as localidades, face à necessidade da deliberação camarária, prevista no § único: "Art. 1º: A execução de novas edificações ou de quaisquer obras de construção civil, a reconstrução, ampliação, alteração, reparação ou demolição das edificações e obras existentes e bem assim os trabalhos que impliquem alteração da topografia local, dentro do perímetro urbano e das zonas rurais de proteção fixadas para as sedes de concelho e para as demais localidades sujeitas por lei a plano de urbanização e expansão subordinar-se-ão as disposições da presente regulamento.

§ único. Fora das zonas e localidades a que faz referência este artigo o presente regulamento aplicar-se-á nas povoações a que seja tornado extensivo por deliberação municipal e, em todos os casos, às edificações de caracter industrial ou de utilização coletiva."

4.3.3. *Ficha técnica de habitação*

Quanto à *ficha técnica de habitação,* dispõe o nº 1 do art. 9º do Decreto-Lei nº 68/2004, de 25 de março:

> "1 – Sem prejuízo de outras normas aplicáveis, não pode ser celebrada a escritura pública que envolva a aquisição da propriedade de prédio ou fração destinada à habitação sem que o notário se certifique da existência da ficha técnica da habitação e de que a mesma é entregue ao comprador."

Como se referiu, a *exigência de ficha técnica não se aplica* aos contratos celebrados entre consumidores, salvo no caso em que o prédio urbano destinado à habitação que é objeto da transmissão já possua ficha técnica de habitação.

Daqui se retira a conclusão de que a exigência do art. 9º se aplica plenamente aos *profissionais promotores imobiliários.*

Tem interesse recordar, sobre a exigibilidade da ficha técnica de habilitação e do seguir tratado certificado SCE, o parecer do CC do IRN em cujas conclusões se lê:

> "*III. Assim, e em breve síntese conclusiva, dir-se-á:*
>
> *Que a entidade tituladora do negócio, quando a FTH ou o "documento energético" tenham que existir, deve certificar-se de que os mesmos existem e fazer consigná-lo no texto do título;*
>
> *Que o incumprimento de tais deveres representa, quando muito, da parte da entidade tituladora, uma preterição das formalidades do negócio;*
>
> *Que, no que toca à FTH, a inexistência do documento, nos casos em que legalmente tenha que existir, gera a nulidade substancial do negócio jurídico;*
>
> *Que, no que toca ao certificado ou pré-certificado energético, a inexistência do documento, nos casos em que legalmente tenha que existir, não gera por si só a nulidade substancial do negócio jurídico;*
>
> *Que, para efeitos de registo, e no que toca ao regime da FTH, determinante da formação do juízo positivo de viabilidade do pedido é a demonstração de que não houve, na celebração do negócio, violação das regras imperativas que, dentro de certos pressupostos, e sob pena de nulidade, impõem que a FTH, ao tempo do negócio, exista;*
>
> *Que, para efeitos de registo, e no que toca ao regime SCE, é irrelevante para a formação de um juízo de viabilidade do pedido, apurar se foram cumpridas as obrigações que desse regime resultam quer para o proprietário do edifício, quer para a entidade tituladora de certa tipologia de negócios jurídicos de que o edifício ou fração seja objeto.*" [28]

[28] Parecer nº 67/CC/2016 Ref. Pº CN 5/2016 (consultado em *irn.mj.pt/IRN/sections/irn/doutrina/pareceres/predial/2016).*

4.3.4. Certificação energética

A existência de pré-certificado ou de certificado SCE *[Sistema de Certificação Energética]* deve ser verificada aquando da celebração de contratos de compra e venda ou locação, ficando consignado no contrato o número do certificado ou pré-certificado, conforme dispõe o nº 2 *b)* do art. 5º do Decreto-lei nº 118/2013, de 20 de agosto.

As entidades referidas que celebrem os contratos devem comunicar à ADENE *[Agência para a Energia]* os casos em que não seja evidenciada a existência de pré-certificado ou certificado SCE, identificando o edifício ou fração e o seu anterior e atual proprietário.

O Sistema Certificação Energética dos Edifícios (SCE) é objeto do Decreto-lei nº 118/2013[29] que transpôs para a ordem jurídica nacional a Diretiva nº 2010/31/UE do Parlamento Europeu e do Conselho, de 19 de maio de 2010, relativa ao desempenho energético dos edifícios.

O âmbito de aplicação do SCE é definido pelo art. 3º daquele decreto-lei nos seguintes termos:

> "1 – São abrangidos pelo SCE, sem prejuízo de isenção de controlo prévio nos termos do RJUE, os edifícios ou frações, novos ou sujeitos a grande intervenção, nos termos do REH e RECS.
>
> 2 – Quando, porém, uma fração no sentido da alínea *ee)* do artigo 2º, já edificada, não esteja constituída como fração autónoma de acordo com um título constitutivo de propriedade horizontal, só é abrangida pelo SCE a partir do momento em que seja dada em locação.
>
> 3 – São também abrangidos pelo SCE os edifícios ou frações existentes de comércio e serviços:
>
> *a)* Com área interior útil de pavimento igual ou superior a 1000 m^2, ou 500 m^2 no caso de centros comerciais, hipermercados, supermercados e piscinas cobertas; ou
>
> *b)* Que sejam propriedade de uma entidade pública e tenham área interior útil de pavimento ocupada por uma entidade pública e frequentemente visitada pelo público superior a 500 m^2 ou, a partir de 1 de julho de 2015, superior a 250 m^2;
>
> 4 – São ainda abrangidos pelo SCE todos os edifícios ou frações existentes a partir do momento da sua venda, dação em cumprimento ou locação posterior à entrada em vigor do presente diploma, salvo nos casos de:

[29] Na versão alterada por último pelo Decreto-Lei nº 28/2016, de 23 de junho, que também o republicou.

a) Venda ou dação em cumprimento a comproprietário, a locatário, em processo executivo, a entidade expropriante ou para demolição total confirmada pela entidade licenciadora competente;

b) Locação do lugar de residência habitual do senhorio por prazo inferior a quatro meses;

c) Locação a quem seja já locatário da coisa locada."

Estão excluídos do SCE (art. 4º):

"*a)* As instalações industriais, agrícolas ou pecuárias;

b) Os edifícios utilizados como locais de culto ou para atividades religiosas;

c) Os edifícios ou as frações exclusivamente destinados a estacionamentos não climatizados e oficinas;

d) Os armazéns em que a presença humana não seja significativa, não ocorrendo por mais de 2 horas/dia ou não representando uma ocupação superior a 0,025 pessoas/m^2;

e) Os edifícios unifamiliares com área útil igual ou inferior a 50 m^2;

f) Os edifícios de comércio e serviços devolutos, até à sua venda ou locação depois da entrada em vigor do presente diploma;

g) Os edifícios em ruínas;

h) As infraestruturas militares e os edifícios afetos aos sistemas de informações ou a forças e serviços de segurança que se encontrem sujeitos a regras de controlo e de confidencialidade;

i) Os monumentos e os edifícios individualmente classificados ou em vias de classificação, nos termos do Decreto-Lei nº 309/2009, de 23 de outubro, alterado pelos Decretos-Leis nºs 115/2011, de 5 de dezembro e 265/2012, de 28 de dezembro, e aqueles a que seja reconhecido especial valor arquitetónico ou histórico pela entidade licenciadora ou por outra entidade competente para o efeito;

j) Os edifícios integrados em conjuntos ou sítios classificados ou em vias de classificação, ou situados dentro de zonas de proteção, nos termos do Decreto-Lei nº 309/2009, de 23 de outubro, alterado pelos Decretos-Leis nºs 115/2011, de 5 de dezembro e 265/2012, de 28 de dezembro, quando seja atestado pela entidade licenciadora ou por outra entidade competente para o efeito que o cumprimento de requisitos mínimos de desempenho energético é suscetível de alterar de forma inaceitável o seu caráter ou o seu aspeto;

k) Os edifícios de comércio e serviços inseridos em instalações sujeitas ao regime aprovado pelo Decreto-Lei nº 71/2008, de 15 de abril, alterado pela Lei nº 7/2013, de 22 de janeiro."

O *certificado SCE*, na definição do art. 2º do Decreto-lei nº 118/2013, de 20 de agosto, é o documento com número próprio, emitido por perito qualificado para a certificação energética para um determinado edifício ou fração, caracterizando-o em termos de desempenho energético.

Por sua vez, designa-se *pré-certificado* o certificado SCE para edifícios novos ou frações em edifícios novos, bem como para edifícios ou frações sujeitas a grandes intervenções, emitido em fase de projeto antes do início da construção ou grande intervenção.

Devem ser certificadas (art. 6º):

a) Todas as frações e edifícios destinados a habitação unifamiliar, nos termos do art. 3º;
b) As frações que se preveja virem a existir após constituição de propriedade horizontal, designadamente nos edifícios recém-constituídos ou meramente projetados;
c) Todo o edifício de comércio e serviços que disponha de sistema de climatização centralizado para parte ou para a totalidade das suas frações, estando neste caso dispensadas de certificação as frações.

Podem ser certificados os edifícios, considerando-se sempre certificado um edifício quando estejam certificadas todas as suas frações.

4.3.5. Imposto Municipal sobre as Transmissões Onerosas de Imóveis

Determina ainda o Código do Imposto Municipal sobre as Transmissões Onerosas de Imóveis (CIMT), no seu art. 49º, o cumprimento das seguintes obrigações:

> "1 – Quando for devido IMT, os notários e outros funcionários ou entidades que desempenhem funções notariais não podem lavrar as escrituras, quaisquer outros instrumentos notariais ou documentos particulares que operem transmissões de bens imóveis, nem proceder ao reconhecimento de assinaturas nos contratos previstos nas alíneas *a*) e *b*) do nº 3 do artigo 2º[30], sem que lhe seja apresentada a declaração referida no artigo 19º *[declaração em impresso de modelo oficial]* acompanhada do correspondente comprovativo da cobrança, que arquivarão, disso fazendo menção no documento a que respeitam, sempre que a liquidação deva preceder a transmissão.

[30] "*a*) Celebração de contrato-promessa de aquisição e alienação de bens imóveis em que seja clausulado no contrato ou posteriormente que o promitente adquirente pode ceder a sua posição contratual a terceiro;
b) Cessão da posição contratual no exercício do direito conferido por contrato-promessa referido na alínea anterior;".

2 – Caso se alegue extravio, os referidos documentos podem ser substituídos, conforme os casos, por certidão ou fotocópia autenticada, passada pelos serviços emitentes dos documentos originais.

3 – Havendo lugar a isenção automática ou dependente de reconhecimento prévio, as entidades referidas no nº 1 devem verificar e averbar a isenção ou exigir o documento comprovativo desse reconhecimento, que arquivarão.

4 – Os notários devem enviar à Direção-Geral dos Impostos, em suporte informático, nos termos e prazos previstos no Código do Notariado, os seguintes elementos:

a) Uma relação dos atos ou contratos sujeitos a IMT, ou dele isentos, exarados nos livros de notas no mês antecedente, contendo, relativamente a cada um desses atos, o número, data e importância dos documentos de cobrança ou os motivos da isenção, nomes dos contratantes, artigos matriciais e respetivas freguesias, ou menção dos prédios omissos;

b) Cópia das procurações que confiram poderes de alienação de bens imóveis em que por renúncia ao direito de revogação ou cláusula de natureza semelhante o representado deixe de poder revogar a procuração, bem como dos respetivos substabelecimentos, referentes ao mês anterior;

c) Cópia das escrituras de divisões de coisa comum e de partilhas de que façam parte bens imóveis."[31]

4.3.6. *Intervenção de mediador imobiliário*

O art. 50º Decreto-Lei nº 211/2004, de 20 de agosto, aplica-se às escrituras públicas que titulem negócio sobre bem imóvel e possam constituir objeto de mediação imobiliária, ou seja, os previstos no art. 2º: negócios que visem a constituição ou aquisição de direitos reais sobre bens imóveis, a permuta, o trespasse ou o arrendamento dos mesmos, ou a cessão de posição em contratos cujo objeto seja um bem imóvel.

Estabelece que em tais escrituras deve mencionar-se se o negócio que titulam foi objeto de intervenção de mediador imobiliário; se o negócio tiver sido objeto de intervenção de mediador imobiliário, deve indicar-se a respetiva denominação social e número de licença e deverá mencionar-se a advertência das consequências penais a que os outorgantes ficam sujeitos.

O notário deverá exarar o *que os outorgantes tiverem declarado* (qualquer que seja o sentido da declaração, ou seja, quer tenham declarado que houve intervenção de mediador imobiliário, quer tenham declarado que não teve lugar).[32]

[31] Cf. art. 186. º C. N.

[32] Orientações e Recomendações em *Boletim dos Registos e do Notariado,* nº 9/2004, I, pg. 12.

4.3.7. Harmonização entre a descrição predial e a inscrição matricial

Como foi tratado com mais desenvolvimento em *6.3 Referências matriciais e toponímicas*, no capítulo IV – Registo Predial, deve haver harmonia, na identificação dos prédios, entre a descrição predial e a matriz predial.

Assim, nos instrumentos respeitantes a factos sujeitos a registo, a identificação dos prédios deve ser feita em harmonia com a inscrição da matriz ou o pedido de correção ou alteração desta, quanto à localização, área e artigo de matriz tratando-se de prédios rústicos onde vigore o cadastro geométrico e quanto à área e artigo da matriz tratando-se de prédios rústicos situados em área onde não vigore o cadastro geométrico e de prédios urbanos (nº 1 do art. 58º).

Naqueles instrumentos, a identificação dos prédios também deve ser feita em harmonia com a respetiva descrição predial, salvo se os interessados esclarecerem que a divergência resulta e alteração superveniente ou de simples erro de medição (nº 2 do art. 58º).

Caso exista diferença, quanto à área, entre a descrição e a inscrição matricial ou, tratando-se de prédio não descrito, entre o título e a inscrição matricial, segundo preceitua o nº 3, é dispensada a harmonização se a diferença não exceder, em relação à área maior:

a) 20%, nos prédios rústicos não submetidos ao cadastro geométrico;
b) 5%, nos prédios rústicos submetidos ao cadastro geométrico;
c) 10%, nos prédios urbanos ou terrenos para construção.

O erro de medição a que se refere o nº 2 deste art. 58º comprova-se nos termos previstos no Código do Registo Predial.

O art. 30º do Regulamento do Cadastro Predial dispõe o seguinte no que respeita a atos notariais que envolvam a *alteração de estremas em prédios abrangidos pelo cadastro geométrico:*

"1 – Qualquer ato notarial relativo a prédios cadastrados que implique alteração do posicionamento das respetivas estremas exige a apresentação simultânea, em relação quer a esses prédios quer aos que resultem da alteração, de documento técnico, do qual conste:

a) A identificação, através do NIP;

b) A representação cartográfica em escala igual à da folha cadastral em que o prédio está incluído;

c) As coordenadas das estremas no sistema adotado;

d) As áreas;

e) A data de elaboração do documento;

f) Os nomes e as assinaturas do responsável pela elaboração do documento e do proprietário.

2 – O documento técnico a que se refere o número anterior pode ser produzido:

a) Por entidade autorizada para o exercício de atividades cadastrais nos termos do artigo 35º;

b) Por técnico especialmente acreditado nos termos do artigo 36º[33];

c) Pelo IPCC, em regime de prestação de serviços.

3 – O notário que intervenha nos atos previstos no nº 1 adverte os outorgantes da necessidade de apresentação do documento técnico ao IPCC, no prazo de 30 dias contados a partir da data do ato notarial, nos termos das disposições aplicáveis do artigo 10º, devendo constar da escritura menção expressa do cumprimento desta formalidade.

4 – Após o ato, o notário aporá no documento técnico indicação autenticada do cumprimento da formalidade descrita no número anterior."

4.3.8. Propriedade horizontal

Os instrumentos de *constituição da propriedade horizontal* só podem ser lavrados se for junto documento da câmara municipal comprovativo de que as frações autónomas satisfazem os requisitos legais (nº 1 do art. 59º).

Tratando-se de prédio construído para transmissão em frações autónomas, o documento acima referido pode ser substituído pela exibição do respetivo projeto de construção e, sendo caso disso, dos posteriores projetos de alteração aprovados pela câmara municipal (nº 2 do art. 59º).

O documento autêntico que se destine a completar o título constitutivo da propriedade horizontal, quanto à especificação das partes do edifício correspondentes às frações autónomas ou ao seu valor relativo, expresso em percentagem ou permilagem, só pode ser lavrado se for junto documento da câmara municipal comprovativo de que as frações autónomas satisfazem os requisitos legais; ou, em sua substituição, for exibido o respetivo projeto de construção bem como, sendo caso disso, os posteriores projetos de alteração aprovados pela câmara municipal (nº 3 do art. 59º).

Naturalmente que também é necessária a prova dos números das descrições e das referências relativas às inscrições na conservatória, feita pela exibição de certidão de teor, passada com antecedência não superior a seis meses, ou, quanto a prédios situados em concelho onde tenha vigorado o registo obrigatório, pela exibição da respetiva caderneta predial, desde que este documento se encontre atualizado.

[33] O art. 35º define as condições em que o IPCC – hoje Instituto Geográfico Português – concede, mediante emissão de alvará, autorização para o exercício de atividades no domínio do cadastro predial e o art. 36º estabelece os requisitos para a acreditação dos técnicos aqui referidos.

A não descrição dos prédios prova-se mediante a exibição de certidão válida por três meses, sendo também necessária a apresentação do duplicado da participação para a inscrição na matriz com indicação do seu recibo aposta pela repartição de finanças, ou, em alternativa, declaração comprovativa de ter sido apresentada, documentos em qualquer caso emitidos há não mais de um ano e autenticados com selo branco.

De harmonia com o art. 60º, os *instrumentos de modificação* do título constitutivo da propriedade horizontal que importem alteração da composição ou do destino das respetivas frações só podem ser lavrados se for junto documento camarário comprovativo de que a alteração está de acordo com os correspondentes requisitos legais.

No caso de a modificação exigir obras de adaptação, a exibição do projeto devidamente aprovado dispensa o documento acima referido.

Na recente regulamentação das várias espécies de registos, tem sido dispensada a apresentação de documentos sempre que a informação necessária possa ser oficiosamente obtida por acesso às pertinentes bases de dados da Administração Pública, procedimento naturalmente também extensivo aos notários.

Nenhum instrumento pelo qual se transmitam *direitos reais ou contraiam encargos sobre frações autónomas* de prédios em regime de propriedade horizontal pode ser lavrado sem que se exiba documento comprovativo da inscrição do respetivo título constitutivo no registo predial.

Também neste caso, a exigência não se aplica sempre que os atos de transmissão de direitos ou de constituição de encargos sejam lavrados no mesmo dia e com o conhecimento pessoal do notário de que foi lavrado o título constitutivo de propriedade horizontal, circunstância que deve ser expressamente mencionada (art. 62º).

4.3.9. *Transmissão de imóveis do domínio privado do Estado, institutos públicos, regiões autónomas e autarquias locais*

O Decreto-Lei nº 280/2007, de 7 de agosto, que aprovou o regime jurídico de gestão dos bens imóveis do domínio privado do Estado e dos institutos públicos, estabeleceu um procedimento próprio de justificação administrativa, detalhadamente tratado no capítulo referente ao registo predial, e determinou, no seu art. 50º a *isenção de licenciamento ou de autorização administrativa* na titulação de atos que envolvam a transmissão da propriedade de imóveis, bem como a transmissão e a constituição de outros direitos reais, nos seguintes termos:

> "1 – A titulação de atos que envolvam a transmissão da propriedade de imóveis cuja construção ou utilização estejam isentas de licenciamento

ou de autorização administrativa, por as obras terem sido promovidas pelo Estado ou por institutos públicos, nos termos da legislação em vigor no momento da edificação, efetua-se sem a apresentação de licença ou de autorização administrativa.

2 – O disposto no número anterior é aplicável à transmissão e à constituição de outros direitos reais e de outras situações jurídicas relativamente às quais a apresentação de licença ou de autorização administrativa seja legalmente exigida.

3 – Para os efeitos previstos nos números anteriores, a isenção de licenciamento ou de autorização administrativa está sujeita a registo, por averbamento à descrição.

4 – No caso de bens imóveis do Estado ou de institutos públicos cuja regularização registral se verifique em termos diversos dos previstos no artigo anterior, a isenção de licenciamento ou de autorização administrativa é registada a requerimento do adquirente do imóvel ao Estado ou a instituto público, com base em documento emitido pela Direção-Geral do Tesouro e Finanças ou pelo instituto público que certifique tal facto.

5 – O disposto nos números anteriores é aplicável, com as devidas adaptações, à titulação de atos que envolvam a transmissão e a constituição de direitos reais ou outras situações jurídicas sobre bens imóveis que, pertencendo ao património de empresas privatizadas ou reprivatizadas, não dispunham, à data da privatização ou reprivatização, de licenciamento e de autorização administrativa, nos termos da legislação aplicável.

6 – A titulação de atos que envolvam uma transmissão da propriedade de imóveis posterior à transmissão efetuada pelo Estado, pelos institutos públicos ou pelas empresas privatizadas ou reprivatizadas efetua-se igualmente sem apresentação de licença ou autorização administrativa até que ocorra operação urbanística que, nos termos gerais, careça de licenciamento ou de autorização administrativa."

Por sua vez, o Decreto-Lei nº 51/2017, de 25 de maio, considerando que as medidas "tendencialmente de regularização massificada desse património são insuficientes e de difícil ajustamento à realidade do património público", implementou a *criação de procedimentos especiais de registo e de regularização da situação jurídico-registral dos bens imóveis do domínio privado do Estado, institutos públicos, regiões autónomas e autarquias locais,* alternativos aos já existentes, mormente ao previsto no Decreto-Lei nº 280/2007, de 7 de agosto.

Como foi detalhadamente explicitado no *nº 10.1.4 do Capítulo IV – Registo Predial,* tem agora de atender-se à existência simultânea do regime de procedimentos efetuados ao abrigo do Decreto-Lei nº 280/2007, de 7 de agosto, e do regime dos procedimentos regulamentados pelo Decreto-Lei nº 51/2017, de 25 de maio, tendo todavia em conta que estes últimos apenas se aplicam *por um período de cinco anos* a contar da data da entrada em vigor deste decreto-lei (art. 25º), sendo subsidiariamente aplicáveis as disposições do Código do Registo Predial aos atos praticados no âmbito dos procedimentos por ele regulados (art. 24º).

5. Atos notariais em especial

5.1. Escrituras públicas

Salvo disposição legal em contrário, devem especialmente celebrar-se por escritura pública (nº 2 do art. 80º):

- As justificações notariais;
- Os atos que importem revogação, retificação ou alteração de negócios que, por força da lei ou por vontade das partes, tenham sido celebrados por escritura pública, sem prejuízo do disposto nos artºs 221º e 222º do Código Civil[34];
- As habilitações de herdeiros;
- Os atos de constituição de associações e de fundações, bem como os respetivos estatutos, suas alterações e revogações.

Por força das alterações introduzidas neste art. 80º pelos Decretos-Lei nº 76-A/2006, de 29 de março, e 116/2008, de 4 de julho, podem ser titulados por escritura pública ou por documento particular autenticado os atos que anteriormente estavam obrigatoriamente sujeitos à formalização por escritura pública, obrigação que apenas se mantém para os atos acima enumerados no art. 2º do art. 80º.

[34] Art. 221º "1 – As estipulações verbais acessórias anteriores ao documento legalmente exigido para a declaração negocial, ou contemporâneas dele, são nulas, salvo quando a razão determinante da forma lhes não seja aplicável e se prove que correspondem à vontade do autor da declaração.
2. As estipulações posteriores ao documento só estão sujeitos à forma legal prescrita para a declaração se as razões da exigência especial da lei lhes forem aplicáveis."
Art. 222º "1 – Se a forma escrita não for exigida por lei, mas tiver sido adotada pelo autor da declaração, as estipulações verbais acessórias anteriores ao escrito, ou contemporâneas dele, são válidas, quando se mostre que correspondem à vontade do declarante e a lei as não sujeite à forma escrita.
2. As estipulações verbais posteriores ao documento são válidas, exceto se, para o efeito, a lei exigir a forma escrita."

5.2. Escrituras especiais

Efetuam-se por escritura especial a habilitação notarial e as justificações notariais (justificação para estabelecimento ou para reatamento do trato sucessivo no registo predial e justificação para fins de registo comercial).

5.2.1. Habilitação de herdeiros[35]

A *habilitação de herdeiros* pode ser obtida por via notarial (art. 82º) e consiste na declaração, feita em escritura pública, por *três pessoas*, que o notário considere *dignas de crédito*, de que os habilitandos são herdeiros do falecido e não há quem lhes prefira na sucessão ou quem concorra com eles (art. 83º).

A declaração pode ser feita, em alternativa, por quem desempenhar o cargo de *cabeça-de-casal*, devendo, nesse caso, ser-lhe feita a advertência prevista no art. 97º, ou seja, que incorre nas penas aplicáveis ao crime de falsas declarações perante oficial público se, dolosamente e em prejuízo de outrem, prestar ou confirmar declarações falsas, devendo a advertência constar da escritura.

A declaração deve conter a menção do nome completo, do estado, da naturalidade e da última residência habitual do autor da herança e dos habilitandos e, se algum destes for menor, a indicação dessa circunstância.

Não são admitidos como declarantes aqueles que não podem ser testemunhas instrumentárias, nem os parentes sucessíveis dos habilitandos, nem o cônjuge de qualquer deles (art. 84º).

Nos termos do art. 85º, a escritura de habilitação deve ser instruída com os seguintes documentos:

a) Certidão narrativa de óbito do autor da herança;
b) Certidões do registo civil justificativas da sucessão legítima ou legitimária, quando nestas se fundamente a qualidade de herdeiro de algum dos habilitandos, ou documento equivalente quando deva ser emitido no estrangeiro;
c) Certidão de teor do testamento ou da escritura de doação por morte, mesmo que a sucessão não se funde em algum desses atos.

[35] O art. 10º do Decreto-Lei nº 384/2007, de 19 de novembro, diploma que criou um registo central de contratos de seguro de vida junto do Instituto de Seguros de Portugal, determina o seguinte: "Os serviços e entidades que celebrem atos de partilha ou de adjudicação de bens adquiridos por sucessão devem aceder, por meios informáticos e nos termos que venham a ser regulamentados por portaria dos membros do Governo responsáveis pelas áreas das finanças e da justiça, ao registo central de contratos de seguro de vida, de acidentes pessoais e de operações de capitalização com beneficiários em caso de morte, devendo fazer menção do resultado da referida consulta no ato público celebrado."

Quando a lei reguladora da sucessão não for a portuguesa, a escritura deve, ainda, ser instruída com documento emitido por agente diplomático ou consular do respetivo país, comprovativo da ordem legal da sucessão estabelecida na lei pessoal do autor da herança ou da capacidade testamentária deste, consoante os casos.

A este propósito, esclareceu o Conselho Técnico da Direção-Geral dos Registos e do Notariado, prevendo a hipótese de impossibilidade de obtenção de tal documento[36]:

> "I – De acordo com o disposto no nº 2 do artigo 85º do Código do Notariado, quando a lei reguladora da sucessão não for a portuguesa, a escritura de habilitação deve ser instruída com documento comprovativo da ordem legal da sucessão estabelecido na lei pessoal do autor da herança ou da capacidade testamentária deste, consoante o caso.
>
> II – Nos termos da mesma disposição tal documento deverá ser emitido por agente diplomático ou consular do respetivo país.
>
> III – Mas o notário não deverá recusar-se a lavrar a escritura apenas porque os agentes diplomáticos ou consulares se declararam impossibilitados de o emitir. Nesse caso a escritura poderá ser instruída com documento subscrito por entidade comprovadamente competente, de acordo com a ordem jurídica respetiva.
>
> IV – A exigência de intervenção da representação diplomática ou consular deverá articular-se com os limites que à respetiva competência impõe a ordem jurídica que representam, permitindo que sejam elas a emitir o documento necessário, ou, no caso de o sistema jurídico que as vincula o não consentir, que a sua intervenção se limite à legalização do documento emitido pela entidade competente, certificando essa competência."

A habilitação notarial tem os mesmos *efeitos da habilitação judicial* e é *título bastante* para que se possam fazer em comum, a favor de todos os herdeiros e do cônjuge meeiro, entre outros atos, os *registos* nas conservatórias do registo predial, do registo comercial e da propriedade automóvel, e *levantamentos de dinheiro* ou de outros valores (art. 86º).

No caso de *herdeiro preterido* pretender impugnar a habilitação notarial, além de propor a ação nos termos da lei de processo civil, deve solicitar ao tribunal a imediata *comunicação da pendência do processo* ao respetivo cartório notarial (art. 87º).

[36] Em *Boletim dos Registos e do Notariado*, nº 7/97, Pº 27 NOT.96.

O regime da habilitação de herdeiros é aplicável, com as necessárias adaptações, à *habilitação de legatários*, quando estes forem indeterminados ou instituídos genericamente ou quando a herança for toda distribuída em legados (art. 88º).

5.2.2. *Justificação relativa ao trato sucessivo no registo predial*

a) Estabelecimento do trato sucessivo

A justificação para efeitos de *estabelecimento do trato sucessivo no registo predial* consiste na declaração, feita pelo interessado, em que este se afirme, com exclusão de outrem, titular do direito que se arroga, especificando a causa da sua aquisição e referindo as razões que o impossibilitam de a comprovar pelos meios normais (art. 89º).

Trata-se de obter a primeira inscrição, ou seja, de estabelecer o trato sucessivo relativamente a prédio não descrito ou quando, tendo sido já objeto de descrição, quando sobre ele não incidir inscrição de aquisição ou equivalente[37].

Quando for alegada a *usucapião* baseada em posse não titulada, devem mencionar-se expressamente as *circunstâncias de facto* que determinam o início da posse, bem como as que consubstanciam e caracterizam a posse geradora da usucapião[38].

b) Reatamento do trato sucessivo

A justificação para efeitos *reatamento do trato sucessivo no registo predial* tem por objeto a *dedução do trato sucessivo* a partir do titular da última inscrição, por meio de declarações prestadas pelo justificante (art. 90º).

A sequência das aquisições derivadas (transmissões intermédias) não se interrompe "desde o proprietário inscrito até ao atual proprietário (justificante), acontecendo porém que, relativamente a alguma ou algumas dessas transmissões, os interessados não dispõem do respetivo documento que as permita comprovar, apesar de terem sido tituladas de conformidade com a lei (ou porque o documento se extraviou ou foi destruído num incêndio ou por qualquer outro motivo atendível, designadamente porque não foi possível localizar o cartório onde ele foi lavrado)"[39].

Na escritura de justificação devem reconstituir-se as *sucessivas transmissões*, com especificação das suas causas e identificação dos respetivos sujeitos.

[37] Cf. Fernando Neto Ferreirinha, *A justificação notarial para fins de registo predial*, em anexo ao *Boletim dos Registos e do Notariado*, nº 1/2004.

[38] "Os imóveis do domínio público não são suscetíveis de aquisição por usucapião" (art. 19º do Decreto-Lei nº 280/2007, de 7 de agosto).

[39] Fernando N. Ferreirinha, *loc. cit.*.

Em relação às transmissões a respeito das quais o interessado afirme ser-lhe impossível obter o título, devem indicar-se as razões de que resulte essa impossibilidade.

c) Estabelecimento de novo trato sucessivo

A justificação para *estabelecimento de novo trato sucessivo no registo predial* consiste na afirmação, feita pelo interessado, das circunstâncias em que se baseia a aquisição originária, com dedução das transmissões que a tenham antecedido e das subsequentes (art. 91º).

Também neste caso do estabelecimento de novo trato sucessivo, em que se invoca a posse conducente à usucapião como causa originária da aquisição, devem mencionar-se expressamente as circunstâncias de facto que determinam o início da posse, bem como as que consubstanciam e caracterizam a posse geradora da usucapião.

Na escritura de justificação devem também reconstituir-se as sucessivas transmissões, com especificação das suas causas e identificação dos respetivos sujeitos.

Em relação às transmissões a respeito das quais o interessado afirme ser-lhe impossível obter o título, devem indicar-se as razões de que resulte essa impossibilidade.

> "I – Em sede de escritura de justificação para estabelecimento de novo trato sucessivo, o justificante poderá esclarecer que não lhe é possível obter os títulos porque eles não foram formalmente lavrados, mas que se verificou a "*traditio*" do prédio, por acordo verbal; caberá ao notário, nos termos do art. 95º do Código do Notariado, aferir da verosimilhança de tais declarações, aceitando-as ou não.
>
> II – A concretização dos atos materiais reveladores dos elementos da posse deve ser apreciada tendo em consideração a utilidade que, em cada caso, da coisa possuída advém para o possuidor, não sendo exigível, para definição do conceito de continuidade da posse, que o possuidor a exerça ininterruptamente, mas que pratique, ao longo dos anos, com a regularidade adequada, os atos materiais ajustados à natureza da coisa e ao direito que se pretende manifestar.
>
> III – Decorrentemente, a escritura de justificação deve traduzir a manifestação desses atos materiais de forma clara e precisa, tendo em atenção os referidos condicionalismos."[40]

[40] Parecer do C. T. da Direção Geral dos Registos e do Notariado em *Boletim dos Registos e do Notariado*, nº 3/2004, II, p. 4.

d) Exigências comuns às três espécies de justificação

Em qualquer dos casos, a justificação de direitos que, nos termos da lei fiscal, devam constar da matriz, só é *admissível em relação aos direitos nela inscritos* (nº 1 do art. 92º).

Além do pretenso titular do direito, *tem legitimidade para outorgar* como justificante quem demonstrar ter legítimo interesse no registo do respetivo facto aquisitivo, incluindo, designadamente, os *credores* do titular do direito justificando (nº 2 do art. 92º).

Sobre as consequências da não observância, na escritura de justificação notarial, do normativo constante do art. 92º, pronunciou-se da seguinte forma o Conselho Técnico da Direção-Geral dos Registos e do Notariado:

> "1 – A justificação notarial do direito de propriedade de um prédio só é admitida, nos termos do disposto no nº 1 do artigo 102º *[atual 92º]* do Código do Notariado, estando o mesmo inscrito na matriz predial.
>
> 2 – A violação deste preceito acarreta a manifesta nulidade da escritura e a consequente recusa do registo, de harmonia com o estabelecido na al. *d)* do nº 1 do artigo 69º do Código do Registo Predial.
>
> 3 – O referido artigo 102º, além de prever, no nº 1, a inscrição matricial em si mesma, contempla, no nº 2, a legitimidade do justificante, motivando a violação desta norma uma irregularidade do título, que, não sendo causa de manifesta nulidade, irá determinar a provisoriedade por dúvidas do correspondente registo."[41]

O nº 2 do art. 92º acima referido foi entretanto alterado pelo Decreto-Lei nº 273/2001, de 13 de outubro, no sentido de alargar o âmbito da legitimidade para outorgar como justificante, como acima se referiu: além do pretenso titular do direito, tem legitimidade para outorgar como justificante quem demonstrar ter legítimo interesse no registo do respetivo facto aquisitivo, incluindo, designadamente, os credores do titular do direito justificando.

Daqui resulta que atualmente têm legitimidade para outorgar como justificantes os titulares das inscrições matriciais, bem como quem demonstre ter legítimo interesse na justificação do direito e respetiva aquisição tabular, designadamente os credores do titular do direito justificando; e subsiste ainda tal legitimidade para quem tenha adquirido validamente do titular da inscrição, por sucessão ou por ato entre vivos, o direito a que a justificação respeita.[42]

Também em qualquer dos casos, a *justificação pode ser feita no próprio título pela qual se adquire o direito*, competindo ao alienante fazer previamente as decla-

[41] Em *Boletim dos Registos e do Notariado*, II, nº 2/1995.

[42] Cf. deliberação do C. T. da DGRN, em *Boletim dos Registos e do Notariado*, nº 11/2003, II, p. 14.

rações previstas nos artigos anteriores, se o negócio jurídico for de alienação (art. 93º).

e) Distinção entre as três espécies de justificação

O Conselho Técnico da DGRN explicou, de forma meridianamente clara, as diferenças entre o estabelecimento e o reatamento do trato sucessivo em registo predial:

> "I – No ato de justificação notarial para reatamento do trato sucessivo, o direito que se justifica é um direito de propriedade titulado, no sentido de que a sequência das aquisições derivadas (transmissões intermédias) se não interrompe desde o proprietário inscrito até ao atual proprietário (justificante), acontecendo porém que, relativamente a alguma ou algumas dessas transmissões, não dispõem os interessados do respetivo documento que as permita comprovar (ou porque se extraviou ou foi destruído ou por outro qualquer motivo atendível) – cfr. artºs 116º, nº 2, do CRP e 90º, nºs 2 e 3 do CNot.
>
> II – Tal realidade deverá refletir-se no registo predial com a inscrição, separada e autónoma, dos factos aquisitivos que compõem essa cadeia, a efetuar mediante a necessária instância do interessado com a apresentação dos documentos que legalmente comprovem cada um desses factos, a qual, relativamente àqueles de que não disponha de documento titulador nos termos sobreditos, será substituída pela apresentação da escritura de justificação.
>
> III – Já a justificação para estabelecimento de novo trato sucessivo visa contemplar aquelas situações em que se verifique uma quebra na cadeia das aquisições derivadas por abandono do proprietário (quer o inscrito quer outro subsequente a ele), tornando por isso necessário que o justificante invoque a posse conducente à usucapião, enquanto causa originária, que é, da aquisição – cfr. citado artºs 116º, nº 3, do CRP e 91º do CNot.
>
> IV – Neste último caso, será de lavrar unicamente o registo dessa aquisição originária com base na escritura de justificação que a comprove.
>
> V – Daí que sejam distintos e diferenciados os pressupostos de admissibilidade de uma e de outra das referidas justificações, projetando-se a possibilidade de estabelecer um novo trato sucessivo no preciso momento em que se verifique (por abandono do proprietário, nos termos sobreditos) impossibilidade de reatar aquele que as tábuas já estabelecem, pelo que tais justificações não são cumuláveis na mesma situação.
>
> VI – Considerar-se-á, por isso, como unicamente titulada a justificação para reatamento do trato sucessivo, com todas as implicações que ela tem

no registo predial, quando o justificante, depois de ter reconstituído toda a cadeia de aquisições tituladas necessárias ao reatamento, invoque também a posse conducente à usucapião para afirmar a aquisição originária do seu direito"[43].

5.2.3. *Justificação para fins do registo comercial*

A *justificação para fins do registo comercial*, ou seja, para efeitos de *registo da transmissão da propriedade ou do usufruto* de quotas ou de partes do capital social ou da *divisão ou unificação* de quotas de sociedades comerciais, ou civis sob forma comercial, tem por objeto a *dedução do trato sucessivo* a partir da última inscrição, ou o estabelecimento de *novo trato sucessivo*, por meio de declarações prestadas pelos respetivos gerentes ou administradores da sociedade ou pelos titulares dos respetivos direitos (art. 94º).

Pode ser promovida por *qualquer sócio, sucessor de sócio, credor da sociedade* ou credor de sócio de responsabilidade ilimitada a justificação notarial que tenha por objeto a declaração de dissolução da sociedade pelo decurso do prazo fixado no contrato, pela realização completa do objeto contratual ou pela ilicitude superveniente do objeto contratual (nº 2 do art. 94º e nº 2 do art. 141º CSC).

Também na escritura de justificação para fins de registo comercial devem ser reconstituídas as sucessivas transmissões, com especificação das suas causas e identificação dos respetivos sujeitos.

Em relação às transmissões a respeito das quais o interessado afirme ser-lhe impossível obter o título, devem indicar-se as razões de que resulte essa impossibilidade. Da mesma forma, se for alegada a usucapião baseada em posse não titulada, devem mencionar-se expressamente as circunstâncias de facto que determinam o início da posse, bem como as que consubstanciam e caracterizam a posse geradora da usucapião.

5.2.4. *Requisitos comuns às justificações notariais*

a) Razões invocadas; declarações

Compete ao notário *decidir se as razões invocadas* pelos interessados impossibilitam de comprovar, pelos meios extrajudiciais normais, os factos que pretendem justificar (art. 95º).

As declarações prestadas pelo justificante são confirmadas por *três declarantes*, não podendo servir como tal aqueles que não podem ser testemunhas instrumentárias, os parentes sucessíveis dos justificantes nem o cônjuge de qualquer deles (artºs 96º e 84º).

[43] Em *Boletim dos Registos e do Notariado*, nº 3/2001, II, p. 12.

O Tribunal Constitucional julgou inconstitucional, por violação do artigo 29º, nº 1, da Constituição, a norma do art. 97º, segundo o qual os outorgantes deveriam ser advertidos de que incorriam nas penas aplicáveis ao crime de falsas declarações perante oficial público se, dolosamente e em prejuízo de outrem, prestarem ou confirmarem declarações falsas, devendo a advertência constar da escritura.

"De todo o modo, porque se trata de providência excecional, os notários não devem vulgarizar a feitura deste tipo de escrituras, tomando a decisão de as celebrar só depois de apreciar escrupulosamente as razões invocadas pelos interessados que os impossibilitam de comprovar, pelos meios extrajudiciais normais, os factos que pretendem justificar – cfr. artº 95º."[44]

b) Documentos necessários

Para celebração das escrituras de justificação é necessária, nos termos do art. 98º, a apresentação dos seguintes documentos:

1) Para a *escritura de justificação para fins do registo predial*:

a) Certidão comprovativa da omissão dos prédios no registo predial ou, estando descritos, certidão de teor da respetiva descrição e de todas as inscrições em vigor;

b) Certidão de teor da correspondente inscrição matricial.

As certidões devem ter sido passadas com *antecedência não superior a três meses* e, sendo de teor, podem ser substituídas pela exibição *do título de registo e caderneta predial*, desde que tais documentos se mostrem *conferidos* dentro do prazo fixado para a validade das certidões.

Se a justificação se destinar ao reatamento ou estabelecimento de novo trato sucessivo são ainda exibidos os *documentos comprovativos das transmissões anteriores* e subsequentes ao facto justificado, se não se afirmar a impossibilidade de os obter.

2) Para a *escritura de justificação para fins do registo comercial*, certidão de teor da matrícula da sociedade e das respetivas inscrições em vigor, devendo ainda, se a justificação se destinar ao reatamento ou estabelecimento de novo trato sucessivo, ser também exibidos os documentos comprovativos das transmissões anteriores e subsequentes ao facto justificado, se não se afirmar a impossibilidade de os obter.

[44] Fernando Neto Ferreirinha, *A justificação notarial para fins de registo predial*, separata do *Boletim dos Registos e do Notariado*, p. 4.

c) Notificação do titular inscrito

Os eventuais *direitos de titular inscrito* no registo predial ou comercial não podem ser desprotegidos. Por isso o art. 99º determina que, no caso de reatamento do trato sucessivo ou de estabelecimento de novo trato, quando se verificar a falta de título em que tenha intervindo o titular inscrito, a escritura não pode ser lavrada sem a sua prévia notificação, efetuada pelo notário, a requerimento, escrito ou verbal, do interessado na escritura.

> "I – Não tendo sido notificado judicialmente o titular inscrito de prédio de que faz parte o terreno, em que está implantado um edifício, cuja aquisição por usucapião se pretende justificar, a escritura de justificação notarial é título manifestamente insuficiente para a prova legal do facto a registar, pelo que o registo deverá ser recusado nos termos do disposto no artigo 69º, nº 1 alínea *b)* do mesmo Código.
>
> II – De igual modo, e com idêntico fundamento legal, deve ser recusado o registo de aquisição por usucapião, com base em escritura de justificação notarial que não concretize os atos materiais praticados pelos justificantes, reveladores dos elementos da posse em seu próprio nome – só contendo conceitos de direito relativos às características da posse –, nem consigne o momento do início da posse.
>
> III – Deve também ser recusado – nos termos do artigo 69º, nº 1 alínea *d)* do referido Código – o registo de aquisição por usucapião de terreno (com ou sem construção), a desanexar de outro já descrito, com base em escritura de justificação notarial que não contenha o número e data do alvará de loteamento que titule o fracionamento, nem dela resulte que este se verificou antes da entrada em vigor do Decreto-Lei nº 289/73, de 6 de junho."[45]

Verificada a regularidade do requerimento e da respetiva prova documental, o notário profere despacho a ordenar a notificação do titular inscrito, devendo, desde logo, ordenar igualmente a notificação edital daquele ou dos seus herdeiros, independentemente de habilitação, para o caso de se verificar a sua ausência em parte incerta ou o seu falecimento. As notificações são feitas nos termos gerais da lei processual civil, aplicada com as necessárias adaptações.

Nas situações em que a notificação deva ser efetuada de forma pessoal e o notificando residir fora da área do cartório, a diligência pode ser requisitada por meio de ofício precatório dirigido ao notário competente.

A notificação edital é feita pela simples afixação de editais, pelo prazo de 30 dias, na conservatória competente para o registo, na sede da junta de freguesia

[45] Parecer do C. T. da DGRN, em *Boletim dos Registos e do Notariado*, nº 2/99, II.

da situação do prédio ou da sede da sociedade e, quando se justifique, na sede da junta de freguesia da última residência conhecida do ausente ou falecido.

O *despacho* que indeferir a notificação *pode ser impugnado* nos termos previstos para a impugnação de recusa do notário em praticar qualquer ato que lhe seja requisitado.

d) Publicidade e impugnação da justificação

A escritura de justificação é *publicada* por meio de extrato do seu conteúdo num dos jornais mais lidos *do* concelho da situação do prédio ou da sede da sociedade, ou, se aí não houver jornal, num dos jornais mais lidos *da* região (art. 100º).

Note-se que o legislador não optou por um dos jornais mais lidos *no* concelho ou *na* região: para além do objetivo da publicidade do ato, esteve também presente o interesse da imprensa local e regional.

A falta de publicação ou a publicação irregular – publicação em jornal diferente dos acima referidos – não torna nulo o ato notarial e, consequentemente, não conduz à recusa do registo; apenas impede o registo definitivo do facto.[46] Este ocorrerá após nova publicação nos termos exigidos pela lei.

A publicação do extrato da escritura têm por objetivo alertar eventuais interessados que possam sentir os seus direitos prejudicados pela justificação. E, para dar remédio a essa situação, o art. 101º prevê a possibilidade de *impugnação judicial* da justificação notarial.

Se algum interessado impugnar em juízo o facto justificado, deve requerer simultaneamente ao tribunal a imediata comunicação ao notário da pendência da ação.

Prevenindo a hipótese de impugnação, o nº 2 do citado art. 101º determina que só possam ser passadas certidões de escritura de justificação decorridos 30 dias sobre a data em que o extrato for publicado, se dentro desse prazo não for recebida comunicação da pendência da impugnação; isto sem prejuízo da passagem de certidão para efeito de impugnação, menção que da mesma deve constar expressamente. Em caso de impugnação, as certidões só podem ser passadas depois de averbada a decisão definitiva da ação.

No caso de justificação efetuada no próprio título pelo qual se adquire o direito, não podem ser extraídas quaisquer certidões da escritura sem observância do prazo e das condições acima referidos.

> "Estas regras não prejudicam a passagem de certidão para efeito de impugnação, em que deve mencionar-se expressamente o fim a que se destina.

[46] Parecer do C. T. da DGRN, em *Boletim dos Registos e do Notariado*, nº 1/85, p. 6.

Tratando-se de um ato público que se destina a suprir a falta de um título para registo do direito justificado, e que, por imposição legal, é objeto de publicação, as condições a que está sujeita a emissão de certidões da escritura de justificação não podem ser associadas a reserva, segredo profissional ou segredo de justiça: visam, sim, evitar que um título cuja validade é impugnada sirva de base a um registo e às presunções que dele decorrem.

Daí que, tal como pode ser passada certidão para efeito de impugnação, possa ser passada a certidão requisitada por tribunal, para instrução de processo judicial, desde que dela conste expressamente essa menção."[47] [48]

5.3. Testamentos

5.3.1. Capacidade de testar; forma dos testamentos

Testamento é o ato unilateral e revogável pelo qual uma pessoa dispõe, para depois da morte, de todos os seus bens ou de parte deles (art. 2179º CC). As disposições de carácter não patrimonial que a lei permite inserir no testamento são válidas se fizerem parte de um ato revestido de forma testamentária, ainda que nele não figurem disposições de carácter patrimonial: é o caso, por exemplo, da perfilhação (art. 1853º CC).

Não podem testar no mesmo ato duas ou mais pessoas, quer em proveito recíproco, quer em favor de terceiro: é a proibição constante do art. 2181º CC do chamado *testamento de mão comum*.

Podem testar todos os indivíduos que a lei não declare incapazes de o fazer (art. 2188º CC). São *incapazes de testar* os menores não emancipados e os interditos por anomalia psíquica, sendo nulo o testamento feito por incapazes (artºs 2189º e 2190º CC).

O testamento feito por cidadão português em país estrangeiro *com observância da lei estrangeira competente* só produz efeitos em Portugal se tiver sido observada uma forma solene na sua feitura ou aprovação (art. 2223º CC).

São *nulas as disposições testamentárias* a favor do notário ou entidade com funções notariais que lavrou o testamento público ou aprovou o testamento cerrado, ou a favor da pessoa que escreveu este último, ou das testemunhas,

[47] Em *Boletim dos Registos e do Notariado,* nº 4/98, Pº C.N. 9/98.

[48] Haverá que ter em conta a jurisprudência fixada no acórdão uniformizador de jurisprudência nº 1/2008, de 4/12/2007 (Diário da República, Série I, de 31/3/2008): "Na ação de impugnação de escritura de justificação notarial prevista nos artigos 116º, nº 1, do Código do Registo Predial e 89º e 101º do Código do Notariado, tendo sido os réus que nela afirmaram a aquisição, por usucapião, do direito de propriedade sobre um imóvel, inscrito definitivamente no registo, a seu favor, com base nessa escritura, incumbe-lhes a prova dos factos constitutivos do seu direito, sem poderem beneficiar da presunção do registo decorrente do artigo 7º do Código do Registo Predial."

abonadores ou intérpretes que intervierem no testamento ou na sua aprovação (art. 2197º CC).

Da *forma dos testamentos* se ocupam os artigos 2204º CC e seguintes, distinguindo a lei as formas comuns e as formas especiais de testamentos.

As *formas comuns* do testamento são as de *testamento público* e de *testamento cerrado* (art. 2204º CC).

As *formas especiais* são as de:

- *testamento de militares e pessoas equiparadas* efetuados nos termos dos artigos 2210º CC e seguintes: militares, bem como civis ao serviço das forças armadas, quando se encontrem em campanha ou aquartelados fora do País, ou ainda dentro do País mas em lugares com os quais estejam interrompidas as comunicações e onde não exista notário, e também quando se encontrem prisioneiros do inimigo;
- *testamento feito a bordo de navio* (artigos 2214º CC e seguintes: qualquer pessoa pode fazer testamento a bordo de navio de guerra ou de navio mercante, em viagem por mar);
- *testamento feito a bordo de aeronave* (art. 2219º CC);
- *testamento feito em caso de calamidade pública* (art. 2220º CC);
- e ainda *testamento internacional*, admitido e regulado pela Lei Uniforme sobre a Forma do Testamento Internacional, aprovada pela Convenção de Washington, de 26 de outubro de 1973, aprovada para adesão por Portugal pelo Decreto-Lei nº 252/75, de 23 de maio.

No que respeita às *formas especiais de testamentos*, há que referir que não pode ser testemunha, abonador ou intérprete em qualquer dos testamentos feitos por uma das formas especiais quem está impedido de o ser nos documentos autênticos extraoficiais.

Também nestes casos é aplicável, com as necessárias adaptações, o disposto no art. 2197º CC que determina serem *nulas as disposições testamentárias* a favor do notário ou entidade com funções notariais que lavrou o testamento público ou aprovou o testamento cerrado, ou a favor da pessoa que escreveu este último, ou das testemunhas, abonadores ou intérpretes que intervierem no testamento ou na sua aprovação (art. 2221º CC).

O testamento celebrado por alguma das formas especiais *fica sem efeito* decorridos *dois meses* sobre a cessação da causa que impedia o testador de testar segundo as formas comuns.

A entidade perante quem for feito o testamento deve esclarecer o testador acerca desta circunstância, fazendo menção do facto no próprio testamento; a falta de cumprimento deste preceito não determina a nulidade do ato. Se, no decurso do prazo de dois meses, o testador for colocado de novo em circunstâncias impeditivas, o prazo é interrompido devendo começar a contar-se por inteiro a partir da cessação das novas circunstâncias (art. 2222º CC).

5.3.2. *Testamentos públicos e testamentos cerrados*

É *público* o testamento escrito por notário no seu livro de notas (art. 2205º CC), estando sujeito ao cumprimento dos requisitos gerais dos instrumentos notariais.

O testamento diz-se *cerrado*, quando é escrito e assinado pelo testador ou por outra pessoa a seu rogo, ou escrito por outra pessoa a rogo do testador e por este assinado. A pessoa que assina o testamento deve rubricar as folhas que não contenham a sua assinatura. O testador só pode deixar de assinar o testamento cerrado quando não saiba ou não possa fazê-lo, ficando consignada no instrumento de aprovação a razão por que o não assina.

Os que *não sabem ou não podem ler* são inábeis para dispor em testamento cerrado (art. 2208º CC): é o caso dos analfabetos e dos cegos que, por força desta norma, só podem recorrer ao testamento público.

O testamento cerrado deve ser aprovado por notário, nos termos previstos no Código do Notariado, sendo nulo o testamento que não cumpra estes requisitos, tal como definidos no art. 2206º CC.

O testamento cerrado é *manuscrito* pelo próprio testador ou por outrem a seu rogo, repete o art. 106º, e é apresentado ao notário para aprovação. Uma vez apresentado pelo testador o seu testamento cerrado, para fins de aprovação, o notário deve lavrar o respetivo instrumento, que principia logo em seguida à assinatura aposta no testamento (art. 108º). O notário que lavrar o instrumento de aprovação só pode ler o testamento se tal lhe for pedido pelo testador (art. 107º).

O *instrumento de aprovação* deve conter, em especial, as *seguintes declarações*, prestadas pelo testador:

a) Que o escrito apresentado contém as suas disposições de última vontade;

b) Que está escrito e assinado por ele, ou escrito por outrem, a seu rogo, e somente assinado por si, ou que está escrito e assinado por outrem, a seu rogo, visto ele não poder ou não saber assinar;

c) Que o testamento não contém palavras emendadas, truncadas, escritas sobre rasuras ou entrelinhas, borrões ou notas marginais, ou, no caso de as ter, que estão devidamente ressalvadas;

d) Que todas as folhas, à exceção da assinada, estão rubricadas por quem assinou o testamento.

O *instrumento de aprovação* deve ainda conter, no caso de o testamento não ter sido escrito pelo testador, a *declaração*, feita por este, de que conhece o seu conteúdo por o haver já lido.

As folhas do testamento são rubricadas pelo notário e, se o testador o solicitar, o testamento, com instrumento de aprovação, é ainda cosido e lacrado pelo notário, que apõe sobre o lacre o seu sinete.

O testador pode depositar o seu testamento cerrado no cartório notarial, caso em que o notário deve lavrar também o instrumento de depósito. O testamento entregue para depósito é sempre cosido e lacrado pelo notário, caso ainda o não esteja (art. 109º).

O testamento depositado *só pode ser retirado* pelo testador ou por procurador com poderes especiais (art. 110º).

Qualquer cartório notarial tem competência para a abertura de testamentos cerrados, mas, relativamente a testamentos depositados, é no cartório notarial onde o documento se encontra depositado que deve proceder-se à sua abertura (art. 111º).

O *instrumento de abertura do testamento* deve ser lavrado mediante a exibição da certidão de narrativa do registo de óbito, no caso de falecimento do testador, ou da certidão da decisão judicial que tenha ordenado a abertura, no caso de esta ser consequência de justificação de ausência do testador (art. 112º).

Após a abertura material do testamento, o notário deve, em cumprimento do art. 113º, verificar o estado em que o testamento se encontra, e nomeadamente se existem indícios de alguma viciação, ou se há emendas, rasuras, entrelinhas, borrões ou notas marginais não ressalvadas. O notário procede de seguida à leitura do testamento, em voz alta e na presença simultânea do apresentante ou interessado e das testemunhas.

5.3.3. *Testamentos de militares e pessoas equiparadas*

Os testamentos de militares e pessoas equiparadas feitos nos termos do art. 2210º CC podem assumir a forma de testamento público ou testamento cerrado.

No caso de *testamento militar público*, o militar, ou o civil a ele equiparado, declarará a sua vontade na presença do comandante da respetiva unidade independente ou força isolada e de duas testemunhas – se for o comandante a querer testar, tomará o seu lugar quem deva substituí-lo.

O testamento, depois de escrito, datado e lido em voz alta pelo comandante, será assinado pelo testador, pelas testemunhas, e pelo mesmo comandante; se o testador ou as testemunhas não puderem assinar, declarar-se-á o motivo porque o não fazem (art. 2211º CC).

No caso de *testamento militar cerrado*, o militar, ou o civil a ele equiparado, que souber e puder escrever, pode fazer o testamento por seu próprio punho. Escrito e assinado o testamento pelo testador, este apresentá-lo-á ao comandante, na presença de duas testemunhas, declarando que exprime a sua última vontade; o comandante, sem o ler, escreverá no testamento a declaração datada de que ele lhe foi apresentado, sendo essa declaração assinada tanto pelas testemunhas como pelo comandante.

Se o testador o solicitar, o comandante, ainda na presença das testemunhas, coserá e lacrará o testamento, exarando na face exterior da folha que servir de invólucro uma nota com a designação da pessoa a quem pertencer o testamento ali contido – se for o comandante a querer testar, também neste caso tomará o seu lugar quem deva substituí-lo (art. 2212º CC).

Em qualquer dos casos, o testamento deverá ser depositado pelas autoridades militares na repartição ou em alguma das repartições notariais do lugar do domicílio ou da última residência do testador.

Se o testador falecer antes de findar a causa que o impedia de testar nas formas comuns, será a sua morte anunciada no jornal oficial, com designação da repartição notarial onde o testamento se encontra depositado (art. 2213º CC).

5.3.4. *Testamentos feitos a bordo de navio ou de aeronave ou em caso de calamidade pública*

Os testamentos feitos *em viagem*, a bordo de navio de guerra, de navio mercante ou de aeronave, devem obedecer ao preceituado nos artigos 2211º ou 2212º CC, acima citados, bem como nos artigos 2215º a 2219º CC, competindo ao comandante do navio ou aeronave a função que neles é atribuída ao comandante da unidade independente ou força isolada.

O testamento marítimo é feito em duplicado, registado no diário de navegação e guardado entre os documentos de bordo.

Se o navio entrar em algum porto onde exista autoridade consular portuguesa, deve o comandante entregar a essa autoridade um dos exemplares do testamento e cópia do registo feito no diário de navegação. Aportando o navio em território português, entregará o comandante à autoridade marítima do lugar o outro exemplar do testamento, ou fará entrega de ambos, se nenhum foi depositado nos termos do número anterior, além de cópia do registo. Em qualquer dos casos, o comandante cobrará recibo da entrega e averbá-lo-á no diário de navegação, à margem do registo do testamento.

A autoridade consular ou militar lavrará termo de entrega do testamento, logo que esta lhe seja feita, e fá-lo-á depositar na repartição ou em alguma das repartições notariais do lugar do domicílio ou da última residência do testador.

Se o testador falecer antes de findar a causa que o impedia de testar nas formas comuns, será a sua morte anunciada no jornal oficial, com designação da repartição notarial onde o testamento se encontra depositado.

Este procedimento relativo a testamento feito a bordo de navio é aplicável, com as necessárias adaptações, ao testamento feito em viagem a bordo de aeronave (art. 2219º CC).

De harmonia com o disposto no art. 2220º CC, *qualquer pessoa* que estiver inibida de socorrer-se das formas comuns de testamento, por se encontrar em lugar onde grasse *epidemia ou por outro motivo de calamidade pública*, pode testar perante algum notário, juiz ou sacerdote, com observância das formalidades prescritas nos artºs 2211º ou 2212º CC. O testamento será *depositado*, logo que seja possível, na repartição notarial ou em alguma das repartições notariais do lugar onde foi feito.

5.3.5. Testamentos internacionais

O *testamento internacional* é regulado pela Lei Uniforme sobre a Forma de um Testamento Internacional, aprovada pela Convenção de Washington, de 26 de outubro de 1973, aprovada para adesão por Portugal pelo Decreto nº 252/75, de 23 de maio; o Decreto-Lei nº 177/79, de 7 de junho, designou, em cumprimento do artigo II da Convenção "as pessoas habilitadas a tratar das matérias relativas ao testamento internacional" pela parte de Portugal.

O testamento internacional é escrito, ainda que não necessariamente pelo testador, em qualquer língua, à mão ou mediante outros meios (art. 3º da Lei Uniforme).

O testamento é válido quanto à forma (art. 1º da Lei), independentemente do lugar em quer for feito, da localização dos bens e da nacionalidade, domicílio ou residência do testador, se elaborado nos moldes do testamento internacional nos termos previstos na Lei Uniforme.

A nulidade do testamento como testamento internacional não afeta a sua eventual validade, quanto à forma, como testamento de outra espécie.

O testador deve declarar, na presença de duas testemunhas e de uma pessoa habilitada a tratar das matérias relativas ao testamento internacional, que o documento constitui o seu testamento e que conhece as disposições nele contidas.

O testador não é, porém, obrigado a informar as testemunhas e a pessoa habilitada do conteúdo do testamento (art. 4º).

O art. 5º da Lei Uniforme define os procedimentos de assinatura e autenticação do testamento internacional:

"1 – O testador deverá assinar o testamento na presença das testemunhas e da pessoa habilitada ou, se já o houver previamente assinado, reconhecer como sua a assinatura.

2 – Se o testador estiver impossibilitado de assinar comunicará a razão do facto à pessoa habilitada que disso tomará nota no testamento. Poderá ainda ser permitido ao testador, nos termos da lei ao abrigo da qual foi designada a pessoa habilitada, indicar uma outra pessoa para assinar em seu nome.

3 – As testemunhas e a pessoa habilitada deverão nesse momento e local autenticar o testamento mediante assinatura feita na presença do testador."

A pessoa habilitada deve juntar ao testamento um certificado segundo a forma prescrita no art. 10º, em que se declare que as disposições contidas na lei uniforme foram cumpridas (art. 9º).

Como acima se disse, o art. II da Convenção que aprovou a Lei Uniforme prevê que cada Parte Contratante designe as pessoas que, no seu território, estão habilitadas a tratar das matérias relativas ao testamento internacional, admitindo que possam ser designadas, como pessoas habilitadas a atuar em relação aos seus nacionais, agentes diplomáticos ou consulares colocados no estrangeiro.

Nessa conformidade, o Decreto-Lei nº 177/79, de 7 de junho, considerou que tal designação deveria "recair sobre os notários e agentes consulares portugueses no estrangeiro, já que, nos termos do Código do Notariado, o tratamento daquelas matérias se insere perfeitamente no âmbito da sua competência"; assim, o art. 1º daquele diploma determinou que a aprovação do testamento internacional compete aos notários, quando tenha lugar em território nacional, e aos agentes consulares portugueses quando ocorrer em país estrangeiro.

À aprovação, registo, depósito, abertura e arquivamento do testamento internacional são aplicáveis, com as necessárias adaptações, as regras do Código do Notariado relativas ao testamento cerrado (art. 2º do citado Decreto-Lei nº 177/79): caberá assim ao notário elaborar o certificado previsto no art. 10º da Lei Uniforme.

Resta acrescentar que também a lei uniforme não permite a sua aplicação ao chamado testamento de mão comum (art. 2º).

5.3.6 *Certidão sobre a existência de testamentos públicos, instrumentos de aprovação, de depósito e abertura de testamentos cerrados e internacionais, escrituras de revogação de testamentos e de renúncia ou repúdio de herança ou legado*

A Portaria nº 182/2017, de 31 de maio, considerando ser necessário permitir o acesso, de forma rápida, cómoda e segura, através da Internet, a informação relativa a testamentos, regulou o pedido *online* de certidão sobre a existência de testamentos públicos, instrumentos de aprovação, de depósito e abertura de testamentos cerrados e internacionais, escrituras de revogação de testamentos e de renúncia ou repúdio de herança ou legado, registados na Conservatória dos Registos Centrais ao abrigo do disposto no artigo 188º, nº 1, alínea *a*), do Código do Notariado, bem como sobre a respetiva data e entidade perante a qual foram celebrados.

O pedido *online* de certidão faz-se através de sítio na Internet da área da justiça (art. 2º), sítio esse que deve permitir, designadamente, as seguintes funcionalidades (art. 3º):

a) A autenticação dos utilizadores, privilegiando os mecanismos disponibilizados pela Agência para a Modernização Administrativa em *www.autenticacao.gov.pt*, tais como certificado digital e chave móvel digital, no caso de pedido de certidão de testamento relativo a testador vivo, a efetuar pelo próprio ou terceiro com poderes para o ato;
b) A identificação do utilizador, no caso de pedido de certidão de testamento relativa a testador falecido, a efetuar por terceiro;
c) Identificação do requerente da certidão;
d) O preenchimento eletrónico dos elementos necessários ao pedido;
e) A submissão de documentos;
f) A certificação da data, hora e estado do pedido;
g) O pagamento dos serviços por via eletrónica;
h) O envio de avisos por correio eletrónico ao requerente da certidão, ou sempre que possível, por *short message service* (SMS), designadamente quando os pedidos tenham sido validamente submetidos.

Sempre que os pedidos necessitem de ser instruídos com documentos, determina o art. 4º que os mesmos devem ser digitalizados na íntegra e submetidos eletronicamente, sendo que o respetivo conteúdo deve ser legível.

Os documentos submetidos por quem tenha competência para a conferência de documentos com os respetivos originais em formato papel têm o mesmo valor probatório dos originais, desde que tenham sido corretamente digitalizados e o seu conteúdo seja integralmente legível. Por sua vez, os documentos elaborados pelos cidadãos e submetidos para instrução de pedidos devem ser assinados através de assinatura eletrónica qualificada.

Os ficheiros que contenham os documentos a submeter eletronicamente deverão obedecer aos requisitos de formato e dimensão que sejam fixados por despacho do presidente do Conselho Diretivo do IRN, os quais deverão ser publicitados na página eletrónica do serviço *online*.

Após a submissão eletrónica do pedido, é gerada automaticamente uma referência para pagamento dos encargos devidos que deve ser efetuado no prazo de 48 horas após a geração da referência para pagamento, sob pena de cancelamento do pedido. Por despacho do presidente do Conselho Diretivo do IRN, podem ser previstas outras modalidades de pagamento dos encargos devidos, nos termos definidos no Decreto-Lei nº 201/2015, de 17 de setembro (art. 5º).

O pedido é considerado validamente submetido após o pagamento. Confirmado este, o serviço competente procede ao tratamento dos dados indicados, dos documentos entregues, à apreciação dos pedidos efetuados, ao suprimento, sempre que possível, de eventuais deficiências dos pedidos, à emissão e envio da certidão para o endereço postal indicado pelo requerente (arts. 5º e 7º).

5.4. Procurações e substabelecimentos

Procuração é o ato pelo qual alguém atribui a outrem, voluntariamente, poderes representativos, podendo, salvo disposição legal em contrário, revestir a forma exigida para o negócio que o procurador deva realizar: poderá até ser verbal se para o negócio em causa nem sequer for exigida forma escrita (art. 262º CC)[49].

Note-se todavia que, por aplicação do disposto no art. 220º CC, a falta de forma determina a *nulidade da procuração.*

As procurações que exijam intervenção notarial podem ser lavradas por *instrumento público*, por *documento escrito e assinado pelo representado com reconhecimento presencial* da letra e assinatura ou por *documento autenticado* (art. 116º).

As procurações conferidas também no *interesse de procurador ou de terceiro* devem ser lavradas por *instrumento público* cujo original é arquivado no cartório notarial.

As procurações são *livremente revogáveis* pelo representado, não obstante convenção em contrário, ou renúncia ao direito de revogação, mas, se a procuração tiver sido conferida também no interesse do procurador ou de terceiro, *não pode ser revogada sem acordo do interessado, salvo ocorrendo justa causa* (nºs 2 e 3 do art. 265º CC): não há assim, com ressalva da falta de acordo ou de justa causa, procurações irrevogáveis.

As procurações passadas a *advogado* para a prática de atos que envolvam o exercício do patrocínio judiciário, ainda que com poderes especiais, não carecem de intervenção notarial, devendo o mandatário certificar-se da existência, por parte do mandante, dos necessários poderes para o ato; as procurações com poderes especiais devem especificar o tipo de atos, qualquer que seja a sua natureza, para os quais são conferidos esses poderes (art. único do Decreto-Lei nº 267/92, de 28 de novembro, que o art. único do Decreto-Lei nº 168/95, de 15 de julho, mandou que fosse aplicável também aos *solicitadores*).

[49] Cf. Pires de Lima e Antunes Varela, *Código Civil Anotado*, vol. I, p. 244.

Os *substabelecimentos* revestem a forma exigida para as procurações.

Pelo Decreto Regulamentar nº 3/2009, de 3 de fevereiro, foi criada, junto do Instituto dos Registos e do Notariado, uma base de dados de procurações destinada a organizar e manter atualizada a informação respeitante às procurações, em especial a relativa às procurações irrevogáveis que contenham poderes de transferência da titularidade de imóveis e as demais procurações irrevogáveis cuja obrigatoriedade de registo venha a ser estabelecida por lei.

Podem aceder diretamente e de forma gratuita à base de dados de procurações:

a) Os magistrados judiciais e do Ministério Público, no âmbito da prossecução das suas atribuições, os quais se podem fazer substituir por funcionário judicial por si designado;
b) Os órgãos de polícia criminal competentes para a investigação criminal ou para a realização de ações de prevenção, ou aos quais incumba cooperar internacionalmente na prevenção e repressão da criminalidade económica e financeira e corrupção;
c) As demais entidades públicas às quais a lei atribua competências em matéria de prevenção e combate à corrupção e à criminalidade económico -financeira.

A consulta de procurações registadas pode ainda ser efetuada através da introdução do código de identificação disponibilizado à entidade que procedeu ao registo e aos sujeitos que constam da procuração.

5.5. Protesto de letras e outros títulos

O instrumento de protesto é o ato pelo qual se fundamenta o *não cumprimento de uma obrigação cambiária.*

É pois neste instrumento que é certificada por notário *a falta de aceite ou de pagamento* do título submetido a protesto.

Para proceder ao protesto de uma letra, o apresentante deve fazê-lo, como regra e de harmonia com o art. 120º, no cartório notarial da área do domicílio nela indicado para o aceite ou pagamento ou, na falta dessa indicação, no cartório notarial do domicílio da pessoa que a deve aceitar ou pagar, incluindo a que for indicada para aceitar em caso de necessidade.

Se for desconhecido o sacado ou o seu domicílio, a letra deve ser protestada no cartório a cuja área pertença o lugar onde se encontre o apresentante ou portador no momento em que devia ser efetuado o aceite ou o pagamento.

O apresentante deve entregar a letra acompanhada das cartas-aviso necessárias às notificações a efetuar, devidamente preenchidas e estampilhadas (art. 124º).

No dia da apresentação ou no primeiro dia útil imediato, o notário deve notificar o facto a quem deva aceitar ou pagar a letra, incluindo todos os responsáveis perante o portador (art. 125º).

Decorridos cinco dias sobre a expedição da carta para notificação, e até ao 10º dia a contar da apresentação, devem ser lavrados, pela ordem da apresentação, os instrumentos de protesto das letras que não tenham sido retiradas pelos apresentantes.

O notário deve lavrar o *protesto* contra todos os obrigados cambiários (art. 126º).

Não são admitidas a protesto (art. 119º):

a) As letras a que falte algum dos requisitos do art. 1º da Lei Uniforme Relativa às Letras e Livranças, quando a falta não possa ser suprida nos termos do art. 2º do mesmo diploma;

b) As letras escritas em língua que o notário não domine, quando o apresentante não as fizer acompanhar de tradução.

Os requisitos a que alude a alínea *a)*, previstos no art. 1º da Lei Uniforme, são os seguintes:

> "1. A palavra «letra» inserta no próprio texto do título e expressa na língua empregada para a redação desse título;
> 2. O mandato puro e simples de pagar uma quantia determinada;
> 3. O nome daquele que deve pagar (sacado);
> 4. A época do pagamento;
> 5. A indicação do lugar em que se deve efetuar o pagamento;
> 6. O nome da pessoa a quem ou à ordem de quem deve ser paga;
> 7. A indicação da data em que e do lugar onde a letra é passada;
> 8. A assinatura de quem passa a letra (sacador)."

O art. 2º da Lei Uniforme, também referido na alínea *a)* do nº 1 do art. 119º, é do seguinte teor: "O escrito em que faltar algum dos requisitos indicados no artigo anterior não produzirá efeito como letra, salvo nos casos determinados nas alíneas seguintes:

a) A letra em que se não indique a época do pagamento entende-se pagável à vista.

b) Na falta de indicação especial, o lugar designado ao lado do nome do sacado considera-se como sendo o lugar do pagamento, e, ao mesmo tempo, o lugar do domicílio do sacado.

c) A letra sem indicação do lugar onde foi passada considera-se como tendo-o sido no lugar designado ao lado do nome do sacador."

Aplica-se ao protesto de *livranças, cheques, extratos de fatura*, ou de *outros títulos* que a lei sujeite a protesto, o regime previsto para o protesto de letras em tudo o que não seja contrário à natureza desses títulos e à disciplina especial a que estão sujeitos (art. 130º).

5.6. Atas de reuniões de órgãos sociais

De harmonia com o nº 6 do art. 63º CSC, as atas de reuniões de órgãos sociais podem ser lavradas por notário, em *instrumento avulso*, quando, no início da reunião, a assembleia assim o delibere ou ainda quando algum sócio o requeira em escrito dirigido à gerência, ao conselho de administração ou ao conselho de administração executivo da sociedade e entregue na sede social com cinco dias úteis de antecedência em relação à data da assembleia geral, suportando o sócio requerente as despesas notariais.

Os instrumentos de atas de reuniões de órgãos sociais são lavrados pelo notário, *com base na declaração de quem dirigir a assembleia*, devendo ser assinados pelos sócios presentes e pelo notário, quando relativos a sociedades em nome colectivo ou sociedades por quotas, e pelos membros da mesa e pelo notário quanto às demais (nº 6 do art. 46º).

O notário pode inserir nas atas *qualquer declaração dos intervenientes* que lhe seja requerida para delas constar (nº 7 do art. 46º).

A exigência legal no sentido de que o notário redija a ata com base na declaração de quem dirigir a assembleia não só não faz sentido como entra em conflito, em nosso entender, com o disposto no art. 371º CC: assim, nos termos desta disposição, os documentos autênticos fazem prova plena dos factos que nele são atestados com base nas perceções da entidade documentadora; ora, a entidade documentadora é o notário e não o presidente da assembleia. Em qualquer caso, o notário tem "o dever de relatar, sem omissões, o essencial do que tiver presenciado", como explicitam Fernando Neto Ferreirinha e Zulmira Lino da Silva[50].

5.7. Autenticação de documentos particulares

Os documentos particulares adquirem a natureza de *documentos autenticados* desde que as partes confirmem o seu conteúdo perante o notário. Apresentado o documento para fins de autenticação, o notário deve reduzi-la a termo (art. 150º).

O *termo de autenticação*, além de conter, na parte aplicável, os requisitos de forma exigíveis a todos os instrumentos notariais pelo art. 46º, deve conter

[50] Em *Manual de Direito Notarial*, p. 438.

ainda a declaração das partes de que já leram o documento ou estão perfeitamente inteiradas do seu conteúdo e que este exprime a sua vontade (art. 151º).

A então Direção-Geral dos Registos e do Notariado entendeu, e bem, que, na autenticação de documentos particulares, é desnecessária a explicação do conteúdo dos termos de autenticação e, consequentemente, estes podem ser lavrados por funcionário de notário privado, com dispensa portanto da intervenção deste último[51].

[51] No sítio do Instituto dos Registos e do Notariado na Internet, podem ler-se as seguintes considerações, em sede de recurso hierárquico (em *http://www.irn.mj.pt/public/recursos/RP1312006.pdf*):
"Com efeito, não podemos esquecer que, por definição, o termo de autenticação mais não é do que o ato notarial pelo qual as partes confirmam, perante o notário, o conteúdo de um determinado documento particular, conferindo-lhe, dessa forma, o valor de um documento autêntico.
Essa confirmação de conteúdo opera-se do seguinte modo: as partes declararam perante o oficial público que já leram o documento ou que estão perfeitamente inteiradas do seu conteúdo e que este exprime a sua vontade.
O Notário não interfere, de forma alguma, no conteúdo do documento apresentado para autenticação, nem sequer comprova a veracidade dos factos nele insertos. Em consequência, não tem que fazer qualquer explicação do seu conteúdo.
Deve, apenas, limitar-se a consignar no termo de autenticação a declaração, feita pelas partes, de que leram o documento ou de que estão perfeitamente inteiradas do seu conteúdo e que este exprime a sua vontade (Cfr. art. 151º, nº 1, al. *a)* do Cód. do Notariado).
A referência que na al. *l)* do nº 1 do art. 46º do Cód. do Notariado se faz à necessidade de menção, no instrumento notarial, da explicação do seu conteúdo apenas se justifica relativamente àqueles instrumentos (escrituras ou outros) em que o Notário, interpretando a vontade das partes manifestada verbalmente ou através de apontamentos escritos, a reduz a escrito, em termos claros e precisos, utilizando a linguagem jurídica que melhor traduza aquela vontade – Cfr. art. 42º, nºs 1 e 2 do Cód. do Notariado.
Queremos com isto dizer que, em nossa opinião, a explicação do conteúdo dos atos notariais apenas se justifica e faz sentido, relativamente àqueles em que existe uma intervenção pessoal do notário, traduzida na interpretação e redução a escrito da vontade manifestada, seja por que forma for, pelos interessados. O que bem se compreende se tivermos em consideração que ao reduzir a escrito a vontade dos interessados, o notário redige o instrumento utilizando uma linguagem jurídica que, muito embora deva corresponder à vontade que pelas partes lhe foi manifestada, pode por elas não ser entendida pela simples leitura do instrumento, exigindo, de facto, a explicação do seu conteúdo, traduzida na explicação, com precisão, do significado e dos efeitos do ato em causa.
Só dessa forma podem os interessados saber se aquilo que foi reduzido a escrito corresponde, efetivamente, à vontade por eles manifestada perante o notário.
Ora, no caso dos termos de autenticação, esta exigência não faz, quanto a nós, sentido, posto que o termo se destina, única e exclusivamente, a conferir autenticidade a um documento escrito pelas próprias partes – sem qualquer interpretação, pelo notário, da sua vontade – na linguagem que entenderam utilizar e que, consequentemente, conhecem bem, encontrando-se, em princípio, perfeitamente inteiradas do seu conteúdo.
Não nos parece, de facto, coerente que se exija que o notário explique às partes o conteúdo de um documento que elas próprias elaboraram.

Se o documento que se pretende autenticar estiver assinado a rogo, devem constar ainda do termo, o nome completo, a naturalidade, o estado e a residência do rogado e a menção de que o rogante confirmou o rogo no ato da autenticação (art. 152º).

Já foi referido que o art. 38º do Decreto-Lei nº 76-A/2006, de 29 de março, alterado pelo art. 19º do Decreto-Lei nº 8/2007, de 17 de janeiro, atribuiu também *às câmaras de comércio e indústria*, reconhecidas nos termos do Decreto-Lei nº 244/92, de 29 de outubro, aos *conservadores*, aos *oficiais de registo*, aos *advogados* e aos *solicitadores* competência para autenticar documentos particulares.

5.8. Reconhecimentos

Os reconhecimentos notariais podem ser simples ou com menções especiais (art. 153º).

O *reconhecimento simples* respeita à letra e assinatura, ou só à assinatura, do signatário de documento.

O *reconhecimento com menções especiais* é o que inclui, por exigência da lei ou a pedido dos interessados, a menção de qualquer *circunstância especial* [52]que se refira a estes, aos signatários ou aos rogantes e que seja conhecida do notário ou por ele verificada em face de documentos exibidos e referenciados no termo.

Os reconhecimentos simples são sempre *presenciais*[53]; os reconhecimentos com menções especiais podem ser *presenciais* ou *por semelhança*.

Designa-se por *presencial* o reconhecimento da letra e assinatura, ou só da assinatura, em documentos escritos e assinados ou apenas assinados, na presença do notário, ou o reconhecimento que é realizado estando o signatário presente ao ato.

Designa-se por *semelhança* o reconhecimento com a menção especial relativa à qualidade de representante do signatário feito por simples confronto da assinatura deste com a assinatura aposta no bilhete de identidade, ou docu-

O notário limita-se, nestes casos, como já anteriormente referimos, a fazer consignar, no termo, a declaração feita pelas partes de que de que leram o documento ou de que estão perfeitamente inteiradas do seu conteúdo e de que este se mostra lavrado em conformidade com a sua vontade."

[52] Por isso chama Mouteira Guerreiro *circunstanciado* ao reconhecimento com menções especiais (em *Ensaio*... cit., pg. 73).

[53] Os reconhecimentos notariais feitos por semelhança e sem menções especiais relativas aos signatários foram abolidos pelo art. 1º do Decreto-Lei nº 250/96, de 24 de dezembro. O nº 2 do art. 31º do Decreto-Lei nº 135/99, de 22 de abril, dispõe, a este propósito: "2.– A exigência em disposição legal de reconhecimento por semelhança ou sem determinação de espécie considera-se substituída pela indicação, feita pelo signatário, do número, data e entidade emitente do respetivo bilhete de identidade ou documento equivalente emitido pela autoridade competente de um dos países da União Europeia ou do passaporte."

mento equivalente emitido pela autoridade competente de um dos países da União Europeia, ou no passaporte ou com a respetiva reprodução constante de pública-forma extraída por fotocópia.

Salvo disposição em contrário, o reconhecimento por semelhança vale como *mero juízo pericial* (nº 3 do art. 375º CC).

A assinatura feita *a rogo* só pode ser reconhecida como tal por via de reconhecimento presencial e desde que o rogante não saiba ou não possa assinar.

O rogo deve ser dado ou confirmado perante o notário, no próprio ato do reconhecimento da assinatura e depois de lido o documento ao rogante (art. 154º).

Há todavia assinaturas que *não são suscetíveis de ser reconhecidas*. Assim, é insuscetível de reconhecimento a assinatura aposta (art. 157º):

- Em documento cuja leitura não seja facultada ao notário;
- Em papel sem nenhuns dizeres;
- Em documento escrito em língua estrangeira que o notário não domine;
- Em documento escrito ou assinado a lápis.

Tratando-se de documento escrito em *língua estrangeira* que o notário não domine, o reconhecimento pode ser feito desde que o documento seja traduzido, ainda que verbalmente, por perito da sua escolha.

O notário deve também *recusar o reconhecimento da letra ou assinatura* em cuja feitura tenham sido utilizados materiais que não ofereçam garantias de fixidez e, bem assim, da letra ou assinatura apostas em documentos que contenham linhas ou espaços em branco não inutilizados.

As câmaras de comércio e indústria, reconhecidas nos termos do Decreto-Lei nº 244/92, de 29 de outubro, os conservadores, os oficiais de registo, os advogados e os solicitadores têm igualmente competência para fazer reconhecimentos, como foi já dito.

5.9. Certificados

Os certificados podem ser de vida e de identidade, de desempenho de cargos e de outros factos.

O *certificado de vida e de identidade* deve conter, em especial, os elementos de identificação do interessado, a forma como a sua identidade foi verificada, a sua assinatura ou a declaração de que não sabe ou não pode assinar e a respetiva impressão digital. No certificado pode ser colada a fotografia do interessado, devendo o notário apor sobre ela o selo branco do cartório (art. 161º).

No *certificado de desempenho de cargos públicos* e de *administração ou gerência* de pessoas coletivas ou de sociedades deve declarar-se se o facto certificado é do conhecimento pessoal do notário ou se apenas foi provado por documento, devendo fazer-se, neste caso, a identificação do documento exibido (art. 162º).

Os *certificados relativos a sociedades anónimas europeias,* a que se referem o nº 8 do artigo 8º e o nº 2 do artigo 25º do Regulamento (CE) nº 2157/2001, do Conselho, de 8 de outubro, devem, em especial, fazer referência à verificação do cumprimento de cada um dos atos e formalidades prévios, respetivamente, à transferência da sede de sociedade anónima europeia para outro Estado membro da União Europeia ou à constituição de sociedade anónima europeia por fusão, exigidos por aquele regulamento, pela legislação nacional adotada em sua execução ou ainda pela legislação nacional aplicável às sociedades anónimas de direito interno, identificando os documentos que comprovem tal verificação (art. 162º-A).

O notário pode certificar quaisquer outros factos, a pedido dos interessados. Nos *certificados de outros factos* deve consignar-se com precisão o facto certificado e, em especial, a forma como ele veio ao conhecimento do notário (art. 163º).

5.10. Certidões e públicas-formas

O conteúdo dos instrumentos, registos e documentos arquivados nos cartórios prova-se por meio de *certidões,* as quais podem ser requeridas por qualquer pessoa, *com exceção* das que se refiram aos seguintes atos (art. 164º):

a) Testamentos públicos, escrituras de revogação de testamentos, instrumentos de depósito de testamentos cerrados e internacionais e dos respetivos registos, dos quais só podem ser extraídas certidões, sendo vivos os testadores, quando estes ou procuradores com poderes especiais as requeiram e, depois de falecidos os testadores, quando esteja averbado o falecimento deles;

b) Termos de abertura de sinal, dos quais só podem ser extraídas certidões a pedido das pessoas a quem respeitam ou por requisição das autoridades judiciais ou policiais.

As certidões referentes aos *testamentos* e aos *termos de abertura de sinal* só podem ser entregues ao próprio requisitante ou a quem se mostrar autorizado por este a recebê-las.

As certidões podem ser *de teor,* ou *de narrativa, integrais* ou *parciais.* A certidão de teor ou de narrativa é integral ou parcial, conforme se reporte a todo o conteúdo do original ou apenas a parte dele.

As certidões extraídas dos instrumentos e dos documentos *existentes nos cartórios* devem ser de *teor* e reproduzir literalmente o original (art. 165º), total ou parcialmente, consoante sejam integrais ou parciais.

As certidões de registos e as destinadas a publicação ou comunicação dos atos notariais podem ser de *narrativa* e reproduzem, por extrato, o conteúdo destes: a reprodução também pode ser total ou parcial, consoante a certidão seja de narrativa integral ou parcial.

Quanto à *forma das certidões,* dispõe o art. 166º que as certidões de teor são extraídas por meio de fotocópia ou outro modo autorizado de reprodução fotográfica e, se tal não for possível, podem ser dactilografadas ou manuscritas.

Devem ser dactilografadas as certidões de narrativa e as certidões de instrumentos e documentos arquivados que se achem manuscritos quando se destinem a fazer fé no estrangeiro ou quando a sua leitura não seja facilmente revelada pelo contexto.

As *certidões de teor parcial* podem ser passadas quando o instrumento notarial contiver diversos atos jurídicos, ou um só ato de que resultem direitos e obrigações respeitantes a diferentes pessoas ou entidades (art. 169º).

Se for apenas requisitada certidão da parte relativa a algum dos atos ou a algum dos interessados, a certidão deve incluir a parte do instrumento que se reporte ao ato ou ao interessado indicado pelo requisitante e, ainda, tudo o que se refira ao contexto e requisitos gerais do instrumento e aos documentos que o instruíram.

A certidão deve ainda incluir outras referências, feitas por forma narrativa, quando sejam essenciais à boa compreensão do seu conteúdo e, bem assim, todas as estipulações que ampliem, restrinjam, modifiquem ou condicionem a parte certificada.

A *pública-forma* (art. 171º) é uma cópia de teor, total ou parcial, extraída pelo notário, em regra por fotocópia, de *documentos estranhos ao seu arquivo,* que lhe sejam presentes para esse efeito.

A pública-forma deve conter a declaração de *conformidade com o original.*

A pública-forma de bilhete de identidade e de passaporte só pode ser extraída por meio de fotocópia e deve conter a menção do número, data de emissão e entidade emitente do original do documento.

Esta pública-forma não pode ser extraída de documento cujo prazo de validade se mostre ultrapassado ou se encontre em mau estado de conservação, salvo se for requerida pelo tribunal.

É permitida a reprodução, por meio de pública-forma, de documento escrito em língua estrangeira que o notário domine, se o interessado alegar que não é exigível a sua tradução pela entidade perante a qual vai fazer fé.

5.11. Conferência de fotocópias

O notário pode conferir fotocópias que tenham sido extraídas de *documentos não arquivados no cartório,* desde que tanto a fotocópia como o documento lhe sejam apresentados para esse fim (art. 171º). Quando a natureza ou a extensão desses documentos implique uma conferência excessivamente demorada, pode o notário exigir que a fotocópia seja extraída no próprio cartório.

A fotocópia deve conter a *declaração de conformidade com o original*.

Não pode ser conferida ou efetuada fotocópia de bilhete de identidade e de passaporte cujo prazo de validade se mostre ultrapassado ou se encontre em mau estado de conservação, salvo se tal for requerido pelo tribunal.

O Decreto-Lei nº 28/2000, de 13 de março, retirou aos cartórios notariais o exclusivo da certificação da conformidade das fotocópias com os documentos originais.

Tal competência foi também conferida às juntas de freguesia, ao operador de serviço público de correios (CTT – Correios de Portugal), às câmaras de comércio e indústria reconhecidas nos termos do Decreto-Lei nº 244/92, de 29 de dezembro, aos advogados e aos solicitadores, nos termos constantes do seu art. 1º:

> "1 – Podem certificar a conformidade de fotocópias com os documentos originais que lhes sejam apresentados para esse fim as juntas de freguesia e o operador de serviço público de correios, CTT – Correios de Portugal, S. A.
>
> 2 – Podem ainda as entidades referidas no número anterior proceder à extração de fotocópias dos originais que lhes sejam presentes para certificação.
>
> 3 – Querendo, podem as câmaras de comércio e indústria reconhecidas nos termos do Decreto-Lei nº 244/92, de 29 de dezembro, os advogados e os solicitadores praticar os atos previstos nos números anteriores.
>
> 4 – Em concretização das faculdades previstas nos números anteriores, é aposta ou inscrita no documento fotocopiado a declaração de conformidade com o original, o local e a data de realização do ato, o nome e assinatura do autor da certificação, bem como o carimbo profissional ou qualquer outra marca identificativa da entidade que procede à certificação.
>
> 5 – As fotocópias conferidas nos termos dos números anteriores têm o valor probatório dos originais."

Como já foi referido, o art. 38º do Decreto-Lei nº 76-A/2006, de 29 de março, alterado pelo art. 19º do Decreto-Lei nº 8/2007, de 17 de janeiro, estendeu a competência para a conferência de fotocópias com os documentos originais e para a extração e certificação de fotocópias de originais a conservadores e oficiais dos registos, e condicionou a competência atribuída nesta matéria às câmaras de comércio e indústria, aos advogados e aos solicitadores à existência do registo informático previsto na Portaria nº 657-B/2006, de 29 de junho.

5.12. Traduções

A tradução de documentos (art. 172º) compreende a *versão para a língua portuguesa* do seu conteúdo integral, quando escritos numa língua estrangeira, ou a *versão para uma língua estrangeira* do seu conteúdo integral, quando escritos em língua portuguesa.

A tradução deve conter a indicação da língua em que está escrito o original e a declaração de que o texto foi fielmente traduzido. A tradução pode ser feita por tradutor ajuramentado; em qualquer caso, deve conter a declaração de conformidade com o original.

As *câmaras de comércio e indústria*, reconhecidas nos termos do Decreto-lei nº 244/92, de 29 de outubro, bem como os *advogados e solicitadores*, também podem certificar, ou fazer e certificar, traduções de documentos com a mesma força probatória de idênticos atos realizados com intervenção notarial (Decreto-Lei nº 237/2001, de 30 de agosto). Esta competência foi alargada, nas condições e nos termos já referidos, aos conservadores e aos oficiais de registo pelo art. 38º do Decreto-Lei nº 76-A/2006, de 29 de março, alterado pelo art. 19º do Decreto-Lei nº 8/2007, de 17 de janeiro.

6. Livros; arquivo eletrónico

Os livros dos atos notariais são os *livros de notas*, os *livros de protesto* e os *livros de registo* (art. 7º).

Assim, os atos notariais são, consoante a sua natureza, lavrados nos seguintes livros:

a) Livro de notas para testamentos públicos e para escrituras de revogação de testamentos;
b) Livro de notas para escrituras diversas;
c) Livro de protestos de títulos de crédito;
d) Livro de registo dos atos lavrados no livro indicado na alínea *a)*, dos instrumentos de aprovação ou depósito de testamentos cerrados e de testamentos internacionais;
e) Livro de registo de escrituras diversas;
f) Livro de registo de outros instrumentos avulsos e de documentos que os interessados pretendam arquivar;
g) Livro de registo de contas de emolumentos e de selo.

Sem que se tenha procedido a qualquer alteração dos artigos 7º e 187º do Código, a Portaria nº 121/2021, de 9 de junho, alterada pela Portaria nº 295/2021, de 13 de dezembro, veio regulamentar o arquivo eletrónico de documentos lavrados por notário e de outros documentos arquivados nos cartórios e a respetiva disponibilização através de certidão notarial permanente, bem como a participação por via eletrónica, pelos notários, de atos à Conservatória dos Registos Centrais.

Assim, ficam obrigatoriamente sujeitos a arquivo eletrónico (art. 2º):

a) Os documentos lavrados por notário relativamente aos quais deva ser participada informação à Conservatória dos Registos Centrais nos termos do art.187º do Código do Notariado, a saber:
  i) Testamentos públicos;
  ii) Instrumentos de aprovação, depósito ou abertura de testamentos cerrados e de testamentos internacionais;
  iii) Escrituras de revogação de testamentos e escrituras de renúncia ou repúdio de herança ou legado; e
  iv) Escrituras públicas;

b) *(Revogada.)*

c) Os averbamentos a atos notariais previstos nos artigos 131º e 132º do Código do Notariado, aprovado pelo Decreto -Lei nº 207/95, de 14 de agosto.

A pedido de qualquer interessado podem igualmente ser sujeitos a arquivo eletrónico:

a) Os instrumentos de atas de reunião de órgãos sociais;

b) Os instrumentos de procurações que não estejam sujeitas a registo obrigatório na base de dados das procurações, criada pelo art. 1º da Lei nº 19/2008, de 21 de abril;

c) Os documentos que forem entregues nos cartórios para ficarem arquivados.

Como prevê o art. 4º, a plataforma eletrónica a utilizar para o arquivo eletrónico de documentos notariais e de outros documentos arquivados nos cartórios, a realizar por notários e trabalhadores devidamente autorizados a praticar atos notariais, e para a certidão notarial permanente é disponibilizada e gerida pela Ordem dos Notários.

É condição de ingresso do documento no arquivo eletrónico a aposição da assinatura eletrónica qualificada do notário ou do trabalhador devidamente autorizado a praticar atos notariais (art. 5º).

Os ficheiros que contenham os documentos a submeter a arquivo eletrónico devem adotar o formato PDF (Portable Document Format), preferencialmente a versão PDF/A, e ter a dimensão máxima a definir em regulamento a aprovar pela Ordem dos Notários (art. 6,º).

Por cada documento arquivado eletronicamente é disponibilizado um comprovativo do respetivo arquivo, com a identificação do utilizador, da data e hora do arquivo, dos documentos arquivados e do número de identificação único do documento, bem como uma certidão notarial permanente, a enviar por correio eletrónico, *short message service* (SMS) ou outro meio eletrónico idóneo para o efeito para o notário responsável pelo arquivo eletrónico, que remete a certidão notarial permanente ao requerente (art. 8º).

Aos documentos arquivados eletronicamente é reconhecido o mesmo valor probatório dos documentos originais desde que sucessivamente seja aposta aos documentos arquivados eletronicamente assinatura eletrónica qualificada e selo temporal qualificado, com validade máxima de 10 anos, pela Ordem dos Notários, enquanto entidade gestora da plataforma eletrónica, antes de expirar a validade da última assinatura eletrónica qualificada aposta (art. 9º).

É o art. 10º que prevê a forma de consulta dos documentos. Assim:

Os documentos arquivados eletronicamente podem ser consultados na plataforma eletrónica, acessível no endereço *www.notarios.pt*, por:

a) Qualquer entidade ou interessado que disponha de um código de acesso à certidão notarial permanente;
b) Notário e respetivos trabalhadores do cartório em que se encontre o arquivo físico desses documentos, de acordo com os perfis de acesso definidos pela entidade gestora da plataforma.

Os documentos arquivados eletronicamente podem ainda ser consultados, nos termos a definir por protocolo e mediante indicação do número do processo no âmbito do qual a consulta tem lugar ou do motivo da consulta, por:

a) Magistrados judiciais e magistrados do Ministério Público, no âmbito da prossecução das suas atribuições;
b) Entidades nas quais seja delegada, nos termos da lei processual, a prática de atos de inquérito ou instrução, ou às quais incumba cooperar internacionalmente na prevenção e repressão da criminalidade e no âmbito dessas competências;
c) Entidades com competência legal para garantir a segurança interna e prevenir a sabotagem, o terrorismo, a espionagem e a prática de atos que, pela sua natureza, podem alterar ou destruir o Estado de direito constitucionalmente estabelecido, no âmbito da prossecução dos seus fins.

A *certidão notarial permanente*, prevista no art. 11º, consiste na disponibilização do acesso, por via eletrónica, a um documento arquivado eletronicamente, permanentemente atualizado. O acesso efetua-se mediante a utilização de um código de acesso.

A disponibilização do código de acesso permanente dispensa, durante o seu prazo de validade, a exibição do documento original perante qualquer entidade pública ou privada, para todos os efeitos legais.

O pedido de certidão notarial permanente pode ser realizado art. 12º):

a) No sítio na Internet com o endereço *www.notarios.pt*;
b) Verbalmente, em qualquer cartório notarial, mediante indicação dos dados identificativos do documento em causa.

7. Nulidades e revalidação dos atos notariais

7.1. Nulidades

Os casos de nulidade dos atos notariais estão previstos nos artºs 70º e 71º.

O ato notarial é nulo, por *vício de forma*, apenas quando falte algum dos seguintes requisitos (art. 70º):

a) A menção do dia, mês e ano ou do lugar em que foi lavrado;
b) A declaração do cumprimento das formalidades previstas nos artigos 65º e 66º *[intérprete em atos com intervenção de outorgantes que não compreendam a língua portuguesa ou com intervenção de surdos e mudos que não souberem ou não puderem ler]*;
c) A observância do disposto na primeira parte do nº 2 do artigo 41º *[forma de eliminação das palavras escritas]*;
d) A assinatura de qualquer intérprete, perito, leitor, abonador ou testemunha;
e) A assinatura de qualquer dos outorgantes que saiba e possa assinar;
f) A assinatura do notário;
g) A observância do disposto na alínea *g)* do nº 1 do artigo 46º.

As nulidades previstas nas alíneas *a), b), d), e), f)* e *g)* consideram-se *sanadas*, conforme os casos:

a) Se, em face da omissão do dia, mês, ano ou lugar da celebração do ato, for possível proceder ao averbamento nos termos previstos no nº 7 do art. 132º *[se, pelo texto do instrumento ou pelos elementos existentes no cartório, for possível determinar a data ou o lugar da sua celebração]*;
b) Se as partes declararem, por forma autêntica, que foram cumpridas as formalidades previstas nos artºs 65º e 66º;
c) Se os intervenientes acidentais, cujas assinaturas faltam, se encontrarem devidamente identificados no ato e declararem, por forma autêntica, ter assistido à sua leitura, explicação e outorga e que não se recusaram a assiná-lo;

d) Se os outorgantes, cujas assinaturas faltam, declararem, por forma autêntica, que estiveram presentes à leitura e explicação do ato, que este representa a sua vontade e que não se recusaram a assiná-lo;
e) Se o notário cuja assinatura está em falta declarar expressamente, através de documento autêntico, que esteve presente no ato e que, na sua realização, foram cumpridas todas as formalidades legais;
f) Se em face da inobservância do disposto na alínea g) do nº 1 do artigo 46º, ou da incorreta menção dos requisitos nele exigidos, for comprovado, mediante exibição da certidão de registo ou do correspondente código de acesso, que a mesma já existia à data da celebração do ato.

São ainda *causas de nulidade* (art. 71º) a incompetência, em razão da matéria ou do lugar, ou o impedimento legal do funcionário que lavrou o ato, sem prejuízo do disposto no nº 2 do art. 369º CC, bem como a incapacidade ou a inabilidade dos intervenientes acidentais.

O ato nulo por violação das regras de competência em razão do lugar, por falta do requisito previsto na alínea *c)* do nº 1 do art. 70º (forma de eliminação de palavras escritas) ou por incapacidade ou inabilidade de algum interveniente acidental pode ser *sanado* por decisão do respetivo notário, nas seguintes situações (nº 3 do art. 71º):

a) Quando for apresentada declaração, passada pelo notário competente, comprovativa da sua ausência na data em causa e as partes justificarem, por escrito, o carácter urgente da celebração do ato;
b) Quando as partes declararem, por forma autêntica, que as palavras inutilizadas, quaisquer que elas fossem, não podiam alterar os elementos essenciais ou o conteúdo substancial do ato;
c) Quando o vício se referir apenas a um dos abonadores ou a uma das testemunhas e possa considerar-se suprido pela idoneidade do outro interveniente.

O art. 72º dispõe sobre a *limitação de efeitos* de algumas nulidades: nos atos com disposições a favor de algumas das pessoas mencionadas no nº 1 do art. 5º (casos de impedimento) ou dos respetivos intervenientes acidentais, incluindo os que figurem nos instrumentos de aprovação de testamentos cerrados e internacionais, a nulidade é restrita a essas disposições.

7.2. Revalidação

Os atos nulos podem ser *revalidados* (art. 73º). Assim, o ato nulo, por violação das regras de competência territorial ou por falta de qualquer dos requisitos previstos nas alíneas *b)* a *f)* do nº 1 do art. 70º *[declaração relativa à intervenção de intérprete, forma de eliminação de palavras escritas, assinatura de todos os intervenientes, incluindo a do notário]*, se não for suscetível de sanação nos termos dos artigos 70º e 71º, pode ser *revalidado* a pedido dos interessados, por decisão do *notário que exerça funções no cartório* notarial em que o ato foi lavrado, quando:

a) Se prove a ausência do notário competente e a natureza urgente do ato;
b) Se prove que foram cumpridas as formalidades devidas;
c) Se mostre que as palavras eliminadas, quaisquer que elas fossem, não podiam alterar os elementos essenciais ou o conteúdo substancial do ato;
d) Se prove que os intervenientes acidentais, cujas assinaturas faltam, assistiram à sua leitura, explicação e outorga e não se recusaram a assiná-lo;
e) Se prove que os outorgantes, cujas assinaturas estão em falta, assistiram à leitura e explicação do ato, deram a este o seu acordo e não se recusaram a assiná-lo;
f) Se prove que o ato não assinado pelo notário é conforme à lei, representa fielmente a vontade das partes e foi presidido pelo notário, que não se recusou a assiná-lo.

O pedido de revalidação pode ser apresentado por qualquer interessado e é dirigido ao notário competente para o efeito (art. 74º). O pedido, acompanhado da junção da prova documental e da indicação dos restantes meios de prova, deve especificar o ato a sanar, o objeto da sanação, as circunstâncias subjacentes em que a mesma se fundamenta e a identidade das pessoas nele interessadas (art. 75º).

Uma vez recebido o pedido, o notário ordena a notificação dos interessados para, no prazo de 10 dias, deduzirem oposição e oferecerem os meios de prova.

Se o notário considerar *suficientes os meios de prova* apresentados, decide de imediato; se considerar que a prova apresentada não é suficiente e for indicada prova testemunhal, o notário procede à *inquirição das testemunhas*, cujo depoimento é reduzido a escrito, após a qual decide (art. 76º).

Após a prolação da decisão e notificados os interessados, a respetiva execução é sustada pelo prazo de 10 dias, durante o qual qualquer das partes pode interpor *recurso*. Não sendo interposto recurso, o notário procede à execução da decisão e averba-a ao ato revalidado (art. 77º).

Qualquer interessado pode *recorrer da decisão* do notário para o *tribunal* de 1ª instância competente na área da circunscrição a que pertence o cartório em que o processo se encontra pendente (art. 78º).

O prazo para a interposição do recurso, que é processado e julgado como o de agravo em matéria cível[54] e tem efeito suspensivo, é o do artigo 685º do Código de Processo Civil, ou seja, de 10 dias.

[54] "Para efeitos do disposto em legislação avulsa, entende-se o seguinte: *a)* As referências ao agravo interposto na primeira instância consideram-se feitas ao recurso de apelação; *b)* As refe-

Caso a decisão do *juiz não coincida* com a decisão recorrida, o notário, qualquer interessado e o Ministério Público podem *recorrer da sentença* proferida para o tribunal da Relação.

8. Recusas e recursos

8.1. Recusas

O notário deve *recusar* a prática do ato que lhe seja requisitado, nos casos seguintes (art. 173º):

a) Se o ato for nulo;
b) Se o ato não couber na sua competência ou ele estiver pessoalmente impedido de o praticar;
c) Se tiver dúvidas sobre a integridade das faculdades mentais dos intervenientes;
d) Se as partes não fizerem os preparos devidos, salvo se se tratar de testamento público ou de instrumento de aprovação de testamento cerrado ou internacional, caso em que a falta de preparo não constitui fundamento de recusa;
e) Se as partes não tiverem cumprido as obrigações declarativas e de retificação para efeitos do Registo Central do Beneficiário Efetivo.

As dúvidas sobre a integridade das faculdades mentais dos intervenientes deixam de constituir fundamento de recusa, se no ato intervierem *dois peritos médicos* que garantam a sanidade mental daqueles.

Em contrapartida, a intervenção do notário não pode ser recusada com fundamento de o ato ser anulável ou ineficaz. Nestes casos, o notário apenas deve advertir as partes da existência do vício e consignar no instrumento a advertência que tenha feito (art. 174º).

Também o nº 2 do art. 11º do Estatuto do Notariado prevê, em termos similares, que o notário privado deve *recusar* a prática de atos:

a) Que forem nulos, não couberem na sua competência ou pessoalmente estiver impedido de praticar;
b) Sempre que tenha dúvidas sobre a integridade das faculdades mentais dos participantes, salvo se no ato intervierem, a seu pedido ou a instância dos outorgantes, dois peritos médicos que, sob juramento ou compromisso de honra, abonem a sanidade mental daqueles.

rências ao agravo interposto na 2ª instância consideram-se feitas ao recurso de revista" (...) (nº 1 do art. 4º do Decreto-Lei nº 303/2007, de 24 de agosto, que alterou a matéria de recursos em processo civil).

Por sua vez, o nº 3 do mesmo art. 11º precisa que o notário privado não pode recusar a sua intervenção com fundamento na anulabilidade ou ineficácia do ato, devendo, contudo, advertir os interessados da existência do vício e consignar no instrumento a advertência feita.

8.2. Recursos

Quando o notário se recusar a praticar o ato, pode o interessado *interpor recurso* para o *tribunal* de 1ª instância da sede do cartório notarial, sem prejuízo do *recurso hierárquico* para o presidente do Instituto dos Registos e do Notariado, nos termos da lei orgânica dos serviços (art. 175º) – este apenas no caso de ainda notários públicos, já que os notários privados são profissionais liberais e consequentemente não inseridos numa hierarquia.

Se o interessado declarar, verbalmente ou por escrito, que pretende recorrer, o notário deve entregar-lhe, dentro de quarenta e oito horas, uma exposição datada, na qual se especifiquem os motivos da recusa (art. 176º).

9. Segredo profissional

Os notários estão sujeitos a segredo profissional: assim, a existência e o conteúdo dos documentos particulares apresentados aos notários para legalização ou autenticação, bem como os elementos a eles confiados para a preparação e elaboração de atos da sua competência, estão sujeitos a segredo profissional, que só pode ser afastado caso a caso e por motivo de interesse público, mediante despacho do diretor-geral dos Registos e do Notariado (nº 1 do art. 32º).

"Nos mesmos termos e pelas mesmas razões, estará sujeita a segredo profissional a marcação do ato notarial, que não deverá ser revelada a terceiros. (...) Distinto é o dever de prestar aos interessados *as informações referentes à existência dos atos*, previsto no nº 4 do art. 32º do Código do Notariado, simples expressão da natureza pública do arquivo notarial" [55].

Relativamente aos notários privados, o Estatuto do Notariado dispõe no art. 23º que constituem deveres dos notários guardar sigilo profissional sobre todos os factos e elementos cujo conhecimento lhe advenha exclusivamente do exercício das suas funções (alínea *d)* do nº 1).

Os factos e elementos cobertos pelo sigilo profissional só podem ser revelados nos termos previstos nas disposições legais pertinentes e, ainda, por decisão do órgão competente da Ordem dos Notários, ponderados os interesses em conflito (nº 2 do art. 23º).

Salvo em relação ao próprio autor ou seu procurador com poderes especiais, os testamentos e tudo o que com eles se relacione constituem matéria

[55] Parecer do C. T. da DGRN, publicado no *Boletim dos Registos e do Notariado*", II Caderno, p.10-11.

confidencial, enquanto não for exibida ao notário certidão de óbito do testador (nº 2 do art. 32º).

O notário não é obrigado a mostrar os livros, documentos e índices do cartório, senão nos casos previstos na lei, e deve guardá-los enquanto não forem transferidos para outros arquivos ou destruídos nos termos da lei (nº 3 do art. 32º).

O notário deve prestar verbalmente as informações referentes à existência dos atos, registos ou documentos arquivados que lhe sejam solicitadas pelos interessados e, a pedido expresso das partes, deve fornecer fotocópias não certificadas dos mesmos, com mero valor de informação, quando deles possa passar certidão (nº 4 do art. 32º).

As informações referentes aos registos lavrados no livro de protestos de título de crédito, desde que sejam solicitadas por instituições de crédito ou seus agentes, podem ser fornecidas sob forma sumária, por escrito (nº 5 do art. 32º).

Sobre o sigilo profissional, dispõe, por seu lado, o art. 81º do Estatuto da Ordem:

> "1 – O notário é obrigado a sigilo em relação a factos e elementos cujo conhecimento lhe advenha exclusivamente do exercício da profissão ou do desempenho de cargos na Ordem.
>
> 2 – Os factos e elementos cobertos pelo sigilo só podem ser revelados nos termos previstos na lei ou, ainda, por decisão da direção da Ordem, ponderados os interesses em conflito."

10. Responsabilidade dos funcionários notariais

Em matéria de responsabilidade disciplinar, dispõe o art. 60º do Estatuto do Notariado: "Os notários são disciplinarmente responsáveis perante o membro do Governo responsável pela área da justiça e a Ordem dos Notários, nos termos do presente Estatuto e do Estatuto da Ordem dos Notários."

Por sua vez, o nº 2 do art. 62º esclarece que o membro do Governo responsável pela área da justiça exerce a ação disciplinar através do Conselho do Notariado.

Pelo que toca a responsabilidade civil, os notários e demais funcionários notariais, segundo o art. 184º do Código, são responsáveis pelos danos que possam causar. Mesmo a revalidação ou sanação dos atos notariais não exime os funcionários da responsabilidade pelos danos que hajam causado.

BIBLIOGRAFIA

ALBUQUERQUE, Martim de/ALBUQUERQUE, Ruy de – *História do Direito Português*, 1984/1985.

ALMEIDA, Carlos Ferreira de – *Publicidade e teoria dos registos*, Almedina, 1966.

ALMEIDA, Carlos Ferreira de – *O Registo Comercial na Reforma do Direito das Sociedades de 2006* em *A Reforma do Código das Sociedades Comerciais – Jornadas em Homenagem ao Professor Doutor Raul Ventura*, Almedina, 2007.

ALVES, Arnaldo Augusto/PEREIRA, Maria Antonieta – *Código do Registo Civil anotado*, 4ª edição, Almedina.

ANDRADE, Manuel A. Domingues de – *Teoria Geral da Relação Jurídica*, Coimbra Editora.

ANTUNES, J. Engrácia – *O Estabelecimento Individual de Responsabilidade Limitada: crónica de uma morte anunciada*, em *Revista da Faculdade de Direito da Universidade do Porto*, ano III, 2006.

ARAÚJO, A. M. Borges de – *Prática Notarial*, com a colaboração de Albino de Matos, 3ª edição, Almedina.

ASCENSÃO, José de Oliveira – *Direito Comercial, vol. I – F.D.L.*.

ASCENSÃO, José de Oliveira – *Direito Civil – Reais*, 4ª edição, 1987, Coimbra Editora.

BASTOS, João Guimarães Gomes de – *O controlo da legalidade quando estão em causa títulos notariais*, em separata do *Boletim dos Registos e do Notariado*, nº 11/2003.

CAETANO, Marcello – *História do Direito Português (Sécs. XII a XVI)*, 4ª edição, Verbo.

CANO TELLO, Celestino – *Manual de Derecho Hipotecario*, 2ª edição, Editorial Civitas.

CHICO Y ORTIZ, – *Seguridad juridica y revision critica de los principios hipotecarios*, Marcial Pons, Madrid, 1994.

CORDEIRO, A. Menezes – *Direitos Reais*, Lex, reimpressão, 1993.

CORDEIRO, A. Menezes – *Manual* de *Direito Comercial*, 2ª edição, Almedina, 2007.

COUTINHO, Manuel Ernesto, e Valente, Jorge Neto – *Curso de Direito da Família*, Apontamentos das lições proferidas pelo Prof. Doutor Gomes da Silva no ano lectivo de 1966-67, AAFDL, 1967.

Fernandes, Luís A. Carvalho – *Lições de Direitos Reais,* 4ª edição, 2003, Quid Juris.

Ferreirinha, Fernando Neto – *As escrituras de justificação para fins de registo comercial,* separata do *Boletim dos Registos e do Notariado,* nº 4/2003.

Ferreirinha, Fernando Neto – *A justificação notarial para fins de registo predial,* separata do *Boletim dos Registos e do Notariado,* nº 1/2004.

Ferreirinha, Fernando Neto – *Manual de Direito Notarial,* Almedina.

Fontinha, Fernando Elísio Rodrigues – *Código do Registo Comercial Anotado e Comentado* (com a colaboração de Carlos Manuel Santana Vidigal e Ana Maria Viriato Sommer Ribeiro), *Elcla* Editora, 1991.

Fontinha, Fernando Elísio Rodrigues – *Registo Predial, Manual e Código,* Cosmos, 1994.

Gilissen, John – *Introdução Histórica ao Direito* (tradução e notas de A. M. Hespanha e L. M. Macaísta Malheiros), Fundação Calouste Gulbenkian.

Gomes, Ventura Rocheta – *Um passo intermédio na dinâmica do registo comercial,* em *O Direito,* ano 122º, 1990.

Gomes, Ventura Rocheta – *Instância e oficiosidade no registo predial,* separata do *Boletim dos Registos e do Notariado,* nº 4/1985.

González, José Alberto – *Direitos Reais (parte geral) e Direito Registal Imobiliário,* 2ª edição, Quid Juris.

Guerra, Maria Ema A. Bacelar A. – *Código do Registo Comercial Anotado,* Ediforum.

Guerra, Maria Ema A. Bacelar A. – *Código do Registo Predial Anotado,* Ediforum.

Guerreiro, José Augusto Mouteira – *Ensaio sobre a Problemática da Titulação e do Registo à Luz do Direito Português,* Coimbra Editora, 2014.

Guerreiro, José Augusto Mouteira – *Noções de Direito Registral (Predial e Comercial),* 2ª edição, Coimbra Editora, 1994.

Guerreiro, José Augusto Mouteira – *O Prédio – o loteamento, a propriedade horizontal e problemas conexos,* separata do *Boletim dos Registos e do Notariado,* nº 6/2000.

Guerreiro, José Augusto Mouteira – *A posse, o registo e seus efeitos,* separata do *Boletim dos Registos e do Notariado,* nº 11/2003.

Guimarães, Maria da Conceição Lobato/Mocica, Filomena Maria B. Máximo/Carvalho, Manuel Vilhena de – *Código do Registo Civil Anotado,* 2ª edição, Rei dos Livros.

Jardim, Mónica – *Efeitos substantivos do Registo Predial – Terceiros para Efeitos de Registo,* Almedina, 2013.

Lopes, J. de Seabra – *Informática Jurídica* (policopiado), UCP, 2004-2005.

Lopes, J. de Seabra – *Publicidade e proteção da privacidade nos registos públicos – um equilíbrio delicado,* em *Estudos em homenagem ao Prof. Doutor Jorge Ribeiro de Faria,* Coimbra Editora, 2003.

Lopes, J. de Seabra – *Publicidade registal e proteção de dados pessoais,* em JURISMAT, nº 6, 2015.

LOPES, J. de Seabra – *O artigo 35º da Constituição: da génese à atualidade e ao futuro previsível*, em *Forum de Proteção de Dados*, nº 2, 2016.

MOCICA, Filomena B. Máximo/SERRANO, Maria de Lurdes – *Código do Registo Civil Anotado*, 3ª edição, Rei dos Livros.

LIMA, Pires de /VARELA, Antunes – *Código Civil Anotado*, Coimbra Editora.

MENDES, Isabel Pereira – *Código do Registo Comercial anotado*, Almedina.

Mendes, Isabel Pereira – *Código do Registo Predial anotado e comentado*, Almedina.

MENDES, Isabel Pereira – *Estudos sobre Registo Predial*, Almedina, 1999.

MENDES, João de Castro – *Teoria Geral de Direito Civil*, AAFDL.

PAU PEDRON, Antonio – *Curso de Practica Registral*, Universidad Pontificia Comillas, Madrid, 1995.

PINTO, C. A. da Mota – *Teoria Geral do Direito Civil*, 3ª edição, Coimbra Editora.

SAMPAIO, Álvaro – *Código do Registo Civil Anotado*, Almedina.

SERRANO ALONSO, Eduardo – *Conceptos Fundamentales del Derecho Hipotecario*, 3ª edição, Editorial Forum, Oviedo, 1999.

ÍNDICE